化 工 分 离 工 程

（第二版）

邓 修 吴俊生 等 编著

科 学 出 版 社
北 京

内 容 简 介

化工分离工程是我国高等院校化学工程与工艺专业的一门重要课程。本书在内容上以传质分离过程开发为主线，论述有关的工程问题，如分离方法的选择、分离流程的择优和节能、分离操作和设备的设计计算、分离设备的传质特性和强化以及分离操作的实验研究方法、中试组织、工程放大、简要的化工过程模拟等。本书阐明原理时简明扼要、深入浅出，论述的内容和选例密切结合工程实际，具有较强的实用性。本次修订增选了几个近年来极具发展潜力的分离过程，在每章末选编了若干思考题和计算题，并完善了教学课件供教师选用。

本书可适应大学本科和硕士研究生两个层次的教学，编者分别建议了教学内容和学时数，各学校可结合实际情况选用。本书也可作为从事化学、化工、环境等专业及工程设计人员阅读和提高的参考书。

图书在版编目(CIP)数据

化工分离工程/邓修等编著. —2 版. —北京：科学出版社，2013. 1

ISBN 978-7-03-036515-6

Ⅰ. ①化… Ⅱ. ①邓… Ⅲ. ①化工过程-分离-高等学校-教材 Ⅳ. TQ028

中国版本图书馆 CIP 数据核字(2013)第 012695 号

责任编辑：陈雅娴　刘俊来 / 责任校对：邹慧卿

责任印制：张　伟 / 封面设计：迷底书装

科学出版社 出版

北京东黄城根北街 16 号

邮政编码：100717

http://www.sciencep.com

中煤（北京）印务有限公司印刷

科学出版社发行　各地新华书店经销

*

2000 年 1 月第　一　版　开本：787×1092　1/16

2013 年 1 月第　二　版　印张：29

2026 年 1 月第二十二次印刷　字数：740 000

定价：69.00 元

（如有印装质量问题，我社负责调换）

第二版前言

光阴荏苒，一十二载。自2000年以来，蒙读者抬爱、多校选用、出版社敬业，拙著连续印刷十二次，还忝为华东理工大学“上海市精品课程”的指定教材，编者感到十分欣慰。出版社再三委托，希望《化工分离工程》再版，盛情难却下，余等浸淫分离工程学科的建设与教学数十年，认识到近年来该学科老的过程不断推陈出新、计算方法臻于完善，新的过程持续发展、渐趋成熟；认识到分离工程教学越贴近生产实践，越有更高的需求。思之再三，编者进行了修订，以期满足广大读者的要求与出版社的期待。

本次修订内容包括：

(1) 绪论，进一步阐明了分离工程的基本点——“场”的概念及其引申(邓修)。

(2) 精馏，配合教学中用的“Process”等软件系统，增补了新的精馏严格计算方法，并对全章进行了修订(吴俊生)。

(3) 基于稀土和中医药的现代化生产工艺，新设“固液浸取”章(周永传)。

(4) 对“传质分离过程的节能”章进行若干修订(吴俊生)。

(5) 新增“固膜分离技术”的内容，并独立成章(邓修)。

(6) 基于食品与医药领域的最新发展，新添“微波辅助提取技术”(邓修)。

(7) 新增“色谱分离方法”的内容，并独立成章(吴艳阳、朱家文)。

(8) 为使内容更集中，删除原书第8章。

(9) 配合教学的需要，每章后附若干思考题和计算题(唐小琪)。考虑到工程界和各类书籍至今SI制与非SI制杂存，计算题中选收了少量非SI制，望学生在单位换算方面得到锻炼。

(10) 为方便教学，本次修订配套制作了教学课件，需者可联系编者朱家文、唐小琪、杨金根和吴艳阳(联系人)。

本书的内容仍旧适合大学本科和硕士研究生两个层次的教学，可根据新添章节，结合总学时数自行增删。诚然，再版过程依然蒙同行、同仁以及出版社编辑的鼎力相助，在这里编者继续表达深深的敬意和谢意。

由于编者自身的知识水平和认识水平有限，再版内容中错误和不妥之处在所难免，恳请读者批评指正，以便改正。

编　者

2012年6月

第一版前言

世界万物都是由有序自动地走向无序，所有纯物质都逐渐变为混合物。好在有了人类，能够有目的地能动地做功，使上述混合过程逆转为分离过程，以求得人类社会需要的纯物质。

大多数化学过程和物理过程所得到的产品都是混合物。分离工程就是使混合物得以分离成为二种或二种以上的较纯物质的一门工程技术。它是化学工程学科的一个重要分支。自从1901年戴维斯(Davis)所著的《化学工程师手册》问世至今，化学工程学有了很大的发展，分离工程始终扮演着化工生产过程中的关键角色。近年来，它的发展更为迅速，研究与应用的分离方法种类繁多。本书试图以传质分离过程开发为主线，论述有关的工程问题，如分离方法的选择、分离流程的择优和节能、分离操作和设备的设计计算、分离设备的传质特性和强化以及分离操作的实验研究方法、中试组织、简要的化工过程模拟等。力求阐明原理时简明扼要、深入浅出，论述的内容和选例密切结合工程实际，具有较强的实用性。

记得有把编书者喻作裁缝一说，窃以为再恰当不过了。裁缝并不会织布，但他刻意追求的是布料的质地、色彩的选择、线条的飘逸流畅。在量体裁衣中使个体的表达和群体的风格趋于尽善尽美。正像编书者在编写过程中并不看重把自己的科研成果编入，而是希望博采众长，个性孕于共性之中，把最好的成果和见解呈现在读者面前。这两者又是何其相似乃尔。

近年来，我国高等院校化学工程与工艺专业都将“分离工程”作为一门重要的课程来开设。本书能够写到现在这个样子和出版，当然得益于编者们长期从事于分离工程的教学与实践；得益于华东理工大学《分离工程》和《分离工程选论》两本教材和讲义的多年使用；得益于校教务处和上海市研究生教材委员会的支持和资助；得益于我校从事这方面工作的教师的宝贵经验和无私地提供素材。在这里，让我们对于在各种情况下以各种形式帮助过本书出版的单位和个人表达深深的敬意和谢意。

全书共分八章，具体分工为：第一、三、六章(邓修)，第二、五、八章(吴俊生)，第四章(郁威、蔡建国[超临界]、陆强[反胶束、双水相])，第七章(邓修、韩伟[液膜分离]、陈鸿雁[吸附与层析])。韩伟还参与了全书的校勘和汇总。

本书的内容可适应大学本科和硕士研究生两个层次的教学。它既可作为大学本科的专业课“分离工程”的教材，又可作为硕士研究生的必修课“分离工程选论”的教材。各学校可结合实际情况选用，具体内容划分上可参考如下：

大学本科专业课的学习内容为：概述(第一章)，多组分精馏及计算(第二章和第八章)，化学吸收与过程开发(第三章)，萃取和新分离方法(第四章和第七章)，建议学时36～40；

硕士研究生必修课的学习内容为：概述(第一章)，吸收过程开发(第三章)，分离过程节能(第五章)，界面特性及调控(第六章)，新分离方法(第七章)，建议学时36～40。

在本书付印之际，欣闻教育部门已在着手21世纪课程教材的编写。愿本书作为世纪之交的一本教材贡献于读者，能起到承上启下的作用。

由于我们自身的知识水平和认识水平所限，错误和不妥之处在所难免，恳请读者批评、指正，以便再版时改正。

作　者

1999年7月

目　　录

第1章　绪　　论

1.1　概　　述

世界万物，无论是无机物，还是有机物，多以混合物状态存在。诸如天然燃料中煤、石油和天然气乃至日常生活中必不可少的空气、水和食物等，都是混合物。除了它们自身的使用价值外，往往需要将它们加以分离或提纯，才能为人们充分和合理地使用。

1.1.1　分离过程的发展与分类

从古到今，分离过程一直很受重视。早在古代，我国古书《物原》上就有“轩辕臣夙沙作盐”的记载；《世本》也说“黄帝时，诸侯有夙沙氏，始以海水煮乳煎成盐”。这里已孕育着现代工业中“蒸发”和“结晶”两个分离技术。其后，“煮酒”、“糖霜”（冰糖）的制作都在明代宋应星所著的《天工开物》和清代所出版的《图书集成》中有所反映。但是这时的分离过程往往只在某一物品的生产中零星提到。

随着世界工业的技术革命与发展，特别是化学工业的发展，人们发现尽管化工产品种类繁多，但生产过程的设备往往都可以认为是由反应器、分离设备和通用的机、泵、换热器等构成。其中离不开两类关键操作：一是反应器，产生新物质的化学反应过程，其为化工生产的核心；一是分离设备，用于原料、中间产物、产品等混合物的分离、提纯过程，它是获得合格产品的关键。于是研究化学工业中具有共同性的过程和设备的规律，并将之运用于生产的“化学工程”这一学科应运而生。20世纪初，从美国李特尔首先提出“化工单元操作”的概念，麻省理工学院率先开“化工原理”这门课程开始，到现代“化学工程”已发展成为世界公认的一门系统性的工程学科。

分离工程是化学工程领域中发展较早的学科分支之一。它所研究的任一单个分离过程，一般都可表示为

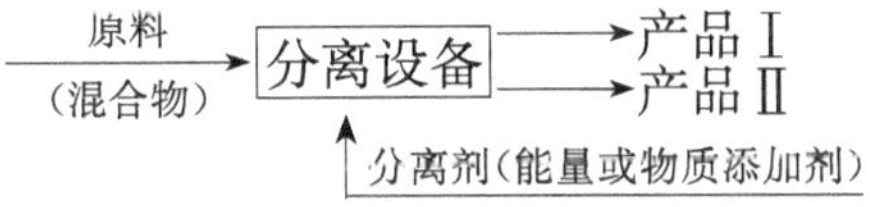

众所周知，糖粒会很快地溶解于水，这说明物质的混合是个自发完成的过程。反之，要把糖水分为纯净的糖和水就必须采用容器（设备）加热使水分蒸发，水蒸气冷凝为纯水，糖在变浓的溶液中结晶成纯糖。这样才完成了熵值减少的分离过程，即外界必须对系统做功。做功的分离剂分为两大类：一类为能量添加剂，诸如热、压力、电、磁、离心、辐射等能量；另一类为物质添加剂，如过滤介质、吸收剂、表面活性剂、吸附剂、离子交换树脂、液膜及固膜材料等。

但是，分离过程的发生还必须有一个前提，即过程必须在“场”的存在下才得以进行。在一个均匀的“场”中，例如浓度为0.1mol/L的盐（NaCl）溶液内，浓度处处是均一的，当然就不会有传质现象发生，所以不存在分离。然而，当溶剂（如水或乙醇）接触到溶质（以中药材为例）时，药材中能溶于溶剂的溶质（如多糖或生物碱等组分）开始从药材的边缘向溶剂溶解，并在液固界面区形成较高浓度的溶液，而此时大部分溶剂还是纯态。于是，在这一系统内部就形成了从固体（药材）中心到固体表面、再由经固液界面到液相边界层，主体（溶剂）中的溶质由浓至稀

(零)的浓度场。在这个浓度场中,溶质不断溶解到溶液中,并扩散至整个溶液内直至平衡,构成了一个完整的传质分离过程。通过上述例子,说明传质过程必须在"场"的存在下才得以进行。构成"场"的元素包括浓度、温度、压力、电位、磁力、离心力以及重力等诸多因素,并由此引发多种形式的分离过程与技术可供工程选用。

分离过程可分为机械分离和传质分离两大类。机械分离过程的对象都是两相或两相以上的非均相混合物,只要用简单的机械方法就可将两相分离,而两相间并无物质传递现象发生。传质分离过程的特点是相间传质,可以在均相中进行,也可以在非均相中进行。传统的单元操作中,蒸发、蒸馏、吸收、吸附、萃取、浸取、干燥、结晶等单元操作大多在两相中进行。依据处于热力学平衡的两相组成不相等的原理,以每一级都处于平衡态为手段,把其他影响参数均归纳于效率之中,使其更符合实际。它的另一种工程处理方法则是把现状和达到平衡之间的浓度梯度或压力梯度作为过程的推动力,而把其他影响参数都归纳于阻力之中,传递速率就成为推动力与阻力的商了。上述两种工程处理方法所描述的过程,都称作平衡级分离过程。分离行为在单级中进行时,往往着眼于气相或液相中粒子、离子、分子以及分子微团等在场的作用下迁移速度不同所造成的分离。热扩散、反渗透、超过滤、电渗析及电泳等分离过程都属此类,称速率控制分离过程,都是很有发展潜力的新分离方法。综上所述,分离过程得以进行的基础是在"场"的存在下,利用分离组分间物理或化学性质的差异,并采用工程手段使之达到分离。显然,构思新颖、结构简单、运行可靠、高效节能的分离设备将是分离过程得以实施乃至完成的保证。它们的简要情况列于表 1-1(King, 1980)。

表 1-1　分离过程分类举例

过程名称	原料	分离剂	产品	分离原理
一、机械分离				
(1) 过滤	液体+固体	过滤介质	固体+液体	固体颗粒大于过滤介质细孔
(2) 沉降	液体+固体	重力	固体+液体	密度差
(3) 离心分离	液体+固体	离心力	固体+液体	密度差
(4) 旋风分离	气体+固体或液体	惯性力	气体+固体或液体	密度差
(5) 静电除尘	气体+细颗粒固体	电场	气体+固体	细颗粒带电
二、传质分离				
1. 平衡分离过程				
(6) 蒸发	液体	热	液体+蒸气	蒸气压不同
(7) 蒸馏	液体	热	液体+蒸气	蒸气压不同
(8) 吸收	气体	不挥发性液体	液体+气体	溶解度不同
(9) 萃取	液体	不互溶液体	两种液体	溶解度不同
(10) 结晶	液体	冷或热	液体+固体	利用过饱和度
(11) 离子交换	液体	固体树脂	液体+固体	质量作用定律
(12) 吸附	气体或液体	固体吸收剂	固体+液体或气体	吸附差别
(13) 干燥	湿物料	热	固体+蒸气	湿分蒸发
(14) 浸取	固体	溶剂	固体+液体	溶解度
(15) 泡沫吸附	液体	表面活性剂与鼓泡	两种液体	表面吸附

续表

过程名称	原料	分离剂	产品	分离原理
2. 速率控制分离过程				
(16) 气体扩散	气体	压力梯度(压缩机)	气体	穿过多孔膜的扩散速率的差异
(17) 热扩散	气体或液体	温度梯度	气体或液体	不同的热扩散速率
(18) 电渗析	液体	电场、阴离子或阳离子膜	液体	膜对不同电荷离子的选择性渗透
(19) 电泳	液体(含胶体)	电场	液体	胶质在电场下的迁移速率不同
(20) 反渗透	溶液	压力梯度(泵)和膜	两种液体	溶质的溶解度与溶剂在膜中的扩散速率
(21) 超过滤	溶液(含高分子物质或胶体)	压力梯度(泵)和膜	两种液体	分子大小不同所引起的膜透过率不同

1.1.2 分离过程的地位

化学、石油、冶金、食品、轻工、医药、生化和原子能等工业都广泛应用分离过程。古代煤用于直接燃烧,为饮食和取暖。炼焦工业的兴起使得煤经干馏获得焦炭和煤气,煤得到了初步的合理使用,但其副产物煤焦油长期被看作无用而有毒的废物。直到近代,发现煤焦油是含有多种芳香族化合物的复杂混合物(达几百种物质),用分馏的方法可以使苯、酚、萘和更复杂的芳香族化合物分开,才使煤的综合利用臻于完善。同样,从原油的直接燃烧到把它分馏为溶剂油、汽油、煤油、柴油和重油(沥青)等各种组分并加以利用和再加工,直到形成现代庞大的石油炼制和石油化工体系。以上都是分离过程成功应用于化工生产的典型例子。干燥过程的应用遍及各行各业。例如,谷物的含水量从收获时的30%～35%干燥到13%就可延长储存期一年;食品含水量低于5%,微生物难以生存,酶难以作用,可长期保持其香味和营养;聚氯乙烯颗粒含水量低于2‰,可保证聚合加工成型时不出现气泡和提高塑料制品的强度。此外,建材、木材、布匹、纸张、皮革、药物、油漆等无不涉及干燥。据统计,仅化工产品就有20万种以上需要干燥作业。化工生产中原料的净制、中间产物和主副产品之间的分离、同位素的分离和重水制备,生化领域中抗生素的净制、病毒的分离、生物制品的下游技术,冶金工业中矿物的精选等,都离不开分离技术。

随着工业的现代化,科学研究和生产技术向着高质量、高纯度、精密加工、微型化和高技术密集型发展,而这些都必须有分离过程的密切配合。以半导体与电子技术为例,高质量、高纯度的材料如超纯水、半导体锗和硅,以及载气氮、氦等,其纯度都要在99.99%以上,有的甚至达到99.9999%。这类产品的微型化使集成电路的线距仅1μm。彩色显像管装配封口后,管内不得含有微粒,否则在屏幕上会因折射而出现闪烁亮点而导致报废,于是,无论载气和装配车间的空气都必须经洁净处理到每升气体中所含大于0.5μm的尘粒少于3.5个。仅以洁净空气和纯水为例,就包括了沉降、湿法洗净、过滤、电除尘、絮凝、泡沫分离、电渗析、超滤、反渗透以及离子交换等如此多的分离单元操作,更何况其他。

随着现代工业大型化生产的趋向,三废(水、气、渣)更趋向低浓、量大、排放集中。处理三废不仅涉及物料的综合利用,而且关系到毒物污染环境和破坏生态平衡,实施过程中分离过程起着重要作用。例如,脱除废水中的微量同位素物质,废气中所含二氧化硫、氧化氮、硫化氢、制碱废渣等，都必须采用有效的分离过程化废为宝，变害为利。

然而，分离过程往往是一个十分耗能的过程。事实上分离过程在化工生产的投资和操作费用中所占比例极高。以分离任务较重的炼油厂为例，与分离有关的成本常占产品总成本的90%左右。即使一般的化工厂，分离设备在数量上往往超过作为核心设备的反应器，在投资上也不亚于反应器。因此选择高效、低耗的分离技术还与降低成本、减少能耗以及提高产品质量密切相关。科学的发展、学科的交叉提供了这种可能。在使常规分离过程如蒸发、结晶、蒸馏、吸收、萃取、干燥等得到不断完善和发展的同时，又衍生、开发出众多新的分离方法，如泡沫分离、超临界萃取、固膜与液膜分离等，展示了巨大的应用潜势。

总而言之，广泛的应用、科技的发展、环境的需要都说明分离过程在国计民生中所占的地位和作用，并展示了分离过程的广阔前景：现代社会离不开分离技术，分离技术发展于现代社会。

1.2 分离因子

分离过程的应用几乎涉及每一个工业部门乃至日常生活用品。但追其共性，它不外以气、液、固三态物料为对象，是一个不改变物性的物理加工过程。它使得被处理后的物料(组分)变得更纯净，却不产生任何新的物质。所以，任何一个特定的分离过程所得到的分离程度都可用产品组成之间的关系来表示，定义为通用分离因子：

$$\alpha_{ij}^{s}=\frac{x_{i1}/x_{j1}}{x_{i2}/x_{j2}} \tag{1-1}$$

组分 i 和 j 的通用分离因子 α_{ij}^{s} 为二组分在产品 1 中的摩尔分率的比值除以在产品 2 中的比值。显然，x 的单位可以用组分的质量分率、摩尔流量或质量流量，其所得的分离因子值不变。

由式(1-1)，若 $\alpha_{ij}^{s}=1$，则说明组分 i 和 j 在产品中的含量相等，意味着系统无法分离。若 $\alpha_{ij}^{s}>1$，则组分 i 在产品 1 中浓缩的程度比组分 j 大，而组分 j 在产品 2 中得到浓缩，此时意味着系统得到有效的分离，且 α_{ij}^{s} 值越大越好。若 $\alpha_{ij}^{s}<1$，则反之，同样得到有效的分离，α_{ij}^{s} 值越小越好。既然分离的程度可由 α_{ij}^{s} 偏离 1 的程度来判断，i、j 可任意指定，习惯上常使 $\alpha_{ij}^{s}\geqslant 1$。

上述定义式没有任何限制条件，基于产品的实际组成而获得分离因子值。系统的平衡组成、传质速率、设备结构、分离流程都将影响 α_{ij}^{s} 的大小。为方便计，将分离过程理想化，平衡分离过程仅讨论其两组组成的平衡浓度，速率控制过程只讨论在场的作用下的物理传递机理，把那些较复杂的、不易定量的因素归之于效率，来说明实际过程与理想过程的偏差。于是得到了无上标的分离因子 α_{ij}。

我们十分熟悉的用于判断双组分蒸馏的难易程度的相对挥发度 α，就是理想的分离因子在精馏这个特定过程的表达式。以 v_1、v_2 表示溶液中各组分的挥发度，气相服从道尔顿(Dalton)定律，有下列表达式：

$$v_A=\frac{p_A}{x_A}=\frac{py_A}{x_A},\quad v_B=\frac{p_B}{x_B}=\frac{py_B}{x_B}$$

$$\alpha_{AB}=\frac{v_A}{v_B}=\frac{y_A/y_B}{x_A/x_B} \tag{1-2}$$

同样，液液萃取有选择性系数 β，是分配系数 k_A 和 k_B 之比，即

$$\beta_{AB}=\frac{k_A}{k_B}=\frac{y_A/y_B}{x_A/x_B} \tag{1-3}$$

对于一些平衡分离过程，如蒸发、机械分离过程（如液固分离），α_{ij} 的计算显示了这些过程的特殊性，可以几近无穷大。以海水蒸发淡化为例，由于产品是蒸馏水和盐溶液，而盐又是不挥发物质，此时

$$\alpha_{ij}=\frac{y_w x_s}{x_w y_s} \tag{1-4}$$

此处 w 指水；s 指盐。y_s 肯定为零，故 α_{ij} 趋近于无穷大。

速率控制过程的理想的分离因子仅基于它的传递机理。气体扩散过程的分离情况简单示于图 1-1。气体的分离就像过滤，多孔隔板内有足够小的微孔，允许待分离物的分子穿过而达到浓缩的目的。

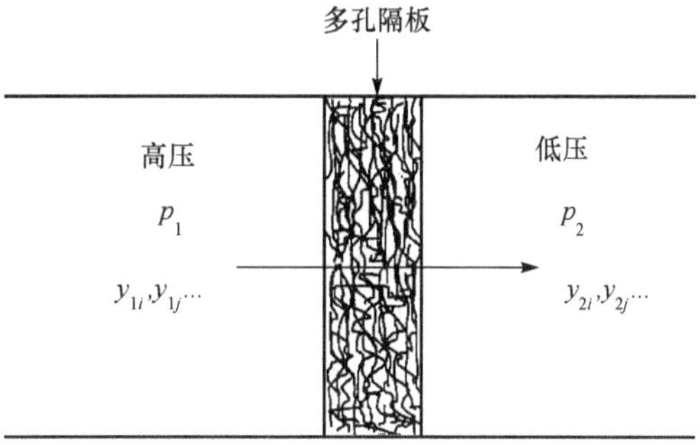

图 1-1　气体扩散过程示意

如果多孔隔板中的孔足够小，且气体压力足够低时，此内的气体分子的平均自由程将大于微孔尺寸。这时，分子的通量将服从于卡逊(Knudson)流动，其通量的表达式为

$$N_i=\frac{a(p_1 y_{1i}-p_2 y_{2i})}{\sqrt{M_i T}} \tag{1-5}$$

式中：N_i 为 i 组分的通量；p_1、p_2 分别为高压侧和低压侧的压力；T 为温度；M_i 为 i 组分的相对分子质量；a 为几何因子，仅取决于多孔隔板的结构。

现在假定高压侧的气体的组成在渗透过程中变化不大，$p_1 \gg p_2$，而低压侧物料已呈定态传递，因此有

$$\frac{N_i}{N_j}=\frac{y_{2i}}{y_{2j}} \tag{1-6}$$

联解式(1-5)和式(1-6)，得

$$\alpha_{ij}=\frac{y_{2i}y_{1j}}{y_{2j}y_{1i}}=\sqrt{M_j/M_i} \tag{1-7}$$

式(1-7)说明此时的分离因子与组成无关。根据这一判据，工业上成功地分离了 $^{238}UF_6$ 和 $^{235}UF_6$，浓缩回收了合成弛放气中的氢等。然而，相对平衡分离过程，速率控制分离过程的分离因子的求取要困难些。

从上述的分析可知，α_{ij}^s 和 α_{ij} 都可以用作分离过程的判据。从现有的数据获得 α_{ij}，能十分容易判别该系统(组分)分离的难易。当 $\alpha_{ij}>1$，实际分离程度可引入效率来获得。当 $\alpha_{ij}=1$，则不管分离设备的结构和流动形式有多好，组分 i 和 j 不可能分离。同时，实测的分离因子 α_{ij}^s 也必定为 1。对于 α_{ij}^s，在作为分离过程基础的物理现象尚未透彻了解到定量的地步，则依靠实验数据求得它的数值作为参考，也是十分有用的。

1.3　过程开发及方法

化工技术开发一般包括开发基础研究、过程研究及工程研究三个方面：

(1) 开发基础研究：针对项目的应用性基础研究和工艺特征研究，以实验室研究为主体。

(2) 过程研究：进行工艺、产品、设备等的工程放大试验，包括模型试验、微型中试、中间试验、原型装置试验及工业试验的全部过程或部分过程。

(3) 工程研究：包括技术经济评价、概念设计、数学模型、放大技术及基础设计等。

所以，化工新技术开发不外乎三个关键环节：概念形成到课题的选定、技术与经济论证(可行性)和放大技术。其中，放大技术是研究开发的核心。

放大技术可以采用数学模型方法、逐级经验放大、工程理论指导放大和参照类似工业装置放大等方法。对于一个缺乏参照系统的新的传质分离操作来说，前两种方法更为常用。

1. 逐级经验放大

其基本步骤是：进行小试，确定操作条件和设备形式，以及可望达到的技术经济指标。确定的依据是最终产品质量、产量和成本，并不考虑过程的机理。小试之后进行规模稍大的中试，以确定设备尺寸放大后的影响(放大效应)，然后才能放大到工业规模的大型装置。在处理物料复杂或对选用的分离方法缺少经验时，放大把握不大，则上述每级试验放大的倍数就小，往往需经多级中间试验。逐级经验放大有以下四个基本特点：①着眼于外部的联系，即仅考虑变量与结果间关系，不研究过程的内部规律。②着眼于综合研究，不试图进行复杂过程的分解。③决策步骤是人为的，不是科学论证的结果。由于上述开发的基本步骤和每步的目的均忽略了结构变量、操作变量和几何变量间的有机联系和相互影响，因此小试中最优的条件往往到中试就不一定是最优，更不要说放大到工业规模了。但从现实性和经济性考虑，逐级经验放大的步骤又只能如此。这样便造成逐级经验放大既费事，又不十分可靠。④放大过程是外推的，而外推往往是不可靠的。因此经验放大有一定的风险，问题越复杂，每次放大的倍数就越小。由于逐级经验放大需进行数次真实性的、仅规模小些的试验，必然耗资大，开发周期长，且因化工生产中变量很多，要全面寻优的实验工作量太大，实际上也做不到，所以可靠的最优结果往往得不到。

2. 数学模型方法

此法基于对过程本质的深刻理解，将复杂过程分解为多个较简单的子过程，再根据研究的目的进行合理简化，得出物理模型。应用物理基本规律及过程本身的特征方程对物理模型进行数学描述，得到数学模型，如是微分方程，还需建立初始条件和边界条件。对数学模型进行分析解或数值解，得到设计计算方程，这些方程中包含有模型参数，需通过简化试验(即不一定是实际物系、实际操作条件)确定它们。接着，应用计算机进行复杂过程的综合研究和寻优，得到最优结果。最后，需进行中间试验检验结果的可靠性。

数学模型方法结果的可靠性取决于数学模型的合理性，而数学模型的合理性则取决于对过程的简化是否抓住了本质，得到了不失真的物理模型。所谓不失真，并不是要求模型与原过程在各方面都惟妙惟肖(如是这样，就无所谓简化)，而是要求在所研究问题的方面，模型与原过程等效。因此，抓住研究过程的内在规律的特殊性，明确研究的目的性，是能否得到合理简化的物理模型的关键。如果模型方程可靠，就可由数学模型方法的结果直接设计出大设备，不存在放大效应问题，与逐级经验放大方法相比，可以节省试验费用，缩短开发周期，结果比较可靠，所以是工程开发者试图遵循的。但是，数学模型法尽管在方法的逻辑上合理，从方法论上说也很科学，但在化工中的实际应用至今仍然有限，主要原因在于化工过程太复杂，可靠又合理简化的数学模型难以建立。

就传质分离操作而言，对于常用的蒸馏、吸收，已经达到了相当深度的认识，对于工程上广泛遇到的物系，其设计可以从基本物性和基础平衡数据出发进行，几乎不必进行实验就可以完成设计。对于不熟悉的新物系或希望开发的塔设备，一般也只要做下述的实验测定工作：①平衡关系以及必要的热力学和传递物性的测定；②板效率、传质单元数或传质系数的测定。因相平衡热力学的迅速发展，开发出了一些比较可靠的关联式，使得相平衡的实测工作量可以大为减少。对于萃取操作，其过程和设备均较复杂，故其开发和设计需更多地依赖实验，但因发展了一套设计计算方法，其实验远不像逐级经验放大那样，而是为了掌握其内在规律，得到一些模型参数。对于膜分离操作，目前对它们尚缺乏系统而深入的了解，尚无可靠的一套设计计算方法，所以开发中需做更多的实验，甚至只能逐级放大。但在开发过程中应用已有的规律性知识进行指导，及时总结经验，抓住问题的特殊性，对于提高开发结果的可靠性，节省开发费用和缩短开发周期起决定性的作用。否则，即使对精馏那种已对其规律性有充分认识，并积累了丰富的开发、设计和操作经验的分离操作，开发中也会遇到不少困难。例如，当精馏用来分离组分数较多的混合物时，且有的组分在液相会电离、聚合，有的在汽相也会发生缔合，这时开发就相当困难，因为要得到可靠的汽液平衡关系需进行巨大实验工作量。但如果能充分认识每个开发问题都是个特定问题，都有其特殊性，并不一定需要追求解决普遍适用的规律，那么就有可能在已有规律性知识的指导下，使问题得到合理简化。例如，在塔的各段中正确计算平衡关系的组分数可以减少，或有的组分的平衡关系可用简单的关系式表达。总之，应用正确的方法论和利用规律性知识作指导，开发的速度和效果将大不一样。

分离过程开发应达到下列目的：①合适的分离方法和流程；②优化的工艺操作条件；③分离设备的合理选型与几何尺寸的确定。实际上，上述两种开发方法是从两个侧面完成上述目的的。如果待开发的过程和设备极其复杂，对它们理解甚少，往往需沿袭逐级经验放大法，试验将主要寻求设备的放大效应，得到放大判据。如果过程与设备都很简单，或者对它们的理解比较透彻，通过合理的分解和简化，完全可能得到可靠的数学模型，则试验将主要是验证数学模型、修正模型参数。因而，应该针对开发项目的技术特征采用与之相适应的开发方法。例如，从合成气中脱除二氧化碳，由原来的水洗流程改为碳酸丙烯酯代替水为吸收剂。在取得相平衡数据和理论当量高度值后，可由模型试验直接放大到千倍以上的工业装置。工程技术人员梦寐以求应用数学分析方法直接解决开发方法，但往往由于实际过程的复杂性而止步。一般，人们的认识多数介于上述两种开发方法之间，所以，成功的开发常常采用数学模型方法和逐级经验放大两者相结合的办法来实现。

1.4 分离方法的选择

随着科学技术的发展，分离方法越来越多，每种分离方法都有它的长处和不足。在开发过程中如果需要分离工序，首先应选择合适的方法，使之在技术上先进、经济上合理。下面仅提供一些准则，可作选择时参考。

1. 可行性

要选择合适的分离方法，首先应考查它的可行性。也就是说，应用该方法是否可能获得所期望的结果。通过可行性判断，可以筛选合适的分离方法。例如乙醚和丙酮的分离，由于它们都是非离子型有机化合物，所以不能采用离子交换、磁力分离以及电渗析法。同时两者的表面性质相差甚微，泡沫分离和鼓泡分离也不能采用。于是，就可从剩下来在分离原理上合理的如蒸馏、吸收、浸取等方法中进行选择。

但是，即使某一方法从分离原理的角度来看是可行的，还要看是否具备该过程所需的条件，包括温度、压力、端电压等。例如对于乙醚和丙酮的分离，从两者的凝固点来看，乙醚为－116.3℃，丙酮为－95℃，采用浸取、升华干燥、逐区熔融等方法可以达到分离的目的，但是否选用就要看是否具备把它们凝结成固态所必需的低温制冷系统。如果具备这一条件，还要看经济上是否合理。显然，当同时有几种分离方法可供选用时，应进行评比择优。

将多组分系统分离为几种较纯的产品时，还有所采用的分离路线问题，即对同一种原料采用不同的分离方法，所获得的产品纯度和次序不一定相同。例如丙烷-丙烯-丙二烯混合物的分离过程，当采用蒸馏操作进行分离时，丙烯可望先从塔顶馏出；若采用萃取蒸馏法，在该系统中添加极性溶剂会显著地降低烯烃的挥发度，丙烷首先在塔顶馏出；然而，采用萃取法，由于加入的物质是与该混合物不相互溶的极性溶剂，首先得到分离的是极性较强的含两个极性双键的丙二烯。因此，分离路线也必须选优。

2. 分离过程类别的选择

传质分离过程一般可分为速率控制分离过程和平衡分离过程；而按添加剂来分，又可分为能量添加型分离过程和物质添加型分离过程。它们各有优缺点，可酌情选用。

由于分离因子不大而采用多级分离过程时，考虑到能量消耗的多寡，应首先选择平衡分离过程，再选择速率控制过程。这是因为对于多级速率控制分离过程来说，添加剂将在每一级分别加入而消耗较大；而平衡分离过程只要一次加入添加剂，例如蒸馏中塔釜内的加热器可达到多级分离，这是将热量反复利用的缘故。但在平衡分离过程中又应首先选择能量添加型分离过程，而次选择物质添加型分离过程。原因在于后者在分离过程中先要加入一溶剂，分离出溶质后又需将该溶剂分离出来（或再生）并循环使用。与能量添加型相比，物质添加型耗能较大。因此在丙烷-丙烯-丙二烯系统中，往往首先选择蒸馏，萃取蒸馏次之，萃取再次之。当然，也有些过程只能采用多级分离过程。例如色层分离采用很长的柱来分离混合物，费用也不大，所以特别适用于分离因子接近于1而又要求产品纯度十分高的场合——色谱分析装置。

对于分离因子较大的系统，应尽量采用单级和级数不多的分离过程。此时可利用各种组分的分子在添加剂的影响下具有不同迁移速率的这一特性，并避免在每一级都要加相同的能量或物质的缺点，优先采用速率控制分离过程。例如海水淡化，食品（果汁、乳制品等）的浓缩等。

系统中带有固相的分离过程会给生产的连续化带来困难，可采用较复杂的设备来完成。以气固吸附为例，采用固定床吸附时必须考虑到吸附剂的动态吸附平衡，应该用复套固定床的生产流程线，但也仅适用于分离混合物中低浓度组分。以后，出现过固相可以移动的移动床，但设备结构复杂、固体粒子易碎。再改为增加管道切换装置的模拟移动床和多柱串联吸附分离，已在某些系统实现了工业化。

3. 产品价格

产品价格有时也会影响到对分离方法的取舍。一个分离方法尽管可行，但其分离所得产品成本过高，就很难推广应用。因此，所选用的方法往往要求能耗低、物耗低，以保证产品的价格具有竞争能力。大规模生产的产品（分离过程）通常具有上述特点。

4. 产品热敏性

有时产品对工艺技术的一些特殊要求也和选择分离方法有关。许多产品如生化制品、药品、食物、饮料等常会因受热而变质或失去营养成分，石油化工原料如苯乙烯等会在分离过程中因受热而产生自身聚合等，所以，应尽量选用速率控制分离过程。采用热分离时应慎重，尽量避免过热过冷对产品质量所造成的损害。

5. 物性与分子性质

对于大多数分离过程来说，分离因子对分离方法的选择可起指导作用，但起作用的根本原因还在于分子的特性，其中包括分子的体积、形状、偶极矩、极化强度、电荷和化学性质等。例如，对于蒸馏操作，通常把分离的难易归结于宏观量相对挥发度即蒸汽压的差别，但追其根本是取决于分子间吸力的强弱。现将各种分子性质对各种分离方法的分离因子的影响定性地列于表 1-2。从表 1-2 可以看出：萃取和吸收操作的宏观表现都是混合物中某一溶质在不互溶相中的溶解度大小，但根本原因是分子间的化学反应平衡或分子的偶极矩和极化强度的大小。又如结晶过程的宏观量为溶质在溶剂中的溶解度，而其本质在于各种分子聚集的能力，即取决于分子的形状、大小以及所带的电荷。

由表 1-2 可了解影响因素的主次，对正确选择分离方法是很有帮助的。例如上述丙烷-丙烯-丙二烯系统，它们的分子间最根本的区别在于极性不同，一般由表 1-2 可选用蒸馏。但若其中极性较强的分子的浓度极低，则采用极性吸附剂进行固定床吸附最为合适。图 1-2给出了本章所涉及的新分离方法及其所相应的微粒大小的分离范围，可供参考。

表 1-2　不同的分子性质对分离因子的影响

分离方法	纯物质的性质					物质添加剂的性质		
	相对分子质量	分子体积	分子形状	偶极矩和极化强度	电荷	化学平衡	分子形状和大小	偶极矩和极化强度
蒸馏	2	3	4	2	0	0	0	0
结晶	4	2	2	3	2	0	0	0
萃取与吸收	0	0	0	0	0	2	3	2
一般吸附	0	0	0	0	0	2	2	2
分子筛吸附	0	0	0	0	0	0	1	3
渗析	0	2	3	0	0	0	1	3
超过滤	0	0	4	0	0	0	1	0
超离心分离	1	0	0	0	0	0	0	0
气体扩散	1	0	0	0	0	0	0	0
电渗析	0	0	0	0	1	0	2	0
离子交换	0	0	0	0	0	1	2	0

注：0——没有影响；1——决定性影响；2——主要影响；3——次要影响；4——影响很小。

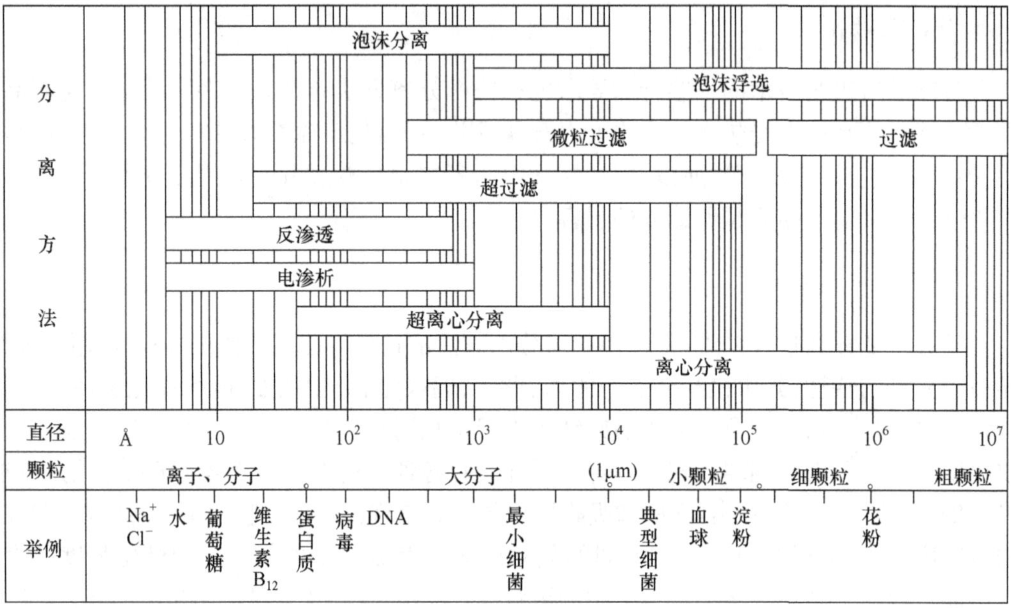

图 1-2 分离过程的应用范围

6. 经济因素

上述 1、4、5 点的叙述中，往往把注意力集中在技术上的可行性。事实上，经济上的可行性亦往往是取舍某一分离方法的一个决定因素。过程的经济性应包括工程设计和开发费用，设备的投资和操作费用等。工程设计和开发费用的大小一般与这一过程所采用的设备是否是标准设备有关。非标设备越多，花费越大。这是因为标准设备已受生产检验并大规模生产，非标设备往往是单件生产，有时还必须付出开发和试验费。投资包括设备制造与安装费用，设备费用包括主设备和辅助设备全部费用。一般希望设备的几何形状、内部结构越简单越好。操作费用是操作人员工资、设备维修、折旧和质量控制等费用的总和。操作费用中原材料消耗和动力消耗往往占主要地位。在操作中最好避免用非标机械、高速旋转的设备和易损坏、难保养的设备。此外，气态和液态的物料显然比固体或泥浆状物料有较低的操作费用和更好的操作性能。

7. 安全与环保

一个有远见的工程技术人员还必须在选定过程前定量地估计过程的安全性和由此可能带来的对生态环境的影响。例如，某些物质和氧气混合后极易出现爆炸，则真空操作应尽量避免。同样，深井水的采用从短期效果来看也许是可行的、经济的。但从长远观点来看，无节制地大量抽取地下水往往会造成地层下陷，给经济和社会都会带来灾难性的后果。这些都应该慎重考虑。

8. 经验

选用工业上现成的有成熟经验的分离方法几乎是一个常识性的问题。然而，要分离一个新的物系时，或选用在其他物系上已使用过的分离过程，或选用一种新的分离方法，都应先在较小的生产规模的装置上运行成功，才比较可靠。必须指出，新的分离方法一旦应用成功，往往会带来显著的经济效益，也促使了科学技术的进步。

思 考 题

1. 下列情况中哪类将不引起分子扩散？
   (1) 密度差　(2) 电场　(3) 温差　(4) 磁场　(5) 浓度　(6) 压差
2. 何谓分离因子？说明如何根据它的大小来判别分离过程的难易。
3. 分离过程如何分类？分离工程的研究方法有哪些？
4. 试将下列过程各举三例。
   (1) 机械分离过程　(2) 平衡级分离过程　(3) 速率控制分离过程
5. 传质过程的要求是什么？如何实施传质过程的工业化？
6. 为什么说放大技术是研究开发的核心？简要叙述：①逐级经验放大；②数学模型方法。
7. 以任意一个传质过程为基点，阐述它依据的基本原理、应用范围、优缺点及由它引出(衍生出)的新技术、方法、学科前沿内容等。

参 考 文 献

陈敏恒，袁渭康. 1986. 工业反应过程的开发方法. 北京：化学工业出版社

邓修. 1993. 分离过程：现代科技发展的一个重要角色. 科学，45(5)：32

蒋楚生. 1988. 化工新技术开发及管理. 北京：化学工业出版社

Henley E J，Seader J D. 1981. Equlibrium-Stage Separation Operations in Chemical Engineering. New York：John Wiley&Sons

King C J. 1980. Separation Processes. 2nd ed. New York：McGraw-Hill

第2章 精　　馏

2.1 概　　述

蒸馏是分离液体混合物的单元操作，分离的基本依据是各组分挥发性的差异。工业上实施蒸馏操作的方法有多种，包括平衡蒸馏(闪蒸)、简单蒸馏、分子蒸馏和精馏等。精馏是应用最广的蒸馏操作，借助回流的工程手段，可以得到高纯度的产品。据估计，90%～95%的产品提纯由精馏实现。

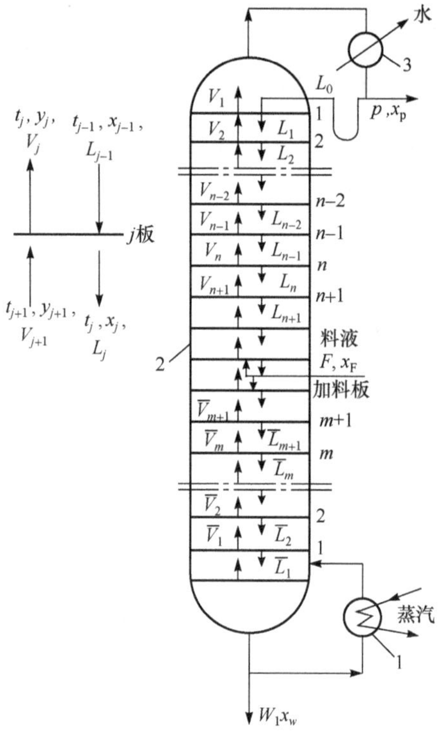

图 2-1　精馏装置中的物流示意图

1. 再沸器；2. 精馏塔；3. 冷凝器

精馏在精馏装置中进行，它由精馏塔、冷凝器和再沸器等构成，图 2-1 表明板式塔中汽液两相物流。塔底部存液被再沸器加热而部分汽化，蒸气沿塔逐板上升，使全塔处于沸腾状态。蒸气在塔顶冷凝器冷凝，一部分作为塔顶馏出液，一部分作为回流液回入塔顶，逐板下流，使塔中各板上保持一定液层，与上升气相密切接触，发生传热和传质。料液于塔中部的适当位置加入，其液相部分也逐板下流，直至再沸器；其蒸气部分则逐板上升，进入冷凝器。精馏塔中料液加入板称为加料板，加料板以上部分称为精馏段，加料板以下部分称为提馏段。

在塔的精馏段，料液中的蒸气和从提馏段来的蒸气一起与从塔顶回流来的液相逆流接触，进行传热和传质，液相中的易挥发组分汽化进入气相，而汽相中的难挥发组分则冷凝进入液相。随着气相的上升，其中易挥发组分的含量逐渐增大，只要两相在精馏段得到充分的接触传质，塔顶气相可以达到要求的易挥发组分的浓度。如果进料仅含两个组分，塔顶就能得到高纯度的易挥发物产品。在塔的提馏段，料液中液相和精馏段来的液体一起逐板下流，与塔釜汽化来的气相逆流接触，进行传热和传质。在液相下流过程中，其中易挥发组分逐渐脱除，即难挥发组分的含量逐渐增高。只要气液两相间得到充分接触，塔底液体中难挥发组分的浓度就能达到要求。如果进料仅含两个组分，塔底就能得到高纯度的难挥发物产品。由于塔顶是易挥发组分产物，塔顶温度最低；塔底是难挥发组分产物，塔底温度最高，整个塔温由下向上逐步降低。

精馏塔是精馏装置的核心。板式塔中的塔板是气液两相发生接触传质的场所；填料塔中汽液两相的接触传质则发生在湿润的填料表面，因此，塔中的塔板数或填料的湿润表面积是塔的分离能力的主要标志。

工业上待分离的料液大多是多组分的，如果含 c 组分的料液分离，要求得到 c 股高纯度产品，则需要 $c-1$ 座精馏塔。如何合理组织 c 座塔的分离序列，达到节省设备投资和节约能耗的目标，是一项值得研究的课题。

精馏操作由于没有另外溶剂加入，仅需加入热能和应用适当的冷却剂，就能得到高纯度产品，操作简单，一般比较经济，适用于各种浓度物料的分离，因此得到了广泛的应用。广泛的工业生产实践和研究使得精馏技术日趋成熟，它作为主要分离方法的地位不会动摇。

根据精馏操作的原理，可以预料普通精馏不适用于以下物料的分离：

(1) 待分离组分间的相对挥发度很接近于1。此时，它们的分离需要很大理论板数和很大的回流比，因此设备投资和操作费用很大，不经济。一般认为，当分离所需的理论板数大于100时，精馏已不适用。

(2) 待分离组分形成恒沸物。此时相对挥发度等于1，平衡的气液两相组成一样，普通精馏无法实现分离。

(3) 待分离物料是热敏性的，或是在高温下易发生聚合、结垢、分解等不良反应的。研究合适的阻聚剂，开发分离效率高、阻力降低的新型填料和塔板，能拓宽真空精馏对这类物料分离的适用范围。

(4) 待回收的组分是难挥发组分，且在料液中含量很低。此时能量消耗太大，不经济。

即使是上述四类物料，有时应用萃取精馏和恒沸精馏办法以及水蒸气精馏，也能经济合理地实现分离。

2.1.1 理论板、板效率和填料的理论板当量高度

精馏塔中气液两相在塔板上或填料表面接触传质，从而造成气相中易挥发组分含量在沿塔上升过程中逐步升高，而液相中易挥发组分含量在沿塔下降过程中逐步减少。发生在塔板或填料表面的传质过程十分复杂，两相间的传质量由传质速率和传质界面面积决定。传质系数和传质面积与物系的传递物性、流动状况、操作条件和设备结构尺寸等有关；传质推动力则与相平衡关系、操作条件、两相流动方式和各相的返混情况有关，板式塔中的雾沫夹带和漏液造成的级间返混对推动力产生不利影响。定量地确定传质速率和传质面积目前还不可能，物性(相平衡关系、力学和传递物性)、操作条件和设备结构三者交织在一起对它们产生影响。正因为塔中发生的传质过程十分复杂，必须采取适当的分解方法来进行分析研究。对于板式塔，引入理论板和板效率概念，对于填料塔，应用理论板和理论板当量高度(HETP)，使复杂的精馏过程得到了分解，对于精馏的认识深入了一大步。

理论板又称平衡级，是一个理想化了的进行两相间接触传质的场所。它符合如下三条假定：①进入该板的不平衡的物流在其间发生充分的接触传质，使离开该板的气液两相物流间达到相平衡；②在该板上发生接触传质的气液两相各自完全混合，板上各点的气相浓度和液相浓度各自一样；③该板上充分接触后的气液两相实现了机械上的完善分离，离开该板的气流中不挟带雾滴，液流中不挟带气泡，也不存在漏液。

对于两元精馏，可以用 t-x 图清楚地表明进出任意板 j 的各股物流间浓度关系(图 2-2)。进入 j 板的 V_{j+1} 和 L_{j-1} 由点 A_0 和 B_0 表示，互不平衡。在板上经接触传质后，分离为 V_j 和 L_j 离开塔板。当 j 板是理论板时，V_j 和 L_j 互相平衡，由

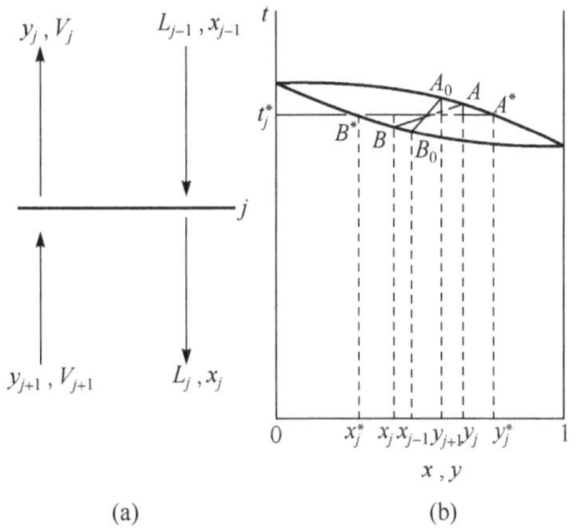

图 2-2 理论板

图中点 A^* 和 B^* 表示。此时塔板的温度可由计算 L_j 的泡点或 V_j 的露点得到。对于塔中的实际板，一般 V_j 和 L_j 不能达到相平衡，由图中点 A 和 B 表示。

为计及理论板和实际板的差异，引入板效率。当气液两相完全分离时，以气相浓度表示的板效率 E_{MV} 定义如下：

$$E_{MV}=\frac{y_j-y_{j+1}}{y_j^*-y_{j+1}} \tag{2-1}$$

式中：分子为气相经实际板接触传质后的增浓值；分母则为经理论板后的增浓值；效率为两者之比值。

引入理论板和板效率两个概念后，为达到规定分离要求，板式塔中所需实际板数的确定转变为确定所需理论板数和板效率两个问题。由后面的进一步分析可知，所需理论板数 N 只与相平衡关系、规定的分离要求和精馏操作参数(进料热状态、回流比或液气比)有关，表征物料达到规定分离要求的难易。板效率则综合考虑了传质速率、传质面积和级间返混等影响，与相平衡关系、物系的力学和传递物性、气液两相流率和设备结构等有关。

对于填料精馏塔，工程计算中通常采用 HETP 来计及传质效率，达到规定分离要求所需填料层高度 Z 由下式计算：

$$Z=N\cdot \text{HETP} \tag{2-2}$$

2.1.2 精馏操作开发的内容和步骤

对于多组分物料精馏分离过程和设备的开发，包括如下内容：①由多座塔构成的分离序列的合理安排；②精馏塔类型的选择；③单座精馏塔的设计计算，包括确定塔的直径和高度、适宜操作条件和参数，以及再沸器和冷凝器的设计计算。对于板式精馏塔还应进行塔板结构的设计计算；对于填料塔还应选择填料形式和尺寸，以及气体和液体分布器的设计。上述第一项内容将在以后章节中论述，第二项内容在各化工原理教科书中均有论述，本书不作讨论。关于单座塔的设计计算，通常按下述步骤进行：①确定塔的操作压力；②求取被分离物料在给定压力下的相平衡数据；③基于理论板概念，建立精馏操作的数学模型；④采用一定算法用计算机解算数学模型，经反复试算求出最佳操作参数(回流比和进料热状态)、所需理论板数和进料板位置；⑤对板式塔，确定板效率，将所需理论板数转换为实际板数；对于填料塔，选定填料形式和尺寸后，求 HETP，从而算得填料层高度；⑥对于板式塔，确定塔板形式，求算塔径、塔高以及塔板的结构尺寸；对于填料塔，计算塔径，进行液体和气体分布器的设计。最后一个问题在各化工原理教科书中有详细论述，本章不再重复。

应该指出，上述开发步骤的各步骤间往往存在关联，即后一步求得的结果对上一步计算结果是有影响的，因此往往需经过多次迭代计算。例如，塔的操作压力与物系相平衡之间是密切相关的，操作压力的计算需要已知相平衡关系，而确定相平衡关系则必须先知压力，因此需要迭代计算。

整个开发过程是数学模型方法和小试的结合。相平衡数据和点效率往往需由实验测定，再经分析整理应用到开发的设计计算中。对于板式精馏塔，因放大效应比较清楚，如果从文献资料上能查得相平衡数据，板效率也能从工业塔中取得，开发可以不经小试就得到满意的结果。如果待分离的物料比较复杂，其中含有哪些组分也不清楚，此时需应用经验开发的方法。对于填料塔，放大效应还不是十分清楚，需更多地依赖于实验研究，以确保开发结果可靠又经济。

2.2 气液相平衡

本章气液相平衡是研究蒸气相和液相间的平衡。气液相平衡关系是精馏操作分析和设计计算的基础，是精馏数学模型的一个基本方程，也是确定传质推动力所需的基本关系，因此十分重要。气液相平衡涉及的内容十分丰富，本节仅论述与精馏分析和设计计算有关的基础知识，解决精馏计算中经常进行的下列三类计算问题：

1）泡点计算

在一定压力(或温度)下，已知液相组成，确定泡点温度(或压力)和与液相成平衡的气相组成。

2）露点计算

在一定压力(或温度)下，已知气相组成，确定露点温度(或压力)和与气相成平衡的液相组成。

3）等温闪蒸计算

给定料液的量和组成，计算在指定压力和温度条件下闪蒸得到的气相量和组成，以及剩余的液相量和组成。

建立相平衡关系的出发点是由热力学导出的相平衡准则，即

$$T^{L}=T^{V} \qquad p^{L}=p^{V} \qquad \hat{f}_i^{L}=\hat{f}_i^{V} \tag{2-3}$$

即平衡时两相的温度和压力相同，两相中任一组分 i 的逸度也相等。

为解决上述三类计算问题，必须建立起逸度与 p、T 和组成间的关系。

2.2.1 相平衡关系的表示方法

在精馏的分析和计算中，通常用下述三种方法表示相平衡关系：

1）相图

主要用来表示两元系的相平衡关系，包括恒压下的 t-x 图和 y-x 曲线，以及恒温下的 p-x 图等。

2）相平衡常数 K

组分 i 的相平衡常数 K_i 的定义如下：

$$K_i=\frac{y_i}{x_i} \tag{2-4}$$

式中：y_i 和 x_i 分别表示 i 组分在平衡的气液两相中的摩尔分率。相平衡常数应用最广，是本节讨论的重点。

3）相对挥发度 α

组分 i 对组分 j 的相对挥发度 α_{ij} 的定义如下：

$$\alpha_{ij}=\frac{K_i}{K_j} \tag{2-5}$$

由此定义式可见，当 $\alpha_{ij}=1$ 时，组分 i 和 j 不能用蒸馏方法分离；α_{ij} 与 1 的差距越大，i 和 j 的分离越容易。对于比较接近理想溶液的物系，α_{ij} 受温度和组成的影响很弱，可以近似当作常数，计算可以简化。

2.2.2 求取相平衡常数的两条途径

气相和液相的逸度常通过其他一些辅助函数来表示。通常气相中组分 i 的逸度 $\hat{f}_i^{V}$ 表示为

$$\hat{f}_i^{V}=\hat{\varphi}_i^{V} y_i p \tag{2-6}$$

式中：$\hat{\varphi}_i^{\mathrm{V}}$ 为组分 i 的逸度系数；p 为总压。偶尔也表示成

$$\hat{f}_i^{\mathrm{V}}=f_i^{\mathrm{V}}\gamma_i^{\mathrm{V}}y_i \tag{2-7}$$

式中：f_i^{V} 为纯 i 组分气体在系统温度和压力下的逸度；γ_i^{V} 为组分 i 的气相活度系数。

液相中组分 i 的逸度常用下列两式表示：

$$\hat{f}_i^{\mathrm{L}}=\hat{\varphi}_i^{\mathrm{L}}x_i p \tag{2-8}$$

或

$$\hat{f}_i^{\mathrm{L}}=\gamma_i x_i f_i^{\circ} \tag{2-9}$$

式中：γ_i 为组分 i 的活度系数；f_i°为组分 i 的标准态逸度，通常取纯 i 组分液体在系统温度和压力下的逸度。对于不凝性组分，则取另一种标准态逸度(King，1980)。

结合式(2-6)和式(2-8)，导得 K_i 的基本式为

$$K_i=\frac{y_i}{x_i}=\frac{\hat{\varphi}_i^{\mathrm{L}}}{\hat{\varphi}_i^{\mathrm{V}}} \tag{2-10}$$

逸度系数可以从该物质的 p-V-T 关系或实测数据计算。研究状态方程或实测 p-V-T 数据，应用式(2-10)算得相平衡常数，是工程计算中获取相平衡常数的一条途径。

结合式(2-6)和式(2-9)，导得 K_i 的另一基本式为

$$K_i=\frac{y_i}{x_i}=\frac{\gamma_i f_i^{\circ}}{\hat{\varphi}_i^{\mathrm{V}}p} \tag{2-11}$$

$\hat{\varphi}_i^{\mathrm{V}}$ 由气相的 p-V-T 关系算得，γ_i 则按照适当的活度系数关联式求取，这是求得相平衡常数的另一条途径。目前，这一方法对液相非理想性强的系统更为合适。

结合式(2-7)与式(2-9)得

$$K_i=\frac{y_i}{x_i}=\frac{f_i^{\circ}\gamma_i}{f_i^{\mathrm{V}}\gamma_i^{\mathrm{V}}}$$

结合式(2-7)与式(2-8)得

$$K_i=\frac{y_i}{x_i}=\frac{p\hat{\varphi}_i^{\mathrm{L}}}{f_i^{\mathrm{V}}\gamma_i^{\mathrm{V}}}$$

以上两式很少应用。

2.2.3 气液相平衡系统的分类

根据分子间作用力的不同，气相可分为三类：

1) 理想气体

理想气体分子间的作用力和分子本身所占的体积均可以忽略，其 p-V-T 关系服从理想气体定律，即

$$p_i V_{\mathrm{t}}=n_i RT \tag{2-12a}$$

$$pV_{\mathrm{t}}=n_{\mathrm{t}}RT \tag{2-12b}$$

式中：p_i 为组分 i 的分压；n_i 和 n_{t} 分别为混合物中组分 i 和总的物质的量；V_{t} 为总体积；T 为系统的热力学温度；R 为摩尔气体常量。结合上两式可以导得道尔顿分压定律：

$$p_i=py_i \tag{2-13}$$

与式(2-6)对照可得，$\hat{f}_i^{\mathrm{V}}=p_i$，$\hat{\varphi}_i^{\mathrm{V}}=1$。

2) 实际气体的理想溶液

实际气体的理想溶液又称实际气体的理想混合物。此时相同分子间的作用力与相异分子

间的作用力相同，分子大小一样，气体混合时体积具有加和性。对此混合气体可以导得(见2.2.5)：

$$\hat{f}_i^{V}=y_i f_i^{V} \tag{2-14}$$

式中：f_i^{V} 为纯组分 i 气体在系统 p、T 条件下的逸度。

3) 实际气体

此时相同分子间的作用力不同于相异分子间的作用力，各组分的分子大小也不一样，是最一般情况。

与此类似，液相也可分为理想溶液和实际溶液(与实际气体对应)两类，但不存在理想气体那样的溶液。对于理想溶液，则

$$\hat{f}_i^{L}=x_i f_i^{\circ} \tag{2-15}$$

此式是一般化了的拉乌尔(Raoult)定律，f_i°为纯组分 i 液体在系统 p、T 条件下的逸度。

三类气相和两类液相可以组合成表 2-1 所示的五类气液相平衡系统，它们的相平衡常数计算式也列于表中，以后将分别予以进一步讨论。

表 2-1　汽液相平衡系统分类

液相 / 汽相	理想溶液	实际溶液
理想气体	$K_i=\dfrac{p_i^{s*}}{p}$	$K_i=\dfrac{\gamma_i p_i^{s}}{p}$
实际气体理想溶液	$K_i=\dfrac{f_i^{\circ}}{f_i^{V}}$	$K_i=\dfrac{\gamma_i f_i^{\circ}}{f_i^{V}}$
实际气体	实际不存在	$K_i=\dfrac{\gamma_i f_i^{\circ}}{\hat{\varphi}_i^{V} p}$

* p_i^{s} 为组分 i 的饱和蒸汽压。

2.2.4　逸度、逸度系数和焓的基本方程

由相律可知，一个均相混合物有 $c+1$ 个自由度。当混合物的组成给定时，在 p、V、T 三个变量中仅两个是独立的。根据选择 p 和 T 或 T 和 V 为独立变量，可以由热力学导出两组计算热力学性质的基本方程。下面仅介绍逸度、逸度系数和焓的基本方程。

1) 以 p 和 T 为独立变量的基本方程

逸度 $\hat{f}_i$ 和逸度系数 $\hat{\varphi}_i$ 的基本方程为

$$RT\ln\left(\frac{\hat{f}_i}{z_i p}\right)=RT\ln\hat{\varphi}_i=\int_0^p\left(\overline{V}_i-\frac{RT}{p}\right)\mathrm{d}p \tag{2-16}$$

式中：$\overline{V}_i$ 为组分 i 在混合物中的偏摩尔体积，$\overline{V}_i=\left(\dfrac{\partial V_t}{\partial n_i}\right)_{T,p,n_j}$；$z_i$ 为组分 i 的摩尔分率，计算汽相逸度代之以 y_i，计算液相逸度代之以 x_i。

摩尔焓 H 的计算式：

$$H=\frac{1}{n_t}\int_0^p\left[V_t-T\left(\frac{\partial V_t}{\partial T}\right)_{p,n_t}\right]\mathrm{d}p+\sum_i z_i H_i^{\circ} \tag{2-17}$$

式中：H_i°为纯组分 i 的理想气体于温度 T 时的摩尔焓。

对于纯组分 i，$V_i=\overline{V}_i$，式(2-16)可简化为

$$RT\ln\left(\frac{f_i}{p}\right)=\int_0^p\left[V_i-\frac{RT}{p}\right]\mathrm{d}p \tag{2-18}$$

或

$$\ln\left(\frac{f_i}{p}\right)=\int_0^p \frac{Z_i-1}{p}\mathrm{d}p \tag{2-19}$$

式中：Z_i 为纯组分 i 的压缩因子，$Z_i=pV_i/RT$。

2) 以 V 和 T 为独立变量的基本方程

逸度 f_i 和逸度系数 $\hat{\varphi}_i$ 的基本方程为

$$RT\ln\left(\frac{\hat{f}_i}{z_i p}\right)=RT\ln\hat{\varphi}_i=\int_{V_t}^{\infty}\left[\left(\frac{\partial p}{\partial n_i}\right)_{T,V_t,n_j}-\frac{RT}{V_t}\right]\mathrm{d}V_t-RT\ln Z \tag{2-20}$$

式中：Z 为混合物的压缩因子，$Z=pV_t/n_tRT$。

摩尔焓 H 的计算式：

$$H=\frac{1}{n_t}\int_{V_t}^{\infty}\left[p-T\left(\frac{\partial p}{\partial T}\right)_{V_t,n_t}\right]\mathrm{d}V_t+\frac{pV_t}{n_t}+\sum_i z_i U_i^{\circ} \tag{2-21}$$

式中：U_i°为纯组分 i 的理想气体于温度 T 时的摩尔热力学能

$$U_i^{\circ}=H_i^{\circ}-RT \tag{2-22}$$

对于具体的混合物，根据合适的状态方程是以 p 和 T、还是以 V 和 T 为独立变量，选择上列相应的基本方程，即能算出 $\hat{f}_i$、$\hat{\varphi}_i$ 和 H。由于大多数状态方程是以 V 和 T 为独立变量的，因此式(2-20)和式(2-21)更有用些。但在应用此两式时，它们的积分下限 V_t 为指定 p、T 和组成条件下混合物的总体积，需由状态方程解出，比较费时，需用计算机求解。

2.2.5 实际气体理想溶液的逸度 $\hat{f}_i^{V}$

实际气体理想溶液的体积由各组分体积加和得到，即

$$V_t=\sum_i n_i V_i \tag{2-23}$$

于是偏摩尔体积

$$\bar{V}_i=\left(\frac{\partial V_t}{\partial n_i}\right)_{p,T,n_j}=V_i \tag{2-24}$$

即各组分的偏摩尔体积与其摩尔体积相等。代入式(2-16)得

$$RT\ln\left(\frac{\hat{f}_i^{V}}{y_i p}\right)=\int_0^p\left(V_i-\frac{RT}{p}\right)\mathrm{d}p$$

与式(2-18)比较可得

$$\hat{f}_i^{V}=y_i f_i^{V} \tag{2-14}$$

此式称为路易斯-兰德尔规则，常用在实际气体的近似计算中。对于有些物系，例如 H_2-N_2 混合物，按此规则计算结果相当正确，有的则误差相当大。

对液体理想溶液，按照上述步骤可以得到一般化了的拉乌尔定律[式(2-15)]。

2.2.6 烃类系统相平衡常数的近似估计——*p*-*T*-*K* 列线图

烃类系统的相平衡常数求取十分重要。随着计算机应用的普及，采用状态方程进行其较严格的计算已获普遍应用，有关这方面的知识将在后面进一步论述。在近似估算中，还常从 p-T-K 列线等一类图线中查取 K 的近似值。

烃类系统的气液两相均较接近于理想溶液，故其相平衡常数 K 近似为

$$K_i=\frac{f_i^{\circ}}{f_i^{V}} \tag{2-25}$$

由于 f_i°和 f_i^{V} 仅与 p 和 T 有关，K_i 也仅是 p 和 T 的函数，与混合物的组成无关。

p-T-K 列线图是根据 BWR 状态方程的计算结果绘制而成（图 2-3），只要知道系统的温度和压力，就能从图上查得相平衡常数值。由于忽略了组成对 K 的影响，故查得的数值仅是 K_i 的概略值，其平均误差为 8%～15%，适用于 0.8～1MPa（绝对压力）以下的较低压区域。

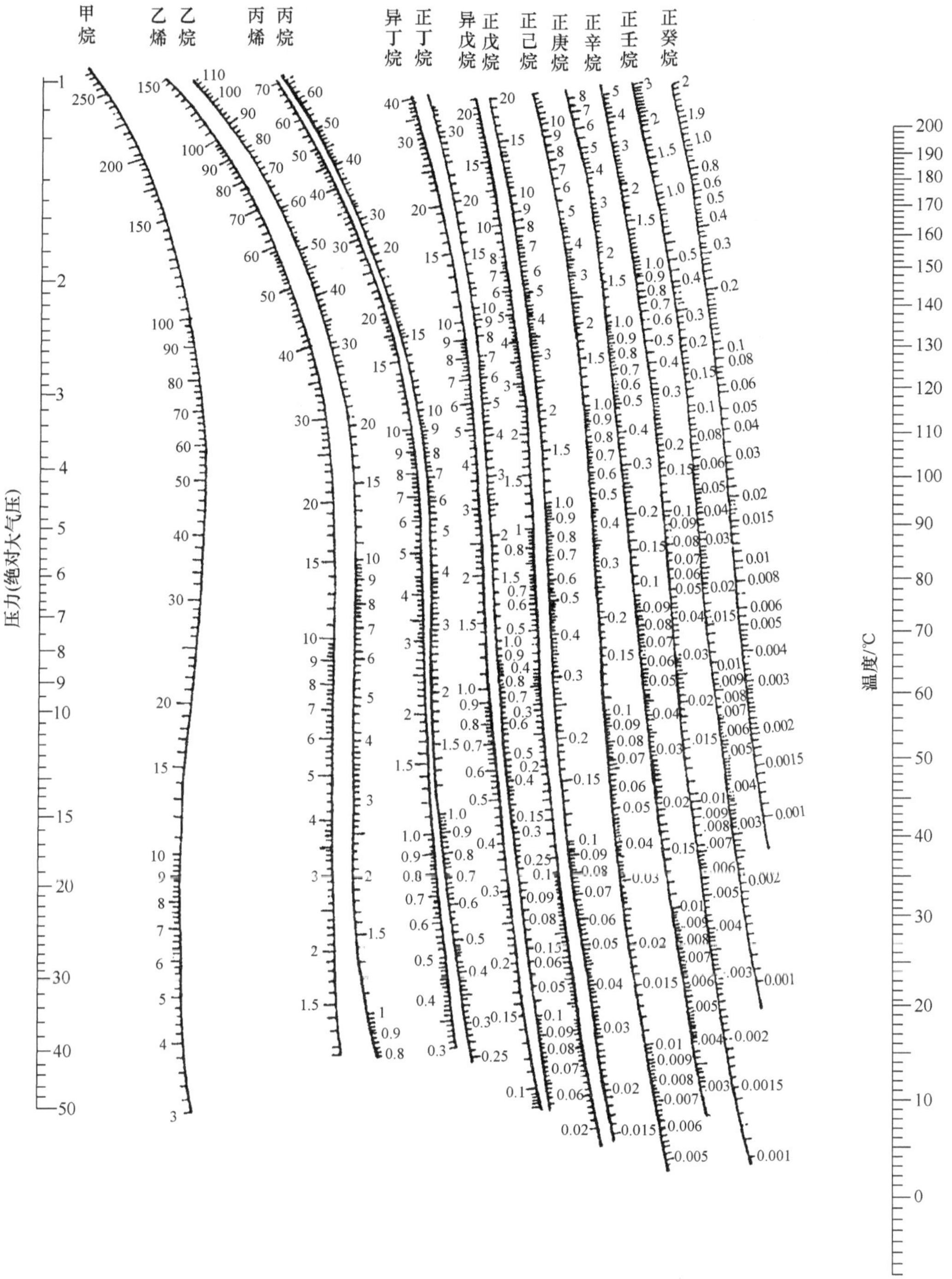

(a) 高温段

图 2-3　烃类的 p-T-K 图

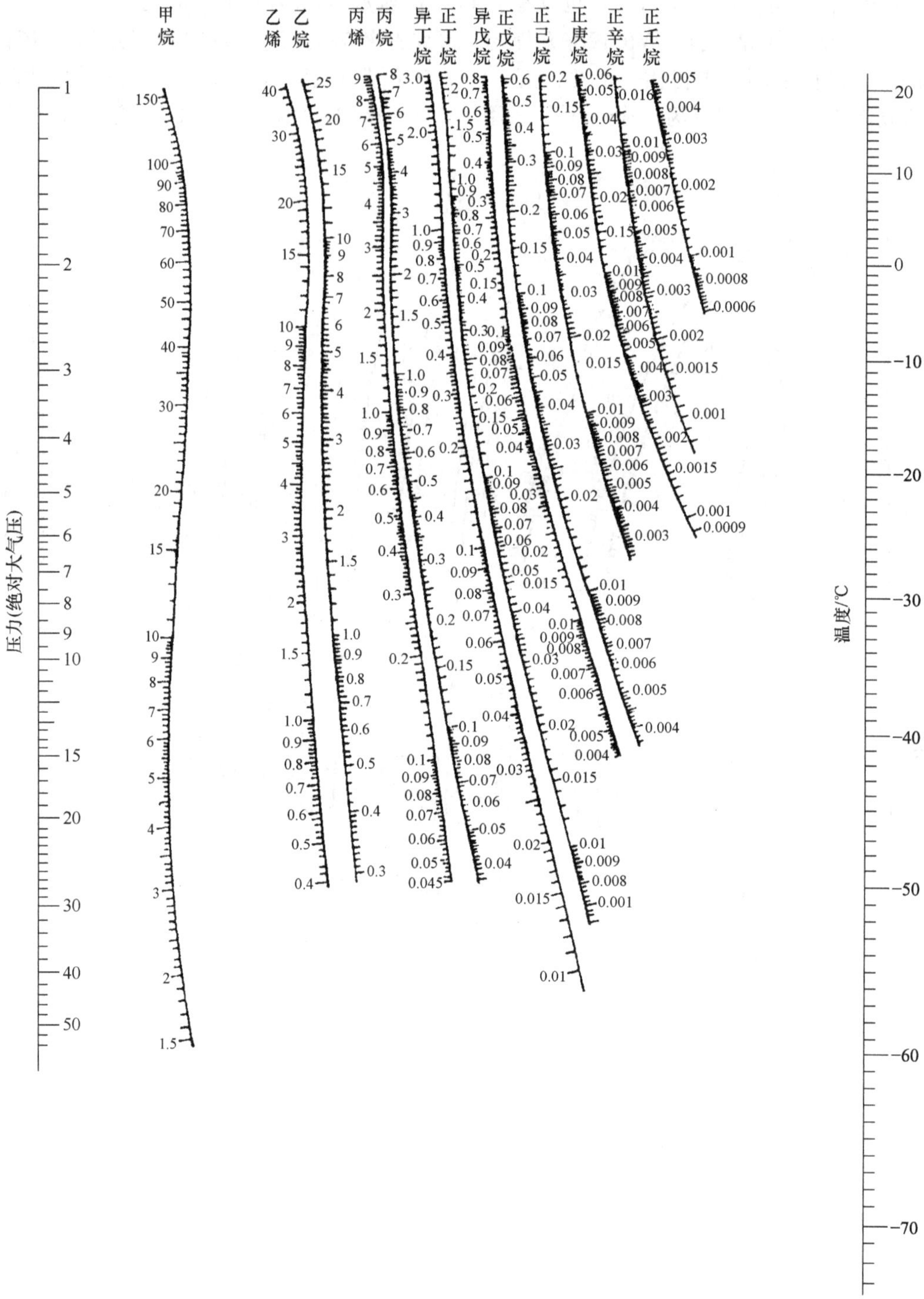

(b) 低温段 I

图 2-3(续)

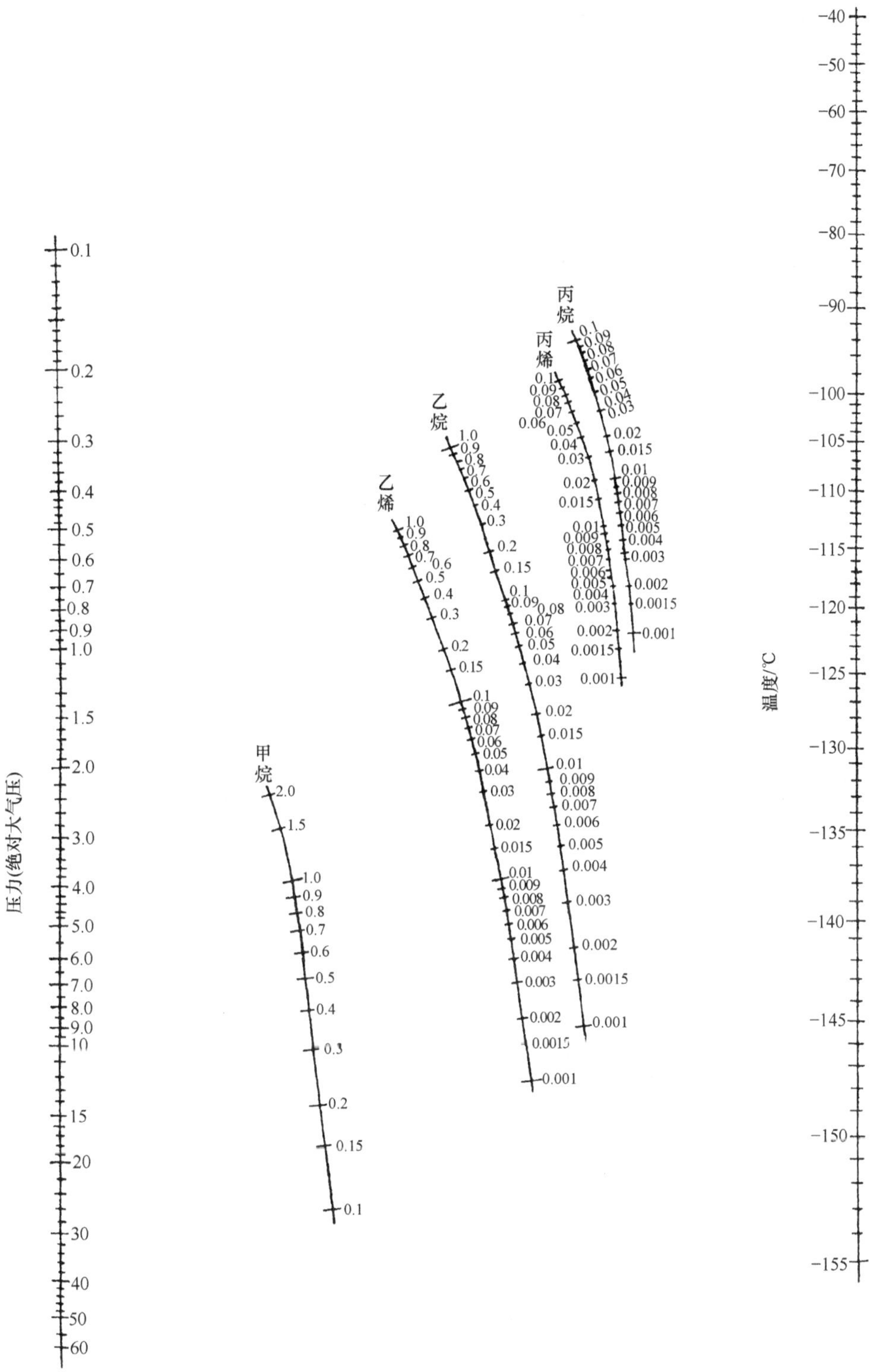
压力(绝对大气压)
0.1 0.2 0.3 0.4 0.5 0.6 0.7 0.8 0.9 1.0 1.5 2.0 3.0 4.0 5.0 6.0 7.0 8.0 9.0 10 15 20 30 40 50 60
甲烷
2.0 1.5 1.0 0.9 0.8 0.7 0.6 0.5 0.4 0.3 0.2 0.15 0.1
乙烯
1.0 0.9 0.8 0.7 0.6 0.5 0.4 0.3 0.2 0.15 0.1 0.09 0.08 0.07 0.06 0.05 0.04 0.03 0.02 0.015 0.01 0.009 0.008 0.007 0.006 0.005 0.004 0.003 0.002 0.0015 0.001
乙烷
1.0 0.9 0.8 0.7 0.6 0.5 0.4 0.3 0.2 0.15 0.1 0.09 0.08 0.07 0.06 0.05 0.04 0.03 0.02 0.015 0.01 0.009 0.008 0.007 0.006 0.005 0.004 0.003 0.002 0.0015 0.001
丙烯
0.1 0.09 0.08 0.07 0.06 0.05 0.04 0.03 0.02 0.015 0.01 0.009 0.008 0.007 0.006 0.005 0.004 0.003 0.002 0.0015 0.001
丙烷
0.1 0.09 0.08 0.07 0.06 0.05 0.04 0.03 0.02 0.015 0.01 0.009 0.008 0.007 0.006 0.005 0.004 0.003 0.002 0.0015 0.001
温度/℃
−40 −50 −60 −70 −80 −90 −100 −105 −110 −115 −120 −125 −130 −135 −140 −145 −150 −155

(c) 低温段 Ⅱ

图 2-3(续)

2.2.7 从维里状态方程计算逸度和逸度系数

维里状态方程有两种形式：

1）将压缩因子 Z 表示为摩尔体积倒数的幂级数

$$Z=\frac{pV}{RT}=1+\frac{B}{V}+\frac{C}{V^2}+\frac{D}{V^3}+\cdots \tag{2-26}$$

式中：B 为第二维里系数，与两个分子间的相互作用有关；C 为第三维里系数，反映三个分子间的相互作用；D 为第四维里系数。还有更高的维里系数，都有着类似的意义。所有维里系数均与压力无关，对于纯组分仅是温度的函数，对于混合物则还与组成有关。

显然式(2-26)属于 V 和 T 为独立变量的状态方程。

2）将压缩因子 Z 表示为压力 p 的幂级数

$$Z=\frac{pV}{RT}=1+B'p+C'p^2+D'p^3+\cdots \tag{2-27}$$

式中：B'、C'和 D'也是维里系数，同样与压力无关。该式属于 p 和 T 为独立变量的状态方程。

式(2-26)和式(2-27)中系数间存在如下关系：

$$B'=\frac{B}{RT} \tag{2-28}$$

$$C'=\frac{C-B^2}{(RT)^2} \tag{2-29}$$

$$D'=\frac{D-2BC+2B^3}{(RT)^3} \tag{2-30}$$

维里系数需由实验测定，第二维里系数的数据已较丰富，第三维里系数的数据较缺乏，至于第四维里系数等数据就更少了。鉴于此，常将式(2-26)和式(2-27)中的第二维里系数以后的各项截去，得

$$Z=\frac{pV}{RT}=1+\frac{B}{V} \tag{2-31}$$

和

$$Z=\frac{pV}{RT}=1+B'p=1+\frac{Bp}{RT} \tag{2-32}$$

由于截去了维里方程中的高次项，式(2-31)和式(2-32)只适用于中低压的气体。普劳斯尼茨建议式(2-31)适用于以下压力范围：

$$p<\frac{T}{2}\cdot\frac{\sum_i y_i p_{ci}}{\sum_i y_i T_{ci}} \tag{2-33}$$

或者粗略地估计，可以应用至密度达 $0.5\rho_c$ 左右的状态。式(2-32)的适用范围大致相当，可能压力范围还要窄些。

当维里方程应用于混合物时，混合物的维里系数与组成有关。理论可以证明：

$$B_m=\sum_i\sum_j y_i y_j B_{ij} \tag{2-34}$$

$$C_m=\sum_i\sum_j\sum_k y_i y_j y_k C_{ijk} \tag{2-35}$$

对第四、第五等维里系数也有类似的计算式。上述两式中 B_{ij} 为与组分 i 和 j 两分子间相互作用和碰撞有关的第二维里系数。B_{ii} 和 B_{jj} 则分别为纯组分 i 和纯组分 j 的第二维里系数。同样 C_{ijk} 则为与组分 i、j 和 k 三分子间相互作用和碰撞有关的第三维里系数，C_{iii}、C_{jjj}、C_{kkk} 则分

别为纯组分 i、j 和 k 的第三维里系数。

采用式(2-31)形式的维里方程，则可从式(2-20)导得逸度和逸度系数的计算式：

$$\ln\left(\frac{\hat{f}_i^{V}}{y_i p}\right)=\ln\hat{\varphi}_i^{V}=\frac{2}{V}\sum_j y_j B_{ij}-\ln Z \tag{2-36}$$

式中：

$$Z=1+\frac{B_m}{V} \tag{2-37}$$

采用式(2-32)，从式(2-16)可导得

$$\ln\left(\frac{\hat{f}_i^{V}}{y_i p}\right)=\ln\hat{\varphi}_i^{V}=\frac{p}{RT}\left[2\sum_j B_{ij}-B_m\right] \tag{2-38}$$

式(2-36)和式(2-38)在相平衡计算中是很有用的算式，除去由于略去维里方程中第二系数项后的高次项，使它们只能用于中等压力以下的气相外，别无其他限制，对二元和多元、极性和非极性混合物同样适用。经验表明，此两式具有同样的正确性。式中用到的第二维里系数除有较丰富的实验数据外，还有比较可靠的估算方法(Haydon et al.，1975)，应用比较方便。

2.2.8 应用 SRK 状态方程计算逸度、逸度系数和焓

能描述非极性物质及其混合物的气液两相 p-V-T 关系的状态方程有 SRK、PR 和 BWRS 等，前两个方程是对两参数的 RK 方程改进而得，既具有参数少、计算简单的优点，算得的相平衡常数又具有较高的正确度，与多参数的 BWRS 方程相当。因此，两者在非极性物系(主要是轻烃类)的相平衡计算中得到了广泛应用，只是两者算得的液相密度不如 BWRS 的正确。作为一个典型例子，本书仅对 SRK 方程作简要介绍。

SRK 状态方程为

$$p=\frac{RT}{V-b}-\frac{a}{V(V+b)} \tag{2-39}$$

式中

$$a=a_c\cdot\alpha(T) \tag{2-40}$$

如果令

$$A=\frac{ap}{R^2T^2} \tag{2-41}$$

$$B=\frac{bp}{RT} \tag{2-42}$$

式(2-39)可以改写为

$$Z^3-Z^2+Z(A-B-B^2)-AB=0 \tag{2-43}$$

当式(2-39)应用于纯组分 i 流体时

$$a_{ci}=0.42748\,\frac{R^2T_{ci}^2}{p_{ci}} \tag{2-44}$$

式中：T_{ci} 和 p_{ci} 为组分 i 的临界温度和临界压力。

$$\alpha_i(T)=\{1+m_i[1-(T/T_{ci})^{0.5}]\}^2 \tag{2-45}$$

$$m_i=0.48508+1.55171w_i-0.15613w_i^2 \tag{2-46}$$

式中：w_i 为组分 i 的偏心因子。式(2-46)是格拉博斯基等(Graboski et al.，1978)根据更多烃类物质的实测饱和蒸气压和气液平衡数据等回归得到的，与索弗原来建议的式中系数略有变动。

$$b_i=0.08664\,\frac{RT_{ci}}{p_{ci}} \tag{2-47}$$

当 SRK 方程应用于混合物时，方程中参数 a 和 b 需是混合物的。索弗采用 RK 方程原先应用的混合规则，即

$$a = \left(\sum_i z_i a_i^{0.5}\right)^2 \tag{2-48a}$$

$$b = \sum_i z_i b_i \tag{2-48b}$$

由式(2-20)和 SRK 方程可得

$$\ln\left(\frac{\hat{f}_i}{z_i p}\right) = \ln\hat{\varphi}_i = \frac{b_i}{b}(Z-1) - \ln(Z-B) - \frac{A}{B}\cdot\left(2\frac{a_i^{0.5}}{a^{0.5}} - \frac{b_i}{b}\right)\ln\left(1+\frac{B}{Z}\right) \tag{2-49}$$

应用式(2-48)混合规则，SRK 方程用于非极性组分混合物的汽液平衡计算时，一般均能获得满意的结果，但对含 H_2S、CO_2、CO、N_2 等的混合物计算误差较大。为改进预测精度，索弗建议混合物的参数 a 按下式计算：

$$a = \sum_i \sum_j (a_{ij} z_i z_j) \tag{2-50}$$

而

$$a_{ij} = (a_i a_j)^{1/2}(1-k_{ij}) \tag{2-51}$$

式中：k_{ij} 为相互作用因子，需根据实测汽液平衡数据推算。一般对于烃类，各组分间的 k_{ij} 可取为零，而 H_2S、CO_2、CO 和 N_2 相互间以及与烃类组分间必须计入 k_{ij}，文献中载有不少 k_{ij} 数据，可以查阅。

对于含 H_2 混合物，按上述公式计算其相平衡时，误差较大。格拉博斯基等对此作了研究，建议 H_2 的 $\alpha(T)$ 计算式如下：

$$\alpha_{H_2}(T) = 1.202\exp[-0.30228(T/T_{cH_2})] \tag{2-52}$$

同时 H_2 的临界性质和 w_{H_2} 取如下值：

$$T_{cH_2} = 41.7\text{K}, \quad p_{cH_2} = 2103\text{kPa}, \quad w_{H_2} = 0$$

发现取 H_2 与其他组分的 k_{ij} 均为零，已能算得较满意的 K 值。

当应用式(2-50)混合规则计算混合物的 a 时，相应的逸度和逸度系数计算式如下：

$$\ln\left(\frac{\hat{f}_i}{z_i p}\right) = \frac{b_i}{b}(Z-1) - \ln(Z-B) + \frac{A}{B}\left(\frac{b_i}{b} - \frac{z_i}{a}\sum_j z_i a_{ij}\right)\ln\left(1+\frac{B}{Z}\right) \tag{2-53}$$

混合物摩尔焓的计算式为

$$H = H_V^\circ + RT\left[Z - 1 - \frac{1}{B}\ln\left(\frac{Z+B}{Z}\right)\sum_i\sum_j z_i z_j A_{ij}\cdot\left(1+\frac{m_i T_{ri}^{0.5}}{2\alpha_i^{0.5}} + \frac{m_j T_{rj}^{0.5}}{2\alpha_j^{0.5}}\right)\right] \tag{2-54}$$

式中：$A_{ij} = \sqrt{A_i A_j}(1-k_{ij})$；$H_V^\circ$ 为理想气体的摩尔焓。

SRK 方程对气液两相均适用。当计算液相逸度、逸度系数和焓时，必须用液相压缩因子；在计算气相性质时，则需用气相压缩因子。因为 SRK 方程是压缩因子(或 V)的三次方程，在气液两相区有三个根，其中最大值为气相压缩因子 Z_V，最小值则为 Z_L，中间值则舍弃。

2.2.9 纯液体逸度的计算

液体混合物中各组分的逸度用式(2-9)计算时，必须要计算标准态逸度，这大都是纯液体逸度的计算。式(2-18)是此计算的基本式。为计算纯液体在 T 和 p 下的逸度，将式(2-18)的积分拆分为两部分，即

$$RT\ln\frac{f_i^\circ}{p} = \int_0^{p_i^s}\left(V_i - \frac{RT}{p}\right)dp + \int_{p_i^s}^{p}\left(V_i^L - \frac{RT}{p}\right)dp$$

上式右方第一项积分算得的是饱和蒸气 i(处于系统温度 T 和饱和蒸气压 p_i^s 下)的逸度 f_i^s,该逸度与饱和液体的逸度相等(两者处于平衡状态)。第二项积分计算的是将液体从 p_i^s 压缩至 p 时逸度变化值。于是上式可以进一步写为

$$RT\ln\frac{f_i^\circ}{p}=RT\ln\frac{f_i^s}{p}+\int_{p_i^s}^{p}V_i^L\mathrm{d}p-RT\ln\frac{p}{p_i^s}$$

整理后可得

$$f_i^\circ=p_i^s\varphi_i^s\exp\int_{p_i^s}^{p}\frac{V_i^L}{RT}\mathrm{d}p=p_i^s\varphi_i^s\psi_i \tag{2-55}$$

式中:φ_i^s 为饱和蒸气 i 的逸度系数,$\varphi_i^s=f_i^s/p_i^s$;ψ_i 称为波因丁因子,$\psi_i=\exp\int_{p_i^s}^{p}\frac{V_i^L}{RT}\mathrm{d}p$。

由式(2-55)可见,纯液体 i 于 T 和 p 时的逸度等于该温度时的饱和蒸气压乘以两项校正系数。虽然严格说来 V_i^L 是温度和压力的函数,但当远离临界点时可以当作常数,于是式(2-55)可简化为

$$f_i^\circ=p_i^s\varphi_i^s\exp\left[\frac{V_i^L(p-p_i^s)}{RT}\right] \tag{2-56}$$

波因丁因子常接近于 1,仅在高压时才有明显作用。如取 $V_i^L=100\text{L/kmol}$,$T=300\text{K}$,可以算得:

$(p-p_i^s)$/MPa	0.1	1.0	10.0	100.0
ψ_i	1.004	1.041	1.499	57.0

当系统压力较低时(如 0.1MPa),$f_i^\circ=p_i^s$。

2.2.10 活度系数与过剩自由焓的关系

对于与理想溶液偏离较小的烃类溶液等,其中各组分的逸度可用适当的状态方程计算。但对另一类生产中常见的极性溶液,它们的非理想性一般较强,至今尚无成熟的状态方程可以应用。因此,这类溶液中各组分的逸度常用式(2-9)计算,计算的关键是活度系数 γ_i 的求取。

热力学导得如下的活度系数与过剩自由焓关系式:

$$G_t^E=\sum_i(n_iRT\ln\gamma_i) \tag{2-57}$$

和

$$\left(\frac{\partial G_t^E}{\partial n_i}\right)_{T,p,n_j}=RT\ln\gamma_i \tag{2-58}$$

如果能建立起适当的过剩自由焓的数学模型,就能按式(2-58)建立活度系数的计算式。式(2-58)是建立活度系数计算式的基本方程。

根据自由焓的定义 $G=H-TS$,可得

$$G^E=H^E-TS^E \tag{2-59}$$

式中:H^E 和 S^E 分别为过剩焓和过剩熵。当纯液体混合成理想溶液时,混合焓 $\Delta H^{id}=0$,故 H^E 即为由纯液体混合成实际溶液时所产生的摩尔热效应。纯液体混合成理想溶液时的混合熵 ΔS^{id} 为

$$\Delta S^{id}=-R\sum_i(x_i\ln x_i) \tag{2-60}$$

因此混合成实际溶液时总的超额熵 S_t^E 为

$$S_t^E = \Delta S_t - \Delta S_t^{id} = \Delta S_t + R\sum_i (n_i \ln x_i) \tag{2-61}$$

式中：ΔS_t 为混合成实际溶液时总的熵变(混合熵)。

文献中已发表有许多 G^E 的关联式，其中一部分是经验性的，而另一部分则是以某种溶液理论为基础的半经验方程。现常用的半经验方程大多从下述简化的两大类溶液中得出：

(1) 正规溶液。这类溶液的 $S^E=0$，非理想的原因是 $H^E \neq 0$，即 $G^E=H^E$。沃尔方程是以正规溶液为基础得出的，从中再结合适当的假设，可以导出熟知的活度系数计算式范拉尔方程和马古斯方程。

(2) 无热溶液。这类溶液的 $H^E=0$，其非理想的原因是 $S^E \neq 0$，因此 $G^E=-TS^E$。现在获得广泛应用的威尔逊方程、NRTL 方程和 UNIQUAC 方程都是以无热溶液为基础的。

2.2.11 沃尔型方程

沃尔型方程以正规溶液为基础，在总结归纳范拉尔和马古斯等 G^E 方程后由沃尔提出，即

$$\frac{G^E}{RT\sum_i q_i x_i} = \sum_i\sum_j Z_i Z_j a_{ij} + \sum_i\sum_j\sum_k Z_i Z_j Z_k a_{ijk} + \sum_i\sum_j\sum_k\sum_l Z_i Z_j Z_k Z_l a_{ijkl} + \cdots \tag{2-62}$$

式中：Z_i 为混合物中组分 i 的有效体积分数，其定义为

$$Z_i = \frac{q_i x_i}{\sum_j q_j x_j} \tag{2-63}$$

式中：x_i 为组分 i 的摩尔分率；q_i 为组分 i 的有效摩尔体积；a_{ij}、a_{ijk} 和 a_{ijkl} 分别为相应下标的分子对、三分子基团和四分子基团的相互作用参数，其中 $a_{ii}=0$，$a_{ij}=a_{ji}$，$a_{iii}=0$，$a_{ijk}=a_{ikj}=a_{jik}=a_{jki}=a_{kij}=a_{kji}$ 等。

对式(2-62)进行适当简化，并对 q_i 赋以各种不同假定，可以导出活度系数计算的范拉尔方程和马古斯方程等，详细列于表 2-2 中。

表 2-2 两元系范拉尔和马古斯活度系数方程

范拉尔方程	推导中假设：①略去式(2-62)中四分子基团以上的相互作用项 ②令 $A_{12}=q_1(2a_{12}+3a_{122})$，$A_{21}=q_2(2a_{12}+3a_{112})$ ③规定 $A_{12}/A_{21}=q_1/q_2$ 过剩自由焓：$\frac{G^E}{RT}=\frac{A_{12}A_{21}}{A_{12}x_1+A_{21}x_2}x_1x_2$ (2-64) 活度系数方程：$\ln\gamma_1=\frac{A_{12}}{\left(1+\frac{A_{12}x_1}{A_{21}x_2}\right)^2}$ (2-65a) $\ln\gamma_2=\frac{A_{21}}{\left(1+\frac{A_{21}x_2}{A_{12}x_1}\right)^2}$ (2-65b) A_{12} 和 A_{21} 为模型参数，需由实测平衡数据推算得到
马古斯方程	推导中假设：前两个假设同范拉尔方程，另规定 $q_1=q_2$ 过剩自由焓：$\frac{G^E}{RT}=x_1x_2(A_{21}x_1+A_{12}x_2)$ (2-66) 活度系数方程：$\ln\gamma_1=x_2^2[A_{12}+2(A_{21}-A_{12})x_1]$ (2-67a) $\ln\gamma_2=x_1^2[A_{21}+2(A_{12}-A_{21})x_2]$ (2-67b) A_{12} 和 A_{21} 为模型参数，由实测平衡数据推算

对于三元溶液,同样忽略四分子基团以上的相互作用,并令 $q_1=q_2=q_3$,可以导得

$$\ln\gamma_1=x_2^2[A_{12}+2x_1(A_{21}-A_{12})]+x_3^2[A_{13}+2x_1(A_{31}-A_{13})]+x_2x_3[A_{21}+A_{13}-A_{32}+2x_1(A_{31}-A_{13})+2x_3(A_{32}-A_{23})-C(1-2x_1)] \quad (2\text{-}68)$$

$\ln\gamma_2$ 的计算式可由 $\ln\gamma_1$ 计算式中各变量的下标作 $1\rightarrow2\rightarrow3\rightarrow1$ 的变换而得;$\ln\gamma_3$ 则由 $\ln\gamma_2$ 计算式作上述同样的下标变换得到。

式(2-68)中 A_{12} 和 A_{21} 为组分 1 和 2 构成的两元系参数,A_{13} 和 A_{31} 以及 A_{23} 和 A_{32} 具有类似的意义。C 为表征三元系性质的参数,需由实测的三元系平衡数据推算得到。因此,不能单用两元系的数据来正确推断三元系的活度系数。可以预料,对于组分数更多的溶液,各组分活度系数的计算式将更复杂,而且包含有一个参数,需要用该多元溶液的实测相平衡数据来确定。换句话说,沃尔型方程导得的活度系数方程几乎没有预测的作用,只能起到实测数据的方程拟合作用。

两元系的范拉尔方程和马古斯方程局限性较大。一般认为只有当方程中两个参数之比小于 1.6,两个参数值小于 3.0(即无限稀释活度系数小于 20)时,此两方程才适用,对非理想性很强的溶液,此两方程都不适用。当活度系数值超过 7 时,范拉尔方程可能会作出存在两个液相的错误预测。此外,范拉尔方程对于 $\ln\gamma\text{-}x$ 的曲线出现最高或最低点的物系不适用;马古斯方程对于两组分的摩尔体积比超过 2 的物系不适用。

2.2.12 以局部组成概念为基础的活度系数方程——威尔逊、NRTL 和 UNIQUAC 方程

自从威尔逊(Wilson)于 1964 年首次提出以局部组成概念为基础的 G^E 函数模型及活度系数方程取得成功以来,相继又有以局部组成概念为基础的一些 G^E 模型和活度系数方程提出,其中 NRTL 和 UNIQUAC 方程得到了广泛应用。对此三个方程列表介绍于表 2-3。

表 2-3 应用局部组成概念的活度系数方程

<table>
<tr>
<td>威尔逊方程</td>
<td>过剩自由焓: $\dfrac{G^E}{RT}=-\sum_i x_i\ln\left(\sum_j \Lambda_{ij}x_j\right)$ (2-69)
活度系数:两元系 $\ln\gamma_1=-\ln(x_1+\Lambda_{12}x_2)+x_2\left(\dfrac{\Lambda_{12}}{x_1+\Lambda_{12}x_2}-\dfrac{\Lambda_{21}}{\Lambda_{21}x_1+x_2}\right)$ (2-70)
将上式中下标 1 和 2 交换可得 γ_2 的计算式
多元系 $\ln\gamma_i=1-\ln\left(\sum_j \Lambda_{ij}x_j\right)-\sum_k \dfrac{\Lambda_{ki}x_k}{\sum_j \Lambda_{kj}x_j}$ (2-71)
参数:$\Lambda_{ij}=\dfrac{V_j^L}{V_i^L}\exp[-(\lambda_{ij}-\lambda_{ii})/RT]$,$\Lambda_{ij}$ 为威尔逊参数;$\lambda_{ij}-\lambda_{ii}$ 为组分 i 和 j 间的两元交互作用能量参数;V_i^L、V_j^L 分别为纯液体 i 和 j 的摩尔体积
特点:① 仅需用有关两元系的参数 Λ_{ij} 和 Λ_{ji} 即能预计多元系的活度系数
② 适用范围广,对酮、醇、醚、腈和酯类以及含水、硫、卤化物的互溶系统均有较高正确度
③ λ_{ij} 基本上与温度无关,因此活度系数方程中包括了温度的影响
④ 不能预计液液平衡时的活度系数</td>
</tr>
</table>

NRTL(有规双液)方程	过剩自由焓：$\frac{G^{E}}{RT} = \sum_{j} x_i \frac{\sum_{j}\tau_{ji}G_{ji}x_j}{\sum_{k}G_{ki}x_k}$ (2-72) 活度系数：两元系 $\ln\gamma_1 = x_2^2\left[\frac{\tau_{21}G_{21}^2}{(x_1+x_2G_{21})^2}+\frac{\tau_{12}G_{12}}{(x_2+x_1G_{12})^2}\right]$ (2-73) 将上式中下标 1 和 2 交换，即得 γ_2 的计算式 多元系 $\ln\gamma_i = \frac{\sum_{j}\tau_{ji}G_{ji}x_j}{\sum_{k}G_{ki}x_k} + \sum_{j}\frac{x_jG_{ij}}{\sum_{k}G_{kj}x_k}\left[\tau_{ij} - \frac{\sum_{l}\tau_{lj}G_{lj}x_l}{\sum_{k}G_{kj}x_k}\right]$ (2-74) 参数：$\tau_{ij} = (g_{ij}-g_{jj})/RT$，其中 $g_{ij}-g_{jj}$ 为组分 i 和 j 的两元交互作用能量参数；$G_{ij} = \exp(-\alpha_{ij}\tau_{ij})$，其中 α_{ij} 为模型参数之一，通常在 0.2～0.47 之间 特点：具有威尔逊方程特点②和③类同的性质，而且还适用于液液平衡，不过需要有关两元系的三个模型参数(τ_{ij}、τ_{ji} 和 α_{ij})才能预计多元系的相平衡 经验表明，对于汽液相平衡的预测精度比威尔逊方程的稍差一点，但对含水系统的预计精度很好
UNIQUAC(通用似化学)方程	过剩自由焓：$G^{E} = G_c^{E}(组合)+G_R^{E}(剩余)$ (2-75) $G_c^{E}/RT = \sum_{i}x_i\ln\frac{\varphi_i}{x_i}+\frac{z}{2}\sum_{i}q_ix_i\ln\frac{\theta_i}{\varphi_i}$ (2-76a) $G_R^{E}/RT = -\sum_{i}q_i'x_i\ln\left(\sum_{j}\theta_j'\tau_{ji}\right)$ (2-76b) 活度系数：两元系 $\ln\gamma_1 = \ln\frac{\varphi_1}{x_1}+\frac{z}{2}q_1\ln\frac{\theta_1}{\varphi_1}+\varphi_2\left(l_1-\frac{r_1}{r_2}l_2\right)-q_1'\ln(\theta_1'+\theta_2'\tau_{21})+\theta_2'q_1'\left(\frac{\tau_{21}}{\theta_1'+\theta_2'\tau_{21}}-\frac{\tau_{12}}{\theta_1'\tau_{12}+\theta_2'}\right)$ (2-77) 将上式中下标 1 和 2 交换，可得到 γ_2 的计算式 多元系：$\ln\gamma_i = \ln\gamma_i^{c}+\ln\gamma_i^{R}$ (2-78) $\ln\gamma_i^{c} = \ln\frac{\varphi_i}{x_i}+\frac{z}{2}q_i\ln\frac{\theta_i}{\varphi_i}+l_i-\frac{\varphi_i}{x_i}\sum_{j}x_jl_j$ (2-79a) $\ln\gamma_i^{R} = -q_i'\ln\left(\sum_{j}\theta_j'\tau_{ji}\right)+q_i'-q_i'\sum_{j}\frac{\theta_j'\tau_{ij}}{\sum_{k}\theta_k'\tau_{kj}}$ (2-79b) 参数：$\tau_{ij} = \exp[-(u_{ij}-u_{jj})/RT]$，其中 $u_{ij}-u_{jj}$ 为组分 i 和 j 的两元交互作用能量参数；z 为配位数，通常取为 10；$l_i = \left(\frac{z}{2}\right)(r_i-q_i)-(r_i-1)$；$q_i$、$q_i'$ 为组分 i 的表面积参数，除一元醇和水的 $q_i \neq q_i'$ 外，其余 $q = q'$；r_i 为组分 i 的体积参数；$\theta_i = \frac{q_ix_i}{\sum_{j}q_jx_j}$，$\theta_i' = \frac{q_i'x_i}{\sum_{j}q_j'x_j}$ 为组分 i 的平均表面积分数；$\varphi_i = \frac{r_ix_i}{\sum_{j}r_jx_j}$ 为组分 i 的平均体积分数 特点：具有威尔逊方程的特点①～③类似的特点，还适用于液液平衡和大分子聚合物溶液。但其计算式较复杂，预测普通汽液平衡的精度比威尔逊方程略微差一点

自从 1964 年威尔逊提出局部组成概念以后，相平衡的计算取得了长足的进步，解决了不少工程问题，但是还有不少课题有待进一步研究，例如电解质溶液、聚合物溶液、表面活性剂系统和接近临界点的高压相平衡等。积累实测平衡数据，开发更通用的状态方程，研究溶液理论，建立新的剩余自由焓模型，均是活跃的研究领域。

由物系中各纯物质的性质推算相平衡数据，特别是活度系数，一直是人们期望的。在工程计算中得到应用的推算方法有三种，即溶解度参数法、ASOG 模型和 UNIFAC 模型(参见文献 *Prausnitz*，1969；Gmehling et al.，1993)。溶解度参数法只需要纯组分的溶解度参数和液相摩尔体积，但预测精度相当差，即使对烃类物系也如此。ASOG 和 UNIFAC 模型均基于混合液中各组分的分子中的官能团概念，两者各自有特定的官能团划分法。构成一个模型，必须有活度系数的计算式、官能团的划分法和各官能团间的交互作用参数，UNIFAC 模型还需各官能团的面积参数和体积参数。当预计活度系数所需的上述基本数据均具备时，此两模型的预计精度大致相当。到目前为止，UNIFAC 模型的基本数据比 ASOG 模型的更完备些，应用也较广。如果预计 γ_i 所需的基本数据均具备，γ_i 的预计精度已达一定水平，误差一般小于 10%～15%，至少据此 γ_i 算出的相平衡常数可以用来判别该混合物是否适合用精馏操作分离，对于多元系中含量较少又不起重要作用的组分，用这种活度系数模型估算也较合适，可以节省平衡数据测定的工作。

2.2.13 从实测的气液平衡数据求取活度系数方程中的参数

在活度系数的计算式中，均有一些特定的参数，它们需要从实测的汽液平衡数据推算得到。

应用无限稀释活度系数推算最简便。例如两元系范拉尔方程和马古斯方程中的参数为

$$A_{12}=\ln\gamma_1^{\infty} \qquad A_{21}=\ln\gamma_2^{\infty} \tag{2-80}$$

威尔逊方程中的参数由下列两方程联列求解得到：

$$1-\ln\Lambda_{12}-\Lambda_{21}=\ln\gamma_1^{\infty} \tag{2-81a}$$

$$1-\ln\Lambda_{21}-\Lambda_{12}=\ln\gamma_2^{\infty} \tag{2-81b}$$

但是无限稀释活度系数的测定和推算精度尚存在问题，据此推算出来的参数用来预计全浓度范围的活度系数，同样存在正确性问题。

对于存在恒沸物的物系，根据恒沸点的组成、温度和压力推算方程参数是一个实用办法。由于恒沸点的测定比较精确，尤其当恒沸物浓度在 0.25～0.75 范围时，据此得到的参数正确度尚可。但当恒沸组成在两端时，推算得到的参数正确度较差。

更加普遍采用的推算参数的方法是应用全浓度范围测得的 p-T-x-y 平衡数据，建立一定的目标函数，应用非线性最小二乘法等一类方法求得。原则上只要一点 p-T-x-y 数据就可以确定方程参数，但因实测数据总存在一定误差，用一点数据求得的参数正确性有问题。应用全浓度范围实测的平衡数据，采用非线性最小二乘法等方法，就能消除或减少测定误差对估得的参数值的影响，提高活度系数计算的正确性。

应用非线性最小二乘法，首先需建立一个表示计算值和实测值间误差的目标函数，当此目标函数达到最小值时的参数即为所求参数的最佳值。目标函数的形式有多种，需根据活度系数方程的具体应用来决定。例如希望推算结果兼顾到气相组成和沸点正确性，可以采用如下目标函数：

$$\psi=\sum_j\left\{(y_{1\text{实}}-y_{1\text{计}})_j^2+\left(\frac{p_{\text{实}}-p_{\text{计}}}{p_{\text{实}}}\right)_j^2\right\} \tag{2-82}$$

式中：下标“实”和“计”分别代表实测值和计算值。

2.2.14 相平衡常数计算方法的选择

在精馏的操作分析、设计计算和优化中，相平衡常数 K 是最重要的性质，其适宜计算方法的选择对于结果的正确可靠和耗费计算机的计算时间起着决定性的影响。经验表明，在分离流程和精馏的模拟计算中，K 的计算将耗费大量机时，在两个流程模拟的计算实例中，用于 K

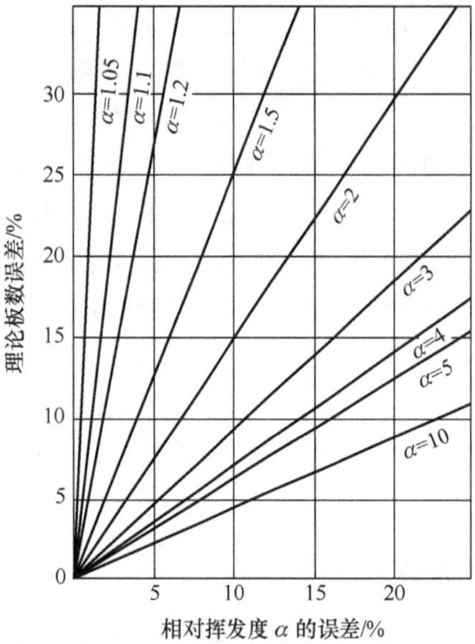

图 2-4 相对挥发度及其误差对理论板数正确度的影响

计算的时间占总耗时的 40%～50%。计算结果的正确性则与相对挥发度的大小及其误差密切相关，图 2-4清楚地表明了此关系。该图用简捷法算得，假定 α 为常数，对于非理想物系不大正确，不过表明的定性倾向是确定无疑的。该图清楚地表明，α 值越小，α 误差的影响越大，因此要求 α(即 K)的正确度更高。有人推荐，如果 $\alpha<2.0$，必须使用基于实验数据的模型来计算相平衡；如 $\alpha<1.2$，则不仅模型需有实验数据为基础，还应经过工业实践证明。

分离物系的性质和操作压力是决定 K 计算方法的主要因素。对于中低压下分离的非理想物系，宜选用汽相逸度系数由状态方程计算，液相活度系数由活度系数方程计算的方法。此时只要活度系数方程中的交互作用参数由高质量的实测数据导得，计算得到的相对挥发度的平均相对误差能低于 1%～2%。需要注意的是，交互作用参数的适用范围也不宜外推，尤其对于 α 小的物系，否则难保计算结果的正确性。实践证明，威尔逊方程和 UNIQUAC 方程适用于绝大多数场合，其中威尔逊方程用于汽液平衡计算的精度一般较好，UNIQUAC 方程更适用于分子大小差别较大的物系，NRTL 方程对于含水物系的计算精度更好些。在缺乏相平衡实测数据时，对于混合液中含量少、对分离不起重要作用的组分，可以用 UNIFAC 或 ASOG 模型进行估算。

对于各种压力下分离的非极性组分混合物(烃类)，宜采用 SRK、PR 或 BWRS 状态方程计算相平衡常数，应用一般化的参数算得的相对挥发度的误差小于 5%～10%。如果求混合物参数 α 的混合规则中包含 k_{ij}[式(2-51)]，其值由实验数据推算得到，计算精度可以提高。除含氢量较多物系外，大都采用 SRK 或 PR 方程，因为它们的计算简单、省时，预测平衡常数的精度并不比 BWRS 方程差。当处理烃类水溶液时，PR 和 SRK 方程也能得到满意结果。当 SRK 或 PR 方程用于混合物的临界点附近时，误差较大，只能采用多参数状态方程。

对于高压下分离的极性组分混合物，目前尚无可靠的相平衡常数计算方法。因为活度系数方程仅适用于中低压区域，而尚无状态方程适用于极性组分的混合液。

2.2.15 多组分系统的泡点计算

泡点计算在精馏计算中大量反复进行，用来确定塔板温度和塔的操作压力。由于其运算次数很大，因此提高此计算的收敛稳定性和速度十分重要。

泡点计算分为泡点温度和泡点压力两类，以下进行分别讨论。

1. 泡点温度计算

此时给定的是液相组成 $\boldsymbol{x}$ 和总压 p，计算确定刚开始沸腾的温度(泡点温度)和产生的气相平衡组成 $\boldsymbol{y}$。计算依据的方程有：

(1) 相平衡关系

$$y_i=K_i x_i \quad (i=1,c) \tag{2-83}$$

(2) 气液相摩尔分率加和归一方程

$$\sum_i y_i = 1, \quad \sum_i x_i = 1 \tag{2-84}$$

(3)相平衡常数关联式

$$K_i = f_i(p, T, \boldsymbol{x}, \boldsymbol{y}) \quad (i=1,c) \tag{2-85}$$

以上方程组中共有变量数 $3c+2$，独立方程数为 $2c+2$，自由度数$=(3c+2)-(2c+2)=c$。因此，给定 p 和 $c-1$ 个 x_i，上述方程组有唯一解。因为上述方程对 T 和 y_i 是非线性的，需用迭代解法。

1) 手算

当 K_i 仅是 p 和 T 的函数时，泡点温度可用手算方便地完成。计算步骤为：

(1) 假设泡点温度初值 T(参照各组分的沸点和含量设定)。

(2) 由 T 和 p 得到 K_i(例如烃类查 p-T-K 列线图)。

(3) 计算 $y_i = K_i x_i$，再对 y_i 加和，$S_y = \sum_i y_i$，如果 $|1-S_y|$ 小于某个允许误差，计算完成，T 即为泡点温度 T_b，并同时得到 K_i；如果 $|1-S_y|$ 较大，则需重新调整假设温度，返回步骤(2) 进行迭代计算。

温度调整可以参照 S_y 值进行：如果 $S_y>1$，表明 K_i 偏大，因此原来假设温度偏高，参照 S_y 值大小重新设定较低值 T；如果 $S_y<1$，则重设较高的 T。

【例 2-1】 脱丁烷塔塔顶压力为 2.3MPa，采用全凝器，塔顶产品组成为：

表 2-4

组　分	甲烷(1)	乙烯(2)	乙烷(3)	丙烯(4)
x_{Di}	0.0132	0.8108	0.1721	0.0039

试计算塔顶产品的饱和温度。

解 塔顶产品的饱和温度即为其泡点温度，计算如下：

(1) 设 $T=-18$℃，查图 2-3(b)得

$$K_1=5.06, \quad K_2=1.06, \quad K_3=0.72, \quad K_4=0.20$$

$$S_y = \sum_i y_i = \sum_i K_i x_i = 5.06\times0.0132+1.06\times0.8108+0.72\times0.1721+0.20\times0.0039=1.0509$$

S_y 偏离 1 较大，需重新计算。因 $S_y>1$，应调低温度。

(2) 重设 $T-=22$℃，查图 2-3(b)得：

$$K_1=4.80, \quad K_2=0.97, \quad K_3=0.66, \quad K_4=0.175$$

$S_y = \sum_i K_i x_i = 0.9641$，太小，应调高温度。

(3) 重设 $T=-20$℃，查图 2-3(b) 得：

$$K_1=4.86, \quad K_2=1.01, \quad K_3=0.69, \quad K_4=0.187$$

$S_y = \sum_i K_i x_i = 1.0025$，可以认为计算结果正确，塔顶产品的饱和温度为$-20$℃。

对于相对挥发度 α_{ij} 与温度关系很弱而接近常数的物系，其泡点温度的计算可以简化。根据相对挥发度的定义：

$$\alpha_{iB} = \frac{y_i/x_i}{y_B/x_B}$$

经整理并加和得

$$\sum_i \alpha_{iB} x_i = \frac{x_B}{y_B}\sum_i y_i = \frac{x_B}{y_B}$$

上列两式结合整理得

$$y_i = \frac{\alpha_{iB} x_i}{\sum_j \alpha_{jB} x_j} \tag{2-86}$$

以上各式中下标B代表任意选定的某个基础组分。

泡点温度可按如下办法较快算得：

作泡点计算，$\sum_i K_i x_i = \sum_i \alpha_{iB} K_B x_i = 1$，于是

$$K_B = \frac{1}{\sum_i \alpha_{iB} x_i} \tag{2-87}$$

如果 α_{iB} 随温度稍有变化，较正确的 K_B 可由下式迭代计算得到：

$$K_B = \frac{(K_B)_{\text{试算}}}{\left(\sum_i K_i x_i\right)_{\text{试算}}} \tag{2-88}$$

求得 K_B 后，再由 K_B 与温度的关系算得泡点温度。

【例 2-2】 例 2-1 示例的物系中各组分的相对挥发度可以认为是常数，取乙烷为基础组分，α_{ij} 值为：$\alpha_{1B}=7.10$，$\alpha_{2B}=1.47$，$\alpha_{3B}=1$，$\alpha_{4B}=0.27$。已知

$$\ln K_B = \frac{-212113.7}{T^2} + 9.55923 - 0.856\ln p + \frac{2328.07}{p^2} \quad (p, \text{kPa}; T, \text{K})$$

计算塔顶产品的饱和温度。

解
$$K_B = \frac{1}{7.10\times0.0132 + 1.47\times0.8108 + 1\times0.1721 + 0.27\times0.0039} = 0.6855$$

从 K_B 与 T 的关系式解得 $T=253.1\text{K}=-19.95℃$。

2) 计算机计算

如果 K_i 与组成的关系必须考虑，即物系的非理想性较强，或者要求计算精度高时，计算相当繁复，需用计算机计算。具体计算步骤示于图 2-5 中。

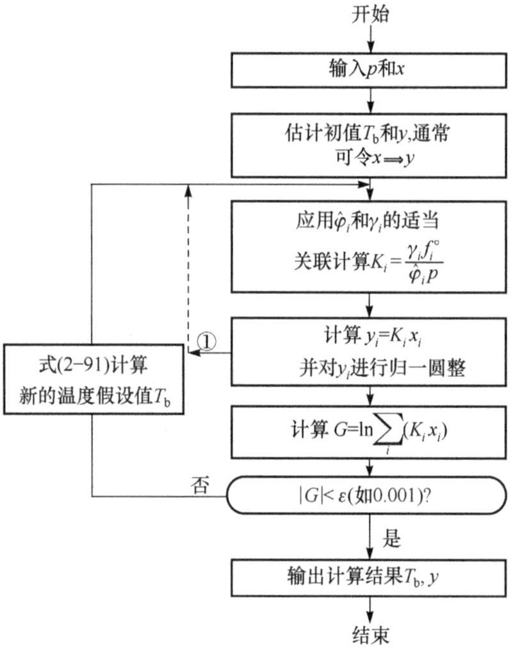

图 2-5 泡点温度计算框图

① 当用状态方程计算 K_i 时，$K_i=\hat{\varphi}_i/\hat{\varphi}_i^V$，有时需增加 K_i 的内层迭代计算(虚线)

用计算机计算时，温度的调整是否合理有效，将决定泡点温度计算的收敛稳定性和收敛速度。温度调整方案有多种，在此仅介绍一种。由于它对迭代变量和目标函数进行了合理选择，使两者接近了线性关系，因此具有好的收敛稳定性和快的收敛速度。

因为

$$K_i=\frac{\gamma_i f_i^{\circ}}{\hat{\varphi}_i^{V} p}=f(p,T,\boldsymbol{x},\boldsymbol{y})$$

汽相组成 $\boldsymbol{y}$ 通过 $\hat{\varphi}_i^{V}$ 起作用，其影响一般不大，当 p 较低时，$\boldsymbol{y}$ 的影响更小。现在 p 和 $\boldsymbol{x}$ 给定，故 K_i 主要受温度影响。温度通过 f_i° 起作用。因为 $f_i^{\circ}\approx\varphi_i^{s}p_i^{s}\approx p_i^{s}$，$p_i^{s}$ 如用安妥因方程计算：

$$\ln p_i^{s}=A_i-\frac{B_i}{T-C_i} \tag{2-89}$$

由此可见 $\ln K_i$ 与 $1/T$ 近乎线性关系。为此对判断泡点温度计算是否收敛的目标函数选为

$$G\left(\frac{1}{T}\right)=\ln\sum_i K_i x_i=0 \tag{2-90}$$

G 对 $\frac{1}{T}$ 作图近乎直线（图 2-6），如应用牛顿切线法调整温度，迭代计算能很快算得 T_b。由图 2-6 可导得：

$$T^{(r+1)}=1/\left[1/T^{(r)}-G^{(r)}/G'^{(r)}\right] \tag{2-91}$$

式中：G' 为 G 对 $1/T$ 的导数，上角标(r)为迭代次数。

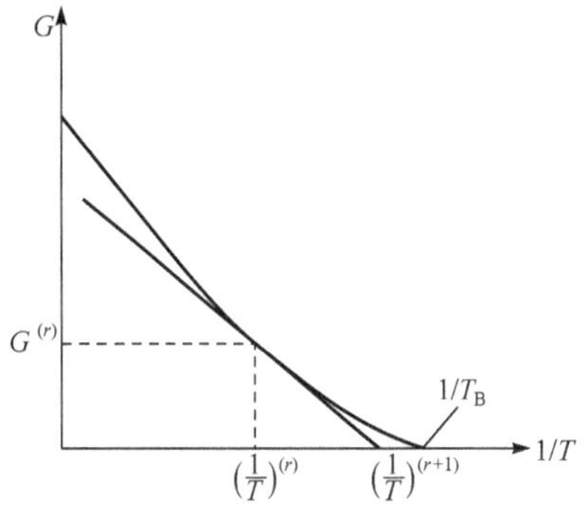

图 2-6　G 与 $1/T$ 标绘

如果系统压力不大（1.5MPa 以下），上述泡点温度算法十分有效。但如果系统的非理想性主要在汽相（如高压烃类系统），K_i 由状态方程计算时，上述算法的收敛速度可能减低。为增大迭代计算的收敛稳定性，还可以增加一层 K_i 的迭代计算（如图 2-5 中虚线所示），外层温度迭代计算可用抛物线法。因为此时 G 对 $1/T$ 标绘不再接近线性，为节省计算工作量，目标函数仍用 $1-\sum_i K_i x_i=0$，迭代变量即为 T。

2. 泡点压力计算

此时给定的是液相组成 $\boldsymbol{x}$ 和温度 T，求取此混合液在温度 T 下刚开始沸腾时的压力 p_b 和产生的平衡气相组成。计算依据的方程与泡点温度的相同。当 K_i 仅是温度和压力的函数时，计算很简单，手算即能完成。其计算步骤与 T_b 计算类同，只是首先需要假设的是泡点压力，计算中可按下式调整压力：

$$p_b^{(r+1)}=p_b^{(r)}\times\sum_i K_i x_i \tag{2-92}$$

当 K_i 是 p、T、$\boldsymbol{x}$ 和 $\boldsymbol{y}$ 的函数时，泡点压力也需用计算机计算。由于 $\hat{\varphi}_i^{V}$ 受压力的影响较小，γ_i 与 p 的关系更弱，因此迭代计算中仍可用式(2-92) 调整压力，目标函数则为 $1-\sum_i K_i x_i=0$。计算框图见图 2-7。

由于压力对 $\hat{\varphi}_i^{V}$ 和 γ_i 的影响很小，迭代计算收敛很快。对于高压系统，为提高收敛稳定性，有时可以增加一层 K_i 的迭代，如图 2-7 中虚线所示。

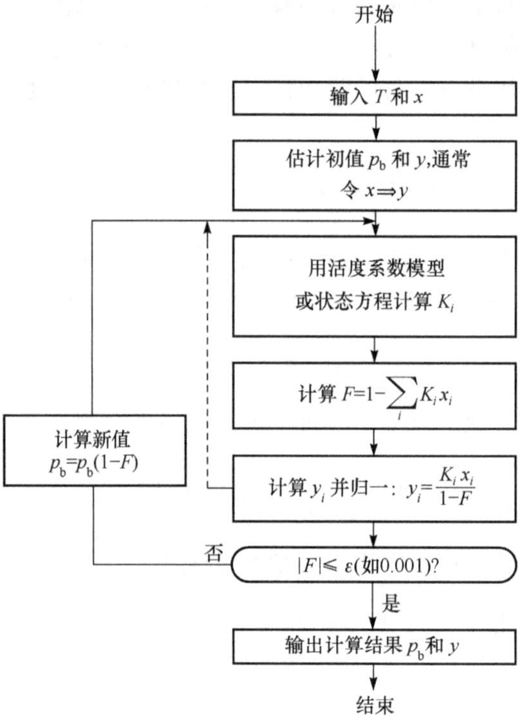

图 2-7　泡点压力计算框图

2.2.16　多组分系统的露点计算

露点计算在精馏计算中用来确定气相产品的分凝器温度或压力,也可用来确定各塔板温度,尤其当物料中各组分的挥发性差别较大时,用露点计算确定塔板温度收敛稳定性更好一些。

露点计算也分为露点温度和露点压力计算两类,此时气相组成 $\boldsymbol{y}$ 给定。当压力指定,求开始凝出第一滴露珠时的温度为露点温度 T_d 计算;当温度指定,求恒温增压到结出第一滴露珠时的压力为露点压力 p_d 计算。两者均需确定此露珠的组成 $\boldsymbol{x}$。

露点计算依据的方程如下:

(1) 相平衡关系

$$y_i=K_i x_i \quad (i=1,c) \tag{2-83}$$

(2)摩尔分率加和归一方程

$$\sum_i y_i = 1,\quad \sum_i x_i = 1 \tag{2-84}$$

(3) 相平衡常数关联式

$$K_i=f_i(p,T,\boldsymbol{x},\boldsymbol{y}) \quad (i=1,c) \tag{2-85}$$

露点计算的步骤与泡点计算的类同,在此不再重复叙述。只是露点压力迭代计算的修正式需为

$$p_d^{(r+1)}=\frac{p_d^{(r)}}{\sum_i y_i/K_i} \tag{2-93}$$

对于液相非理想性强的物系,露点计算比泡点计算要困难一点,因为此时 $\boldsymbol{x}$ 未知,从而 K_i 在迭代过程中变化较大。在迭代计算中增加一层 K_i 的迭代将更迫切些。

2.2.17　等温闪蒸计算

等温闪蒸又称平衡蒸馏，是一种蒸馏方法，用来对物料进行初步分离。为确定某种混合物相态，也需进行等温闪蒸计算。

等温闪蒸操作示于图 2-8(a)，一定组成的液体混合物加热后，经节流减压进入闪蒸室，在指定温度和压力下，部分料液汽化，得到了气液两股产物。通常情况下此两股物流达到了相平衡。图 2-8(b)所示为蒸气部分冷凝，蒸气混合物经冷凝后进入闪蒸罐，达到平衡的气液两股产物得到了部分分离。等温闪蒸和部分冷凝的原理相同，因此合并在一起讨论。

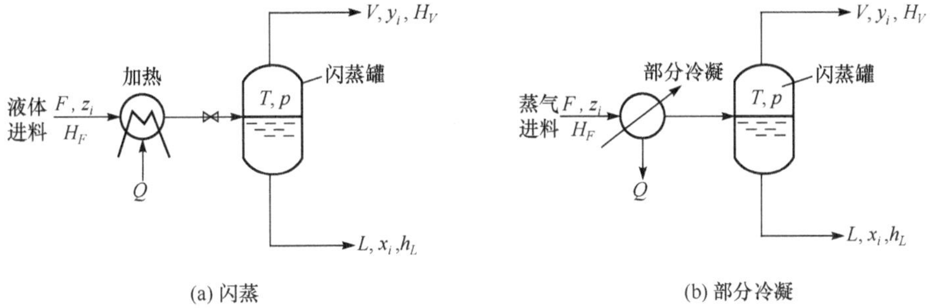

图 2-8　闪蒸和部分冷凝

计算依据的基本方程如下：

(1) 相平衡关系

$$y_i = K_i x_i \quad (i=1,c) \tag{2-83}$$

(2) 组分物料衡算

$$Fz_i = Vy_i + Lx_i \quad (i=1,c) \tag{2-94}$$

(3) 摩尔分率加和归一方程

$$\sum_i z_i = 1,\quad \sum_i x_i = 1,\quad \sum_i y_i = 1 \tag{2-95}$$

(4) 相平衡常数关联式

$$K_i = f_i(p, T, \boldsymbol{x}, \boldsymbol{y}) \quad (i=1,c) \tag{2-85}$$

上列方程组中共有 $4c+5$ 个变量，独立方程数为 $3c+3$，故自由度数为 $c+2$。当 p、T、F 和 $c-1$ 个 z_i 指定时，方程组具有唯一解。由于方程组是非线性的，需用迭代法求解。

令 e 为料液的汽化率，即

$$e = \frac{V}{F} \tag{2-96}$$

则

$$V = eF$$

$$L = (1-e)F$$

结合式(2-94)、式(2-83)得

$$x_i = \frac{z_i}{(K_i-1)e+1} \tag{2-97}$$

$$y_i = \frac{K_i z_i}{(K_i-1)e+1} \tag{2-98}$$

又因为计算收敛时，$\sum_i (y_i - x_i) = 0$。取此为目标函数，并代入式(2-97) 和式(2-98) 整理得

$$G(e)=\sum_i \frac{z_i(K_i-1)}{(K_i-1)e+1} \tag{2-99}$$

研究发现，式(2-99)的目标函数与 e 几乎为线性关系(图 2-9)，应用牛顿切线法能很快得到解。应用牛顿切线法时

$$e^{(r+1)}=e^{(r)}-\frac{G^{(r)}}{G'^{(r)}} \tag{2-100}$$

式中

$$G'^{(r)}=-\sum_i \frac{z_i(K_i-1)^2}{[1+e^{(r)}(K_i-1)]^2} \tag{2-101}$$

上角标 r 代表迭代计算的次数。

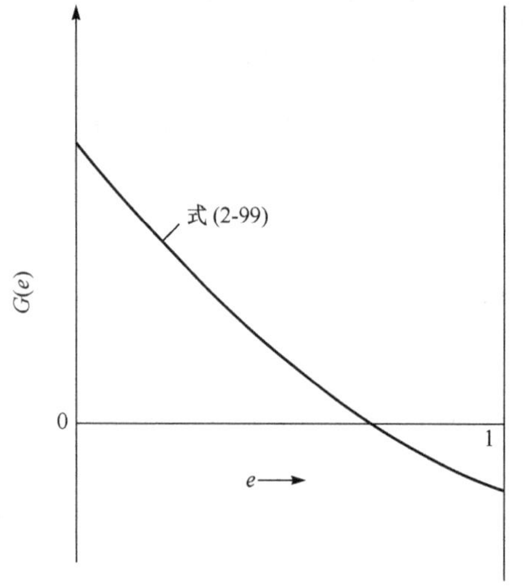

图 2-9　等温闪蒸目标函数 $G(e)$ 与 e 的关系

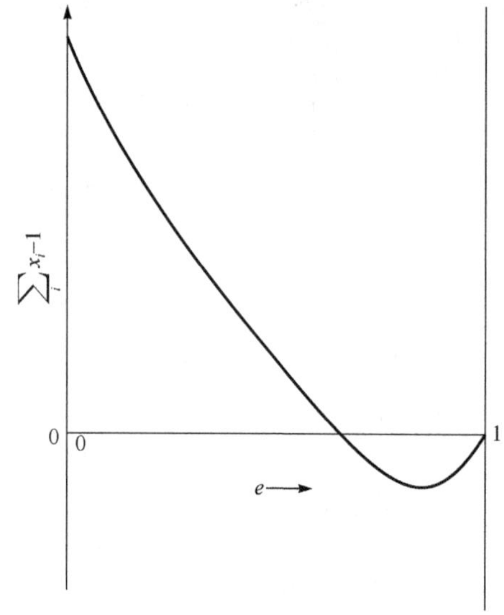

图 2-10　等温闪蒸 $\sum_i x_i-1$ 与 e 的关系

曾经取 $\sum_i x_i-1=0$ 作为目标函数，此函数与 e 的关系不是单调变化的(图 2-10)，中间有极值，$e=1$ 永远是它的假根。由图 2-10 可见，为应用牛顿切线法，应设初值 $e=0$。

等温闪蒸的计算框图见图 2-11。在此取初值 $e=(T-T_b)/(T_d-T_b)$，在迭代计算中逐步修正而趋于正确解。

【例 2-3】 由乙烷(1)、丙烷(2)、正丁烷(3)和正戊烷(4)组成的料液以 500kmol/h 的流率加入闪蒸室。闪蒸室的压力为 1.38MPa(13.6atm)，温度为 82.5℃。料液的组成为 $z_1=0.08$，$z_2=0.22$，$z_3=0.53$，$z_4=0.17$。试计算气、液相产品的流率和组成。

解　首先从图 2-3(a)查出各组分的 K_i：

$$K_1=4.80,\quad K_2=1.96,\quad K_3=0.80,\quad K_4=0.33$$

假设料液的泡点为 82.5℃，则

$$\sum_i K_i z_i=4.80\times0.08+1.96\times0.22+0.80\times0.53+0.33\times0.17=1.295>1$$

可见所设泡点温度偏高，即 $T_b<82.5$℃。

假设料液的露点为 82.5℃，则

$$\sum_i z_i/K_i=\frac{0.08}{4.80}+\frac{0.22}{1.96}+\frac{0.53}{0.80}+\frac{0.17}{0.33}=1.307>1$$

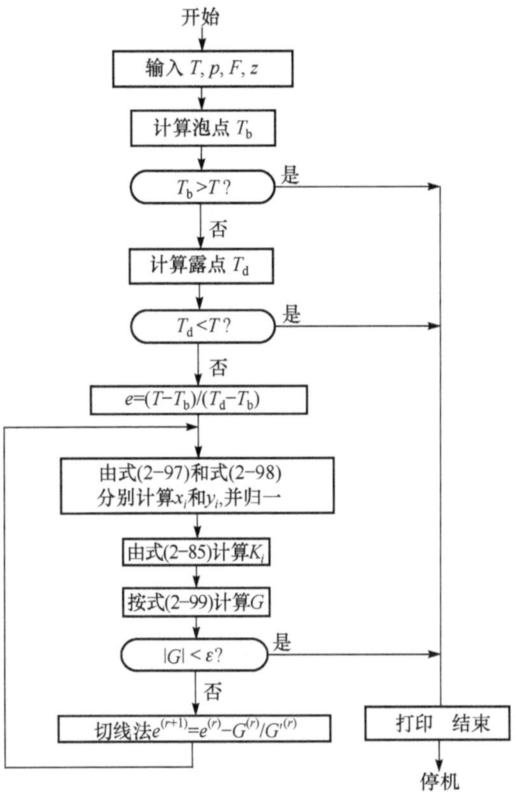

图 2-11　等温闪蒸计算框图

可见所设露点温度偏低，即 $T_d>82.5$℃。由上述计算可见，题给条件会使料液产生气液两股产物。

为示明本节介绍算法的优良收敛特性，假设初值 $e=0.1$，则由式(2-99)计算：

$$G(0.1)=\sum_i \frac{z_i(K_i-1)}{(K_i-1)\times 0.1+1}=0.1967>0$$

因为 $G(0.1)$为"＋"值，e 应调整为较大值。现按式(2-100)调整：

$$G'(0.1)=-\sum_i \frac{z_i(K_i-1)^2}{[(K_i-1)\times 0.1+1]^2}=-0.8851$$

新的 e 值：

$$e=0.1+\frac{0.1967}{0.8851}=0.322$$

由式(2-99) 计算：$G(0.322)=\sum_i \frac{z_i(K_i-1)}{(K_i-1)\times 0.322+1}=0.0395$ 还略大，再次按式(2-100) 调整 e 值：

$$G'(0.322)=-\sum_i \frac{z_i(K_i-1)^2}{[(K_i-1)\times 0.322+1]^2}=-0.5002$$

新的 e 值：

$$e=0.322+\frac{0.0395}{0.5002}=0.401$$

由式(2-99) 计算：$G(0.401)=\sum_i \frac{z_i(K_i-1)}{(K_i-1)\times 0.401+1}=0.002$ 略大一点，再调整 e 值：

$$G'(0.401)=-\sum_i \frac{z_i(K_i-1)^2}{[(K_i-1)\times 0.401+1]^2}=-0.4548$$

新的 e 值：

$$e=0.401+\frac{0.002}{0.4548}=0.405$$

由式(2-99)计算

$$G(0.405)=\sum_i \frac{z_i(K_i-1)}{(K_i-1)\times 0.405+1}=0.0001\approx 0$$

气相产物量

$$V=eF=0.405\times 500=202.5(\text{kmol/h})$$

液相产物量

$$L=(1-0.405)\times 500=297.5(\text{kmol/h})$$

由式(2-97)算得液相组成如下：

$$x_1=0.0315,\quad x_2=0.1584,\quad x_3=0.5768,\quad x_4=0.2333$$

由式(2-98)算得气相组成如下：

$$y_1=0.1512,\quad y_2=0.3105,\quad y_3=0.4613,\quad y_4=0.0770$$

由本例题计算可见，e 的收敛很快，其主要原因是 $G(e)$ 与 e 接近线性关系。

2.3 精馏计算

工业上待分离的混合物大多是多组分的，多元精馏与两元精馏看起来仅是组分数的差异，但正因为这一差异，多元精馏的计算要复杂得多，其严格计算需依靠计算机。

精馏计算分为设计型和操作型两类。设计型计算是在给定的进料情况下，为达到规定的分离要求，计算确定经济的回流比、所需的理论板数和最佳进料位置。在计算前必须从技术经济角度综合考虑，确定塔的操作压力(参见 2.3.7)。操作型计算是在给定操作压力、进料情况、进料位置、塔中具有的塔板数、回流比(或重沸器热负荷，或冷凝器热负荷)和一端产品量下，计算确定产品组成、塔中各板的浓度和温度，以及冷凝器和再沸器的热负荷等。简而言之，设计型计算为筹建新精馏装置而进行；操作型计算则是对生产中运转着的塔进行核算，为分析塔的操作情况、增产挖潜等而进行，两类计算依据的数学模型相同，不同点在于已知量和待求量的差异。从下面分析将看到，由于这一差异，两者计算特性明显不一样。

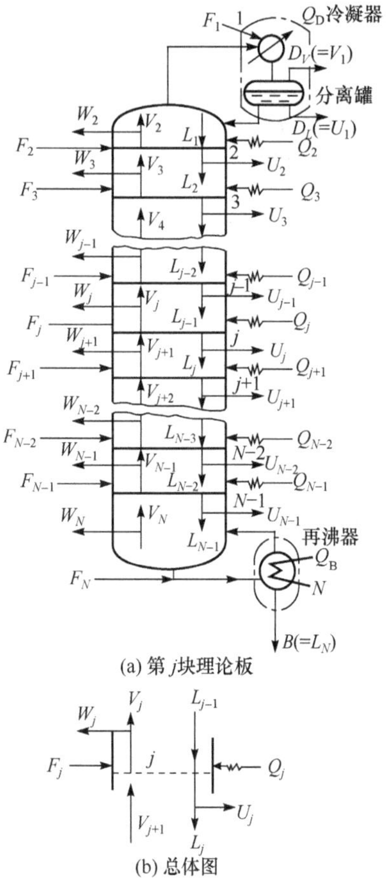

图 2-12　模型塔

2.3.1 精馏的定态数学模型

精馏的定态数学模型有平衡级(理论板)和非平衡级两类，前者应用广，比较成熟，本节仅讨论平衡级模型。

为使模型方程通用，考虑图 2-12 所示的连续操作的模型塔。除冷凝器和再沸器有些特殊外，每个理论级均有加料和换热(加入为正)，并有气相和液相侧线抽出。冷凝器和分离罐一起作为第一级，再沸器为最末一级 N。围绕塔中每一级均能建立起物料衡算(M)、相平衡关联(E)、物流中各组分摩尔流率加和归一(S)和热量衡算(H)四组方程。各级的 MESH 四组方程汇总简称为 MESH 方程组，也就是精馏的定态数学模型。

组分物料衡算方程：

$$u_{ij}+l_{ij}+w_{ij}+v_{ij}-v_{i,j+1}-l_{i,j-1}-f_{ij}=0 \qquad (i=1,c;j=1,N) \tag{2-102}$$

式中：v_{ij} 和 w_{ij} 分别为组分 i 在塔中气流 V_j 和气相侧线抽出 W_j 中的摩尔流率；l_{ij} 和 u_{ij} 分别为组分 i 在塔中液流 L_j 和液相侧线抽出 U_j 中的摩尔流率；f_{ij} 为组分 i 在进料 F_j 中的摩尔流率；下标 j 为板号，i 为组分号。

相平衡关联方程：

$$v_{ij}=\frac{K_{ij}V_j}{L_j}l_{ij} \quad (i=1,c;j=1,N) \tag{2-103}$$

摩尔流率加和归一方程：

$$\sum_i \frac{l_{ij}}{L_j}=\sum_i \frac{v_{ij}}{V_j}=\sum_i \frac{f_{ij}}{F_j}=1 \quad (j=1,N) \tag{2-104}$$

热量衡算方程：

$$(U_j+L_j)h_j+(W_j+V_j)H_j-V_{j+1}H_{j+1}-L_{j-1}h_{j-1}-F_jh_{Fj}-Q_j=0 \quad (j=1,N) \tag{2-105}$$

式中：Q_j 为加入 j 板的热量；H 和 h 为气、液相的摩尔焓；h_F 为加料的摩尔焓。

当 $j=1$ 时，为冷凝器和分离罐，$l_{i0}=L_0=0$；

当 $j=N$ 时，为再沸器，$V_{N+1}=v_{i,N+1}=0$。

2.3.2 精馏的定态模拟计算算法概述

为进行精馏计算，除了 MESH 方程组外，还必须有 K_{ij}、h_j 和 H_j 的关联式，记为

$$K_{ij}=K_{ij}(p_j,T_j,v_{ij},l_{ij}) \quad (i=1,c;j=1,N) \tag{2-106}$$

$$h_j=h_j(p_j,T_j,l_{ij}) \quad (j=1,N) \tag{2-107}$$

$$H_j=H_j(p_j,T_j,v_{ij}) \quad (j=1,N) \tag{2-108}$$

此外

$$w_{ii}=\frac{W_j}{V_j}v_{ii} \quad (i=1,c;j=2,N) \tag{2-109}$$

$$u_{ij}=\frac{U_j}{L_j}l_{ij} \quad (i=1,c;j=1,N-1) \tag{2-110}$$

现在计算一下变量数和方程数，两者之差即为自由度。计算结果如表 2-5。

表 2-5　方程数和变量数关系

方程编号	方程数	变　量	变量数	变　量	变量数
(2-102)	Nc	l_{ij}	Nc	L_j	N
(2-103)	Nc	v_{ij}	Nc	V_j	N
(2-104)	$3N$	u_{ij}	$(N-1)c$	U_j	$N-1$
(2-105)	N	w_{ij}	$(N-1)c$	W_j	$N-1$
(2-106)	Nc	K_{ij}	Nc	p_j	N

续表

方程编号	方程数	变　量	变量数	变　量	变量数
(2-107)	N	f_{ij}	Nc	T_j	N
(2-108)	N	F_j	N	h_j	N
(2-109)	$(N-1)c$	h_{Fj}	N	H_j	N
(2-110)	$(N-1)c$	Q_j	N	板数 N	1
总计	$(5c+6)N-2c$				$(6c+11)N-2c-1$

$$自由度数=(6c+11)N-2c-1-(5c+6)N+2c=(c+5)N-1$$

为使 MESH 方程组得到唯一解，必须指定$(c+5)N-1$个变量，这样才使塔在某一指定状态下操作。对于操作型计算，通常指定：Nc 个 f_{ij}、N 个 h_{Fj}、$N-1$ 个 U_j（包括 $D_L=U_1$）、$N-1$ 个 W_j、$N-2$ 个 Q_j、N 个 p_i、回流比 R、V_1（即 D_V）和板数 N。通过计算得到 l_{ij}、v_{ij}、V_j、L_j、T_j、Q_1、Q_N以及 K_{ij}、h_j 和 H_j。有时指定 W_j/V_j 和 U_j/L_j 代替 W_j 和 U_j。偶尔还有其他的给定条件(Seader et al，2006)。

精馏的模型方程以及 K_{ij}、h_j、H_j 的关联都是非线性的，必须用迭代法求解。对于模型方程的解法已开发了多种，广泛应用于精馏的设计和核算中，但比较通用和成熟的算法均是操作型的。为解决新装置的设计问题，需用操作型算法进行多方案计算，从中选择既满足规定分离要求又经济的结果。

MESH 方程的各种操作型算法，在收敛特性和适用场合方面存在着明显的差别，这主要是各种算法在下述三方面作了不同的选择：

(1) 迭代变量。选择那些变量在迭代计算中逐步修正而趋向正确解，而其余变量则可从迭代变量算得。

(2) 迭代算法的组织。首先需要决定的是整个方程组一起联列解，还是分块解。如果选择联列解，还需对方程和迭代变量的排列和对应作出决定；如果选择分块解，则需确定方程组如何分块，哪个(些)变量与哪一分块方程匹配求解，哪一块放在内层先迭代计算，哪一块置于外层后迭代计算。方程分块的基本原则是各块之间弱交联，最好互不影响，如此才能确保迭代计算具有优良的收敛特性。在每个分块的解算中，还有方程和迭代变量的排列和对应问题需要决定，这种安排会影响系数矩阵的特性，从而影响算法的收敛特性。

(3) 摩尔流率的归一圆整或组分摩尔流率的修正，以及迭代加速方法的选择。

下面介绍三种应用较广的算法，并对上列三方面进行讨论。

2.3.3 三对角线矩阵算法

此算法属于分块解法，王-亨克算法(Wang et al.，1966)是这类算法中的一个典型。首先对 MESH 方程组进行一些整理：将式(2-103)代入式(2-102)中，消去 v_{ij} 后整理得

$$K_{ij}\frac{V_j+W_j}{L_j}l_{ij}+\left(1+\frac{U_j}{L_j}\right)l_{ij}-K_{i,j+1}\frac{V_{j+1}}{L_{j+1}}l_{i,j+1}-l_{i,j-1}-f_{ij}=0 \tag{2-111}$$

令

$$B_{ij}=K_{ij}\frac{V_j+W_j}{L_j}+1+\frac{U_j}{L_j}$$

$$C_{ij}=K_{i,j+1}\frac{V_{j+1}}{L_{j+1}}$$

则上式简化为

$$-l_{i,j-1}+B_{ij}l_{ij}-C_{ij}l_{i,j+1}=f_{ij} \tag{2-112}$$

当 $j=1$ 时，$l_{i,0}=0$，则 $B_{i1}l_{i1}-C_{i1}l_{i2}=f_{i1}$；

当 $j=N$ 时，$l_{i,N+1}=0$，则 $-l_{i,N-1}+B_{iN}l_{iN}=f_{iN}$。

将式(2-112)写成矩阵和向量形式为

$$\begin{pmatrix} B_{i1} & -C_{i1} & & & & & \\ -1 & B_{i2} & -C_{i2} & & & & \\ \cdots & \cdots & \cdots & & & & \\ & & -1 & B_{ij} & -C_{ij} & & \\ & & & \cdots & \cdots & \cdots & \\ & & & & -1 & B_{i,N-1} & -C_{i,N-1} \\ & & & & & -1 & B_{iN} \end{pmatrix} \begin{pmatrix} l_{i1} \\ l_{i2} \\ \cdots \\ l_{ij} \\ \cdots \\ l_{i,N-1} \\ l_{iN} \end{pmatrix} = \begin{pmatrix} f_{i1} \\ f_{i2} \\ \cdots \\ f_{ij} \\ \cdots \\ f_{i,N-1} \\ f_{iN} \end{pmatrix} \quad (i=1,C) \tag{2-113}$$

经上述整理后，三对角线矩阵算法的模型方程变为式(2-113)、式(2-104)和式(2-105)，分成三块求解。而式(2-113)进一步分为 c 块，单独求解。王-亨克算法可用图 2-13 示明。式(2-113)和式(2-104)置于内层依次计算，式(2-105)置于外层迭代计算。

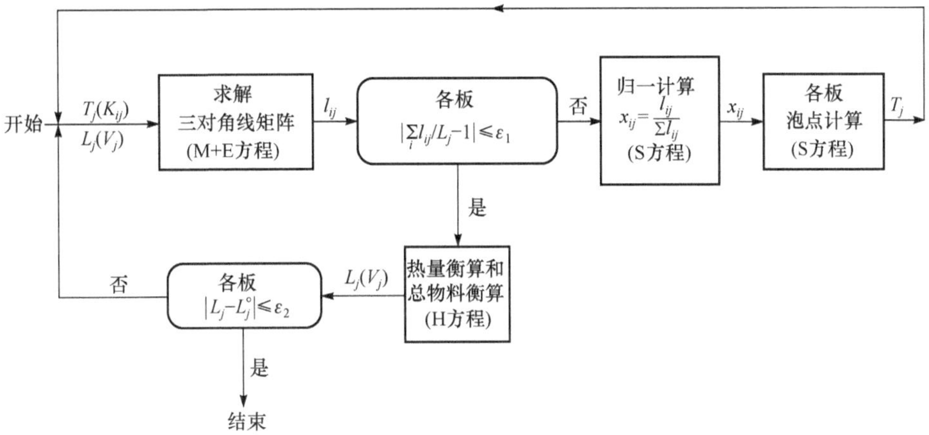

图 2-13　王-亨克算法的计算框图

由式(2-112)的系数定义式可见，只要设定 V_j、L_j 和 K_{ij}，各系数均可确定，式(2-113)变成了线性方程组。V_j 和 L_j 由总物料衡算式相关联，只有一个是独立变量。王-亨克的论文中假定 K_{ij} 仅是 T_j 的函数，因此仅需设定 T_j。对于 K_{ij} 与组成有关的物系，只需在开始计算时估计初值 K_{ij}（往往用理想系统的 K_{ij}，它仅与温度 T_j 有关)，在以后的迭代计算中，当用加和归一(S)方程计算泡点时，也同时更新了 K_{ij}。为此王-亨克算法迭代变量仅是 T_j 和 L_j。

式(2-113)常用著名的汤姆逊追赶法求解。该法实质上就是高斯消去法，现介绍于下：

首先将式(2-113)中第一式除 B_{i1} 得

$$l_{ij}-\frac{C_{i1}}{B_{i1}}l_{i2}=\frac{f_{i1}}{B_{i1}}$$

令

$$p_{i1}=-\frac{C_{i1}}{B_{i1}}, \qquad q_{i1}=\frac{f_{i1}}{B_{i1}}$$

则

$$l_{i1}+p_{i1}l_{i2}=q_{i1} \tag{2-114}$$

上式与式(2-113)中的第二式相加得

$$(B_{i2}+p_{i1})l_{i2}-C_{i2}l_{i3}=f_{i2}+q_{i1}$$

整理为

$$l_{i2}-\frac{C_{i2}}{B_{i2}+p_{i1}}l_{i3}=\frac{f_{i2}+q_{i1}}{B_{i2}+p_{i1}}$$

令

$$p_{i2}=-\frac{C_{i2}}{B_{i2}+p_{i1}}, \quad q_{i2}=\frac{f_{i2}+q_{i1}}{B_{i2}+p_{i1}}$$

则

$$l_{i2}+p_{i2}l_{i3}=q_{i2} \tag{2-115}$$

上式与式(2-113)中的第三式相加得

$$(B_{i3}+p_{i2})l_{i3}-C_{i3}l_{i4}=f_{i3}+q_{i2}$$

同样，令

$$p_{i3}=-\frac{C_{i3}}{B_{i3}+p_{i2}}, \quad q_{i3}=\frac{f_{i3}+q_{i2}}{B_{i3}+p_{i2}}$$

则

$$l_{i3}+p_{i3}l_{i4}=q_{i3} \tag{2-116}$$

按同样步骤对式(2-113)中各方程依次处理，可以归纳出如下一般式：

$$p_{ij}=-\frac{C_{ij}}{B_{ij}+p_{i,j-1}}, \quad q_{ij}=\frac{f_{ij}+q_{i,j-1}}{B_{ij}+p_{i,j-1}}, \quad l_{ij}+p_{ij}l_{i,j+1}=q_{ij} \tag{2-117}$$

对于 $N-1$ 板，$j=N-1$，可得

$$l_{i,N-1}+p_{i,N-1}l_{iN}=q_{i,N-1} \tag{2-118}$$

上式与式(2-113)中的最后一式相加并整得

$$l_{iN}=q_{iN} \tag{2-119}$$

式中

$$q_{iN}=\frac{f_{iN}+q_{i,N-1}}{B_{iN}+p_{i,N-1}}$$

当求得 l_{iN} 后，再利用式(2-118)回代得

$$l_{i,N-1}=q_{i,N-1}-p_{i,N-1}l_{iN}$$

回代的一般式为

$$l_{ij}=q_{ij}-p_{ij}l_{i,j+1} \tag{2-120}$$

完成回代过程也就得到了各块板上组分 i 的摩尔流率。对各个组分依次按上列方式解式(2-113)后，也就得到了各个组分在塔中各级的摩尔流率。

追赶法的求解速度很快，解也正确，只是在个别场合如沸程较宽的多组分精馏，当其中的某个(些)中间组分在塔的上下段出现其 $K_{ij}V_j/L_j$ 值大于1和小于1，则因追赶法中的减法运算造成误差放大，得不到正确解。波士顿等对追赶法作了改进，确保了解的正确性。

当解式(2-113)得到 l_{ij} 后，王-亨克利用硬性归一办法算出 x_{ij}，即

$$x_{ij}=\frac{l_{ij}}{\sum_i l_{ij}} \tag{2-121}$$

随后用气相摩尔分率加和归一方程进行泡点计算，得到新的 T_j 和 K_{ij}。在进行内层温度 T_j 的

迭代计算中，王-亨 克建议用温度新值和老值差的平方和 $\sum_{j=1}^{N}(T_j - T_j^{\circ})^2$ 作为迭代计算的收敛判据，即当此和小于某一给定的允许误差(例如 $0.0001N$) 时，认为内层迭代计算得到了解。经验表明，对于非理想物系用各板的 $\left|\sum_{i}(l_{ij}/L_j^{\circ})-1\right|$ 中最大者作为收敛判据更好。当内层迭代计算收敛后，转入外层计算，应用热量衡算式(2-105) 和总物料衡算关系计算新的 L_i 和 V_j，即

$$L_j = \frac{(W_j+V_j)(H_j-H_{j+1})+L_{j-1}(H_{j+1}-h_{j-1})+F_j(H_{j+1}-h_{Fj})-Q_j}{H_{j+1}-h_j}-U_j \quad (2\text{-}122)$$

且 $$V_2=(R+1)(D_V+D_L),L_1=R(D_V+D_L)$$

如果各板的 $|L_j-L_j^{\circ}|/L_j^{\circ}$均小于某一允许误差(例如 0.001)，则整个计算完成，否则重新返回内层进行迭代计算。

从上述讨论可见，王-亨克三对角线矩阵法的内层迭代变量是 T_j，外层为 L_j。液相组成用硬性归一办法得到。用直接迭代法将新值代替旧值。由于该法用泡点计算得到温度，故常称为泡点(BP) 法。弗赖迪和史密斯对 MESH 方程组的分块解作过精辟分析，指出：用泡点计算(S 方程) 求温度，用 H 方程计算 L_j 和 V_j 的泡点法，适用于待分离混合物中各组分的沸点差不大的物系，即主要用于精馏计算；对于吸收操作，处理物料中各组分的沸点差很大，此时该用 H 方程计算温度，由摩尔流率加和(S 方程) 得到总流率，即 $L_j=\sum_{i}l_{ij}$。这种算法称为流率加和(SR) 法，其计算框图示于图 2-14 中。

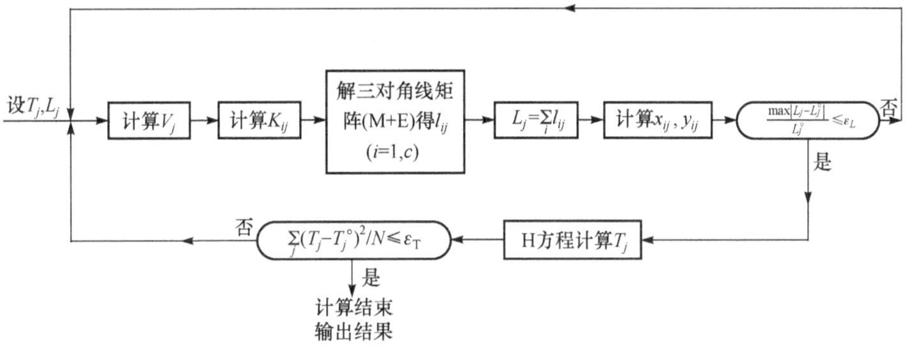

图 2-14 流率加和法计算框图

三对角线矩阵法的优点是所需的存贮量小，对非理想不强的物系具有相当快的收敛速度。但是，此法有不少缺点：对于非理想性强的物系不适用，计算振荡或发散。其原因在于这些物系的 K_{ij} 与组成密切有关，于是各组分的物料衡算和相平衡之间互相交联，而三对角线矩阵算法却将它们按组分分块，必然要产生振荡和发散。另外，当分离要求高时，迭代计算的收敛速度明显下降，后期收敛速度尤其慢。

为克服三对角线矩阵法的缺点，有人提出了 θ 法，对组分摩尔分率加和归一法作了改进，对提高收敛性能取得一些效果，但对非理想性强的物系仍不适用。

2.3.4 全变量迭代法

一般指纳夫塔列-山德荷姆开发成功的算法，将塔中全部独立变量作为迭代变量，对于精馏塔的数学模型联列求解(Naphtali et al.,1971)。

选择的迭代变量为 T_j、l_{ij} 和 v_{ij}，全塔共$(2c+1)N$ 个变量，相应的方程组为

$$M_{ij}=\left(1+\frac{W_j}{V_j}\right)v_{ij}+\left(1+\frac{U_j}{L_j}\right)l_{ij}-v_{i,j+1}-l_{i,j-1}-f_{ij}\qquad (i=1,c;j=1,N) \tag{2-123}$$

$$Q_{ij}=K_{ij}\frac{V_j}{L_j}l_{ij}-v_{ij}\quad (i=1,c;j=1,N) \tag{2-124}$$

$$E_j=\left(1+\frac{U_j}{L_j}\right)L_jh_j+\left(1+\frac{W_j}{V_j}\right)V_jH_j-V_{j+1}H_{j+1}-L_{j-1}h_{j-1}-F_jh_{Fj}-Q_j\quad (j=2,N-1) \tag{2-125}$$

当 $j=1$ 时

$$E_1=\sum_i l_{i1}-L_1 \tag{2-125a}$$

当 $j=N$ 时

$$E_N=\sum_i l_{iN}-L_N \tag{2-125b}$$

上列方程组即为模型方程中的 MEH 方程，S 方程用来求总的摩尔流率，即

$$L_j=\sum_i l_{ij},\quad V_j=\sum_i v_{ij}$$

上列各方程的剩余函数 M_{ij}、Q_{ij} 和 E_j 将随着迭代计算趋向收剑解而趋于零。

纳夫塔列-山德荷姆算法给定的是比值 U_j/L_j 和 W_j/V_j，而不是 U_j 和 W_j。该法将迭代变量按板组合，照下述次序排列：

$$\boldsymbol{x}_j=[v_{1j},v_{2j},\cdots,v_{cj},T_j,l_{1j},l_{2j},\cdots,l_{cj}]^{\mathrm{T}}$$

全塔迭代变量则为

$$\boldsymbol{x}=[\boldsymbol{x}_1^{\mathrm{T}},\boldsymbol{x}_2^{\mathrm{T}},\cdots,\boldsymbol{x}_j^{\mathrm{T}},\cdots,\boldsymbol{x}_N^{\mathrm{T}}]^{\mathrm{T}}$$

相应地 j 板剩余函数排列为

$$\psi_j=[E_j,M_{1j},M_{2j},\cdots,M_{cj},Q_{1j},Q_{2j},\cdots,Q_{cj}]^{\mathrm{T}}$$

全塔为

$$\psi=[\psi_1^{\mathrm{T}},\psi_2^{\mathrm{T}},\cdots,\psi_j^{\mathrm{T}},\cdots,\psi_N^{\mathrm{T}}]^{\mathrm{T}}$$

根据牛顿-拉甫逊方法

$$\Delta\boldsymbol{x}^{(k+1)}=-\left[\frac{\overline{\mathrm{d}\psi}}{\mathrm{d}\boldsymbol{x}}\right]^{-1}\psi^{(k)} \tag{2-126}$$

和

$$\boldsymbol{x}^{(k+1)}=\boldsymbol{x}^{(k)}+D_u\Delta\boldsymbol{x}^{(k+1)} \tag{2-127}$$

式中：D_u 为步长阻尼因子，通常 $0<D_n\ll 2$。当 D_u 取适当值时，可以起到阻尼迭代过程的震荡和加速收敛的作用。如果在每次迭代计算中能够搜索到最佳的 D_n 值，使得剩余函数的平方和最小，则迭代计算的次数会减少，但是花费在此搜索计算的时间可能会相当长。为此，一般只需要每次迭代能够达到剩余函数的平方和逐次减小即可。如果无法找到合适的 D_n 值，就只能取$D_u=1$，继续进行迭代计算。$\left[\frac{\overline{\mathrm{d}\psi}}{\mathrm{d}\boldsymbol{x}}\right]$为雅可比矩阵，即

$$\left[\frac{\overline{\mathrm{d}\psi}}{\mathrm{d}\boldsymbol{x}}\right]=\begin{bmatrix}\left[\frac{\overline{\mathrm{d}\psi_1}}{\mathrm{d}\boldsymbol{x}_1}\right] & \left[\frac{\overline{\mathrm{d}\psi_1}}{\mathrm{d}\boldsymbol{x}_2}\right] & \cdots & \left[\frac{\overline{\mathrm{d}\psi_1}}{\mathrm{d}\boldsymbol{x}_N}\right]\\ \left[\frac{\overline{\mathrm{d}\psi_2}}{\mathrm{d}\boldsymbol{x}_1}\right] & \left[\frac{\overline{\mathrm{d}\psi_2}}{\mathrm{d}\boldsymbol{x}_2}\right] & \cdots & \left[\frac{\overline{\mathrm{d}\psi_2}}{\mathrm{d}\boldsymbol{x}_N}\right]\\ \cdots & \cdots & & \cdots\\ \left[\frac{\overline{\mathrm{d}\psi_N}}{\mathrm{d}\boldsymbol{x}_1}\right] & \left[\frac{\overline{\mathrm{d}\psi_N}}{\mathrm{d}\boldsymbol{x}_2}\right] & \cdots & \left[\frac{\overline{\mathrm{d}\psi_N}}{\mathrm{d}\boldsymbol{x}_N}\right]\end{bmatrix} \tag{2-128}$$

式中

$$
\left[\frac{\overline{\mathrm{d}\psi_j}}{\mathrm{d}\boldsymbol{x}_j}\right]=\begin{bmatrix}
\frac{\partial E_j}{\partial v_{1i}} & \cdots & \frac{\partial E_j}{\partial v_{ci}} & \frac{\partial E_j}{\partial T_j} & \frac{\partial E_j}{\partial l_{1i}} & \cdots & \frac{\partial E_j}{\partial l_{ci}} \\
\frac{\partial M_{1j}}{\partial v_{1i}} & \cdots & \frac{\partial M_{1j}}{\partial v_{ci}} & \frac{\partial M_{1j}}{\partial T_j} & \frac{\partial M_{1j}}{\partial l_{1i}} & \cdots & \frac{\partial M_{1j}}{\partial l_{ci}} \\
\cdots & & \cdots & \cdots & \cdots & & \cdots \\
\frac{\partial M_{cj}}{\partial v_{1i}} & \cdots & \frac{\partial M_{cj}}{\partial v_{ci}} & \frac{\partial M_{cj}}{\partial T_j} & \frac{\partial M_{cj}}{\partial l_{1i}} & \cdots & \frac{\partial M_{cj}}{\partial l_{ci}} \\
\frac{\partial Q_{1j}}{\partial v_{1i}} & \cdots & \frac{\partial Q_{1j}}{\partial v_{ci}} & \frac{\partial Q_{1j}}{\partial T_j} & \frac{\partial Q_{1j}}{\partial l_{1i}} & \cdots & \frac{\partial Q_{1j}}{\partial l_{ci}} \\
\cdots & & \cdots & \cdots & \cdots & & \cdots \\
\frac{\partial Q_{cj}}{\partial v_{1i}} & \cdots & \frac{\partial Q_{cj}}{\partial v_{ci}} & \frac{\partial Q_{cj}}{\partial T_j} & \frac{\partial Q_{cj}}{\partial l_{1i}} & \cdots & \frac{\partial Q_{cj}}{\partial l_{ci}}
\end{bmatrix} \tag{2-129}
$$

请注意本算法的方程组，其中每一式包含的变量最多仅为 $j-1,j$ 和 $j+1$ 板的，因此

$$
\left[\frac{\overline{\mathrm{d}\psi_j}}{\mathrm{d}\boldsymbol{x}_i}\right]=[0] \quad 当 |j-i|>1 时
$$

令

$$
\left[\frac{\overline{\mathrm{d}\psi_j}}{\mathrm{d}\boldsymbol{x}_{j-1}}\right]=[A_j], \quad \left[\frac{\overline{\mathrm{d}\psi_j}}{\mathrm{d}\boldsymbol{x}_j}\right]=[B_j], \quad \left[\frac{\overline{\mathrm{d}\psi_j}}{\mathrm{d}\boldsymbol{x}_{j+1}}\right]=[C_j]
$$

又因为 x_0 和 x_{N+1} 无意义，所以雅可比矩阵具有分块三对解性质，即

$$
\left[\frac{\overline{\mathrm{d}\psi}}{\mathrm{d}\boldsymbol{x}}\right]=\begin{bmatrix}
[B_1] & [C_1] & & & & & \\
[A_2] & [B_2] & [C_2] & & & & \\
 & \cdots & \cdots & \cdots & & & \\
 & & [A_j] & [B_j] & [C_j] & & \\
 & & & \cdots & \cdots & \cdots & \\
 & & & & [A_{N-1}] & [B_{N-1}] & [C_{N-1}] \\
 & & & & & [A_N] & [B_N]
\end{bmatrix} \tag{2-130}
$$

其中 $[\Lambda_j]$ 很简单，即

$$
[A_j]=\begin{bmatrix}
0 & \cdots & 0 & \frac{\partial E_j}{\partial T_j} & \frac{\partial E_j}{\partial l_{1,j-1}} & \cdots & \frac{\partial E_j}{\partial l_{i,j-1}} & \cdots & \frac{\partial E_j}{\partial l_{c,j-1}} \\
0 & \cdots & \cdots & 0 & -1 & 0 & \cdots & \cdots & 0 \\
\cdots & \cdots & \cdots & \cdots & \cdots & \cdots & \cdots & \cdots & \cdots \\
0 & \cdots & \cdots & \cdots & \cdots & \cdots & \cdots & 0 & -1 \\
0 & \cdots & \cdots & \cdots & \cdots & \cdots & \cdots & \cdots & 0 \\
\cdots & \cdots & \cdots & \cdots & \cdots & \cdots & \cdots & \cdots & \cdots \\
0 & \cdots & \cdots & \cdots & \cdots & \cdots & \cdots & \cdots & \cdots
\end{bmatrix}
\begin{matrix}
\\
\left.\begin{matrix} \\ \\ \\ \end{matrix}\right\} \frac{\partial M_{ij}}{\partial x_{k,j-1}} \\
\left.\begin{matrix} \\ \\ \\ \end{matrix}\right\} \frac{\partial Q_{ij}}{\partial x_{k,j-1}}
\end{matrix}
$$

而

$$
\frac{\partial E_j}{\partial T_{j-1}}=\begin{cases}
0 & (当 j=1 和 N 时) \\
-L_{j-1}\frac{\partial h_{j-1}}{\partial T_{j-1}} & (当 j=2,\cdots,N-1 时)
\end{cases}
$$

$$\frac{\partial E_j}{\partial l_{i,j-1}}=\begin{cases}0 & （当 j=1 和 N 时）\\ -h_{j-1}-L_{j-1}\dfrac{\partial h_{j-1}}{\partial l_{i,j-1}} & （当 j=2,\cdots,N-1 时）\end{cases}$$

因为 $h_j=H_j^\circ+\Delta h_j$，理想气体的焓 H_j°比较简单，但溶液的 Δh_j 计算比较复杂，因此 h_{j-1}对 T_{j-1}和 $l_{i,j-1}$的偏导数常用数值方法计算。

现讨论$[B_j]$：

$$[B_j]=\begin{bmatrix}\dfrac{\partial E_j}{\partial v_{1j}} & \cdots & \dfrac{\partial E_j}{\partial v_{cj}} & \dfrac{\partial E_j}{\partial T_j} & \dfrac{\partial E_j}{\partial l_{1j}} & \cdots & \dfrac{\partial E_j}{\partial l_{cj}}\\ \dfrac{\partial M_{1j}}{\partial v_{1j}} & \cdots & \dfrac{\partial M_{1j}}{\partial v_{cj}} & \dfrac{\partial M_{1j}}{\partial T_j} & \dfrac{\partial M_{1j}}{\partial l_{1j}} & \cdots & \dfrac{\partial M_{1j}}{\partial l_{cj}}\\ \cdots & \cdots & \cdots & \cdots & \cdots & \cdots & \cdots\\ \dfrac{\partial M_{cj}}{\partial v_{1j}} & \cdots & \dfrac{\partial M_{cj}}{\partial v_{cj}} & \dfrac{\partial M_{cj}}{\partial T_j} & \dfrac{\partial M_{cj}}{\partial l_{1j}} & \cdots & \dfrac{\partial M_{cj}}{\partial l_{cj}}\\ \dfrac{\partial Q_{1j}}{\partial v_{1j}} & \cdots & \dfrac{\partial Q_{1j}}{\partial v_{cj}} & \dfrac{\partial Q_{1j}}{\partial T_j} & \dfrac{\partial Q_{1j}}{\partial l_{1j}} & \cdots & \dfrac{\partial Q_{1j}}{\partial l_{cj}}\\ \cdots & \cdots & \cdots & \cdots & \cdots & \cdots & \cdots\\ \dfrac{\partial Q_{cj}}{\partial v_{1j}} & \cdots & \dfrac{\partial Q_{cj}}{\partial v_{cj}} & \dfrac{\partial Q_{cj}}{\partial T_j} & \dfrac{\partial Q_{cj}}{\partial l_{1j}} & \cdots & \dfrac{\partial Q_{cj}}{\partial l_{cj}}\end{bmatrix}\quad (j=1,N)$$

式中 E_1 和 E_N 对各变量的偏导数计算相当简单，现讨论 E_j（$j=2,N-1$）对各变量的偏导数计算：

$$\frac{\partial E_j}{\partial v_{ij}}=H_j\left(1+\frac{W_j}{V_j}\right)+V_j\left(1+\frac{W_j}{V_j}\right)\cdot\frac{\partial H_j}{\partial v_{ij}}$$

$$\frac{\partial E_j}{T_j}=L_j\left(1+\frac{U_j}{L_j}\right)\frac{\partial h_j}{\partial T_j}+V_j\left(1+\frac{W_j}{V_j}\right)\cdot\frac{\partial H_j}{\partial T_j}$$

$$\frac{\partial E_j}{\partial l_{ij}}=h_j\left(1+\frac{U_j}{L_j}\right)+L_j\left(1+\frac{U_j}{L_j}\right)\cdot\frac{\partial h_j}{\partial l_{ij}}$$

M_{kj} 和 Q_{kj} 对各变量的偏导数计算如下：

$$\frac{\partial M_{kj}}{\partial v_{ij}}=\left(1+\frac{W_j}{V_j}\right)\delta_{ki};\qquad \frac{\partial M_{kj}}{\partial T_j}=0$$

$$\frac{\partial M_{kj}}{\partial l_{ij}}=\left(1+\frac{U_j}{L_j}\right)\delta_{ki}$$

$$\frac{\partial Q_{kj}}{\partial v_{ij}}=-\delta_{ki}+K_{kj}\frac{l_{kj}}{L_j}+\frac{V_j}{L_j}l_{kj}\frac{\partial K_{kj}}{\partial v_{ij}}$$

$$\frac{\partial Q_{kj}}{\partial T_j}=\frac{V_j}{L_j}l_{ki}\frac{\partial K_{kj}}{\partial T_j}$$

$$\frac{\partial Q_{kj}}{\partial l_{ij}}=K_{kj}\frac{V_j(\delta_{ki}L_j-l_{kj})}{L_j^2}+\frac{V_j}{L_j}l_{ij}\frac{\partial K_{kj}}{\partial l_{ij}}$$

上述偏导数计算中，$\partial H_j/\partial T_j$，$\partial H_j/\partial v_{ij}$ 常可得到解析式，而$\partial h_j/\partial T_j$，$\partial h_j/\partial l_{ij}$，$\partial K_{ij}/\partial v_{ij}$，$\partial K_{kj}/\partial l_{ij}$，$\partial K_{kj}/\partial T_j$ 则需用数值计算法求得，较费时。以上各式中的 δ_{ki} 取值如下：

$$当\ i=k\ 时，\quad \delta_{ki}=1$$

$$当\ i\neq k\ 时，\quad \delta_{ki}=0$$

再看$[C_j]$：

$$
[C_j]=\begin{bmatrix}
\frac{\partial E_j}{\partial v_{1,j+1}} & \cdots & \frac{\partial E_j}{\partial v_{c,j+1}} & \frac{\partial E_j}{\partial T_{j+1}} & \frac{\partial E_j}{\partial l_{1,j+1}} & \cdots & \frac{\partial E_j}{\partial l_{c,j+1}} \\
\frac{\partial M_{1j}}{\partial v_{1,j+1}} & \cdots & \frac{\partial M_{1j}}{\partial v_{c,j+1}} & \frac{\partial M_{1j}}{\partial T_{j+1}} & \frac{\partial M_{1j}}{\partial l_{1,j+1}} & \cdots & \frac{\partial M_{1j}}{\partial l_{c,j+1}} \\
\cdots & \cdots & \cdots & \cdots & \cdots & \cdots & \cdots \\
\frac{\partial M_{cj}}{\partial v_{1,j+1}} & \cdots & \frac{\partial M_{cj}}{\partial v_{c,j+1}} & \frac{\partial M_{cj}}{\partial T_{j+1}} & \frac{\partial M_{cj}}{\partial l_{1,j+1}} & \cdots & \frac{\partial M_{cj}}{\partial l_{c,j+1}} \\
\frac{\partial Q_{1j}}{\partial v_{1,j+1}} & \cdots & \frac{\partial Q_{1j}}{\partial v_{c,j+1}} & \frac{\partial Q_{1j}}{\partial T_{j+1}} & \frac{\partial Q_{1j}}{\partial l_{1,j+1}} & \cdots & \frac{\partial Q_{1j}}{\partial l_{c,j+1}} \\
\cdots & \cdots & \cdots & \cdots & \cdots & \cdots & \cdots \\
\frac{\partial Q_{cj}}{\partial v_{1,j+1}} & \cdots & \frac{\partial Q_{cj}}{\partial v_{c,j+1}} & \frac{\partial Q_{cj}}{\partial T_{j+1}} & \frac{\partial Q_{cj}}{\partial l_{1,j+1}} & \cdots & \frac{\partial Q_{cj}}{\partial l_{c,j+1}}
\end{bmatrix}
$$

其中

$$\frac{\partial E_j}{\partial v_{i,j+1}}=-H_{j+1}-V_{j+1}\frac{\partial H_{j+1}}{\partial v_{i,j+1}}$$

$$\frac{\partial E_j}{\partial T_{j+1}}=-V_{j+1}\frac{\partial H_{j+1}}{\partial T_{j+1}};\quad \frac{\partial E_j}{\partial l_{i,j+1}}=0$$

$$\frac{\partial M_{kj}}{\partial l_{i,j+1}}=0;\quad \frac{\partial M_{kj}}{\partial v_{i,j+1}}=-1;\quad \frac{\partial M_{kj}}{\partial T_{j+1}}=0$$

$$\frac{\partial Q_{kj}}{\partial v_{i,j+1}}=0;\quad \frac{\partial Q_{kj}}{\partial T_{j+1}}=0;\quad \frac{\partial Q_{kj}}{\partial l_{i,j+1}}=0$$

该算法的具体计算步骤示于图 2-15 中。

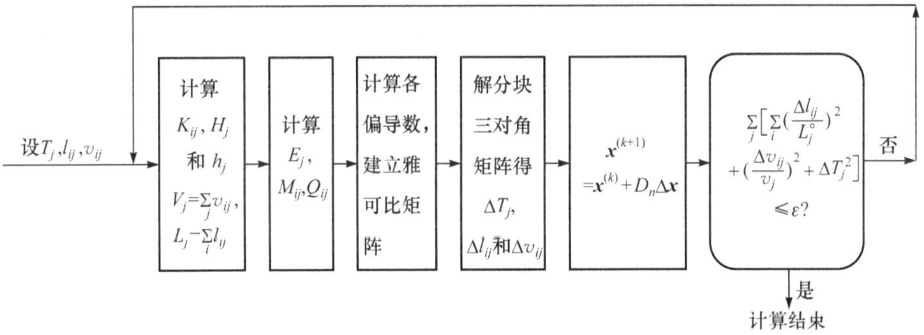

图 2-15 全变量迭代算法计算框图

全变量迭代算法通用，可算精馏、吸收等各种理论级操作，而且易结合进板效率作实际板计算，给定条件也易改变。但因选用了全部独立变量为迭代变量进行联列求解，各子块矩阵均是$(2c+1)$维的，建立雅可比矩阵时需要进行的偏导数计算相当费时，尤其是$\partial K_{kj}/\partial l_{ij}$和$\partial h_j/\partial l_{ij}$的计算需用数值计算。分块三对角矩阵求解有特殊解法，但该矩阵中的子块需求逆，维数大，计算费时，还要求计算机有较大存贮量。这些缺点随计算机高速发展已变得较次要，全变量迭代的应用日益广泛。虽然该法应用牛顿-拉甫逊法解方程，经验表明，它对初值的要求并不高(吴俊生等，1997)，较易收敛。

2.3.5 内外层法

内外层法由波士顿和沙利文(Boston et al. ,1974)于 1974 年提出，后经多人改进使此算法的收敛稳定性得到了明显提高，成为较广应用的算法之一。

在精馏的严格计算中，K 值和气液相焓计算的工作量很大，尤其当它们采用严格的热力学模型时。在前面介绍的两种算法中，前者还需要计算 K 对 $1/T$ 的偏导数，后者则需要计算 K 和焓对温度和组成的偏导数。设法节省了这些计算量，对于提高算法的收敛速度有显著的效果。为此，内外层法采用了两组热力学模型：简化的近似模型和严格模型。近似模型用于计算频繁的内层；严格模型用于计算频率较低的外层，用来对近似模型参数的修正。

1. 近似热力学模型

波士顿和沙利文建议的近似模型如下：

$$K_{ij}=\alpha_{ij}K_{bj} \tag{2-131}$$

式中：K_{bj} 为 j 板上某基准组分 b 的 K；α_{ij} 为 j 板上组分 i 对组分 b 的相对挥发度。

进料中的任一组分或虚拟的参考组分均可选择作为基准组分 b，但优先采用后者。此时基准组分的 K_{bj} 由各组分的 K_{ij} 按气相组成加权确定：

$$K_{bj} = \exp\left(\sum_i w_{ij}\ln K_{ij}\right) \tag{2-132}$$

式中：w_{ij} 为下式给出的加权函数。

$$w_{ij} = \frac{y_{ij}[\partial\ln K_{ij}/\partial(1/T)]}{\sum_i y_{ij}[\partial\ln K_{ij}/\partial(1/T)]} \tag{2-133}$$

这样确定的 K_{bj} 在塔顶接近轻组分，在塔底则接近重组分。式(2-133)中的偏导数可由严格模型用数值法或解析法求取。

波士顿和沙利文进一步建议 K_{bj} 可由下式计算：

$$K_{bj}=\exp(A_j-B_j/T_j) \tag{2-134}$$

为确定此式中的系数 A_j 和 B_j，需对每一级选取两个温度，例如可选其相邻两级 $j-1$ 和 $j+1$ 级的温度，这两个温度分别记为 T_1 和 T_2，按式(2-132)算得 K_{bj1} 和 K_{bj2}，应用式(2-134)求出系数

$$B_j=\frac{\ln(K_{bj1}/K_{bj2})}{\left(\frac{1}{T_2}-\frac{1}{T_1}\right)} \tag{2-135}$$

和

$$A_j=\ln K_{bj1}+B_j/T_1 \tag{2-136}$$

对于强非理想的液相溶液，K_{ij} 与液相组成密切相关。因此，式(2-131)中的 α_{ij} 也与液相组成密切相关，如果用它作为迭代变量，算法的收敛稳定性很成问题。为此，有人对式(2-131)作了如下改进，令

$$\alpha_{ij}=\alpha_{ij}^*\gamma_{ij}^* \tag{2-137}$$

式中：γ_{ij}^* 为液相表观活度系数。γ_{ij}^* 用如下线性函数近似：

$$\gamma_{ij}^*=a_{ij}+b_{ij}x_{ij} \tag{2-138}$$

式中：系数 a_{ij} 和 b_{ij} 用严格模型算得的活度系数对液相摩尔分率线性拟合得到。

对于焓，波士顿和沙利文采用如下近似模型：

$$\Delta H_{Vj}=H_{Vj}-H_{Vj}^0=c_j-d_j(T_j-T^0) \tag{2-139}$$

$$\Delta h_{Lj}=h_{Lj}-H_{Lj}^0=e_j-f_j(T_j-T^0) \tag{2-140}$$

式中：H_{Vj}^0 和 H_{Lj}^0 分别为温度 T^0 时汽相和液相的零压蒸气摩尔焓；T^0 为焓的参考温度；c_j、d_j、e_j 和 f_j 为线性模型的系数，它们需用焓的严格模型算得的焓拟合得到。在本算法此后的一些

改进中，有人并不采用焓的近似模型，而仍用焓的严格模型。

本算法还采用基准组分的脱吸因子 S_{bj} 作为内层回路迭代变量，还定义如下液相抽出因子 R_{Lj} 和汽相抽出因子 R_{Vj}

$$S_{bj}=K_{bj}V_j/L_j \tag{2-141}$$

$$R_{Lj}=1+U_j/L_j \tag{2-142}$$

$$R_{Vj}=1+W_j/V_j \tag{2-143}$$

2. MESH 方程

为适用近似模型和迭代变量，MESH 方程组需作相应变化。下面采用波士顿和沙利文的近似模型。

组分物料衡算方程

$$l_{i,j-1}-(R_{Lj}+\alpha_{ij}S_{bj}R_{Vj})l_{ij}+(\alpha_{i,j+1}S_{b,j+1})l_{i,j+1}=-f_{ij} \quad (i=1,c;j=1,N) \tag{2-102a}$$

相平衡关联方程

$$v_{ij}=\alpha_{ij}S_{bj}l_{ij} \quad (i=1,c;j=1,N) \tag{2-103a}$$

摩尔分率加和归一方程

$$K_{bj}\sum_i \alpha_{ij}x_{ij}=1 \quad (j=1,N) \tag{2-104a}$$

热量衡算方程

$$E_j=h_jR_{Lj}L_j+H_jR_{Vj}V_j-h_{j-1}L_{j-1}-H_{j+1}V_{j+1}-h_{Fj}F_j-Q_j=0 \quad (j=1,N) \tag{2-105a}$$

对于给定汽液相侧线抽出量、塔顶或塔底产物量和回流比的情况，H 方程的 E_1 和 E_N 式需改成

$$E_1=\sum_i l_{i1}-R(D_V+D_L)=0 \tag{2-105b}$$

$$E_N=\sum_i l_{iN}-L_N=0 \tag{2-105c}$$

本算法的步骤总体可用如下框图表示：

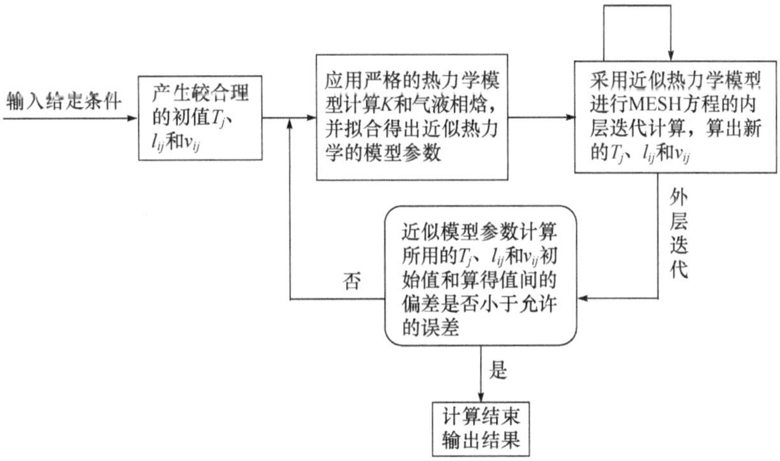

图 2-16　内外层算法的总体框图

计算从输入给定条件开始，总体分成如下三块。

1) 产生初值(T_j、l_{ij} 和 v_{ij})

对于普通精馏塔，建议如下的步骤：

(1) 输入给定的平衡级数、所有的进料条件(各股进料的 f_{ij}、h_{Fj} 和进料板号)、塔压分布、汽液相侧线抽出位置和量、中间换热器位置、热负荷以及回流比、塔顶或塔底产物量。

(2) 将全部进料合并得组合进料,并计算其平均组成,求取其在平均塔压下的泡点和露点温度。近似将泡点温度作为塔顶温度 T_1,露点温度作为塔釜温度 T_N,再按线性分布估计塔中各级温度 T_j。

(3) 由 $L_1=R(D_V+D_L)$ 和恒摩尔流率的假定,估计各级的 L_j,再用总物料衡算确定 V_j。

(4) 对组合进料,在全塔平均温度和平均压力下进行等温闪蒸,所得气液相组成近似作为各级的气液相组成,再与 L_j 和 V_j 相乘得到 l_{ij} 和 v_{ij}。

2) 求取近似热力学模型的参数

当得到 T_j、l_{ij} 和 v_{ij} 后,应用选定的严格热力学模型计算 K_{ij}、H_j 和 h_j,并计算或拟合近似模型的参数 A_j、B_j、c_j、d_j、e_j、f_j、K_{bj} 和 α_{ij}(或 a_{ij}、b_{ij}、α_{ij}^*)。再计算 S_{bj}、R_{Lj} 和 R_{Vj}。

3) 进行 MESH 方程组的内层迭代计算

具体的计算步骤如下:

(1) 式(2-102a)对于每个组分均是三对角线方程组,应用三对角线矩阵的解法分别解得每个组分的液相摩尔流率 l_{ij} 的新值。

(2) 由式(2-103a)计算组分的气相摩尔流率 v_{ij} 新值。

(3) 对塔中各级的气液相组分摩尔流率分别加和,得到各级的气液相总摩尔流率 V_j 和 L_j 新值。

(4) 由各级气液相组分摩尔流率分别被同一级的气液相总摩尔流率除,得到各级的气液相摩尔分率 y_{ij} 和 x_{ij}。

(5) 由式(2-104a)计算 K_{bj} 的修正值

$$K_{bj}=\frac{1}{\sum_i(\alpha_{ij}x_{ij})} \tag{2-104b}$$

再由式(2-136)计算各级温度 T_j 的新值

$$T_j=\frac{B_j}{A_j-\ln K_{bj}} \tag{2-136b}$$

至此已算得新的 l_{ij}、v_{ij} 和 T_j,它们在近似的热力学模型下满足 MES 方程,但不一定满足 H 方程,为此需要进行下列的内层迭代计算。

(6) 选择内层迭代变量 K_{bj},为了防止它在迭代过程中出负值,取其对数 $\ln K_{bj}$ 为实际迭代变量。当给定侧线抽出量时,还需要选择侧线抽出股数个迭代变量,例如 $\ln(U_j/L_j)$ 或$\ln(W_j/V_j)$。

(7) 近似模型计算各级的汽液相焓 H_j 和 h_j。

(8) 计算各级的 H 方程的偏差 E_j,同时对塔顶和塔底两级计算热负荷 Q_1 和 Q_N。

(9) 计算 E_j 对各迭代变量的偏导数 Jacobian 矩阵。这可以采用数值微分法,通过各迭代变量的扰动,重复步骤(1)到(8)的计算求取。

(10) 应用 Newton-Raphson 法解算求得的方程组,得到各迭代变量的校正值。各迭代变量的原始值与校正值相加得到新值,也可以如式(2-127)加入步长阻尼因子。如果校正值的平方和较大,返回第(8)步迭代计算;如果校正值的平方和小于指定的允许误差,内层迭代计算结束,得到了一组 l_{ij}、v_{ij} 和 T_j 的新值。如果 l_{ij}、v_{ij} 和 T_j 的新值与进入计算近似热力学模型参数所用的 l_{ij}、v_{ij} 和 T_j 的老值间的偏差在允许的误差范围内,计算结束,此 l_{ij}、v_{ij} 和 T_j 的新值就是计算结果;否则转到第二块,进行外层迭代计算。

内外层法的收敛稳定性与近似热力学模型的合理性密切相关,由于这些模型参数是外层的迭代变量,如果其中有与内层迭代计算的结果紧密关联的,例如波士顿和沙利文的近似模型中的 α_{ij},对于强液相非理想系统,它与液相组成紧密相关,迭代计算有可能震荡发散。同样,式(2-138)中的系数 a_{ij} 和 b_{ij} 对于强液相非理想系统也可能震荡。此外,该算法在内层中对各个组分分别进行三对角线矩阵求解,再依次计算各级温度,这对于强非理想系统难以保证收敛。此时,宜选用全变量迭代法。

精馏的严格算法有多种,必要时可以参阅有关专著。另外还有一类松弛法,是一种非定态算法,当计算过程有非定态逐步过渡到定态时,也就得到了定态操作的模拟计算结果。松弛法具有极好的收敛稳定性,但不少算法的收敛速度十分慢,难以在工程计算中得到广泛应用。1984 年王纯等开发出了新松弛法(王纯,1984),使收敛速度得到显著提高,并在工程计算中得到了应用。

由于近二三十年来对定态精馏模拟的广泛研究,开发出了一些通用性强、收敛特性好的算法,再加上计算机技术的快速发展,精馏的严格算法已成为设计计算的有用工具。目前看来,各种精馏的定态操作型计算能否成功应用的关键不在算法本身,而在于能否获得正确的相平衡关联。

从上面介绍的三种矩阵算法可见,板数已知是矩阵算法的首要条件,因此只能是操作型算法。要开发新的精馏装置,希望能用设计型算法。对于两元精馏,大家熟知逐板计算法及其简化而成的图解法是十分成熟的设计型算法,那么多元精馏是否也能用逐板计算法呢?回答基本上是否定的。对于两元精馏,给定的分离条件是易挥发组分在塔顶、塔底产品中的浓度,从摩尔分率加和归一关系可得到难挥发组分的浓度。已知塔顶、塔底产品的浓度是逐板计算法的前提条件。但是,对于多元精馏,给定的分离条件仍然只能是两个,例如某一组分在塔顶、塔底产品中的浓度,其余组分在塔顶、塔底产品中的浓度也就跟着定下来了,而不是再能任意指定的。这是因为为完成前面指定的两个分离要求,塔的分离能力已经定下。因为产品中含有多组分,仅指定一个组分的浓度,根据各组分摩尔分率加和等于 1 的限制,其余组分的浓度是无法预先知道的。两端产品的浓度未确定,逐板计算的起点就有问题。如果按照后面将讨论的方法对产品组成进行预先估计,通过迭代计算逐步加以修正,那么,即使估计值相当正确,据此开始逐板计算得到的各板组成还会与正确值相差很大。这是因为塔顶重组分的含量在它向下逐板计算的过程中,一板一板地得到放大,该组分越难挥发,放大的倍数越大。同样,塔底产品中的轻组分含量在由塔底向上进行逐板计算的过程中变得越来越大,所以这些组分在两端产品中的浓度误差也将得到放大。当遇到多进料复杂塔,算得的有些浓度还会出现负值或大于 1。再加上逐板计算过程中计算截断误差的积累,逐板迭代计算难以收敛,尤其对于强非理想物系。对于比较接近理想溶液的物系(如烃类),设计型的新逐板计算法已经发表,必要时请读者参阅文献(陈敏恒,1984)。

2.3.6 精馏的简捷计算

这是一种设计型算法,由于采用了一系列简化假定,只能供估算用。但因其计算简单,在作全流程计算中常被采用,还可以为严格计算提供理论板数和回流比等初值。

1. 关键组分

在多元精馏的分析和计算中,广泛应用关键组分概念。所谓关键组分,是进料中按分离要求选取的两个组分(大多是挥发度相邻的两个组分),它们对于物系的分离起着控制作用,且它们在塔顶或塔底产品中的回收率或含量通常是给定的，因而在设计计算中起着决定性作用。此两组分中挥发度大的称为轻关键组分，对它在塔釜中的浓度必须加以控制，不能大于某规定值；两组分中挥发度小的称为重关键组分，为达到分离要求，它在塔顶产品中的含量须加以控制。

以裂解气深冷分离中的脱乙烷塔为例，其进料组成大致见下表：

表 2-6　脱乙烷塔进料组成

组　分	甲烷	乙烯	乙烷	丙烯	丙烷	C_4 以上组分
组成(摩尔分率)	1.0	61.1	7.3	24.2	0.8	5.6

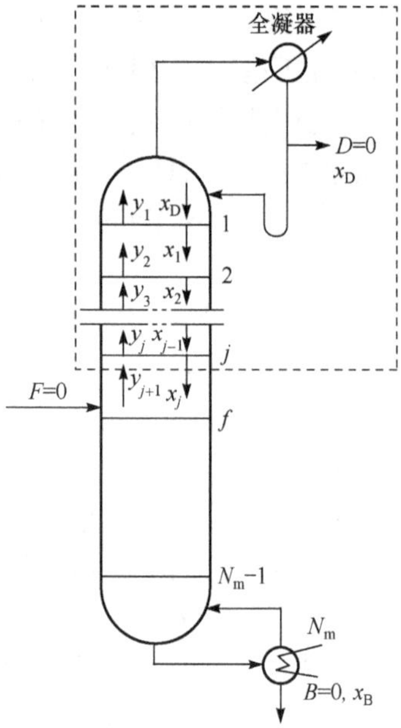

图 2-17　全回流操作

工艺规定乙烷在塔顶回收率为 97%，丙烯在塔釜回收率为 99%。由于这一工艺规定，保证比乙烷易挥发的乙烯几乎全部进入塔顶产物，再进入乙烯塔分离得到乙烯产品；丙烯则绝大部分进入塔底产物，再经脱丙烷塔和丙烯塔分离得到丙烯产品。显然，在脱乙烷塔中乙烷是轻关键组分，丙烯为重关键组分。料液中比轻关键组分更易挥发的组分(甲烷和乙烯)称为轻非关键组分，简称为轻组分；比重关键组分更难挥发的组分(丙烷和 C_4 以上组分)称为重非关键组分，简称为重组分。偶尔在有些物料中，在轻、重关键组分之间还存在一个含量很少的组分，称为中间组分。

2. 芬斯克方程

用来计算全回流操作时，达到规定分离要求所需的最少理论板数 N_m，计算式如下：

$$N_m = \frac{\lg\left(\frac{x_{D,lk}}{x_{D,hk}} \cdot \frac{x_{B,hk}}{x_{B,lk}}\right)}{\lg \bar{\alpha}_{lk,hk}} \tag{2-144}$$

式中：N_m 为精馏装置(包括再沸器)中所需的最少理论板数；$\bar{\alpha}_{lk,hk}$ 为轻、重关键组分间的相对挥度在全塔范围的平均值。$\boldsymbol{x}_D$ 和 $\boldsymbol{x}_B$ 分别为塔顶和塔底产物的浓度向量。

芬斯克(Fenske)方程的推导如下(参见图 2-17)。全回流操作时

$$L_j = V_{j+1}$$

作 j 板至塔顶范围的组分 i 的物料衡算：

$$L_j x_{ij} = V_{j+1} y_{i,j+1}$$

两式结合得

$$x_{ij} = y_{i,j+1} \tag{2-145}$$

根据 α_{ij} 的定义和式(2-145)，从全凝器向塔底可以写出：

$$\frac{x_{Di}}{x_{Dj}} \xlongequal{\text{全凝}} \frac{y_{i1}}{y_{j1}} \xlongequal{(\alpha_{ij})_1\text{ 定义}} \alpha_1^{*} \frac{x_{i1}}{x_{j1}} \xlongequal{\text{式(2-145)}} \alpha_1 \frac{y_{i2}}{y_{j2}} \xlongequal{\alpha_2\text{ 定义}} \alpha_1\alpha_2 \frac{x_{i2}}{x_{j2}} \xlongequal{\text{式(2-145)}}$$

$$\alpha_1\alpha_2 \frac{y_{i3}}{y_{j3}} \xlongequal{\alpha_3\text{ 定义}} \alpha_1\alpha_2\alpha_3 \frac{x_{i3}}{x_{j3}} \cdots \xlongequal{\alpha_{N_m}\text{ 定义}} \alpha_1\alpha_2\cdots\alpha_{N_m} \frac{x_{i,N_m}}{x_{j,N_m}} = (\bar{\alpha}_{ij})^{N_m} \frac{x_{Bi}}{x_{Bj}} \tag{2-146}$$

* 为书写简洁，以 α_1 代替 $(\alpha_{ij})_1$，下同。

对于 lk 与 hk 的分离，上式变成

$$\frac{x_{\mathrm{D},lk}}{x_{\mathrm{D},hk}}=(\bar{\alpha}_{lk,hk})^{N_{\mathrm{m}}}\frac{x_{\mathrm{B},lk}}{x_{\mathrm{B},hk}}$$

两端取对数整理后即得芬斯克方程(式 2-144)。

式(2-146)的建立是严格的，对二元精馏和多元精馏同样适用。多元精馏中其余组分对关键组分间分离的影响反映在 $\bar{\alpha}_{lk,hk}$ 中。式(2-146)的严格应用较困难，需知道各板上的相对挥发度。为简化计算，通常按下式计算 $\bar{\alpha}_{lk,hk}$ 的平均值：

$$\bar{\alpha}_{lk,hk}=[(\alpha_{lk,hk})_{\mathrm{D}}\cdot(\alpha_{lk,hk})_{\mathrm{F}}\cdot(\alpha_{lk,hk})_{\mathrm{B}}]^{1/3} \tag{2-147}$$

即取塔顶、加料和塔底三处相对挥发度的平均值。

3. 恩德吾特方程

恩德吾特(Underwood)方程用来估计达到规定分离要求所需的最小回流比 R_{m}。由于多组分精馏中存在轻组分和(或)重组分，最小回流比的计算较两元精馏困难得多。下面首先介绍多元精馏中的恒浓区概念。

1) 恒浓区

如同两元精馏，当塔顶和塔底产品中关键组分的浓度或收率指定后，相应此分离要求有一个最小回流比存在。所谓最小回流比，理论上讲是需要无限多塔板才能达到规定分离要求的回流比。对于 y-x 平衡曲线形状正常的两元物系的精馏，在最小回流比时，将在加料区域出现恒浓区，即在此区域中相邻板上的气相浓度和液相浓度各自相同，该区域需要无限多理论板数才能实现一定的分离作用。对于多元精馏，在最小回流比时同样存在恒浓区。图 2-18 是典型的六组分精馏在最小回流比下操作时的浓度分布曲线，由图可见，重组分仅出现在塔底产品中，轻组分则仅出现在塔顶产品中，它们被称为非分布组分。轻、重关键组分在两端产品中均存在，称为分布组分。如存在中间组分，它也必然是分布组分。当轻组分中某个组分的挥发度与轻关键组分的十分接近，或重组分中的某个组分的挥发度与重关键组分的十分接近时，同时轻、重关键组分间的分离程度又不够高，这种组分也可能是分布组分。由于料液中存在非分布轻组分和(或)非分布重组分，塔中将出现两个恒浓区。

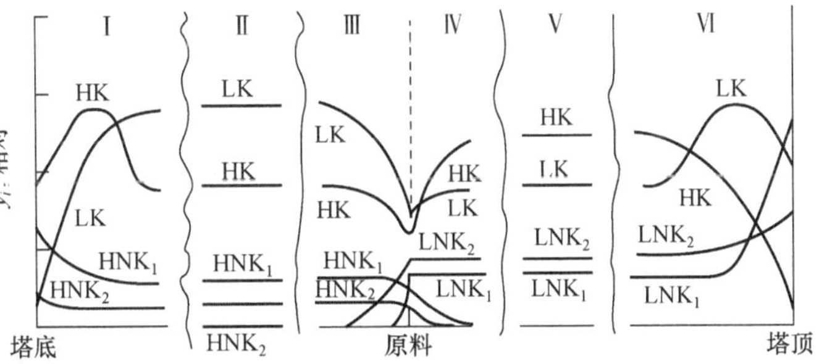

图 2-18 在最小回流时典型的蒸气组成分布图

LK. 轻关键；HK. 重关键；LNK. 轻组分；HNK. 重组分

设由组分 1、2、3、4 组成的料液，其挥发度依次降低，工艺规定 2 为轻关键组分，3 为重关键组分，1 和 4 均为非分布组分。在最小回流比下经无限塔板分离后，轻组分 1 不存在塔底产品中，重组分 4 则不出现在塔顶产品中(图 2-19)。察看进料中的重组分 4，当它变为蒸气向上升时，因 α_{24} 比 α_{23} 大，塔以轻、重关键组分间分离的最小回流比 R_{m} 操作，组分 2 与 4 间的分离不会遇到困难，因此组分 4 的浓度逐步变小，相应地其余各组分浓度也在变化，区域Ⅳ不是恒

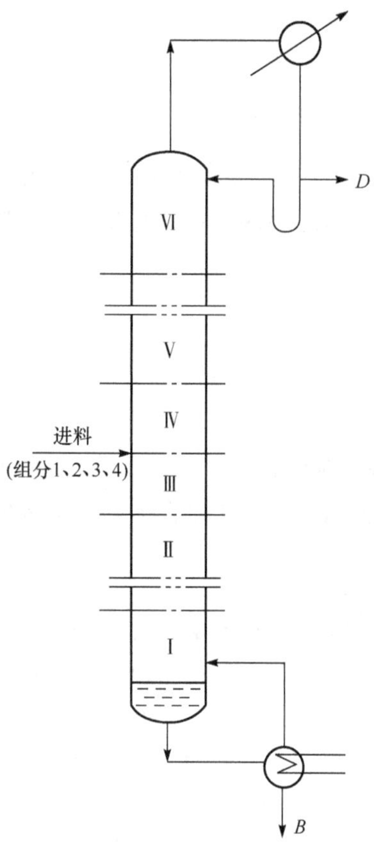

图 2-19 在最小回流比下操作的精馏塔（具有无限塔板数）

浓区，而是进料中的重组分脱除区。当组分 4 的浓度减到微量时，才开始出现上恒浓区Ⅴ。此区域具有无限多板数，才能实现轻重关键组分间一定的分离作用，当离开此区域进入区域Ⅵ时，组分 4 已完全脱除。区域Ⅵ为精馏段的分馏区，轻重关键组分间进一步分离，达到规定的分离要求。察看进料中的轻组分 1，当它随液流下降时，因 α_{13} 大于 α_{23}，将逐步从液相中脱除，其余组分浓度随之发生变化，图中区域Ⅲ为轻组分脱除区。直至轻组分浓度减至微量时，液流降入下恒浓区Ⅱ。此区域具有无限多板数，轻重关键组分在流经此区域后产生了一定的分离作用，轻组分被完全脱除。最后液体降入区域Ⅰ，此为提馏段的分馏区，轻重关键组分进一步分离。显然，如果进料中不含轻组分，也就不存在轻组分脱除区，下恒浓区就在加料板处出现；反之，如果进料中不含重组分，上恒浓区将在加料板处出现。偶尔，如果进料组分全是分布组分，上下恒浓区全集中到加料区，与两组分情况相同。

一般说来，由于恒浓区已脱除了轻组分或重组分，关键组分浓度有所增大，但此浓度并不知道，所以要严格求出多组分精馏的最小回流比相当困难，至今还没有一个通用的算法。目前比较常用的办法是用一些近似算式，算出最小回流比的近似值，供设计计算参考。下面介绍常用的恩德吾特方程。

2) R_m 估算式

包括如下两式：

$$\sum_i \frac{\alpha_{iB} x_{Fi}}{\alpha_{iB} - \theta} = 1 - q \tag{2-148}$$

$$R_m = \sum_i \frac{\alpha_{iB} x_{Di}}{\alpha_{iB} - \theta} - 1 \tag{2-149}$$

式中：α_{iB}为组分 i 与某一任选的基础组分 B 间的相对挥发度，通常取重关键组分为基础组分；q 为进料的热状态参数；θ 为式(2-148)的根。式(2-148)示于图 2-20。由图可见，存在多根，但这里计算的是轻重关键组分间分离的 R_m，故仅取 $\alpha_{B,hk}<\theta<\alpha_{B,lk}$。由式(2-148)求出 θ 后，代入式(2-149)即得 R_m。由于上述两式的推导中应用了 α 等于常数和恒摩尔流假定，因此是个近似式。

对于两元泡点进料，可从式(2-148)和式(2-149)导得

$$R_m = \frac{1}{\alpha_{12} - 1}\left[\frac{x_D}{x_F} - \frac{\alpha_{12}(1 - x_D)}{1 - x_F}\right] \tag{2-150}$$

对于两元露点进料：

$$R_m = \frac{1}{\alpha_{12} - 1}\left[\frac{\alpha_{12} x_D}{y_F} - \frac{1 - x_D}{1 - y_F}\right] - 1 \tag{2-151}$$

在实际计算中，组分的相对挥发度沿塔总有些变化。如果变化不大，则可以按式(2-147)

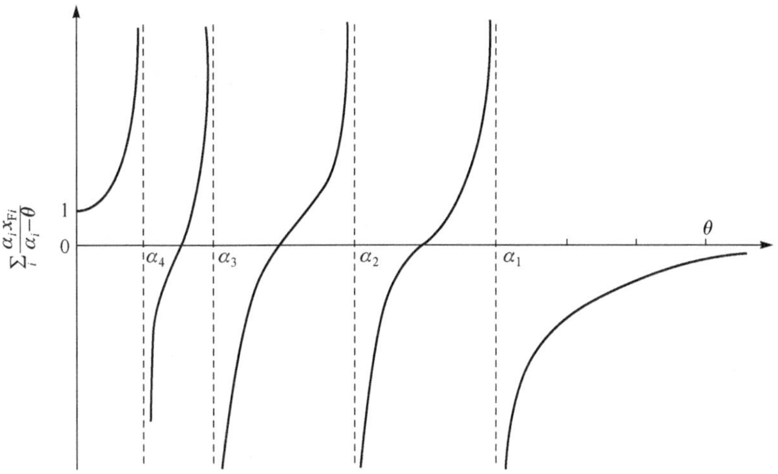

图 2-20　式(2-148)图示($q=1$)

取平均值;如果变化较大,可按下式先算出平均温度,再用此温度下的 α 代入上列计算式中:

$$t_\alpha=\frac{Dt_D+Bt_B}{F} \tag{2-152}$$

式中:t_D 和 t_B 分别代表塔顶和塔底的温度。

【例 2-4】 脱丁烷塔分离下列混合液:

表 2-7

组　分	丙烷(1)	异丁烷(2)	丁烷(3)	异戊烷(4)	戊烷(5)	己烷(6)
x_{Fi}(摩尔分率)	0.0110	0.1690	0.4460	0.1135	0.1205	0.1400
x_{Di}(摩尔分率)	0.0176	0.2698	0.6995	0.0104	0.0027	0.35×10^{-5}
α_{i4}平均值	3.615	2.084	1.735	1.000	0.864	0.435

工艺规定丁烷为轻关键组分,异戊烷为重关键组分。分离所得的塔顶产物组成已列于表 2-7,各组分相对于重关键的相对挥发度也列于表中。料液为饱和液体。试求最小回流比 R_m。

解　由式(2 148)得

$$\frac{3.615\times0.0110}{3.615-\theta}+\frac{2.084\times0.1690}{2.084-\theta}+\frac{1.735\times0.4460}{1.735-\theta}+\frac{1\times0.1135}{1-\theta}+\frac{0.864\times0.1205}{0.864-\theta}+\frac{0.435\times0.1400}{0.435-\theta}=0$$

θ 应介于 1～1.735,经试差求得 θ一1.105。

由式(2-149)得

$$R_m=\frac{3.615\times0.0176}{3.615-1.105}+\frac{2.084\times0.2698}{2.084-1.105}+\frac{1.735\times0.6995}{1.735-1.105}+\frac{1\times0.0104}{1-1.105}+\frac{0.864\times0.0027}{0.864-1.105}-1$$
$$=1.417$$

4. 吉利兰关联

由上述讨论得到,当回流比为 R_m 时,达到规定分离程度所需的理论板数无限多;当全回流操作时,所需的理论板数为 N_m。那么当选定实际回流比 R 后,所需的理论板数应是多少呢?是否与 R_m、N_m 和 R 间存在一定关系?不少人研究过这个问题,吉利兰根据 61 座两组分和多组分精馏塔的逐板计算结果,整理得到了图 2-21 所示的关联曲线。该曲线已回归成多种算式,下式是比较简单的一个:

$$\frac{N-N_m}{N+1}=0.75\left[1-\left(\frac{R-R_m}{R+1}\right)^{0.5668}\right] \tag{2-153}$$

自 1940 年吉利兰关联提出后，不少研究者提出了各种关联，希望提高估算精度，但效果不明显，吉利兰关联至今仍得到广泛应用。

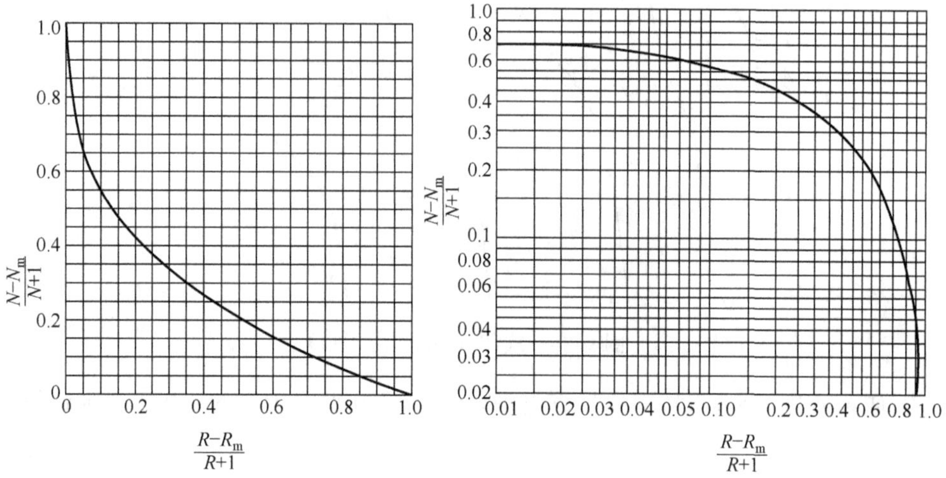

图 2-21 吉利兰关联

5. 进料位置的确定

应用吉利兰关联求得的理论板数，隐含着最佳进料位置的要求。如何估计最佳进料位置，常用如下两种经验方法。

1）柯克布兰德经验式

$$\frac{N_R}{N_S}=\left[\left(\frac{x_{F,hk}}{x_{F,lk}}\right)\left(\frac{x_{B,lk}}{x_{B,hk}}\right)^2\left(\frac{B}{D}\right)\right]^{0.206} \tag{2-154}$$

式中：N_R 和 N_S 分别为精馏段和提馏段的理论板数。

2）勃朗和马丁建议

首先应用芬斯克方程分别求取精馏段和提馏段在全回流操作时所需的最少理论板数，即

$$N_{R_m}=\frac{\lg\left[\frac{x_{D,lk}}{x_{F,lk}}\cdot\frac{x_{F,hk}}{x_{D,hk}}\right]}{\lg(\bar{\alpha}_{lk,hk})_R} \tag{2-155}$$

$$N_{S_m}=\frac{\lg\left[\frac{x_{F,lk}}{x_{B,lk}}\cdot\frac{x_{B,hk}}{x_{F,hk}}\right]}{\lg(\bar{\alpha}_{lk,hk})_S} \tag{2-156}$$

式中：$(\bar{\alpha}_{lk,hk})_R$ 为精馏段的轻、重关键组分间的相对挥发度平均值，可取塔顶和加料板处此相对挥发度的几何均值；$(\bar{\alpha}_{lk,hk})_S$ 为提馏段的均值，可取加料板和塔底处的几何均值。

再假设在实际操作回流比下 N_R/N_S 与全回流时的 N_{R_m}/N_{S_m} 相同，结合 $N_R+N_S=N$ 即可求出 N_R 和 N_S。

经验表明，如果精馏塔的两端产品量 D 和 B 大致相当，该算法比较正确，否则误差较大。

6. 塔顶和塔底产品量和组成的估算

为进行简捷计算，需取得轻、重关键组分间相对挥发度的平均值，为此需要塔顶和塔底产

品的组成；为计算 R_m，需知 x_{Di}。在前面论述中已指出，多元精馏的塔顶和塔底产品的组成是不能完全指定的，而是计算的结果。为进行简捷计算，为严格计算提供适当的初值，需对塔顶和塔底产品的组成进行估算。工程计算中，常采用如下两种近似估算方法。

1）清晰分割法

其基本假定是轻（非关键）组分在塔顶产品中的收率为 1，重（非关键）组分在塔底产品中的收率为 1。如果无中间组分存在，塔两端产品的组成和量只要通过简单的物料衡算就能算得。

【例 2-5】 对于例 2-4 中脱丁烷塔的进料应用清晰分割法进行塔顶和塔底产品的量和组成的估算。已知轻关键组分丁烷在塔顶产品中的收率为 98.1%，重关键组分异戊烷在塔底产品中的收率为 94.2%。进料量 $F=983\text{kmol/h}$。

解 由给定条件得知，丙烷和异丁烷为轻组分，戊烷和己烷为重组分。根据清晰分割法的基本假定，组分 1 和 2 在塔顶和塔底产品中的量分别为

$$d_1=f_1=983\times0.011=10.8(\text{kmol/h}),\qquad b_1=0$$

$$d_2=f_2=983\times0.169=166.1(\text{kmol/h}),\qquad b_2=0$$

组分 5 和 6 则分别为

$$d_5=0,\qquad b_5=f_5=983\times0.1205=118.5(\text{kmol/h})$$

$$d_6=0,\qquad b_6=f_6=983\times0.14=137.6(\text{kmol/h})$$

根据给定收率得

$$d_3=f_3\times98.1\%=983\times0.446\times0.981=430.1(\text{kmol/h})$$

$$b_3=f_3-d_3=8.3\text{kmol/h}$$

$$b_4=f_4\times94.2\%=983\times0.1135\times0.942=105.1(\text{kmol/h})$$

$$d_4=f_4-b_4=6.5\text{kmol/h}$$

于是，塔顶产品量 $$D=\sum_i d_i=613.5\text{kmol/h}$$

塔底产品量 $$B=\sum_i b_i=369.5\text{kmol/h}$$

组分 i 在塔顶产品 D 中的摩尔分率 $x_{Di}=d_i/D$，在塔底产品 B 中的摩尔分率 $x_{Bi}=b_i/B$。算得的结果列于下表：

表 2-8

组　分	丙烷(1)	异丁烷(2)	丁烷(3)	异戊烷(4)	戊烷(5)	己烷(6)
x_{Di}	0.0176	0.2707	0.7011	0.0106	0	0
x_{Bi}	0	0	0.0225	0.2844	0.3207	0.3724

对照例 2-4 中给出的 x_{Di}，发现估算结果与其十分接近。例 2-4 中的 x_{Di} 是严格计算得出的结果，表明清晰分割法得到了比较正确的估算值，由此来计算 R_m 和相对挥发度能得到合理结果，但据此估算值作为逐板计算的出发点，不能确保逐板计算的迭代计算收敛。

当轻、重关键组分的分离程度较高，轻组分的挥发度较轻关键组分大得较多，重组分的挥发度较重关键组分小得较多时，清晰分割法比较适用，用算得的 x_{Di} 去算 R_m 正确度较高。如果轻、重关键组分间有中间分布组分，它在两端产品中的分布对 R_m 值有较大影响，分布组分在两端产品中的含量需与 R_m 一起求解。如果只有一个中间组分，则恩德吾特方程(2-148)中的参数 θ 需取两个根，分别界于重关键组分和中间组分的相对挥发度之间以及中间组分和轻关键组分的相对挥发度之间。可以用此两个 θ 值列出两个式(2-149)，联立求解得到中间组分 m 的 d_m 和 R_m。读者可以参阅文献（吴俊生等，1992）中的例题。

2) 采用全回流时的产品组成

假定部分回流时两端产品的组成与全回流时的相同。全回流时两端产品的组成可以用芬斯克方程计算。

式(2-144)可以改写为

$$N_m=\frac{\lg\left(\frac{d_{lk}}{d_{hk}}\cdot\frac{b_{hk}}{b_{lk}}\right)}{\lg\bar{\alpha}_{lk,hk}} \tag{2-157}$$

对于任意组分 i 对重关键组分的分离,同样可以得到:

$$N_m=\frac{\lg\left(\frac{d_i}{b_i}\cdot\frac{b_{hk}}{d_{hk}}\right)}{\lg\bar{\alpha}_{i,hk}} \tag{2-158}$$

于是,在全回流时

$$\lg\frac{d_i}{b_i}=N_m\lg\bar{\alpha}_{i,hk}+\lg\frac{d_{hk}}{b_{hk}} \tag{2-159}$$

式(2-159)结合 $d_i+b_i=f_i$,即可求出各组分的 d_i 和 b_i。式(2-159)可以图解,$\lg(d_i/b_i)$对 $\lg\bar{\alpha}_{i,hk}$ 标绘是一根直线。

【例 2-6】 例 2-5 应用芬斯克方程进行重新估算。

解 (1) 首先计算 $\frac{d_{lk}}{b_{lk}}$ 和 $\frac{d_{hk}}{b_{hk}}$

$$\frac{d_{lk}}{b_{lk}}=\frac{430.1}{8.3}=51.82,\quad \frac{d_{hk}}{b_{hk}}=\frac{6.5}{105.1}=0.0618$$

(2) 计算 N_m

$$N_m=\frac{\lg(51.82/0.0618)}{\lg1.735}=12.2$$

(3) 计算其余各组分的 d_i 和 b_i。由式(2-159)和 $d_i+b_i=f_i$ 算得的 d_i 和 b_i,加上轻、重关键组分的 d_i 和 b_i 一并列于下表,并列上计算所得的 x_{Di} 和 x_{Bi}。

表 2-9

组　分	丙烷(1)	异丁烷(2)	丁烷(3)	异戊烷(4)	戊烷(5)	己烷(6)
d_i/b_i	3.98×10^5	480.3	51.82	0.0618	0.0104	2.40×10^{-6}
d_i/(kmol/h)	10.8	165.75	430.1	6.5	1.22	0
b_i/(kmol/h)	0	0.35	8.3	105.1	117.28	137.6
$x_{Di}=\frac{d_i}{\sum_i d_i}$	0.0176	0.2698	0.7000	0.0106	0.0020	0
$x_{Bi}=\frac{b_i}{\sum_i b_i}$	0	0.0009	0.0225	0.2851	0.3182	0.3733

$$D=\sum_i d_i=614.37\text{kmol/h},\quad B=\sum_i b_i=368.63\text{kmol/h}$$

全回流操作时,因板数有限,轻、重组分在塔两端产品中均可能存在,只是有的量甚微。在 R_m 下操作时,因全塔板数无限多,不少轻、重组分只在塔的一端产品中存在,此即为非分布组分。因此,全回流时的产品组成与 R_m 时的有些差异。可以想象实际回流下的两端产品组成与全回流时的有所不同,图 2-22 示明了这种差异。

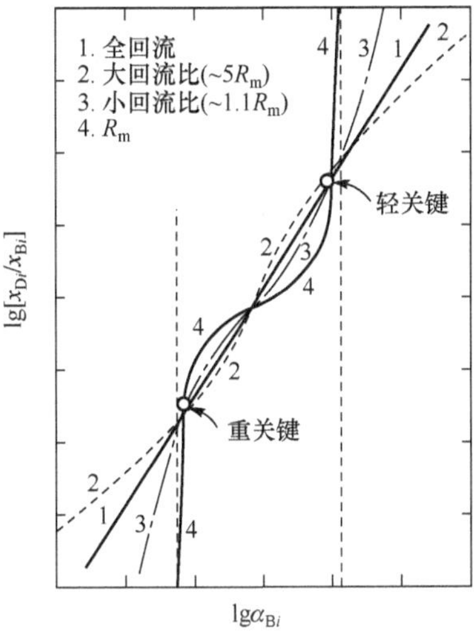

图 2-22 各种回流比下组分在两端产品中的分布

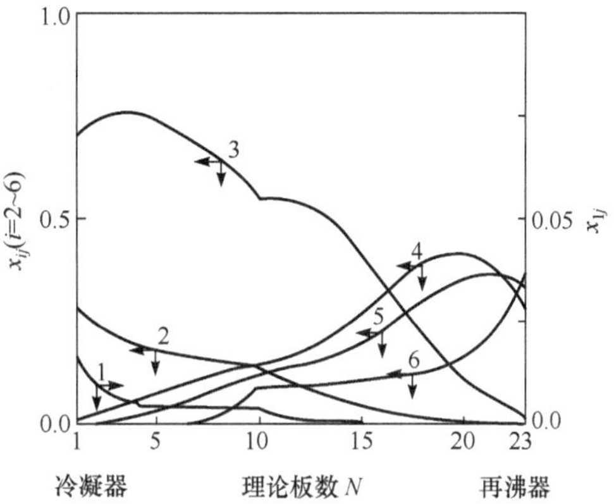

图 2-23 脱丁烷塔中液相浓度分布

2.3.7 多组分精馏塔内的浓度、温度和流率分布

多组分精馏塔内的浓度和温度分布,往往与两元精馏塔中的分布情况不一样。了解塔中的分布情况,不仅可以加深对塔内发生的分离过程的认识,而且可以从中引出一些规律性的认识,作为判断塔的模拟计算结果正确性的有用工具。下面以脱丁烷塔为例进行讨论。

脱丁烷塔处理的原料状况已在例 2-4 中示明。该塔具有 23 块理论板(包括釜),983kmol/h 的饱和料液加到第 10 块理论板(从塔顶开始,冷凝器为 1)。塔的压力为 1.074～1.143MPa(绝),回流比为 2.0,塔顶馏出液 D_L 为 615kmol/h。应用 PR 状态方程计算相平衡常数和焓差,理想气体的热容数据取自文献(Prausnitz,1980)。由三对角线矩阵算法算得的塔顶产品组成已列于例 2-4中。塔中液相浓度分布示于图 2-23 中,温度和气液相流率分布列于表 2-10 中。

表 2-10 脱丁烷塔中的温度和流率分布

板 号	温度/℃	气 相		液 相	
		流率 V/(kmol/h)	相对分子质量	流率 L/(kmol/h)	相对分子质量
1(冷凝器)	77.53	0.00	57.70	615.00	58.06
2	79.24	922.50	58.06	611.91	58.38
3	80.42	919.41	58.28	607.72	58.67
4	81.48	915.25	58.47	602.59	59.00
5	82.59	910.09	58.68	596.38	59.39
6	83.87	903.88	58.94	588.78	59.87
7	85.40	896.28	59.25	579.02	60.46
8	87.31	886.52	59.63	565.32	61.23
9	89.89	872.82	60.12	544.59	62.31
10(进料板)	93.67	852.09	60.78	1033.57	63.94
11	95.09	849.57	61.10	1031.13	64.28
12	96.79	847.13	61.51	1027.10	64.74

续表

板　号	温度/℃	气　相		液　相	
		流率 V/(kmol/h)	相对分子质量	流率 L/(kmol/h)	相对分子质量
13	98.94	843.10	62.06	1021.90	65.38
14	101.68	837.90	62.82	1016.37	66.22
15	105.05	832.37	63.83	1011.89	67.25
16	108.92	827.89	65.07	1009.79	68.40
17	113.03	825.79	66.48	1010.57	69.59
18	117.08	826.57	67.93	1013.32	70.72
19	120.99	829.32	69.32	1015.86	71.77
20	124.53	831.86	70.60	1015.29	72.77
21	128.31	831.30	71.83	1008.88	73.86
22	132.85	824.88	73.15	995.65	75.24
23(再沸器)	138.82	811.65	74.82	184.00	77.07

由图 2-23 中的浓度分布线可见，轻组分丙烷和异丁烷加到加料板后，随液相向塔底流动途中，它们在气液两相中的浓度逐渐下降，挥发度大的组分(丙烷)下降更快，并从塔中某块板起基本上趋于零。在精馏段中近塔顶的几块板对轻组分和关键组分起精馏作用，轻组分浓度向上增大，丙烷和异丁烷因其挥发度大，它们加入塔中的量可认为全部进入了塔顶产品，当作非分布的轻组分。当液体从塔顶流向加料板途中，轻组分浓度逐渐降低，挥发度越大的组分下降更快，但不会趋于零，而是趋向于某个几乎恒定的浓度，借此将加料中的轻组分传送到塔顶。汽液两相中此恒定浓度可近似估算如下：

围绕塔顶作轻非分布组分 i 的物料衡算得

$$x_{i,\mathrm{con}}L+Dx_{\mathrm{D}i}=V\,y_{i,\mathrm{con}}$$

式中：$x_{i,\mathrm{con}}$ 和 $y_{i,\mathrm{con}}$ 分别为液相和汽相中组分 i 的恒定浓度。

又

$$y_{i,\mathrm{con}}=K_i x_{i,\mathrm{con}} \quad Dx_{\mathrm{D}i}\approx Fx_{\mathrm{F}i}$$

以上三式合并整理得

$$x_{i,\mathrm{con}}\approx\frac{Fx_{\mathrm{F}i}}{K_iV-L} \tag{2-160}$$

$$y_{i,\mathrm{con}}\approx\frac{Fx_{\mathrm{F}i}}{V-L/K_i} \tag{2-161}$$

当精馏塔的分离程度较高时，重关键组分在塔顶产物中的浓度也相当小，作围绕塔顶的重关键组分的物料衡算可以近似为

$$Vy_{hk}\approx Lx_{hk}$$

即

$$K_{hk}\approx L/V$$

于是式(2-160)和式(2-161)可以进一步改写为

$$x_{i,\mathrm{con}}\approx\frac{Fx_{\mathrm{F}i}/L}{\alpha_{i,hk}-1} \tag{2-162}$$

$$y_{i,\mathrm{con}}\approx\frac{\alpha_{i,hk}Fx_{\mathrm{F}i}/V}{\alpha_{i,hk}-1} \tag{2-163}$$

重非分布组分(己烷)的沿塔变化情况与轻非分布组分的类似,但变化的方向恰巧相反,这一点从图 2-23 可见。同样可以导出重非分布组分的近乎恒定的浓度估算式:

$$\bar{x}_{i,\mathrm{con}} \approx \frac{F x_{\mathrm{F}i}}{\bar{L} - K_i \bar{V}} \tag{2-164}$$

$$\bar{y}_{i,\mathrm{con}} \approx \frac{F x_{\mathrm{F}i}}{\bar{L}/K_i - \bar{V}} \tag{2-165}$$

对于较高分离程度的塔,同样可得

$$K_{lk} \approx \bar{L}/\bar{V}$$

于是上两式可以进一步改写为

$$\bar{x}_{i,\mathrm{con}} \approx \frac{\alpha_{lk,i} F x_{\mathrm{F}i}/\bar{L}}{\alpha_{lk,i} - 1} \tag{2-166}$$

$$\bar{y}_{i,\mathrm{con}} \approx \frac{F x_{\mathrm{F}i}/\bar{V}}{\alpha_{lk,i} - 1} \tag{2-167}$$

轻、重关键组分的浓度沿塔分布曲线相似,但变化方向恰巧相反。由于轻非分布组分的存在,轻关键组分浓度不是向塔顶趋近而单调上升,而是先达到极大值,之后反而下降。由于重非分布组分的存在,重关键组分的浓度也在近塔底某板出现极大值。如果没有轻非分布组分,则轻关键组分浓度随向塔顶接近而单调增加。如果没有非分布重组分,重关键组分的浓度也随着向塔底的趋近而单调增大。此外,在加料板附近,由于轻非分布组分浓度沿塔自上而下急剧下降,促使轻关键组分浓度先有所增大而后降小,出现了极值。由于重非分布组分的存在,同样会使重关键组分浓度在加料板附近的精馏段出现极值。如果没有非分布组分,也就不会出现相应的极值。

如果进料中有非关键分布组分,则分布的轻组分浓度分布情况与轻关键组分的相似,而分布的重组分浓度分布情况与重关键组分的相似。

多组分精馏塔内的温度分布与两元精馏塔内的不同。只要两元精馏塔的分离程度较高,温度在塔两端的变化很慢,在塔中部变化较快。多组分精馏时,则在加料板附近变化较快,如有非分布轻组分,近塔顶段的温度变化也较快;如不存在非分布轻组分,温度将在精馏段中下部变化较快。与此类似,如果存在非分布重组分,则近塔底温度变化较快,否则在提馏段中上部变化较快。

2.3.8 精馏操作压力的选择

操作压力对下述四方面都有影响,应综合考虑选定。

1) 塔顶蒸气的冷凝温度和塔釜液体的沸腾温度

塔顶蒸气的冷凝温度即为塔顶液相产品的泡点温度或气相产品的露点温度。塔釜中液体的沸腾温度即为塔底产品的泡点温度。此两温度随压力的增加而上升,随压力的降低而下降。从经济和方便考虑,塔顶冷凝器最好用冷却水或空气作为冷却介质,为此相应的蒸气冷凝温度需高于 40℃,否则需用制冷剂作为冷却介质,就很不经济。从此角度出发,根据 40℃算出的塔顶产品的泡点压力或露点压力是塔的操作压力下限,低于此值塔顶就不能用水或空气冷凝。上面算出的压力低于或等于大气压,塔可以常压操作;如果小于 1.7MPa,塔往往就加压操作;如果大于 1.7MPa,需考虑采用制冷剂,此时应通过经济核算确定。一般说来,如果塔顶蒸气需用制冷剂冷凝时,应考虑是否能用吸收或萃取替代精馏。釜液沸腾温度与下述两问题有关:首先是否会因釜温过高而引起物料分解、聚合或严重结垢,如会发生这类问题,此临界温度决定了釜温的最高允许值；其次，随釜温的升高，通常采用的水蒸气加热剂的压力将升高，对锅炉的要求随之提高。与饱和蒸气温度180℃对应的蒸气压力为1.003MPa(绝)，250℃时压力则达3.978MPa。一般加热蒸气的饱和温度不超过180℃，以免压力过高。依据塔釜允许最高温度算得的泡点压力是塔的操作压力的上限，否则将发生物料的分解、聚合或结垢，或者要用费用昂贵的其他加热剂。如果算得的泡点压力大于大气压，塔可以常压操作；如果等于或低于大气压，往往被迫采用真空操作，则将另增一笔相当大的设备投资和操作费。通常认为，需用真空蒸馏时，应考虑选用萃取操作。

2）对组分间相对挥发度的影响

随着压力的升高，相对挥发度将减小。因为此影响相当弱，所以在同一塔中，除了塔压降Δp对比塔压相当大的高真空精馏塔，可以忽略Δp对α的影响，但当压力变化较大时，相对挥发度的变化对分离的影响必须考虑。例如，在裂解气的深冷分离过程中，此影响在操作压力的选择中是需考虑的重要因素之一。此外，压力对恒沸物的组成也有影响。

3）塔的造价和操作费

汽体的密度与压力成正比，对于一定质量流率(一定产量)的气体，压力高则体积流量可以减小，从而塔径可以减小。对于压力在0.3～1.0MPa范围内的塔，其本身的投资随压力升高略有下降；对于真空精馏，真空度减小引起投资的节省是比较显著的。但是当压力超过0.7MPa后，塔壁厚度将随压力增加而增厚，将引起塔的投资增加。压力升高引起相对挥发度的减小，达到规定分离要求所需的板数将增加，也将增加投资；挥发度的下降还将使最小回流比增大，从而引起能耗和冷却剂的增加，如果被迫采用了昂贵的高温加热剂，操作费用的增大更显著；此外，再沸器、冷凝器和泵等的投资也增大。采用加压或真空精馏，往往还要设置增压或抽真空装置，其投资和操作费均相当可观。

4）对传质分离效率的影响

对于板式塔，压力对常压塔和加压塔的效率几乎没有影响，但对于真空精馏，由于要求每块板的压降小，一般出口堰的高度取得较低，很可能造成板效率下降。对于高真空精馏，就需要选用压降低、效率高的塔板，例如林德筛板。对于填料塔，真空精馏时因气体密度小造成塔径增大，液体的喷淋密度较小，填料的润湿困难，往往传质效率变差；加压精馏时，塔的喷淋密度较高，但当压力超过2MPa时，却发现传质效率变差。其原因至今尚未搞清，应用中需注意这一现象。

此外，加压或真空精馏都有泄漏危险，对于易燃易爆物料需特别注意；对于有毒物料的外泄也应十分注意。

综上所述，无充足的理由说明必须采用非常压操作外，宜用常压操作。另外，有时还需考虑工艺过程中前后设备的压力，例如乙烯精馏塔，其原料一般来自脱乙烷塔或第二脱甲烷塔，压力为2.5～3.0MPa，而产品希望是高压乙烯，这时用较高操作压力有利，可以节省乙烯加压的能耗。

2.4 特殊精馏

在本章概述部分已经提到，当处理的物料是：①组分间的挥发度十分接近；②恒沸物；③热敏物料；④有价值难挥发组分的稀溶液时，普通精馏不是无法分离，就是十分不经济。不过，当①各组分在常压时的沸点虽十分接近，但它们各自的蒸汽压随温度变化的程度存在明显差别，此时往往可以通过选择适当的操作压力，实现较经济的分离；②恒沸物的组成随压力有比较显著的变化，可以采用不同操作压力的双塔系统实现分离；③恒沸物是非均相的，可以采用双塔系统实现分离。对上述物料更普通的处理方法是向精馏系统添加第三种组分，通过它对原料液中各组分间的不同作用，改变它们之间的相对挥发度，使原来难以用普通精馏分离的物料变得易于分离。这种既应用热能，又加入分离媒质的精馏称为特殊精馏。根据加入分离媒质的性质和作用的不同，工程上常用的有萃取精馏和恒沸精馏。另外还有人在研究加盐精馏，从总的作用原理看，它与萃取精馏相似，但因为固体盐类的输送和计量较困难，含盐系统的汽液平衡十分复杂，至今还缺乏系统认识，又因为盐类可能在塔设备中结出而产生阻塞等原因，加盐精馏尚停留在实验研究阶段。原则上还可以靠加入的第三种组分与原料液中组分发生化学反应生成新物质，使新物质与未反应组分间或新物质之间具有较大的挥发度差异，从而易于实现精馏分离。除非生成新物质是所需的产物，否则还需通过此新物质的分解得到产物，相当麻烦，所以靠反应精馏促使物料的分离未见工业应用，也很少研究。本节仅对萃取精馏和恒沸精馏进行介绍，这两种精馏的开发内容除与普通精馏相同的外，首先需要解决分离媒质的选择和用量计算。

2.4.1 萃取精馏

萃取精馏是通过加入适当选择的分离媒质以改善被分离组分间的气液平衡关系，从而使它们变得易于精馏分离。所选分离媒质称为溶剂，它须与原料液中的各组分不会生成恒沸物，其沸点又较料液中的各组分高，以便于溶剂回收，得到合格产品。

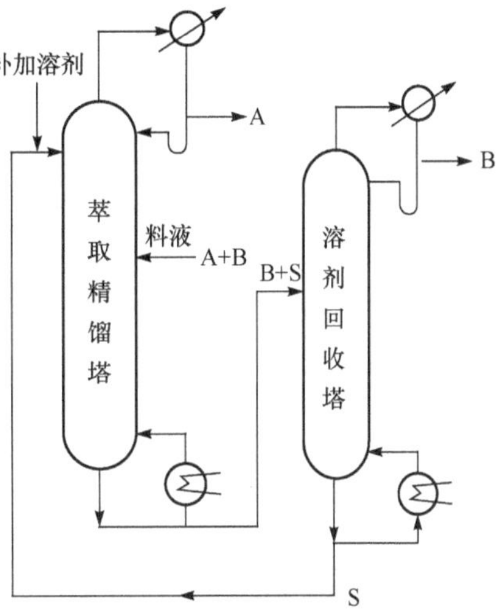

图 2-24　萃取精馏系统

当用萃取精馏分离两元溶液以得到两个较纯产品时，需应用两座塔(图 2-24)，溶剂 S 于萃取精馏塔的进料口之上加入，使得塔内大部分塔板上维持较高的溶剂浓度。溶剂入口之上需有若干块塔板，起防止溶剂混入塔顶产品 A 中的作用，称为溶剂回收段。溶剂 S 与另一组分 B 组成的溶液从该塔底部排出，进入溶剂回收塔分离。从溶剂回收塔塔顶得到较纯组分 B 的产品，塔底得到回收溶剂 S，供循环应用。萃取精馏是否成功的关键是选择的溶剂是否合适，这最终需由经济核算确定。

1. 萃取精馏原理

由热力学导得：

$$K_i=\frac{\gamma_i f_i^{\circ}}{\hat{\varphi}_i^{\mathrm{V}} p} \tag{2-11}$$

料液中两个(关键)组分 1 和 2 的相对挥发度为

$$\alpha_{12}=\frac{K_1}{K_2}=\frac{\hat{\varphi}_2^{\mathrm{V}}\gamma_1 f_1^{\circ}}{\hat{\varphi}_1^{\mathrm{V}}\gamma_2 f_2^{\circ}}$$

一般萃取精馏的压力不高，所以 $\hat{\varphi}_1^{\mathrm{V}}\approx\hat{\varphi}_2^{\mathrm{V}}\approx 1$，$f_2^{\circ}\approx p_1^{\mathrm{S}}$，$f_2^{\circ}\approx p_2^{\mathrm{S}}$，于是

$$\alpha_{12}=\frac{\gamma_1 p_1^{\mathrm{S}}}{\gamma_2 p_2^{\mathrm{S}}} \tag{2-168}$$

对于应用特殊精馏分离的料液，α_{12} 大都接近或等于 1。

当加入溶剂 S 后，组分 1 对 2 的相对挥发度 $\alpha_{12/\mathrm{S}}$ 则为

$$\alpha_{12/S}=\left(\frac{p_1^S}{p_2^S}\right)_{T_S}\left(\frac{\gamma_1}{\gamma_2}\right)_S \tag{2-169}$$

式中：$(\gamma_1/\gamma_2)_S$ 为加入溶剂后组分 1 和 2 的活度系数比；下标 T_S 为加入溶剂后塔板温度。因 p_1^S/p_2^S 随温度的变化很小，可以认为

$$\frac{p_1^S}{p_2^S}\approx\left(\frac{p_1^S}{p_2^S}\right)_{T_S}$$

由式(2-169)与(2-168)相除得

$$\frac{\alpha_{12/S}}{\alpha_{12}}=\frac{(\gamma_1/\gamma_2)_S}{(\gamma_1/\gamma_2)} \tag{2-170}$$

$\alpha_{12/S}/\alpha_{12}$称为溶剂的选择性，是衡量溶剂效果的一项重要标志。上式表明，萃取精馏之所以能提高 $\alpha_{12/S}$，关键是溶剂的存在造成了待分离的两组分间活度系数的变化。

由三元系的马古斯方程式(2-68)可得

$$\begin{aligned}\ln(\gamma_1/\gamma_2)_S=&A_{21}(x_2-x_1)+x_2(x_2-2x_1)(A_{12}-A_{21})\\&+x_S[A_{1S}-A_{S2}+2x_1(A_{S1}-A_{1S})-x_S(A_{2S}-A_{S2})-C(x_2-x_1)]\end{aligned}$$

如果三对两元溶液的 γ-x 曲线均近于对称，即 $A_{12}\approx A_{21}$，$A_{1S}\approx A_{S1}$，$A_{2S}\approx A_{S2}$，则 $C\approx0$。并以 $A'_{12}=\frac{1}{2}(A_{12}+A_{21})$代替 A_{12}和 A_{21}，以 $A'_{1S}=\frac{1}{2}(A_{1S}+A_{S1})$代替 A_{1S}和 A_{S1}，以 $A'_{2S}=\frac{1}{2}(A_{2S}+A_{S2})$代替 A_{2S}和 A_{S2}，则上式可以简化为

$$\ln\left(\frac{\gamma_1}{\gamma_2}\right)_S=A'_{12}(x_2-x_1)+x_S(A'_{1S}-A'_{2S}) \tag{2-171}$$

当无溶剂存在时

$$\ln\left(\frac{\gamma_1}{\gamma_2}\right)=A'_{12}(x_2-x_1) \tag{2-172}$$

须注意的是，式(2-171)中的 x_1 和 x_2 是由组分 1、2 和 S 组成的三元溶液的浓度，式(2-172)中的 x_1 和 x_2 是由组分 1 和 2 组成的两元溶液的浓度，它们仅当 $x_S=0$ 时才一样。

定义组分 1 和 2 的脱溶剂基的浓度(又称相对浓度)如下：

$$x'_1=\frac{x_1}{x_1+x_2} \tag{2-173a}$$

$$x'_2=\frac{x_2}{x_1+x_2} \tag{2-173b}$$

则式(2-171)和式(2-172)分别改写为

$$\ln\left(\frac{\gamma_1}{\gamma_2}\right)_S=A'_{12}(1-2x'_1)(1-x_S)+x_S(A'_{1S}-A'_{2S}) \tag{2-171a}$$

$$\ln\left(\frac{\gamma_1}{\gamma_2}\right)=A'_{12}(1-2x'_1) \tag{2-172a}$$

于是未加溶液时 α_{12}的计算式为

$$\ln\alpha_{12}=\ln\left(\frac{p_1^S}{p_2^S}\right)+A'_{12}(1-2x'_1) \tag{2-174}$$

加入溶剂后

$$\ln\alpha_{12/S}=\ln\left(\frac{p_1^S}{p_2^S}\right)_{T_S}+A'_{12}(1-2x'_1)(1-x_S)+x_S(A'_{1S}-A'_{2S}) \tag{2-175}$$

并由上两式得到

$$\ln\left(\frac{\alpha_{12/S}}{\alpha_{12}}\right)=x_S[A'_{1S}-A'_{2S}-A'_{12}(1-2x'_1)] \tag{2-176}$$

可见选择性与原来料液的性质(由 A'_{12}反映出)有关，且是浓度的函数。

式(2-175)是全面评价溶剂作用的基础。$\alpha_{12/S}$不仅与加入的溶剂有关，还与原料液性质密切相关。萃取精馏处理的料液大致有两类，一类在全浓度范围内 α_{12} 接近于 1，另一类是恒沸物。对于前一类料液，希望加入溶剂后能使组分 1 和 2 间的相对挥发度 $\alpha_{12/S}$在全浓度范围均提高，即各浓度下的溶剂选择性都须大于 1。对于后一类料液，往往只在恒沸浓度和其邻近区域的 α_{12}等于或接近于 1，而在其他浓度区域 α_{12}远离 1，例如乙醇-水料液。对于这类料液加入溶剂后，主要要求恒沸浓度邻近区域的 $\alpha_{12/S}$有明显增大，而原来 α_{12} 远离 1 的区域，$\alpha_{12/S}$并不要求明显增大，甚至还可以有所减小，只要保持全浓度范围的 $\alpha_{12/S}$较明显偏离 1 即可。因此，在选择溶剂时需注意到两类料液的不同点，对症下药。

溶剂是如何改变组分 1 和 2 间的相对挥发度的呢？比较式(2-175)和式(2-174)不难发现：①由于溶剂加入后，式(2-175)右方比式(2-174)多了第三项 $x_S(A'_{1S}-A'_{2S})$，这一项反映了溶剂 S 对料液中组分 1 和 2 的不同作用效果。为使 $\alpha_{12/S}$大于 1，且大得多，就应使 A'_{1S}大于 0，$A'_{2S}\leqslant 0$，也即溶剂 S 与组分 1 形成正偏差溶液，与组分 2 形成负偏差溶液，至少能形成理想溶液。同时，x_S值大有利。②式(2-175)右方第二项有了变化，比式(2-174)的第二项多乘上了$(1-x_S)$。式(2-175)中的第二项是反映原料液中组分 1 和 2 间作用的，现乘上的$(1-x_S)$是小于 1 的数值，表示加入溶剂 S 后组分 1 和 2 间的作用减弱了，溶剂的这一作用称为稀释作用。对于全浓度范围 α_{12}接近于 1 的料液，大都 $A'_{12}\approx 0$，因此溶剂的稀释作用几乎没有影响。对于这类料液要使 $\alpha_{12/S}$较大于 1，必须依靠溶剂对两个组分间的不同作用。不过，当组分 1 和 2 的分子结构差别很小时，要选到合适的溶剂是相当困难的。选用两种以上组分构成的混合溶剂是颇引人注意的动向；对于恒沸物料液，以乙醇-水为例，这是个相当强的正偏差系统，A'_{12}较大，而恒沸组成的$(1-2x'_1)$是负值，因此第二项对于增大相对挥发度是不利的，因溶剂的稀释作用多乘上$(1-x_S)$，恰能减弱此不利影响，且取 x_S 大些，不利影响就更弱。对于恒沸物料液，仅仅依靠溶剂的稀释作用有时也能成为合适的溶剂。

综上所述，可以得到如下两条结论：

(1) 溶剂的作用可以归结为两个方面：

(i) 溶剂与料液中两个组分间的不同作用，式(2-175)中 $x_S(A'_{1S}-A'_{2S})$反映了这一因素。显然，原料的非理想性越强，越易选到合适的溶剂，使 A'_{1S}和 A'_{2S}之差足够大。

(ii) 溶剂的稀释作用使原来两组分间的作用减弱，式(2-175)中的$(1-x_{1S})A'_{12}(1-2x'_1)$反映了这一因素。对于全浓度范围 α_{12}接近于 1 的料液，因 A'_{12}近于零，稀释作用几乎无影响。对于恒沸物料液，因$|A'_{12}|$相当大，稀释作用的影响相当大。

(2) 溶剂的浓度 x_S越大，一般溶剂的效果越显著。不过，当 x_S达相当值后，x_S再增大的效果变得相当缓慢。再考虑到使用大量溶剂的费用增多，适宜的溶剂浓度一般在 0.6～0.8。

2. 溶剂的选择

溶剂选择需综合考虑各种因素的影响，首要的当然是溶剂的选择性，使组分 1 和 2 间的相对挥发度按希望的方向改变，并尽可能大；其次必须考虑溶剂易于再生，即与原料液中的组分具有一定的沸点差，不形成恒沸物，不会发生化学反应，同时在塔中不会发生分解或聚合等；此外，溶剂的价格、来源、黏度、毒性、腐蚀性以及原料液各组分在其中的溶解度等均需全面考虑。下面介绍的一些定性考虑法则，对初步筛选溶剂有一定指导作用。

1) 尤厄尔(Ewell)等的液体分类法

为得到适当的选择性，尤厄尔等根据液体能否生成氢键的特性对液体进行分类，并据此对各类液体组成溶液时的偏差情况作了定性推测，这对于溶剂的初步选择有一定参考价值。

尤厄尔等认为氢键强度取决于与氢原子配位的电负性原子的性质，例如 O…HO、N…HO、O…HN 是强氢键，N…HN、O…HCCl、N…$HCCl_3$、O…$HCNO_2$、N…$HCNO_2$、O…HCCN、N…HCCN 是弱氢键。显然，要生成氢键，必须要有一个活性氢原子(缺少电子的)与一个能供给电子的原子(施主原子)相接触。根据液体中是否具有活性氢原子、施主原子，将全部液体分成如下五类：

类型Ⅰ　能形成三维强氢键网络的液体，如水、乙二醇、甘油、氨基醇、羟胺、含氧酸、多酚、氨基化合物等。

类型Ⅱ　其余同时含有活性氢原子和施主原子(氧、氮和氟)的分子组成的液体，如醇、酸、酚、伯胺、仲胺、肟、含 α-氢原子的硝基化合物、含氰氢原子的腈化物、氨、联氨、氟化氢、氢氰酸等。

类型Ⅲ　分子中仅含施主原子的液体，如醚、酮、醛、酯、叔胺、不含 α-氢原子的硝基化合物和腈化物等。

类型Ⅳ　分子中仅含活性氢原子的液体，这些分子中一个碳原子上连接 2 或 3 个氯原子，或在一个碳原子上连接一个氯原子，但在相邻碳原子上连接一个以上氯原子，如 $CHCl_3$、CH_2Cl_2、$CH_2Cl—CH_2Cl$、$CHCl_2—CHCl_2$、$CH_2Cl—CHCl—CH_2Cl$ 等。

类型Ⅴ　其他液体，它们没有形成氢键的能力，如烃类、CS_2、硫醇、不包括在Ⅳ类中的卤代烃等。

各类液体混合形成溶液时的偏差情况汇总于表 2-11。显然，如果混合时新生成氢键，则呈现负偏差；如果混合时氢键断裂或单位体积中氢键数减少，则呈现正偏差。强烈的负偏差则有可能出现最高恒沸点混合物，强烈的正偏差则可能出现最低恒沸点混合物。

表 2-11　各类液体混合时呈现的偏差情况

类　型	偏　差	氢　键
Ⅰ+Ⅴ Ⅱ+Ⅴ	总是正偏差，Ⅰ+Ⅴ常为部分互溶	仅有氢键断裂或冲淡
Ⅲ+Ⅳ	总是负偏差	生成氢键
Ⅰ+Ⅳ Ⅱ+Ⅳ	总是正偏差，Ⅰ+Ⅳ常为部分互溶	氢键既有生成，又有断裂。Ⅰ和Ⅱ类液体的断裂起更重要的影响
Ⅰ+Ⅰ Ⅰ+Ⅱ Ⅰ+Ⅲ Ⅱ+Ⅱ Ⅱ+Ⅲ	非常复杂的组合，通常为正偏差，有时负偏差，形成某些最高恒沸物	氢键既有生成，又有断裂
Ⅲ+Ⅲ Ⅲ+Ⅴ Ⅳ+Ⅳ Ⅳ+Ⅴ Ⅴ+Ⅴ	接近理想溶液，总是正偏差或理想的。如有可能形成恒沸物，也是最低恒沸物	不涉及氢键

当然，仅仅用氢键的概念来说明各种各样液体混合时的偏差是不充分的，但表 2-7 中所列的偏差情况已综合进了实践经验。

2）从同系物中选择

上节所述，为使 $\alpha_{12/S}$大，希望所选的溶剂能与塔釜产品形成负偏差溶液或理想溶液。与塔釜产品形成理想溶液的溶剂一般可从它的同系物中选取。同时还希望所选溶剂与塔顶产品形成较大正偏差的溶液，并具有较高的沸点，不会生成恒沸物。如果原料液是正偏差的，宜选择塔釜产品的同系物作为溶剂，则它与塔顶产品组成的溶液也会是正偏差的。

所谓“塔釜产品”，一般是原料液中的重组分，但也可以是轻组分。因此，所选溶剂可以从两组分的同系物中选择。现以丙酮-甲醇的最低恒沸物为例，丙酮的沸点 56.4℃，甲醇沸点 64.7℃，恒沸物组成 $x_{丙酮}=0.8$，沸点 55.7℃。用作萃取精馏的溶剂可以从丙酮和甲醇的同系物中选择，表 2-12 中列出了一些液体。丙酮同系物中除甲基乙基酮会与甲醇形成恒沸物外，其余都不会。甲醇同系物中没有一个会与丙酮形成恒沸物。应用甲醇同系物为溶剂则利用了丙酮比甲醇易挥发的特性，对增大 $\alpha_{12/S}$有利，单从获得高的溶剂选择性着眼，则不会与塔顶产物(丙酮)形成恒沸物、沸点又是最低的同系物(在此为乙醇)或许最好，因为它与塔釜产物(甲醇)形成的溶液更接近理想溶液，而其余的则正偏差稍大。

表 2-12　丙酮和甲醇的一些同系物

丙酮同系物	沸点/℃	甲醇同系物	沸点/℃
甲基乙基酮	79.6	乙醇	78.3
甲基正丙基酮	102.0	丙醇	97.2
甲基异丁基酮	115.9	水	100.0
甲基正戊基酮	150.6	丁醇	117.8
		戊醇	137.8
		乙二醇	197.2

此外，分子结构相似的概念可以用来定性推测所选溶剂与关键组分间的作用。例如比起链烷烃和环烷烃类，苯酚、苯胺等环结构化合物与苯和甲苯一类芳烃的分子结构更加相似些。还有考虑被分离组分的极性来初选溶剂的，选择在极性上更类似于重组分的化合物作为溶剂，能有效地减小重组分的挥发度。近来，以官能团为基础的计算机辅助溶剂分子设计和筛选的研究是个值得关注的热点。

应用一些定性规则筛选出一些候选溶剂后，最后应该得到 $\alpha_{12/S}$的计算式。为此需要得到蒸汽压的数据或关联式，但更关键的还是活度系数的计算式。在溶剂的初步筛选中，可用被分离组分在溶剂中的无限稀释活度系数和无限稀释时的相对挥发度来判别。此时，气相色谱法快速测定待分离组分在溶剂中的无限稀释活度系数是常用的。以官能团为基础的活度系数估算办法(如 UNIQUAC)在溶剂筛选中得到了应用，随着这些估算办法的不断完善，可以预期它们会得到更多的应用。当然，最终用于设计计算的活度系数关联式，需根据实测汽液平衡数据得到此关联式中的参数，以局部组成为基础的活度系数关联式在此更加合适。

3. 萃取精馏计算

萃取精馏塔是多进料的多组分复杂塔，处理的物料非理想性较强，又因大量溶剂存在，塔温变化较大，气液两相流率变化也较大，但它的数学模型与普通精馏并无二致。由于物系的液相非理想性较强，因此它的模拟计算需采用温度和液相组成同时逼近的算法，例如纳夫塔列-山德荷尔姆的全变量迭代法。当选用或开发了合适的模拟算法，并取得了系统的平衡关联式后，通过多方案计算，再结合必要的经济核算，可以解决设计计算问题，得到达到规定分离要求所需的适宜溶剂量及其加入位置、适宜的回流比、必需的理论板数以及适宜的进料位置。

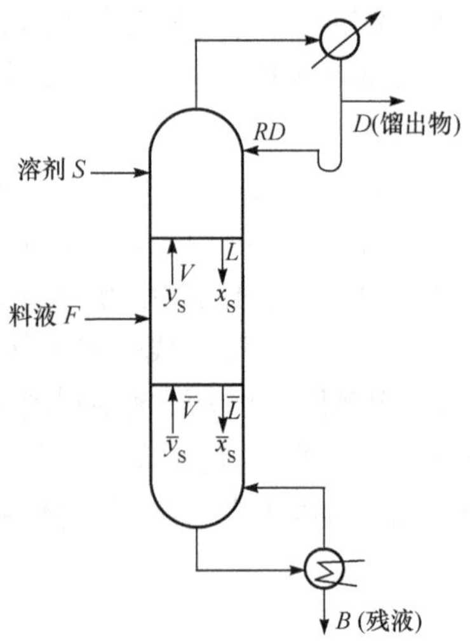

图 2-25　萃取精馏塔物料衡算

作为初步估算，或当缺乏完整的平衡数据和热焓数据时，可以应用下面介绍的简化算法。

1) 溶剂用量 S 与塔中溶剂浓度 x_S 间的关系

在一些简化的假定下，由物料衡算关系可以方便地建立此关系。由于塔中溶剂用量大，又基本上不挥发，为简化计算，这里用 3 个最基本的假定：即认为精馏段中的溶剂浓度 x_S 为常数；提馏段的溶剂浓度 $\bar{x}_S$ 也为常数；再进一步假定塔内恒摩尔流，则当进料为饱和蒸气时，这两个浓度相等。这两条简化假定的必然结果是，精馏段或提馏段的同一段中各板溢流液中的溶剂量相等。在下面的分析中还忽略了塔顶产品中溶剂的量，即 $x_{DS}=0$，以及认为进塔溶剂是纯的。

对精馏段作围绕塔顶的物料衡算(图 2-25)：

总物料衡算　　　$V+S=L+D$

溶剂 S 衡算　　　$Vy_S+S=Lx_S$

上两式结合整理得：

$$y_S=\frac{Lx_S-S}{L+D-S} \tag{2-177}$$

将非溶剂部分虚拟为一个组分 n，它的相平衡关系为

$$y_n=K_nx_n$$

也即

$$(1-y_S)=K_n(1-x_S) \tag{2-178}$$

溶剂的平衡关系为

$$y_S=K_Sx_S$$

定义溶剂对非溶剂的相对挥发度

$$\alpha_{Sn}=\frac{K_S}{K_n}=\frac{y_S/x_S}{(1-y_S)/(1-x_S)} \tag{2-179}$$

由此得

$$y_S=\frac{\alpha_{Sn}x_S}{(\alpha_{Sn}-1)x_S+1} \tag{2-180}$$

结合式(2-177)和式(2-180)得

$$x_S=\frac{S}{(1-\alpha_{Sn})L-\dfrac{D\alpha_{Sn}}{1-x_S}} \tag{2-181}$$

将 $L=RD+S$ 代入上式整理得

$$S=\frac{RDx_S(1-\alpha_{Sn})-D\alpha_{Sn}x_S/(1-x_S)}{1-(1-\alpha_{Sn})x_S} \tag{2-182}$$

对提馏段同理可导得

$$\bar{x}_S=\frac{S}{(1-\alpha_{Sn})\bar{L}+\dfrac{\alpha_{Sn}B'}{1-\bar{x}_S}} \tag{2-183}$$

式中：B'为塔底脱溶剂产品量，$B'=F-D$。

如果非溶剂部分仅包含组分 1 和 2，或可简化为 1 和 2，则

$$\alpha_{Sn}=\frac{y_S/(1-y_S)}{x_S/(1-x_S)}=\frac{y_S/(y_1+y_2)}{x_S/(x_1+x_2)}=\frac{x_1+x_2}{x_S}\cdot\frac{1}{\alpha_{1S}\dfrac{x_1}{x_S}+\alpha_{2S}\dfrac{x_2}{x_S}}=\frac{x_1+x_2}{\alpha_{1S}x_1+\alpha_{2S}x_2} \tag{2-184}$$

一般 α_{1S}和 α_{2S}相当大，所以 α_{Sn}很小，若近似当作零，则式(2-181)和式(2-183)可以简化为

$$x_S=\frac{S}{L} \tag{2-181a}$$

$$\bar{x}_S=\frac{S}{\bar{L}} \tag{2-183a}$$

如果用式(2-181)和式(2-183)计算，则 α_{Sn}需分别取精馏段和提馏段各自的顶与底处 α_{Sn}的几何均值。一般塔顶 $x_2\approx0$，由式(2-184)得

$$(\alpha_{Sn})_D\approx1/\alpha_{1S} \tag{2-184a}$$

在塔底 $x_1\approx0$，故

$$(\alpha_{Sn})_B\approx1/\alpha_{2S} \tag{2-184b}$$

2）理论板的简化计算

简化计算的基本点在于塔的精馏段和提馏段中溶剂浓度各保持常数，因此可以认为溶剂只改变料液中两个组分(或关键组分)的相对挥发度，三元精馏计算可以作为拟两元计算。再进一步假定恒摩尔流和相对挥发度 $\alpha_{12/S}$为常数，于是可以应用普通精馏的简捷计算法。但对于萃取精馏塔，为防止溶剂从塔顶产品中带走，在溶剂进料口以上需设有溶剂回收段，根据溶剂与料液中组分的沸点差大小，经验估计该段所需的理论板数。

【例 2-7】 乙酸甲酯(1)-甲醇(2)料液用水作为溶剂进行萃取精馏，料液的 $x_{F1}=0.649$(摩尔分率)，呈露点状态进塔。要求塔顶馏出液中乙酸甲酯的浓度 $x_{D1}=0.95$，其回收率为 98%。选取精馏段中溶剂浓度 $x_S=0.8$，操作回流比 $R=1.5R_m$。试计算溶剂用量与料液量之比以及所需的理论板数。

此三元系的活度系数用三尾标马古斯方程式(2-68)计算，各端值常数为

$$A_{12}=1.0293,\quad A_{21}=0.9464,\quad A_{1S}=2.9934,\quad A_{S1}=1.8881$$
$$A_{2S}=0.8289,\quad A_{S2}=0.5066,\quad C=0$$

54℃恒沸点时

$$p_1^S=90.24\text{kPa},\quad p_2^S=65.98\text{kPa}$$

解 (1)以 $F=100$kmol/h 为基准进行计算。

物料衡算：根据题意

$$Dx_{D1}=0.98Fx_{F1}=0.98\times100\times0.649=63.6(\text{kmol/h})$$

已知 $x_{D1}=0.95$，所以

$$D=63.6/0.95=66.9(\text{kmol/h})$$

假设馏出液中不含溶剂，$x'_{D1}=x_{D1}=0.95$。

对组分 1 进行全塔物料衡算：

$$B'x'_{B1}=64.9-63.6=1.3(\text{kmol/h})$$
$$B'=F-D=100-66.9=33.1(\text{kmol/h})$$

$$x'_{B1}=\frac{1.3}{33.1}=0.0393,\quad x'_{B2}=1-0.0393=0.9607$$

(2) 计算平均相对挥发度 $\alpha_{12/S}$。

近似认为有关三对两元系均是对称物系，则

$$A'_{12}=\frac{1}{2}(A_{12}+A_{21})=0.9879,\quad A'_{1S}=2.441,\quad A'_{2S}=0.6678$$

计算溶剂加入板(精馏段顶)上的 $\alpha_{12/S}$，按式(2-171a)

$$\ln\left(\frac{\gamma_1}{\gamma_2}\right)_S=0.9879(1-0.8)(1-2\times0.95)+0.8(2.441-0.6678)=1.2407$$

$$(\gamma_1/\gamma_2)_S=3.458$$

又

$$\left(\frac{p_1^S}{p_2^S}\right)_{T_S}\approx\left(\frac{p_1^S}{p_2^S}\right)_{恒沸点}=\frac{90.24}{65.98}=1.368$$

于是

$$\alpha_{12/S}=3.458\times1.368=4.73$$

计算塔釜的 $\alpha_{12/S}$：

$$\ln\left(\frac{\gamma_1}{\gamma_2}\right)_S=0.9879(1-0.8)(1-2\times0.0393)+0.8(2.441-0.6678)=1.600$$

$$\left(\frac{\gamma_1}{\gamma_2}\right)_S=4.955$$

于是

$$\alpha_{12/S}=4.955\times1.368=6.78$$

本例中因为进料状态为露点，全塔中溶剂浓度近似为常数，又因为加料板上液体组成未知，该处 $\alpha_{12/S}$ 难以计算，故近似取平均值

$$\alpha_{12/S}=\sqrt{4.73\times6.78}=5.66$$

(3) 计算最小回流比 R_m[式(2-151)]

$$R_m=\frac{1}{5.66-1}\left[\frac{5.66\times0.95}{0.649}-\frac{1-0.95}{1-0.649}\right]-1=0.747$$

$$R=1.5R_m=1.121$$

(4) 计算全回流时 N_m(包括釜)：

$$N_m=\frac{\lg\left[\left(\frac{x'_{D1}}{x'_{D2}}\right)\left(\frac{x'_{B2}}{x'_{B1}}\right)\right]}{\lg\alpha_{12/S}}=\frac{\lg\left[\frac{0.95}{0.05}\times\frac{0.9607}{0.0393}\right]}{\lg5.66}=3.54$$

(5) 计算实际回流比下的 N(包括釜)：

$$\frac{R-R_m}{R+1}=\frac{1.121-0.747}{1.121+1}=0.1763$$

查图 2-21 得 $\frac{N-N_m}{N+1}=0.47$

$$N=7.6\ 块(包括釜)$$

此外，在溶剂加入板之上应该有一个回收段，可取 3～4 块。

(6) 计算溶剂量对进料量的比值 S/F。

先计算 α_{Sn}[式(2-184)]：

精馏段顶处 $$(\alpha_{Sn})_D=\left(\frac{x_1+x_2}{\alpha_{1S}x_1+\alpha_{2S}x_2}\right)_D$$

式中 α_{1S} 和 α_{2S} 可以按下列两式计算：

$$\ln\alpha_{1S}=\ln(p_1^S/p_S^S)+A'_{1S}(x_S-x_1)+x_2(A'_{12}-A'_{2S})$$

$$\ln\alpha_{2S}=\ln(p_2^S/p_S^S)+A'_{2S}(x_S-x_2)+x_1(A'_{21}-A'_{1S})$$

算得 $\alpha_{1S}=26.8$，$\alpha_{2S}=5.7$。代入式(2-184)得

$$(\alpha_{Sn})_D=\frac{0.19+0.01}{26.8\times0.19+5.7\times0.01}=0.0388$$

进料板处，近似取 $x_S=0.8$，$x_1=0.649\times0.2=0.1298$，$x_2=0.0702$。用上述类似方式可算得 $\alpha_{1S}=37.3$，$\alpha_{2S}=6.22$。

$$(\alpha_{Sn})_F=\frac{0.1298+0.0702}{37.3\times0.1298+6.22\times0.0702}=0.0379$$

$$(\alpha_{Sn})_{精}=\sqrt{0.0388\times0.0379}=0.0383$$

由式(2-182)得

$$S=\frac{1.121\times66.9\times0.8\times(1-0.0383)-66.9\times0.0383\times\dfrac{0.8}{1-0.8}}{1-(1-0.0383)\times0.8}=205.7(\text{kmol/h})$$

因此

$$S/F=2.057$$

4. 萃取精馏的操作特点

萃取精馏依靠溶剂使组分 1 和 2 间的相对挥发度变大，一般溶剂浓度越大，相对挥发度变得越大。因此，溶剂的浓度是一个重要的控制参数，而回流量和溶剂进塔量均会影响塔中溶剂浓度。在萃取精馏中，回流比对分离能力的影响与普通精馏不同，图 2-26 表明了此影响。图中曲线虽则是乙醇-水恒沸物用乙二醇为溶剂作萃取精馏的模拟计算结果，但具有普遍意义。由此曲线可见，操作中有一个最佳回流比，盲目调节回流比往往得不到预期效果。溶剂进塔量是操作调节的重要手段，往往用增大溶剂量的方法来提高塔顶馏出液的纯度；当然，在保持用量不变的条件下，同时减少进料量、塔顶馏出液量和蒸发量，也能提高馏出液的纯度。萃取精馏中，溶剂入塔温度和进料温度应细心控制，维持恒定，否则将影响塔中溶剂浓度，从而影响分离效果。

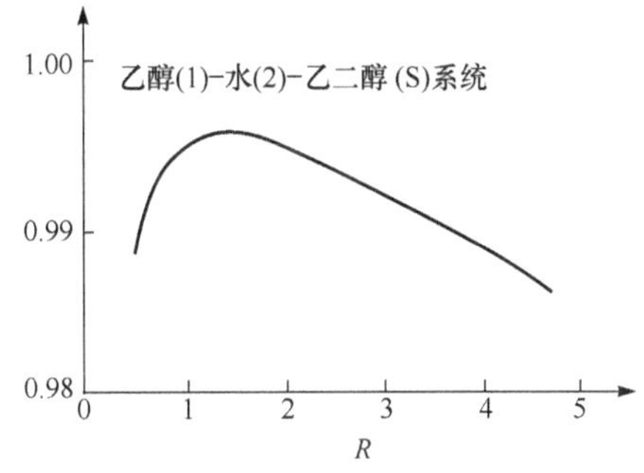

图 2-26　回流比对馏出液纯度的影响

2.4.2　恒沸精馏

恒沸精馏与萃取精馏一样，也是通过加入适当的分离媒质(这里称为夹带剂)以改善待分离组分间的汽液平衡关系，从而使分离由难变易，但所选溶剂必须与原料液中的任一个或两个组分形成两元或三元恒沸物，一般此恒沸物的沸点比料液中任一组分的沸点和原来恒沸物的沸点低较多，因此成为恒沸精馏塔的塔顶产物离塔，原来的料液则得到了分离。

1. 具有恒沸物的三元相图

恒沸物是指在一定压力下，沸腾温度和生成的气相以及液相组成始终不变的一类溶液。大家熟悉两元恒沸物分为最低恒沸物和最高恒沸物两类，最低恒沸物是在一定压力下的 t-x 图上的最低点，在一定温度下的 p-x 图上的最高点。但由三个组分形成的三元恒沸物并不一定对应于恒压下 t-x 图上的极值点，或恒温下 p-x 图上的极值点，这是因为三元系的气液平衡

关系要复杂得多,下面将讨论三元恒沸物是 t-x 图上鞍形点的示例。

三元系的气液平衡关系可用正三角形或直角三角形相图直观地表示。正因为直观,相图在分析恒沸精馏进程中广泛采用。图 2-27 是甲乙酮-甲苯-正庚烷在一个大气压下的平衡相图。正庚烷和甲乙酮有最低恒沸物,沸点 77℃。图中实线表示各等泡点温度线,虚线则为等露点温度线。同样温度下的泡点线上的任一点与露点线上的某一相应点平衡,两点之间连有系线。图中仅示明了 88℃和 104℃两个温度下的气液相平衡系线。图 2-28 为具有三对两元最低恒沸物的相图。图 2-29 为既有三对两元最低恒沸物,又有一个三元最低恒沸物的相图。两图中仅画出了等泡点温度线。在以三角形相图为底、温度为纵坐标的立体相图中,一定压力下的泡点曲面和露点曲面将在恒沸点相切。泡点曲面可能是形状简单的凹面,它与等温面交线的水平投影就如图 2-28 和图 2-29 所示那样。但有时泡点曲面上会出现脊,有时会出现沟。当有两对两元恒沸物是最低恒沸点的,而另一对两元恒沸物是最高恒沸点的时,泡点曲面就可能出现脊,图 2-30 所示的甲醇-丙酮-氯仿系统就是这样,它们的三元最低恒沸物出现在脊的最低部位,但并非是整个曲面的最低极值点,恰巧是鞍点。

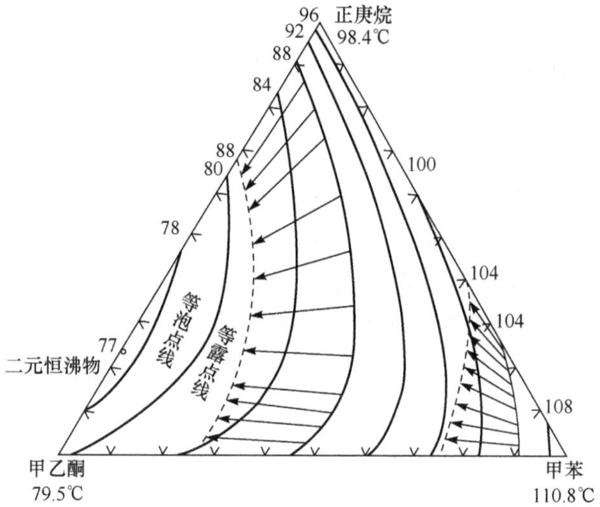

图 2-27　甲乙酮-甲苯-正庚烷系统的气液平衡相图

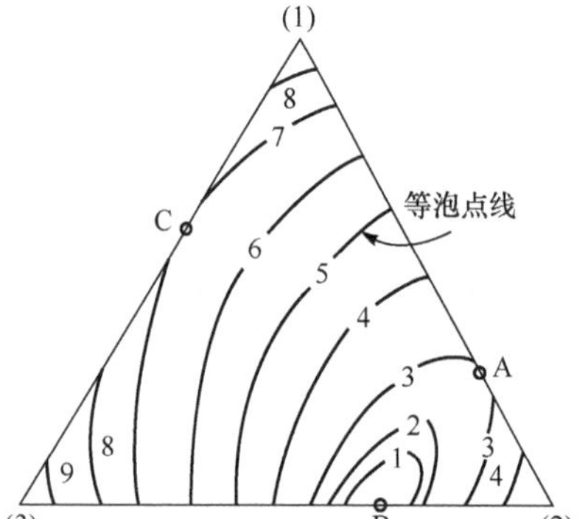

图 2-28　具有三对两元最低恒沸物的相图

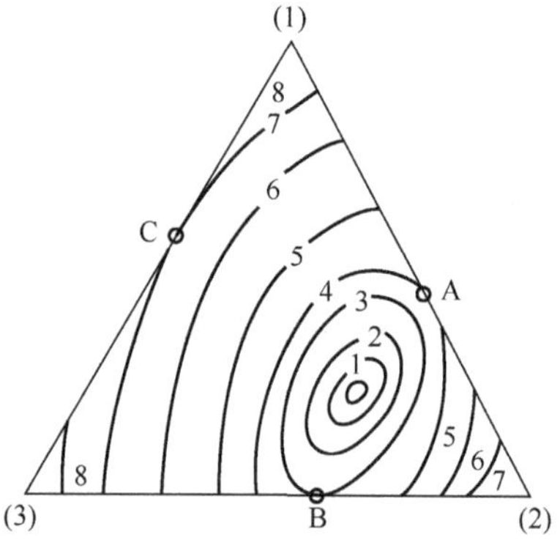

图 2-29　具有三对两元最低恒沸物和一对三元最低恒沸物的相图

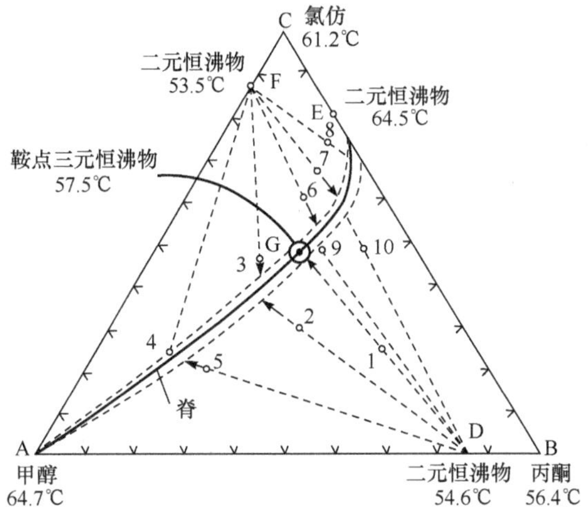

图 2-30　甲醇-丙酮-氯仿相图

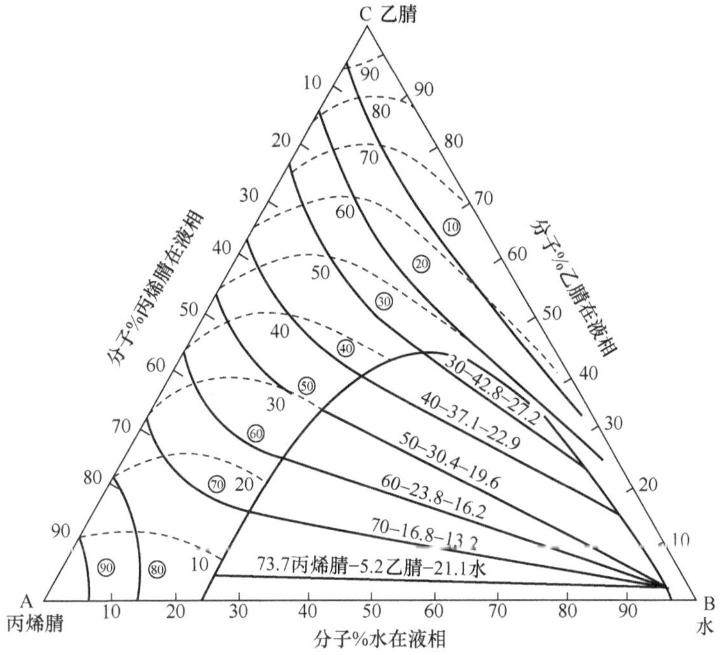

图 2-31　在某一压力下 A-B-C 三元系气液平衡图

——气相中丙烯腈分子,%;----气相中乙腈分子,%

在恒沸精馏中,非均相恒沸物特别受到注意。在下面的叙述中将示明,如果形成这种恒沸物,那么夹带剂的回收只需用分层器就可以。图 2-31 是乙腈-丙烯腈-水在一定压力下的三元相图,该物系形成三元非均相最低恒沸物。图中采用了气相等组分浓度线表达相平衡,即在相图上由液相组成定出一点后,从气相等组分浓度线上可以读出与其平衡的气相组成。在非均相区,不管两液相量的比例怎样,气相组成都一样,其值已标明在平衡液相的系线上。

2. 恒沸点的预测

恒沸物的形成是由于组成溶液的各组分分子间不相似,混合时引起与理想溶液偏差的结

果。当系统的压力不高、汽相可视作理想气体时，则组分 1 对组分 2 的相对挥发度 α_{12} 为

$$\alpha_{12}=\frac{\gamma_1 p_1^S}{\gamma_2 p_2^S}$$

在恒沸点时，$\alpha_{12}=1$，因此

$$\frac{\gamma_1}{\gamma_2}=\frac{p_2^S}{p_1^S} \tag{2-185}$$

此式是预测两元恒沸点的基本关系，结合下式

$$p=p_1^S\gamma_1 x_1+p_2^S\gamma_2 x_2 \tag{2-186}$$

用试差法可以确定在一定总压 p(或一定温度 T)下某两元系是否会形成恒沸物，如会形成还可算出恒沸物的组成和恒沸点(或总压)。

式(2-185)还表明，当溶液中两组分的沸点相近，即它们的饱和蒸汽压比接近于 1 时，只要溶液有不大的偏差就能形成恒沸物；相反，如果两组分的沸点相差很大，那么它们的溶液即使偏差很大，也不会形成恒沸物。一般说来，两组分的沸点差大于 20～30℃，不大可能形成恒沸物。

对于两元非均相恒沸物，还要考虑两液相间的相平衡，可以建立如下关系式：

$$\gamma_1^{\mathrm{I}} x_1^{\mathrm{I}}=\gamma_1^{\mathrm{II}} x_1^{\mathrm{II}} \tag{2-187}$$

$$\gamma_2^{\mathrm{I}}(1-x_1^{\mathrm{I}})=\gamma_2^{\mathrm{II}}(1-x_1^{\mathrm{II}}) \tag{2-188}$$

$$p=p_1^S\gamma_1^{\mathrm{I}} x_1^{\mathrm{I}}+p_2^S\gamma_2^{\mathrm{I}}(1-x_1^{\mathrm{I}}) \tag{2-189}$$

式中：上标Ⅰ和Ⅱ分别表明两个平衡的液相。如果给定 p(或 T)，则可由上面三式联列解得 T(或 p)、x_1^{I}、x_1^{II}。

对于三元恒沸物，则 $\alpha_{12}=\alpha_{13}=\alpha_{23}=1$，由此可得

$$\frac{\gamma_1}{\gamma_2}=\frac{p_2^S}{p_1^S},\quad \frac{\gamma_1}{\gamma_3}=\frac{p_3^S}{p_1^S} \tag{2-190}$$

再加上

$$p=p_1^S\gamma_1 x_1+p_2^S\gamma_2 x_2+p_3^S\gamma_3 x_3 \tag{2-191}$$

可以预测三元恒沸物，但计算已相当复杂，通常需用计算机计算。

对于三元非均相恒沸物，按照两元非均相恒沸物的原理和步骤，原则上也可以预测，但实际上计算相当困难，在此从略。

3. 恒沸精馏流程

由于夹带剂可能与原料液中的一个或两个组分形成两元或三元恒沸物，而且此恒沸物冷凝冷却后又可能是均相或非均相的，再加上三元气液平衡十分复杂，因此工程上存在多种恒沸精馏流程，以实现料液的分离。现将几种典型的流程介绍于下。

1) 系统有一对两元恒沸物

以丙酮为夹带剂分离环己烷和苯属此列(图 2-32)。从恒沸精馏塔塔底直接得到纯苯产品，塔顶产物则为丙酮-环己烷恒沸物。此恒沸物在萃取塔中用水萃取，使丙酮与环己烷分离，得到环己烷产品。丙酮水溶液再在普通精馏塔中分离后循环使用。

2) 系统有两对两元恒沸物

因塔顶两元恒沸物是均相或非均相的不同，分离流程有所不同。以甲醇为夹带剂分离甲苯和与其沸点相近的烷烃料液的流程示于图 2-33。恒沸精馏塔顶产品为均相的甲醇-烷烃恒沸物，它经过萃取塔用水洗分出烷烃，甲醇水溶液再经普通精馏塔分离后供循环使用。为保证恒沸精馏塔底产品中烷烃的含量尽量低，一般甲醇的用量稍有过量。由塔底引出的含有少量

过量甲醇的甲苯进入脱甲醇塔，由塔底可得到高纯度甲苯产品，塔顶得到的甲醇-甲苯恒沸物，返回恒沸精馏塔作进料。

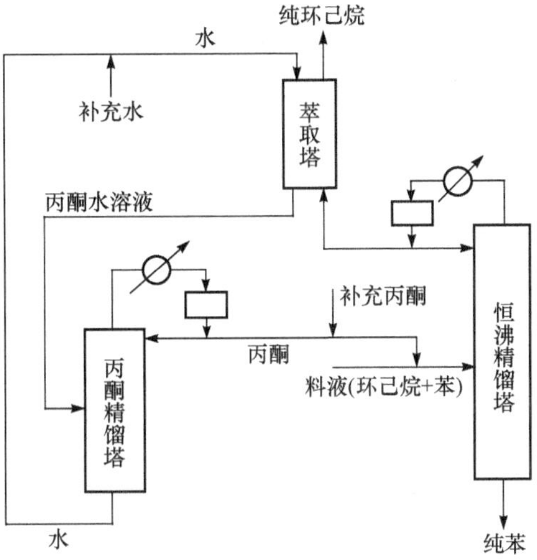

图 2-32 用丙酮分离环己烷-苯的流程

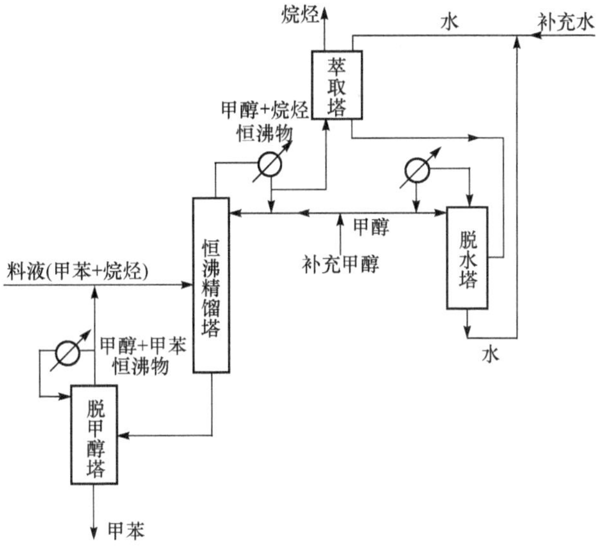

图 2-33 用甲醇分离甲苯-烷烃的流程

用硝基甲烷为夹带剂分离甲苯-烷烃的流程示于图 2-34。从恒沸精馏塔顶引出的是硝基甲烷-烷烃恒沸物，经冷凝后在倾析器（又称分层器）中分为两层。富含烷烃的上层液相的一部分作为回流，余下部分引入烷烃回收塔。烷烃回收塔底得到较纯的烷烃产品，塔顶则引出恒沸物。分层器中富含硝基甲苯的下层液相与上层液相的部分回流液合并，再与烷烃回收塔来的恒沸物一起作为恒沸精馏塔回流入塔中。恒沸精馏塔底排出的是含有过量夹带剂的甲苯，其处理办法与上一流程相似，引入脱硝基甲苯塔，从此塔底得到高纯度甲苯产品，塔顶恒沸物则返回恒沸精馏塔的进料中。

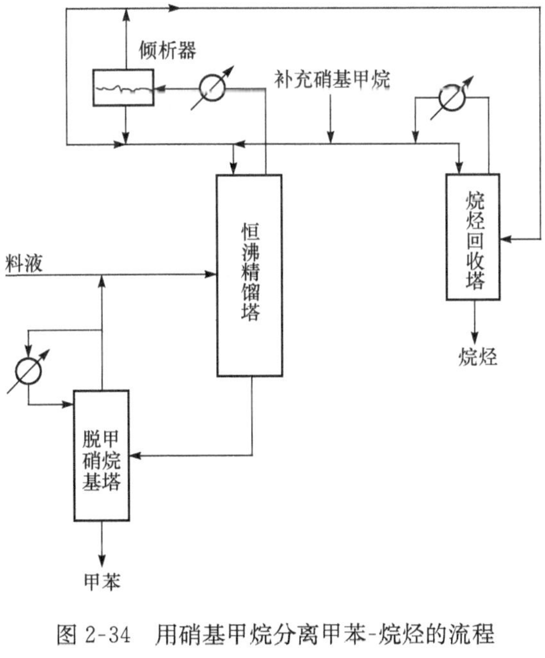

图 2-34 用硝基甲烷分离甲苯-烷烃的流程

3）塔顶馏出液为三元非均相恒沸物

乙醇-水恒沸物应用苯作为夹带剂，进行恒沸精馏制取无水乙醇的过程属于此列。

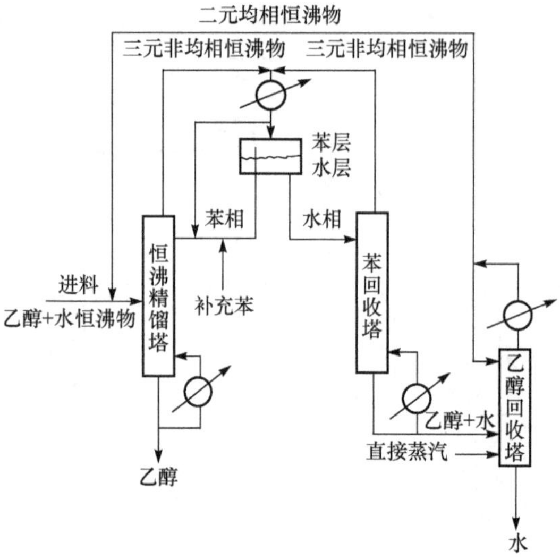

图 2-35　用苯分离乙醇-水恒沸物的流程

乙醇-水-苯三元恒沸物的组成（摩尔分率）为 $x_{乙醇}=0.228$，$x_{水}=0.233$，沸点为64.86℃。乙醇-水两元恒沸物中 $x_{水}=0.1057$，沸点为78.15℃。两者在水和乙醇间的相对含量和沸点间有较大差异，故可用恒沸精馏方法分离，其流程示于图 2-35。从恒沸精馏塔底引出的是无水乙醇产品，塔顶引出的是三元恒沸物，经冷凝后在分层器中分为两液层，上层富含苯，流回恒沸塔作回流；下层富含水引入苯回收塔。从苯回收塔顶引出三元恒沸物，与恒沸塔顶气流一起进入冷凝器；苯回收塔底排出的水中尚含有少量乙醇，流入乙醇回收塔进一步分离，由此塔底排出较纯的水，塔顶引出的乙醇-水恒沸物并入主塔进料中再作分离。

由上述介绍的流程可见：①若塔顶引出的是非均相恒沸物，分离比较简单，只要用一个简单的分层器，而均相恒沸物则需用萃取等方法来分离；②为得到高纯度的恒沸精馏塔的塔底产品，采用稍微过量夹带剂，增加一座脱溶剂塔是行之有效的办法。

4. 确定连续操作恒沸精馏塔两端产品的几点考虑

具有恒沸物系统的精馏进程与普通精馏不同，表现在精馏产物不仅与塔的分离能力有关，而且与全部进料总组成落在哪个浓度区域有关。用两元精馏的 t-x 图很容易说明这个差异。图 2-36(a)所示的t-x图系统不存在恒沸物，此时，无论进料组成如何，只要塔的分离能力足够，总能从塔顶得到较纯的轻组分 1，塔底得到较纯的重组分 2。但对于图 2-36(b)所示的 t-x 图系统，因存在最低恒沸物，形成了两个浓度区域（精馏区）。当进料浓度落在 $0\sim x_a$ 区内，从塔底可得到较纯组分 2，但塔顶只能得到恒沸物；当进料浓度在 $x_a\sim1$ 范围内，则从塔底得到较纯组分 1，塔顶仍为恒沸物。在整座精馏塔内，温度总是由塔顶逐渐向塔釜升高，塔中部不会出现最大或最小值。

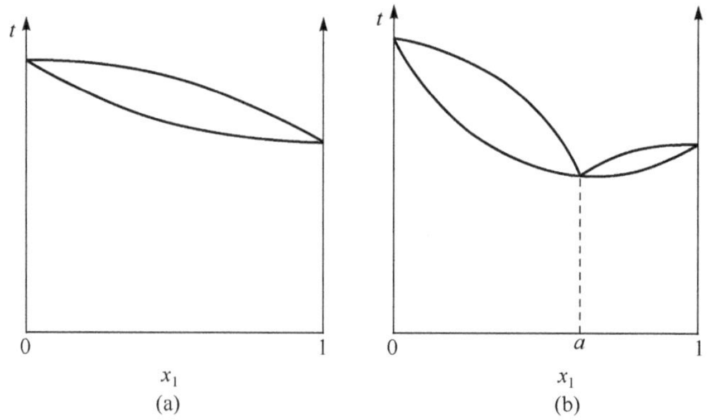

图 2-36　两元系的 t-x 图

对于形成恒沸物的三元系，将因生成恒沸物的数量、其中所含组分数以及它是最低还是最高恒沸点的不同，情况各异。到底有几个精馏区需作具体分析研究。西德尔和亨利对此问题作了系统论述(Seader et al, 2006)，多尔蒂和卡尔达罗拉提供了 87 种至少含有一个二元恒沸物系统的示意图，涵盖了工业应用中的大多数情况。当料液与夹带剂的混合液位于不同精馏区时，就会产生不同的塔顶和塔底产物，这对于预测精馏产物和安排分离流程相当重要。例如甲醇-丙酮-氯仿三元系，其精馏区的示意图见图 2-37。由于该三元系相图的泡点面上有脊线(图 2-30)，塔顶和塔底的产物不可能分别位于脊线的两侧，否则塔中将出现温度最大值，这在图 2-37 上也表示得很清楚，因为两侧不是同一个精馏区。图 2-37 还进一步表明，脊线的两侧各自分成两个精馏区，塔的两端产物只能在同一个精馏区内，如图中通过 F_1、F_2、F_3 和 F_4 的表示物料衡算的直线所示。

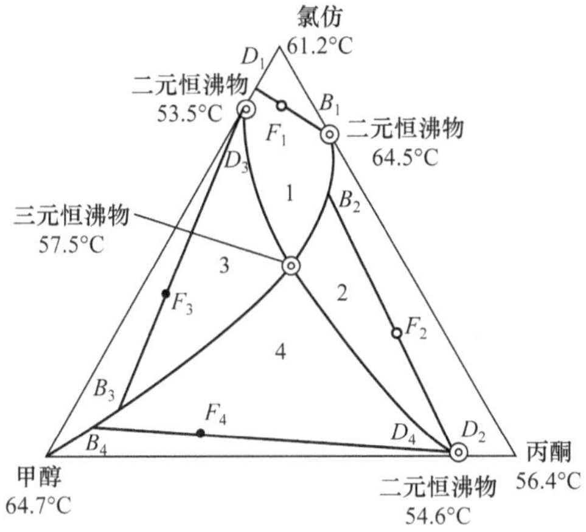

图 2-37　甲醇-丙酮-氯仿三元系的精馏区示意图

5. 夹带剂的选择

夹带剂的选择是实现恒沸精馏的关键。一个理想的夹带剂应满足：

(1) 至少与料液中一个或两个组分形成两元或三元最低恒沸物，而且希望此恒沸物的沸点比原料液中各纯组分的以及原来恒沸物的低 10℃以上。为使分离流程比较简单，此新形成的恒沸物最好是非均相的。

(2) 在形成的恒沸物中，夹带剂的含量应尽可能少，以减少夹带剂用量，节省能耗。

(3) 回收容易。一方面希望是非均相恒沸物，可以免除分离恒沸物的萃取操作；另一方面，在溶剂回收塔中，应该与其他物料有相当大的挥发度差异。

(4) 如果夹带剂在溶剂回收塔的塔顶回收，则更应具有较小的汽化潜热，以节省能耗。

(5) 价廉、来源广、无毒、热稳定性好和腐蚀性小等。

已经出版的一些专著和手册中汇集了不少恒沸物的组成和沸点，在选择夹带剂时值得参阅。前面介绍的预测恒沸物的方法在选择夹带剂时可以应用，计算所需的活度系数关联可用 UNIFAC，这样在筛选溶剂时可以节省大量的实测工作。

6. 恒沸精馏计算

恒沸精馏处理的物料非理想性很强，如果已取得恰当的相平衡和焓关联，它的操作型模拟计算需采用那些温度和液相组成同时迭代逼近的算法，例如纳夫塔列-山德荷尔姆算法。有时还需要采用较合理的塔顶和塔底产物的预估值，随之对塔中的气液相的组成或摩尔流率的初值作出估算。对于形成非均相恒沸物的恒沸精馏塔，还需同时计算液液平衡。如果在塔中塔板上已出现了两个液相，则需应用三相精馏的模拟算法，计算比较困难。通过改变夹带剂用量、回流比、板数和进料位置等，进行多方案模拟计算，结合分离要求和适当的经济核算，从而解决新塔的设计问题。粗略的简捷算法也有发表，但估算的正确性很成问题。普通的逐板计算法也常采用，但要结合进严格的相平衡计算，计算工作量相当大，如有相关的平衡关系图线可查，手算还能承担，且难以得到精确的计算结果。读者需要时可查阅有关文献，本书从略。

2.4.3 恒沸精馏与萃取精馏的比较

应用加入适当的分离媒质(溶剂)，增大待分离的两组间的挥发性差异，促使精馏容易实现，这是两者的共同点。两者的差别在于：

(1) 恒沸精馏所用的夹带剂必须与待分离组分的一个或两个形成恒沸物，因此可供选择的夹带剂很有限，而萃取精馏所用溶剂没有这种限制。

(2) 恒沸精馏的夹带剂大都从塔顶蒸出，消耗热能较大，只有当恒沸物中夹带剂的含量很少，与夹带剂形成共沸物的组分在原料中含量也少时，才有可能与萃取精馏的能耗相匹敌。

(3) 恒沸精馏既可用于连续操作，也可用于间歇操作，而萃取精馏只能用于连续操作。

(4) 在同样压力下操作，恒沸精馏的操作温度较低，故比萃取精馏更适宜于分离热敏性物料。

2.5 板 效 率

前面已经提及，精馏的设计计算分解为理论板和传质效率两部分。对于板式塔，传质效率用板效率表示；对于填料塔，则常用理论板的当量高度 HETP 表示。本节重点论述板效率，HETP 只作简单介绍。

板效率是考虑理论板和实际板之间的差异而引入的，是综合考虑传质速率、板上气液两相的混合情况和非理想流动以及板间返混(雾沫夹带、液相泡沫夹带和漏液等)的结果。实际板与理论板之间至少存在如下差异：

(1) 理论板假定离开该板的气液两相达到平衡，即 $y_j = y_j^*$(与 x_j 平衡)。该假定意味着规定了该板的传质量为 $V(y_j^* - y_{j+1})$，而实际板上的传质以一定速率进行，受到塔板结构、气液两相流动情况、两相的有关物性和平衡关系影响，相当复杂。

(2) 理论板上相互接触的气液两相都完全混合，板上液相浓度均一，等于离开该板溢流液浓度。这与塔径较小的实际板上的混合情况接近，但当塔径较大时，板上液相不会完全混合，从进口堰到出口堰浓度逐渐降低。此外，进入同一板上各点的汽相浓度也不相同。

(3) 实际板上气液两相存在不均匀流动，停留时间有明显差异。

(4) 实际板上还存在雾沫夹带、漏液和液相夹带泡沫现象。

为考虑上述各种差异的影响，引进了四种效率，分别讨论于下。

2.5.1 效率的四种表示方法

1) 点效率 E_{OG}

E_{OG}定义为

$$E_{OG}=\frac{y-y_{j+1}}{y^*-y_{j+1}} \tag{2-192}$$

式中：y^* 为与 x 平衡的气相组成，即 $y^*=Kx$，x 为板上某点的液相摩尔分率，K 为泡点温度下的相平衡常数。

点效率与塔板上该点处的气液两相接触传质情况有关，建立起其间关系，也就定量地计及了上述差异(1)的影响。

2）默夫里板效率 E_{MV}

E_{MV}又称为干板效率，其定义为

$$E_{MV}=\frac{\bar{y}_j-\bar{y}_{j+1}}{y_j^*-\bar{y}_{j+1}} \tag{2-193}$$

式中：y_j^* 是与离开 j 板液体摩尔分率 x_j 成平衡的气相浓度；$\bar{y}_j$ 和 $\bar{y}_{j+1}$分别为离开 j 板和 $j+1$ 板气相的平均摩尔分率。

因为 $\bar{y}_j$ 和 $\bar{y}_{j+1}$为气相的平均组成，所以 E_{MV}不仅与各点点效率有关，还与气液两相流经塔板时的流动和混合情况有关，即气液两相的各自混合情况和不均匀流动程度的影响必须予以考虑。

3）湿板效率 E_a

由于雾沫夹带将实际造成板效率的降低，计入雾沫夹带影响的板效率即为湿板效率。

4）塔效率 E_o

E_o 又称为总板效率，其定义为

$$E_o=\frac{N}{N_p} \tag{2-194}$$

式中：N 为理论板数；N_p 为达到 N 块理论板分离效果需用的实际板数。E_o 是各板效率的某种平均值，与操作线和平衡线的斜率有关。

2.5.2 点效率与传质间的关系

取塔中任意板 j 上的某点作为研究对象（图 2-38），假设板上液层在垂直方向均匀混合（与实际情况比较接近）。气体则呈活塞流通过液层，沿程发生浓度变化。点效率直接与该点传质情况有关，现分析于下。

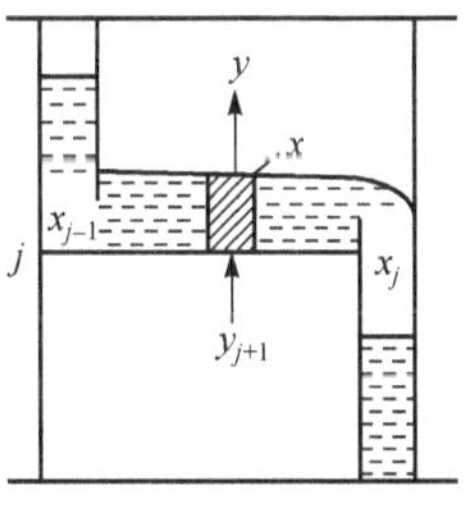

图 2-38 点效率模型

设气相摩尔流率为 V，则流经横截面为 ds 的液层通量为 Vds。该处板上泡沫层高度为 H_f，气液两相间传质比表面积为 a，气相传质总系数为 K_y，则对该处微元可建立如下物料衡算方程：

$$(V\mathrm{d}s)\cdot \mathrm{d}y=K_y(y^*-y)aH_f\mathrm{d}s$$

上式沿液层高度积分得

$$\frac{K_y aH_f}{V}=\int_{y_{j+1}}^{y}\frac{\mathrm{d}y}{y^*-y}=-\ln\frac{y^*-y}{y^*-y_{j+1}}\xlongequal{令}N_{OG}$$

式中：N_{OG}为汽相总传质单元数。

整理得

$$E_{OG}=\frac{y-y_{j+1}}{y^*-y_{j+1}}=1-\mathrm{e}^{-(K_y aH_f)/V}=1-\mathrm{e}^{-N_{OG}} \tag{2-195}$$

由此式可见，点效率由两相间接触传质状况决定，随 K_y、a 和 H_f 的增大而增大，随 V 的变化则很复杂，因为 V 将影响 K_y、a 和 H_f。E_{OG}将永远小于 1。

美国化学工程师学会于 20 世纪 50 年代末根据在泡罩塔和筛板塔中测得的实验结果，归

纳出如下两个经验式：

$$N_G=\left[0.776+4.56h_W-0.24F_B+105\left(\frac{L_V}{l_f}\right)+2.4\Delta\right](Sc)^{-0.5} \tag{2-196}$$

筛板塔：

$$N_L=197D_L^{0.5}(0.394F_B+0.17)t_L \tag{2-197}$$

式中：N_G 与 N_L 分别为气相和液相分传质单元数；Sc 为气相希密特数；h_w 为溢流堰高度，m；L_V 为液相的体积流率，m^3/s；l_f 为平均液流流程宽度，m；F_B 为基于塔板鼓泡面积的气相动能因子，$F_B=u_B\sqrt{\rho_V}$，ρ_V 为气相密度（kg/m^3），u_B 为以鼓泡面积为基准的气速（m/s）；Δ 为液流的液面落差（m），对筛板塔大都可以忽略；D_L 为液相扩散系数（cm^2/s）；t_L 为液体在塔板上的停留时间（s），$t_L=Z_Lh_c/(L_V/l_f)$，Z_L 为液流流程长度（m），h_c 为塔板持液量（m^3/m^2），即清液层高度，对于筛板塔，建议按下式计算：

$$h_c=0.0061+0.725h_W-0.006F_B+1.23(L_V/l_f) \tag{2-198}$$

气相总传质单元数则由下式算得：

$$\frac{1}{N_{OG}}=\frac{1}{N_G}+\frac{1}{AN_L} \tag{2-199}$$

式中：A 为吸收因子。

2.5.3 塔板上液体混合情况对板效率的影响

液体流经塔板时，与气体产生密切接触，混合情况十分复杂。塔板上任一点处的液体在三个垂直方向发生混合：即沿液流方向上的混合，称为轴向混合；垂直于塔板液面、沿汽流方向的混合，通常假定此方向全混；在塔板平面上与液流方向垂直的混合，称为横向混合。当液体流经小塔时，可以认为各方向均均匀混合，称为全混，如果塔板上各点的点效率一样，则 $E_{MV}=E_{OG}$。当液体流经大塔板时，轴向和横向均不会全混，沿液流方向存在浓度梯度。如液流在轴向无任何返混，呈活塞流，此时浓度梯度最大。不完全混合时，板上液体的平均浓度较溢流液浓度高，有利于板上发生的传质，此时 $E_{MV}>E_{OG}$，活塞流时最有利。但随塔径的增大，液相的不均匀流动逐渐严重，对板上传质产生有害影响。

1. *液体以活塞流流经塔板*

路易斯于 1936 年研究了这个问题。假设气相在塔板间全混，板上各点点效率相等，从对微元作物料衡算进而推导得出：

$$E_{MV}=\frac{\bar{y}_j-\bar{y}_{j+1}}{y_j^*-\bar{y}_{j+1}}=A\exp[(E_{OG}/A)-1] \tag{2-200}$$

此式图示于图 2-39 中 $p_e=\infty$线。液相活塞流将得到最大的 E_{MV}/E_{OG}。

2. *液流在板上轴向部分混合*

板上的轴向混合起因十分复杂，多用扩散模型来描述，即认为混合造成的易挥发组分由高浓度区向低浓度处的转移可以用扩散方程来描述，而涡流扩散系数则是可调节的模型参数，使得扩散模型造成的结果与实际混合结果等效。涡流扩散系数需由实验测定。

在假设塔板各点的 E_{OG}相同，进入塔板的气相完全混合的条件下，从对塔板上某微元建立物料衡算式后导出：

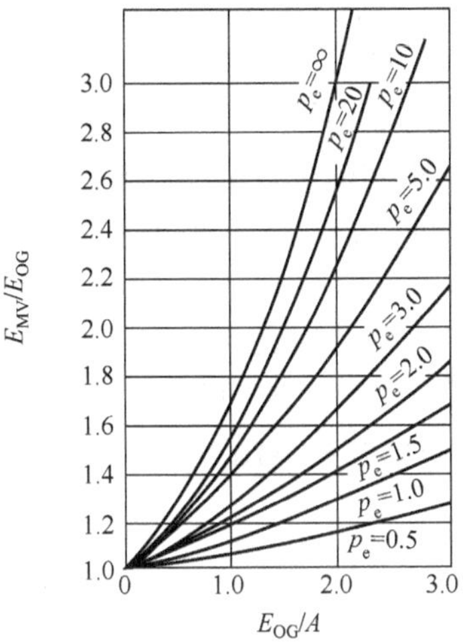

图 2-39　式 2-201 图示

$$\frac{E_{MV}}{E_{OG}}=\frac{1-\exp[-(\eta+p_e)]}{(\eta+p_e)[1+(\eta+p_e)/\eta]}+\frac{\exp(\eta)-1}{\eta[1+\eta/(\eta+p_e)]}\tag{2-201}$$

式中：p_e 为彼克列数，$p_e=Z_L L_V/(D_E F)$，F 为液流平均截面积（m^2），D_E 为涡流扩散系数（m^2/s）。参数 η 的定义为

$$\eta=\frac{p_e}{2}\left[\left(1+\frac{4E_{OG}}{Ap_e}\right)^{1/2}-1\right]\tag{2-202}$$

美国化学工程师学会对泡罩塔和筛板塔建议了如下经验估算式：

$$D_E^{0.5}=1.154\left[0.00378+0.0171u_B+3.68\left(\frac{L_V}{l_W}\right)+0.18h_W\right]\tag{2-203}$$

式中：l_W 为溢流堰长，m。其余符号参见式(2-197)后说明。

式(2-201)以图线形式示于图 2-39，$p_e=0$ 意味着 $D_E=\infty$，即为液相完全混合，$E_{MV}=E_{OG}$，该线与横坐标轴重合；$p_e=\infty$ 意味着 $D_E=0$，即为活塞流。$p_e=\infty$ 和 $p_e=0$ 是 E_{MV}/E_{OG} 的上下限曲线，部分混合均介于此两线间，由此可见，混合的不完全均使 $E_{MV}>E_{OG}$。

2.5.4 液体在塔板上的非均匀流动

根据上述介绍的美国化学工程师学会的板效率预测模型，随着塔径的增大，板效率将持续增大，但工程实践表明事实并非如此，对此一般认为主要是由大塔板上的液相非均匀流动造成的。

塔截面通常是圆形的，液体自进口堰流向出口堰有多种途径，各途径长短不一，形状不同，阻力也不一样。在塔板中间，液体流程短而直，阻力小，流速大。在塔板边缘部分，流程长而弯曲，又受到塔壁的牵制，阻力大，流速小。因此，液流量在各条途径中的分配不均匀，液体在塔板各部分的停留时间也就长短不一。图 2-40(a)表明在半块塔板实验设备上实测的停留时间分布曲线，曲线上的数字表示液体在塔板上停留时间的相对大小。当塔径相当大、塔板设计欠妥当时，此液流不均匀性将严重发展，在塔壁边缘部分会形成环流（死区）（图 2-41）。

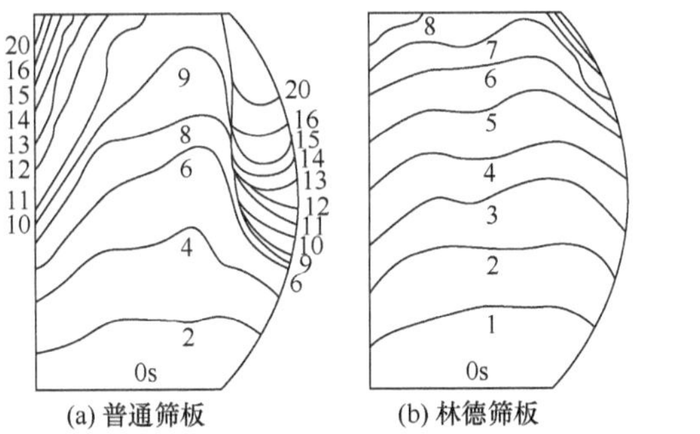

图 2-40　普通筛板和林德筛板上的液体停留时间分布（半块塔板实验设备测得）

$F_B/(\rho_L-\rho_V)^{1/2}=0.21$，$L_V/l_W=0.0116m^3/(m\cdot s)$，$D=4.57m$

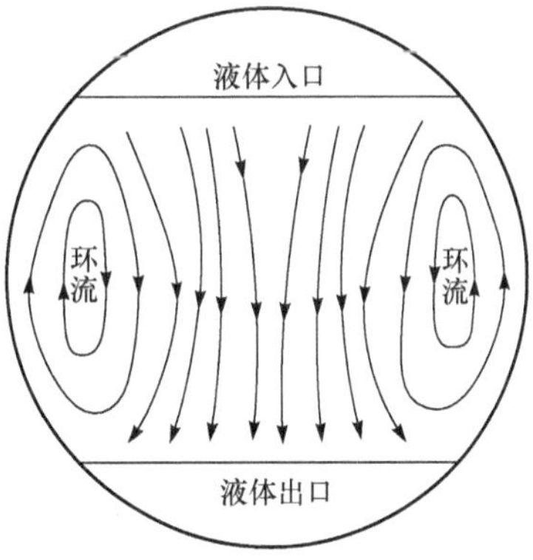

图 2-41　塔板上出现环流

为描述塔板上液体非均匀流动和预测它对传质效率的影响，已有不少模型提出，分析结果表明，非均匀流动将造成分离效率明显下降，环流的影响尤其严重，如果此时再加上板间的汽相不充分混合，效率下降将更多。这是因为塔中各板的环流区位于同一垂直线上，不混合的汽体流经环区，相当于一股沟流，而液体在板上的横向混合和气体在板间的混合都能明显削弱上述有害影响。虽然至今这些模型的分析结果尚无直接的实验结果证实，不过工业上大塔的效率不像一些模型预测的那么高，可以算作间接证据。

对于液流量较大的加压精馏，大塔塔板总要采用多流程结构，这样可以大大缓解液体的不均匀流动。采用浮阀塔板，气流从侧向吹出，能促进横向混合，减轻不均匀流动程度。在减压精馏中得到成功应用的林德筛板，由于采用了合理结构和布置的导向筛孔，液流在板上的停留时间分布均匀许多[图 2-40(b)]，对提高分离效率起了有利作用。

2.5.5 气体在板间的不完全混合和通过塔板的不均匀分布

一些著名的板效率预测模型，例如上面介绍的美国化学工程师学会模型，均假定气相在级间完全混合，即进入同一塔板各点的气相浓度一样，实际上在大直径塔中蒸汽更趋近于完全不混合。早在 1936 年路易斯就研究了液体在板上呈活塞流，气体在板间完全不混合时的板效率和点效率的关系，所得结论是：当液体在相邻板上按同一方向流动时，在相同的 E_{OG} 和 A 条件下，板效率比蒸气在间级全混时略大；当液体在相邻板上按相反方向（工业塔大都如此）流动时，板效率略小。这些结果表明气相在板间的混合情况对板效率的影响一般较小，或许当板上存在死区时，板间蒸气不混合会起较坏的影响。

气体通过塔板的不均匀分布对塔板的分离效果也起着不利的影响。气体的不均匀分布主要起因于板上泡沫液层高度的不均匀性。因为液体流过塔板必然遭遇阻力，液流流程越长，板面结构越复杂，液流流量越大，阻力越大，造成液体进板处和出板处的液面落差也越大。气体必然以较大流速通过泡沫层薄的区域，以较小的气速通过泡沫层厚的区域，形成气体从液体进口向出口逐渐增大的流速分布。这将影响板上各点传质接触情况和接触时间，严重时会产生液体入口处漏液。因此，在板式塔设计时必须校核板上液面落差，控制其在规定的数值以下，避免引起对板效率的不利影响。

综上所述，仅液相轴向不完全混合对板效率起较明显的有利影响；不均匀流动，尤其是环流对效率产生不利影响；横向混合能削弱液相不均匀流动的有害影响；气相于板间的不完全混合和流经塔板的不均分布也有一些不利影响。而且随着塔径的增大，轴向不完全混合的有利影响将逐渐减弱，不均匀流动则可能趋于严重。可以预料，E_{MV}/E_{OG} 首先随塔径的增大由 1 开始逐渐增大，但当塔径达到某临界值（一般在 1.5～6m 范围）后，继续增大将引起 E_{MV}/E_{OG} 下降，在临界塔径处 E_{MV}/E_{OG} 最大。因此，板效率的值有可能超过 1，而点效率则总是小于 1。

2.5.6 雾沫夹带的影响

总体上两相逆流的分离设备中发生的雾沫夹带是一种级间液体返混，将降低分离设备的分离效果。柯尔本于 1936 年分析了这个问题，分析中假定液相在板上完全混合，气相在级间完全混合，其塔板的物理模型示于图 2-42。由于雾沫夹带的存在，塔内实际上升的物流不单是气相 V，还夹带有雾沫 $e_M V$（e_M 为单位摩尔蒸气夹带的雾滴摩尔数）。考虑到气相与雾滴间的浓度差异，引入表观气相浓度：

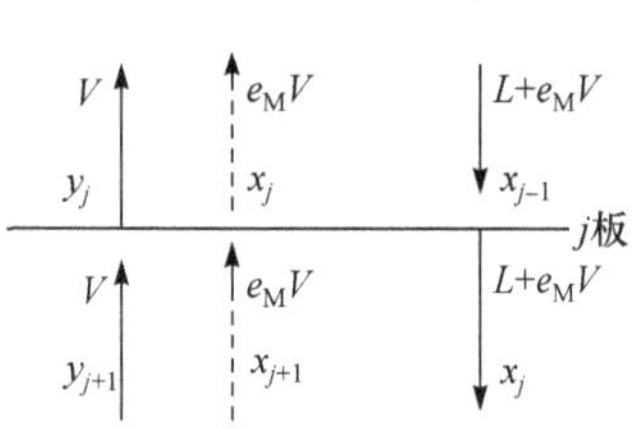

图 2-42 雾沫夹带的影响

$$Y_{j+1}=y_{j+1}-e_{\mathrm{M}}(x_j-x_{j+1}) \tag{2-204}$$

对精馏段 j 板至塔顶系统进行物料衡算可得

$$Y_{j+1}=\frac{L}{V}x_j+\frac{D}{V}x_{\mathrm{D}} \tag{2-205}$$

此式与无夹带时的方程形式相同，称为表观操作线方程。

相应地定义了湿板效率：

$$E_{\mathrm{a}}=\frac{Y_j-Y_{j+1}}{y_j^*-Y_{j+1}} \tag{2-206}$$

对图 2-42 所示塔板进行物料衡算，经过适当演算得到：

$$E_{\mathrm{a}}=\frac{E_{\mathrm{MV}}-e_{\mathrm{M}}c/(y_j^*-y_{j+1})}{1+\dfrac{e_{\mathrm{M}}V}{L}+E_{\mathrm{MV}}-e_{\mathrm{M}}c\left(\dfrac{e_{\mathrm{M}}V}{L}+1\right)/(y_j^*-y_{j+1})} \tag{2-207}$$

式中：$c=x_{j-1}-2x_j+x_{j+1}$。当平衡线和操作线斜率相等时，$c=0$。通常两线斜率差不大，c 相当小，又同时出现在上式的分子和分母中，c 仍可以忽略。式(2-207)简化为

$$E_{\mathrm{a}}=\frac{E_{\mathrm{MV}}}{1+\dfrac{e_{\mathrm{M}}V}{L}E_{\mathrm{MV}}} \tag{2-208}$$

由上式可见，E_{a} 总小于 E_{MV}，且 E_{MV} 和 e_{M} 越大，雾沫夹带的影响越严重。在塔板设计中，一般控制 $e_{\mathrm{M}}<0.1$，以减少雾沫夹带的不利影响。

此外，板上液体经筛孔、阀孔的漏液也会降低效率，斯特林德在气液两相全混的假定下，并认为漏液全然未参与板上传质，相当于经旁路绕过板上两相间的传质，推导得到塔板总体效率 E_{a}' 与无漏液时效率 E_{MV} 间关系式：

$$E_{\mathrm{a}}'=\frac{E_{\mathrm{MV}}}{1+\dfrac{\beta E_{\mathrm{MV}}}{A(1-\beta)}} \tag{2-209}$$

式中：β 为漏液量占总液量的分率。

对于高压操作的精馏塔，由于汽液两相间密度差和界面张力(因温度升高)的减小，在降液管中气液两相的分离变得较困难，大量气体随泡沫被带入下面塔板，对于易起泡沫的物系尤其严重。这是另一种形式的板间返混，将引起板效率的下降。

2.5.7 塔效率和板效率间的关系

当得到了湿板效率的数据后，分离所需的实际板数可以通过计算确定。现以两元图解法为例，首先用 E_{a} 值修正平衡曲线(图 2-43)：图中 AB 为气相经过塔中第 j 块理论板得到的增浓，而实际板的增浓应是 AD，AD 由 E_{a} 的定义式算出：

$$\frac{AD}{AB}=E_{\mathrm{a}}(x_j)$$

同样

$$\frac{EF}{EG}=E_{\mathrm{a}}(x_{j-1})\quad\cdots\cdots$$

当点 DFJ…确定后，连接这些点得到修正平衡曲线。其次，按照两元图解法步骤，作出表观操作线，再在此两线间作梯级，即可得到分离所需的实际板数。塔效率可按其定义式算出，一般 $E_{\mathrm{o}}\neq E_{\mathrm{a}}$。

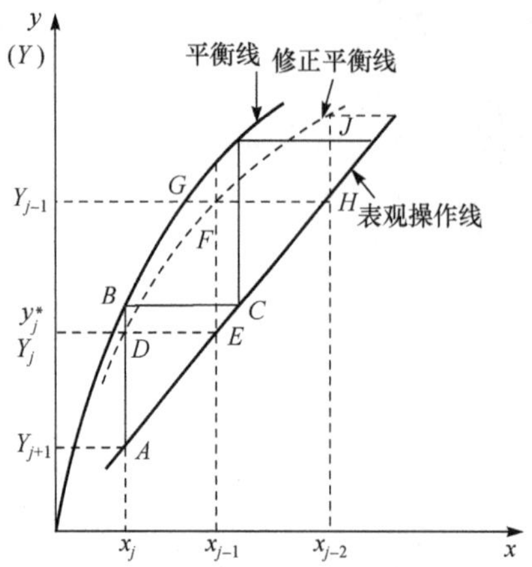

图 2-43　实际板数的图解法

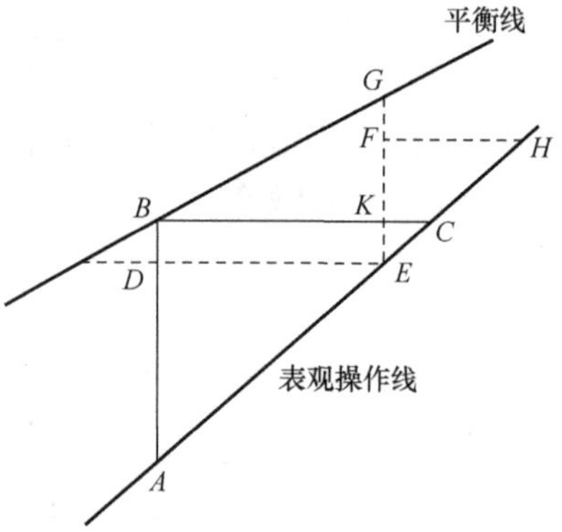

图 2-44　E_o 与 E_a 间关系式的推导

当操作线和平衡线均为直线，且各板 E_a 相等时，E_o 和 E_a 间可以建立解析式(图 2-44)。根据 E_a 的定义：

$$E_a=\frac{AD}{AB}=\frac{EF}{EG}$$

由图 2-44 得

$$EK=AB-AD=\left(\frac{1}{E_a}-1\right)AD$$

操作线斜率 $L/V=\frac{AD}{DE}$，平衡线斜率 $m=\frac{KG}{BK}$，因此，脱吸因子 $S=\frac{mV}{L}=\frac{KG}{AD}$。

由图 2-44 得

$$EG=EK+KG=\left(\frac{1}{E_a}-1\right)AD+S\cdot AD=\left(\frac{1}{E_a}-1+S\right)AD$$

两相邻实际板的增浓分别为 AD 和 EF，定义

$$r=\frac{EF}{AD}=\frac{EG\cdot E_a}{AD}=E_a\left(\frac{1}{E_a}-1+S\right)$$

整理得

$$E_a=\frac{r-1}{S-1} \tag{2-210}$$

由于平衡线和操作线为直线，对于任意两块相邻的实际板，r 将保持常数。令

$$AB=a_1,\quad AD=d_1,\quad EF=d_2,\cdots$$

则

$$d_2=rd_1=a_1E_ar$$
$$d_3=rd_2=a_1E_ar^2$$
$$\cdots\cdots$$

一般式

$$d_n=rd_{n-1}=a_1E_ar^{n-1}$$

气相经过 N_p 块实际板的总增浓 Δy_n 为

$$\Delta y_n=d_1+d_2+\cdots+d_n=a_1E_a(1+r+\cdots+r^{N_p-1})=a_1E_a\frac{r^{N_p}-1}{r-1}$$

与式(2-210)结合得：

$$\Delta y_n=\frac{a_1(r^{N_p}-1)}{S-1} \tag{2-211}$$

当 $E_a=1$，由式(2-210)知 $S=r$，此时为完成气相 Δy_n 变化所需的理论板数为 N，则

$$\Delta y_n=\frac{a_1(S^N-1)}{S-1} \tag{2-212}$$

与式(2-211)相等得 $r^{N_p}=S^N$，因此

$$E_o=\frac{N}{N_p}=\frac{\ln r}{\ln S}$$

结合式(2-210)得

$$E_o=\frac{\ln[1+E_a(S-1)]}{\ln S} \tag{2-213}$$

由式(2-213)可见，即使平衡线和操作线均为直线，各板 E_a 相同，E_o 并不等于 E_a。只有当两根线互相平行，$S=1$，E_o 才等于 E_a；当 $S>1$，在 $E_a<1$ 范围，$E_o>E_a$；当 $S<1$，在 $E_a<1$ 范围，$E_o<E_a$。

精馏时，平衡线是曲线，操作线通常是折线。若用式(2-213)计算，至少应将全塔分为几段，各段近似将 S 当作常数。

由上述讨论可见，板上发生的两相间传质情况，气液两相(主要是液相)分别在板间和板上的混合情况、气液两相流经塔板的均匀程度、气相中雾沫夹带量、溢流液中泡沫夹带量和漏液量等均对板效率产生影响，而它们又由操作条件(温度、压力、气液两相流量等)、设备结构(塔径、板间距、溢流堰高和长度、筛板的孔径和开孔率、浮阀板的阀孔数、液流程数等)和系统物性(相对挥发度、气液两相密度和扩散系数、液相黏度、表面张力大小及梯度等)决定。当设备设计合理并在正常条件下操作时，效率主要由物性决定。

2.5.8 系统物性对板效率的影响

1) 液相黏液

黏度高，产生的气泡大，相界面小，两相的接触差，同时液相扩散系数小，故效率低。精馏时，液相处于沸点温度，多数液体的黏度有相同数量级(0.15～0.7mPa·s)，温度升高，黏度降低，板效率增大。这是精馏塔效率一般高于吸收塔的主要原因。

2) 相对挥发度

相对挥发度大则相当于气相溶解度低，m 大，液相阻力大，板效率低。

3) 表面张力和表面张力梯度

两者分别的影响很难由实验直接测定，因其难以同其他物性的影响分开。实验测定发现，当为泡沫态时，表面张力大小对板效率的影响相当小；在喷射态时，随表面张力的降低板效率有所增大。

表面张力梯度影响已作过广泛研究。表面张力是液相组成的函数，按其变化情况，物系可分成如下三类：

(1) 正系统：轻组分的表面张力比重组分低的系统。当回流液从塔顶逐板流向塔釜时，轻组分浓度逐渐减小，因此液相的表面张力逐渐增大。例如庚烷($T_b=98.4$℃，$\sigma_{T_b}=1.2$N/m)-甲苯($T_b=110.7$℃，$\sigma_{T_b}=1.85$N/m)系统。这种系统的表面张力梯度 $\frac{d\sigma}{dx_1}<0$。

(2) 负系统:轻组分的表面张力比重组分高的系统。因此当回流液从塔顶向塔釜逐级下流时,液相的表面张力逐渐减小。例如苯(T_b=80.2℃,σ_{T_b}=2.1N/m)-庚烷系统,当然$\frac{d\sigma}{dx_1}>0$。

(3) 中性系统:两组分表面张力接近的系统,$\frac{d\sigma}{dx_1}\approx 0$。

不同系统在精馏塔中的传质行为不同,正系统更适宜在泡沫状态下操作,而负系统则在喷射态下操作更好,这是因为正系统的泡沫稳定性好,不易破裂而聚并,因此传质面积大,有利于效率提高;对于负系统,情况恰好相反,泡沫不稳定,传质面积小,效率降低。负系统之所以适宜在喷射态下操作,是因为此时液滴不稳定,易破碎断裂成更细液滴,气液两相间传质界面变大,有利于提高效率;相反,正系统液滴稳定,不利于相界面增大,效率降低。

有关表面张力梯度对效率的影响,有些人根据所测效率数据,推断其影响相当显著,而有些实验结果的分析得出其影响相当小。目前,尚缺乏实验直接而又一致的证明。

2.5.9 相平衡数据误差对塔效率的影响

在气液相平衡一节已论述过 α 的误差对理论板计算正确度的影响(图 2-4)。在一定回流比下达到规定分离要求所需的理论板数不正确,据此求算得到的效率也就不正确。

为计算相对挥发度误差而造成的塔效率误差,基斯特从全回流时的芬斯克方程出发,并认为全回流时的塔效率与正常操作时的一样,导得:

$$\text{塔效率的相对误差}=-(\text{相对挥发度的相对误差})/\ln\alpha \tag{2-214}$$

式(2-214)用图线方式示于图 2-45。由图可见,当 α 很低时,α 的误差将引起效率严重误差。例如α=1.1的系统,α 的−3%误差(平衡数据有 2%~3%的误差是难免的)将造成效率误差达 46.3%,所以这时的效率必须与所取的相平衡数据在一起才有意义,采用不同的相平衡数据将产生差异相当大的效率。当 α 较大时,如 $\alpha>1.5$,α 的误差影响已较小。

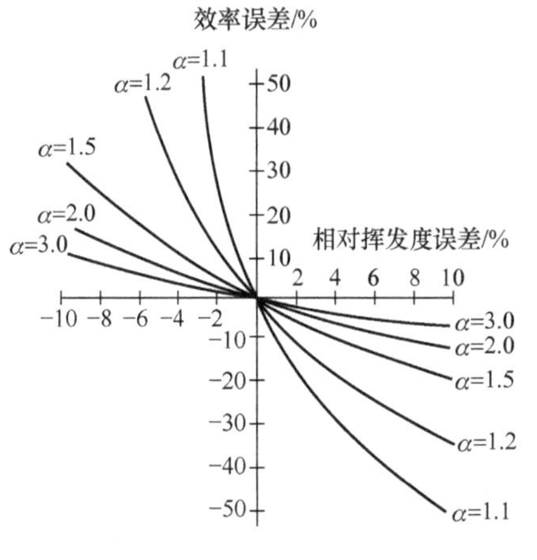

图 2-45 相对挥发度误差对塔效率误差的直接影响

如果效率的测定在有限的操作回流比下进行,相对挥发度误差的影响还将通过 R_m 的误差而进一步使塔效率产生误差,为与上式表示的影响区别起见,经 R_m 产生的影响称为间接影响,式(2-214)表示的影响称为直接影响。如果 α 值偏小,算得的表观最小回流比 R_{ma} 将比真实值 R_{mt} 大,于是 $(R-R_{ma})/(R+1)<(R-R_{mt})/(R+1)$,根据吉利兰关联可知算得的表观理论板数偏大,使表观塔效率偏大。可见间接影响和直接影响是相互叠加的。当 R 趋近 R_m时,间接误差的影响趋大,因此,效率的测定不应在 R 十分接近 R_m下进行,否则测得的效率将失去意义。

2.5.10 获取效率的途径

设计所需的板效率数据可以通过如下五条途径取得。

1) 工厂或工业规模试验的实测数据

如果设计任务与工厂或试验的物系相同、操作条件相仿,由此推算得到的效率最可靠。一般说来，试验塔设备结构和操作条件与设计塔不可能完全一样，但只要工厂或试验操作情况正常，测得的效率还是相当可靠的。不过，对于塔中的两相接触状态应加以注意，应避免不同接触状态间的效率推算，因为目前还没有适当的可靠方法予以校正。这里有两点必须加以注意：

（1）对于有机物水溶液，必须注意涉及的浓度范围。因为相对挥发度、表面张力和表面张力梯度等往往与浓度密切相关，不同浓度范围的效率数据可能有较大差异。

（2）必须注意作效率推算时所用的相平衡数据。正如前面指出的，当 $\alpha<1.5$ 时，不同的相平衡数据算得的效率会存在较大误差，易造成计算结果有大的差错。

2）应用奥德肖（Oldshaw）塔试验测取点效率，再按适当办法予以放大

例如参照前面介绍的美国化学工程师学会模型。奥德肖塔如图 2-46 所示，用于减压和常压精馏的一般是全玻璃结构，加压精馏时需用金属制作。自 1941 年提出该塔后，不少研究者用它进行了精馏试验，发现试验所得的效率与工业规模大塔的点效率在相同的泛点百分率条件下相当，大都稍微小一点，因此，比较一致地认为这是获取点效率的可靠办法。如果对于用点效率推算板效率缺乏把握，可以直接取奥德肖塔测得的效率为大塔效率，这样做偏保守。

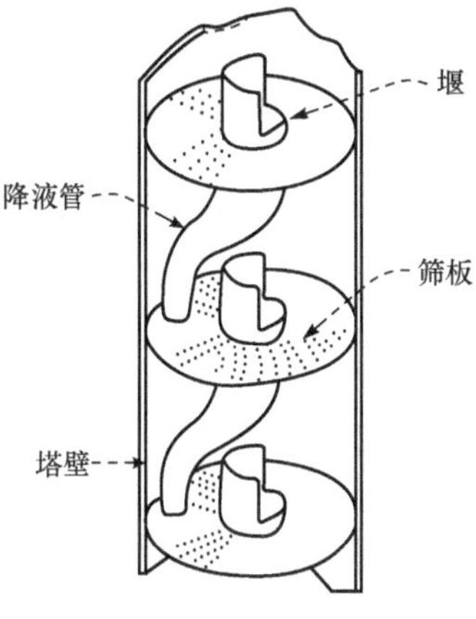

图 2-46　奥德肖塔

3）应用中试数据进行适当放大校正

对于中试数据的适用性要进行判别。首先，中试塔和设计塔中的两相接触状态要相同。其次，中试塔的操作气速应在合适范围，即其泛点百分率要适中（在泛点百分率 40%～90%范围均可以接受），中试塔不应出现过早液泛现象。再则，中试塔中不应出现因回流比太小而形成挟点。如果中试符合上述要求，其效率直接用于设计同样偏保守。

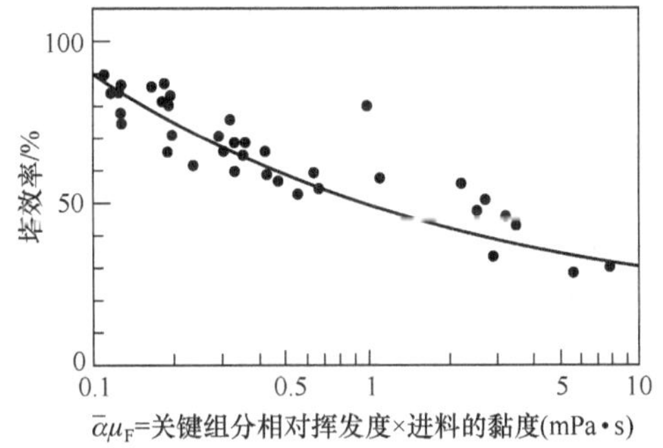

图 2-47　奥康奈尔的塔效率关联

4）应用塔效率的经验关联式

文献中有许多这类关联，其中以奥康奈尔关联（图 2-47）应用最广，几十年来一直是工业设计中一个较可靠的关联。该关联是根据 31 座精馏塔资料导得，物系包括烃类、氯化烃和醇类等，塔型均是泡罩塔，所以用来估算筛板和浮阀板塔效率略微保守。该关联图中的横坐标为关键组分间的相对挥发度和进料黏度的乘积，需注意相对挥发度是在塔顶、底算术平均温度下的值，进料黏度 μ_F 是在此平均温度下的分子黏度（mPa・s），可以实测或查资料得到，也可以按下式估算：

$$\mu_F = \sum_i \mu_i \cdot x_{Fi} \tag{2-215}$$

该关联的适用范围为 $\bar{\alpha}\mu_F=0.1\sim7.5$，液流流程长度小于 1.5m，该关联已拟合成如下计算式：

$$E_o=0.492(\bar{\alpha}\mu_F)^{-0.245} \tag{2-216}$$

加西莫维奇等提出了另一个关联，认为解吸因子是关键参数，关联式主要基于他们对乙醇-水物系所进行的精馏试验数据，试验塔径 314mm。对于乙醇-水物系的简化关联式为

$$E_o=0.823S^{-0.491} \tag{2-217}$$

5）应用半经验的模型进行计算

文献中提出的模型有多个，前面介绍的美国化学工程师学会的最著名。由于模型中包含许多物性，例如混合物的扩散系数、密度、黏度等，要取得这些物性的正确值是相当困难的，这样将影响到计算结果的正确性。

由于效率问题的复杂性，至今尚无可靠的模型能用到设计计算中，今后尚有许多研究工作要做，尤其是更多积累实测的效率数据，对于可靠模型的建立起着关键作用。

2.5.11 多组分系统的效率

多组分系统的扩散和传质十分复杂，不仅因为扩散系数的不同而效率不同，还因各分子间存在着交互作用，造成各组分间的传质相互影响，出现了渗透扩散（组分的传质推动力为零时，却发生它的传质行为）、扩散障碍（组分 i 存在传质推动力，却不发生它的传质行为）和反向扩散（传质沿推动力的反方向进行）等奇异现象，使某个（些）组分的点效率有时大于 1，有时出现负值。所以简单地认为各组分的效率一样，有可能造成相当大的误差。但是，至今在设计中很少应用各组分不同效率的。而且由于此问题的复杂性，离问题的解决还有相当距离。获取多元系各组分效率的可靠办法目前只有靠实测，奥德肖塔是一种有用而经济的实验设备。对于各组分性质比较接近的近乎理想的溶液，其分子间的交互作用可以忽略，对某组分 i 的效率预测比较简单，可以当作两元系处理，即由组分 i 和其余组分一起的虚拟组分构成，一般此时可以当作各组分的效率接近相等。设计计算中一般最关心的是轻、重关键组分间的分离，非关键组分进塔后能较快地就趋近于它们的浓度极限值。因此，大多数情况下可用轻、重关键组分分离的效率作为其余各组分的效率，当然这样做就得不到非关键组分在塔中的实际分布。如果关键组分占了塔中物流的大部分，那么关键组分分离的效率可近似取它们进行两元分离时的效率。

2.5.12 板效率的其他表示法

除了上述讨论的气相默夫里效率外，文献中还有多种效率的其他定义，在此对液相默夫里效率和蒸发效率作简要介绍。

1）液相默夫里效率

液相默夫里效率定义为

$$E_{\mathrm{ML}}=\frac{\text{实际板的液相浓度降低值}}{\text{理论板的液相浓度降低值}}=\frac{\bar{x}_{j-1}-\bar{x}_j}{\bar{x}_{j-1}-x_j^*} \tag{2-218}$$

式中：$\bar{x}$ 为液相的平均浓度；x_j^* 为与 $\bar{y}_j$ 成平衡的液相浓度。与此板效率相对应的液相点效率为

$$E_{\mathrm{OL}}=\frac{x_{j-1}-x_j}{x_{j-1}-x_j^*} \tag{2-219}$$

显然，只有当板上气相在水平方向完全混合，而液相呈活塞流时，点效率才有确切的含意。而普通板式塔一般不符合这些条件，如何从小塔中测得的液相效率放大到大塔的液相板效率，各因素又是如何影响的，都很难确定，所以在板式塔的设计计算中常用气相板效率。当处理液相阻力控制的系统时，有时测取液相效率。液相默夫里效率和气相默夫里效率间存在如下关系：

$$E_{\mathrm{MV}}=\frac{E_{\mathrm{ML}}}{E_{\mathrm{ML}}+\dfrac{mV}{L}(1-E_{\mathrm{ML}})} \tag{2-220}$$

式中：m 是一块板涉及的浓度范围内的平衡线斜率，即 $y_j^*=mx_j+b_j$。由该式可见，当 $\dfrac{mV}{L}=1$

时，气液相效率相等；当$\frac{mV}{L}$远大于 1 时，也即对于液相阻力控制的系统，$E_{MV} \ll E_{ML}$。

2) 蒸发效率

霍兰定义蒸发效率为气相浓度偏离平衡的程度。假定气液两相达到热平衡，组分 i 的蒸发点效率 E_i 为

$$E_i = \frac{y_i}{K_i x_i} \tag{2-221}$$

蒸发板效率 E_{ij} 为

$$E_{ij} = \frac{\bar{y}_{ij}}{K_{ij} \bar{x}_{ij}} \tag{2-222}$$

式中：x_i、y_i 分别为被考察点处的液、气两相中组分 i 的摩尔分率；$\bar{x}_{ij}$、$\bar{y}_{ij}$ 分别为离开 j 板的液、气两相中组分 i 的平均浓度；K_i 为满足 $\sum_i E_i K_i x_i = 1$ 温度下的相平衡常数；K_{ij} 为满足 $\sum_i E_{ij} K_{ij} \bar{x}_{ij} = 1$ 温度下的相平衡常数。

需要指出的是，满足 $\sum_i E_i K_i x_i = 1$ 的温度不同于默夫里效率定义中的泡点温度，因为泡点时 $\sum_i K_i x_i = 1$。蒸发效率定义中的温度因为不是泡点温度，它不仅取决于操作压力 p 和液相组成 x_i，还与 E_i 有关，因此确定 K_i 时多了一个自由度 T。这样可以避免多元系中有一个效率不独立问题，c 个组分就有 c 个独立的蒸发效率，从而为建立多组分系统效率的关联和预测带来了方便。但是蒸发效率缺乏相应的传质基础，例如一个两元精馏塔，越接近塔顶轻组分越浓，其 K 值趋近于 1，因此它的蒸发效率必定越来越趋近于 1，但是实际的传质系数并没有显著的变化。

2.5.13 填料精馏塔的理论板当量高度

填料塔同样是工业上得到广泛应用的精馏设备，由于近二三十年来在填料塔领域取得的显著进步，其在工业应用中的重要性得到增强，填料塔只适用于小塔的历史已告结束。填料塔发展中取得的成果主要包括：以金属矩鞍环、阶梯环、纳特环等为代表的、性能更优良的新型散装填料的成功开发和应用；板波纹和丝网波纹规整填料的成功开发和应用；与新型填料配套使用的高性能液体分布器的成功开发和应用；对于填料塔中气液两相分布情况认识的深化，以及对于新型填料主要性能（压降、液泛和 HETP 等）的资料积累和研究，对于填料塔的放大效应有了深入的认识，使设计更有把握。据文献报道，目前金属矩鞍环填料塔的最大直径达 20m，金属板波纹填料塔直径达 13.4m。由于填料塔的某些优良性能，在减压和常压精馏场合应用相当成功，呈现出取代板式塔的趋势，尤其在原有板式塔的增产挖潜改造中。在高压塔中也取得了一些成功应用，但也有应用失败的教训，其原因尚待进一步研究。

为确定完成规定的分离要求所需的填料层高度，工程设计计算中广泛应用理论板当量高度的概念，即

$$h = N \cdot \text{HETP} \tag{2-223}$$

应用式(2-223)计算填料层高度形式上很简单，但计算的正确性取决于 HETP 的可靠性。HETP 与气相总传质单元高度 H_{OG}之间存在如下关系：

$$\text{HETP} = H_{OG} \cdot \frac{\ln S}{S-1} \tag{2-224}$$

式中：

$$H_{OG}=\frac{V}{\Omega K_y a} \tag{2-225}$$

式中：Ω 为塔的横截面积，m^2。式(2-225)是在平衡线和操作线均为直线的前提下，根据两者定义导出的。对于精馏塔，由于不符合此前提，作为近似应分段采用上式，目前有些文献已分别对塔的精馏段和提馏段提供不同的 HETP 值，比整座塔采用同一 HETP 值要合理一些。由式(2-224)和式(2-225)可见，一切影响塔中传质过程的因素都与 HETP 有关，因此，虽已有不少人研究了 HETP 的估算问题，但至今仍未得到满意的关联式。在设计计算中，HETP 最好取工业规模塔的实测数据，也常参考一些经验估算方法。

各种新型填料的开发厂商往往提供实测的 HETP 资料，这是比较可靠的 HETP 来源，但需注意这些资料的正确利用。下面提供一些值得注意的要点，供读者参考。

1) 液相的塔顶分布和再分布

这将直接影响塔中的液相分布情况，从而影响气液两相的接触和传质。塔顶液体分布情况主要由塔顶分布器的分布特性决定，而评价此分布特性有三项基本指标：①淋液点分布密度，为单位塔截面的淋液点数；②淋液点在塔截面上分布的均匀性，这比分布密度更重要，尤其要注意塔壁区附近的布液均匀性；③各淋液点淋液量的均匀性。研究发现淋液量的均匀性可分为大尺度和小尺度两类，通常可以认为大尺度是指 0.1～0.2m^2 的塔截面区域，大尺度的布液不均匀将严重恶化分离作用。逐个淋液点淋液量不均匀称为小尺度不均匀，它对于 HETP 的影响很小。在填料塔中部引入料液处，以及因填料层过高而分段安装的层之间，需要设置液体再分布器。它可以均布料液，为下部床层提供均匀淋液，并为上部床层提供均布的上升蒸气。研究发现，它最主要的作用是使床层各部分下降的液体和上升蒸气在此均匀混合，消除因气液分布不均匀造成塔截面各部分的气液两相各自的浓度差，从而缓解气液两相分布不均匀产生的不利影响。由于分布器的分布质量难以预测，也难以达到理想，为了保险起见，一般主张填料层高度不超过 9m，对于高效填料，不少设计者主张每段填料相当的理论板数不超过 20 块。否则就应分段，段间设置再分布器。鉴于塔中气液分布对填料塔中传质起着关键作用，必须了解实测 HETP 用的设备的分布情况，对比设计情况作出判断，确保所取 HETP 值的可靠。

2) 气相进入填料层时的初始分布

小塔往往不用分布器，但对于大塔分布器是必需的，尤其对于规整填料，因其压降低，流道比较规则，对于初始分布的不均匀的再分布能力差，初始分布不当将造成分离明显变差。为此，设计中除采用合适气体分布器外，在 HETP 的选择上应留有余地。

3) 物性

许多实测数据表明，HETP 与物性的关系很小。但对于规整填料，发现不少水含量高的物料的 HETP 比不含水物料的高不少，其他高表面张力物系和高液相黏度的物系其 HETP 也高，其原因至今尚不清楚。

4) 操作压力

压力在 10kPa 至常压之间时，HETP 基本上与压力无关。压力小于 10kPa 的较高真空精馏，HETP 随压力下降有所增大，因压力降低引起温度下降，不利于传质；还可能因液体喷淋量太小，填料未能达到充分润湿。高压操作下发现 HETP 升高，特别对于规整填料，目前对于这一现象的解释是压力升高，ρ_V 升高，液体喷淋密度增大，于是塔中气相返混增强。也有人认为是温度升高，界面张力减小，再加上高的液体负荷，促使泡沫生成而使 HETP 增大。此外，高压塔中气液相分布器的分布要求更高，任何一相的初始不均匀分布将诱发另一相的不均匀分布，造成更严重返混而导致分离效率显著下降。

5）最小喷淋密度 Q_{min}

它是指单位塔截面积处理液体量的下限，当液体喷淋量低于此值时，填料表面的液膜将破裂成小溪流，相际传质面积急剧下降，从而传质效率明显下降。

最小喷淋密度受众多因素影响，包括物性（表面张力、密度、黏度等）、填料类型、尺寸、材质和表面处理状况以及气速等。目前尚无可靠的预估算式，大都采用经验数据。美国格利希公司对于#1、#1.5 和#2 阶梯环，建议了表 2-13 中的 Q_{min} 数值。

表 2-13　格利希公司建议的 Q_{min} 值

填料材质	Q_{min}/[m³/(m²·h)]	填料材质	Q_{min}/[m³/(m²·h)]
粗陶瓷	0.49	光亮的金属（不锈钢、钛、其他合金）	2.93
受氧化处理的金属（钢、铜）	0.73	聚氯乙烯-氯化聚氯乙烯	3.42
表面处理过的金属（酸洗不锈钢）	0.98	聚丙烯	3.91
上釉陶瓷	1.96	含氟高聚物（聚四氟乙烯类）	4.89
玻璃	2.44		

基斯特基于上表数据建议按下式推广应用到其他散装填料：

$$Q_{min}=Q_{min}^{*}\cdot\left(\frac{195}{a}\right)^{0.5}\tag{2-226}$$

式中：Q_{min}^{*} 为从表 2-13 中查得的数值。

对于规整填料，由于其良好的润湿性，基斯特指出：对于金属板波纹填料，当液体喷淋密度低达 0.24m³/(m²·h)时；对于金属丝网填料低达 0.12m³/(m²·h)时，填料塔仍能保持高的效率。

6）塔径和填料层高度

不少实验研究发现，如果能保证塔内气液两相的均布，分离效率将与塔径和填料层高度无关，所谓填料塔的放大效应归根到底还是塔内气液相分布问题。

总之，对于实测数据，应尽量查清其测试条件，再与设计状况进行对照，考虑主要差异点的影响，从而选取适宜可靠的 HETP 值。

基斯特将文献中发表的一些经验规则汇总于表 2-14 中，它们适用于某些散装填料。

表 2-14　估算散装填料 HETP 的一些经验规则

经验规则提议人（年）	波特和詹金斯（1979）1),2),4)	弗兰克（1979）2),3),5),6)	隊（1984）4)	哈里森和弗兰斯（1989）4)	瓦拉斯（1987）2)	罗斯 1985 4)	路德维格（1979）5)	维托尔（1984）5)
HETP=	$<18.0d_p$ 7)					$d_p/0.075$ 8)	0.46～0.61	
1in 填料		0.46	0.46	0.46	0.40～0.55			
$1\frac{1}{2}$in 填料		0.66	0.66	0.66				
2in 填料		0.89	0.89	0.91	0.76～0.91			
小直径塔		D_T					D_T	D_T

1）适用于发表的 83%鲍尔环数据。如改为$<24.0d_p$，则适合于 97%的数据。

2）适用于鲍尔环。

3）适用于矩鞍形填料。

4）估计适用于新型填料。

5）对于小直径塔，弗兰克和维托尔认为直径<0.61m，而路德维格认为是 0.30～1.22m，且当直径<0.3m 时，则取 HETP=0.30m。

6）减压蒸馏时，弗兰克认为 HETP 应在一般值上再加 0.15m，以补偿液体喷淋变差的影响。

7）该提议人于 1987 年将 18.0 改为 15.0。

8）根据 Huber 等结果（1966 年）。

由表 2-14 可见，左起前五个模型基本一致，基斯特推荐用波特和詹金斯规则，因为它与大多数其他规则相符，并经广泛的实验数据检验过，有时稍微保守一点。

对于规整填料，基斯特建议了如下经验规则：

$$\mathrm{HETP}=\frac{100}{a}+0.1 \tag{2-227}$$

显然上式过于简单，未曾考虑物性、压力等操作条件的影响。洛凯特建议了如下经验式：

$$\mathrm{HETP}=2.45F_{80}/a^{0.5} \tag{2-228}$$

式中：F_{80}为泛点百分率 80%时的空塔气相动能因子，$\frac{\mathrm{m}}{\mathrm{s}}\cdot\left(\frac{\mathrm{kg}}{\mathrm{m}^3}\right)^{1/2}$。该式主要根据布拉沃等提出的规整填料传质的 BRF 模型（吴俊生等，1997）计算结果，并假定脱吸因子 $S=1$ 导出。S 对 HETP 的影响由下式表示：

$$\frac{\mathrm{HETP}}{(\mathrm{HETP})_{S=1}}=\frac{\left[1+S\left(\frac{H_L}{H_G}\right)\right]}{(S-1)\left(1+\frac{H_L}{H_G}\right)}\ln S \tag{2-229}$$

可见 S 的影响还与两相的分传质单元高度比值 H_L/H_G 有关。对于文献（Lockett，1998）中所列的 16 种系统，H_L/H_G 为 0.1～0.65，当 S 在 0.5～1.5，HETP 的最大变化为 32%，一般情况要小得多。此外，空塔气相动能因子 F 对 HETP 的影响可以忽略。

美国诺顿公司的斯特莱格尔提供了一套 HETP 经验估算法（Strigle，1994），对于常压精馏、真空精馏和加压精馏分别进行了讨论，值得参考。

* * *

在结束本节效率讨论时，有一点需强调指出，高的塔效率并不一定是塔设备改进的方向，塔效率、生产能力、压降和设备投资必须综合考虑，最后由技术上的可行性和经济上的合理性决定。一般说来，难分离系统的高纯度分离希望高的塔效率；而处理量大又易分离的系统，往往追求高的生产能力；真空精馏则需要低的压降。

对于板式塔，式（2-195）表明，点效率与 N_{OG}呈指数关系，开始时提高 N_{OG}对效率增大作用明显，但到后期效果逐渐趋小。因此，当效率达到 60%～85%时，进一步提高效率不一定经济，而当效率过低时，设法提高效率常是必需的，经济上也合理。

思 考 题

1. 汽液相平衡系统分几类？请列出各类相应 K_i 计算式。
2. 工程计算中求取相平衡常数的常用途径有哪两条？各自的 K_i 计算式是什么？
3. 当汽液两相均可作为理想溶液处理时，泡点温度计算的基本方程是什么？写出泡点温度计算的框图。
4. 如何比较简单地判别一个混合物状态？试归纳相态判别的关系式。
5. 试推导多级分离过程的 MESH 方程组。
6. 有一分离四个组分混合物的精馏塔，已知条件如下：

组　分	F_i	d_i	w_i	α_i
1	10.0	0.00	10.00	0.25
2	22.5	1.07	21.43	0.50
3	45.0	42.86	2.14	1.00
4	22.5	22.50	0.00	2.00

塔顶全凝器，塔底用再沸器，泡点进料，塔在最小回流比下操作。试问：

(1) 哪些组分为分布组分？哪些为非分布组分？

(2) 用简图画出塔内恒浓区。

(3) 当 $d_i \neq 0$ 时，塔内恒浓区有何变化？也用简图画出。

(4) 找出关键组分与非关键组分。

(5) 将上述最小回流比改成全回流操作。若组分 2 在塔底和组分 3 在塔顶的组成都不变，需要多少理论级？

7. 估算精馏塔塔顶和塔底产品的量和组成有哪两种方法？各自的基本假定有哪些？
8. 试应用教材中推导的 $\alpha_{12/S}$ 计算式[式(2-175)]，说明萃取精馏中溶剂的作用。如果原料中两组分的相对挥发度十分接近 1，靠加入溶剂的什么作用才可能使 $\alpha_{12/S}$ 较大地偏离 1？
9. 决定恒沸精馏塔塔顶产物和塔底产物的基本原则有哪几条？
10. 玻璃奥德肖筛板塔测得的板效率与工业规模大塔的效率在什么条件下相当？一般此测得的效率比大塔的效率大还是小？为什么？
11. 板效率随塔径如何变化？请说明变化的原因。

计　算　题

1. 应用计算机辅助定态模拟程序系统计算由两个丁烷异构体和四个丁烯异构体组成的混合物的相平衡常数 K，混合物的温度为 104.4℃、压力为 1.9MPa，采用 PR 和 SRK 状态方程。将计算值与下列实验值进行比较：

组　分	异丁烷	异丁烯	正丁烷	1-丁烯	反式-2-丁烯	顺式-2-丁烯
平衡常数 K	1.067	1.024	0.922	1.024	0.952	0.876

2. 欲分离苯(1)-甲苯(2)-二甲苯(3)三元混合物，精馏塔的进料、塔顶和塔底产品的组成(摩尔分率)如下：

组　分	苯	甲苯	二甲苯
塔顶	0.995	0.005	0.000
塔底	0.005	0.744	0.251
进料	0.600	0.300	0.100

塔的操作压强为 1atm(绝对)。试求：

(1) 塔顶分凝器温度和塔底温度。

(2) 若进料温度为 92℃，判断进料状态。

假定液相服从拉乌尔定律，汽相可当作理想气体，三个组分的蒸汽压分别按下式计算：

$$\left.\begin{array}{ll}\text{苯} & \ln p_1^S=15.9008-\dfrac{2788.51}{T-52.36}\\ \text{甲苯} & \ln p_2^S=16.0137-\dfrac{3096.52}{T-53.67}\\ \text{二甲苯} & \ln p_3^S=16.1390-\dfrac{3366.99}{T-58.04}\end{array}\right\}\quad(p_i^S\ \text{单位 mmHg},T\ \text{单位 K})$$

3. 异丙醇(1)-水(2)系统的无限稀释活度系数为 $\gamma_1^{\infty}=9.78$，$\gamma_2^{\infty}=3.22$，试用此对数值计算威尔逊常数 Λ_{12} 和 Λ_{21}，并由此计算 $x_1=0.1665$(摩尔分率)时的汽相组成 y_1 和泡点温度 t_b。系统处于常压(设为 1atm，绝对)。已知：异丙醇和水的蒸汽压方程可分别用下列各式计算

$$\left.\begin{array}{ll}\text{异丙醇} & \ln p_1^S=18.6929-\dfrac{3640.20}{T-53.54}\\ \text{水} & \ln p_2^S=18.3036-\dfrac{3816.44}{T-46.13}\end{array}\right\}\quad(p_i^S\ \text{单位 mmHg},T\ \text{单位 K})$$

(提示：试差求 Λ_{12} 和 Λ_{21} 时，可取初值 $\Lambda_{12}=0.1327$)

4. 某脱乙烷塔操作压力 2.626MPa，塔顶和塔底组成分别如下表：

组　分	CH_4	C_2H_4	C_2H_6	C_3H_6	C_3H_8	C_4H_{10}	C_5H_{12}
塔底 x_{Wi}		0.002	0.002	0.68	0.033	0.196	0.087
塔顶 x_{Di}	0.0039	0.8651	0.1284		0.0026		

计算：

(1) 塔底温度和塔顶分凝器的温度。适当改变塔的操作压力(如 2.5MPa、2.7MPa)，塔顶、塔底温度将发生怎样的变化？

(2) 该塔底液经节流后进入脱丙烷塔，脱丙烷塔的操作压力为 0.917MPa。试求脱丙烷塔进料的温度、汽化分率和气、液相组成。

(3) 考虑选用不同热力学方法进行计算，考察压力变化引起的温度变化对公用工程(冷、热换热)要求有何影响。

5. 用常规精馏塔分离下列烃类混合物：

组　分	CH_4	C_2H_4	C_2H_6	C_3H_6	C_3H_8	nC_4H_{10}
摩尔分率	0.52	24.9	8.83	8.7	3.05	54.0

工艺规定塔顶流出液中 nC_4H_{10} 浓度不大于 0.002，塔底残液中 C_3H_8 不大于 0.0015，试应用清晰分割法估算塔顶和塔底产品的量和组成。

6. 设工艺规定 C_3H_6 为轻关键组分，nC_4H_{10} 为重关键组分，题 5 料液在常规精馏塔中分离，要求 C_3H_6 在塔顶的收率为 0.99，nC_4H_{10} 在塔底的收率为 0.995。假设轻组分全部从塔顶馏出。试计算：

(1) 用恩德伍特方程计算 R_m 和 C_3H_6 在塔两端产品中的分布，算出两端产品的量和组成(设 $F=100$kmol/h，泡点进料)。

(2) 计算 N_m。各组分的相对挥发度如下：

$$\alpha_{C_1}=17.4;\quad \alpha_{C_2^=}=7.18;\quad \alpha_{C_2^0}=5.00;\quad \alpha_{C_3^=}=2.17;\quad \alpha_{C_3^0}=2.0;\quad \alpha_{C_4}=1.00$$

(3) 取 $R=1.5R_m$，求 N。

7. 某料液的组成是丙烯 0.7811(摩尔分率，下同)、丙烷 0.2105、异丁烷 0.0084，于泡点时加入常规精馏塔进行分离。要求塔顶产品中丙烯的摩尔分率≥99.5%，塔底产品中丙烯摩尔分率≤5%。计算：

(1) 分离所需的 R_m；取 $R=2R_m$，计算所需的理论板数 N。

(2) 如果塔顶精丙烯产品中丙烯浓度达 99.7%，塔底产品组成保持不变，此时的能耗比生产 99.5%产品时的增加多少？

已知相对挥发度：$\bar{\alpha}_{12}=1.12184$；$\bar{\alpha}_{22}=1.0$；$\bar{\alpha}_{32}=0.54176$。

8. 某精馏塔分离四元烃类混合物，操作压力为 85atm，进料量为 100kmol/h。已知：

进料组成	甲烷	乙烯	丙烯	丁烯
x_F	0.10	0.40	0.20	0.30

分离要求：塔顶的丙烯含量<3%(摩尔分率)，塔底的乙烯含量<5%(摩尔分率)，求：

(1) 用清晰分割法计算塔顶、塔底的组成及产量。

(2) 塔在正常操作时可达指定分离要求，现测得釜温为 105℃，操作是否正常？(计算说明)

9. 用稳态流程模拟软件计算流率为 200lbmol/h，压力为 125 psia 的饱和液体进料含 5%(摩尔分率，下同) iC_4、20% nC_4、35% iC_5 和 40% nC_5。该进料在操作压力为 125psia，设有全凝器和部分再沸器的塔内精馏。馏出液中含有进料中 95%的 nC_4，而塔底产物中含有进料中 95%的 iC_5。采用 SRK 方程计算热力学物性，确定适当的设计。假定该塔的平衡级数为由芬斯克方程估计的最小平衡级数的 2 倍。

10. 用稳态流程模拟软件计算，用两个精馏塔将温度为 100℉，压力为 480psia 的下列物流分离为下列产物：

流率/(mol/h)				
组分	进料	产物 1	产物 2	产物 3
H_2	1.5	1.5		
CH_4	19.3	19.2	0.1	
C_6H_6(苯)	262.8	1.3	258.1	3.4
C_7H_8(甲苯)	84.7		0.1	84.6
$C_{12}H_{10}$(联苯)	5.1			5.1

考察两种不同的精馏序列。在第一种序列中，CH_4 在第一个塔中脱除。在第二种序列中，甲苯在第一个塔中脱除。用下列方法对两种序列进行计算：估计两种序列需要的实际回流比和理论级数。规定回流比等于 1.3 倍最小回流比。调节塔压使获得的馏出液温度为 130℉，但是塔压绝不应低于 20psia。规定采用全凝器，只有当甲烷从塔顶采出时才采用分凝器。

11. 某合成橡胶厂欲用萃取精馏法分离丁烯-1(1)和丁二烯(2)，以乙腈作为萃取剂。原料流量为100kmol/h，含丁烯-1 为 0.7(摩尔分率)，丁二烯为 0.3，于露点加入塔中。塔内萃取剂浓度基本保持在 $x_S=0.8$。工艺要求塔釜液脱乙腈后丁二烯纯度达 99.5%；塔顶丁二烯浓度小于 0.05%，乙腈含量小于 0.1%。计算所需的理论板和溶剂用量。已知：$x_S=0.8$ 时，$\alpha_{12/S}=1.67$，$\alpha_{1S}=19.2$，$\alpha_{2S}=11.5$，取 $R=1.5R_m$。

12. 由乙酸乙酯和乙醇组成的二元系，在常压下气相可以作为理想气体处理，液相的活度系数可由范拉尔方程计算，范拉尔常数为 $A_{12}=0.8552$，$A_{21}=0.7526$。试判断 72.6℃时此系统是否是恒沸物，如存在其组成如何。已知两组分的蒸气压可以按下列方程计算：

$$\left.\begin{aligned}&\text{乙酸乙酯}\quad \ln p_1^S=16.1516-\frac{2790.50}{T-57.15}\\&\text{乙醇}\quad \ln p_2^S=18.9119-\frac{3803.98}{T-41.68}\end{aligned}\right\}\quad (p_i^S\ \text{单位 mmHg},T\ \text{单位 K})$$

13. 二元混合液用恒沸精馏方法进行分离，加入的夹带剂 S 和组分 A 形成最低恒沸物，从塔顶蒸出，应用空气冷却器使它全部冷凝，部分作为回流，部分作为塔顶产品。设定空冷器的空气进出口温度分别为 35℃和 45℃，要求空冷器的有效温差为 10℃。气相可作理想气体处理。

(1) 试估算塔的最小操作压力。

(2) 计算恒沸物的组成。

已知组分 A 和夹带剂 S 的饱和蒸气压可分别由下式计算：

$$\left.\begin{aligned}&\ln p_A^S=15.7527-\frac{2766.63}{T-50.50}\\&\ln p_S^S=16.6513-\frac{2940.46}{T-35.93}\end{aligned}\right\}\quad (p_i^S\ \text{单位 mmHg},T\ \text{单位 K})$$

两者的活度系数按下列方程计算：

$$\ln\gamma_A = 1.5x_S^2 \quad \ln\gamma_S = 1.5x_A^2$$

14. 用苯作恒沸剂分离乙醇与水的恒沸物，要求塔顶得到三元恒沸物而塔底得近似纯乙醇产品。试计算每小时处理1000kg原料时需加入的苯的最低量。恒沸物数据如下：

		恒沸组成(质量分率)		
系统	恒沸点/℃	水	乙醇	苯
乙醇-水	78.17	4.0	96.0	
苯-乙醇-水	64.86	7.4	18.5	74.1

参考文献

陈敏恒，等. 1984. 精馏过程的新逐板计算法：(Ⅳ)多元精馏过程的设计型计算. 化工学报，(1)：13

冯康. 1978. 数值计算方法. 北京：国防工业出版社

王纯，等. 1984. 新松弛法用于非理想物系精馏计算. 青岛化工学院学报，16(4)：36

王巧焕，李玉安，史贤林，等. 2011. 萃取精馏过程溶剂筛选的分子设计方法研究. 安徽化工，37(4)：39

吴俊生，邵惠鹤. 1997. 精馏设计：操作和控制. 北京：中国石化出版社

吴俊生. 邓修，陈同芸 1992. 分离工程. 上海：华东化工学院出版社

(a) Horsley L H. 1952. Azeotropic Data, Advances in Chemistry Series. No 6. American Chemical Society; (b) Horsley L H. 1962. Azeotropic Data, Advances in Chemistry Series. No 35. American Chemical Society; (c) Horsley L H. 1972. Azeotropic Data, Advances in Chemistry Series. No 116. American Chemical Society

American Institute of Chemical Engineers. 1958. Bubble-Tray Design Manual. New York: McGraw-Hill

Boston J F, Sullivan S L. 1972. An Improved Algorithm for Solving the Mass Balance Equations in Multistage Separation Processes. Can. J. Chem. Eng., 50(10): 663

Boston J F, Sullivan S L. 1974. Can. J. Chem. Eng., 52(1): 52

Colbum A P. 1936. Effect of Entrainment on Plate Efficiency in Distillation. IEC, 28(5): 526

Ding Y P, Robinson D B. 1976. A New Two-Constant Equation of State. IEC Fund, 15(1): 59

Doherty M F, Caldarola G A. 1985. Design and synthesis of homogeneous azeotropic distillations. 3. The sequencing of columns for azeotropic and extractive distillation. Ind. Eng. Chem. Fundam., 24(3): 474

Ewell R H, et al. 1944. Azeotropic Distillation. IEC Proc. Des. Dev., 36(10): 871

Friday J R, Smith B D. 1964. An Analysis of the Equilibrium Stage Separation Problem Formulation and Convergence. AIChE J., 10(5): 698

Gmehling J, et al. 1993. A Modified UNIFAC Model 2 Present Parameter Matrix and Results for Different Thermodynamic Properties. IEC Res, 32(1): 178

Graboski M S, Daubert T E. 1978. A Modified Soave Equation of State for Phase Equilibrium Calculations, 2 Systems Containing CO_2, H_2S, N_2, and CO. IEC Proc. Des. Dev., 17(4): 448

Graboski M S, Daubert T E. 1978. A Modified Soave Equation of State for Phase Equilibrium Calculations, 1 Hydrocarbon Systems. IEC Proc. Des. Dev., 17(4): 443

Graboski M S, Daubert T E. 1978. A Modified Soave Equation of State for Phase Equilibrium Calculations, 3 Systems Containing Hydrogen. IEC Proc. Des. Dev., 18(2): 300

Haydon J G, O'Conell J P. 1975. A Generalized Method for Predicting Second Virial Coefficients. IEC Proc. Des. Dev., 12(14): 209

Hoke D J, Zuiderweg F J. 1982. Influence of Vapor Entrainment on Distillation Tray Efficiency at High Pressures. AIChE J., 28(4): 535

Holland C D. 1975. Fundamentals and Modeling of Separation Processes. London: Prentice Hall Inc.; 中译本：霍兰 C D. 1980. 分离过程的基础和模型化. 庄震万译. 北京：原子能出版社

Horwitz B A. 1997. Optimize Pressure-Sensitive Distillation. CEP,93(4):47

Jacimovic B M, Genie S B. 1996. Use a New Approach to Find Murphree Tray Efficiency. J. Chem. Eng. Prog. ,92(8):46

King C J. 1980. Separation Processes. 2nd ed. New York: McGraw-Hill;中译本:金 C J. 1987. 分离过程. 2版. 北京:化学工业出版社

Kister H Z. 1992. Distillation Design. New York: McGraw-Hill

Knapp H R, et al. 1982. Vapor-Liquid Equilibria for Mixtures of Low Boiling Substances. Chem. Data Ser. ,1(6)

Lee F M. Gentry J C. 1997. Don't Overlook Extractive Distillation. CEP,93(10):56

Lewis W K. 1936. Rectification of Binary Mixture Plate Efficiency of Bubble Cap Columns. IEC,28(4):399

Lockett M J. 1998. Easily Predlict Structured-Packing HETP. CEP,94(1):60

Naphtali L M, Sandholm D P. 1971. Multi-component Separation Calculations by linearization. AIChE J. , 17(1):148

Perry J H, Chilton C H. 1973. Chemical Engineering Handbook. 5th ed. New York: McGraw-Hill

Prausnitz J M. 1969. Molecular Thermodynamics of Fluid-Phase Equilibria. London: Preritice-Hall Inc.

Prausnitz J M. 1980. Computer Calculations for Multi-component Vapor-Liquid and Liquid-Liquid Equilibria. London: Prentice Hall Inc. ;中译本:普劳斯涅茨 J M. 1987. 多组分汽-液和液-液平衡的计算. 北京:化学工业出版社

Seader J D, Henley E J. 2006. Separation Process Principles. 2nd ed. Hoboken: John Wiley&Sons Inc. ;中译本:Seader J D, Henley E J. 2007. 分离过程原理. 朱开宏,吴俊生,译. 上海:华东理工大学出版社

Smith B D. 1963. Design of Equilibriurn Stage Processes. New York: McGraw-Hill

Soave G. 1972. Equilibrium Constants from a Modified R K. Equation of state. CES,27:1197

Starling K E. 1973. Fluid Thermodynamics Properties of Light Petroleum Systems. Houston : Gulf Pub. Co

Strand C P. 1963. Bubble Cap Tray Efficiencies. CEP,59(4):58

Strigle R F. 1994. Packed Tower Design and Application. 2nd ed. Houston : Gulf Publishing

Wang J C, Henke G E. 1966. Tri-diagonal Matrix for Distillation. Hydrocarbon Proc, 45(8):155

第3章 吸 收

气体混合物与选用适当的液体相接触，混合物中某些能溶解的组分便进入液相形成溶液，不能溶解的组分仍然留在气相，这样气体混合物就分离成两部分。这种利用溶解度的差异来分离气体混合物的操作称为吸收。对于吸收全过程，必须选择合适的溶剂、合适的传质设备以及其内构件和合适的溶剂再生方法。

在气体吸收中，很多有价值的工业操作都涉及溶解的气体与液相之间的化学反应。它将促使单位体积液体所能溶解的气体量大大增加，又可降低液面上的气相平衡分压，加快液相内的反应速率，从而提高传质系数。如果反应是可逆的，则吸收了气体的溶液（简称富液）还可以借加热所产生的蒸汽或惰性气体提馏带走所释放出来的气体，进行溶液的再生，然后重新进入吸收器中，如图 3-1 所示。

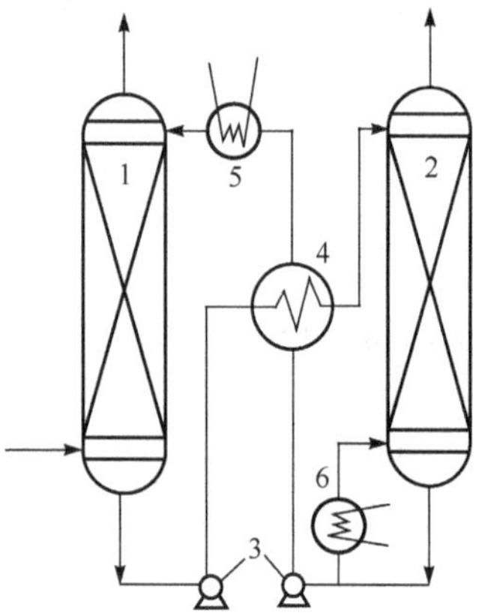

图 3-1 吸收-解吸过程示意图
1. 吸收塔；2. 再生塔；3. 泵；4. 换热器；5. 水冷器；6. 再沸器

于是，对于吸收过程而言，在吸收塔中，用液体吸收气体的操作称为吸收；在再生塔中，被溶解的气体从溶液中释放出来称为解吸。在吸收过程中，富液包含吸收剂和被吸收组分，共两部分。气体包含被吸收的组分（一种或几种）和不与吸收剂发生反应的惰性组分，共两部分。其中，吸收剂和惰性气体两者在吸收或解吸过程中仅起载体的作用。而且，凭借组分溶解在吸收剂的过程中产生化学反应与否，吸收又可分为物理吸收和化学吸收两类。

表 3-1 列举了化工生产中常用的从原料气中脱除二氧化碳的在填充塔中的传质系数。请特别注意化学反应对传质的增强作用。众所周知，CO_2 的水合反应将形成吸收 CO_2 的主要液膜阻力，因此，表中列举的传质系数虽然是基于气相推动力的气膜总系数，但也可以把它视为液相传质总系数和亨利系数的乘积，即 $K_L aH$。从这些数据可以看出：一方面，随着溶剂中的添加物的碱性增加，传质系数有所提高；另一方面，化学反应可使游离的 CO_2 立即消失，但 CO_2 进入溶液的阻力仍然相当可观，且大部分阻力在液相。正由于这个原因，即使是浓度为 2mol/L 的 KOH 溶液对 CO_2 的吸收速率和水吸收 CO_2 的速率相比也不超过两个数量级；和不具有液相阻力的理想的化学吸收速率相比相距甚远。

表 3-1 脱除 CO_2 的传质系数

溶 剂	$K_G a$/[kmol/(h·m^3·MPa)]
水	2.44
Na_2CO_3(0.5mol/L)，20%Na 转化为 $NaHCO_3$	1.46
二乙醇胺(3mol/L)，50%转化为 CO_3^{2-}	19.53
NaOH(2mol/L)，15%Na 转化为 Na_2CO_3	112.3
KOH(2mol/L)，15%K 转化为 K_2CO_3	185.5
理想溶剂，具有无限的化学反应能力，无液膜阻力	1172.0

注：基准为 $L=12206$kg/(h·m^2)，$G=1465$kg/(h·m^2)，$T=60.5$℃，$p=0.1$MPa。

特别有趣的是，表 3-1 中显示弱碱性的碳酸钠和碳酸氢钠溶液，尽管溶液中存在碱性基团（OH^-），其传质系数反而低于在水中的传质系数。这时，在溶液中的化学反应将不再局限于液膜，而遍及溶液主体；盐溶液的黏度升高，又使 CO_2 的扩散系数变小，最终导致传质系数降低。

本章将以介绍吸收过程为主，深入研究物理吸收与化学吸收的区别，以及各自的工程处理方法。

3.1 吸收过程在化学工业中的应用

化工生产中，无论是物理吸收还是化学吸收过程都应用极广。它们常用于获得产品，分离气体混合物，净化原料气以及脱除尾气中的有毒、有害物质等。作为吸收装置的工业流程基本上可以分为两大类：一类是吸收剂不需再生的流程；另一类是吸收剂必须解吸再生，而且此种吸收剂一般都是循环使用的流程。

3.1.1 吸收装置的工业流程

1. 吸收剂不需解吸再生的吸收装置

这类流程常用于经过吸收就可获得产品或中间产品的场合，吸收剂往往不需进行脱吸再生。例如，硫酸吸收 SO_3 制 H_2SO_4，水吸收 HCl 制盐酸、吸收甲醛制福尔马林液，碱液吸收 CO_2 或 SO_2 制碳酸氢盐或亚硫酸盐等都属于这类装置。

有时，这类流程也可以用于除去气体中微量的有害物质如氟化物气体（SiF_4 和 HF）、SO_2 等。由于采用的吸收剂十分便宜（如水），吸收后的溶液毒物含量较低，经中和或催化氧化作用，可以把毒物变成盐类（如 Na_2SiF_6 或 NaF）或其他物质（如 Na_2SO_4、S 等），可以直接排放并不成为公害。

如果吸收的目的是得到最终产品，则溶质 A 在吸收剂中的最终含量由产品要求来决定。此时吸收剂的用量将由气体中溶质的含量和分离要求（吸收率）所决定。因而，吸收剂用量受到上述的限制，特别在气体中溶质含量十分稀的场合，不可能太大。如果此时所采用的吸收剂用量达不到设备所需的气液比，应采用吸收剂自身循环的操作方式。

即使吸收的目的不是获得产品，为了尽量减少在下一工序的处理过程中的能耗与物耗，也希望吸收剂的最终含量高些。

对于吸收过程伴有大量放热的情况，可以采用绝热吸收或导出热量的办法。绝热吸收属非等温吸收，此时几乎是依靠吸收剂自身的升温和蒸发所耗的热量来维持吸收的进行。由于温度上升造成平衡的变化，此时，最小吸收剂用量和净化度都将随之变化。可以用置于吸收器外部的冷却器中的冷却剂导出热量，也可以用吸收器内部设置的冷却元件，或由级间冷却器移走热量。有时只得依靠设备的散热来排除部分热量。

下面，以接触法生产硫酸的干吸工段为例，简单地介绍一次使用吸收剂的吸收装置的运行情况，其流程图如图 3-2。经冷却和净化后含 7%左右的 SO_2 炉气进入干燥塔 3 中，与塔内喷淋而下的 95%～96%H_2SO_4 相接触，除去水分后进入接触反应器，气体中的绝大部分 SO_2 反应氧化成 SO_3，经降温后依次通过发烟硫酸吸收塔 1 和浓硫酸吸收塔 2，尾气可由塔顶排空。显然，每一个吸收塔均应保持它的吸收剂（酸）的浓度和温度恒定。因此每个塔都配有储罐 4、酸泵 5、冷却器 6。酸由塔底部流出后将依次通过这些设备以保持进塔酸的流量及温度。发烟硫酸和浓硫酸吸收塔的酸浓度分别为含20%游离 SO_3 发烟硫酸和98%浓硫酸。为了保持这三个塔的酸浓度不变，可将干燥塔较稀的95%～96%的硫酸和发烟硫酸各自与98%浓硫酸掺合(串酸)，以达到分离的目的。

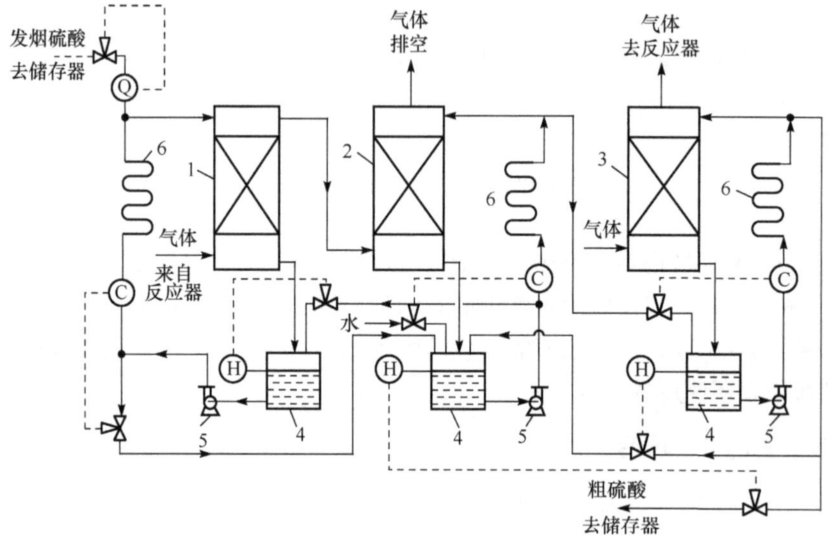

图 3-2　接触法制硫酸中 SO_2 的吸收流程图

1. 发烟硫酸吸收塔；2. 98%硫酸吸收塔；3. 干燥塔；4. 储罐；5. 泵；6. 冷却器；
C. 浓度计；H. 液面计；Q. 流量计

2. 吸收剂进行解吸的吸收装置

这类流程常用于吸收剂比较昂贵、本身化学稳定性较好、可以反复使用的场合。它的应用十分广泛，大致可以分为四种。

1) 吸收剂价廉，但必须解吸后再弃去的吸收装置

当吸收剂吸收的溶质为有毒成分时，即使吸收剂易得价廉，因含有毒成分而不可任意排放，此时必须对吸收剂进行解吸、回收或脱去有毒成分后才能排放。图 3-3 介绍这种情况的典型吸收装置——氯气液化后从废气中回收氯。从电解槽来的产品氯气进入冷却塔 1 中进行冷却，再经过两级硫酸干燥塔 2 除去氯气中水分后进入液化装置。液氯中的不凝性含氯弛放气必须经过水吸收塔除去(回收)大部分氯气后才允许在水吸收塔 4 顶部排空。含有氯的水不能直接排入地下道，首先利用它的冷量，在塔 1 中作冷却剂，然后在该塔的下部与蒸汽直接接触，加热脱吸出水中溶解的氯后再排入地槽。由于用水作吸收剂，故不循环使用。但流程可使废气、废水中所含氯气的绝大部分都予以回收，避免了污染。这是该类装置的特点。

2) 减压冷再生流程

减压冷再生流程属较简单的吸收装置，比较适合于物理吸收过程。一般情况下，物理吸收为增加溶质的溶解度多采用加压吸收塔。此时，就可考虑解吸过程采用逐级减压、选择性解吸的办法来进行，往往既节约能量又可回收有用气体。例如，在合成氨厂中，脱除原料气中 CO_2 的吸收操作往往在加压中进行，典型的流程如图 3-4，以碳酸丙烯酯为吸收剂，在 2.9MPa 下进行吸收操作。解吸时，通常第一级降压至 1.0MPa，以回收合成原料气中氢、氮气。然后再经 0.5MPa 和 0.1MPa 两级减压，释放出大部分 CO_2 后，吸收剂再经泵加压后循环使用。这类流程的经济性取决于工艺对气体净化度的要求。如果要求某溶质净制后含量极低，而常压解吸

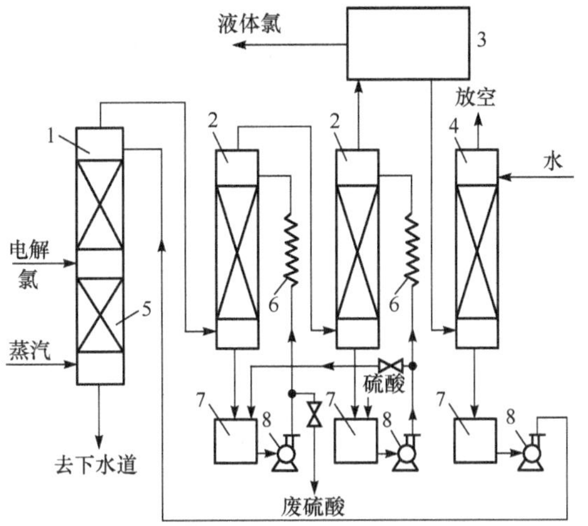

图 3-3　从液化废气中提取氯的流程

1. 氯冷却塔；2. 干燥塔；3. 氯气液化装置；4. 吸收塔；
5. 解吸器；6. 冷却器；7. 储槽；8. 泵

尚不能达到净化度的要求，那么再生必须在真空下进行。一般认为，总压在 0.03MPa 以下进行该过程是不经济的。

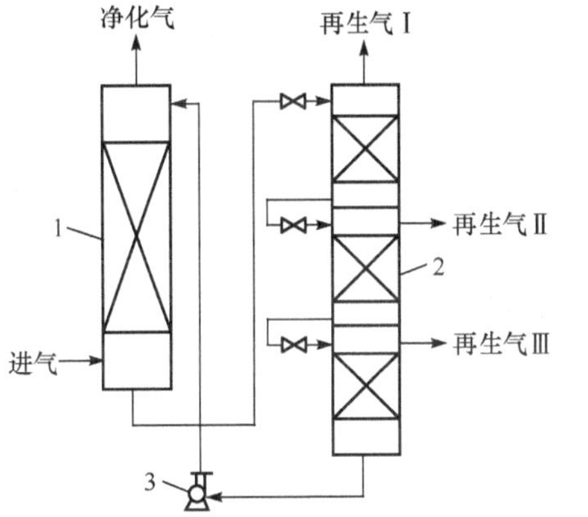

图 3-4　CO_2 吸收-再生流程

1. 吸收塔；2. 再生塔；3. 泵

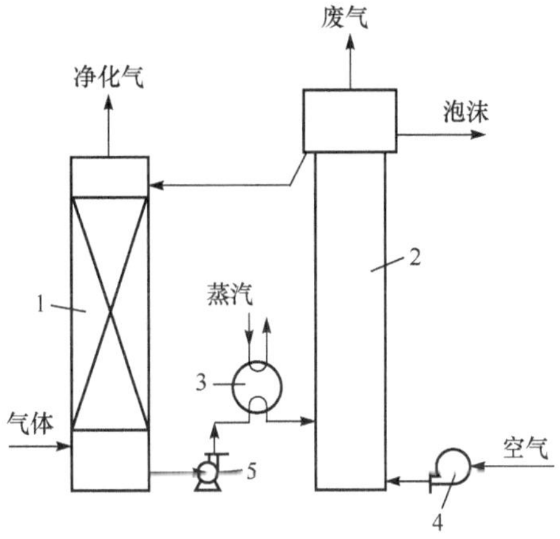

图 3-5　氧化法吸收 H_2S 流程

1. 吸收塔；2. 再生塔；3. 预热器；4. 鼓风机；5. 泵

3）气提冷再生流程

这类吸收装置如图 3-5，用于从气体中除去 H_2S。由吸收塔 1 流出的吸收剂(称富液)进入再生塔 2。在此利用惰性气体(如空气)从塔底向上吹以脱吸 H_2S。脱吸后的吸收剂(称贫液)再回到吸收塔循环使用。这类流程对操作压力无特殊要求，通常吸收和解吸在同一压力下进行，主要的理论依据是利用大量的惰性气体降低液面上溶质的分压，以使吸收剂中溶质的平衡分压大于此而达到解吸的目的。因此解吸时所消耗的惰性气体量极大，这样会导致解吸气中溶质的含量极低而无法回收再利用。另外，若该溶质有毒，而解吸气未达允许排放标准时，还必须进一步净化。这也是该流程不尽合理之处，正由于此，它仅适用于气体净化以除去价值不高或含量很低的组分。

对于脱硫过程，催化氧化法可以使吸收剂中存在的含硫化合物在和空气中的氧气接触时生成元素硫，从而又可使吸收剂得到再生。这样就避免了上述有毒气体如 SO_2、H_2S 等脱吸进入大气，产生污染。在工业上已大量应用，如砷碱法、G-V 法、蒽醌二磺酸钠（A. D. A）法以及萘醌法等。

4）间接蒸汽热再生流程

这类装置应用最广，其典型流程如图 3-6 所示。

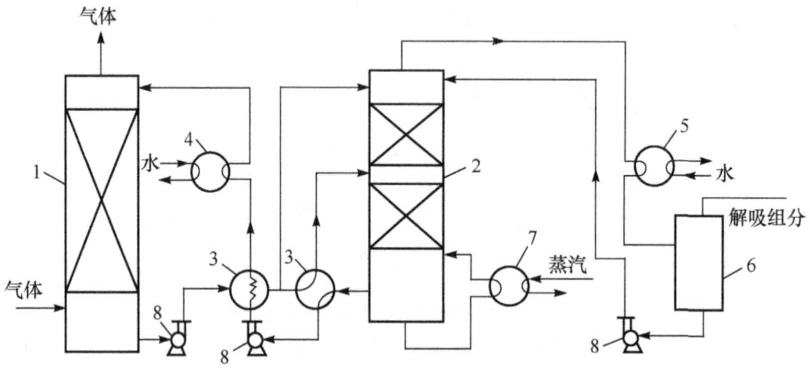

图 3-6　闭合过程的双流流程

1. 吸收塔；2. 解吸塔；3. 热交换器；4. 冷却器；5. 分凝器；6. 分离器；7. 加热器；8. 泵

由于间接蒸汽再生兼顾降低液面上活性组分的分压和加速逆反应解吸速率两方面，溶液再生比较完全。该法的优点是可以采用低温吸收。此时，气体体积流量相应较小，富液装载量大，降低了溶液的循环量和增加了单位溶液量的处理气体的能力；再者，较低的温度还可以减慢对设备的腐蚀。溶液再生时，塔底一般用间接蒸汽再生，富液被加热后，自身产生的蒸气能使溶质充分解吸出来，塔顶获得的再生气只要加以冷却，冷凝分离掉其中的水蒸气，就可获得较纯的气态溶质，可作产品也可作原料使用。例如，工业上常在低温或常温下选用合适的溶剂，在吸收塔内除去气体中绝大部分的 SO_2，气体在塔顶放空。富液出塔后经贫富液热交换器加热到一定温度后，送入再生塔顶与从塔底逆流而上的再生气相接触脱吸掉溶剂中大部分溶质后，贫液从再生塔底流出，经贫富液换热器回收多余的热量，再经水冷器冷却至吸收塔温度后，送入吸收塔循环使用。再生气经塔顶冷凝器除去大部分水后，或送硫酸系统制硫酸，或经干燥后进压缩机、储罐以获得纯液态 SO_2 产品。

显然，在该过程中，如果热源是本厂的废热源如烟气、废蒸汽等将更为合适，否则，消耗热能将是该过程的主要考核指标。

3.1.2　吸收过程的应用

无论物理吸收还是化学吸收，在化学和相类似的工业部门应用极为广泛。作为重要的分离过程之一常有下列用途。

1）获得产品

采用吸收剂将气体中有效组分吸收下来得到成品，吸收剂不再去解吸。例如，硫酸吸收 SO_3 制浓硫酸，水吸收 HCl 制盐酸，水吸收甲醛制福尔马林液以及碳化氨水吸收 CO_2 制碳酸氢氨等。

2）气体混合物的分离

吸收剂选择性地吸收气体中某一组分而借此达到分离的目的。例如，从焦炉气或城市煤气中分离苯，从裂化气或天然气的高温裂解气中分离乙炔，从乙醇催化裂解气中分离丁二烯等。

3）气体净化

气体净化大致可分为两类：一类为原料气的净化，其主要目的是清除后加工时所不允许存在的杂质，它们或会使催化剂中毒或会发生副反应产生杂质，如合成氨原料气脱 CO_2、脱 CO 和脱 H_2S，石油气和焦炉气脱除 H_2S 以及硫酸原料气的干燥脱水等；另一类是尾气、废气的净化以保护环境，如燃煤锅炉烟气、冶炼废气等脱除 SO_2，硝酸尾气脱除 NO_x，磷肥生产中除去气态氟化物以及液氯生产时弛放气中脱除氯气等。

上述所脱除的物质如 CO_2、H_2S、SO_2 等，回收后一般都是有用的化工原料，吸收剂一次弃去也太不经济，所以这类吸收常伴有解吸过程。这样，既保证吸收液的循环使用，又能回收有价值的产品，变废为宝。

4）回收有价值的组分

有时，考虑到环境保护和人身健康，也防止有价值的组分流失，常采用吸收的手段来回收有价值的产品，如易挥发性溶剂（醇、酮、醚等）。

3.2　吸收过程的设计变量和对工艺生产的适应性

上述的四种吸收过程都被化工生产实际所应用。在多数情况下，传质设备可以是填料塔，也可以是板式塔，当然还可以采用其他类型的吸收传质设备如鼓泡塔、喷雾塔、膜式塔等。各种传质设备都是为特定的工业应用而设计的，不可能像泵、鼓风机等一类定型设备可以直接采购。而从整个过程所需的费用而言，塔设备所占比重极大，且塔设备投资和操作费用往往又是互相消长的，这就迫使设计者在设计过程中必须对两者作选择，以获得最高的经济效益。

通常，传质设备的投资大致与设备的尺寸成正比，与传质速率成反比。传质速率与该过程的相平衡数值有关，还和传质系数及两相接触面积（比表面 a）成正比。增加一相或两相的湍动程度以及两相间的相对速度，往往可以得到较高的传质系数，但同时带来较高的动力消耗，增加操作费用。

总的来说，采用高流速有助于提高传质系数 K 和相际接触面积 a。当流速高至某一点前，传质设备在流动方向上长度的增加程度比其垂直横截面减小程度小，于是减少的设备投资能完全抵偿因采用高流速所增加的动力消耗。正由于此，目前设计者仍喜欢采用高负荷。就塔设备而言，最后受制于塔的液泛。

几十年来，专家们一直致力于改进塔设备的内构件。由于填料材质的多样化，增加填料的比表面变得可能。新颖的塔盘正沿着改善两相接触和增大两相接触面的方向不断地发展。采用高效的填料和塔盘已成为减小塔设备尺寸的有效途径。有时，吸收过程还伴有热效应，放热反应会使吸收剂的温度显著升高而最终趋于相平衡，不利于吸收。工业上，水吸收 HCl，水吸收 NO_2 以及油吸收含轻烃化合物等过程都将如此。在吸收塔内部装置冷却盘管，进一步把盘管设计得能起填料的作用，或将塔内液体移出，在塔外冷却装置中冷却后送入塔内，都是移走热量使吸收得以进行的有效办法。

除设备以外，系统内部的平衡也显得十分重要。吸收剂的选择和能量的合理使用是关键。过程的目的往往是除去气体混合物中的某一杂质或回收有用组分，这样就要求吸收剂具有选择性。当吸收剂便宜易得时，往往使用一次即弃去，如水。但是，由于大多数吸收剂的价值较高，采用抛弃法不经济。吸收剂的回收和循环使用将过程变得更为合理。用乙醇胺水溶液吸收 CO_2 就是典型的工业实例之一。图 3-7 显示了这种方法的常见流程。采用此水溶液与 CO_2

生成结合力不强的化合物，它经加热或减压即可将 CO_2 释放出来，使溶剂得以重新使用。这类流程正如上节所介绍的一样，可以采用“压力交变”或“温度交变”或两者兼有的方法进行吸收和解吸。在“压强交变”操作中，吸收塔的操作压强比解吸塔高得多，但两者的操作温度大致相同；而在“温度交变”操作中，则反之。显然，在压力或温度的“交变”中，特别是后者，如何充分利用能量(如废热、逐级减压等)和回收自身的能量(贫富液换热器)将是该过程另一个必须重视的课题。

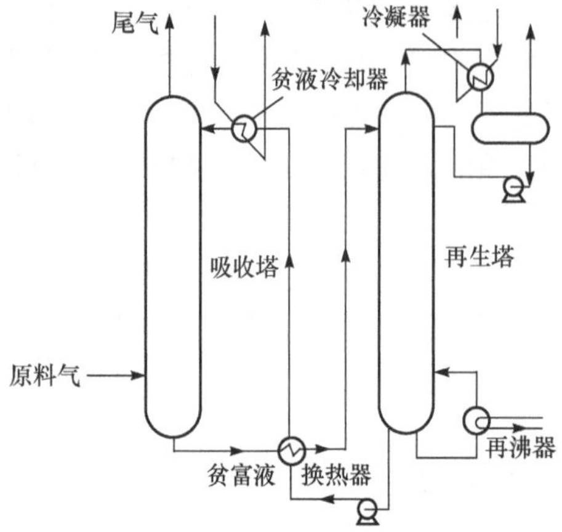

图 3-7 吸收-再生流程原则流程图

(乙醇胺水溶液吸收 CO_2)

3.2.1 设计关键参数分析

图 3-7 所示的吸收基本过程的物料和热量衡算结果应列出下列各参数。

(1) 吸收塔的直径：无论是填料塔还是板式塔，其塔径实际上并不是取决于它的内构件的类型，而是生产量，实质是取决于塔的液泛速度，它是以塔截面为基准的。

(2) 再生塔底的直径：同样取决于再生气量，即馏出物的气相空塔速度。

(3) 再生塔的压强：在常压下操作，希望接近于 0.03MPa(表压)。如此的塔底压强将确保再生气能克服再生塔内的阻力。而再生塔底部(塔釜)的压强实际上取决于再沸器的温度，其值受制于加热的间接蒸汽或废热的温度。

(4) 贫液和回流液的温度：实际上，这一指标将涉及合理使用循环冷却用水，一般我国夏季循环冷却水的温度在 32℃左右。因此，若将该温度控制在 35～40℃是合适的，可充分利用循环水和室温下的空气作冷源。

(5) 各种换热器的热负荷：包括贫液冷却器、贫富液热交换器、再生塔冷凝器以及再沸器等的换热器面积，将决定系统的热量衡算。

(6) 吸收塔与再生塔的高度：取决于吸收过程的净化度和传质系数。

上述六项中，以(5)、(6)两项为关键，即设计者应全力获得吸收塔和再生塔的高度以及过程(各类换热器)的热负荷。

假如在作全系统的热衡算时，忽略与液相热量相比十分小的气相所带出的净热，则再沸器的热负荷大致等于冷凝器和贫液换热器的热负荷之和。当然还必须考虑到吸收塔内活性组分的溶解热和反应热，再生塔内溶质的脱吸热以及塔体的散热等。另外，作再生塔和贫富液换热器系统的局部热衡算时，再沸器的热负荷 Q_R 应等于溶质 A 的解吸热 Q_A 与塔顶冷凝器热负荷 Q_C 以及出贫富液换热器贫液与进该换热器富液两者的焓差 Q_L[$Q_L = LC_p(t_{贫} - t_{富})$]之和即

$$Q_R = Q_A + Q_C + Q_L \tag{3-1}$$

全系统时，有

$$Q_R = Q_C + Q_P \tag{3-2}$$

式中：Q_P 为贫液冷却器的热负荷。

对照式(3-1)和式(3-2)，应有

$$Q_P = Q_A + Q_L \tag{3-3}$$

当 Q_L 与 Q_A 相比可忽略时，贫液冷却器的传热量 Q_P 大致和活性组分的溶解热相等。各个换热器的传热量将取决于详细的热量衡算结果。

吸收塔与再生塔塔高的计算一般需取得该系统的相平衡数据和传质数据。针对系统的实

测数据当然十分可靠，但往往受到实验条件的局限。如果能通过科学研究，从吸收和解吸的反应机理入手，找出能表达反应机理的数学模型则更好。

3.2.2 吸收过程对工艺生产的适应性

除了对吸收自身过程的上述要求以外，还应考虑到吸收过程作为整个化工生产工艺方法中的一个工序，需具有对整体的适应性。这一特殊性包括以下几方面。

1）操作压强

这里通常指吸收塔操作压强。它与上下工序都有连续性，原则上以采用上一工段的操作压强为最经济，也可以和后续工序的操作压力相一致。应力求避免系统各工序的操作压强出现高-低-高或低-高-低的情况。

2）溶质的气相浓度

它取决于工艺。进吸收塔原料气中溶质的浓度由生产前过程定，通常没有选择余地。而吸收尾气中溶质浓度一般也取决于后续工序或环境对它的要求。例如，合成氨工业中合成催化剂对 CO 和 CO_2 的含量要求为 5～10ppm①，大气排放标准对 SO_2 的含量要求是小于 500ppm 等。但是，当有几个工序同时脱除同一溶质时，各工序的脱除率将由经济核算后的最低成本的方案定。例如，合成氨工艺中要求（$CO+CO_2$）＜5～10ppm，是先由 CO 变换为 CO_2，然后用溶液吸收法除 CO_2 和甲烷化等，最终净制 CO 和 CO_2 等几个工序联合处理的结果。因而，CO 变换率、CO_2 的吸收率以及甲烷化装置的进气浓度都将由各过程的投资和操作费用之间的经济衡量而定。甚至合成系统的惰性气体（CH_4+Ar）放空量也是经济核算的一个指标，因为在释放惰性气体以降低它们的含量的同时，把有用的氢气和氮气也从系统放出了。

3）毒性

一些组分如 O_2、CO、CS_2、HCl 和 SO_2 等可能存在于原料气中。它们的氧化性或还原性以及它们的化学性质很可能使溶剂发生沉淀和不可逆反应。例如，气相中的 SO_2 会使溶剂中的五价钒还原成四价钒黑色沉淀而破坏溶剂的有效成分，从而导致溶剂损失或需要昂贵的处理费，这是不允许的，应予以前处理。

4）能耗

在能量利用方面具有共性，即每个工厂必须充分利用它的一切能源。例如，对于化学吸收，低压或废热蒸汽可用来驱动透平或作再沸器的热源。而如果当地水力发电较发达，电费较低，显然采用“压力交变”的物理吸收是有利的。当冷却水费用昂贵时，就应尽量选用较高温度的吸收过程。总而言之，一切措施都应与节能相联系。

3.3 气液相平衡

由热力学可知，气液两相间的平衡条件是在两相的压力和温度相同的情况下，各组分在两相中的化学位相等，即

$$\mu_i^G=\mu_i^L \qquad (i=1,2,3,\cdots) \tag{3-4}$$

式中：上标 G、L 分别表示气、液相。

化学位可用组分的逸度 f_i 来表示，其方程为

$$\mu_i=RT\ln f_i+\lambda(T) \tag{3-5}$$

式中：$\lambda(T)$是仅与温度有关的函数。同样由上述的气液平衡条件，可得

---

① ppm，废弃计量单位，1ppm$=10^{-6}$（体积）$=M/22.4$（mg/m^3），M 为摩尔质量。

$$\hat{f}_i^G = \hat{f}_i^L \tag{3-6}$$

即气液相平衡时，每一组分的逸度在两相中恒相等。

当系统的温度较大地超过气相组分的临界温度时，气液两相的平衡也即气相组分在液相中的溶解度，成为吸收、解吸等单元操作的相平衡的关键。吸收溶剂常常采用稀溶液，其平衡关系大多服从于亨利定律。

气体在液体中的溶解度数据可见一些有关手册和文献，其中大多数属实测数据。但和气液平衡数据相比，无论在数量上，还是在计算方法上都相距甚远，这可能是由以下几方面所引起的：

(1) 这类系统的溶质和溶剂的挥发性相差极为悬殊，因此缺乏合适的溶液理论。

(2) 气体溶解度的实验难以做得很精确。例如，溶质的气相分压已经很高，但其液相溶解度仍很低，因此，常常不同研究者对同一系统在相同的条件下测得的数据不尽相同。

(3) 气体溶解度的实测数据较少，特别是在不同温度条件下的数据更少。

对于物理溶解和化学吸收过程的相平衡关系，将在下面分别叙述。

3.3.1 物理溶解时的相平衡

对于气液平衡的定量表示方法，常借助于相平衡常数 m_i，即气相中溶质的浓度与液相中该溶质的浓度之比。显然，在一般情况下，相平衡常数与压力 p、温度 T 以及浓度 $x_i(y_i)$ 有关，即 $m_i = f(T, p, x_i)$。

当液相和气相均属非理想态时，应服从下列方程，即

$$\hat{f}_i^G = p\hat{\phi}_i y_i \tag{3-7}$$

$$\hat{f}_i^L = f_i^L \gamma_i x_i \tag{3-8}$$

两相平衡时，逸度相等

$$\hat{f}_i^G = \hat{f}_i^L \tag{3-9}$$

式中：$\hat{f}_i^G$、$\hat{f}_i^L$ 分别为 i 组分在气相和液相溶液中的逸度；$\hat{\phi}_i$、γ_i 分别为气相的逸度系数和液相的活度系数，对于理想的气体混合物，ϕ_i 值可由图 3-8 查得；f_i^L 为纯态 i 组分液相在系统温度和压强下的逸度；p 为气相总压。所以有

$$m_i = \frac{y_i}{x_i} = \frac{f_i^L \gamma_i}{p\hat{\phi}_i} \tag{3-10}$$

前面已经指出，大多数气液吸收过程中溶剂的温度高于气体的临界温度，此时，气体不再被冷凝而只是溶解于液相。两元组分溶解的气液平衡关系式将服从下列方程

$$\ln\frac{\hat{f}_i}{x_i} = \ln H_i - \frac{A}{RT}(1 - x_0^2) \tag{3-11}$$

式中：x_0 是在溶液中吸收剂的摩尔分率($x_0 = 1 - x_i$)；H_i 是亨利系数，kPa；A 是常数，是压力和温度的函数。对于理想溶液，$A=0$，式(3-11)可化简为

$$\hat{f}_i^G = H_i x_i \tag{3-12}$$

在低压下，可用平衡分压 p_{ei} 代替 f_i，变成亨利定律的表达形式

$$p_{ei} = H_i x_i \tag{3-13}$$

若以浓度 c_i 代替 x_i 则

$$p_{ei} = H_i' c_i \tag{3-14}$$

显然，$H_i = H_i' \cdot c_M$。c_M 为溶液的总物质的量浓度，H 只和温度有关，随温度的增高而增大，而与溶液的总压和组成无关。某些气体在水溶液中的 H_i 值可见表 3-2。它和温度的关系式如下

表 3-2　各种气体水溶液的相平衡系数 $H \times 10^2$ 值(单位:kPa)

气　体	温度/℃															
	0	5	10	15	20	25	30	35	40	45	50	60	70	80	90	100
H_2	58700	61600	64500	67000	69300	71600	73900	75200	76100	77000	77500	77500	77100	76500	76100	75500
N_2	53600	60500	67700	74800	81500	87600	93600	99800	106000	111000	115000	121000	126000	128000	128000	127000
Air	42400	49500	55600	61500	67200	73000	78200	83400	88100	92300	85900	102000	106000	109000	110000	109000
CO	35600	40000	44800	49600	54300	58700	62800	66800	70500	73900	77000	83400	85600	85700	85700	85700
O_2	25700	29400	33200	37000	40500	44400	48100	51300	55600	57100	59600	63800	67200	69500	70800	71000
CH_4	22700	26300	30100	34100	38000	41800	45500	49300	52700	55700	58600	63500	67500	69100	70200	71000
NO	17100	19500	22000	24500	26800	29100	31400	33600	35800	37800	39500	42400	44300	45300	45700	46000
C_2H_6	12700	15700	19200	22900	26700	30700	34700	38800	43000	47000	50500	57200	63200	67000	69500	70200
C_2H_4	5590	6620	7790	9070	10300	11600	12800	—	—	—	—	—	—	—	—	—
N_2O	986	1190	1430	1680	2000	2280	2590	3010	—	—	—	—	—	—	—	—
CO_2	737	890	1060	1240	1440	1650	1880	2120	2360	2600	2870	3450	—	—	—	—
C_2H_2	733	853	974	1090	1230	1250	1480	—	—	—	—	—	—	—	—	—
Cl_2	272	334	396	461	536	605	670	738	800	858	903	975	994	973	963	—
H_2S	270	319	370	428	490	552	617	685	755	835	896	1040	1210	1370	1450	1490
Br_2	21.6	27.9	37.1	47.2	60.2	74.7	92	111	135	160	194	255	325	410	—	—

$$\ln H_i = -\frac{\phi_i}{RT} + C_i \tag{3-15}$$

式中：C_i、ϕ_i 是常数，与物系有关。

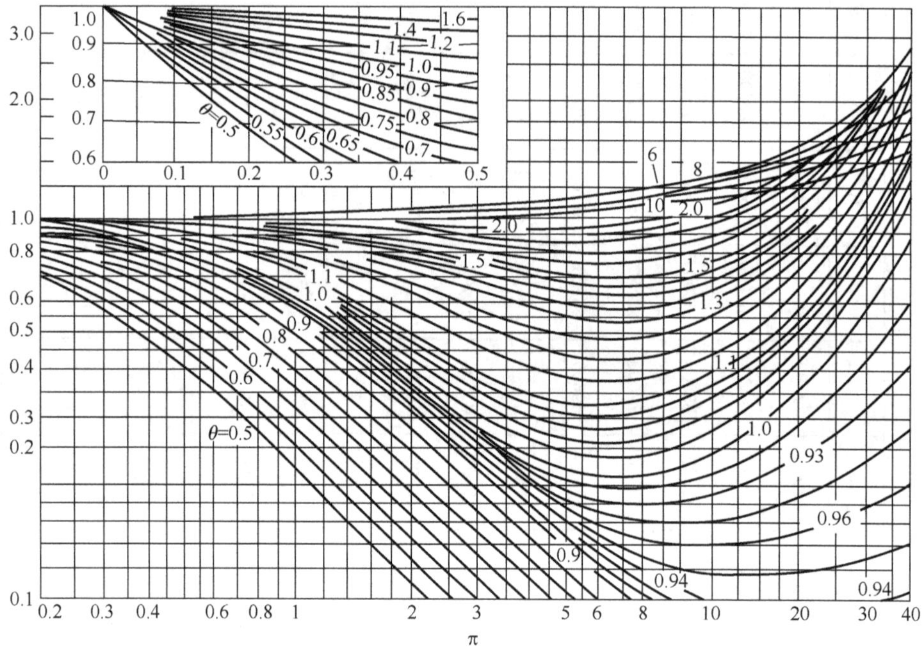

图 3-8　气体的逸度系数与对比温度和对比压力的关系

亨利定律仅适用于理想溶液。事实上，所有的稀溶液都近似于理想溶液，都可应用亨利定律获得相应的平衡数据，以此判断传质过程的方向、极限以及计算传质推动力的大小。

显然，对于难溶气体，亨利定律有足够的正确性；对于易溶气体，该定律仅适用于较低的浓度范围；在较高浓度时，其溶解度的值将比亨利定律计算值低一些。

【例 3-1】 计算乙烷在温度为 293K、压强为 20×10^2 kPa，与其同系物组成理想溶液时的相平衡常数 m_i 值。已知临界温度 $t_c=305.1$K，临界压力 $p_c=49\times10^2$ kPa，饱和蒸汽压 $p_i^s=39\times10^2$ kPa（在 293K 时），以及在 39×10^2 kPa 下的密度 $\rho=350\text{kg/m}^3$。

解　计算对比温度　$$\theta=\frac{293}{350.1}=0.96$$

对比压强　$$\pi=\frac{20\times10^2}{49\times10^2}=0.41$$

根据 θ 和 π 值，由图 3-8 可查出逸度系数 $\hat{\phi}_i=0.82$，并算得系统压强下气态乙烷的逸度为

$$\hat{f}_i^G = p\hat{\phi}_i = 20\times10^2\times0.82 = 16.4\times10^2\,(\text{kPa})$$

同理，在 293K、39×10^2 kPa 下 $\theta\approx0.96$

$$\pi=\frac{39\times10^2}{49\times10^2}=0.79$$

由图 3-8 查得逸度系数 $\hat{\phi}_i=0.67$，此时，饱和蒸汽的逸度为

$$\hat{f}_{is}^G = p_i^s\hat{\phi}_i = 39\times10^2\times0.67 = 26.1\times10^2\,(\text{kPa})$$

对于温度为 T、饱和蒸汽压为 p_i^s 的纯液体组分的逸度 f_{is}^L 应等于饱和蒸汽的逸度 f_{is}^G。而当压强为 p 时，液相逸度 f_0^L 可近似按下式计算

$$\ln\frac{\hat{f}_{is}^L}{\hat{f}_{is}^G} = \frac{V_i}{RT}(p-p_i^s) \tag{3-16}$$

$$V_i=\frac{M_i}{\rho}=\frac{30}{350}=0.0857(\mathrm{m^3/kmol})$$

式中：V_i 为在一定的 p 和 T 时，组分 i 的液体摩尔体积。

$$\ln\frac{\hat{f}_i^{\mathrm{L}}}{26.1\times10^2}=\frac{0.0857\times(20-39)\times10^2}{8.314\times293}=-0.067$$

$$\hat{f}_i^{\mathrm{L}}=24.4\times10^2\,\mathrm{kPa}$$

对于理想溶液，$\gamma_i=1$，则相平衡常数为

$$m_i=\frac{y_i}{x_i}=\frac{\hat{f}_i^{\mathrm{L}}\gamma_i}{\hat{f}_i^{\mathrm{G}}}=\frac{24.4\times10^2}{16.4\times10^2}=1.49$$

如果系统处于临界温度以下，即系统为完全理想系时将服从拉乌尔定律，即 $p_{ei}=p_i^{s}x_i$，此时相平衡常数将由 $p_{ei}=py_i$ 代入，可得

$$m_i=\frac{p_i^{s}}{p}=\frac{39\times10^2}{20\times10^2}=1.95$$

这种情况下的相平衡常数值增加了近 30%。

当系统压力较大时，上述计算会带来较大的偏差。考虑到在指定的压力下液体体积的变化通常也不大，此时可用下式来进行气相逸度 $\hat{f}_i^{\mathrm{G}}$ 的计算：

$$\ln=\frac{\hat{f}_i^{\mathrm{G}}}{x_i}=\ln H_i+\frac{\bar{V}_i(p-p_i)}{RT} \tag{3-17}$$

式中：p_i 为纯溶剂的蒸汽压；$\bar{V}_i$ 为组分的偏摩尔体积，即无限大混合物体积中加入 1mol 组分时所引起的体积变化量。当混合气体服从道尔顿分压定律时，保持体积的加和性，即 $\bar{V}_i=V_i$ 就是 1mol 气体在温度 T 和压强 p 时所占有的体积。

若需要更详细的讨论，读者可以参考有关的各种专著和文献。

如果溶剂中含有电解质和非电解质，会显著降低气体在溶液中的溶解度。可用离子强度 I 和未离解的被溶解分子的浓度 c_i 来表示溶液的溶解度的变化

$$\ln\frac{m_i}{m_{i0}}=bI+b'c_i \tag{3-18}$$

式中：m_i 和 m_{i0} 分别为气体在溶液和纯水中的相平衡常数；b 和 b' 是由实验确定的与电解质和溶剂的性质有关的常数。离子强度 $I=\frac{1}{2}\sum c_iz_i$，其中 c_i 为离子浓度，z_i 为离子价数。对于电解质溶液中相当于 H^+ 离子浓度低于 3mol/L 时，可由下述经验式获得气体溶解度的数值

$$m_i=\frac{m_{i0}}{1-(k_r+k\quad z^++k^+z^-)c^{0.75}} \tag{3-19}$$

式中：c 为电解质的浓度 $\mathrm{kmol/m^3}$；z^+、z^- 为正、负离子的价数；k_r、k^-、k^+ 分别为被溶解气体、负离子和正离子所形成气体溶解度所降低的系数，其值见表 3-3。

表 3-3 校正系数 k_r、k^+ 及 k^- 值

气　体	k_r	正离子	k^+	负离子	k^-
CO_2	−0.03	H^+	0	NO_2^-	0
CO	−0.01	NH_4^+	0.07	Cl^-	0.05
C_2H_2	−0.01	K^+	0.13	HCO_3^-	0.05
N_2O	0.0	Na^+	0.16	OH^-	0.10
H_2	0.03	Fe^{3+}	0.23	CO_3^{2-}	0.17

续表

气　体	k_r	正离子	k^+	负离子	k^-
O_2	0.08	Fe^{2+}	0.25	SO_4^{2-}	0.20
		Ca^{2+}	0.28	$Fe(CH)_6^{4-}$	0.30

【例 3-2】 试计算 CO_2 溶解在温度为 20℃，浓度为 $c_i=1.5\text{kmol/m}^3$ 碳酸钠溶液的相平衡常数(以浓度 c_i 表示)。

解 由表 3-2 求得 $H_i=1440\times10^2\text{kPa}$，对于纯水 $M=18\text{g/moL}$，$\rho=1000\text{kg/m}^3$，此时可求得以浓度 c 表示的相平衡常数

$$m_{c0}=H_i\frac{M}{\rho RT}=\frac{1440\times10^2\times18}{1000\times8.31\times(273+20)}=1.07$$

再查表 3-3，$k_r=-0.03$，$k^-=0.17$，$k^+=0.16$ 以及 $z^+=1$，$z^-=2$，所以

$$\begin{aligned}m_c&=\frac{m_{c0}}{1-(k_r+k^-z^++k^+z^-)c^{0.75}}\\&=\frac{1.07}{1-(-0.03+0.17\times1+0.16\times2)\times1.5^{0.75}}\\&=2.83\end{aligned}$$

3.3.2 伴有化学反应的吸收相平衡

溶质和溶剂两者有可能在液相中发生离解、缔合及化学反应。此时亨利定律不再适用，平衡分压 p_e 与浓度的关系呈明显的弯曲状。气体溶解于液相时，若与溶液中某些组分发生化学反应，则该气体溶质的气液平衡关系既服从于溶解时的相平衡关系，又服从于化学反应时的平衡关系。

假设溶质 A 与溶剂中的 B 发生反应，其平衡可表示如下

$$\begin{array}{c}a\text{A}\\ \big\Updownarrow H_A\\ a\text{A}+b\text{B}\overset{K_a}{\rightleftharpoons}m\text{M}+n\text{N}\end{array}$$

式中：a，b，m 和 n 分别为组分的化学计量系数。c 为组分的浓度，a_i 为组分的活度，γ_i 为组分的活度系数，此时的化学反应平衡常数为

$$K_a=\frac{a_M^m a_N^n}{a_A^a a_B^b}=\frac{c_M^m c_N^n}{c_A^a c_B^b}\cdot\frac{\gamma_M^m\gamma_N^n}{\gamma_A^a\gamma_B^b}\tag{3-20}$$

令 $\dfrac{\gamma_M^m\gamma_N^n}{\gamma_A^a\gamma_B^b}=K_r$，其值在理想溶液时为 1，则

$$K'=\frac{K_a}{K_r}=\frac{c_M^m c_N^n}{c_A^a c_B^b}\tag{3-21}$$

又知，溶解时的相平衡关系服从亨利定律 $p_A=H'_A c_A$，与上式联解

$$p_A=H'_A\left(\frac{c_M^m c_N^n}{K' c_B^b}\right)^{1/a}\tag{3-22}$$

显然，单纯溶解的 A 的浓度必然高于有化学反应后溶液中 A 的浓度。因此，伴有化学反应的平衡分压 p_A 必定低于物理溶解时的平衡分压，即溶解度变大。下面，介绍几种不同的气液平衡关联。

1. 被吸收组分与溶剂相互作用

该情况可分两类：

(1) 当溶质 A 与溶剂 B 相互反应生成 M 时，有下列方程

$$\begin{array}{l} \mathrm{A(g)} \\ \ \ \Big\Updownarrow H_A \\ \mathrm{A(l)} + \mathrm{B(l)} \xrightleftharpoons{K_a} \mathrm{M(l)} \end{array}$$

在溶液中 A 的初始浓度 c_A^0 可写成

$$c_A^0 = c_A + c_M \tag{3-23}$$

而理想溶液时

$$K' = \frac{c_M}{c_A c_B} = \frac{c_A^0 - c_A}{c_A c_B} \tag{3-24}$$

$$c_A = \frac{c_A^0}{1 + K' c_B} \tag{3-25}$$

平衡又服从物理溶解时的亨利定律

$$p_A = \frac{H'_A c_A^0}{1 + K' c_B} \tag{3-26}$$

对于稀溶液，在吸收过程中可把 c_B 近似看成是不变量。K' 也不随浓度变化。当分母为常数时，该平衡关系又可看成亨利定律的又一表达式，继续保持 p_A 和 c_A 之间的正比关系，但亨利常数缩小到 $1/(1+K'c_B)$。浓溶液时，K' 不再恒定，表观亨利系数成为浓度的函数。

常见的例子是 NH_3-H_2O 系统。

(2) 上述讨论中，若生成物 M(如 SO_2 与水生成亚硫酸)在液相中又离解为离子，此时，气液平衡将不服从反应式而按离解反应平衡来计算，即

$$\mathrm{M} \rightleftharpoons \mathrm{K}^+ + \mathrm{A}^-$$

K^+、A^- 为相应的正、负离子，有解离常数

$$K_1 = \frac{c_{K^+} c_{A^-}}{c_M} \tag{3-27}$$

忽略溶液中水的离解

$$c_{K^+} = c_{A^-} \tag{3-28}$$

由此有

$$c_{K^+} = \sqrt{K_1 c_M} \tag{3-29}$$

而溶液中 A 的起始浓度为

$$c_A^0 = c_A + c_M + c_{A^-} \tag{3-30}$$

联解方程式(3-28)、式(3-29)和式(3-30)，可得

$$c_A = \frac{(2c_A^0 + K_a) - \sqrt{K_a(4c_A^0 + K_a)}}{2(1 + K' c_B)} \tag{3-31}$$

式中

$$K_a = \frac{K_1 K' c_B}{1 + K' c_B} \tag{3-32}$$

故

$$p_A = H'_A c_A = \frac{H'_A}{2(1 + K' c_B)} \left[(2c_A^0 + K_a) - \sqrt{K_a(4c_A^0 + K_a)}\right] \tag{3-33}$$

显然，p_A 和 c_A^0 不再呈直线关系，此类情况典型的系统有 Cl_2-H_2O、CO_2-H_2O 和 SO_2-H_2O 等。

2. 被吸收组分与溶剂中活性组分的作用

若溶剂是初始浓度为 c_B^0 的稀水溶液，此时，存在的反应方程式为

$$\begin{array}{l} A(g) \\ \Big\Updownarrow H_A \\ A(aq)+B(aq)\overset{K_a}{\rightleftharpoons}M(aq) \end{array}$$

当平衡反应率为 R 时

$$K'=\frac{c_M}{c_Ac_B}=\frac{c_B^0R}{c_Ac_B^0(1-R)}=\frac{R}{c_A(1-R)} \tag{3-34}$$

由气液平衡

$$p_H=H'_Ac_A=\frac{H'_AR}{K'(1-R)}=\frac{R}{\alpha(1-R)} \tag{3-35}$$

其中 $\alpha=\dfrac{K'}{H'_A}$，再将两式联立求解，有等式

$$c_A^0=c_A+Rc_B^0=p_A/H'_A+c_B^0\frac{ap_A}{1+ap_A} \tag{3-36}$$

当物理溶解量可以忽略不计时

$$c_A^0=Rc_B^0=c_B^0\frac{ap_A}{1+ap_A} \tag{3-37}$$

【例 3-3】 已知在气体净化中铜氨液吸收 CO 的反应方程式如下

$$\begin{array}{l} CO(g) \\ \Big\Updownarrow \\ CO+Cu(NH_3)_2^++NH_3\rightleftharpoons Cu(NH_3)_3CO^+ \end{array}$$

当游离氨浓度较高时，可作常数处理，则气体平衡关系为

$$p_{CO}=\frac{R}{a(1-R)}$$

即

$$c_{CO}=Rc_{Cu}^0=c_{Cu}^0\cdot\frac{ap_{CO}}{1+ap_{CO}} \tag{3-38}$$

铜氨液组分Cu^{2+}为 0.288kmol/m^3，Cu^+为 2.011kmol/m^3，总 NH_3 为 10.25kmol/m^3，乙酸为 2.085kmol/m^3，CO_2 为 2.281kmol/m^3 的吸收剂，由实测获得其 a 值见表 3-4。

表 3-4

温度/℃	0	5	10	15	20	25	30
a	3.35	2.8	1.758	1.3	0.92	0.66	0.45

试计算该吸收液的吸收能力(温度为 10℃，CO 分压为 0.507MPa)。

解 $c_{Cu}^0=2.011$kmol/m^3，10℃时 $a=1.758$，$p_{CO}=0.507$MPa

$$\begin{aligned} c_{CO}&=c_{Cu}^0\cdot\frac{ap_{CO}}{1+ap_{CO}}=2.011\times\frac{1.758\times0.507}{1+1.758\times0.507} \\ &=1.806(\text{mol/m}^3) \end{aligned}$$

3.3.3 相平衡曲线及其比较

由式(3-14)和式(3-37)所绘制的溶质 A 的物理吸收和化学吸收的平衡曲线同时表达于

图 3-9，对于溶液的吸收能力而言，在稀溶液范围，物理吸收的平衡关系只服从亨利定律，即溶液中溶质的浓度和它在气相中的平衡分压呈直线关系，并不受浓度高低的限制，这是它有利的方面。但由于物理吸收仅是气体溶解的过程，任何气体都可以溶解进入液相，吸收对溶质不具有选择性，这样可能造成有用(效)组分在吸收过程中溶解损失，这是它不利的一面。正由于如此，物理吸收过程往往借助于提高操作压强达到提高单位吸收液对气体的容纳量以降低溶剂循环量的目的。化学吸收的相平衡不但和亨利系数有关，还和它的化学平衡有关，从图 3-9可以看到，化学反应的存在对降低液面上的平衡分压 p_A 有利，在低浓度溶液区操作可提高吸收率，还可以利用化学反应，借化合物彼此化学键的作用进行反应这一机理进行吸收，具有强烈的选择性。这都是它有利的一面。可是，随着溶液中溶质 A 的浓度逐步升高，平衡曲线呈曲线状，即当溶液浓度 c_A 达到某一“极限”值时，平衡分压 p_A 急剧升高而超过同浓度下的物理溶解的平衡分压。再者，当化学反应具有热效应时，温度对平衡显示出强烈的影响，这两者都对吸收不利。因此，它往往需要选择一种平衡溶解量很大即平衡分压很低的溶剂，以降低吸收过程所需的溶液的循环量。

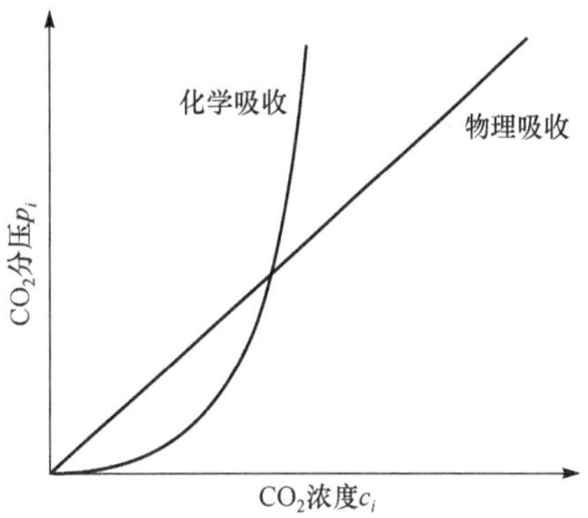

图 3-9　物理吸收与化学吸收的平衡曲线

实际上，相平衡还影响到这两类吸收过程的再生方式。对于物理吸收，针对它的加压吸收，往往采用逐级降压闪蒸的方法以达到溶剂再生的目的；而对于化学吸收，提高温度显然可以使逆反应加快，有时采用溶剂蒸汽自身的提馏作用或惰性气体的提馏作用，都可能达到溶剂再生的目的。对于具有一定气体浓度而净化要求较高的气体，根据上述分析，可以采用物理吸收为第一级，除去大部分溶质组分，再以化学吸收为第二级，以确保净化度。

3.3.4　工业应用实例

(1) 对于纯碳酸钾溶液吸收二氧化碳，其总反应式可表示如下

$$\begin{array}{l} CO_2(g) \\ \Big\Updownarrow H' \\ CO_2(l)+CO_3^{2-}+H_2O \overset{K_a}{\rightleftharpoons} 2HCO_3^- \end{array} \tag{a}$$

若溶液的转化度 f_e 定义为

$$f_e=\frac{\text{转化为碳酸氢钾的碳酸盐浓度}}{\text{碳酸钾溶液的起始浓度 } c^0_{CO_3^{2-}}}=\frac{c_{HCO_3^-}/2}{c_{HCO_3^-}/2+c_{CO_3^{2-}}} \tag{b}$$

其中

$$c^0_{CO_3^{2-}}=c_{HCO_3^-}/2+c_{CO_3^{2-}} \tag{c}$$

当气相近似看作理想气体，①液相为理想溶液，且看作稀溶液；②液相为非理想溶液，可看作稀溶液。此时的相平衡关系各为如何？

此时该反应的化学平衡常数为

$$K_a=\frac{\alpha^2_{HCO_3^-}}{\alpha_{CO_2}\alpha_{CO_3^{2-}}\alpha_{H_2O}}=\frac{c^2_{HCO_3^-}}{c_{CO_2}c_{CO_3^{2-}}c_{H_2O}}\cdot\frac{\gamma^2_{HCO_3^-}}{\gamma_{CO_2}\gamma_{CO_3^{2-}}\gamma_{H_2O}} \tag{d}$$

由此

$$c_{CO_2}=\frac{c_{HCO_3^-}^2}{c_{CO_3^{2-}}}\cdot\frac{1}{K_a c_{H_2O}}\cdot K_\gamma \tag{e}$$

式中：K_a 为化学平衡常数；$K_\gamma=\frac{\gamma_{HCO_3^{2-}}^2}{\gamma_{CO_2}\gamma_{CO_3^{2-}}\gamma_{H_2O}}$；$a$、$c$、$\gamma$ 分别为组分的活度、浓度和活度系数。

由相平衡关系可知，对于理想气体，其平衡关系服从亨利定律，此时

$$p_{CO_2}=H'\cdot c_{CO_2}=\frac{c_{HCO_3^-}^2}{c_{CO_3^{2-}}}\cdot\frac{H'K_\gamma}{K_a c_{H_2O}} \tag{f}$$

对于稀溶液，c_{H_2O}可看作恒值，所以令

$$\frac{1}{K'}=\frac{H'K_\gamma}{K_a c_{H_2O}} \tag{g}$$

则

$$p_{CO_2}=\frac{c_{HCO_3^-}^2}{K'c_{CO_3^{2-}}} \tag{h}$$

由转化度定义式

$$f_e=\frac{c_{HCO_3^-}/2}{c_{HCO_3^-}/2+c_{CO_3^{2-}}}=\frac{M_{CO_2}}{M_{K_2O}}-1 \tag{i}$$

式中：M_{CO_2}为溶液中二氧化碳的总物质的量浓度（包括碳酸盐和碳酸氢盐）；M_{K_2O}为氧化钾的物质的量浓度，就是碳酸钾的起始物质的量浓度。

由式(i)得

$$1-f_e=\frac{c_{CO_3^{2-}}}{c_{HCO_3^-}/2+c_{CO_3^{2-}}}=\frac{c_{CO_3^{2-}}}{M_{K_2O}} \tag{j}$$

如此，有

$$\frac{f_e}{1-f_e}=\frac{c_{HCO_3^-}}{2c_{CO_3^{2-}}} \tag{k}$$

代入式(h)得

$$p_{CO_2}=\frac{1}{K'}\frac{c_{HCO_3^-}^2}{c_{CO_3^{2-}}}=\frac{1}{K'}\left(\frac{c_{HCO_3^-}}{c_{CO_3^{2-}}}\right)^2 c_{CO_3^{2-}}=\frac{1}{K'}\frac{4f_e^2}{(1-f_e)^2}(1-f_e)M_{K_2O}$$

$$p_{CO_2}=\frac{4M_{K_2O}}{K'}\frac{f_e^2}{1-f_e}$$

碳酸钾溶液的 K' 值可以由文献查得，此时，液面上的平衡分压将取决于转化度的变化，因为转化度在整个吸收过程是个变量。当溶液为理想溶液时 $K_\gamma=1$，K' 值可进一步简化。

(2) 采用柠檬酸钠溶液吸收 SO_2 可看作由于增加了吸收剂的缓冲特性而取得良好吸收效果的一种脱硫方法。其反应方程组如下

$$SO_2(g)\rightleftharpoons SO_2(l) \tag{a}$$

$$SO_2(l)+H_2O\rightleftharpoons H^+ + HSO_3^- \tag{b}$$

$$H^+ + cit^{3-}\rightleftharpoons Hcit^{2-} \tag{c}$$

$$H^+ + cit^{2-}\rightleftharpoons H_2cit^- \tag{d}$$

$$H^+ + H_2cit^-\rightleftharpoons H_3cit\text{(柠檬酸)} \tag{e}$$

从式(c)～(e)中看到柠檬酸的多级电离可以除去大量的氢离子，从而使溶液的 pH 维持在一定的合适范围内，有利于 SO_2 的溶解。

令 $c_{SO_2}^0$ 为达到气液平衡时溶液中二氧化硫的总浓度，它应是物理溶解浓度 c_{SO_2} 与液相中反应生成亚硫酸氢盐的浓度 $c_{HSO_3^-}$ 两部分之和

$$c_{SO_2}^0 = c_{SO_2} + c_{HSO_3^-} \tag{f}$$

假定在常压下气体可视为理想气体，并忽略亚硫酸的二级电离，则物理溶解符合亨利定律

$$p_{SO_2} = H_i^* a_{SO_2} \tag{g}$$

由(b)方程

$$K_{\mathrm{I}} = a_{HSO_3^-} a_{H^+} / a_{SO_2} \tag{h}$$

式中：a 为各下标组分在溶液中的活度；H^* 和 K_{I} 分别为该溶液以活度表达的亨利常数和一级离解常数；p_{SO_2} 为 SO_2 在液面上的分压。事实上，在溶液中 SO_2 被反应掉的量比物理溶解量要大得多，即

$$c_{HSO_3^-} \gg c_{SO_2} \tag{i}$$

所以，由式(f)

$$c_{SO_2}^0 \approx c_{HSO_3^-} \tag{j}$$

若以 γ 表示溶液中亚硫酸氢根的活度系数，合并(g)、(h)两式可得

$$p_{SO_2} = c_{HSO_3^-} \gamma a_{H^+} H_i^* / K_{\mathrm{I}} = K c_{HSO_3^-} \cdot a_{H^+} \tag{k}$$

其中

$$K = \gamma H_i^* / K_{\mathrm{I}} \tag{l}$$

当缓冲溶液吸收了 SO_2 后，溶液的 pH 随溶液中亚硫酸氢根的浓度呈线性变化，有

$$\mathrm{pH} = \mathrm{pH_S} - \frac{1}{\beta} c_{HSO_3^-} = \mathrm{pH_S} - \frac{c_{HSO_3^-}}{\beta_0 c_{H_3\,cit}} \tag{m}$$

式中：β、β_0 分别为溶液和柠檬酸浓度为 1mol/L 的溶液的缓冲容量。$\mathrm{pH_S}$ 为二氧化硫加入前溶液的 pH。将式(m)代入式(k)得

$$p_{SO_2} = K c_{HSO_3^-} \times 10^{\left[\frac{1}{\beta_0} \cdot \frac{c_{HSO_3^-}}{c_{H_3\,cit}} - \mathrm{pH_S}\right]} \tag{n}$$

在温度为 35～85℃，二氧化硫分压为 400～6665Pa 的范围内，K 值符合下列线性关系且与此时气相中 SO_2 的分压和溶液中亚硫酸氢根的浓度无关。

$$\lg K = A - \frac{B}{T} \tag{o}$$

于是，可将式(o)代入式(n)，得

$$p_{SO_2} = c_{HSO_3^-} \times 10^{\left[\frac{1}{\beta_0} \frac{c_{HSO_3^-}}{c_{H_3\,cit}} + (A - \mathrm{pH_S}) - \frac{\beta}{T}\right]} \tag{p}$$

或写成

$$p_{SO_2} = c_{HSO_3^-} \times 10^{\left[\frac{c_{HSO_3^-}}{E_1} + E_2 - \frac{E_3}{T}\right]} \tag{q}$$

式(p)和式(q)描述了吸收液在某温度下二氧化硫在气相和液相的平衡关系，即该吸收液-SO_2 系统相平衡的数学模型。其中 E_1、E_2 及 E_3 为模型参数，其值可通过相平衡实验，在一定温度 T 下，测得平衡时气相中的 SO_2 浓度(分压)和液相中亚硫酸氢根 HSO_3^- 的含量，然后联立求解得到。

从上述两个工业实例可以看到：尽管相平衡有共性，但是由于系统众多，也存在个性的差异，对于任何一系统的相平衡规律，都应该从分析它们的物理溶解和化学平衡入手，进而寻找出它们的特性方程，确定模型参数如实例(1)中 K' 以及实例中(2)的 E_1、E_2、E_3 等，即可求得

任一温度、吸收剂浓度下，平衡分压与溶质浓度之间的关系式。

3.4 传质理论

物质可以通过几种不同的机理自发地进行传递，它们包括：①分子扩散，限于由分子热运动引起的彼此的相互碰撞；②对流，在外力如压力差、密度差等的作用下发生的主体流动；③湍流混合，其中宏观的流体微团或旋涡在惯性力的作用下产生移动。

由上述三种情况所产生的物质传递的共同效应将决定传质过程。传质领域的研究十分广泛，20 世纪以来出现了诸多的传质模型，就其适用性及应用的广泛程度而言，当以双膜论、渗透论以及表面更新论三者较为成熟。

作为传质过程研究的主要对象之一的传质系数是填料塔中分离程度（或达到一定分离程度的塔高）和板式塔达到平衡的程度（效率）的主要影响因素。

3.4.1 双膜论

惠特曼（Whitman，1923）所提出的要点是：①流动状态，在假设的气液接触界面两侧分别存在着一层稳定的滞流膜，它不等于流体力学的滞流边界层。该膜的厚度取决于传质构件的结构和流体的湍动程度，可厚可薄，但不消失。②就传递方式而言，在膜两侧的主体流动区内由于湍流的激烈程度已使主体内物质的浓度趋于一致，但滞流膜内传质方式将以分子扩散来实现。因此传质的阻力将由气相主体、气膜、界面、液膜和液相主体等各部分阻力叠加而成。而实际上阻力将集中在界面两侧的液膜和气膜。③对于界面，气液两相立即达到平衡，所以界面无阻力。双膜模型见图 3-10。

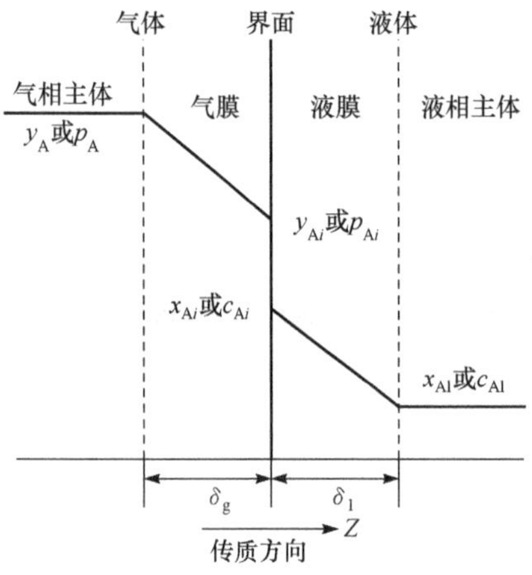

图 3-10 双膜模型

根据上述假设，对于双组分理想气体混合物，在恒温恒压下，若组分 A 和组分 B 在 Z 方向扩散，两者的偏摩尔体积 $\bar{V}_A$ 和 $\bar{V}_B$ 恒相等，则两者的传质通量 N_A 和 N_B 应大小相等方向相反，无净体积平面速度（主体流动）。此时应服从菲克（Fick）定律，A 的通量为

$$N_A = -D_{AB}\frac{\partial c_A}{\partial Z} \tag{3-39}$$

当它是瞬变的，即时通量并不恒定时，属不稳定扩散过程。对微元体作物料衡算，取 dZ 距离的两个垂直于扩散方向的平面作衡算基准面，则 A 物质通过该平面的摩尔通量的增值 $\frac{\partial N_A}{\partial Z}$ 应等于微元体内 A 物质的物质的量浓度的减值 $\frac{\partial c_A}{\partial t}$，即

$$\frac{\partial c_A}{\partial t} = -\frac{\partial N_A}{\partial Z} \tag{3-40}$$

当 D_{AB} 为常数时

$$\frac{\partial c_A}{\partial t} = D_{AB}\frac{\partial^2 c_A}{\partial Z^2} \tag{3-41}$$

对于双膜模型，流体在液膜内是静止的，又是如此之薄，当在膜内建立起稳定的扩散时，时通量为零，即

$$D_{AB}\frac{\partial^2 c_A}{\partial Z^2}=0 \tag{3-42}$$

边界条件为 $Z=0$ 处 $c_A=c_{Ai}$，$Z=\delta$ 处 $c_A=c_{Al}$，式(3-42)即为

$$c_A=c_{Ai}+\frac{Z}{\delta}(c_{Al}-c_{Ai}) \tag{3-43}$$

和式(3-39)联立，并令 N_A 以趋向界面为正，得

$$N_A=\frac{D_{AB}}{\delta_l}(c_{Al}-c_{Ai}) \tag{3-44}$$

同理，可得

$$N_A=\frac{D_{AB}}{\delta_g RT}(p_A-p_{Ai}) \tag{3-45}$$

显然，有

$$k_l=\frac{D_{AB}}{\delta_l},\quad k_g=\frac{D_{AB}}{\delta_g RT} \tag{3-46}$$

应当说明，当上述的等分子扩散变为组分 A 在静止膜 B 内单分子扩散时，传质分系数 k_l 和 k_g 都必须考虑到由于存在主体流动$\left[J_A=N_A\left(1-\frac{c_A}{c_M}\right)\right]$因而应乘上彼此的漂流因子，即

$$k_l=\frac{D_{AB}}{\delta_l}\cdot\frac{c}{c_{Bm}},\quad k_g=\frac{D_{AB}}{RT\delta_g}\cdot\frac{p}{p_{Bm}} \tag{3-47}$$

式中：c_{Al}、c_{Ai}分别为液相主体和界面 A 的浓度；p_A、p_{Ai}分别为溶质在气相主体和界面上的分压；δ_l、δ_g 为液膜和气膜厚度；c_M为液相总浓度；c_{Bm}、p_{Bm}分别为液相和气相的惰性组分在主体和界面上的对数平均浓度和分压。

由于双膜论比较简单，其假设具有一定的合理性，因此得到了广泛的应用，特别对具有固定传质表面、周围流体又是高度湍动的系统，有可能存在一层很薄的相对静止的滞流膜，更为适用。但是，这一理论显然还存在着下列问题：①随着气液传质设备的发展，为了获得较大的相界面，往往设备的内构件已造成气液相接触的不固定的相界面(如喷射式、鼓泡型等)，而且旋涡也往往使表面不断更新，这些都和稳定的边界薄膜的假设相违；②上述新型塔设备显然无法建立稳定的浓度梯度，即使膜式塔有可能建立稳定的膜，但建立膜的过程本身也就是一个不稳定过程；③膜厚 δ 是一个无法测定的量，而且 k 随 D 的一次方成正比，也和大量实测到的传质系数和 $D^{0.5}$ 成正比这一结论不符，这是由膜边界层外缘传质条件不连续的假定所引起的；④唯有清洁的界面才有可能使界面阻力小到可以忽略的地步，即使如此，对于液液系统往往也不可忽略。

3.4.2 渗透论

汉格比(Higbie，1935)所提出的这一理论的观点如下：①传质未开始时，气液两相各自内部的浓度是一致的，两者一接触就开始传质，气相溶质不断溶解到液相中，接触时间越长，积累在液膜内的溶质越多，此时传质速率才渐趋稳定。亦即展示出一个不稳定的传质过程，当时间 $t=0$ 时 N_A 为最大，随着 t 增加，浓度梯度和传质通量逐渐下降，直到时间 $t\to\infty$时，浓度梯度恒定，N_A 达最小值。②液相主体中任一微元都有可能被主体内的流动如旋涡带到气液接触

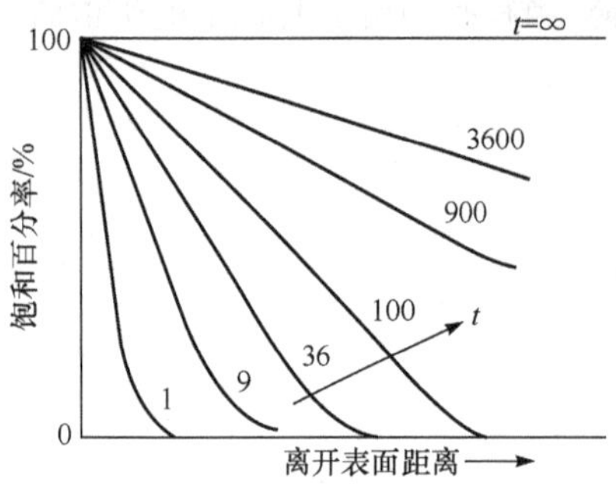

图 3-11 溶质向溶剂的渗透

界面上，一旦带到表面就进行上述不稳定的传质，直到另一个旋涡把它拉回液相主体为止。同时，可假定微元停留在界面的停留时间 t_e 都是相同的。③界面无阻力，气液两相达平衡。这一理论所得的膜内传质的图像由实验获得，绘制于图 3-11。从图中可看出随着时间的增加，沿着界面垂直方向传质不断深入，直至整个液膜的渗透百分率都达 100%。

该模型建立在不稳定扩散的假设上，由方程式(3-41)，并根据下述边界条件：当 $t=0, 0<Z<\infty$ 时 $c_A=c_{Al}$；$t>0, Z=0$ 时 $c_A=c_{Ai}$；以及 $t>0, Z\to\infty$ 时 $c_A=c_{Al}$，求得该微分方程的解为

$$\frac{c_A-c_{Al}}{c_{Ai}-c_{Al}}=\mathrm{erf}\left(\frac{Z}{2\sqrt{Dt}}\right) \tag{3-48}$$

式中：$\mathrm{erf}(x)$为误差函数。该式表明浓度 c_A 是位置 Z 和时间 t 的函数，与图 3-11 相一致。经拉普拉斯(Laplace)变换求解，可得在表面即 $Z=0$ 处，表面接触时间(年龄)的流体微元瞬时传递通量[$\mathrm{mol/(cm^2 \cdot s)}$]为

$$N_i=-D\left.\frac{\partial c}{\partial Z}\right|_{Z=0}=(c_{Ai}-c_{Al})\sqrt{\frac{D}{\pi t}} \tag{3-49}$$

一般希望知道整个表面的平均传递通量，已知表面微元的接触时间为 t_e，所以

$$\bar{N}_A=\frac{\int_0^{t_e}N_i\mathrm{d}t}{t_e}=\frac{\int_0^{t_e}(c_{Ai}-c_{Al})\sqrt{\frac{D}{\pi t}}\mathrm{d}t}{t_e}=(c_{Ai}-c_{Al})2\sqrt{\frac{D}{\pi t_e}} \tag{3-50}$$

与式(3-44)相比

$$k_l=2\sqrt{\frac{D}{\pi t_e}} \tag{3-51}$$

渗透模型描述了传质系数与扩散系数的 0.5 次幂成正比的正确关系，比较符合实际。但引进的模型参数 t_e 仍无法定量获得。这一理论虽然引进了不稳定传质，却认为微元的寿命是同样的，这样就仍然未能摆脱滞流膜的假设条件，从而具有一定的局限性。

3.4.3 表面更新论

直到 1951 年，丹寇沃茨(Danckwerts，1951)才对渗透论进行了修正，认为：①在界面上的每一微元具有不同的暴露时间(年龄)，但它们被另一微元置换的机会均等；②无论气相或液相都可能发生上述过程，所以两相表面是不断更新的；③每个进入界面的微元均按瞬变传质的规律向液膜内渗透。由此，他以不稳定的分子扩散为基础，采用了同样的边界条件，溶质的瞬时传质速率与渗透理论相同

$$N_i=(c_{Ai}-c_{Al})\sqrt{\frac{D_{AB}}{\pi t}}$$

令界面微元的更新频率 S 为单位时间内表面被置换的分率[$\mathrm{S^{-1}}$]，t 为表面寿命。既然任何年龄的单元的更新频率相等，任一年龄的表面积在 $\mathrm{d}t$ 时间内被置换的分率就是 $S\mathrm{d}t$。

若以 $\phi(t)$表示界面微元寿命的分布函数，在年龄为 t 和 $t+\mathrm{d}t$ 间的界面微元所占有的表面分率可写为 $\phi(t)\mathrm{d}t$。由假设①，在某一瞬间，界面微元被更新的概率与微元的年龄无关。于

是，可求得界面微元寿命的分布函数 $\varphi(t)$

$$\varphi(t)=Se^{-St} \tag{3-52}$$

S 值的大小主要取决于流体的湍动程度。对于一定的流体力学条件，可以认为 S 值恒定，因此，可求得传质速率方程

$$\begin{aligned} N_A &= \int_0^\infty (c_{Ai}-c_{Al})\sqrt{\frac{D_{AB}}{\pi t}}\cdot Se^{-St}\,dt \\ &= \int_0^\infty (c_{Ai}-c_{Al})\sqrt{\frac{D_{AB}}{\pi}}\cdot S\frac{e^{-St}}{\sqrt{t}}\,dt \\ &= (c_{Ai}-c_{Al})\left(\sqrt{\frac{D_{AB}}{\pi}}\right)S\left(\frac{\pi}{S}\right)^{\frac{1}{2}} \\ &= (c_{Ai}-c_{Al})\sqrt{DS} \end{aligned} \tag{3-53}$$

和传质速率式 $N_A=k_l(c_{Ai}-c_{Al})$ 相比较，可得

$$k_l=\sqrt{DS} \tag{3-54}$$

这一关系式同样适用于气相，只需气相传质系数与分子扩散系数作相应的变换即可。

尽管表面更新率 S 仍然是一个不可得的量，但丹寇沃茨的假设更接近于实际，离正确的吸收机理更近，十分接近传质的一般表达式。当所有的表面更新率 S 的值相同时，即各微元在界面上的接触时间(寿命)相等，此时的表面更新论就是渗透论。当接触时间趋于无穷时，彼此停留的时间都将一样，且到达建立稳定的分子扩散所需的时间也一样，此时的表面更新论又和双膜论相一致了。所以，从某种意义来说，渗透论与双膜论都是表面更新论的特例。

3.5 传质速率与传质系数

3.5.1 物理吸收传质速率

由双膜论知，对于一个用液体溶剂吸收气流中溶质 A 的过程，只要是稀溶液，其传质速率可由下式表示

$$N_A=k_y(y_{Ag}-y_{Ai})=k_g(p_{Ag}-p_{Ai}) \tag{3-55}$$

$$N_A=k_x(x_{Ai}-x_{Al})=k_l(c_{Ai}-c_{Al}) \tag{3-56}$$

式中：k_y、k_x 分别为以 Δy 与 Δx 为推动力的气相与液相的传质分系数。

当总压一定时，有

$$k_y=k_g p \tag{3-57}$$

当总摩尔密度一定时，有

$$k_x=k_l c \tag{3-58}$$

由于在分离装置中，界面上 A 的分压或浓度一般不易测得，有时采用传质总系数 K_G 和 K_L 更为方便，有定义式

$$N_A=K_G(p_{Ag}-p_{Ae}) \tag{3-59}$$

$$N_A=K_L(c_{Ae}-c_{Al}) \tag{3-60}$$

式中：p_{Ae}表示和液流主体中 A 的平均浓度 c_{Al}相平衡的 A 的气相分压；c_{Ae}表示和气流主体中 A 的平均分压 p_{Ag}呈平衡的 A 的液相浓度。与上两个传质速率式相对应作比较，当 A 从气相进入液相时，$c_{Ai}>c_{Al}$；一般 A 的平衡分压随 A 在溶液中的浓度增加而增加，则 $p_{Ae}<p_{Ai}$。如此，由于式(3-59)中的气相推动力大于式(3-55)中的推动力，以致 K_G 必小于 k_g；同样 K_L 必

小于 k_l，即总传质系数必然低于在相同条件下各自的传质分系数。

由 3.4 节的传质理论的讨论可知，传质分系数将和其本相的流体力学条件和溶质在该相的扩散系数有关。而传质设备的设计计算却以传质总系数为方便，如能从流体力学条件和物系的物性出发，寻得传质分系数和它们的数学关联式，然后再由分系数和总系数的关联获得 K_G 和 K_L，传质过程的计算就较简单。传质总系数和传质分系数的关系式可由传质速率式和线性化的相平衡关系式 $p_A=H'_Ac_A+b$ 联立求解而得

$$\frac{1}{K_G}=\frac{1}{k_g}+\frac{H'_A}{k_l} \tag{3-61}$$

$$\frac{1}{K_L}=\frac{1}{H'_Ak_g}+\frac{1}{k_l} \tag{3-62}$$

$$K_L=H'_AK_G \tag{3-63}$$

显然，当 H'_A 很大，即溶质 A 为难溶气体时，$H'_A/k_l \gg 1/k_g$ 和 $\frac{1}{k_l} \gg \frac{1}{H'_Ak_g}$。于是 $K_G \approx k_l/H'_A$ 和 $K_L \approx k_l$。这时液相传质分系数将直接影响传质速率，气相传质分系数将和传质速率无关，属液膜控制过程。相反，当 H'_A 很小，A 为易溶气体时，传质速率将直接和 k_g 成正比，与 k_l 无关，属气膜控制。

传质过程的计算中，还常常用传质单元数 N_G 和传质单元高度 H_G 来得到传质高度 h 值，即

$$h=H_GN_G=H_LN_L \tag{3-64}$$

同样，有

$$h=H_{OG}N_{OG}=H_{OL}N_{OL} \tag{3-65}$$

式中：H_{OG}、H_{OL} 为气相与液相的总传质单元高度；N_{OG}、N_{OL} 为气相与液相的总传质单元数。

其中

$$H_{OG}=\frac{G}{K_ya} \tag{3-66}$$

$$H_G=\frac{G}{k_ya} \tag{3-67}$$

$$H_{OL}=\frac{L}{K_xa} \tag{3-68}$$

$$H_L=\frac{L}{k_xa} \tag{3-69}$$

$$N_{OG}=\int_{y_2}^{y_1}\frac{\mathrm{d}y}{y-y_e} \tag{3-70}$$

$$N_G=\int_{y_2}^{y_1}\frac{\mathrm{d}y}{y-y_i} \tag{3-71}$$

$$N_{OL}=\int_{x_2}^{x_1}\frac{\mathrm{d}x}{x_e-x} \tag{3-72}$$

$$N_L=\int_{x_2}^{x_1}\frac{\mathrm{d}x}{x_i-x} \tag{3-73}$$

上列各式中 h 为填料层高度，m；G、L 分别为混合气体和溶液通过塔截面的摩尔流速，kmol/(m^2·s)；a 为比表面，m^2/m^3 填料；K_y、K_x 为传质总系数，k_y、k_x 为传质分系数，kmol/(m^2·s)；x、y 为摩尔分率。这样，传质单元数 N_{OG} 和 N_{OL} 中所含变量只与物系的相平衡和进

出口浓度有关，与设备形式和流动状况无关，只反映分离任务的难易程度。H_{OG}和H_{OL}与设备的形式及其操作条件有关，表示完成一个传质单元数所需的填料层高度，反映了吸收设备的效能的高低。工业吸收塔中，传质单元高度为 0.15～1.5m。由此可见，将塔的填料高度分离成上述两个量的乘积，有助于从平衡和速度两个侧面对吸收过程作深入的分析。

若稀溶液服从亨利定律，$y=mx$，总传质单元高度和气液两相的传质单元高度之间的关系式可由下面导出

$$\frac{1}{K_y}=\frac{1}{k_y}+\frac{m}{k_x} \tag{3-74}$$

乘以 G/a 得

$$\frac{G}{K_ya}=\frac{G}{k_ya}+\frac{mG}{k_xa} \tag{3-75}$$

即

$$H_{OG}=H_G+\frac{mG}{L}H_L \tag{3-76}$$

同理

$$H_{OL}=\frac{L}{mG}H_G+H_L \tag{3-77}$$

在大多数传质设备中，相际接触界面不易确定，而工程设计往往需要 k_ga 和 k_1a 的数据，式(3-61)和式(3-62)常转换成以下形式

$$\frac{1}{K_Ga}=\frac{1}{k_ga}+\frac{H'}{k_1a} \tag{3-78}$$

$$\frac{1}{K_La}=\frac{1}{H'k_ga}+\frac{1}{k_1a} \tag{3-79}$$

式中：k_ga 为液相阻力较小或无液相阻力的传质实验中所得的 K_G 和 a 的乘积；k_1a 为在气相阻力较小或无气相阻力的传质实验中所得的 K_L 和 a 的乘积。通常 k_ga 可由测定纯液体的蒸发速率而得，或者通过测定水吸收氨(易溶气体)的速率得到。而 k_1a 可通过测定用纯水吸收难溶气体(如 CO_2、O_2、N_2 等)的速率而得。

尽管在很多实际情况下 H' 并不是常数，界面阻力也不一定完全可以忽视，界面上所有各点的 $H'k_g/k_1$ 未必是常量。但是只要偏离不太大，应用式(3-78)和式(3-79)计算阻力，有可能得到满意的结果。例 3-4 就是其中之一。在很多工程计算中，都采用体积传质系数 K_Ga 或 K_La，可以避免单独获取 a 值和 k 值时的许多困难。

3.5.2 化学吸收传质速率与增强因子

图 3-12 为吸收过程中液膜传质的浓度分布示意图，众所周知，对于物理吸收，组分 A 在液膜中的溶解速率将服从于菲克定律，即吸收速率与液膜中的浓度梯度成正比，可用下式表示

$$x=0,\quad x=\delta$$

$$N_A=-D_{Al}\left(\frac{dc_A}{dx}\right)_{DE} \tag{3-80}$$

在浓度分布示意图上，其浓度的变化可以用直线 DE 表示，其斜率即为浓度梯度$\frac{dc_A}{dx}$。当液膜中伴有化学反应以后，化学反

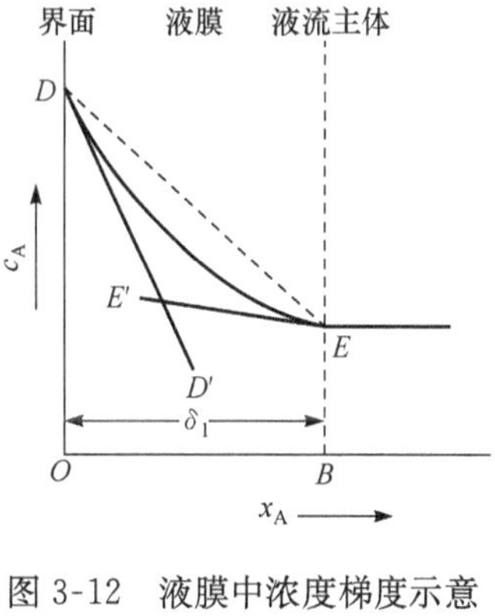

图 3-12 液膜中浓度梯度示意

应速率较快，组分 A 在液膜中边扩散边反应，此时的浓度变化不再保持直线，而变成一条向下弯曲的曲线(图 3-12)。曲线 DE 表示存在化学反应时液膜内的浓度分布。而在界面 D 点的位置，其扩散速率的大小可由曲线在 D 点的切线 DD' 的斜率表示

$$x=0, \quad N_A=-D_{Al}\left(\frac{dc_A}{dx}\right)_{DD'} \tag{3-81}$$

显然，此时 A 的扩散通量应该包括通过液膜扩散传递的量与在液膜中 A 和溶剂 B 反应生成产物而消耗(传递)的量之和。根据传递的连续性，在膜厚 δ 处 E 点的位置，A 向液相主体扩散的速率可由曲线在 E 点的切线 EE' 的斜率大小来表示，即

$$x=\delta, \quad N_A=-D_{Al}\left(\frac{dc_A}{dx}\right)_{EE'} \tag{3-82}$$

于是，两者反应速率之差即是在膜中反应量的量度

$$\text{膜中反应能量}=-D_{Al}\left[\left(\frac{dc_A}{dx}\right)_{DD'}-\left(\frac{dc_A}{dx}\right)_{EE'}\right] \tag{3-83}$$

已经知道，吸收速率可以用浓度梯度和扩散系数的乘积来表示。若扩散系数为恒定值，则浓度梯度(相当于斜率)就可间接表示为吸收速率的量度。如此，化学吸收在界面处的速率为 DD' 的斜率，物理吸收的速率可表示为 DE 的斜率，两者之比则表示在推动力相同时，化学吸收速率比纯物理吸收速率所增加的倍数，常把它称为增强因子，以符号 β 表示

$$\beta=\frac{DD'\text{斜率}}{DE\text{ 斜率}}>1 \tag{3-84}$$

因此，只要了解液膜中浓度分布即 $c_A=f(x)$ 以后，就可求导，按界面上扩散速率来计算化学吸收速率和确定 β 值，这样，在求取化学反应速率的计算中，就可以把它看作相当于纯物理吸收速率的倍数。于是，可以写出下列各式

$$N_A=k_g(p_{Ag}-p_{Ai})=\beta k_l(c_{Ai}-c_{Al}) \tag{3-85}$$

$$N_A=K_G(p_{Ag}-p_{Ae})=K_L(c_{Ae}-c_{Al}) \tag{3-86}$$

$$\frac{1}{K_G}=\frac{1}{k_g}+\frac{H'}{\beta k_l} \tag{3-87}$$

$$\frac{1}{K_L}=\frac{1}{H_i'k_g}+\frac{1}{\beta k_l} \tag{3-88}$$

显然，β 仅降低液膜阻力，而不影响气相传质分系数。但对于同时计及气相和液相阻力影响的传质总系数，显然 β 对其会有影响，这一点应予以注意。

综上所述，吸收过程中由于化学反应的存在，有可能降低液膜阻力，并提高吸收速率。物理吸收过程与伴有化学反应的吸收过程相比，显然对气膜和液膜都带来影响。就气膜一侧来说，物理吸收和化学吸收都是依靠气相中的 A 溶质从气相主体扩散到界面完成气膜传递过程的。在机理方面，假定在气相主体的流体状况主要处于以涡流为主的对流扩散，则气相主体中溶质 A 的浓度均匀一致，即主体无阻力。若设想在气液界面气相的一侧存在一层气膜，而溶质 A 从气膜向界面的扩散将主要以分子扩散的方式进行传递，符合菲克定律，因此，气相一侧的阻力将集中在气膜中。在气膜中，物理吸收与化学吸收的不同点是化学平衡将改变溶质 A 在液相上的气相平衡分压，由此产生的气相传质推动力的增大也将使气相的化学吸收传质速率比物理吸收传质速率要大。尽管从物理吸收的角度来看液相一侧的吸收机理和气相一侧的机理相差无几，即进入界面一侧溶质 A 将遵循在液膜中分子扩散、液相主体中对流扩散的液相传递途径进行传质。但由于液相中的化学反应的存在，化学反应中的另一方吸收剂中能与 A 反应的有效成分 B，朝着 A 扩散的反方向进行扩散，两者在相遇处，不论是在液相主体，还

是在液膜或界面处，都可发生化学反应。由此，造成在液相中溶质 A 和生成物 M 的物理扩散和溶质 A 与溶剂 B 的化学反应的交叉，传质过程变得复杂起来，但在一般情况下又促进了传质，这是化学吸收与物理吸收的最大不同点，是它们的区别所在。在下面开展的讨论中还可以看到，由此产生的物理吸收和化学吸收的强化传质途径也有很大的不同。

以煤气厂除去煤气中的酸性气体为例，对化学或物理吸收的选择往往随煤气中的酸性气体的分压高低而定，如图 3-13 所示。

对于化学吸收所用的溶剂，除了类似对物理溶剂的一般要求以外，往往总希望溶剂的浓度尽可能高。对上述酸性气体，当然浓度高就意味着碱性高。但实际上，也受到一定的限制，例如：①浓度的增加可能会导致溶剂特别是有机物的蒸气压增加而最终导致损失增加；②浓度的增加还可能导致其他有用成分的溶解损失，如烃类；③浓度增加会导致腐蚀加剧；④浓溶液的沸点升高，再生耗蒸汽量有可能上升；⑤富液中较高的酸性气体吸入，有可能导致沉淀出现。

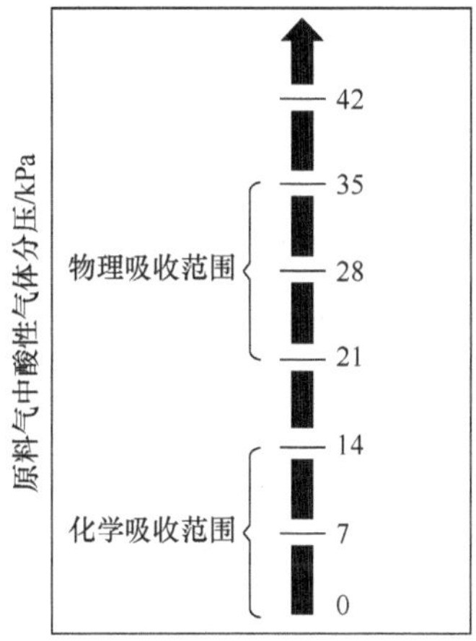

图 3-13 化学或物理吸收范围的选择

在上述诸原因中，腐蚀往往是首位。但近年来缓蚀剂的应用和材质的变化（包括本身的性能与涂料等），腐蚀因素有时已降为次要因素。物质的量浓度的使用范围可达 2～68mol/L。以致工业上所用的化学溶剂往往是高离子强度的溶液，具有较强的非理想性。

化学溶剂具有很多优点：①净化度高，特别对低分压的气体；②增加吸收与解吸的传质系数；③对多组分气体的吸收，可利用吸收速率的不同，使吸收具有较强的选择性等。但化学溶剂也带来成本较高、吸收热大、腐蚀性强以及副反应大等缺点。

【例 3-4】 为了研究气-液系统在填料塔中的传质情况，在 25℃氧从水中解吸进入空气，在所用的流动条件下，塔的 $k_l a=0.0100\text{s}^{-1}$。根据水从空气中吸收氨的测定，扣除液相阻力后，得到在相同条件下（25℃及常压）$k_g a=0.00100\text{mol/(s}\cdot\text{m}^3\cdot\text{Pa)}$。试对以下各种情况确定气相阻力所占的分数，表达式

$$f_G=\frac{K_G a}{k_g a} \tag{a}$$

和液相阻力所占的分数为

$$f_L=\frac{K_L a}{k_l a} \tag{b}$$

显然，$f_L=1-f_G$。在 25℃，氧在水中的扩散系数 $D_{O_2-H_2O}=2.4\times10^{-9}\text{m}^2/\text{s}$，氨在空气中的扩散系数 $D_{NH_3-Air}=2.3\times10^{-5}\text{m}^2/\text{s}$。下列各系统都在 25℃下操作：①水吸收空气中的氨，是稀溶液。氨在水中的溶解度为 7.599 摩尔分率/MPa，在水中的扩散系数 $D_{NH_3-H_2O}=2.3\times10^{-9}\text{m}^2/\text{s}$。②水吸收空气中的 CO_2。CO_2 在水中溶解度为 0.00592 摩尔分率/MPa，$D_{CO_2-H_2O}=2.0\times10^{-9}\text{m}^2/\text{s}$。③碱液吸收空气中的 CO_2，按不存在化学反应时的溶解度计算其推动力，CO_2 的 k_l 加大到 100 倍。④以水从空气-乙醇混合气体中吸收乙醇，$D_{C_2H_5OH-Air}=1.18\times10^{-5}\text{m}^2/\text{s}$，$D_{C_2H_5OH-H_2O}=1.24\times10^{-9}\text{m}^2/\text{s}$。25℃下乙醇蒸气在水稀溶液中的溶解度为 20.72 摩尔分率/MPa。

解 随溶质扩散系数的改变，$k_l a$ 和 $k_g a$ 必须加以修正。为此对液相和气相传质系数受扩散系数的影响分别为 $k_l\propto D_L^{0.5}$ 和 $k_g\propto D_G^{2/3}$。

由于氧是难溶气体，属液膜控制，因此有 $K_L a\approx k_l a$。

(1) $$k_l a=(k_l a)_{O_2}\left(\frac{D_{NH_3}}{D_{O_2}}\right)^{0.5}=(0.0100)\left(\frac{2.3}{2.4}\right)^{0.5}=0.0098(\text{s}^{-1})$$

$$k_g a=(k_g a)_{NH_3}=0.00100[mol/(s \cdot m^3 \cdot Pa)]$$

$$H'_{NH_3}=\frac{p_{NH_3}}{c_{NH_3}}=\frac{18\times10^{-6}m^3/mol\ H_2O}{7.599(mol\ NH_3/mol\ H_2O)/MPa}$$

$$=2.37\times10^{-6}m^3 \cdot MPa/mol=2.37m^3 \cdot Pa/mol$$

$$\frac{1}{k_g a}=1000(m^3 \cdot Pa \cdot s/mol)$$

$$\frac{H'_{NH_3}}{k_l a}=\frac{2.37}{0.0098}=241(m^3 \cdot Pa \cdot s/mol)$$

$$\frac{1}{K_G a}=\frac{1}{k_g a}+\frac{H'}{k_l a}=1241(m^3 \cdot Pa \cdot s/mol)$$

$$f_g=\frac{K_G a}{k_g a}=\frac{1000}{1241}=0.81$$

此系统主要是气相控制，但液相阻力的影响也不可忽视。

(2) $k_l a=(0.0100)\left(\frac{2.0}{2.4}\right)0.5=0.0091(s^{-1})$

$$k_g a=(0.00100)\left(\frac{1.59}{2.3}\right)^{2/3}=0.00078[mol/(m^3 \cdot Pa \cdot s)]$$

25℃下 CO_2 在水中的溶解度为 0.00592 摩尔分率/MPa

$$H'_{CO_2}=\frac{10^6\times18\times10^{-6}}{0.00592}=3040(m^2 \cdot Pa/mol)$$

$$\frac{H'_{CO_2}}{k_l a}=\frac{3040}{0.0091}=3.34\times10^5(m^3 \cdot Pa \cdot s/mol)$$

$$\frac{1}{k_g a}=\frac{1}{0.00078}=1280(m^3 \cdot Pa \cdot s/mol)$$

$$f_g=\frac{1280}{1280+3.34\times10^5}=0.004$$

此系统为高度液膜控制。

(3) 把 $k_l a$ 增加 100 倍，故 $H'_{CO_2}/(k_l a)=3.34\times10^3$，其他均不变

$$f_g=\frac{1280}{1280\times3.34\times10^3}=0.28$$

由于 k_l 大大增加，系统已转变为两相阻力都是主要的。

(4)
$$k_l a=0.0100\left(\frac{1.24}{2.4}\right)^{0.5}=0.00719(s^{-1})$$

$$k_g a=0.00100\left(\frac{1.18}{2.3}\right)^{2/3}=0.000641[mol/(m^3 \cdot Pa \cdot s)]$$

$$H'_{乙醇}=\frac{10^6\times18\times10^{-6}}{20.72}=0.868(m^3 \cdot Pa/mol)$$

$$\frac{H'_{乙醇}}{k_l a}=\frac{0.868}{0.00179}=120.7(m^3 \cdot Pa \cdot s/mol)$$

$$\frac{1}{k_g a}=\frac{1}{0.000641}=1560(m^3 \cdot Pa \cdot s/mol)$$

$$f_g=\frac{1560}{1560+120.7}=0.93$$

此系统基本属气膜控制。

由上例可以明显看出溶解度(亨利系数)是判断传质控制步骤的决定性因素。化学吸收有可能改变平衡，提高液膜传质分系数，可促使纯液膜控制向双膜控制转化。

为了获得真实的 k_g 和 k_l 值，也有人企图获得填料润湿表面 a_w，用来代替填料干比表面 a_t，以获得真实的传质系数。其中似乎恩田和竹内的关联式(Bolles et al.，1982；Onda，1968；Onda et al.，1970)考虑比较全面，其方程式为

$$\frac{a_w}{a_t}=1-\exp\left\{-1.45\left(\frac{\sigma_c}{\sigma_L}\right)^{+0.75}\left(\frac{G_L}{a_t\mu_L}\right)^{0.1}\left(\frac{G_L^2}{\rho_L\sigma_L a_t}\right)^{0.2}\left(\frac{a_t G_L^2}{\rho_L^2 g}\right)^{-0.05}\right\}$$

$$=1-\exp\left\{-1.45\left(\frac{\sigma_c}{\sigma_L}\right)^{+0.75}Re_L^{0.1}We_L^{0.2}Fr_L^{-0.05}\right\} \tag{3-89}$$

这样，润湿表面不但与液体空塔质量流速 G_L、液体的物性(μ_L，ρ_L，δ_L)以及填料干比表面 a_t 有关，还与填料材质的润湿性能有关，即材料的临界表面张力 σ_c。它是与该材料的接触角为零度时的液体的表面张力，其值可见表 3-5。

表 3-5　填料材质的临界表面张力 σ_c

填料材质	玻璃	瓷质	聚氯乙烯	聚乙烯	石墨	钢质	石蜡
σ_c/($\times10^3$N/m)	73	61	40	30	60～65	71	20

式(3-89)的适用范围是：液相雷诺数 Re_L0.04～500；液相韦勃准数 We_L1.2×10^{-8}～0.7；液相弗鲁德准数 Fr_L2.5×10^{-9}～1.8×10^{-2}；$\frac{\sigma_c}{\sigma_L}$0.3～2。

3.5.3　传质系数的关联式

在文献中查得的各种传质系数值都因推动力的单位不同而不同。对于气相，往往采用浓度、分压或摩尔分率；对于液相，往往采用浓度或摩尔分率。表 3-6 列出了单向和等摩尔扩散传质系数与不同推动力单位的换算因子。

表 3-6　推动力与传质系数($k_c=RTk_g$)

推动力	单　位	等摩尔扩散	通过停滞膜单向扩散	单　位	转换为以摩尔分率为推动力，即 kmol/(m^2·s·摩尔分率)
c_g-c_gi	kmol/m^3	k_c	$k_c\frac{c}{c_{Bm}}$	m/s	$k_y'=ck_c'^*$ $k_y=k_c\frac{c}{(1-y)_{lm}}$
p_g-p_gi	Pa	k_g	$k_g\frac{p}{p_{Bm}}$	kmol/(m^2·s·Pa)	$k_y'=k_gp$ $k_g=k_g\frac{p}{(1-y)_{lm}}$
$y\quad y_i$	摩尔分率	k_y'	$k_y'\frac{1}{(1-y)_{lm}}$	kmol/(m^2·s·摩尔分率)	$k_y=k_y'\frac{1}{(1-y)_{lm}}$
$c_{li}-c_l$	kmol/m^3	k_l	$k_l\frac{c_l}{c_{Bm}}$	m/s	$k_x'=ck_l$ $k_x=k_l\frac{c_l}{(1-x)_{Bm}}$
x_i-x	摩尔分率	k_x'	$k_x'\frac{1}{(1-x)_{Bm}}$	kmol/(m^2·s·摩尔分率)	$k_x=k_x'\frac{1}{(1-x)_{Bm}}$

注：上标′表示等摩尔扩散。

表 3-6 中单位为 SI 制。但由于历来的单位沿革，文献中还有着各种不同单位制所表达的传质系数值，读者选用时必须先进行单位换算，方可使用。历来，传质系数值在同等的条件下的实测结果显示较大的差别(±15%～20%)，其值常取三位有效数字即可。下面介绍两类较经典的传质系数的经验式。如不敷用，读者可从其他文献、手册中查得。

液膜传质系数：在填料塔中最常用的液膜传质系数关联式由努梅恩(Norman)给出。对公称 10～50mm 的拉西环和 13～38mm 的鞍形填料，其式如下

$$\frac{k_l a}{D_l}=\beta\left(\frac{V_l\rho_l}{\mu_l}\right)^n\left(\frac{\mu_l}{\rho_l D_l}\right)^{0.5}\pm20\% \tag{3-90}$$

式中：k_l 为液膜传质系数，m/s；a 为填料比表面，m^2/m^3；D 为溶质在液体中的扩散系数，m^2/s；V_l 为表观的液体速度，m/s；ρ_l 为液体密度，kg/m^3；μ_l 为液体的动力黏度，$N\cdot s/m^2$。对于拉西环，$\beta\approx0.044$，$n=0.78$；对于鞍形填料 $\beta\approx0.086$，$n=0.72$。

气膜传质系数：对公称尺寸大于 15cm 的填料，查本蒂尔(Charpentier)提出关联式为

$$\frac{k_p p}{G}=5.3(ad)^{-1.7}\left(\frac{Gd}{\mu_g}\right)^{-0.3}\left(\frac{\mu_g}{\rho_g D_g}\right)^{-0.5}\pm30\% \tag{3-91}$$

式中：k_p 为气膜传质系数，$kmol/(m^2\cdot s\cdot Pa)$；$G$ 为表观气体流率，$kmol/(m^2\cdot s)$；d 为填料公称直径，m；μ_g 为气体动力黏度，$N\cdot s/m^2$；σ_g 为气体密度，kg/m^3；D_g 为气体扩散系数，m^2/s。

恩田(Onda)等基于方程式(3-76)、(3-77)和(3-89)建立了传质系数与传质单元高度的关联式(Bolles et al.，1982；Onda 1968)，将湿比表面 a_w 纳入了关系式

$$H_l=\frac{G_l}{k_l a_w \rho_l} \tag{3-92}$$

$$H_g=\frac{G_g}{k_g a_w \rho M_g} \tag{3-93}$$

并给出气、液传质系数各自的准数关联式

$$\text{液相}\quad k_l\left(\frac{\rho_l}{g\mu_l}\right)^{1/3}=0.0051\left(\frac{G_l}{a_w\mu_l}\right)^{2/3}\left(\frac{\mu_l}{\rho_l D_l}\right)^{-1/2}(a_t d_p)^{0.4} \tag{3-94}$$

$$\text{气相}\quad k_g\left(\frac{RT}{a_t D_g}\right)=5.23\left(\frac{G_g}{a_t\mu_g}\right)^{0.7}\left(\frac{\mu_g}{\rho_g D_g}\right)^{1/3}(a_t d_p)^{-2} \tag{3-95}$$

对于化学吸收的传质系数值，则以物理吸收为基础，全力求出 β 值即可，β 值的求取将在下一节详细讨论。

3.6 化学吸收与增强因子

3.6.1 化学吸收的分类及其判别

如前所述，化学吸收过程是液相中的某组分能与溶质 A 或更多组分进行化学反应。一般，吸收剂组分无挥发性，以致整个化学反应均在液相中进行。尽管如此，作为化学吸收对该传质过程的总的结果，必然产生两方面的影响：

(1) 加大推动力。化学反应在液相的出现使得以物理溶解形式存在于液相的溶质 A 有可能被反应消耗而产生其他新的物质。于是液相主体中 A 的浓度或者说液面中 A 组分的平衡分压都将比纯物理吸收要低得多。

(2) 提高反应速率。出于主观的意愿和选择，化学吸收速率的增大可以比不存在化学反应的传质速率大 10^2 数量级或更大。好的化学吸收剂可以使整个吸收过程变为气膜控制的吸收过程。

正由于在化学吸收过程中，气膜扩散、液膜扩散和化学反应三者共同决定整个过程的总速率。所以，在下面将对存在化学反应的不同吸收过程作分析，以期对化学吸收过程进行分类，并试图找出其判别条件。

1. 化学反应可忽略的物理吸收过程

这类反应既然能忽视化学反应的存在，显然在液相中溶质与溶剂之间的反应量极少，以致化学反应量与物理溶解量相比可以忽略。此时只能视该过程为物理吸收过程，即

$$\text{液相中的总反应量}\ll\text{扩散所传递的量} \tag{3-96}$$

若以化学反应为一级或拟一级反应为例，反应速度 $r=k_{\mathrm{I}}^{*}c_{\mathrm{A}}$，kmol/(m^3·s)，其中 k_{I}^{*} 为反应速率常数，s^{-1}。当吸收器(塔)中液相的总体积为 V，m^3 时，其反应总量为 $V\cdot r$，kmol/s；若吸收器(塔)内液相的流量为 Q，m^3/s，c_{A} 和 c_{A0} 分别为吸收器(塔)的出、进口浓度，kmol/m^3，其扩散所传递的量应是 $Q(c_{\mathrm{A}}-c_{\mathrm{A0}})$，kmol/m^3。于是，下列不等式成立

$$V\cdot r\ll Q(c_{\mathrm{A}}-c_{\mathrm{A0}}) \tag{3-97}$$

移项，并令 $\dfrac{Q}{V}=\dfrac{1}{\tau}$ 为停留时间 τ 的倒数，1/s，有

$$k_{\mathrm{I}}^{*}\tau\ll 1-\frac{c_{\mathrm{A0}}}{c_{\mathrm{A}}} \tag{3-98}$$

对于纯溶剂，进口 $c_{\mathrm{A0}}=0$，于是

$$k_{\mathrm{I}}^{*}\tau\ll 1 \tag{3-99}$$

即存在很缓慢的化学反应的吸收过程中，若吸收液在吸收器内停留时间过短，达某一界限时，液相中的化学反应量将可忽略，把整体过程视为物理吸收。反过来说，对于十分缓慢的化学反应，吸收剂在吸收设备中必须有足够的停留时间。

【例 3-5】 采用 pH 为 10 的碱性溶液在常温、不添加任何活化剂的情况下吸收 CO_2，已知 CO_2 和 OH^- 的反应速率可表示为 $r=k_{\mathrm{OH^-}}^{*}c_{\mathrm{CO_2}}c_{\mathrm{OH^-}}$，且 $k_{\mathrm{OH^-}}^{*}$ 在常温下为 10^4 m^3/(kmol·s)，该反应作为物理吸收过程的条件是什么？

解 pH=10 时，$c_{\mathrm{OH^-}}=10^{-4}$ kmol/m^3

将该反应作拟一级反应处理，则 $k_{\mathrm{I}}^{*}=k_{\mathrm{OH}}^{*}c_{\mathrm{OH^-}}=10^4\times10^{-4}=1(\mathrm{s}^{-1})$，于是，由 $k_{\mathrm{I}}^{*}\tau\ll1$，得 $\tau\ll1$s，由题意，当 τ 即溶液在吸收器中的停留时间远小于 1s 时，该过程即可作为物理吸收处理。

2. 在液流主体中进行缓慢化学反应的吸收过程

有时，尽管化学反应较缓慢，但某些原因如溶液的停留时间较长或反应条件较好等，都使溶液中的反应量增大。这时，由于液膜一般比液流主体薄得多，所以，化学反应不仅在液膜中进行，还要扩散到液相主体中去。也就是说，此时液膜中溶质 A 的反应能力远较它在液膜中的传递能力小，即应符合下列条件

$$\text{液膜中反应的量}\ll\text{通过液膜扩散的量} \tag{3-100}$$

仍以一级反应为例，液膜中反应量是 $\delta_l k_{\mathrm{I}}^{*}c_{\mathrm{A}i}$，其中 δ_l 为液膜的厚度，m。通过液膜扩散的量是 $k_l(c_{\mathrm{A}i}-c_{\mathrm{A}l})$，其中 $c_{\mathrm{A}i}$ 和 $c_{\mathrm{A}l}$ 分别为界面处和液流主体中溶质的浓度，k_l 为物理吸收的液膜传质系数，m/s。有不等式

$$\delta_l r\ll k_l(c_{\mathrm{A}i}-c_{\mathrm{A}l}) \tag{3-101}$$

$$\delta_l k_{\mathrm{I}}^{*}c_{\mathrm{A}i}\ll k_l(c_{\mathrm{A}i}-c_{\mathrm{A}l}) \tag{3-102}$$

由双膜论，$\delta_l=D_l/k_l$，D_l 为溶质在液相的扩散系数，m^2/s，代入并经整理后得

$$\frac{k_{\mathrm{I}}^{*}\delta_l}{k_l}=\frac{D_l k_{\mathrm{I}}^{*}}{k_l^2}\ll 1-\frac{c_{\mathrm{A}l}}{c_{\mathrm{A}i}} \tag{3-103}$$

令 $M=\dfrac{k_{\mathrm{I}}^{*}\delta_l}{k_l}=\dfrac{D_l k_{\mathrm{I}}^{*}}{k_l^2}$，这个无因次准数反映了化学反应速率与传递速率在液膜中的相对大小。当 $M\ll1$ 时，说明液膜反应能力远比传递能力小，此时化学反应扩展到液流主体中进行，称为慢反应。

对于这类吸收过程，在液流主体中存在着一定数量的化学反应，而液膜中的反应量几乎可以忽略，因而液膜中扩散过程几乎和纯物理吸收过程相一致，即其增强因子 β 接近 1 的工况。

其传质速率式可表示为

$$N_A=k_l(c_{Ai}-c_{Al}) \tag{3-104}$$

但是，化学反应的影响未消失，在液流主体相中进行的化学反应使得液相中溶质 A 的含量(c_{Al})比物理吸收时的 c_{Al} 要低得多。化学反应把溶质 A 不断转换成新的物质，液相中的 c_{Al} 可从它的物料衡算式获得，即液膜的扩散量应是在液流主体中 A 的积累量与化学反应使 A 的减少量之和，即

$$k_l(c_{Ai}-c_{Al})\mathrm{d}F=Q_l\mathrm{d}c_{Al}+r\mathrm{d}V \tag{3-105}$$

符号如前述，并令 $a=\frac{\mathrm{d}F}{\mathrm{d}V}$ 为吸收器中单位积液的表面积，上式整理后，可得

$$c_{Al}=\frac{k_la}{k_la+k_{\mathrm{I}}^*}\left(c_{Ai}-\frac{Q_l}{k_la}\frac{\mathrm{d}c_{Al}}{\mathrm{d}V}\right) \tag{3-106}$$

当吸收剂用量 Q_l 较小时，物理溶解的积累量几乎可忽略，这时

$$c_{Al}=\frac{k_la}{k_la+k_{\mathrm{I}}^*}c_{Ai} \tag{3-107}$$

于是

$$N_A=\frac{k_lk_{\mathrm{I}}^*}{k_la+k_{\mathrm{I}}^*}c_{Ai} \tag{3-108}$$

对于缓慢反应，$k_la\gg k_{\mathrm{I}}^*$。此时 $c_{Al}\approx c_{Ai}$，即吸收速率将完全取决于液相主体化学反应的快慢，这时的吸收速率可以表示为

$$N_A=\frac{k_{\mathrm{I}}^*c_{Al}}{a}=\frac{k_{\mathrm{I}}^*c_{Ai}}{a} \tag{3-109}$$

说明此时单位表面的吸收速率与反应速率常数 k_{I}^*、主体浓度 c_{Al} 成正比，而与单位积液的表面积成反比。也就是说对于缓慢反应，其速率将和积液总量有关，增加吸收器中的积液总量(如改为鼓泡吸收塔)将能改善反应条件。

【例 3-6】 用 pH=9 的溶液在 20℃下吸收二氧化碳，已知 $D_{lCO_2}=1.4\times10^{-9}\,\mathrm{m^2/s}$，$CO_2$ 和 OH^- 反应的二级反应速率常数 $k_{OH^-}^*=10^4\,\mathrm{m^3/(kmol\cdot s)}$，液膜传质系数 $k_l=10^{-4}\,\mathrm{m/s}$，试问该反应是否属于缓慢反应过程？

解 二级反应速率可表示为

$$r=k_{OH^-}^*\cdot c_{OH^-}\cdot c_{CO_2}$$

pH=9 时，溶液中 $c_{OH^-}=10^{-14+9}=10^{-5}(\mathrm{kmol/m^3})$，可将二级反应速率常数写成拟一级形式

$$k_{\mathrm{I}}^*=k_{OH^-}^*\cdot c_{OH^-}=10^4\times10^{-5}=0.1(\mathrm{s^{-1}})$$

$$M=\frac{D_lk_{\mathrm{I}}^*}{k_l^2}=\frac{1.4\times10^{-9}\times0.1}{10^{-8}}=1.4\times10^{-2}\ll1$$

符合缓慢反应的判别式，该反应属缓慢反应过程。

3. *在液膜中进行反应的化学吸收过程*

当化学反应速率加快，快到其反应能力远远超过在液膜中的扩散传递能力时，传递量在液膜内就已反应完毕。显然，此时符合不等式

$$\text{液膜中反应量}\gg\text{通过液膜扩散所传递的量} \tag{3-110}$$

即

$$M\gg1 \tag{3-111}$$

显然，从传质的浓度分布图来看，吸收时呈向下凹线，解吸时呈向上凸线，均为曲线状，与物理吸收时呈直线(图 3-14 中虚线)不同。化学反应的影响越大，弯曲程度越大。有化学反应时，采用膜模型求取组分 A 的扩散方程，服从菲克第二定律，有

$$D\frac{d^2c_A}{dx^2}=r \tag{3-112}$$

由图(3-14)并结合上式，吸收时，曲线的弯曲度应为 r/D，其中 r 为变值。式(3-112)的边界条件有 $x=0, c_A=c_{Ai}; x=\delta, c_A=c_{Al}$ 和 $\frac{dc_A}{dx}=0$，现令 $y=\frac{dc_A}{dx}$，代入式(3-112)，得 $y\frac{dy}{dc_A}=r/D$，并积分求解，可得

$$N_A\bigg|_{x=0}=-D\frac{dc_A}{dx}\bigg|_{x=0}=\pm D\sqrt{\frac{2}{D}\int_{c_{Al}}^{c_{Ai}}r\mathrm{d}c_A}=\beta k_1(c_{Ai}-c_{Al}) \tag{3-113}$$

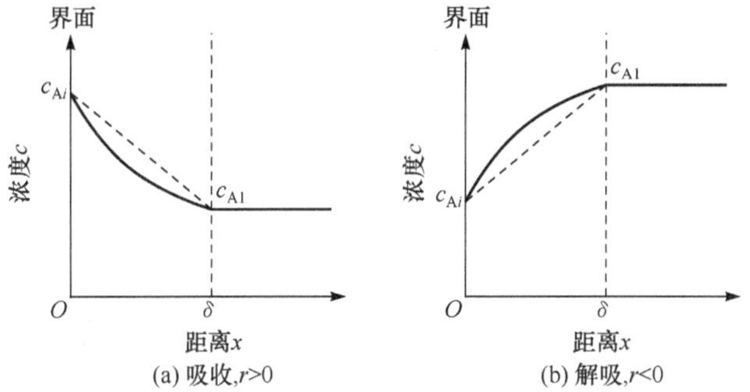

图 3-14　膜模型的化学吸收与解吸时的浓度分布

为了使结果变得更清楚，这里分别引进反应时间 t_r 和扩散时间 t_D 两个概念。由上述传质模型的论述，可定义

$$k_L=\sqrt{\frac{D}{t_D}} \tag{3-114}$$

由此，比较式(3-46)、式(3-51)和式(3-54)，有

$$t_D=\frac{1}{s}=\frac{\pi t_e}{4}=\frac{\delta^2}{D} \tag{3-115}$$

t_D 的大小可以由精确地考察液相流体力学行为中获得。当然，更方便地可以由实测的 k_L 值进而求取。对于所有的工业单元，t_D 值在 $4\times10^{-3}\sim4\times10^{-2}$ s 的范围内，液相可以获得很好的混合。

由图 3-14(a)，曲线的弯曲度可表达为 r/D，其中 r 这一变值可以近似地用其均值代替，即

$$r_{均}=\frac{1}{c_{Ai}-c_{Al}}\int_{c_{Al}}^{c_{Ai}}r\mathrm{d}c_A \tag{3-116}$$

$r_{均}$ 值在吸收时为正；在解吸时为负。化学反应较快时，弯曲度十分大，应有

$$弯曲度\gg\frac{平均梯度}{膜厚}$$

即

$$\frac{r_{均}}{D}\gg\frac{\frac{c_{Ai}-c_{Ae}}{\delta}}{\delta} \tag{3-117}$$

取其倒数并整理

$$\frac{c_{Ai}-c_{Al}}{r_{均}}\ll\frac{\delta^2}{D}=t_D \tag{3-118}$$

此时的浓度图可看作快反应，其增强因子大于 1。在式(3-118)中，把不等式的左边称为反应时间 t_r，表示由化学反应而使浓度从 c_{Ai} 改变到 c_{Al} 时所需的时间，也即化学反应在平均速率 $r_{均}$ 下使浓度从 c_{Ai} 到 c_{Al} 所需的时间，可用数学表达式

$$t_r = \frac{c_{Ai} - c_{Al}}{2r_{均}} = \frac{(c_{Ai} - c_{Al})^2}{2\int_{c_{Al}}^{c_{Ai}} r\mathrm{d}c_A} \tag{3-119}$$

该式适用于一级反应，式(3-113)带入了系数 2。从时间因素来看，快反应应符合下列不等式

$$t_D \gg t_r \tag{3-120}$$

对于某些快反应，t_r 可以是 10^{-4} 数量级或更小些。一般情况下，典型的扩散时间 t_D 的数量级约为 10^{-2}s。于是，对于慢反应 $t_r > 10^{-2}$s；快反应 $10^{-2}\text{s} > t_r > 10^{-6}$s；对 $t_r < 10^{-6}$s 的化学吸收反应，可以认为 $M \to \infty$，称之为瞬间反应。事实上，在快反应与慢反应之间，还存在一过渡区，在这个区内反应既在液膜中进行，又在液相主体中进行，M 既不远大于 1，又不远小于 1。尽管这一范围并不大，但由于反应在两个区域中同时进行，反应机理将显得十分复杂。这类过渡区称作中等速率的化学吸收。

综上所述，可以将上述所得的判据，特别是 M，作为划分各类化学反应的依据，列入表 3-7。

表 3-7　化学吸收的分类

反应类别	判别条件	物理意义	反应进行情况	图　像
瞬间反应化学吸收	$M \to \infty$	反应在液膜中某个面完成	反应在某个面瞬间完成	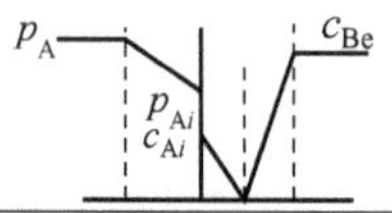
快速反应化学吸收	$M \gg 1$	液膜反应量远大于通过液膜的扩散量	反应在液膜内进行完毕	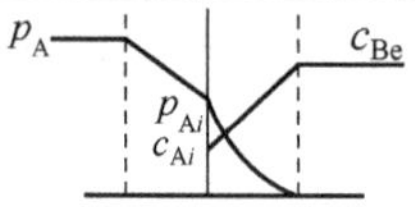
中速反应化学吸收	M 在 1 左右	液膜反应量与扩散量相当	反应既在液膜中进行，又扩散到主体中去	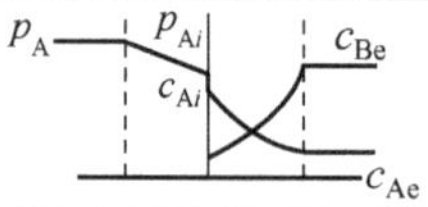
慢速反应化学吸收	$1 \gg M$	液膜反应量远小于通过液膜的扩散量	反应在液流主体中进行	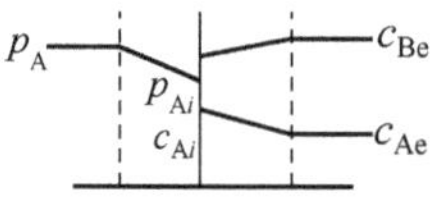
物理吸收	$1 \gg k_1^* \tau$	液相中总反应量远小于扩散传递总量	化学反应可以忽略，按物理吸收气液膜控制机理处理	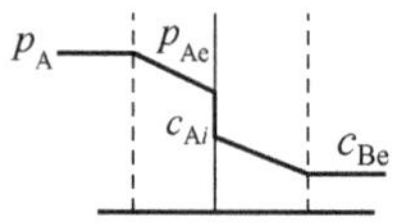

3.6.2　以不同传质理论处理化学一级不可逆反应

化学吸收过程中，吸收速率除了与扩散速率有关以外，还与化学反应速率有关。而吸收的极限则同时取决于气液相平衡和液相中的化学反应平衡。在绝大多数情况下，化学反应发生在液相，而吸收剂是不挥发的。所以，化学吸收中，气相扩散情况与纯物理吸收相一致；而在液相中就既存在着溶质在液膜和主体中的扩散作用，又存在着溶质和吸收剂的化学反应过程，同时有吸收剂和反应生成物的扩散传递过程。这些过程交织在一起，使总的结果十分复杂，即溶质在液相中的浓度分布同时受扩散与反应的制约。为了科学地研究化学吸收中液相传质现

象，一般将按下述步骤进行：①建立液相微元的扩散——反应微分方程，从稳态传质或不稳态传质入手，根据不同的传质模型，导得微分方程；②求得液相传质速率反应式，化学反应的种类极多，要导得符合该反应的特征的传质速率式，必须从反应的级数（一级，二级，m、n 级）、可逆与否以及单组分或多组分反应等开始，推导求解；③根据所获数学模型，求取模型参数，对于化学吸收过程来说，通常采用以无反应发生的物理吸收为基准，通过比较以获得模型参数即液相传质系数提高的倍数——化学反应增强因子 β 值，最终获得伴有化学反应的液相传质系数值。

1. 扩散—反应方程

现以在液膜中扩散与反应同时进行的化学吸收为例，取液膜中离界面深度为 x 处的微元（厚 $\mathrm{d}x$）考查。在微分时间 $\mathrm{d}\tau$ 内，对于面积为 F、厚度为 $\mathrm{d}x$ 的微分体积，进行物料衡算时，应符合下列物料衡算式

$$\text{扩散进入量}-\text{扩散流出量}-\text{反应量}=\text{积累量} \tag{3-121}$$

其中，扩散进入量 M_x 应服从菲克定律

$$N_x=\frac{M_x}{F\mathrm{d}t}=-D_l\frac{\mathrm{d}c}{\mathrm{d}x} \tag{3-122}$$

$$M_x=-D_l\frac{\mathrm{d}c}{\mathrm{d}x}F\mathrm{d}t \tag{3-123}$$

扩散流出量 $M_{x+\mathrm{d}x}$ 同样服从菲克定律（图 3-15）

$$M_{x+\mathrm{d}x}=M_x+\frac{\partial M_x}{\partial x}\mathrm{d}x=-D_l\frac{\mathrm{d}c}{\mathrm{d}x}F\mathrm{d}t-D_l\frac{\partial^2 c}{\partial x^2}F\mathrm{d}t\mathrm{d}x \tag{3-124}$$

在时间 $\mathrm{d}t$ 内，反应量为 M_R

$$M_R=rF\mathrm{d}x\mathrm{d}t \tag{3-125}$$

$\mathrm{d}t$ 时间内，积累在微元中的量 M_a 在稳态时为零，在非稳态时应有

$$M_a=\left(\frac{\partial c}{\partial t}\right)F\mathrm{d}x\mathrm{d}t \tag{3-126}$$

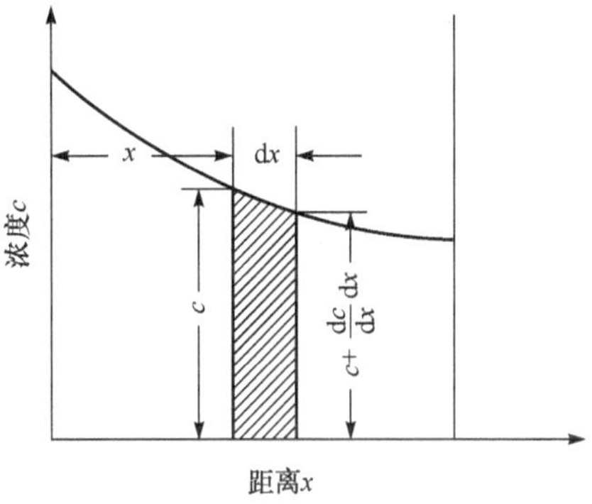

图 3-15　化学吸收液膜内微元的物料平衡

于是

$$M_x-M_{x+\mathrm{d}x}-M_R=M_a \tag{3-127}$$

$$-D_l\frac{\mathrm{d}c}{\mathrm{d}x}F\mathrm{d}t+D_l\frac{\mathrm{d}c}{\mathrm{d}x}F\mathrm{d}t+D_l\frac{\partial^2 c}{\partial x^2}F\mathrm{d}t\mathrm{d}x-rF\mathrm{d}x\mathrm{d}t=\frac{\partial c}{\partial t}F\mathrm{d}x\mathrm{d}t \tag{3-128}$$

$$D_l\frac{\partial^2 c}{\partial x^2}-r=\frac{\partial c}{\partial t} \tag{3-129}$$

式(3-129)即为扩散—反应微分方程。其中浓度是深度 x 和时间 t 的函数。在稳态传质时，浓度与时间无关，式(3-129)成为

$$D_l\frac{\partial^2 c}{\partial x^2}=r \tag{3-130}$$

扩散—反应微分方程式具体求解时，应根据化学反应的特征，不同的传质机理求解。从稍后的叙述中可以看到：在许多情况下，同一化学吸收过程用三种不同的传质模型求解后所获得的结果，其差异将小于在这些模型中所选用的物理量的不可靠性。于是，本章对模型的选择以数学处理的方便与否为首选，着重讨论不同的化学反应机理的求解。

2. 以双膜论处理一级不可逆反应

混合气体中被吸收的溶质 A 和溶液中活性组分 B 进行反应生成产物 Q。该反应

$$A+\nu B \longrightarrow Q \tag{3-131}$$

为不可逆反应，吸收剂中活性组分 B 很浓，以致在液膜中的浓度变化可以忽略。于是有

$$r=k_{\mathrm{I}}^{*}c_{A} \tag{3-132}$$

其中 $k_{\mathrm{I}}^{*}=k_{\mathrm{II}}^{*}c_{B}$。反应视为拟一级反应。

由双膜论，液膜中进行稳定传质，其扩散—反应方程可用式(3-130)，并以式(3-132)代入，可得

$$\frac{d^2 c_A}{dx^2}=\frac{k_{\mathrm{I}}^{*}c_A}{D_{Al}} \tag{3-133}$$

令 $\bar{c}_A=\dfrac{c_A}{c_{Ai}}$ 和 $\bar{x}=\dfrac{x}{\delta_l}$，可将上式无因次化，即

$$\frac{d^2\ \bar{c}_A}{d\ \bar{x}^2}=\delta_l^2\ \frac{k_{\mathrm{I}}^{*}}{D_{Al}}\bar{c}_A \tag{3-134}$$

已知双膜论中 $k_l=\dfrac{D_{Al}}{\delta_l}$，并令 $M=\dfrac{D_{Al}k_{\mathrm{I}}^{*}}{k_l^2}$，于是

$$\frac{d^2\ \bar{c}_A}{d\ \bar{x}^2}=\frac{D_{Al}k_{\mathrm{I}}^{*}}{k_l^2}\bar{c}_A=M\bar{c}_A \tag{3-135}$$

上述微分方程的通解为

$$\bar{c}_A=c_1 e^{\sqrt{M}\bar{x}}+c_2 e^{-\sqrt{M}\bar{x}} \tag{3-136}$$

积分常数 c_1 和 c_2 值由边界条件定。当 $\bar{x}=0$ 即 $x=0$ 时，$c_A=c_{Ai}$，$\bar{c}_A=1$，代入通解，可得

$$c_1+c_2=1$$

当 $\bar{x}=1$ 即 $x=\delta_l$ 时，$c_A=c_{Al}$，$\bar{c}_A=\dfrac{c_{Al}}{c_{Ai}}$。且应符合在此条件下的物料平衡，即在 $x=\delta_l$ 的界面上，组分 A 向主体扩散的量等于在主体中反应的量，有

$$-D_{Al}\frac{dc_A}{dx}\bigg|_{x=\delta_l}=k_{\mathrm{I}}^{*}c_A(V-\delta_l) \tag{3-137}$$

式中：V 为单位传质表面的积液容积，m^3/m^2。同样，无因次化处理上述方程，并令 $\alpha_l=V/\delta_l$，它相当于积液容积(或厚度)与液膜容积(或厚度)之比。

$$-D_{Al}\frac{d\ \bar{c}_A}{d\ \bar{x}}=\delta_l k_{\mathrm{I}}^{*}\bar{c}_A(V-\delta_l)=\delta_l^2 k_{\mathrm{I}}^{*}\bar{c}_A\left(\frac{V}{\delta_l}-1\right) \tag{3-138}$$

$$-\frac{d\ \bar{c}_A}{d\ \bar{x}}\bigg|_{\bar{x}=1}=\frac{\delta_l^2 k_{\mathrm{I}}^{*}}{D_{Al}}\bar{c}_A(\alpha_l-1)=M\bar{c}_A(\alpha_l-1) \tag{3-139}$$

对通解求导，并与两边界条件联解，可得

$$c_2=1-c_1=\frac{[\sqrt{M}(\alpha_l-1)+1]e^{\sqrt{M}}}{(e^{\sqrt{M}}+e^{-\sqrt{M}})+\sqrt{M}(\alpha_l-1)(e^{\sqrt{M}}-e^{-\sqrt{M}})} \tag{3-140}$$

再以 c_1、c_2 值代入通解，并由双曲函数 $\mathrm{sh}\sqrt{M}=\dfrac{e^{\sqrt{M}}-e^{-\sqrt{M}}}{2}$ 和 $\mathrm{ch}\sqrt{M}=\dfrac{e^{\sqrt{M}}+e^{-\sqrt{M}}}{2}$，于是

$$\bar{c}_A=\frac{\text{ch}\sqrt{M}(1-\bar{x})+\sqrt{M}(\alpha_1-1)\text{sh}\sqrt{M}(1-\bar{x})}{\text{ch}\sqrt{M}+\sqrt{M}(\alpha_1-1)\text{sh}\sqrt{M}} \tag{3-141}$$

所以，每单位面积的组分 A 的吸收速度 N_A[kmol/(m^2 · s)]可用下式表示

$$N_A=-D_{Al}\frac{dc_A}{dx}\bigg|_{x=0}=-\frac{D_{Al}c_{Ai}}{\delta_1}\frac{d\bar{c}_A}{d\bar{x}}\bigg|_{\bar{x}=0}=-k_1c_{Ai}\frac{d\bar{c}_A}{d\bar{x}}\bigg|_{\bar{x}=0} \tag{3-142}$$

将$\bar{c}_A$ 的表达式对$\bar{x}$求导，并在边界条件$\bar{x}=0$ 时求得吸收速率为

$$N_A=\frac{k_1c_{Ai}\sqrt{M}[\sqrt{M}(\alpha_1-1)+\text{th}\sqrt{M}]}{(\alpha_1-1)\sqrt{M}\text{th}\sqrt{M}+1} \tag{3-143}$$

由化学吸收增强因子 β 的定义知，其值是上述速率与纯物理吸收速率之比，当 $c_{Al}=0$ 时，物理吸收速率 $N_A=k_1c_{Ai}$，于是

$$\beta=\frac{\sqrt{M}[\sqrt{M}(\alpha_1-1)+\text{th}\sqrt{M}]}{(\alpha_1-1)\sqrt{M}\text{th}\sqrt{M}+1} \tag{3-144}$$

显然，对于化学吸收中一级不可逆反应，β 值将与反应速率常数 k_{I}^*、分子扩散系数 D_{Al}、液膜传质系数 k_1、液膜反应容积以及液相反应容积所组成的两个无因次群有关。而 M 值，如 3.6.1 节所述，将主要决定反应过程的快慢程度，下面试就 M 值在不同的范围，对上述的 β 值作概括的讨论。表 3-8 列出了$\sqrt{M}$与 th $\sqrt{M}$相对应的值以供讨论时参考。

表 3-8 $\sqrt{M}$与 th $\sqrt{M}$值

$\sqrt{M}$	0.01	0.1	0.2	0.5	1	2	3	4	5
th $\sqrt{M}$	0.0099996	0.0997	0.1974	0.4621	0.7616	0.9640	0.9951	0.9993	0.99991
$\sqrt{M}$/th $\sqrt{M}$	1.0000	1.0033	1.0133	1.0820	1.3130	2.0746	3.0148	4.0028	5.00045

1) 快反应

$M\gg1$ 即反应速率很大时，$\sqrt{M}>3$，th $\sqrt{M}\to1$，式(3-141)可简化为

$$\beta=\sqrt{M} \tag{3-145}$$

于是

$$N_A=\sqrt{M}k_1c_{Ai}=c_{Ai}\sqrt{k_{\text{I}}^*D_{Al}} \tag{3-146}$$

此时的吸收速率仅取决于 k_{I}^*、D_{Al}和 c_{Ai}，而与 k_1、δ_1 无关。所以，传统的增加液相湍动的方法无效，只有改善反应条件，选择好的吸收剂和提高界面上 A 的浓度等才可能强化过程，见图 3-16(a)。

2) 反应并不快，但 α_1 较大

有$(\alpha_1-1)\gg1/\sqrt{M}\text{th}\sqrt{M}$和$(\alpha_1-1)\gg\text{th}\sqrt{M}/\sqrt{M}$。这时尽管反应在液膜中不能完毕，液相主体的反应能力很强，可以使 $x=\delta_1$ 处 $c_{Al}=0$。于是

$$\beta=\frac{\sqrt{M}}{\text{th}\sqrt{M}} \tag{3-147}$$

并有

$$N_A=\frac{\sqrt{M}}{\text{th}\sqrt{M}}k_1\cdot c_{Ai} \tag{3-148}$$

这种情况下，α_1 远远大于 1（α_1 通常在 10～10^4 之间，填料塔 α_1 为 10～100，鼓泡塔 α_1 为 100～10^4），以致在液膜与主体的交界处组分 A 仍能反应完毕，见图 3-16(b)。

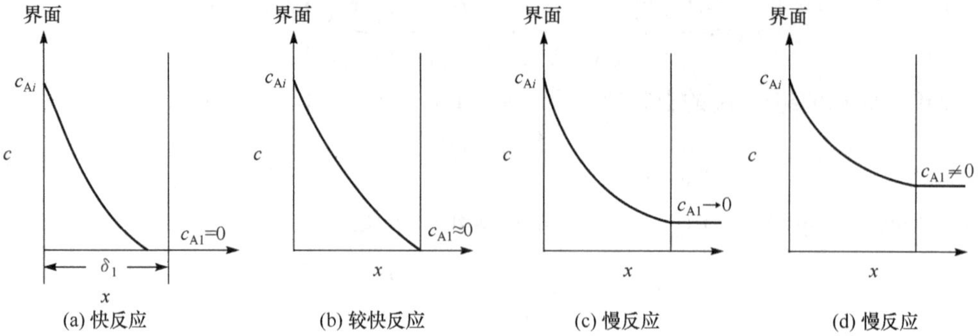

图 3-16　不可逆一级反应浓度图

3）慢反应

$M\ll 1$，即反应速率极慢时，反应将在液相主体中完成，由表 3-8 可以看到：$M<0.2$ 的情况下 $\text{th}\sqrt{M}\to\sqrt{M}$，于是

$$\beta=\frac{\alpha_1 M}{\alpha_1 M-M+1} \tag{3-149}$$

式中：$\alpha_1 M=\dfrac{V}{\delta_1}\cdot\dfrac{D_{A1}k_{\text{I}}^*}{k_1^2}=\dfrac{Vk_{\text{I}}^*c_A}{k_1c_A}$，它显示了液相化学反应速率与液膜物理传质速率之比，可用于判断上述两者的相对大小。

对于上述 β 的表达式，尽管 $M\ll 1$，只要 $\alpha_1 M$ 值远大于 1，这时 β 值有可能接近 1。例如，当 $M=0.01$ 而希望 α_1 大些，若选用鼓泡塔并使 α_1 值达 4000，则 $\alpha_1 M=40$，可知 $\beta=0.976$。这时出现图 3-16(c)的情况，即使化学反应很慢，使反应主要在液相主体中进行，但利用鼓泡塔液相容积大的特点，液相主体中的 c_{A1} 近似等于零即反应完全。

反之，当设备受到限制或所选设备的储液量较小时，$\alpha_1=0$，那么，同样是 $M=0.01$ 的慢反应，$\alpha_1 M=0.1$，$\beta=0.0917$。这意味着上述反应与以 $c_{A1}=0$ 的物理吸收速率相比，$\beta<1$，即对于反应缓慢而容积又不够的化学吸收，液相主体的 c_{A1} 较高，有时甚至会接近界面浓度 c_{Ai}。这时，吸收速率将由液相主体的缓慢化学反应所决定，其设备将属反应器范畴。

由此，可得下述认识：当吸收过程为慢反应时，选择合适的传质设备是十分重要的。如果最后的结果能使反应的 β 值接近 1，这时，可按物理传质速率的强化手段进行。反之，当 β 值十分小时，则应按化学反应的强化手段处理之。

【例 3-7】 用浓度 c_B 为 0.5kmol/m³ 的 NaOH 溶液吸收 CO_2，已知 $k_1=1.5\times10^{-4}\,\text{m/s}$，$k_{\text{II}}^*=5\times10^3\,\text{m}^3/(\text{kmol}\cdot\text{s})$，$D_{A1}=1.8\times10^{-9}\,\text{m}^2/\text{s}$，$H_{CO_2}=1.4\times10^{-4}\,\text{kmol}/(\text{kPa}\cdot\text{m}^3)$，界面上 CO_2 分压为 0.001MPa，现假定液膜中 c_B 可当作恒值。试求反应的 β 值和吸收速率。

解　NaOH 溶液吸收 CO_2 应是一个二级反应 $r=k_{\text{II}}^*c_{A1}c_{B1}$，现 c_{B1} 值恒定不变，则 $r=k_{\text{I}}^*c_{CO_2}$，其中

$$k_{\text{I}}^*=k_{\text{II}}^*c_B=5\times10^3\,\text{m}^3/(\text{kmol}\cdot\text{s})\times0.5\,\text{kmol/m}^3=2.5\times10^3(\text{s}^{-1})$$

$$\sqrt{M}=\frac{\sqrt{k_{\text{I}}^*D_{A1}}}{k_1}=\frac{\sqrt{2.5\times10^3\,\text{s}^{-1}\times1.8\times10^{-9}\,\text{m}^2/\text{s}}}{1.5\times10^{-4}\,\text{m/s}}=14.1$$

当 $\sqrt{M}\gg 1$，$\sqrt{M}\to\text{th}\sqrt{M}$，所以

$$\beta=\sqrt{M}=14.1$$

其吸收速率

$$N_A=\sqrt{M}k_1c_{Ai}=\sqrt{k_{\text{I}}^*\cdot D_{A1}}\cdot H_{CO_2}\cdot p_{CO_2}$$

$$=\sqrt{2.5\times10^{3}\times1.8\times10^{-9}}\times1.4\times10^{-4}\times1$$
$$=2.97\times10^{-7}\,\text{kmol}/(\text{m}^2\cdot\text{s})$$

3. *以表面更新论处理*

非稳态传质方程由式(3-126)知

$$D_1\frac{\partial^2 c}{\partial x^2}-r=\frac{\partial c}{\partial t}$$

对于一级不可逆反应

$$D_{A1}\frac{\partial^2 c_A}{\partial x^2}=\frac{\partial c_A}{\partial t}+k_{\text{I}}^{*}c_A \tag{3-150}$$

并有边界条件

$$t=0,\quad x>0,\quad c_A=0$$
$$t>0,\quad x=0,\quad c_A=c_{Ai}$$
$$t>0,\quad x\to\infty,\quad c_A=0$$

若 t 是液面微元的年龄，$f(t)$是液面微元的年龄分布函数。于是，从 t 到 $t+\mathrm{d}t$ 间液面微元所占的分率是 $f(t)\mathrm{d}t$，年龄为 t 的液面微元的吸收速率是 N_i，表面分率为 $f(t)\mathrm{d}t$ 的液面微元的吸收速率占总表面吸收速率的分率为 $N_i f(\mathrm{t})\mathrm{d}t$。对年龄从 0 到∞的所有单元求和，可得全部微元的总吸收速率或时均吸收速率，以$\overline{N_i}$表示

$$\overline{N}_i=\int_0^{\infty}N_i f(\mathrm{t})\mathrm{d}t \tag{3-151}$$

在表面更新模型中，S 为表面更新速率，不论微元年龄的大小，其置换的机会均等，与年龄 t 无关。可以得到该模型的表面分布函数

$$f(t)=S\mathrm{e}^{-St} \tag{3-152}$$

$$\overline{N}_i=\int_0^{\infty}N_i S\mathrm{e}^{-St}\mathrm{d}t=S\int_0^{\infty}N_i\mathrm{e}^{-St}\mathrm{d}t \tag{3-153}$$

上式右边正好是拉普拉斯(Laplace)变换的形式

$$L[N_i]=S\int_0^{\infty}N_i\mathrm{e}^{-St}\mathrm{d}t \tag{3-154}$$

因而对式(3-150)的各项作第二类拉氏变换，令 $c_A^0=S\int_0^{\infty}c_A\mathrm{e}^{-St}\mathrm{d}t$，表示对年龄 0→∞的所有微元分率中被吸收组分的浓度的求和，实际上就是该组分的平均浓度。则

$$S\int_0^{\infty}\frac{\partial^2 c_A}{\partial x^2}\mathrm{e}^{-St}\mathrm{d}t=\frac{\mathrm{d}^2}{\mathrm{d}x^2}S\int_0^{\infty}c_A\mathrm{e}^{-St}\mathrm{d}t=\frac{\mathrm{d}^2 c_A^0}{\mathrm{d}x^2} \tag{3-155}$$

$$S\int_0^{\infty}\frac{\partial c_A}{\partial t}\mathrm{e}^{-St}\mathrm{d}t=S[c_A\mathrm{e}^{-St}]_0^{\infty}+S^2\int_0^{\infty}c_A\mathrm{e}^{-St}\mathrm{d}t=0+Sc_A^0 \tag{3-156}$$

$$S\int_0^{\infty}k_{\text{I}}^{*}c_A\mathrm{e}^{-St}\mathrm{d}t=k_{\text{I}}^{*}c_A^0 \tag{3-157}$$

回到式(3-150)并变换成

$$D_{A1}\frac{\mathrm{d}^2 c_A^0}{\mathrm{d}x^2}=(S+k_{\text{I}}^{*})c_A^0 \tag{3-158}$$

解上述方程，此时的边界条件为 $x=0$ 时 $c_A^0=c_{Ai}$；$x=\infty$时 $c_A^0=0$

$$c_A^0=c_{Ai}\exp\left(-\sqrt{\frac{S+k_{\text{I}}^{*}}{D_{A1}}}x\right) \tag{3-159}$$

以下标 s 表示由表面更新论推导的结果，并结合菲克定律可得时均传质速率为

$$
\begin{aligned}
N_{\mathrm{s}} &= S\int_0^{\infty} N_i \mathrm{e}^{-St}\,\mathrm{d}t = S\int_0^{\infty} -D_{\mathrm{Al}}\left(\frac{\partial c_{\mathrm{A}}}{\partial x}\right)\bigg|_{x=0} \mathrm{e}^{-St}\,\mathrm{d}t \\
&= -D_{\mathrm{Al}}\left(\frac{\mathrm{d}}{\mathrm{d}x}S\int_0^{\infty} c_{\mathrm{A}}\mathrm{e}^{-St}\,\mathrm{d}t\right)\bigg|_{x=0} \\
&= -D_{\mathrm{Al}}\frac{\mathrm{d}c_{\mathrm{A}}^0}{\mathrm{d}x}\bigg|_{x=0}
\end{aligned}
\tag{3-160}
$$

对式(3-159)求导

$$
\begin{aligned}
\frac{\mathrm{d}c_{\mathrm{A}}^0}{\mathrm{d}x} &= -c_{\mathrm{A}i}\sqrt{\frac{S+k_{\mathrm{I}}^*}{D_{\mathrm{Al}}}}\exp\left(-\sqrt{\frac{S+k_{\mathrm{I}}^*}{D_{\mathrm{Al}}}}x\right)\bigg|_{x=0} \\
&= c_{\mathrm{A}i}\sqrt{\frac{S+k_{\mathrm{I}}^*}{D_{\mathrm{Al}}}}
\end{aligned}
\tag{3-161}
$$

于是

$$
N_{\mathrm{s}} = D_{\mathrm{Al}}c_{\mathrm{A}i}\sqrt{\frac{(S+k_{\mathrm{I}}^*)}{D_{\mathrm{Al}}}} = \sqrt{D_{\mathrm{Al}}(S+k_{\mathrm{I}}^*)}c_{\mathrm{A}i}
\tag{3-162}
$$

而纯物理吸收

$$
N_{\mathrm{A}} = \sqrt{D_{\mathrm{Al}}S}c_{\mathrm{A}i}
$$

所以

$$
\beta_{\mathrm{s}} = \frac{\sqrt{D_{\mathrm{Al}}(S+k_{\mathrm{I}}^*)}}{\sqrt{D_{\mathrm{Al}}S}} = \sqrt{1+\frac{k_{\mathrm{I}}^*}{S}}
\tag{3-163}
$$

已知 $k_{\mathrm{l}} = \sqrt{D_{\mathrm{Al}}S}$，代入式(3-160)得

$$
\beta_{\mathrm{s}} = \sqrt{1+\frac{k_{\mathrm{I}}^* D_{\mathrm{Al}}}{k_{\mathrm{l}}^2}} = \sqrt{1+M}
\tag{3-164}
$$

讨论：

(1) 当 $M\gg 1$ 时，$\beta_{\mathrm{s}} = \sqrt{M}$，事实上 $M\geqslant 36$ 后，误差将小于 1.38%，这一结果与双膜论的快反应结果相一致。

(2) 当 $M\ll 1$，即 $M\ll 0.04$ 时，$\beta\approx 1$，其误差不大于 2%。这一结果又和双膜论的结果是一致的。

4. *以渗透论处理*

其非稳态传质方程与式(3-150)同，并同样有

$$
\overline{N}_i = \int_0^{\infty} N_i f(t)\,\mathrm{d}t
$$

对于渗透模型的表面分布函数服从下列假设

$$
0<t\leqslant t_{\mathrm{e}} \quad f(t) = \frac{1}{t_{\mathrm{e}}}
$$

$$
t>t_{\mathrm{e}} \quad f(t) = 0
$$

式中：t_{e} 为渗透模型的特性参数，寿命。用处理表面更新论相类似的方法，采取反拉普拉斯变换，结合 $k_{\mathrm{l}} = 2\sqrt{\frac{D_{\mathrm{Al}}}{\pi t_{\mathrm{e}}}}$ 和 $M = \frac{k_{\mathrm{I}}^* D_{\mathrm{Al}}}{k_{\mathrm{l}}^2}$，并以下标 p 表示渗透模型，可得

$$N_p = c_{Ai}\sqrt{D_{Al}k_{\mathrm{I}}^*}\left[\left(1+\frac{1}{2k_{\mathrm{I}}^* t_e}\right)\mathrm{erf}\sqrt{k_{\mathrm{I}}^* t_e}+\sqrt{\frac{1}{\pi k_{\mathrm{I}}^* t_e}}\mathrm{e}^{-k_{\mathrm{I}}^* t_e}\right] \tag{3-165}$$

而

$$k_{\mathrm{I}}^* t_e = \frac{4}{\pi}\frac{k_{\mathrm{I}}^* D_{Al}}{k_l^2} = \frac{4M}{\pi}$$

所以

$$N_p = c_{Ai}k_l\sqrt{M}\left[\left(1+\frac{\pi}{8M}\right)\mathrm{erf}2\sqrt{\frac{M}{\pi}}+\frac{1}{2\sqrt{M}}\mathrm{e}^{-\frac{4M}{\pi}}\right] \tag{3-166}$$

$$\beta_p = \sqrt{M}\left[\left(1+\frac{\pi}{8M}\right)\mathrm{erf}2\sqrt{\frac{M}{\pi}}+\frac{1}{2\sqrt{M}}\mathrm{e}^{-\frac{4M}{\pi}}\right] \tag{3-167}$$

如将上式以级数展开，其中误差函数 $\mathrm{erf}(x)$ 和 e^{-x} 的展开式如下

$$\mathrm{erf}(x) = \frac{2}{\sqrt{\pi}}\left(x - \frac{x^3}{3\times 1!} + \frac{x^5}{5\times 2!} - \frac{x^7}{7\times 3!} + \cdots\right) \tag{3-168}$$

$$\mathrm{e}^{-x} = 1 - x + \frac{x^2}{2!} - \frac{x^3}{3!} + \cdots \tag{3-169}$$

于是

$$\beta_p = 1 + \frac{1}{3}\left(\frac{4M}{\pi}\right) - \frac{1}{30}\left(\frac{4M}{\pi}\right)^2 + \frac{1}{210}\left(\frac{4M}{\pi}\right)^3 - \cdots \tag{3-170}$$

讨论：

(1) 当 $M \ll 0.36$ 时，可取上式的前两项，此时的误差小于 0.7%。

(2) 当 M 较大时，$\mathrm{erf}\left(2\sqrt{\frac{M}{\pi}}\right) \approx 1$，此时

$$\beta_p = \sqrt{M} + \frac{\pi}{8\sqrt{M}} \tag{3-171}$$

显然 $M \gg 1$ 时，有 $\beta_p = \sqrt{M}$，与双膜论的结果也相一致。

5. 三种传质模型的比较

将上述三种模型处理的结果比较于表 3-9 和图 3-17。对于一级不可逆反应，尽管化学反应增强因子 β 的表达式有很大的不同，但随着 M 值的变化，三者的 β 值实际相差并不大。就表上的计算范围来看，三者的最大差别不超过 6%，而在 $M>100$ 或 $M<0.04$ 的范围，差别不超过 2%。因此，三种模型的计算结果相差无几。考虑到计算上的方便，仍采用离实际较远的双膜论所得的 β 表达式。

表 3-9　一级不可逆反应的 β 值

M \ β	双膜模型	渗透模型	表面更新模型
0.01	1.0033	1.0042	1.0050
0.04	1.0133	1.0167	1.0198
0.25	1.0820	1.1028	1.1180
1	1.3130	1.3788	1.4142
4	2.0746	2.1964	2.2361
25	5.0005	5.0785	5.0991
100	10.0000	10.0393	10.0499

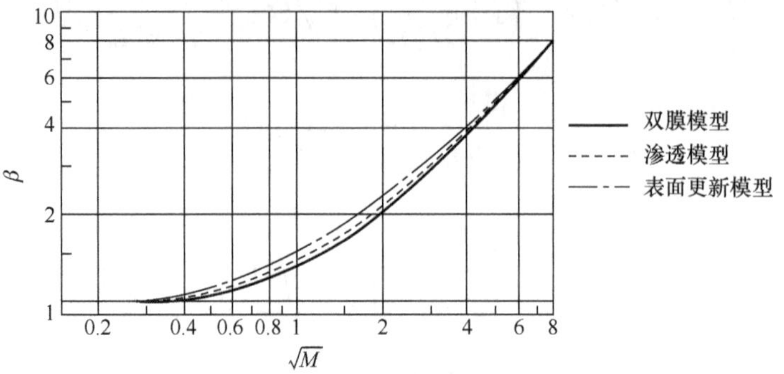

图 3-17　一级不可逆反应时三种传质模型所得 β 值的比较

事实上，对于二级、m 级以及 (m,n) 级化学反应都有相类似的结果。不同模型的处理结果的差别一般不超过 8%，而仅个别情况下可能达 20%。所以，在后面的讨论中，将只对双膜模型的处理结果进行讨论。

3.6.3　不可逆瞬时化学反应

若液相内含有能与溶质 A 发生瞬时不可逆反应的不挥发物质 B，则化学吸收时，界面区浓度分布情况如图 3-18 所示。此时的反应为

$$A + bB \longrightarrow Q$$

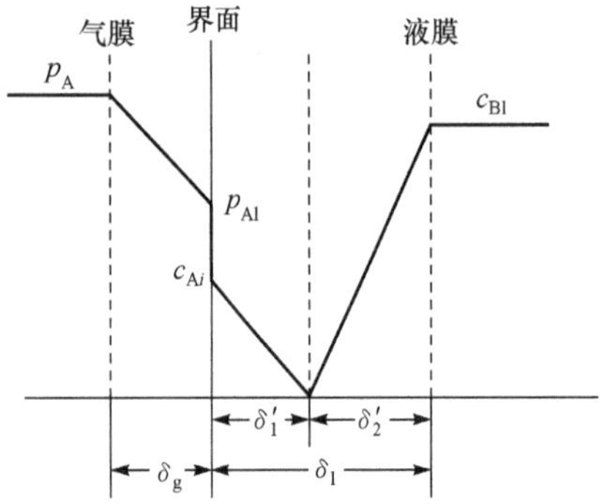

图 3-18　不可逆瞬间反应

式中：Q 为反应产物；b 为反应的化学计量系数，其值常为 1、2 或 0.5。由于 A 和 B 的反应是飞速的，两者一旦接触立刻反应生成新物质 Q，因此在液膜内 A 和 B 不可能同时存在，而仅能在离界面某一深度 δ_1' 处形成一个反应面，在该反应面上，A 与 B 的浓度值均为零，意味着反应带的厚度趋于零。当然此时必然存在生成物 Q 的浓度 c_Q，并向液相的扩散。图中 δ_1 指界面与液流主体间的距离，δ_2' 与 δ_1' 之和为液膜厚度 δ_1 值。

对于膜模型，当传质为稳态时，其扩散—反应方程为式(3-130)，即

$$D_1 \frac{d^2 c}{dx^2} = r$$

上述分析已知在液膜中除反应面外，其他各处都不发生反应，即 $r=0$，于是有

$$0 \leqslant x < \delta_1' \qquad \frac{d^2 c}{dx^2} = 0 \tag{3-172}$$

$$\delta_1' < x \leqslant \delta_1 \qquad \frac{d^2 c}{dx^2} = 0 \tag{3-173}$$

由物料衡算，$x = \delta_1'$

$$-D_A \frac{dc_A}{dx} = \frac{D_B}{b} \frac{dc_B}{dx} \tag{3-174}$$

上述微分方程有边界条件

$$x = 0 \qquad c_A = c_{Ai}$$

$$x=\delta_1 \qquad c_B=c_{Bl}$$

$$x=\delta_1' \qquad c_{Al}=0 \text{ 和 } c_{Bl}=0$$

对式(3-172)和式(3-173)积分两次,并代入边界条件求积分常数,可得

$$0\leqslant x<\delta_1' \qquad c_A=c_{Ai}\left(1-\frac{x}{\delta_1'}\right) \tag{3-175}$$

$$\delta_1'<x\leqslant\delta_1 \qquad c_B=c_{Bl}(x-\delta_1')/(\delta_1-\delta_1') \tag{3-176}$$

上两式代入式(3-174),并应用加比定律,可得

$$\frac{D_A c_{Ai}}{\delta_1'}=\frac{D_B c_{Bl}}{b(\delta_1-\delta_1')}=\frac{D_A c_{Ai}+D_B c_{Bl}/b}{\delta_1-\delta_1'+\delta_1'} \tag{3-177}$$

于是

$$\beta=\frac{k_1'}{k_1}=\frac{D_A(c_{Ai}-0)/\delta_1'}{D_A c_{Ai}/\delta_1}=\frac{\delta_1}{\delta_1'}=1+\frac{D_B c_{Bl}}{bD_A c_{Ai}} \tag{3-178}$$

$$\beta=1+cd \tag{3-179}$$

式中:$d=D_B/D_A$,反应物的两扩散系数之比;$c=\dfrac{c_{Bl}}{bc_{Ai}}$,反应物的化学反应计量之比。

讨论:

(1) β 值的获得也可由式(3-130)作如下推导

$$N_A=-\frac{N_B}{b}=\frac{D_B}{b\delta_2'}c_{Bi} \tag{3-180}$$

$$N_A=\frac{D_A}{\delta_1'}c_{Ai}=\frac{D_A}{\delta_1'}\frac{\delta_1}{\delta_1}c_{Ai}=\frac{\delta_1}{\delta_1'}k_1 c_{Ai} \tag{3-181}$$

$$\delta_1=\delta_1'+\delta_2'$$

$$N_A=k_1 c_{Ai}+\frac{\delta_2'}{\delta_1'}k_1 c_{Ai}=k_1 c_{Ai}+\frac{D_B c_{Bl}/bN_A}{D_A c_{Ai}/N_A}k_1 c_{Ai}=(1+cd)k_1 c_{Ai}' \tag{3-182}$$

显然,由于化学反应的快速已将液膜中的反应带变为一个反应面,再加快反应速率已变得没意义了。所以 β 值与反应速率常数 k^* 值无关,而只与物系的扩散系数、反应物各自的浓度有关。

(2) 对 β 值的进一步分析还可看出,由于各种组分在同一溶液的扩散系数值几乎都在同一个数量级,因此扩散系数之比的影响几乎可不考虑。系统一定,它将是个定值。但化学反应计量浓度之比 c 则不然,它的大小对吸收速率将有着明显的影响。随着 c_{Bl} 值的增大,从图 3-19 可看出反应面的位置必然向界面移动,而使 δ_1' 减小,即可有效地提高反应吸收速率。

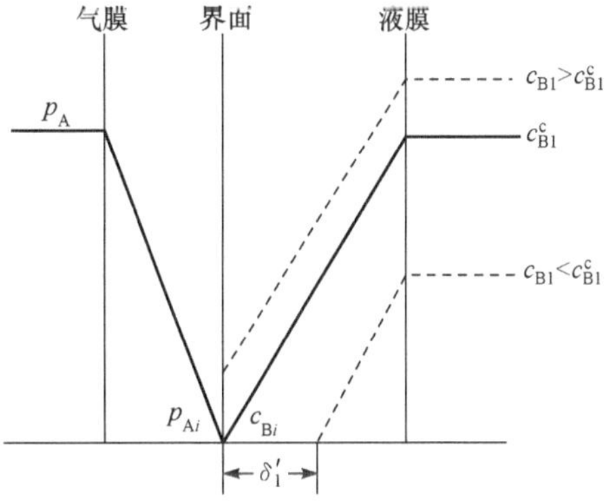

图 3-19 瞬时反应的临界浓度

但是,如图 3-19 所示,c_{Bl} 的提高是有一极限值的。若称这一极限值为吸收剂 B 的临界浓度 c_{Bl}^c。这时 $\delta_1'=0$,即完全消除了液膜阻力,使过程成为单纯的气膜控制,此时有

$$c_{Ai}=0, \quad p_{Ai}=0, \quad c_{Bi}=0$$

这时,液相中吸收组分 B 的供应十分充分,B 组分将可通过液膜扩散至界面。反应又是瞬时的,以致整个反应仅取决于 A 组分在气膜中的传递量的大小,即 $N_A=k_g p_A$。由 $N_B=bN_A$,有

$$N_B=\frac{D_B}{\delta_l}(c_{Bl}^c-c_{Bi})=bN_A=bk_g p_A \tag{3-183}$$

于是
$$c_{Bl}^c=\frac{bk_g p_A\delta_l}{D_B}=\frac{bk_g}{k_l}\cdot\frac{D_A}{D_B}\cdot p_A \tag{3-184}$$

若 c_{Bl}继续增大，会使得界面上有过剩的 B 组分。此时，吸收速率受气相分压 p_A 所制，不再变化。此时，增大 c_{Bl}将无必要。

(3) 运用临界浓度的概念可以用于某一瞬时吸收过程的吸收剂浓度的选择，或用于某吸收剂组分浓度沿填料层高度变化时，寻找出临界浓度的位置，再用不同的传质速率式以获得填料层高度值。

当 $c_{Bl}\geqslant c_{Bl}^c$，属气膜控制范畴

$$N_A=k_g p_A \tag{3-185}$$

当 $c_{Bl}<c_{Bl}^c$，属气液双膜控制范畴，此时 $p_{Ai}\neq 0$

$$N_A=k_g(p_A-p_{Ai}) \tag{3-186}$$

已知 $p_{Ai}=H'c_{Ai}$以及式(3-182)，与上式联立求解

$$N_A=\frac{p_A+\dfrac{H'D_B}{bD_A}c_{Bl}}{\dfrac{H'}{k_l}+\dfrac{1}{k_g}} \tag{3-187}$$

【例 3-8】 H_2S 与 MEA(乙醇胺)水溶液的反应可看作瞬时反应，当 H_2S 含量较低时，还可看作不可逆反应，即

$$H_2S+RNH_2 \longrightarrow HS^- +RNH_3^+$$

在 293K 下，$D_{H_2S}=1.48\times10^{-9}\,m^2/s$，$D_{RNH_2}=0.95\times10^{-9}\,m^2/s$，$H'_A=8.696\times10^2\,kJ/kmol$。现用浓度 c_{Bl}分别为：①2mol/L 和②0.3mol/L 的 MEA 溶液在一加压设备中脱除气体中所含的 H_2S，试求气相 H_2S 分压 $p_A=10kPa$ 时的传质速率，已知物理传质分系数 $k_g=1\times10^{-5}\,kmol/(m^2\cdot s\cdot kPa)$，$k_l=2\times10^{-4}\,m/s$。

解 本题首先应求得 c_{Bl}^c，由反应式 $b=1$，$d=\dfrac{0.95}{1.48}=0.64$，故

$$c_{Bl}^c=\frac{bk_g p_A}{dk_l}=\frac{1\times10^{-5}\times10}{0.64\times2\times10^{-4}}=0.781(kmol/m^3)$$

① $c'_{Bl}=2kmol/m^3>c_{Bl}^c$

$$N_A=k_g p_A=1\times10^{-5}\times10=10^{-4}[kmol/(m^2\cdot s)]$$

② $c_{Bl}=0.3kmol/m^3<c_{Bl}^c$，双膜控制机理

$$\beta=1+cd=1+d\frac{c_{Bl}}{c_{Ai}}$$

已知当 $c_{Al}=0$ 时 $N_A=\beta k_l c_{Ai}$，而现在的 c_{Bl}浓度，应用 $N_A=k_g(p_A-p_{Ai})$方程，上述两者相等，且 $p_{Ai}=H'c_{Ai}$，有

$$\beta k_l c_{Ai}=k_g(p_A-H'c_{Ai})$$

$$(\beta k_l+H'k_g)c_{Ai}=k_g p_A$$

与 β 式联立求解
$$\beta=1+0.64\times\frac{0.3}{c_{Ai}}=1+\frac{0.192}{c_{Ai}}$$

$$(2\times10^{-4}\beta+8.696\times10^2\times10^{-5})c_{Ai}=10^{-5}\times10(2\beta+86.96)c_{Ai}=1$$

最后，解得
$$\beta=17.7/0.616=28.7$$

$$c_{Ai}=1/(57.4+86.69)=0.00693(kmol/m^3)$$

$$N_A=\beta k_l c_{Ai}=28.7\times2\times10^{-4}\times0.00693=3.98\times10^{-5}[kmol/(m^2\cdot s)]$$

显然，双膜控制时其吸收速率小于纯气膜控制的吸收速率。

3.6.4 不可逆二级反应

二级反应在工业化学吸收过程中很常见。反应为不可逆时，其反应式

$$A+bB \longrightarrow Q \tag{3-188}$$

有液膜反应和扩散的微分方程式

$$\frac{d^2 c_A}{dx^2}=\frac{k_{\text{II}}^* c_A c_B}{D_{Al}} \tag{3-189}$$

其边界条件为 $x=0, c_A=c_{Ai}, x=\delta_l, -D_{Al}\frac{dc_A}{dx}=(V-\delta_l)k_{\text{II}}^* c_{Al}c_{Bl}$，式中 k_{II}^* 为二级不可逆反应的反应速率常数。

上述反应中，当吸收剂浓度 c_{Bl} 足够大，反应量不足以使 c_{Bl} 变化时，反应可成为拟一级不可逆反应，$k_{\text{I}}^*=k_{\text{II}}^* c_{Bl}$。于是，方程(3-189)的解就和一级不可逆反应完全相同，只要将结论中的 k_{I}^* 变为 $k_{\text{II}}^* c_{Bl}$ 即可。然而，当 c_{Bl} 有限或反应进行得十分快而使膜内 c_B 不能维持恒量时(图 3-20)，方程(3-189)将无法获得解析解，仅能在液流主体 $c_{Al}=0$ 的情况下获得近似解。解得的二级反应增强因子为

$$\beta=\sqrt{M\frac{\beta_\infty-\beta}{\beta_\infty-1}}\Big/\text{th}\sqrt{M\frac{\beta_\infty-\beta}{\beta_\infty-1}} \tag{3-190}$$

式中：$M=\frac{D_{Al}k_{\text{II}}^* c_{Bl}}{k_l}$，$\beta_\infty=1+\frac{D_{Bl}c_{Bl}}{bD_{Al}c_{Ai}}$。

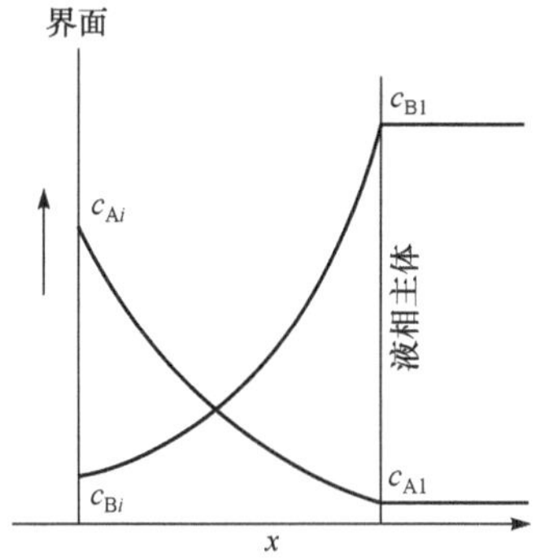

图 3-20 二级不可逆反应的浓度分布

式(3-190)是 β 的隐函数表达式，很难直接计算。所以，作出以 β_∞ 为参变数的 β-$\sqrt{M}$ 图(图 3-21)。已知 M 和 β_∞ 值，就可直接求取 β 值。

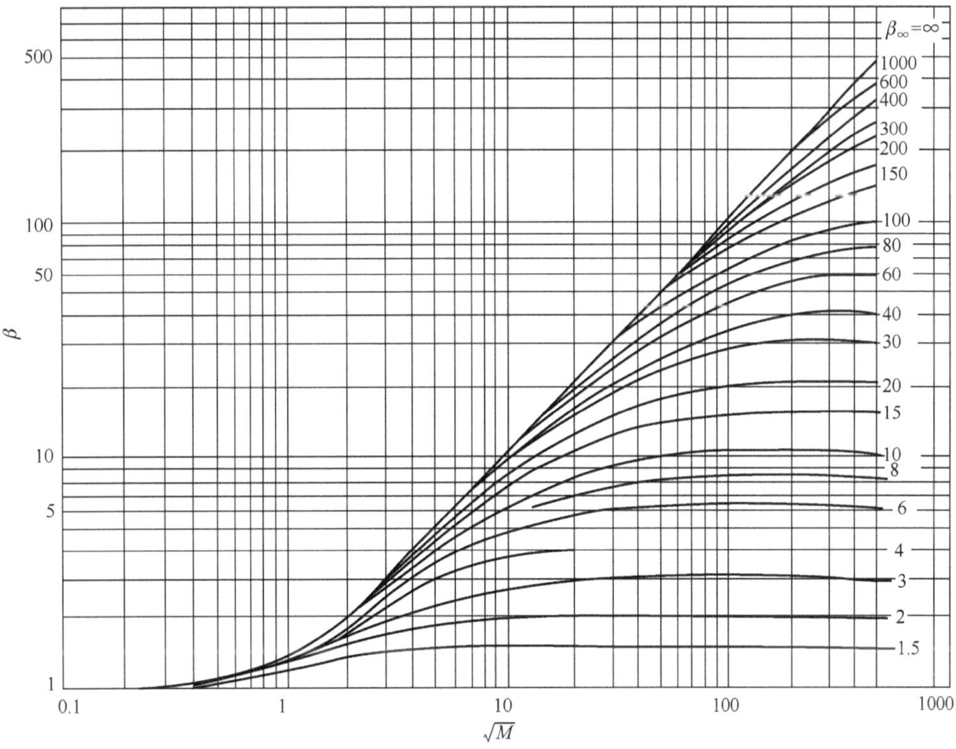

图 3-21 不可逆二级反应 $c_{Al}=0$ 时的增大因子

由图 3-21 可得到两个极端的情况：

(1) 若 B 在液膜中的扩散量大大超过反应的消耗量，即 c_{Bl} 恒定不变，这就构成了前述的拟一级反应情况，在图中这一情况表达为 45°对角线。其数学表达式为

$$\beta=\sqrt{M}$$

这时，在图中必须符合 $\beta_\infty>2\sqrt{M}$ 的条件，此即成为二级反应作拟一级反应处理的判别式。

(2) 在图中，当 $\sqrt{M}>10\beta_\infty$ 时，曲线呈水平状，相当于反应速率常数 k_{II}^* 很大，或传质系数 K_L 较小的情况下，二级反应增大因子 β 与瞬间反应增大因子 β_∞ 相等。于是

$$\beta=\beta_\infty=1+cd$$

二级反应可看作瞬间反应来处理，其判别条件为 $\sqrt{M}>10\beta_\infty$。

【例 3-9】 以 NaOH 吸收 CO_2，NaOH 浓度为 0.5kmol/m³，$k_l=10^{-4}$ m/s，$k_{\mathrm{II}}^*=10^4$ m³/(kmol·s)，$D_{Al}=1.8\times10^{-9}$ m²/s，$D_{Bl}=3.06\times10^{-9}$ m²/s，且已知界面上 CO_2 的浓度 $c_{Ai}=0.04$ kmol/m³。试求：(1) 吸收速率；(2) 界面 CO_2 浓度低到多少时可按拟一级反应处理。

解 (1)

$$\sqrt{M}=\sqrt{\frac{(1.8\times10^{-9})(10^4)(0.5)}{(10^{-4})^2}}=30$$

$$\beta_\infty=1+cd=1+\frac{(3.06\times10^{-9})(0.5)}{2(1.8\times10^{-9})(0.04)}=11.6$$

查图 3-21 得 $\beta=9$，所以，吸收速率为

$$N_A=\beta k_l c_{Ai}=9(10^{-4})(0.04)=3.6\times10^{-5}[\mathrm{kmol/(m^2\cdot s)}]$$

(2) 可作为一级反应的判别式为 $\beta_\infty>2\sqrt{M}$，即

$$1+\frac{D_{Bl}\cdot c_{Bl}}{bD_{Al}\cdot c_{Ai}}>2\times30$$

将已知条件代入，得

$$c_{Ai}<\frac{(3.06\times10^{-9})(0.5)}{2(1.8\times10^{-9})(60-1)}=0.0072(\mathrm{kmol/m^3})$$

3.6.5 可逆反应

对于存在逆反应的化学方程，在界面处必然存在被吸收组分 A 的平衡分压，液相将由于 c_{Al} 不等于零和液相主体 A 组分的平衡分压较低，以及液膜中生成物的浓度较高，而引起上述两组分向液流主体的扩散。其中，液相 A 组分的存在将使吸收速率有所下降。

1. 一级可逆反应

由反应

$$\mathrm{A}\underset{k_{-\mathrm{I}}^*}{\overset{k_{\mathrm{I}}^*}{\rightleftharpoons}}\mathrm{Q} \tag{3-191}$$

用膜模型可写出

$$D_{Al}\frac{d^2c_A}{dx^2}=k_{\mathrm{I}}^*c_A-k_{-\mathrm{I}}^*c_Q \tag{3-192}$$

或以生成物 Q 写出

$$D_{Ql}\frac{d^2c_Q}{dx^2}=k_{-\mathrm{I}}^*c_Q-k_{\mathrm{I}}^*c_A \tag{3-193}$$

有边界条件

$$x=0, c_A=c_{Ai}, dc_Q/dx=0$$

$$x=\delta_1, c_A=c_{Al}, c_Q=c_{Ql}$$

解上述微分方程，可得

$$N_A=\beta k_1(c_{Ai}-c_{Al})-\left[\frac{1+KD_{Ql}/D_{Al}}{1+(KD_{Ql}/D_{Al})\text{th}r/r}\right]k_1(c_{Ai}-c_{Al}) \tag{3-194}$$

式中：$K=k_{\text{I}}^*/k_{-\text{I}}^*$ 为化学反应平衡常数。

$$r=(D_{Al}/k_1)\sqrt{(k_{\text{I}}^*/D_{Al})+(k_{-\text{I}}^*/D_{Ql})} \tag{3-195}$$

显然，当 $K\to\infty$ 时，反应变为一级不可逆反应，此时 $c_{Al}=0$，N_A 的表达式(3-194)又将与式(3-148)相一致。

2. 瞬间可逆反应

对于 $A+bB\longrightarrow qQ$ 的瞬间可逆反应，反应速度之快可使得在液相中任一点化学反应都达到平衡，服从

$$K=\frac{c_Q^q}{c_A\cdot c_B^b}$$

如前所述，在液膜中存在着未反应的组分 A 和在界面上反应生成物向主体的扩散，吸收剂组分 B 由主体向界面的扩散且不断为反应所消耗，但它们之间均服从反应方程式中的化学计量关系，有

$$D_{Al}\frac{d^2c_A}{dx^2}+\frac{D_{Ql}}{q}\cdot\frac{d^2c_Q}{dx^2}=0 \tag{3-196}$$

$$\frac{D_{Bl}}{b}\cdot\frac{d^2c_B}{dx^2}-\frac{D_{Ql}}{q}\cdot\frac{d^2c_Q}{dx^2}=0 \tag{3-197}$$

其时的边界条件为

$$x=0\text{ 时}, c_A=c_{Ai}, c_B=c_{Bi}, c_Q=c_{Qi}$$

$$x=\delta_l\text{ 时}, c_A=c_{Al}, c_B=c_{Bl}, c_Q=c_{Ql}$$

由式(3-196)，可解得

$$D_{Al}c_A+\frac{D_{Ql}}{q}c_Q=c_1x+c_2 \tag{3-198}$$

由边界条件 $x=0$，可解得积分常数 c_2

$$c_2=D_{Al}c_{Ai}+D_{Ql}c_{Qi}$$

又由 $x=\delta_l$，将 $c_A=c_{Al}$ 和 $c_Q=c_{Ql}$ 代入，并与上式联解，可得

$$c_1=-k_l\left[\left(c_{Ai}+\frac{D_{Ql}}{D_{Al}q}c_{Qi}\right)-\left(c_{Al}+\frac{D_{Ql}}{D_{Al}q}c_{Ql}\right)\right]$$

计及 A 的吸收速率，从界面上的情况来看 A 到达界面，即呈反应平衡，一部分与吸收剂组分 B 反应生成 Q，继而向液流主体扩散；平衡的存在，未反应的 A 组分亦将向平衡分压较低的液流主体扩散。于是，它将是上述两者之和，即

$$N_A=\left(-D_{Al}\frac{dc_A}{dx}-\frac{D_{Ql}}{q}\cdot\frac{dc'_Q}{dx}\right)\bigg|_{x=0}$$

由式(3-198)微分得到

$$N_A=-c_1=k_l\left[\left(c'_{Ai}+\frac{D_{Ql}}{D_{Al}q}c_{Qi}\right)-\left(c_{Al}+\frac{D_{Ql}}{D_{Al}q}c_{Ql}\right)\right] \tag{3-199}$$

这说明，瞬间可逆反应过程的吸收速率是被吸收组分 A 和生成物 Q 两者在液膜中扩散速率之和，由此可求得它的增强因子 β

$$N_A=\left[1+\frac{D_{Ql}(c_{Qi}-c_{Ql})}{D_{Al}q(c_{Ai}-c_{Al})}\right]k_1(c_{Ai}-c_{Al}) \tag{3-200}$$

$$\beta=1+\frac{D_{Ql}}{D_{Al}q}\frac{(c'_{Qi}-c_{Ql})}{(c_{Ai}-c_{Al})} \tag{3-201}$$

显然，此时的吸收速率仍与化学反应动力学无关，属扩散控制，但比不可逆反应多了一个化学反应平衡的限制。

【例 3-10】 在25℃下氨水吸收 H_2S，氨水组成为总氨浓度为1mol/L，其中含 H_2S 0.5mol/L，界面上 H_2S 浓度为 10^{-2}mol/L，$k_l=10^{-4}$m/s，25℃下的反应平衡常数 $K=\frac{c_{HS^-}\cdot c_{NH_4^+}}{c_{H_2S}\cdot c_{NH_3}}=186$，若 H_2S 和 HS^- 的扩散系数相等。试求 H_2S 的吸收速率。

解 反应方程为 $H_2S+NH_3 \rightleftharpoons HS^-+NH_4^+$，瞬间可逆反应，吸收速率式应是式(3-200)的形式，又 $D_{H_2S}=D_{HS^-}$，化学计量系数 $b=q=1$，于是 $N_{H_2S}=k_l[c_{H_2S,i}+c_{HS^-,i}-(c_{H_2S,l}+c_{HS^-,l})]$。已知：氨水中 $c_{H_2S,l}+c_{HS^-,l}=0.5$kmol/m^3，$c_{H_2S,i}=10^{-2}$kmol/m^3，总 NH_3 为 1.0kmol/m^3，现欲获得界面 $c_{H_2S,i}$ 和 $c_{HS^-,i}$ 值，假设氨的浓度为 $c_{NH_3}=x$，则由反应方程 $c_{NH_4^+}=c_{HS^-}=1-x$，并代入平衡常数式

$$\frac{c_{HS^-}}{c_{H_2S}}\frac{c_{NH_4^+}}{c_{NH_3}}=\frac{(1-x)^2}{10^{-2}x}=186$$

解得

$$c_{NH_3}=x=0.28\text{kmol/m}^3$$

于是有 $c_{NH_3,i}=0.28$kmol/m^3，$c_{NH_4^+,i}=c_{HS^-,i}=0.72$kmol/m^3

$$N_A=k_l[(0.72+0.01)-0.5]=2.3\times10^{-5}[\text{kmol/(m}^2\cdot\text{s)}]$$

如果本题中 H_2S 的吸收属纯物理吸收，则 $N_A=k_lc_{H_2S,i}=10^{-4}\times10^{-2}=10^{-6}$[kmol/(m^2·s)]，可见，即使瞬间反应速率已很快了，但可逆瞬时反应速率值比同样的纯物理吸收要快20多倍。

3. 带二级可逆反应的化学吸收过程

反应式 $A+B \rightleftharpoons Q$ 在工业吸收过程中很常见，吸收剂B在整个吸收装置中起载体的作用，吸收和解吸周而复始地进行着，不断将混合气中的A组分移走。当吸收剂浓度不可能维持恒定时，过程变为正二级、逆一级的化学吸收过程，吸收剂和生成物浓度的变化都将使所建立的微分方程式变得十分复杂，无法获得解析解。例如，上述方程的反应速率应为

$$r_A=k_{\mathrm{II}}^*c_Ac_B-k_{-\mathrm{I}}^*c_Q=k_{\mathrm{II}}^*\left(c_Ac_B-\frac{c_Q}{k}\right)$$

此时

$$K=\frac{k_{\mathrm{II}}^*}{k_{-\mathrm{I}}^*}=\frac{c_Q^*}{c_A^*\cdot c_B^*}$$

由双膜模型，可以列出描述该过程的三个微分方程式

$$\frac{d^2c_A}{dx^2}=\frac{k_{\mathrm{II}}^*}{D_{Al}}\left(c_Ac_B-\frac{c_Q}{K}\right)$$

$$\frac{d^2c_B}{dx^2}=\frac{k_{\mathrm{II}}^*}{D_{Bl}}\left(c_Ac_B-\frac{c_Q}{K}\right)$$

$$\frac{d^2c_Q}{dx^2}=\frac{-k_{\mathrm{II}}^*}{D_{Ql}}\left(c_Ac_B-\frac{c_Q}{K}\right)$$

边界条件　　$x=0$ 时，$c_A=c_{Ai}$，$\frac{dc_B}{dx}=0$，$\frac{dc_Q}{dx}=0$　(B、Q不挥发)

$$x=\delta_l \text{ 时}, c_A=c_{Al}, c_B=c_{Bl}, c_Q=c_{Ql}$$

上述微分方程无解析解，目前仅能在一定的条件下得特殊解。有两种情况：

(1) 液流主体中组分 B 和 Q 的浓度较大，可当作恒量，此时上述方程就变成仅 c_A 为变量的微分方程，过程变为拟一级的可逆反应，即

$$\frac{d^2c_A}{dx^2}=\frac{k_{\mathrm{I}}^*}{D_l}\left(c_A-\frac{c_{QL}}{c_{Bl}\cdot K}\right)=\frac{k_{\mathrm{I}}^*}{D}(c_A-c_{Al}^*) \tag{3-202}$$

式中：$k_{\mathrm{I}}^*=k_{\mathrm{II}}^*c_{Bl}$，$c_{Al}^*=\dfrac{c_{Ql}}{c_{Bl}K}$。式(3-202)与一级不可逆反应所建立的微分方程式(3-134)相近，仅推动力项增加了平衡浓度 c_{Al}^*，只要令$\bar{c}'_A=\dfrac{c_A-c_{Al}^*}{c_{Ai}-c_{Al}^*}$，并和式(3-134)作相同的数学处理，即可获得结果

$$\beta=\frac{\sqrt{M}[\sqrt{M}(\alpha_l-1)+\operatorname{th}\sqrt{M}]}{(\alpha_l-1)\sqrt{M}\operatorname{th}\sqrt{M}+1}$$

$$N_A=\beta k_l(c_{Ai}-c_{Al}^*)$$

由上可知，可逆反应与不可逆反应相比，仅所用推动力有所降低而已。

(2) 当液相中吸收剂 B 较浓，c_B 可当作常量，而生成物 c_Q 不是恒量时，微分方程变为

$$\frac{d^2c_A}{dx^2}=\frac{k_{\mathrm{I}}^*}{D_{Al}}\left(c_A-\frac{c_Q}{c_{Bl}K}\right) \tag{3-203}$$

$$\frac{d^2c_Q}{dx^2}=\frac{k_{\mathrm{I}}^*}{D_{Ql}}\left(c_A-\frac{c_Q}{c_{Bl}K}\right) \tag{3-204}$$

边界条件
$$x=0 \text{ 时}, c_A=c_{Ai}, \frac{dc_Q}{dx}=0$$

$$x=\delta_l \text{ 时}, c_A=c_{Al}, c_Q=c_{Ql}$$

当可逆反应较快，溶质 A 在液膜中可反应完毕时，则有平衡关系

$$c_{Ql}=Kc_{Al}\cdot c_{Bl}$$

若 $D_{Al}=D_{Ql}$，并认定反应为快速拟一级可逆反应，解式(3-203)可得

$$N_A=\beta k_l(c_{Ai}-c_{Al})$$

$$\beta=\frac{1+k_{\mathrm{I}}^*}{1+k_{\mathrm{I}}^*\operatorname{th}\sqrt{M\left(1+\frac{1}{k_{\mathrm{I}}^*}\right)}\Big/\sqrt{M\left(1+\frac{1}{k_{\mathrm{I}}^*}\right)}} \tag{3-205}$$

当 $D_{Al}\neq D_{Ql}$时，式(3-205)将和一级可逆反应的 β 表达式相一致。

对于更复杂的化学吸收(正反应 m、n 级，逆反应 p、q 级)的情况，恩田还得出了方程 $m\mathrm{A}+n\mathrm{B}\rightleftharpoons p\mathrm{P}+q\mathrm{Q}$ 的增强因子的近似解(Kohl，1979)。

3.7 设计择要

任何工程设计都必须符合“技术上先进，经济上合理”这一原则。在此原则下，诸如生产的可靠性、操作弹性、自动化水平、设备结构与材质，乃至具体的技术经济评价指标包括原材料消耗、水电气消耗、直到要求投资回收期小于六年、投入利润率应大于 15%等都必须一一予以考虑。

吸收过程很少单独成为一个生产过程，但它常常是整个生产工艺中的重要单元操作。一些主要的参数如吸收率、液流率、蒸汽流率、塔径和塔高等，都必须选定。对于物性、平衡与传

质数据齐全的系统，完全可以根据前面叙述的理论分析，对上述诸量作一一分析。

3.7.1 吸收率

吸收过程中，吸收率是过程一个十分重要的产率或净化度的指标。实际生产中常用吸收率 A^* 表示

$$A^* = \frac{y_1 - y_2}{y_1} \times 100\% \tag{3-206}$$

式中：y_1、y_2 为吸收塔气相的进出口浓度。吸收率在控制生产方面非常直观，检测也特别方便，为工厂所常用。然而，上式的分母显然大于吸收量的极限值，即未考虑到塔顶吸收液上方溶质 A 的平衡浓度。以致除了不可逆反应外，所有可逆反应即平衡分压 $y_{2e} \neq 0$ 的场合，A 都不可能达到 1，且随物系的不同有随意性。

理想吸收器是指在气液接触面积无限大的吸收器中，两相有充分的接触时间，使平衡出现在气相出口的一侧，此时，溶质 A 得到了最大的提取。工业吸收器往往由于各种条件的限制，达不到理想的程度。为表征这一差距，令溶质在吸收器和理想吸收器中吸收量之比为提取系数 ϕ，用以表示吸收设备的完善程度或吸收过程的工作效率

$$\phi = \frac{y_1 - y_2}{y_1 - y_{2e}} \tag{3-207}$$

式中：y_{2e} 为吸收器出口处、与吸收剂 x_2 相平衡的气体浓度。绝大多数的吸收器 $\phi < 1$。

3.7.2 传质设备的流向

传质设备众多，结构各异。气液两相在设备中的相互流动不外乎有下列四种：逆流、错流、并流和全混流。现结合吸收过程的特性、提取系数，对这四种流向作一简单的比较。

图 3-22 表示吸收塔中具有再循环的气液两相逆流和并流的流程。n_G 和 n_L 分别表示气体和液体在塔内自身循环的倍数，按图所示，$n=1$ 时，表示气相或液相不循环。x_0 和 y_0 表示新鲜吸收剂和新鲜原料气中溶质的含量，当不循环时，$x_0 = x_2$ 和 $y_0 = y_1$。

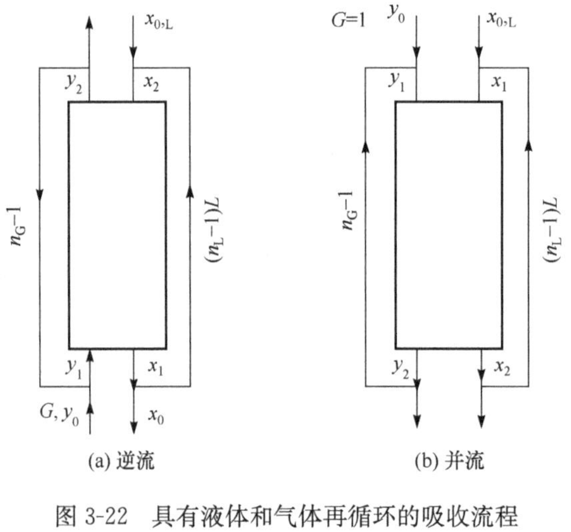

图 3-22 具有液体和气体再循环的吸收流程

对于单位气体量的吸收过程，上述再循环流程应有物料平衡方程式

$$y_0 - y_2 = L(x_1 - x_0) = n_G(y_1 - y_2) = n_L L(x_1 - x_2) \tag{3-208}$$

在操作线相应的范围内，平衡线可直线化，表示为

$$y_e = mx + b \tag{3-209}$$

同时，提取系数 ϕ 为

$$\phi = \frac{y_0 - y_2}{y_0 - (mx_0 + b)} \tag{3-210}$$

上述方程均为线性，于是，表征吸收单元难易程度的传质单元数可采用下式

$$N_{OG} = \frac{1}{B}\ln\frac{y_1 - y_{1e}}{y_2 - y_{2e}} = \frac{1}{B}\ln\frac{y_1 - (mx_1 + b)}{y_2 - (mx_2 + b)} \tag{3-211}$$

式中：

$$B = \frac{1}{n_G} - \frac{1}{An_L} \tag{3-212}$$

吸收因子 $A = \frac{L}{mG} = \frac{L}{m}(G=1)$。

对于逆流，式(3-211)参照图 3-22(a)可写成

$$N_{OG} = \frac{1}{B}\ln\frac{(y_1 - y_2) - (y_0 - y_2) + (y_0 - mx_0 - b) - m(x_1 - x_0)}{-(y_0 - y_2) + (y_0 - mx_0 - b) + m(x_1 - x_2) - m(x_1 - x_0)} \tag{3-213}$$

由物料衡算式(3-208)和提取系数式(3-210)可得

$$N_{OG} = \frac{1}{B}\ln\frac{1 + \left(1 + \frac{1}{A} - \frac{1}{n_G}\right)\phi}{1 - \left(1 + \frac{1}{A} - \frac{1}{An_L}\right)\phi} \tag{3-214}$$

当 $B=0$ 时，上式为不定方程式，可解得

$$N_{OG} = \frac{\phi}{1 - \left(1 + \frac{1}{A} - \frac{1}{n_G}\right)\phi} \tag{3-215}$$

式(3-214)和式(3-215)联立求解，有

$$\phi = \frac{\exp(BN_{OG}) - 1}{\left(1 + \frac{1}{A} - \frac{1}{n_G A}\right)\exp(BN_{OG}) - \left(1 + \frac{1}{A} - \frac{1}{n_L}\right)} \tag{3-216}$$

由式(3-208)可得

$$x_2 = x_1 + \frac{x_0 + (n_L - 1)x_1}{n_L} \tag{3-217}$$

对 $n_G = n_L = 1$ 即不循环的吸收塔，操作时上述方程式可化简为

$$N_{OG} = \frac{1}{B}\ln\frac{1 - \frac{\phi}{A}}{1 - \phi} \tag{3-218}$$

$$\phi = \frac{\exp(BN_{OG}) - 1}{\exp(BN_{OG}) - \frac{1}{A}} \tag{3-219}$$

$$B = 1 - \frac{1}{A} \tag{3-220}$$

对于并流，参照图 3-22(b)及式(3-211)，经联立求解和整理后，应有

$$N_{OG}=\frac{1}{B}\ln\frac{1-\left(1-\frac{1}{A}-\frac{1}{n_G}+\frac{1}{An_L}\right)\phi}{1-\left(1-\frac{1}{A}\right)\phi} \tag{3-221}$$

$$\phi=\frac{\exp(BN_{OG})-1}{\left(1-\frac{1}{A}\right)\exp(BN_{OG})-\left(1-\frac{1}{A}-\frac{1}{n_G}+\frac{1}{An_L}\right)} \tag{3-222}$$

同样，不循环时，方程可简化

$$N_{OG}=\frac{-1}{B}\ln(1-B\phi) \tag{3-223}$$

$$\phi=\frac{1}{B}[1-\exp(-BN_{OG})] \tag{3-224}$$

对于错流和全混流，由于推动力的表达形式不同而得到不同的结果，不再一一列出。现将上述四种流动形式的 ϕ、A 的相互关系，以 N_{OG} 为参变量的形式作于图 3-23～图 3-26。图 3-27 和图 3-28 还列出了当 $N_{OG}=2$ 和∞时不同 A 值下的 ϕ 值图，使得不同流体流向的流程比较更为直观。显然，相同的条件下，ϕ 值越大或 N_{OG} 越小说明所选择的流向越好。

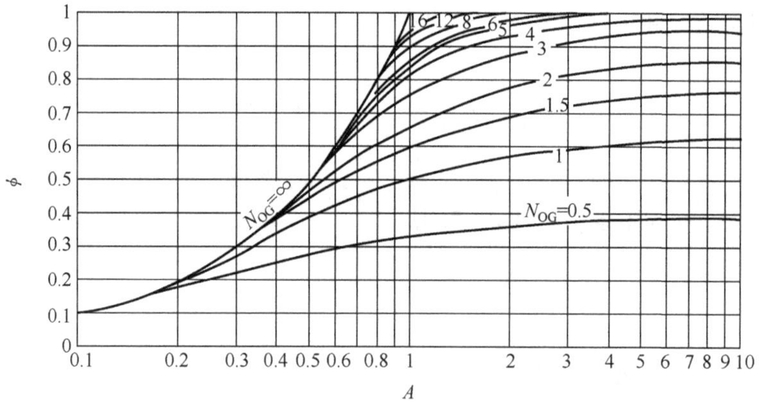

图 3-23　逆流时 N_{OG} 和 ϕ 的关系

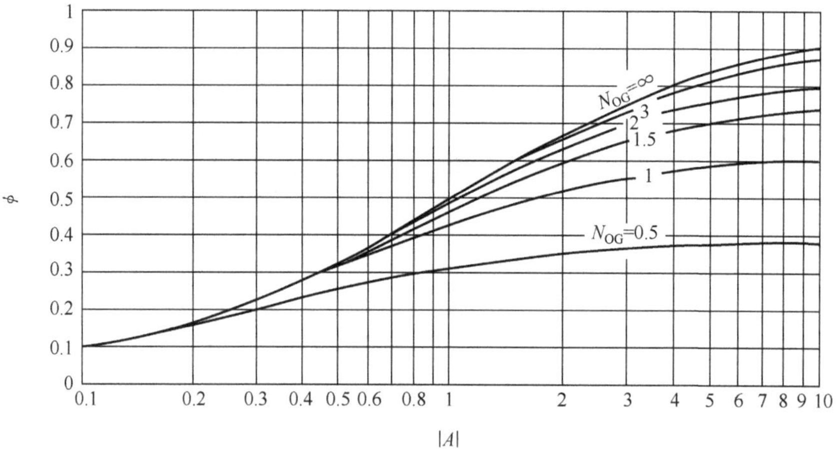

图 3-24　并流时 N_{OG} 和 ϕ 的关系

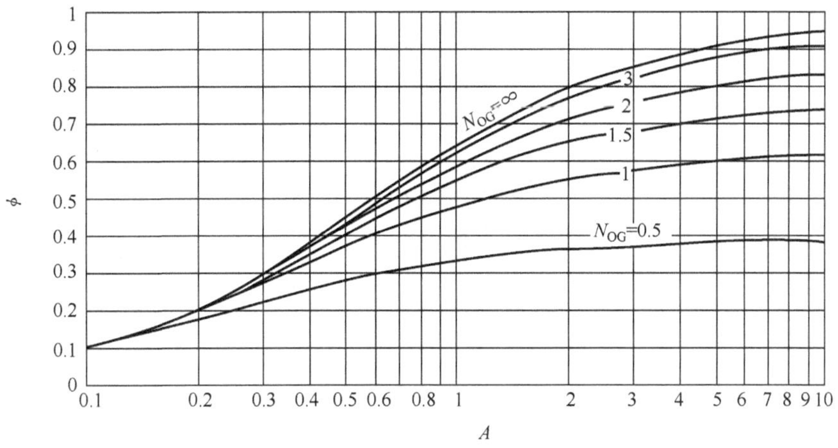

图 3-25　错流时 N_{OG} 和 ϕ 的关系

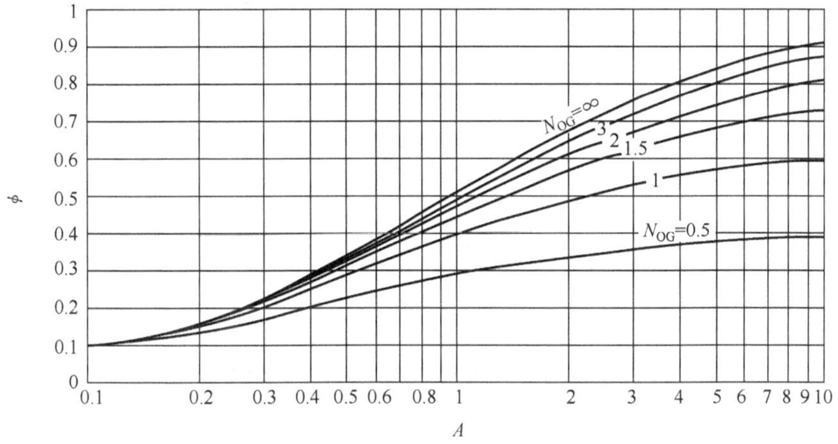

图 3-26　液体充分混合时 N_{OG} 和 ϕ 的关系

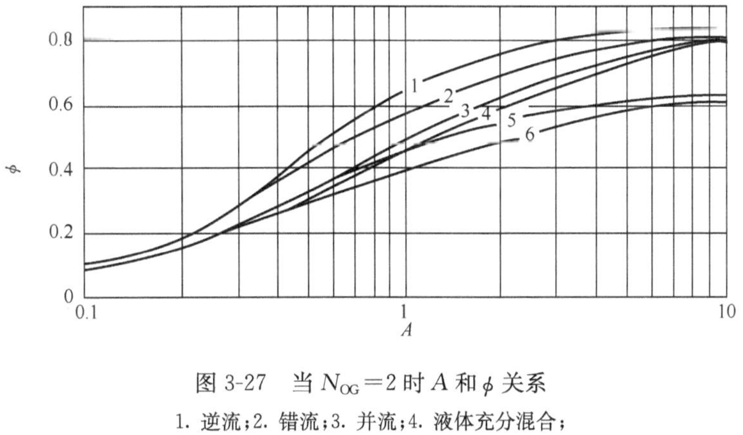

图 3-27　当 $N_{OG}=2$ 时 A 和 ϕ 关系

1. 逆流；2. 错流；3. 并流；4. 液体充分混合；

5. 气体充分混合；6. 液体和气体充分混合

由上述的分析，对照图 3-28，可归纳下列结论：

(1) 在相同的 N_{OG} 和 A 下，ϕ 值以逆流最大，错流次之，并流更差，全混流最小。图中表明，$A>1$ 时，液体单独全混的 ϕ 值大于气体单独全混的 ϕ 值；$A<1$ 时，则反之。

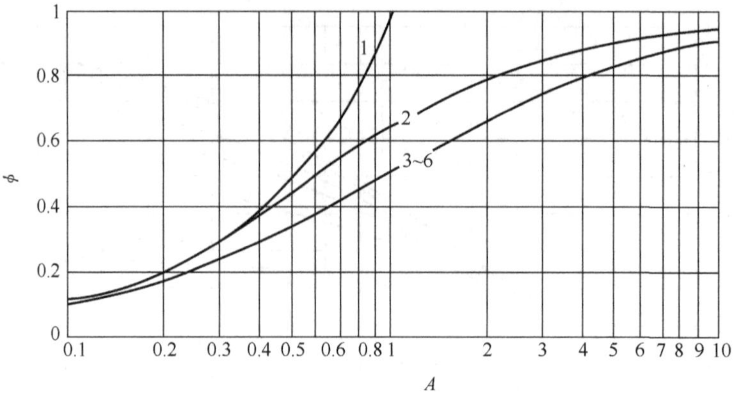

图 3-28　当 N_{OG} 为∞时 A 和 ϕ 的关系

1～6 同图 3-27

(2) 具有气液自身循环的 ϕ 值小于不循环的 ϕ 值。循环次数越多，ϕ 值越小。当 $n_L \to \infty$ 和 $n_G \to \infty$ 时，ϕ 值为最小极限值。

(3) 在相同的 ϕ 值时，若 N_{OG} 相同，观察 A 表明：此时逆流所需用的吸收剂量 L 为最少，即吸收剂中溶质的浓度最高；若 L 相同，考察 N_{OG} 时，则逆流所需的 N_{OG} 为最少。

(4) 上述(1)、(3)两点的分析表明所有流向中以逆流为最好，所以最常用。从理想接触器的角度进一步考察逆流的特性，发现 $\phi=1$ 即 $N_{OG} \to \infty$ 时，若 $A>1$(即 $L/G>m$)，塔顶达到平衡，这意味着气体中溶质将被完全提取。反之，若 $A<1$，塔底达到平衡，这意味着吸收富液将处于饱和态或表明吸收剂用量不足。这时 $\phi_{max}=A$，即 $\phi_{max}<1$。

(5) 从图 3-27 中看出，当 $A>10$ 时，逆流、并流、错流、液体单独全混的四种流向的 ϕ 值趋于一致。这种情况往往出现在吸收剂用量 L 很大致使进出口吸收剂浓度相差不大，或不可逆反应($m\approx 0$)的场合，这时设备的流向选择变得不太重要。无液泛、动力消耗小的并流流程的使用更为合理。错流萃取、液体自身循环并排热的吸收等流向也已应用于工业实际。

3.7.3　最小液体流率

对于单组分溶质吸收、等温的场合，最小液体流率的求取已在各种版本的《化工原理》书籍中有详尽的叙述。实际场合，系统的平衡线、操作线都不再保持直线。计及物理吸收时，由式(3-208)和式(3-209)，最小液逆流率在逆流时可表达为

$$L_{min}=\frac{y_1-y_2}{\dfrac{y_1-b}{m}-x_2}=m\phi \tag{3-225}$$

在并流时

$$L_{min}=\frac{y_1-y_2}{\dfrac{y_2-b}{m}-x_1}=-\frac{m\phi}{1-\phi} \tag{3-226}$$

现就逆流流向的吸收塔的最小流率展开讨论：等温吸收，且气相溶质浓度较高时，有物料平衡：

$$G'\left(\frac{y_1}{1-y_1}-\frac{y_2}{1-y_2}\right)=L'(c_1-c_2) \tag{3-227}$$

式中：G' 为每单位塔横截面上惰性气体的摩尔流率；L' 为同样情况下的液流质量流率；y 为塔内气体的摩尔分率；c 为液相浓度。上式可转换成

$$\frac{\partial y}{\partial c}=\frac{L'(1-y)}{G'} \tag{3-228}$$

显然，此时的操作线在 y-c 图上是下凹的一条曲线，示意于图 3-29，曲线的斜率随 y 的增加而减小。

平衡分压 p_e 是温度和液相浓度的函数，即

$$p_e=f(c,T) \tag{3-229}$$

化学吸收时往往选择平衡分压较低的化学溶剂。此时，c 和 my 值应相当接近，平衡线可表示为

$$y_e=\frac{p_e}{p}=\frac{f(c,T)}{p} \tag{3-230}$$

式中：p 为系统总压。对于等温化学吸收，T 为常数，$\frac{\partial^2 f}{\partial c^2}$ 常为正值，与 3.3.3 节所讨论的结果一样，平衡线是一条向上凸的曲线。此时，最小液体流率 L_{min} 只能按照式(3-228)和式(3-229)进行计算。

化学吸收与物理吸收有很大的不同往往在于吸收剂，溶质与吸收剂中活性组分发生化学反应，固然降低了平衡分压，增加了选择性，降低了液体流率。但反应热效应往往不是物理吸收时溶解热所能相比的。所以等温吸收常适用于后者，化学吸收时，吸收器(塔)内的热效应必须考虑。

化学吸收中，由于反应热使吸收液的温度上升，而平衡分压也随之升高，将造成平衡线上移，降低推动力，这是一。第二，吸收溶质的吸收液温度不断上升，液体与气体间的温差又导致两者之间传热，使吸收成为热质同时反向传递的过程。当系统无冷却装置时，上升的温度将停在液体由于温度升高而引起的溶剂蒸发汽化和向气相传热与吸收热使液体温度上升的平衡点上。图 3-30 示意地画出了不同液体流率下，吸收塔内温度沿塔高的分布情况。

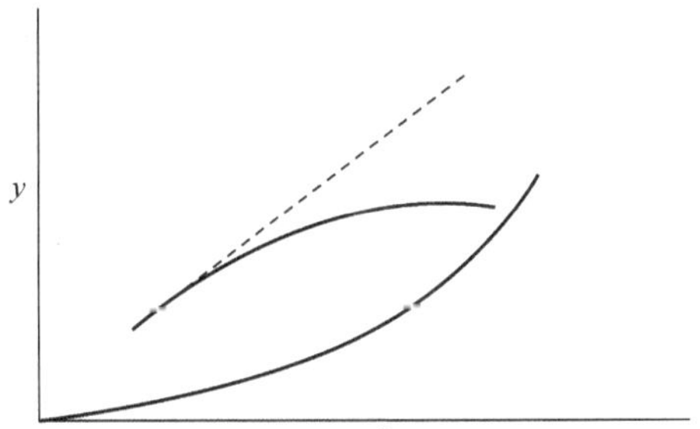

图 3-29　等温逆流吸收 L_{min} 的求取

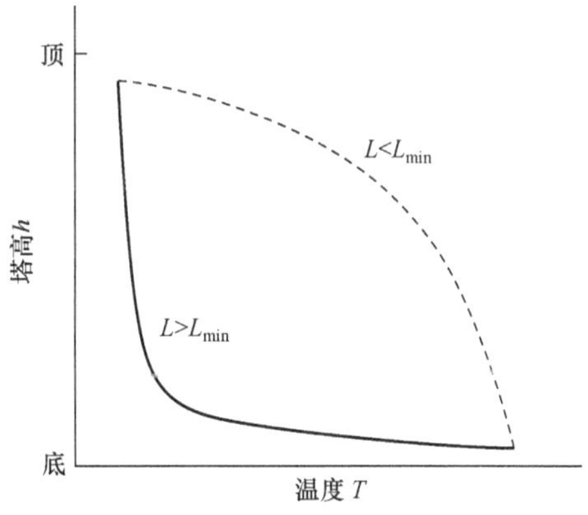

图 3-30　吸收温度沿塔高分布示意图

于是，吸收设备在上述情况下出现了两类：非排热(绝热)吸收器和排热吸收器。排热吸收器又可分成内部冷却排管排热和外部循环排热、外部级间中间排热数种。

一般，在 L_{min} 的计算中常采用吸收剂的进口温度，但塔内温度的上升所造成平衡线的上移，以致 L_{min} 计算值偏低。也有采用吸收液可能存在的最高温度来计算，显然，未计及吸收剂的汽化和液体向气体传热而使 L_{min} 计算结果偏高。所以，L_{min} 的精确计算必须考虑吸收塔内实际温度场，按热质同时传递的模式进行。

现以传质与传热都是气膜控制的水吸收氨的过程来说明绝热吸收塔的 L_{min} 的求取过程。这种过程在化学吸收过程中有代表性。

考虑吸收塔填料层的微元高度 dz，在它上面发生了三种传递过程：水吸收氨、水的汽化和向气体传热，有

$$dz=\frac{G}{k_{G}a}dN_{G}=\frac{G}{k'_{G}a}dN'_{G}=\frac{C_{p}G}{ha}dN_{H} \tag{3-231}$$

式中：G 为单位截面上气体摩尔流率；k_G 和 k'_G分别为氨和水的传质系数；h 为传热系数；C_p 为气体热容；a 为比表面。由传质单元数的定义有

$$dN_{G}=-\frac{dy}{y-y_{e}}$$

$$dN'_{G}=-\frac{dy'}{y'-y'_{e}}$$

有传热单元数

$$dN_{H}=\frac{dT}{T_{G}-T_{L}}$$

式中：T_G、T_L 为气相和液相温度；y、y'为氨和水的气相摩尔分率，并有 $y+y'\ll 1$。

如能实测传质、传热系数值或从手册中查到 H_G 值，经转换后有

$$\frac{dN'_{G}}{dN_{G}}=\beta, \quad \frac{dN_{H}}{dN_{G}}=\beta_{H}$$

上述各式联立，有

$$-dN_{G}=\frac{dy}{y-y_{e}}=\frac{1}{\beta}\frac{dy'}{y'-y'_{e}}=\frac{1}{\beta_{H}}\frac{dT_{G}}{T_{G}-T_{L}} \tag{3-232}$$

本系统中，β 和 β_H 都为接近于 1 的值。再由物料与热量平衡可得

$$Ldx=Gdy \tag{3-233}$$

$$\rho_{L}LC_{L}dT_{L}=(C_{p}dT_{G}+Qdy+Q'dy')G \tag{3-234}$$

式中：ρ_L、C_L 分别为液相的密度和热容；Q、Q'分别为氨和水的溶解热。式(3-232)～式(3-234)联立，可由 L/G 值为参变量，从塔的任一端开始积分求解传质单元数 N 趋于无穷的液体流率的最小值 L_{min}。当然，对于给定的 L/G 值，亦可算得传质单元数、温度和浓度分布。图 3-31 和图 3-32 分别给出了一定塔高下，氨水系统沿塔高的温度和浓度分布图。从图中可以看出，其他条件相同下，G/L 从 0.40 增加到 0.4575，传质单元数从 5 左右升至 11 左右，几近一倍。由式(3-234)所获得的 L 值更合理，尽管该值仍偏高。

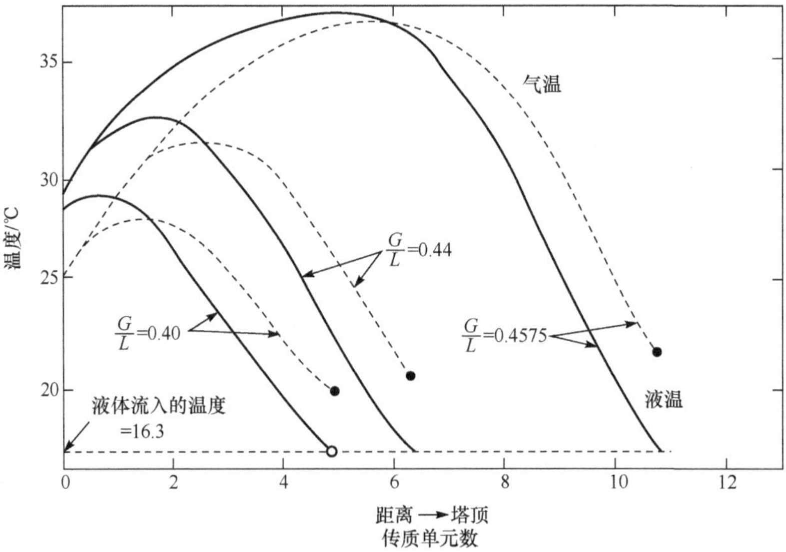

图 3-31　水吸收氨的绝热吸收塔的温度分布(计算值)

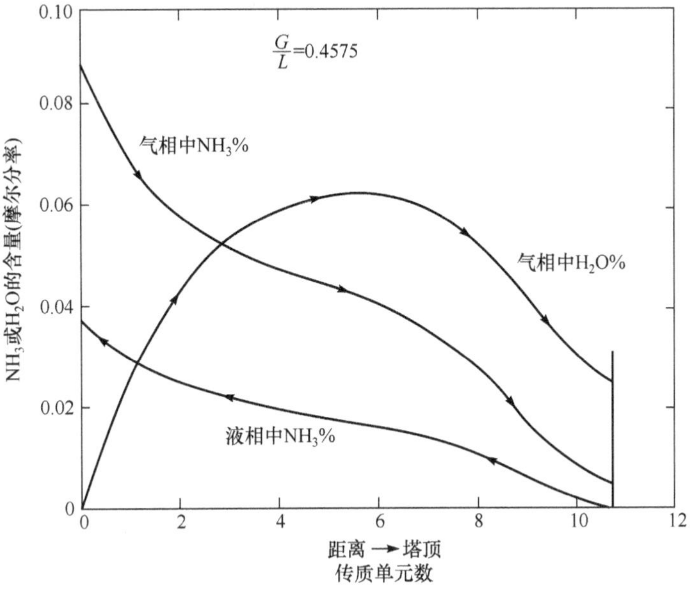

图 3-32　水吸收氨绝热吸收塔的浓度分布(计算值)

3.7.4　最小蒸汽速率

蒸汽需求是吸收单元中热再生所特有的。无论是蒸汽直接或间壁两者的加热再生都一定要提供足够量的蒸汽以保证解吸操作时、富液再生时所需的显热和潜热,使得再生塔上升的汽相中维持足够低的溶质分压如 CO_2、SO_2 等,解吸得以进行。所以,所需的最小蒸汽速率应由解吸操作和热量衡算的结果来定,取大者。

解吸时,y-c 图上平衡线仍是一条向下凹的曲线(化学吸收),由于解吸温度总比吸收温度高,平衡线上移。解吸操作应位于平衡线的下侧(图 3-33),服从

$$\frac{\mathrm{d}y}{\mathrm{d}c}=\frac{L'(1-y)}{V}$$

由于上升的蒸气在提供热量时自身被冷凝,因此,沿塔高自上而下,L' 渐增,V 渐减,y 渐增。以致操作线也是一条向下凹的曲线,只是稀溶液的缘故使它的曲率比平衡线小,曲线显得较平坦。最小蒸汽速率求取时,两线如图(3-33)形成挟点。

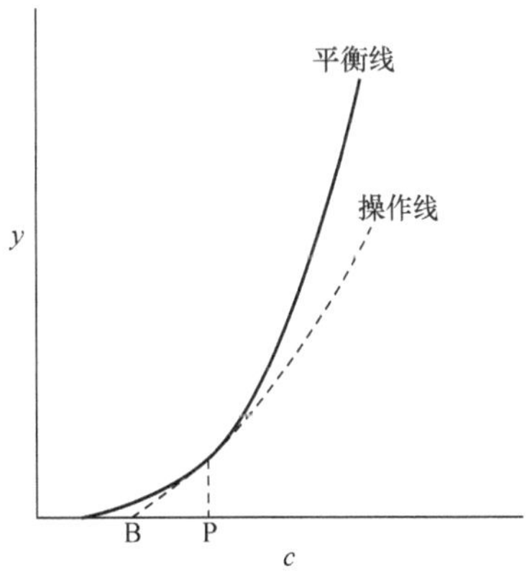

图 3-33　再生塔解吸操作示意

对于伴有化学反应的吸收相平衡,一般有通式(3-22)

$$p_A=H_A\left(\frac{c_M^m c_N^n}{k' c_B^b}\right)^{\frac{1}{a}}$$

式中:H_A、k' 都是温度的函数,可合并写为 $f(T)$。组分浓度 c 可表达为 $c=my$,且令 q 为化学方程中各组分计量系数的代数和

$$p_e=f(T)\cdot m^q\cdot F(y) \tag{3-235}$$

操作线服从物料平衡,有

$$S(y-y_B)=L'(c_P-c_B)=L'm(y_P-y_B) \tag{3-236}$$

式中：y 为再生塔内汽相中溶质的分率，下标 P 为挟点，B 为塔底；L'为以 kg/h 计的液体流率。塔底处，$y_B \to 0$

$$y=\frac{L'm}{S}(y_P-y_B) \tag{3-237}$$

在挟点处有

$$p_e=py=\frac{L'p_m}{S}(y_P-y_B) \tag{3-238}$$

由式(3-235)和式(3-238)，和挟点 P，可联立求得

$$y_P-y_B=\frac{S_m f(T_1)m^{q-1}}{L'p}F_0(y_P) \tag{3-239a}$$

$$1=\frac{S_m f(T_1)m^{q-1}}{L'p}F'_0(y_P) \tag{3-239b}$$

$F'_0(y)$是 $F_0(y)$的一阶导数。由式(2-239a)和式(2-239b)中获得 y_P 值的解，就可进一步求算 S_m 值。显然，该值与再生塔底贫液的浓度分率 y_B 有直接关系。y_B 的最大值是在吸收塔顶部出现挟点时用式(3-235)解得。

对于化学吸收的平衡线的形式，与 y 的最简单的函数式可表达为

$$F_0(y)=y^2 \tag{3-240}$$

即可解得

$$y_P=2y_B \tag{3-241}$$

$$\frac{S_m}{L}=\frac{p}{4y_B f(T_1)m^{q-1}} \tag{3-242}$$

由工艺要求，吸收塔出口尾气所允许的最大排放值为 p_T，再生塔底流出的贫液所含的溶质分率的最大值为

$$y_B=\sqrt{\frac{p_T}{f(T_2)m^q}} \tag{3-243}$$

式中：T_2 为吸收塔塔顶的温度。从式(3-242)和式(3-243)中消去 y_B，可得

$$\frac{S_m}{L'}=\frac{m^{1-\frac{q}{2}}\cdot p}{4\sqrt{p_T\cdot f(T_2)}}\exp\left[-\frac{Q_0}{R}\left(\frac{1}{T_2}-\frac{1}{T_1}\right)\right] \tag{3-244}$$

式中：Q_0 为 $y\to 0$ 时的溶解热。由克劳修斯-克莱贝龙方程，有恒等式

$$\frac{f(T_2)}{f(T_1)}=\exp\left[\frac{-Q_0}{R}\left(\frac{1}{T_2}-\frac{1}{T_1}\right)\right] \tag{3-245}$$

由式(3-244)可得下列结论：①分压低的吸收剂会导致较高的蒸汽消耗，蒸汽流率与 $1/f(T_2)$的平方根成正比；②再生器底部温度 T_1 和吸收塔顶部温度 T_2 之差越大，越有利。这意味着可采用高沸点的吸收剂或加强吸收剂的冷却来实现。

依据热量平衡，再生过程蒸汽的需用量应满足下列要求：①提供富液从再生塔进口温度 T_3 上升到底部温度 T_1 所要的显热和潜热；②提供溶质的解吸热；③提供再生塔顶部的蒸气速率以保证它与进塔富液的水蒸气分压相匹配。衡算结果可用下式表示

$$\frac{S_m}{L'}=\frac{\rho_L LC_L(T_1-T_3)+m\bar{Q}\Delta y}{Q_S}+\left(\frac{S}{L'}\right)_R \tag{3-246}$$

式中：T_3 为进再生塔温度；$\bar{Q}$ 为平均吸收热；Q_S 为蒸气潜热；$m\Delta y$ 为吸收过程的贫富液的浓度差；$(S/L')_R$ 为再生塔顶部所需要的蒸气速率。

有时，利用热焓-组成图[I-$x(y)$图]来解决解吸时最小蒸汽速率的求取也很方便。这个方法特别适用于用直接蒸汽或间接蒸汽进行解吸操作或二元精馏的场合。此时气(汽)相中只含溶质和吸收剂蒸气，而不含有其他惰性气体组成。在用间接热源在再沸器中作间接加热进行解吸操作时，尽管气相中仅有溶质和吸收剂蒸气两种组分，但要获得较纯的溶质时，还必需视溶质的性质来决定分离的手段。①采用冷凝器时，两者同时液化而不互溶，可利用密度差导致分层的办法来实现，常有水-油系统；②如果溶质溶解于回收液，这时往往采用分凝的办法，先使吸收剂蒸气大部分冷凝并回流塔中，再用全凝器将溶质冷凝下来，如油类吸收沸点较高的碳氢化合物(苯)的解吸；③溶质仅溶解于吸收液而不会被液化，为减少溶解损失，只要用冷凝器在较低温度下除去吸收剂即可。

上述冷凝下来的吸收剂中不管含有多少溶质，都回流至塔内以减少损失。回流液中溶质的浓度 x_ϕ 往往取决于冷凝温度，亦即溶质在冷凝液中的溶解度。当 x_ϕ 高时回流液应回至再生塔顶部；反之，应置于再生塔的下部。回收回流液的办法仅适用于间接热源再生的流程，直接蒸汽再生由于蒸汽直接进入系统会造成循环吸收液的稀释而不宜采用。

按图 3-34 所示的流程，回流液由上部加入并与富液汇合一起送入再生塔解吸。

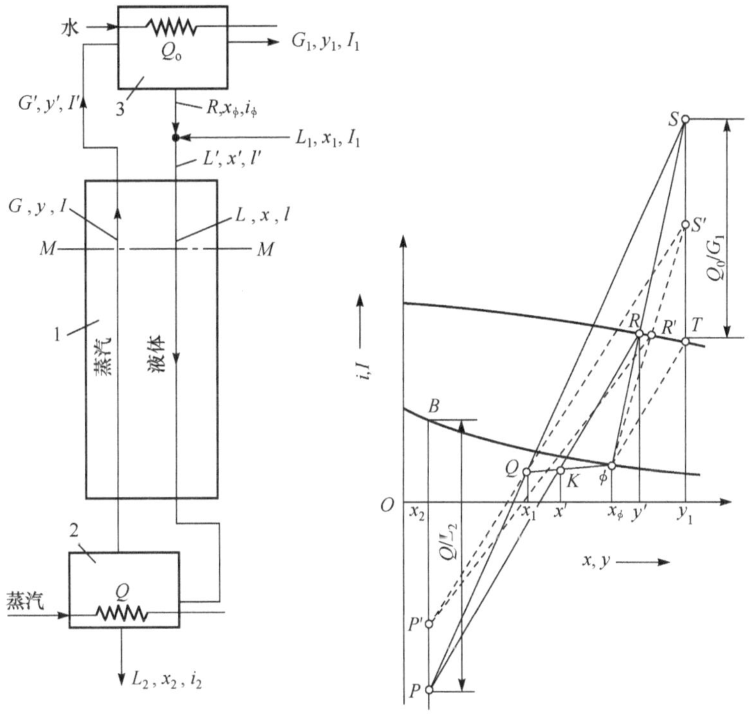

图 3-34　有回流的间接蒸汽解吸流程

1. 解吸器；2. 再沸器；3. 分凝器

设 G' 为从再生塔进入分凝器的蒸汽量；y' 为该蒸汽中溶质含量；R 为回流量；L' 为混合液进入再生塔的量；x' 为该混合液中溶质含量；I、i_ϕ 和 i' 分别为出再生塔蒸汽、回流液和富液的热焓；Q_0 为分凝器移出的热量。未及热损。

首先可作热焓组成图。总压 p 一定时，横轴表示液相和气相的摩尔分率值 x 和 y；纵轴表示气相的热焓 I 和液相热焓 i，kJ/kmol。若气液相均为理想态，则

$$\text{汽化线}\quad i = x_A i_A + (1 - x_A) i_B \tag{3-247}$$

$$\text{冷凝线}\quad I = y_A I_A + (1 - y_A) I_B \tag{3-248}$$

其中溶液的热焓：$$i=C\cdot\theta+x\lambda_0 \tag{3-249}$$

通常，取吸收剂(组分 B)在 0℃时的热焓和溶质 A 在无限稀释液中的热焓等于零。所以，式(3-249)中 λ_0 为吸收剂浓度为 x_A 和 0℃时溶液的热焓。

$$C=xC_A+(1-x)C_B-\frac{S-S_0}{\theta} \tag{3-250}$$

S_0 和 S 分别为在 0℃和 θ ℃时组分 A 和 B 在液态时每千摩尔溶液的混合热。对于理想溶液$S=S_0=0$，$\lambda_0=0$，于是可得式(3-247)。同样，若溶质 A 在 0℃时的热焓等于 I_0°(在 0℃时溶液浓度为 $x=0$ 的积分溶解热)，则温度为 t 时，其热焓 $I_A=I_0^\circ+C'_At$；气态吸收剂的热焓则应是 $I_B=\varepsilon_0+C'_Bt$，其中 ε_0 为 0℃时吸收剂的蒸发潜热，上标′表示蒸气。

上述流程与二元精馏极相似，先作分凝器的物料平衡和热量平衡方程，有

$$G'=G_1+R \tag{3-251}$$

$$G'y'=G_1y_1+Rx_\phi \tag{3-252}$$

$$G'I'=G_1I_1+Ri_\phi+Q_0 \tag{3-253}$$

由上述方程联立求解

$$\frac{y'-x_\phi}{I'-i_\phi}=\frac{y_1-y'}{I_1+\dfrac{Q_0}{G_1}-I'} \tag{3-254}$$

于是，可发现在热平衡图上点 $\phi(x_\phi,i_\phi)$、$R(y',I')$和 $S(y_1,I_1+Q_0/G_1)$在同一直线 $\overline{\phi S}$上。S 点位于 y_1 纵轴线上，表征冷凝器冷凝的极限位置。

用同样的办法作再生系统的总物料和热量平衡方程式，有

$$L_1=L_2+G_1 \tag{3-255}$$

$$L_1x_1=L_2x_2+G_1y_1 \tag{3-256}$$

$$L_1i_1+Q=L_2i_2+GI_1+Q_0 \tag{3-257}$$

可求得

$$\frac{x_1-x_2}{i_1-i_2+\dfrac{Q}{L_2}}=\frac{y_1-x_1}{I_1-i_1+\dfrac{Q_0}{G_1}}$$

此时点 P、Q 和 S 在一条直线上。点 P 为解吸使 x_2 趋最小的极值点的坐标。点 $K(x',i')$表征进入再生塔的液体混合物的状态特性，它处于 $Q\phi$ 的连线中间，其位置按富液和回流液量及杠杆定律定。点 K 同时也应位于操作线 PR 上，再生塔任一截面 MM 的气液两态都可由 P 点引出的操作线与平衡线的交点来表征。

将解吸过程表示在热焓平衡图的步骤如下：已知冷凝器出口汽相 y_1 所相应的气相平衡点 T，由相平衡关系可得回流液点 ϕ。由给定的 y'值作 $x(y)$轴的垂线，在气相线上获得 R 点，连 $R\phi$ 线和 $y=y_1$ 线交于 S 点。再将点 S 和点 $Q(x_1,i_1)$相连并延长，交直线 $x=x_2$ 于 P。连直线 $Q\phi$ 和 PR 交于K。最后，按 S 和 P 的位置，用作图法从 $I_{ST}=\dfrac{Q_0}{G_1}$求得分凝器应带走的热量 Q_0 和从 $I_{PB}=\dfrac{Q}{L_2}$求得再沸器的热量消耗 Q。Q 的最小耗量可从操作线和由 R 点引的结线相重合时求得，详细的计算可见例 3-11。

【例 3-11】 有一再生塔从水中解吸氨，其 $x_1=0.02$、$x_2=0.002$、$y_1=0.9$(均为质量分数)，进入液温度为 80℃，总压 0.1MPa，进入液体量为 $L'_1=10000$kg/h。求回流量和最小蒸汽量。

解 利用热参数图绘制 NH_3-H_2O 系统热焓-组成图。Q 点为进塔液体状态：$x_1=0.02$，$i_1=321.86$kJ/kg。通过 Q 点所相应的汽相组成为 $y=0.32$。不合题意，因此必须塔顶冷凝并回流。求最小量时要求操作线与平衡线节线重合。由图 3-34 虚线所示，求得 R' 点（$y'=0.367$，$I_{R'}=2361.7$kJ/kg）。再通过点 T（$y_1=0.9$，$I_1=1826.7$kJ/kg）连线求得 ϕ 点（$x_\phi=0.2$，$i_\phi=112.86$kJ/kg）。

由物料衡算式求最小回流比 R_{min}

$$\frac{R_{min}}{G_1}=\frac{y_1-y'}{y'-x_\phi}=\frac{0.9-0.367}{0.367-0.2}=3.2$$

作图法和图解法都可求得 S' 和 P' 点的纵坐标

$$I_{S'}=i_\phi+\frac{y_1-x_\phi}{y'-x_\phi}(I_{R'}-i_\phi)$$

$$=112.86+\frac{0.9-0.2}{0.367-0.2}(2361.7-112.86)=9539.13(\text{kJ/kg})$$

$$i_{P'}=i_1-\frac{x_1-x_2}{y_1-x_1}(I_{S'}-i_1)$$

$$=321.86-\frac{0.02-0.002}{0.9-0.02}(9539.13-321.86)=133.32(\text{kJ/kg})$$

由此可得所求热量

冷凝排热 $\quad\dfrac{Q_{0min}}{G_1}=I'_S-I_1=9539.13-1826.7=7712.43(\text{kJ/kg})$

蒸汽给热 $\quad\dfrac{Q_{min}}{L'_1}=i_2-i_{P'}=i_B-i_{P'}=418-133.32=284.68(\text{kJ/kg})$

式中：$i_2=i_B=418$kJ/kg，相当于 B 点的纵坐标。此时所得结果是无穷塔板数的情况下得到的，实际操作时，回流比应是最小回流比的 1.25～1.5 倍。

3.8 中间试验

任何分离操作的开发都应进行：①选择合适的分离方法、流程、流向和操作条件；②设备的选型与尺寸的确定。如能像 3.3.4 节所述的工业实例中相平衡数学模型的求取那样，通过基本理论和实验规模试验所采集的数据，采用数学模型法，利用计算机进行复杂过程的综合研究和寻优，得到最优结果用于完成全部工业规模设计，这当然是工程技术人员所追逐的目标。然而，分离过程的复杂性，分离设备的众多类型，分离操作变量的繁多和难以理论求算传质系数等原因使得实际应用数学模型法较困难。一般地，逐级经验放大可弥补此不足。它可在小试之后，进行比之规模稍大的中间试验，逐级直至工业大规模生产。它是一种仅着眼于结果和综合研究的以经验为主的行之有效的方法。当然，它也不可避免地带来耗资大、开发周期长、只能采用外推法进行逐级放大等缺点。

在长期的生产积累中，对分离过程规律性的认识和过程复杂性的认识往往使得人们将开发方法变为上述两种不同方法的结合，即尽量通过合理的简化和分解建立起可靠的数学模型，采用较科学的数模法；但当过程极其复杂，而且对它们知之甚少，则采用逐级经验放大法。这样，即使开发一个全过程，也可将两种方法穿插在一起，中间试验可以只用以集中解决几个预计的问题，而不是整个操作过程，其重要作用是避免在工业装置中发生错误。当开发的过程是一个十分成熟的过程，所需的各类数据齐全时，中间试验甚至可以全部免去。

化工新技术开发一般包含开发基础研究、过程研究及工程研究三个部分，其工作程序如图 3-35所示。中间试验是过程研究中的重要环节，是工程研究的主要基础。

过程研究应进行工艺、产品、设备等的工程放大试验，以获得工程研究所必需的最终评价

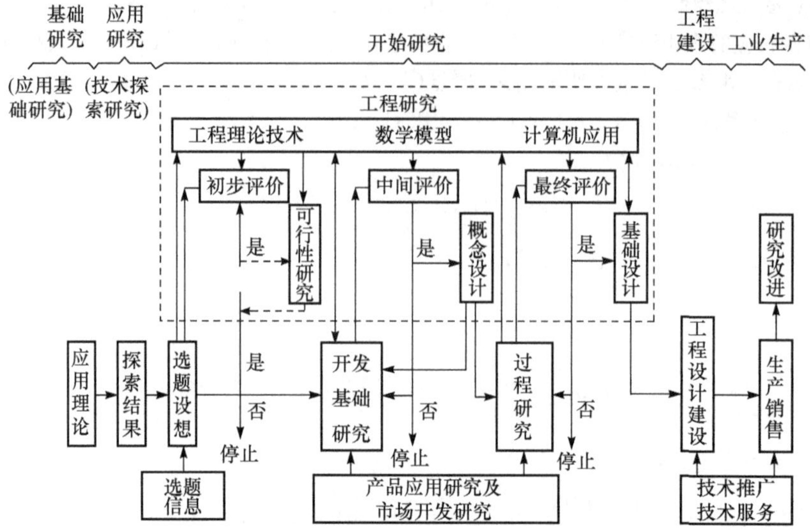

图 3-35　化工新技术开发工作程序图

和基础设计。所以，放大是开发研究的核心，包括模型试验、微型中间试验、中间试验、原型装置试验、半工业试验及工业试验的全部过程或部分过程。通过它取得整套基础设计用的试验数据。

3.8.1　中试流程

中间试验的主要功能有：

(1) 收集数据，检验模型试验、数学模型的结果，并修改、核对和完善设计计算。

(2) 它不只是实验室装置或模型试验装置的简单放大，而应是工业装置的缩小。

(3) 它应针对几个急需解决的关键问题，而不是整个操作过程，一般也不用于生产产品。

(4) 考察小试所无法预见到的问题，如腐蚀、长期连续运转所需考察的副反应、吸收剂寿命、设备结构及运行、三废处理等。

(5) 培养和训练大生产技术和操作人员的基地。

吸收过程的中试流程如图 3-36。为获得正确的数据，吸收塔内设置两段填料，上层为4m，下层为 1m，流程中设置上下两个贫液进口。再生塔底部蒸汽加热可以是直接蒸汽进入，也可是间接蒸汽加热。进再生塔前，流程中设置一闪蒸器，供吸收塔与再生塔变压操作时用。此时，必需收集中试所需的各种操作参数，包括

(1) 再生塔所需蒸汽流率。

(2) 吸收剂的循环流率。

(3) 进出吸收塔的气体的温度、组成和流率。

(4) 贫液、富液和闪蒸液的温度、组成和流率。

(5) 再生塔和吸收塔的操作压力。

(6) 各热交换器的进出口气体、液体的温度。

3.8.2　中试组织

中间试验可以下述三种方式下运行：富端挟点、贫端挟点和无挟点操作。

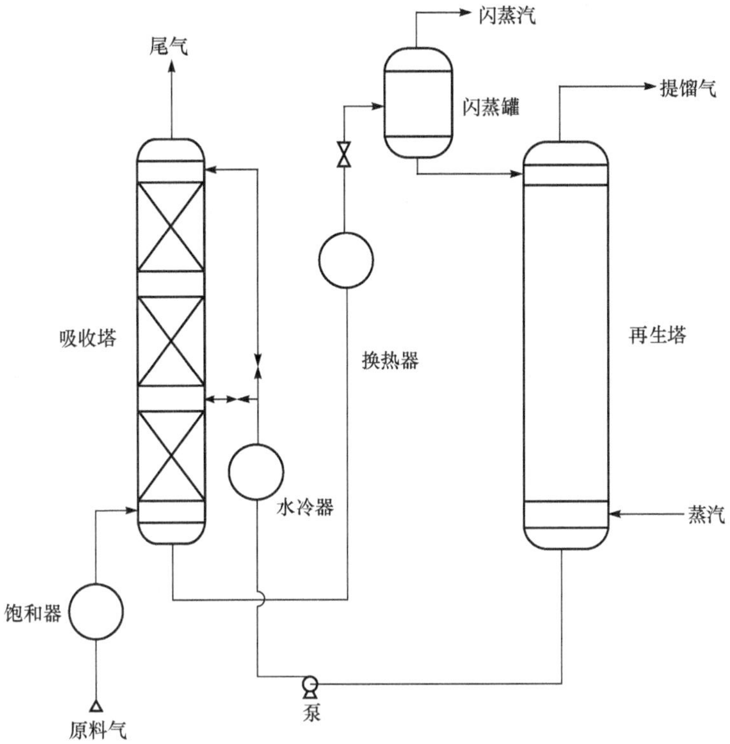

图 3-36　中间试验流程图

1. 富端挟点操作

富端挟点(rich end pinch，REP)操作的目的是寻找最小液流速率，其状态是指操作线与平衡线在塔底(富端)相交产生挟点，即塔底流出的富液与进料气的组成相平衡。操作的方式是在确保一定的蒸汽流率下，使富液充分再生为贫液，然后不断减少液流速率，直至挟点发生。

具体地说，首先在再生塔维持一个相对高的蒸气流速，使它足以将富液中的溶质赶出来并维持恒定。然后，不断地减少液速，记录每一组在吸收塔内的气液出口组成。一般情况下，试验设计 y_1 和 x_2 是恒定的。于是，通过物料衡算可知道在吸收塔尾气中带出溶质的量，称作带出速率。图 3-37 显示了操作特性，低液流速率时，几近富端挟点，曲线上扬，带出速率较高；高液流速率时，挟点会在塔顶出现，带出速率极低，显示出塔气体与进口吸收液两者相平衡。在双对数轴坐标图上，曲线的转折极陡，由于平衡分压极低或分析的原因，最大液流速率很难在曲线上精确决定，但填料塔的操作范围必须控制液流速率的大小为泛点流速的 30%～75%。低于 30%时填料无法完全润湿，高于 75%时出塔气将挟带过多的液沫，所以，除了测低平衡分压的相平衡数据有难度外，要得到最小液流速率和适宜液流速率值并不难。

化学吸收与物理吸收相比，曲线的转折更陡。这一情况同样显示在沿塔高的温度分布图(图 3-38)上。液流率小于 L_m 时，挟点出现在吸收塔底部富端，大部分溶质的吸收发生在塔顶，温度陡增；液流率大于 L_m 时则反之，温度将在塔底升高。

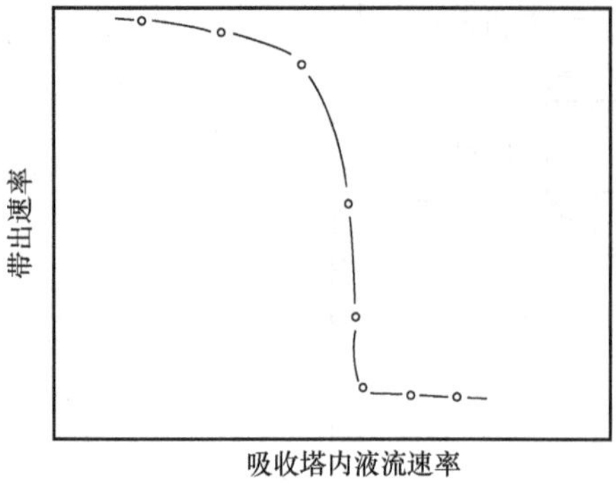

图 3-37　REP 操作下带出速率和液流率的关系

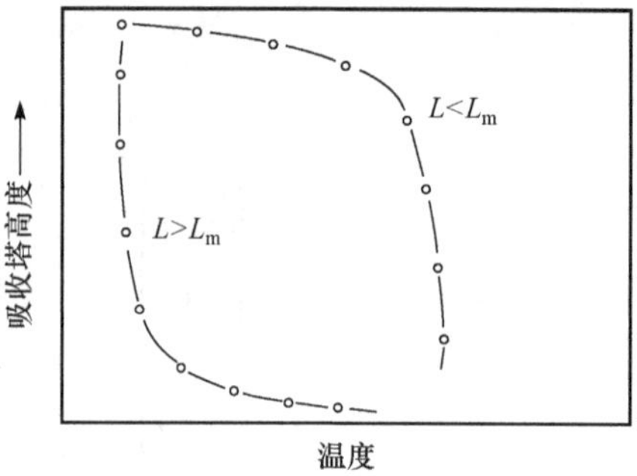

图 3-38　REP 操作下吸收塔内温度分布示意

2. 贫端挟点操作

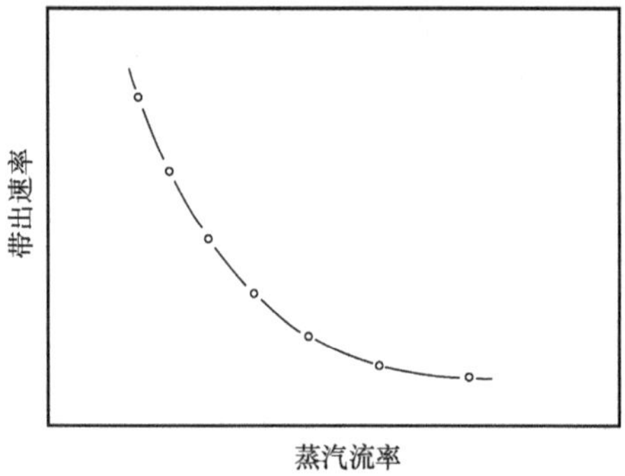

图 3-39　LEP 操作下带出速率与蒸汽流率的关系

贫端挟点操作(lean end pinch,LEP)的目的是寻找最小蒸汽流率,其状况与 REP 相反,挟点出现在塔顶(贫端),此时,塔顶进口吸收液与出塔尾气相平衡。操作方式是在最适宜液流速率下,不断减少蒸汽流率,直到出现贫端挟点为止。

具体步骤与 REP 相似,可获得曲线示于图 3-39,带出流率随蒸汽流率的减少而增加。由此,可根据允许的带出速率来确定蒸汽最小流率值。所测挟点数据可用来决定相平衡数据。

3. 无挟点操作

无挟点操作(unpinched,UP)的目的是获得可靠的气液传质数据。REP 和 LEP 操作都可能在塔内产生挟点,因此,它们的数据无法用于计算正确的填料高度。UP 采用吸收塔内 1m 的填料段进行吸收操作,营造操作无挟点产生的氛围,以获得正确的传质数据

$$K_{G}a=\frac{G(y_1-y_2)}{hs\Delta y_m}$$

对于化学吸收,由于动力学方程中增强因子 β 往往不是恒量,求算传质系数时显得较复杂。因为传质总系数中都含有 β,而此时 $\beta=f(y_e,y_i,k_I,k_L,\cdots)$,无法从积分式内移出,读者应遵循数学法则,尽可能简化积分,才可能获得 β 和 $K_{G}a$ 值。

3.9　塔　　径

对于气液传质设备,特别是填料塔,多采用逆流操作。当气液吸收属不可逆反应或液流量极大而气体进出口浓度差不大时,也可采用并流操作。这时气速仅取决于该过程的动力消耗上限,不受液泛速度所限。但大多数塔设备采用逆流操作,无论是填料塔还是板式塔,都必须考虑由于气速的逐渐增大,造成液体不能流下的液泛现象,这个不稳定点的操作气速称为液泛速度。目前,塔设备的直径大都以液泛速度作为计算的基准。有一种方法是利用埃克特

(Eckert)关联图来进行的。图 3-40 中的纵坐标为$\frac{u_{OG}^2\phi\psi}{g}\left(\frac{\rho_g}{\rho_l}\right)\left(\frac{\mu_l}{\mu_w}\right)^{0.2}$，横坐标为$\frac{G_l}{G_g}\left(\frac{\rho_g}{\rho_l}\right)^{0.5}$。两者都是无因次群，故该图将不受单位制的影响。对于国际单位制，G_g、G_l 为气液相质量流速，kg/(m^2 · s)；μ_l、μ_w分别为液体和水在 20℃时的黏度，mN · s/m^2；ϕ 为填料因子，1/m；ψ 为液相密度校正因子，即水的密度和液相的密度之比；g 为重力加速度，9.81m/s^2；u_{OG}为空塔气速，m/s。该图的适应面较广，除图中说明以外，还可适用鞍形、鲍尔环等填料。同时该图还绘出了乱堆填料的气体压降的等压线。

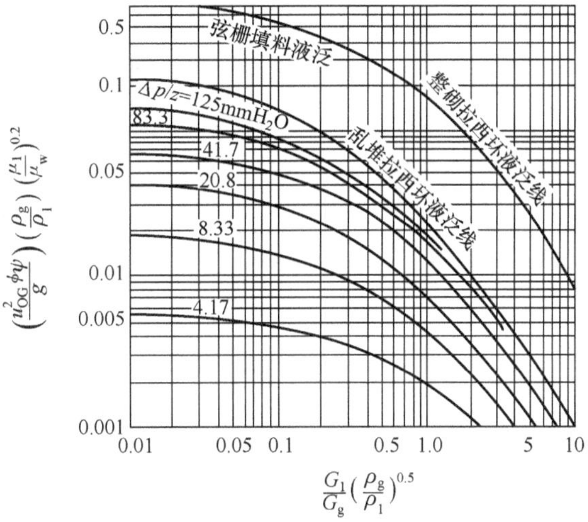

图 3-40 填料塔压降和液泛关联图

使用图 3-40 时，可先算出横坐标值，再求泛点线上的纵坐标值，并以此获得泛点气速。操作气速一般取泛点气速的 0.6～0.8，即可按下式获得塔径 D

$$D=\sqrt{\frac{4V_s}{\pi u}} \tag{3-258}$$

式中：V_s 为气体的体积流量，m^3/s；u 为气体的空塔速度，m/s。

如需获得气流通过填料层的压降，或已知压降值欲求得操作气速值，都可在图上相应求得。

填料因子值列于表 3-10、表 3-11、表 3-12、表 3-13 与表 3-14。

表 3-10 钢质拉西环的特性(乱堆)

外径 /mm	高×厚 /(mm×mm)	比表面 a_t /(m^2/m^3)	空隙率 ε /(m^3/m^3)	个数 n /m^{-3}	堆积密度 ρ_p /(kg/m^3)	干填料因子 $\frac{a_t}{\varepsilon^3}$/m^{-1}	填料因子 ϕ/m^{-1}
6.4	6.4×0.8	789	0.73	3110000	2100	2030	2500
8	8×0.3	630	0.91	1550000	750	1148	1580
10	10×0.5	500	0.88	800000	960	740	1000
15	15×0.5	350	0.92	248000	660	460	600
25	25×0.8	220	0.92	55000	640	290	390
35	35×1	150	0.93	19000	570	190	260
50	50×1	110	0.95	7000	430	130	175
76	76×1.6	68	0.95	1870	400	80	105

表 3-11　瓷质拉西环的特性

外径/mm	高×厚/(mm×mm)	比表面 a_t/(m^2/m^3)	空隙率 ε/(m^3/m^3)	个数 n/m^{-3}	堆积密度 ρ_p/(kg/m^3)	干填料因子 $\frac{a_t}{\varepsilon^3}$/$m^{-1}$	填料因子 ϕ/m^{-1}	备　注
6.4	6.4×0.8	789	0.73	3110000	737	2030	2400	乱堆
8	8×1.5	570	0.64	1465000	820	2170	2500	
10	10×1.5	440	0.70	720000	700	1280	1500	
15	15×2	330	0.70	250000	690	960	1020	
16	16×2	305	0.73	192500	730	784	940	
25	25×2.5	190	0.78	49000	505	400	450	
40	40×4.5	126	0.75	12700	577	305	350	
50	50×4.5	93	0.81	6000	457	177	205	
80	80×9.5	76	0,68	1510	714	243	280	
80	80×9.5	102	0.57	1950	962	564		整砌
100	100×13	65	0.72	1060	930	172		
125	125×14	51	0.68	530	825	165		
150	150×16	44	0.68	318	802	142		

表 3-12　钢质和聚丙烯鲍尔环特性(乱堆)

外径/mm	材　质	比表面 a_t/(m^2/m^3)	空隙率 ε/(m^3/m^3)	个数 n/m^{-3}	堆积密度 ρ_p/(kg/m^3)	填料因子 ϕ/m^{-1}
16	钢	364	0.94(厚 0.4mm)	235000	467	230
16	聚丙烯	364	0.88	235000	72.6	320
25	钢	209	0.94(厚 0.6mm)	51100	480	160
25	聚丙烯	209	0.90	51100	72.6	170
38	钢	130	0.95(厚 0.8mm)	13400	379	92
38	聚丙烯	130	0.91	13400	67.7	105
50	钢	103	0.95(厚 0.9mm)	6200	355	66
50	聚丙烯	103	0.91	6380	67.7	82
76	聚丙烯	67		1600		53

表 3-13　瓷质鲍尔环特性

外径/mm	高×厚/(mm×mm)	比表面 a_t/(m^2/m^3)	空隙率 ε/(m^3/m^3)	个数 n/m^{-3}	堆积密度 ρ_p/(kg/m^3)	填料因子 ϕ/m^{-1}	备　注
25	25×2.5	220	0.76	48000	565	300	乱堆
40	40×4.5	140	0.76	12700	577	190	乱堆
50	50×4.5	110	0.81	6000	457	130	乱堆
76	76×9.5	66	0.74	1740	645	100	乱堆
100	100×10	56	0.81	740	450	65	乱堆
100	100×10	82	0.72	1060	625		整砌

表 3-14　瓷质矩鞍形填料的特性

公称尺寸 /mm	厚度 /mm	比表面 a_t /(m^2/m^3)	空隙率 ε /(m^3/m^3)	个数 n /m^{-1}	堆积密度 ρ_p /m^{-1}	填料因子 ϕ/m^{-1}	备　注
6		993	0.75	4170000	677	2400	
13	1.8	630	0.78	735000	548	870	
20	2.5	338	0.77	231000	563	480	
25	3.3	258	0.775	84600	548	320	塑料质填料因子为 110
38	5	197	0.81	25200	483	170	
50	7	120	0.79	9400	532	130	塑料质填料因子为 69
76	—	—	—	—	—	72	塑料质填料因子为 53

值得一提的是，大通量、低压降、高效、放大效应小的规整填料得到了迅速的发展。按其排列结构或操作特点大致可把填料划分为七类：

(1)单元接触型：斯特曼(Stedman)、双层网水平波纹。

(2)绕卷型：古德洛(Goodloe)、海泊菲尔(Hyperfil)、新克洛斯(Neo-Kloss)。

(3)水平波纹板型(喷雾型)：帕纳帕克(Panapak)、斯普雷帕克(spraypak)。

(4)垂直波纹板型：各种形式的苏尔寿填料[金属网波纹(Sulzer packing)、墨拉帕克(Mallapak)、凯雷帕克(Kerapak)、塑料网波纹]、重叠纱网波纹。

(5)栅格型：格利希栅格(Glitsch grid)、格子(grid)、钻石格子(diamomd grid)。

(6)板片型：压延金属板(expanded metal)、多孔金属板，垂直布填料。

(7)蜂窝型及喷射型：脉冲填料(impulse)、网孔栅格(petform grid)、Z 形格子(Z-grid)、塑料蜂窝板。

上述填料还可按其使用性能分为通用型和精密型两大类，墨拉帕克、凯雷帕克、网孔栅格、脉冲填料等属于前者，苏尔寿网波纹、古德洛、海泊菲尔和新克洛斯等则属后者。

就像颗粒状散装填料中着重推荐的鲍尔环、矩鞍形填料一样，苏尔寿网波填料也得到了广泛地认可。苏尔寿型波纹填料常做成与塔同直径的圆柱形，每一圆柱单元由压成波纹状的薄片或丝网组装而成。波纹方向与塔的轴线呈一定角度，且相邻波纹片的波纹方向相反，这样多个圆柱单元盘盘相叠又相互成 90°交叉，紧贴塔体在填料内部形成许多相互交叉对称的倾斜通道，使液体自上而下经多层填料并每盘都达到液体重新分布而趋于均布。气体向上同样有再分布和径向混合的特点，使填料效率几乎和塔径大小无关，减少了通常散装填料颇感困难的放大效应。表 3-15 列出了苏尔寿波纹填料的特性参数；表 3-16 列出了多种苏尔寿波纹填料的 F 因子值和应用场合；表 3-17 还列出了 BX 型规整填料塔类型与其他塔类型的比较。

表 3-15　各种波纹填料及其特征数据

名　称	填料表面	类　型	材　料	交换表面积 a /(m^2/m^3)	水力直径 d_h /mm	倾斜角 φ /(°)	空隙率 ε /%	堆积密度 ρ_p /(kg/m^2)
网波纹填料	金属丝网	AX	不锈钢	250	15	30	95	125
		BX		500	7.5	30	90	250
		CY		700	5	45	85	350
	塑料丝网	BX	聚丙烯/聚丙烯腈	450	7.5	30	85	120
板波纹填料	金属或塑料薄片	Mellapak 250Y	碳钢、不锈钢或铝、聚氯乙烯等	250	15	45	97	200(薄片厚度为 0.2mm)
	陶瓷薄片	BX	陶瓷	450	≈6	30	≈75	550

表 3-16　各种波纹填料的基本性能与应用

填料类型	气体负荷 F /[$m/s(kg/m^3)^{\frac{1}{2}}$]	每块理论板压降/mmHg	每米理论板数	滞留量/%	操作压力/mbar	适用范围
AX	2.5～3.5	～0.3	2.5	2[1]	1～1000	要求处理量大和理论板不多的蒸馏
BX	2～2.4	0.3	5	4	1～1000	热敏性、难分离物系的真空精馏，含有机物废气处理
CY	1.3～2.4	0.5	10	6	50～1000	同位素分离，要求大量理论板的有机物蒸馏，高度受限制的塔器
塑料丝网填料 BX	2～2.4	～0.45	～5	8～15	1～1000	低温(<80℃)下吸收，脱除强臭味物质，回收溶剂
Mellapak 250Y	2.25～3.5	0.75	2.5	3～5	>100	中等真空度以上压力及有污染的有机物蒸馏；常压和高压吸收(解吸)；改造填料塔及部分板式塔；重水最终分离装置；用作静态混合器单元
Kerapak	1.7～2.0	0.4～0.8	4～5	8～15	1～5000	高温或有腐蚀性的蒸馏与吸收(解吸)、热交换器，除雾器、催化剂载体等

1) 系推测值。

表 3-17　BX 型填料塔与其他塔类型的比较

塔　型	BX 型	鲍尔环	穿流板	筛板浮阀泡罩	并流塔
比空气速度 W_L/(m/s)	2	2	2.5	2	2
每米理论板数 N_T	5	2	1.5	1.5	1
每块理论板压降/mmHg	0.1～0.3	0.5～2	2～10	2～10	10～70
分离能力 $W_L \cdot N_T$	10	4	3.5	3	2

波纹填料自应用于精密蒸馏始，1975 年以后，扩大到一般性精馏、热泵精馏和吸收等。至今，已有千座以上的工业塔类型在运行，设计日臻完善，应用遍及化工、原子能、轻工、食品、制药、炼油、石化等领域。

3.10　塔　　高

如前所述，传质系数的量纲是 $M \cdot T^{-1} \cdot L^{-2}$，其值的大小还与计算过程所选用的传质推动力(即浓度)的单位有关。除了湿壁塔，升(降)膜塔一类有明确的传质表面以外，大多数传质设备的传质界面都无法直接得到，只能借助单位体积有效设备(填料)体积所含的表面积(比表面)这一概念，于是，体积传质系数 K_ya(或 K_ya)和 K_xa(或 K_xa)又引用于填料塔的设计，并取得较好的结果。

塔高可依据传质系数和相平衡的数据，并根据两相流的大小和分离要求，在下列诸情况下分别计算。

3.10.1　低浓度气体吸收时的填料高度

若考虑逆流流动的填料塔如图 3-22，气液相均无自身循环，其流率 G 和 L 与相应的溶质

A 的组成 y 和 x 之间存在下列物料平衡

$$-\mathrm{d}(Gy)=\mathrm{d}(Lx)=NaS\mathrm{d}h \tag{3-259}$$

由传质速率式

$$\mathrm{d}(Lx)=(K_x a)(x_\mathrm{e}-x)S\mathrm{d}h \tag{3-260}$$

$$-\mathrm{d}(Gy)=(K_y a)(y-y_\mathrm{e})S\mathrm{d}h \tag{3-261}$$

也可写成

$$\mathrm{d}(Lx)=k_x a(x_i-x)S\mathrm{d}h \tag{3-262}$$

$$-\mathrm{d}(Gy)=k_y a(y-y_i)S\mathrm{d}h \tag{3-263}$$

分离变量积分后，可获得总填料高度 h 的一般式

$$h=\int_0^h \mathrm{d}h=\int_{x_1}^{x_2}\frac{\mathrm{d}(Lx)}{K_x aS(x_\mathrm{e}-x)} \tag{3-264}$$

$$h=\int_0^h \mathrm{d}h=\int_{y_2}^{y_1}\frac{\mathrm{d}(Gy)}{K_y aS(y-y_\mathrm{e})} \tag{3-265}$$

对于低浓度气体，吸收过程可视液体和气体流量为常量，可从积分号内提出，总填料高度可用传质单元高度和传质单元数的乘积来表示

$$h=H_\mathrm{OL}N_\mathrm{OL}=\frac{L}{K_x aS}\int_{x_1}^{x_2}\frac{\mathrm{d}x}{x_\mathrm{e}-x} \tag{3-266}$$

$$h=H_\mathrm{OG}N_\mathrm{OG}=\frac{G}{K_y aS}\int_{y_2}^{y_1}\frac{\mathrm{d}y}{y-y_\mathrm{e}} \tag{3-267}$$

具体算法在各种版本的《化工原理》书中已经详述。

3.10.2 高浓度气体吸收时的填料高度

溶剂吸收高浓度(一般大于 10%)气体时，G 和 L 沿塔高不再是恒量，此时必须以各自的惰性组分作物料衡算的基准(Perry，1984)。令 $L'=L(1-x)$ 和 $G'=G(1-y)$，其中 L' 和 G' 分别为溶剂和惰性气体的量，kmol/s，于是

$$\mathrm{d}(Gy)=G'\mathrm{d}\left(\frac{y}{1-y}\right)=G'\frac{\mathrm{d}y}{(1-y)^2}=G\frac{\mathrm{d}y}{1-y} \tag{3-268}$$

$$\mathrm{d}(Lx)=L'\mathrm{d}\left(\frac{x}{1-x}\right)=L'\frac{\mathrm{d}x}{(1-x)^2}=L\frac{\mathrm{d}x}{1-x} \tag{3-269}$$

代入式(3-208)和式(3-209)，得

$$h=\int_{x_1}^{x_2}\frac{L\mathrm{d}x}{K_x a(1-x)S(x_\mathrm{e}-x)} \tag{3-270}$$

$$h=\int_{y_1}^{y_2}\frac{G\mathrm{d}y}{K_y a(1-y)S(y-y_\mathrm{e})} \tag{3-271}$$

为解决上述积分，考虑到传质系数也是气液量的函数，再进一步写成

$$h=\int_{x_1}^{x_2}\frac{L(1-x)_\mathrm{m}\mathrm{d}x}{K_x a(1-x)_\mathrm{m}S(x_\mathrm{e}-x)(1-x)} \tag{3-272}$$

$$h=\int_{y_1}^{y_2}\frac{G(1-y)_\mathrm{m}\mathrm{d}y}{K_y a(1-y)_\mathrm{m}S(1-y)(y-y_\mathrm{e})} \tag{3-273}$$

式中：$(1-y)_\mathrm{m}$ 为塔内任一截面上 $(1-y)$ 与 $(1-y_\mathrm{e})$ 的对数平均值；$(1-x)_\mathrm{m}$ 项也是同样的相应值。从大量发表的填料塔传质系数关系式可知，$K_y a$ 大致和 G 的 0.8 次方成正比，$K_y a(1-y)_\mathrm{m}$ 与浓度无关，随塔高的上升，G 和 $K_y a(1-y)_\mathrm{m}$ 都随之减少，以致其商 $G/K_y a(1-y)_\mathrm{m}$ 可近似看为常数，于是得

$$h=\frac{G}{K_ya(1-y)_mS}\int_{y_2}^{y_1}\frac{(1-y)_m dy}{(1-y)(y-y_e)} \tag{3-274}$$

$$h=\frac{L}{K_xa(1-x)_mS}\int_{x_2}^{x_1}\frac{(1-x)_m dx}{(1-x)(x_e-x)} \tag{3-275}$$

应该注意的是，此时的平衡线和操作线都不再是直线。平衡线将由实验数据或热力学关联式给出。操作线仍建立在物料平衡的基础上，若对塔的上半部作衡算

$$G+L_2=G_2+L \tag{3-276}$$

对溶质 A 作物料衡算，当溶剂为纯溶剂时，有

$$Gy=G_2y_2+Lx \tag{3-277}$$

溶剂的物料平衡方程为

$$L_2=L(1-x) \tag{3-278}$$

上述几个方程联立求解

$$y=\frac{G_2y_2+L_2x/(1-x)}{G_2+L_2x/(1-x)} \tag{3-279}$$

上式表述了已知一端状况的塔的操作线方程。

【例 3-12】 装有 25.4mm 拉西瓷环的填料塔用水吸收空气中含量为 0.20(摩尔分率，下同)的 SO_2，出塔时它的含量为 0.02，该塔在 293K 和 1.013×10^5 Pa(绝对)下操作。惰性气体流率为 6.53×10^{-4} kmol 空气/s 和纯水的流率为 4.20×10^{-2} kmol H_2O/s，塔的横截面为 $0.0929m^2$。对于稀 SO_2，在上述情况下膜系数的经验关系式如下

$$K_ya=0.0594G^{0.7}L^{0.25} \qquad K_xa=0.152L^{0.82}$$

两者的单位都是 kmol/(s・m^2・摩尔分率)。G、L 为气液流率，单位时间(s)单位面积(m^2)下的总气、液量。试计算塔高。

解 已知 $G_I=6.53\times10^{-4}$ kmol 空气/s，$L_B=4.20\times10^{-2}$ kmol/s，$y_2=0.02$，$y_1=0.20$，$x_2=0$

(1) 由物料平衡求得操作线方程，由式(3-279)

$$y=\frac{G_2y_2+L_2x/(1-x)}{G_2+L_2x/(1-x)}$$

$$=\frac{6.53\times10^{-4}\frac{0.02}{1-0.02}+4.20\times10^{-2}\frac{x}{1-x}}{\frac{6.53\times10^{-4}}{1-0.02}+4.20\times10^{-2}\frac{x}{1-x}}$$

当 $y_2=0.02$，$x_2=0$，$y_1=0.20$，$x_1=0.00355$，在 x_1 和 x_2 的区间中任选三点，计算后列于表 3-18。

表 3-18

y	x	V	L	G_y	L_x	K_ya	K_xa
0.02	0	6.66×10^{-4}	0.04200	0.2130	8.138	0.03398	0.848
0.04	0.000332	6.80×10^{-4}	0.04201	0.2226	8.147	0.03504	0.849
0.07	0.000855	7.02×10^{-4}	0.04203	0.2378	8.162	0.03673	0.850
0.13	0.00201	7.51×10^{-4}	0.04208	0.2712	8.196	0.04032	0.853
0.20	0.00355	8.16×10^{-4}	0.04215	0.3164	8.241	0.04496	0.857

x_i	y_i	$1-y$	$(1-y)_{im}$	$y-y_i$	V/K_yaS	$\frac{(1-y)_{im}}{(1-y)(y-y_i)}$
0.00046	0.0090	0.980	0.985	0.0110	0.2110	91.37
0.00103	0.0235	0.960	0.968	0.0165	0.2089	61.11

续表

x_i	y_i	$1-y$	$(1-y)_{im}$	$y-y_i$	V/K_yaS	$\dfrac{(1-y)_{im}}{(1-y)(y-y_i)}$
0.00185	0.0476	0.930	0.941	0.0224	0.2057	45.17
0.00355	0.1015	0.870	0.885	0.0285	0.2004	35.69
0.00565	0.1685	0.800	0.816	0.0315	0.1954	32.38

(2) 求算传质系数:经验式中需要总流量的数据,其总摩尔流率 $G=\dfrac{G'}{1-y}$,$L=\dfrac{L'}{1-x}$。分别将计算值列于表 3-18,而总质量速率应是每单位面积单位时间内 SO_2 和空气的流量之和,有

$$G_y=\frac{6.53\times10^{-4}\times29\text{kg 空气/s}+6.53\times10^{-4}\left(\frac{y}{1-y}\right)\times64.1\text{kg}SO_2\text{/s}}{0.0929\text{m}^2}$$

当 $y=0.20$ 时,$G_y=0.3164\text{kg/(s}\cdot\text{m}^2)$,同理,液相总流率为

$$L_x=\frac{4.20\times10^{-2}\times18+4.20\times10^{-2}\left(\frac{x}{1-x}\right)\times64.1}{0.0929}$$

所计算的系列 G_y、L_x 值列入表中。由此,当 $y=0.02$,$G_y=0.2130$,$L_x=8.138$ 时,有

$$\begin{aligned}K_ya&=0.0594G_y^{0.7}L_x^{0.25}=0.0594\times(0.2130)^{0.7}\times(8.138)^{0.25}\\&=0.03398\text{kmol/(s}\cdot\text{m}^2\cdot\text{摩尔分率)}\end{aligned}$$

此时 $x=0$

$$K_xa=0.0152L_x^{0.82}=0.152\times(8.138)^{0.82}=0.848\text{kmol/(s}\cdot\text{m}^2\cdot\text{摩尔分率)}$$

计算结束列于例表 3-10,此时已可看出,对于高浓度气体,吸收时,传质系数将随浓度的变化而变化。显然,传质系数沿整个填料层高度不是常数。

(3) 由操作线、平衡线和传质分系数获得界面浓度 y_i 和 x_i。若取第一点 $y_1=0.20$,$x_1=0.00355$ 为例,首先假定 $(1-y)_{im}\approx1-y=1.00-0.20=0.80$;同样 $(1-x)_{im}\approx1-x=1-0.00355=0.996$。然后,在 x-y 图上作 H_2O-SO_2 系统的平衡线和操作线(图 3-41),并取线段 $\overline{P_1M_1}$ 的斜率近似符合下列关系并作图,可得 $y_i=0.1688$

$$\overline{P_1M_1}\text{斜率}=-\frac{k_xa/(1-x)_{im}}{k_ya/(1-y)_{im}}=-\frac{0.857/0.996}{0.04496/0.80}=-15.3$$

和 $x_i=0.00566$,用这些值进行第二次试差

$$(1-y)_{im}=\frac{(1-0.1688)-(1-0.20)}{\ln\dfrac{1-0.1688}{1-0.20}}=0.816$$

$$(1-x)_{im}=\frac{(1-0.00335)-(1-0.00566)}{\ln\dfrac{1-0.00335}{1-0.00566}}=0.995$$

再代入得斜率 $=-\dfrac{0.857/0.995}{0.04496/0.816}=-15.6$,再作图,得 M_1 点,此时确定 $y_i=0.1685$,$x_i=0.00565$。继续重复计算寻找其余各点并列于表 3-18,并同时获得 $(1-y)$、$(1-y)_{im}$ 和 $(y-y_i)$ 值,继续计算 H_G 和 H_L 值。

(4) H_G、H_L 和塔高的计算

$$H_G=\frac{V}{K_yaS}\quad\text{或}\quad H_L=\frac{L}{K_xaS}$$

$$N_G=\int_{y_2}^{y_1}\frac{(1-y)_{im}\text{d}y}{(1-y)(y-y_i)}\quad\text{或}\quad N_L=\int_{x_1}^{x_2}\frac{(1-x)_{im}\text{d}x}{(1-x)(x_i-x)}$$

将 H_G 和 N_G 值分别计算并列于表 3-18,以算术平均值法求 H_G,并以作图法求 N_G(图 3-42)。

$$H_G=\frac{0.2110+0.2089+0.2057+0.2004+0.1954}{5}=0.2043(\text{m})$$

$$N_G=0.02\times10\times39.34=7.868$$

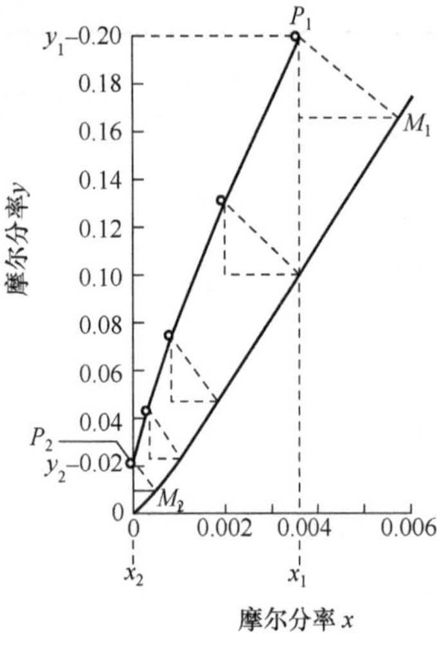

图 3-41 平衡线与操作线

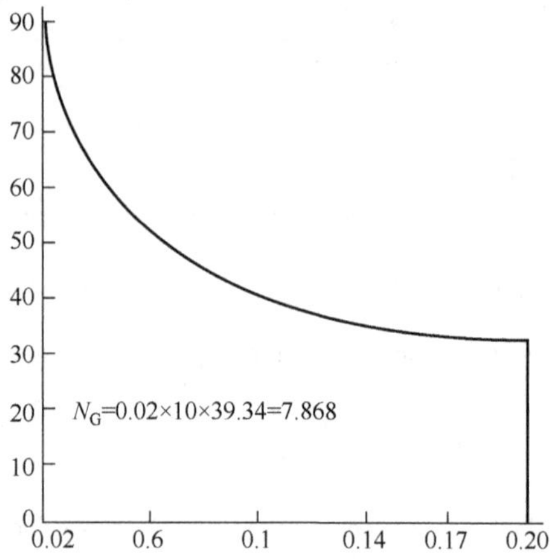

图 3-42 图解积分法求 N_G

于是，塔高 $h=H_G N_G=0.2043\times7.868=1.607$(m)。也可以 $H_{Gi}N_{Gi}$ 的乘积进行图解积分求解，其结果为 $h=1.588$m，两者相一致。

3.10.3 多组分逆流吸收塔的填料高度——吸收因子法

多组分气体混合物的分离在化学工业特别是在石油及有机化工中有着广泛的工业背景。塔型可以是填料塔也可以是板式塔。克莱塞(Kremser)提出了吸收因子法(Henley et al.，1981；Edmister，1957)，即一种能提供塔的进出口组成和理论级的近似计算方法。这种方法虽不能像逐板计算法那样提供沿填料层高度的塔内的浓度和温度分布数据，但由于计算简单，不但在低浓度多组分吸收的场合中使用，还近似地应用于高浓度吸收。

吸收塔的情况如图 3-43，塔具有 N 个绝热的理论塔板，用吸收剂吸收混合气中某些组分。对于任何吸收组分，作塔的物料衡算应有

$$g_N=g_1+l_{N-1} \tag{3-280}$$

此处

$$g=yG \tag{3-281}$$

$$l=xL \tag{3-282}$$

且 $l_0=0$。每一级均存在平衡关系

$$y_N=mx_N \tag{3-283}$$

联立式(3-281)、式(3-282)和式(3-283)，g_N 变成

$$g_N=\frac{l_N}{L_N/mG_N} \tag{3-284}$$

令 $A=L/mG$ 为吸收因子，于是

$$g_N=l_N/A \tag{3-285}$$

将式(3-285)代入式(3-280)，有

$$l_N=(l_{N-1}+g_1)A_N \tag{3-286}$$

所有的内流率 l_{N-1} 都可以用下述办法通过第一级和中间各级之间的物料衡算进行消去，即由第 1 级和第 $N-2$ 级可得

$$l_{N-1}=(l_{N-2}+g_1)A_{N-1} \tag{3-287}$$

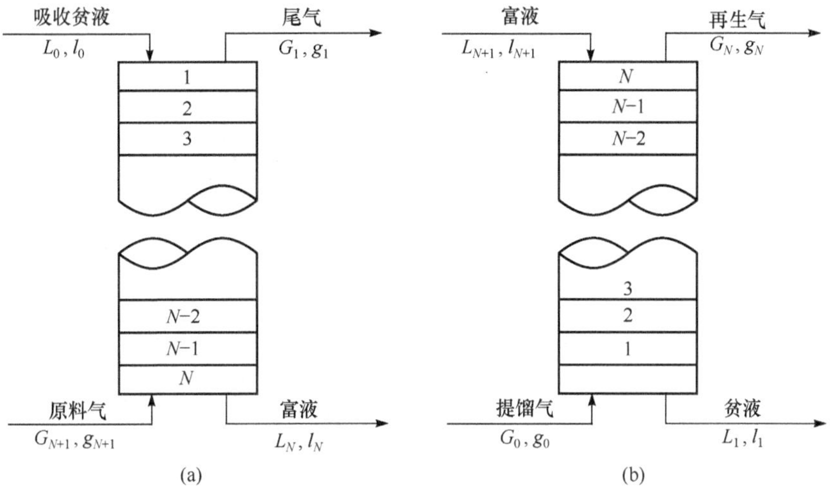

图 3-43　逆流多级接触设备

将式(3-287)代入式(3-286)可得

$$l_N = l_{N-2}A_{N-1}A_N + g_1(A_N + A_{N-1}A_N) \tag{3-288}$$

继续做代入消去法,直至塔顶,即 $g_1A_1 = l_1$ 处,于是

$$l_N = g_1(A_1A_2A_3\cdots A_N + A_2A_3\cdots A_N + A_3\cdots A_N + \cdots + A_N) \tag{3-289}$$

又有全塔物料衡算

$$l_N = g_{N+1} - g_1 \tag{3-290}$$

上两式合并,最终可得

$$g_1 = g_{N+1}\phi_A \tag{3-291}$$

此处,定义 ϕ_A 为未被吸收的溶质所占的百分率,表示吸收不完善程度

$$\phi_A = \frac{1}{A_1A_2A_3\cdots A_N + A_2A_3\cdots A_N + A_3\cdots A_N + \cdots + A_N + 1} \tag{3-292}$$

若认定 $A_1 = A_2 = \cdots = A_N$,或选定 A_e 作为塔的有效平均吸收因子来代替各级的吸收因子,则

$$\phi_A = \frac{1}{A_e^N + A_e^{N-1} + \cdots + A_e + 1} \tag{3-293}$$

乘上$\dfrac{A_e - 1}{A_e - 1}$,并由定义,得

$$\phi_A = \frac{A_e - 1}{A_e^{N+1} - 1} = \frac{y_1 - y_{1e}}{y_{N+1} - y_{1e}} \tag{3-294}$$

对于已定分离要求而板数未知的设计型计算,上式可变为下列方程

$$N = \frac{\ln\left\{\left[\left(1 - \frac{1}{A}\right)\Big/\phi_A\right] + \frac{1}{A}\right\}}{\ln A} \tag{3-295}$$

图 3-44 绘出了以理论板为参数的 A-ϕ_A 图。

如果气相莫夫里板效率 E_{MV} 为常数,则实际级数可由下式给出

$$N_{实} = \frac{\ln\left\{\left[\left(1 - \frac{1}{A}\right)\Big/\phi_A\right] + \frac{1}{A}\right\}}{-\ln\left\{1 + E_{MV}\left(\frac{1}{A} - 1\right)\right\}} \tag{3-296}$$

应当指出,克莱塞方程[式(3-294)、式(3-295)和式(3-296)]与传递方向无关。因此,尽管

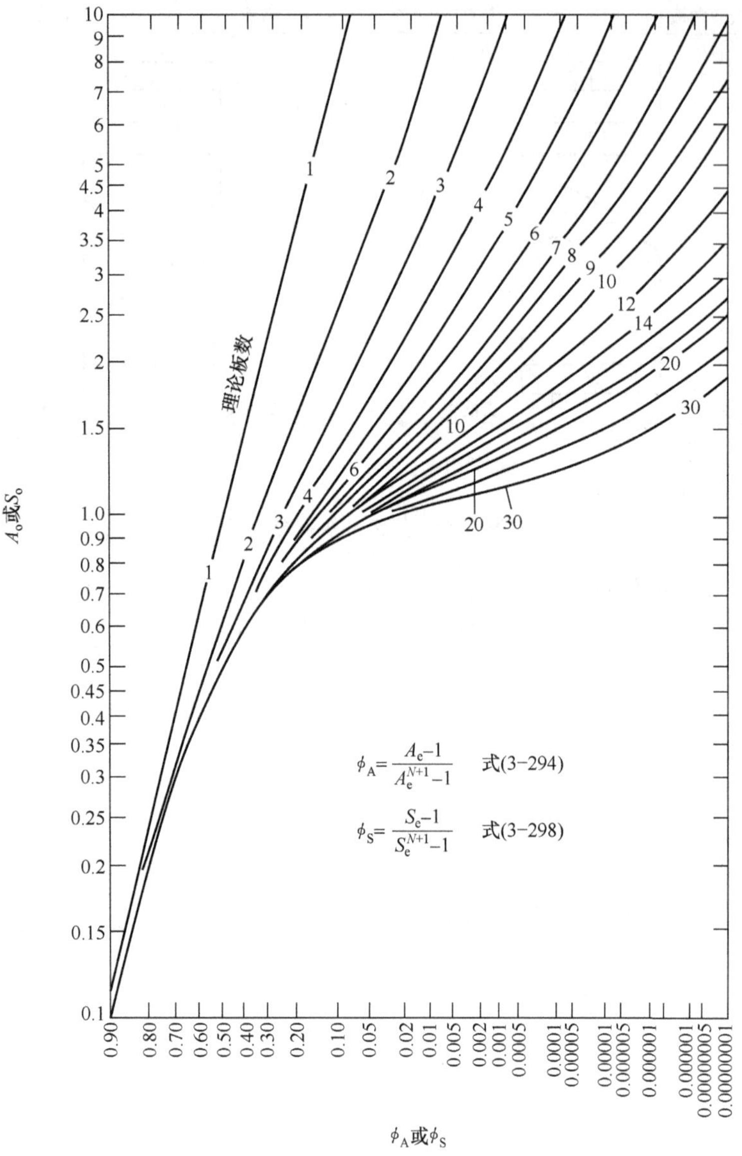

图 3-44 吸收与解吸因子

上述方程是依据吸收塔的情况推导而得，但同样适合于气提塔，即图 3-43(b)所示的解吸塔，满足下列关系：

$$l_1 = l_{N+1}\phi_S \tag{3-297}$$

$$\phi_S = \frac{S_e - 1}{S_e^{N+1} - 1} = \frac{x_1 - x_{1e}}{x_{N+1} - x_{1e}} \tag{3-298}$$

$$S = \frac{mG}{L} \tag{3-299}$$

上述关系式同样绘制于图 3-44，对于板数不多的塔，可以图解求得。

对于塔板数已固定的设计型计算，采用 3.7.1 节定义的提取系数更方便

$$\phi = 1 - \phi_A = \frac{y_{N+1} - y_1}{y_{N+1} - y_e} = \frac{A^{N+1} - A}{A^{N+1} - 1} \tag{3-300}$$

这样很容易在已知分离过程的两个进口组成、塔板数 N 和吸收因子 A 的情况下，求得出口

组成。

1. 吸收

实际上，工业吸收过程如前所述，大都采用吸收—再生过程。由于再生的不完全，往往 $x_0 \neq 0$，而 $l_0 = L x_0 \neq 0$。所以全塔的物料衡算应是

$$g_1 = g_{N+1}\phi_A + l_0(1-\phi_S) \tag{3-301}$$

上式即为吸收塔操作线的一般式。但求解时需获得吸收因子和解吸因子值，以计算 ϕ_A 和 ϕ_S 值。爱得米斯特(Edmister)建议采用有效平均吸收或解吸因子的计算式如下

$$A_e = [A_N(A_1+1)+0.25]^{1/2} - 0.5 \tag{3-302}$$

$$S_e = [S_1(S_N+1)+0.25]^{1/2} - 0.5 \tag{3-303}$$

它们精确地适用于二级绝热吸收和近似地适用于多级绝热吸收塔。

要知道塔顶和塔底的 A 和 S 值，还必须知道该级的温度和气液流率。对于流率

$$G_2 = G_1\left(\frac{G_{N+1}}{G_1}\right)^{1/N} \tag{3-304}$$

$$L_1 = L_0 + G_2 - G_1 \tag{3-305}$$

$$G_N = G_{N+1}\left(\frac{G_1}{G_{N+1}}\right)^{1/N} \tag{3-306}$$

基于液相温度的变化正比于气体吸收的体积变化，应有

$$\frac{T_N - T_1}{T_N - T_0} = \frac{G_{N+1} - G_2}{G_{N+1} - G_1} \tag{3-307}$$

虽然上述讨论的几个方程式都是近似式，但是，在设计前期用于研究各变量的影响是十分有用的。

在图 3-44 中，ϕ_A 或 ϕ_S 越小，相当于溶质脱除率越高，或以吸收塔为例，即相当于出口气体的溶质浓度与入塔液相接近平衡的程度越高。但是，当 $L/mG<1$ 时，图 3-44 和式(3-294)都表示在 $N\rightarrow\infty$时，ϕ_A 值趋于恒值，该渐近值是 $\phi_A \rightarrow 1-\frac{L}{mG}$。

它将严格限制了脱除率，即当 $L/mG=0.2$ 时，无论塔板数为多少，还是进塔为不含溶质的纯吸收剂，出塔气体仍残留 80%的溶质，而只有 20%被脱除。这一结果是由塔底平衡所造成的，除了增加 L/mG 值即 L/G 值，别无他法。于是，对于多组分吸收，包括气提和萃取过程，关键组分的概念是十分有用的。对多组分吸收过程来说，所需的 L/G 值将由关键组分即具有最大 m 值的被吸收组分来确定。关键组分的 L/G 必须足够大，使得吸收因子 $A(L/mG)$ 大于 1。吸收时的最小吸收剂用量在 $N=\infty$时给出，由式(3-294)

$$(L_0)_{\min} = m_K G_{N+1}(1-\phi_{AK}) \tag{3-308}$$

下标 K 指关键组分。在有限板数的情况下，提高 L/mG 有利于 ϕ 的降低。但当 L/mG 超过 3 以后，再增加时所获得的增益不大，典型的设计最经济区是 $1.2<L/mG<2.0$，常用 1.4 左右。这一结果同样适用于气提。

对于多组分系统，当确定了关键组分以后，由于脱除率对 A 值在 1 左右特别敏感，具有 m 值比 m_K 值更低的组分，使提取系数 ϕ 更接近于 1。也就是说关键组分将决定其他组分在吸收过程中的吸收程度。当然，吸收程度还取决于塔的操作状况如塔的操作压力和温度，原料气的温度，吸收剂的组成和气液速率等。实际的计算将取决于设计型的(一定的气液流率)还是操作型的(一定理论板数)。要达到最高的吸收效果，温度应尽可能低而压力尽可能高，但其操作状态通常受到高消耗的冷冻量和气相压缩耗能的限制。要想达到吸收的最高的选择性，更多

地取决于塔板数，而不是吸收液流率。

对于有些工业吸收过程，例如从天然气中回收汽油组分，属低浓度气体吸收范畴，吸收和解析因子都是恒量，即此时 $L_1=L_N=L_0$，$G_1=G_N=G_{N+1}$ 以及 $T_1=T_N=\left(\dfrac{T_0+T_{N+1}}{2}\right)$。此时，可用克莱塞所提出的方程组直接求解。当处理高浓度吸收时，由于 A 和 S 都沿塔高变化，采用爱得米斯特的方法较为合适，然而克莱塞法用作提供进一步计算的初值还是十分有用的。

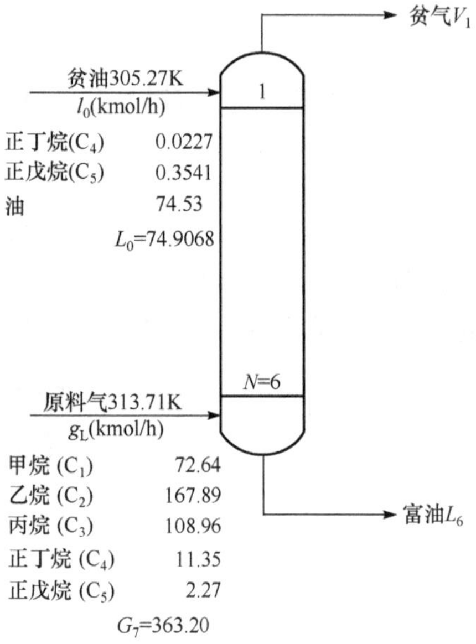

图 3-45

【例 3-13】 如图 3-45，在 2.76MPa 的压强下，用重油作为吸收剂除去一种稍稍过热的烃类混合气中的重组分。若该吸收塔为 6 块理论板。吸收剂经再生后的温度和组成如图 3-45上所表明，且其进塔流率为 74.91kmol/h。试估算出口气体和液体的流率和组成。

已知在 2.76MPa 压强和温度为 255.4～422.1K 的范围内，这六种物质的平衡常数 m_i 和摩尔焓值 H 由下列方程求算。其中的常数值可见表 3-19。

$$m_i=\alpha_i+\beta_i T+\gamma_i T^2+\delta_i T^3$$

$$H_i^g=A_i+B_i T+C_i T^2$$

$$H_i^l=a_i+b_i T^2+c_i T^2$$

式中：H_i^g 与 H_i^l 分别为气相与液相的焓，kJ/kmol；T 为温度，K。

表 3-19　各种组分的热力学方程中的常数(2.76MPa，255.4～422.1K)

名　称	α_i	β_i	γ_i	δ_i
C_1	−12.37	8.837×10^{-2}	-1.020×10^{-4}	4.86×10^{-8}
C_2	3.909	-4.910×10^{-2}	1.769×10^{-4}	-1.361×10^{-7}
C_3	6.281	-6.120×10^{-2}	1.803×10^{-4}	-1.361×10^{-7}
nC_4	2.070	-1.704×10^{-2}	3.595×10^{-5}	-1.456×10^{-9}
nC_5	−0.6506	8.905×10^{-3}	-4.124×10^{-5}	6.462×10^{-8}
吸收剂(油)	-8.831×10^{-4}	1.208×10^{-5}	-5.587×10^{-8}	8.748×10^{-11}

组　分	A	B	C	a	b	c
C_1	−5390.3	32.27	1.341×10^{-2}	−15997.5	66.07	-1.341×10^{-2}
C_2	−4122.7	52.11	2.514×10^{-2}	−16016.7	56.30	2.514×10^{-2}
C_3	−16459.9	110.57	0	−21912.0	76.39	3.681×10^{-2}
nC_4	−21186.7	119.36	4.370×10^{-2}	−31268.8	111.27	4.374×10^{-2}
nC_5	−28425.2	145.10	6.033×10^{-2}	−38419.7	135.04	6.033×10^{-2}
吸收剂(油)	−43674.8	175.44	2.675×10^{-1}	−56550.9	153.12	2.675×10^{-2}

解　在第一次试差中，假定温度值为两股进塔流体温度值的中值，即 $\dfrac{305.37+313.71}{2}=309.54\text{K}$，且令 $g=g_7$，$L=L_0$，因此，对每一组分有

$$A_i=\frac{1}{S_i}=\frac{74.91}{363.2(K_i)_{309.54}}=\frac{0.2063}{(K_i)_{309.54}}$$

可从图 3-44 求得 $N=6$ 时的 ϕ_A 和 ϕ_S 值，或从式(3-294)和式(3-298)求得。从式(3-301)得 g_1，并从总物料平衡求$(l_i)_6$。

$$(l_i)_6=(l_i)_0+(g_i)_7-(g_i)_1$$

可获得下列结果(表 3-20)：

表 3-20

组　成	$K_{309.54K}$	A	S	ϕ_A	ϕ_S	g_1/(kmol/h)	l_6/(kmol/h)
C_1	6.646	0.310	—	0.9690	—	70.37	2.27
C_2	1.640	0.1258	—	0.8743	—	146.87	21.11
C_3	0.5841	0.3531	—	0.6474	—	70.55	38.41
nC_4	0.1953	1.056	0.9468	0.1205	0.1673	1.385	9.99
nC_5	0.07126	2.894	0.3455	1.114×10^{-3}	0.6549	0.127	2.50
吸收剂(油)	0.000096	—	4.669×10^{-4}	—	0.99953	0.0341	74.50
求和						289.34	148.77

第二次试差将在第一次试差值的基础上继续进行，用以估算端值，由式(3-304)到式(3-306)，有

$$G_2=289.34\left(\frac{363.2}{289.34}\right)^{1/6}=300.5(\text{kmol/h})$$

$$L_1=74.91+300.5-289.34=86.07(\text{kmol/h})$$

$$G_6=363.2\left(\frac{289.34}{363.2}\right)^{1/6}=349.70(\text{kmol/h})$$

其温度端值可由式(3-307)和由第一次试差所得的液流和气流值用焓平衡算出

$$\frac{T_6-T_1}{T_6-305.37}=\frac{363.2-300.5}{363.2-289.34}=0.849$$

$$T_1-0.151T_6=76.41$$

总能量衡算　$$G_7H_7+L_0h_0=G_1H_1+L_6h_6$$

由上两式试差求解，可先假定 T_1，再计算 T_6 值，再用能量衡算式进行校核。若 $T_1=T_0+10=300.95+10=310.95\text{K}$，按焓平衡方程

$$G_7H_7+L_0h_0-G_1H_1-L_6h_6=\Delta Q=-180204.2\text{kJ/h}$$

若 $T_1=313.71\text{K}$，则 $T_6=360.37\text{K}$，$\Delta Q=839827.8\text{kJ/h}$，外推使 $\Delta Q=0$，$T_1=310\text{K}$ 和 $T_6=336.9\text{K}$。采用代入法，将上述所得的$(g_i)_1$ 和$(l_i)_6$ 用以估算新的$(g_i)_1$ 和$(l_i)_6$ 值。先计算两端的吸收和解吸因子值

$$\frac{L_1}{G_1}=\frac{86.07}{289.34}=0.298$$

$$\frac{L_6}{G_6}=\frac{148.77}{349.70}=0.425$$

其结果如表 3-21 所示。

表 3-21

组　成	310K A_1	S_1	337K A_6	S_6
C_1	0.0446	—	0.0554	—
C_2	0.1800	—	0.1879	—
C_3	0.5033	—	0.4556	—
nC_4	1.501	0.6664	1.205	0.8298
nC_5	4.105	0.2436	3.032	0.3298
吸收剂(油)		3.292×10^{-3}		4.457×10^{-4}

有效吸收与解吸因子值可由式(3-302)和式(3-303)求得。ϕ_A、ϕ_S、g_1 和 l_6 的计算如前述。

显然，第二次试差的结果 $L_6=173.71\text{kmol/h}$ 比第一次试差值(148.77)高，而吸收量的第二次计算值也比第一次高 $34\%\left(\frac{98.8-73.86}{73.86}\right)$。用上述同样的计算方法，逐次将获得的 g_1 和 l_6 值作为下一次的计算值，所得的各次结果如表 3-22～表 3-24，呈单调收敛。

表 3-22

组　成	A_e	S_e	ϕ_A	ϕ_S	g_1/(kmol/h)	l_6/(kmol/h)
C_1	0.0549	—	0.9451	—	68.64	3.995
C_2	0.1868	—	0.8132	—	136.60	31.37
C_3	0.4669	—	0.5357	—	58.38	50.58
nC_4	1.307	0.7122	0.0557	0.3173	0.649	10.72
nC_5	3.466	0.2576	4.105×10^{-4}	0.7425	0.0908	2.533
吸收剂(油)	—	3.292×10^{-1}	—	0.99967	0.0245	74.51
求和					264.40	173.71

表 3-23

n(试差序数)	l_6/(kmol/h)	$\frac{(l_6)_n-(l_6)_{n-1}}{(l_6)_{n-1}}\times100\%$
1	148.78	—
2	173.70	16.8
3	182.87	5.3
4	186.28	1.9
5	187.55	0.68
6	188.05	0.27
7	188.23	0.097

表 3-24

	$(g_i)_1$/(kmol/h)			$(l_i)_6$/(kmol/h)		
组　分	克莱塞法	爱得米斯特法	精确解	克莱塞法	爱得米斯特法	精确解
C_1	70.37	67.69	67.03	2.27	4.95	5.61
C_2	146.87	130.84	125.32	21.11	37.14	43.12
C_3	70.55	50.85	47.86	38.41	58.11	61.10
nC_4	1.38	0.381	0.536	9.99	10.99	10.84
nC_5	0.127	0.0772	0.0953	2.50	2.55	2.53
吸收剂(油)	0.0341	0.0204	0.0227	74.50	74.51	74.51
$\sum$	289.33	249.86	240.86	148.78	188.25	197.71

经七次试差计算以后，l_6 的相对误差小于 0.1%，收敛较好。从表 3-24 可以看出克莱塞法的结果偏离精确解较大。爱得米斯特法的结果较好，然而，该法所得的两端的温度值 $T_1=311\text{K}$、$T_6=345.9\text{K}$ 和精确解所得的温度 $T_1=339\text{K}$、$T_6=335.1\text{K}$ 相差较大。

本例还说明多组分吸收的效果(选择性)取决于各组分相对吸收剂的挥发度的大小。各组分在出口气体和液体中所占的比例见表 3-25。显然只有甲烷和丁烷、戊烷之间才达到比较完全的分离，但吸收剂在除去正丁烷和正戊烷的同时，都会耗掉一定量的丙烷和丁烷，无法达到良好的分离效果。

表 3-25

组　分	g_1/g_7	l_6/g_7
C_1	0.923	0.077
C_2	0.746	0.254
C_3	0.439	0.561
nC_4	0.046	0.954
nC_5	0.008	0.992

2. 解吸

进入再生塔进行提馏的气体往往是水蒸气或另一种惰性气体。当它们不含吸收富液中将脱吸的任何组分时，提馏剂即不会冷凝下来也不会被吸收，可当作惰性气体处理。此时，传质方向仅仅是从液相到气相的单相传质。所以，计算过程将只需要解吸因子 S_e 值。

计算过程作图 3-42，所需的 S_e 的计算式如下

$$S_e=[S_N(S_1+1)+0.25]^{1/2}-0.5 \tag{3-309}$$

为估算 S_1 和 S_N 值，可采用下列各式

$$L_2=L_1\left(\frac{L_{N+1}}{L_1}\right)^{1/N} \tag{3-310}$$

$$G_1=G_0+L_2-L_1 \tag{3-311}$$

$$L_N=L_{N+1}\left(\frac{L_1}{L_{N+1}}\right)^{1/N} \tag{3-312}$$

同样

$$\frac{T_{N+1}-T_N}{T_{N+1}-T_1}=\frac{L_{N+1}-L_N}{L_{N+1}-L_1} \tag{3-313}$$

温度差正比于液体的浓度，它由焓平衡方程解得。

追求好的提馏效果，应采用较高的温度和较低的压强，然而温度过高会引起某些组分分解变质或耗能太多，真空操作也仅在十分必要时才会采用。同样，最小提馏剂用量在理论板 $N=\infty$ 时求出

$$(G_0)_{\min}=\frac{L_{N+1}}{m_K}(1-\phi_{SK}) \tag{3-314}$$

式(3-314)适合于 $A_k<1$ 和稀溶液的场合。

【例 3-14】 采用具有 6 个平衡级的板式塔从废水中气提脱除氨，在常压下引入 27℃循环空气流。(1)若进口液相浓度为水中含有 0.1(摩尔分率，下同)的氨，进口气体 $y_0=0$，每千克废水有 2.30kg 空气进入塔内，试计算塔出口液相中的氨浓度。已知在该操作状态下，$m=y/x=1.41$。(2)若入口空气中含 1.0×10^{-5} 氨，此时塔出口液相中的氨浓度又是多少？(3)若气相莫夫里板效率为 $E_{MV}=0.45$，出口液相浓度 $x_1=1.17\times10^{-5}$ 氨，需要几块实际板？而当 $N=6$ 时，G 又是多少？

解 (1)已知 $N=6$，$y_0=0$，$x_{N+1}=0.001$，$m=1.41$

$$G/L=\frac{2.30\times18}{29}=1.43\text{mol 空气/mol 水}$$

$$mG/L-1.43\times1.41=2.02$$

因为 G、L 及 m 都是常数，因此操作线、相平衡线都是线性的。如采用式(3-294)，可直接得 y_n。题意是求 x_1，

利用物料平衡式

$$L(x_{N+1}-x_1)=G(y_N-y_0)$$

但是，由于 x_1 比 x_{N+1}小得多，计算结果不够精确。利用式(3-298)更精确

$$\phi_S=\frac{x_1-x_{1e}}{x_{N+1}-x_{1e}}=\frac{\frac{mG}{L}-1}{\left(\frac{mG}{L}\right)^{N+1}-1}=\frac{2.02-1}{2.02^7-1}=0.0075$$

题意 $x_{1e}=0$，代入 $x_1=0.001\times\frac{2.02-1}{(2.02)^7-1}=7.5\times10^{-6}$。

也可查图 3-40，$N=6$，$mG/L=2.02$ 时 $\phi_S=0.0075$，上述两个结果是一致的。

(2) 现 y_0 改为 1.0×10^{-5}，所以，$x_{1e}=1.0\times10^{-5}/1.41=0.71\times10^{-5}$。由式(3-298)得

$$\phi_S=\frac{x_1-x_{1e}}{x_{N+1}-x_{1e}}=\frac{x_1-0.71\times10^{-5}}{0.001-0.71\times10^{-5}}=\frac{S_e-1}{S_e^{N+1}-1}=0.0075$$

$$x_1=0.0075\times0.000993+0.71\times10^{-5}=1.45\times10^{-5}$$

说明气提气中含 NH_3 量略有增加就会使得排出的废水中 NH_3 含量增加一倍之多。

(3) 对于气提，相应式(3-296)有

$$N_{实}=\frac{\ln[(1-A)/\phi+A]}{\ln\left[1+E_{MV}\left(\frac{1}{A}-1\right)\right]}$$

此时①$x_{1e}=0$，$\phi_S=\frac{x_1}{x_{N+1}}=\frac{1.17\times10^{-5}}{0.001}=0.0117$，$S_e=\frac{mG}{L}=2.02$

$$N_{实}=\frac{\ln\left[\left(1-\frac{1}{2.02}\right)\Big/0.0117+\frac{1}{2.02}\right]}{\ln[1+0.45(2.02-1)]}=10$$

②$N_{实}=6$，$x_{1e}=0$，$\phi_S=0.0117$，同样，代入式(3-296)有

$$6=\frac{\ln[(1-A)/0.0117+A]}{\ln\left[1+0.45\left(\frac{1}{A}-1\right)\right]}$$

试差求解，得

$$A=0.3125 \qquad S=\frac{1}{A}=\frac{mG}{L}=3.2$$

即用于气提的气量要增加到 $G'=3.2G=7.36$kg 空气/kg 水才能达到同样的要求。显然，N 和 G 两者的取舍将在一次投资和经常费用的衡算结果中决定，G 本身又受液泛所限。

3.10.4 伴有化学反应时的吸收塔的填料高度

对于填料塔内伴有化学反应的热质传递过程，机理十分复杂，其真实模型很难用数学方程予以严格的描述(庄永定，1989)。对于任何多组分系统的化学吸收过程，一般均简化为：①吸收以主要吸收的溶质和水汽为对象，其他组分均作惰性气体；②气液两相沿轴向的流动为活塞流，沿径向则在同一截面上各参数(如相组成、温度、压强等)均一致，全混。然后在这个基础上针对填料塔内任一微分填料层进行衡算，获得表征该吸收过程的微分方程组，再加以计算求解，获得沿塔高的浓度分布、温度分布和压强分布以及气液两相流率后，即可最终获得塔高值。各参数的特征方程如下：

(1) 气相组分的浓度沿塔高变化的微分方程

$$\frac{dy_A}{dh}=\frac{k_g a p F}{G_I}(y_A-y_{Ae}) \tag{3-315}$$

式中：y_A 为气相中溶质 A 的比摩尔浓度，mol A/mol 干惰性气；h 为填料高度，m；$k_g a$ 为气相容积传质总系数，kmol/(m^3·h·MPa)；F 为空塔横截面，m^2；G_I 为干惰性气体的摩尔流量，

kmol/h；y_{Ae}为气相溶质与液相相平衡的摩尔分率；p 为气相总压，MPa。

（2）气相中水汽浓度沿塔高变化的微分方程

$$\frac{dy_w}{dh}=\frac{k_w a p F}{G_0}(y_w-y_{we}) \tag{3-316}$$

式中：y_w 为气相中水汽的比摩尔浓度，mol 水/mol 干惰性气体；k_w 为气相水汽的传质总系数，kmol/(m^2·h·MPa)；a_w 为填料的湿比表面，m^2/m^3；y_{we}为水汽与液相平衡的气相摩尔分率。

（3）液相中吸收溶质浓度沿塔高变化的微分方程。为方便计，常将溶质进入溶液后的浓度折合为转化率 R 进行计算（见相平衡部分），对于不同的系统，存在不同的定义式，可由具体系统确定。所以

$$\frac{dR}{dh}=\frac{G_I}{N_K}\frac{dy_A}{dh} \tag{3-317}$$

式中：N_K 为 $R=0$ 时吸收剂的液量，kmol/h。

（4）吸收剂液量沿塔高变化的微分方程

$$\frac{dL}{dh}=M_A G_I\frac{dy_A}{dh}+M_w G_I\frac{dy_w}{dh} \tag{3-318}$$

式中：L 为吸收剂的质量流率，kg/h；M_A、M_w 分别为溶质和水的相对分子质量。

（5）气相温度沿塔高变化的微分方程

$$\frac{dT_g}{dh}=-\frac{k_H a_w F}{G\cdot c_{pg}}(T_g-T_l) \tag{3-319}$$

式中：T_g、T_l 分别为气、液相温度，K；k_H 为两相传热总系数，kJ/(m^2·h·K)；G 为气相的总流量，kmol/h；c_{pg}为气体的定压热容，kJ/(kmol·K)。

（6）液相温度沿塔高变化的微分方程

$$\frac{dT_l}{dh}=\frac{Gc_{pg}\frac{dT_g}{dh}+\Delta H_A G_I\frac{dy_A}{dh}+\Delta H_w G\frac{dy_w}{dh}+Q_{损}}{c_{pl}L} \tag{3-320}$$

式中：ΔH_A、ΔH_w 分别为溶质和水的反应热，kJ/kmol；$Q_{损}$ 为填料微元段的热损失，kJ/m；c_{pl}为吸收液的热容，kJ/(kg·K)。

（7）气相压强沿塔高变化的微分方程

$$\frac{dp_g}{dh}=f(D_p,\varepsilon,u_g,u_l,Sc_g,Sc_l) \tag{3-321}$$

式中：p_g 为气相压强，MPa。影响压强降的因素众多，如式(3-321)中填料定性尺寸 D_p、空隙率 ε、气相与液相流速 u_g 和 u_l 以及气液两相物性参数 Sc_g、Sc_l 等。具体计算时，可选用文献、手册中所推荐的经验关系式，也可直接用塔的实际测定值代入，以简化计算。

上述方程组积分时，只要确定边界条件，依据系统所具有的物性数据、相平衡数据、传热及传质数据，即可用龙格-库塔标准计算程序求解，获得填料高度值。

现以本菲尔法添加胺类活化剂的热钾碱法吸收二氧化碳为例，对计算方法及结果作一简要说明。

本菲尔溶液吸收 CO_2 传质系数的关联式可取自庄永定提出的 G-V 法吸收 CO_2 传质系数关联的修正公式

$$K_G a=c_1(L_F/\mu_I)^{c_2}\{1+c_3(2-F_c)\cdot M_K\cdot\exp[c_4(T-273)-p_{CO_2}^{0.6}]\} \tag{3-322}$$

式中：$c_1,\cdots,c_4$ 是模型参数，实验值；L_F 为溶液的喷淋密度，kg/(m^2·h)；μ_I 为溶液的黏度，kPa·s；F_c 为碳化度，这里的定义是 F_c=$KHCO_3$ 物质的量/K_2CO_3 和 $KHCO_3$ 总物质的量；T 为气相温度，K；p_{CO_2}为气相 CO_2 的分压，kPa；M_k 为 K_2CO_3 的相对分子质量。

式(3-322)也适用于改良砷碱(G-V)法吸收 CO_2 的过程。

水蒸气的传质系数关联式取自于 Onda 等推出的准数式，它以填料润湿表面为基准，适用于中等浓度水汽的传质，其式为

$$\frac{k_g^0 RT}{a_t D_g y_{BM}}=5.23\left(\frac{G_g}{a_t\mu_g}\right)^{0.7}\left(\frac{\mu_g}{\rho_g D_g}\right)^{1/3}(a_t d_p)^{-2} \tag{3-95}$$

$$\frac{a_w}{a_t}=1-\exp\left[-1.45\left(\frac{\sigma_c}{\sigma_l}\right)^{0.75}\left(\frac{G_l}{a_t\mu_l}\right)^{0.1}\left(\frac{G_l^2}{\rho_l\sigma_l a_t}\right)^{0.2}\left(\frac{a_t G_l^2}{\rho_l^2 g}\right)^{-0.05}\right] \tag{3-89}$$

式中：k_g^0 为气相传质分系数(以 a_w 计算)，kmol/(m^2·h·kPa)；D_g 为气体的扩散系数，m^2/h；a_t 为干比表面，m^2/m^3 填料；d_p 为填料的形状系数(鲍尔环为 5.8，矩鞍环为 7.1)；G_g、G_l 分别为气体和液体的空塔质量流速，kg/(m^2·h)；ρ_g、ρ_l 分别为气体和液体的密度，kg/m^3；μ_g、μ_l 分别为气体和液体的黏度，kPa·s；σ_g、σ_l 分别为填料的临界表面张力和液体的表面张力，kg/m^2；g 为重力加速度，1.27×10^8m/h^2；R 为摩尔气体常量，8.314kJ/(kmol·K)；T 为气相温度，K；y_{BM}为气膜中惰性气体的平均摩尔分率。

由式(3-95)和式(3-89)获得 k_g^0 和 a_w 值以后，水汽的气相传质总系数 $K_w a$ 即可获得。此时认为蒸汽冷凝过程液膜阻力(对稀水溶液来说)甚微，可作为气膜控制过程，故

$$K_w a=k_g^0 a_w \tag{3-323}$$

填料表面上气液直接接触的传热系数只能从气相和液相的给热系数获得，因不存在间壁，所以

$$\frac{1}{K_H}=\frac{1}{\alpha_g}+\frac{1}{\alpha_l} \tag{3-324}$$

在填料塔的有关文献中，这类关联式报道极少。依据传热与传质相类似的原理，借用 Onda 的准数关系式，变换成传热分系数的关系式如下

$$\alpha_g=5.23\left(\frac{G_g}{a_t\mu_g}\right)^{0.7}\left(\frac{c_{pg}\mu_g}{M_m\lambda_g}\right)^{1/3}\frac{\lambda_g}{d_e}(a_t d_p)^{-2} \tag{3-325}$$

式中：α_g、α_l 分别为气膜和液膜给热系数，kJ/(m^2·h·K)；λ_g、λ_l 分别为气、液导热系数，kJ/(m^2·h·K)；d_e 为填料的当量直径，$d_e=\dfrac{4\varepsilon}{a_t}$，m；$M_m$ 为混合气体的平均相对分子质量。

胺类活化热钾碱液的气液相平衡关系式报道不多，根据报道的含 27%K_2CO_3 和 3%DEA 的本菲尔溶液的平衡数据值，经计算机回归而得

$$\begin{aligned}p_{CO_2e}^*=\exp[&\exp(3.4271+1.94894F_c-12.91338F_c^2+21.57892F_c^3-12.21656F_c^4)\\&-\exp(9.41657+0.767465F_c-7.565439F_c^2+3.161644F_c^3\\&+14.58274F_c^4-14.2260F_c^5)/T_1]/760\end{aligned} \tag{3-326}$$

式中：T_1 为溶液温度。对于同样含 3%DEA 的 K_2CO_3 溶液，当 K_2CO_3 浓度偏离 27%时，可用下式进行校正

$$p_{CO_2,e}^*=p_{CO_2,e}^{27}\left(\frac{m^*}{m^{27}}\right)^{0.4} \tag{3-327}$$

式中：$p_{CO_2,e}$为其他 K_2CO_3 浓度的 3%DEA 溶液的平衡分压，kPa；m^* 为其他 K_2CO_3 浓度的 3%DEA 溶液的摩尔浓度，kmol/m^3；m^{27} 为 27%K_2CO_3 和 3%DEA 溶液的摩尔浓度，kmol/m^3。

该溶液上的水蒸气分压 $p_{w,e}$可由文献所引的公式获得。

【例 3-15】 吸收塔吸收 CO_2 的吸收液组成为：27%K_2CO_3，3%DEA(以上均为质量分数)。吸收塔分成上下两塔，上部直径小，下部直径大，分别为 2.6m 和 3.5m。上塔装 75mm 钢鲍尔环，下塔装有 50mm 鲍尔

环。上塔采用贫液吸收，$F_c=0.25$，$T_{上}=344K$；下塔用半贫液吸收，$F_c=0.399$，$T_{下}=390.2K$；富液出塔时的碳化度 $F_c=0.83$。气体进塔时的温度、压力和组分流量见表3-26。

表 3-26

压力/MPa	温度/K	组分流量/(kmol/h)						
		H_2	N_2	CO_2	H_2O	CO	Ar	CH_4
2.72	390	3544.5	1144.76	1347.45	599.4	30.49	14.68	15.40

解 计算采用四阶步长龙格-库塔法积分求解，由塔底起算，对微分方程组逐个积分，下塔以 $F_c=0.399$ 为约束条件，塔高的计算结果为 $h_{下}=11.73m$ 和 $h_{上}=12.34m$。与生产厂的塔高上下均为14.02m的结果相符，其差值可能和考虑生产上所必需的安全系数有关。

当然对于化学反应热效应不大、溶质浓度较低的化学吸收塔塔高的求算，有时亦可直接从式(3-194)和式(3-195)求算，唯因化学反应的加入、积分的难易程度取决于化学反应增强因子值沿塔高是否恒定不变而定。

常用的一些化学吸收设备的特性数据见表3-27，可供选用时参考。

表 3-27 气液吸收设备的特性数据

塔 型	$\frac{相界面积}{液相体积}$ /(m^2/m^3)	$\frac{相界面积}{反应设备容积}$ /(m^2/m^3)	液相占的体积分率 /%	$\frac{液相体积}{膜体积}$	可望安排的传热面积 /(m^2/m^3)
喷雾塔	约1200	约60	约0.05	2～10	—
填料塔	1200	100	0.08	10～100	—
板式塔	1000	150	0.15	40～100	—
鼓泡釜	200	200	0.90	150～800	8
鼓泡塔	20	20	0.98	4000～10000	30

思 考 题

1. 化学反应是如何影响吸收相平衡的？当物理溶解量可以忽略时，化学吸收相平衡有何特点？
2. 何谓传质模型？试述双膜论、渗透论和表面更新论等传质模型的优缺点并加以比较。
3. 化学吸收增强因子 β 的意义是什么？提高它的目的是什么？
4. 对一级不可逆化学反应：$\beta=\frac{\sqrt{M}}{\tanh\sqrt{M}}$。在什么情况下可看作物理吸收？在什么情况下可看作气膜控制？
5. 归纳教材中讨论的三类不可逆反应化学吸收速率式，并画出相应的溶质在汽液两相中的浓度分布线。
6. 对于瞬时反应和慢反应的化学吸收，应分别用何种塔型？

计 算 题

1. 气体混合物中的 SO_2 用水吸收，此时水溶液中发生如下电离过程

$$SO_2+H_2O \rightleftharpoons H^++HSO_3^-$$

吸收温度20℃，常压操作。试求：当气相中 SO_2 的摩尔分率为0.04时，SO_2 在水中被吸收的平衡总浓度(kg/m^3)。

已知：上述电离过程的平衡常数为 $K=\frac{[H^+][HSO_3^-]}{[SO_2]}=1.7\times10^{-2}\ kmol/m^3$，20℃时 SO_2 的溶解度常数

$H_{SO_2}=0.613\text{atm}/(\text{kmol/m}^3)$。

2. 丙酮是一种有价值的溶剂，可以用吸收方法从空气中将它回收到水中，或用活性炭吸附回收。如果用吸收方法，进入和离开吸收器的物流条件列于下面，假定吸收为绝热操作，利用模拟程序系统计算离开吸收器的液相温度。

流率(lbmol/h)	原料气	吸收剂	排出气体	离开的液体
空气	687	0	687	0
丙酮	15	0	0.1	14.9
水	0	1733	22	1711
温度/°F	78	90	80	—
压力/psia	15	15	14	15

已注意到原料气可能发生爆炸的危险，丙酮在空气中燃烧的下限和上限分别是 2.5%和 13%，试问原料混合物是否在爆炸区域？如果是，如何做能纠正这种情况？

3. 用纯碳酸钾溶液吸收二氧化碳，其总反应式如下

$$CO_2(g)$$

$$\Updownarrow$$

$$CO_2(l)+CO_3^{2-}+H_2O\overset{K}{\rightleftharpoons}2HCO_3^-$$

若溶液的转化度 f_e 定义为

$$f_e=\frac{[HCO_3^-]/2}{[HCO_3^-]/2+[CO_3^{2-}]}=\frac{\text{转化为碳酸氢钾的碳酸盐浓度}}{\text{碳酸钾液的起始浓度}[CO_3^{2-}]_0}$$

其中$[CO_3^{2-}]_0=[HCO_3^-]/2+[CO_3^{2-}]$。

当气相近似看作理想气体，(1)液相为理想溶液并看作稀溶液，(2)液相为非理想溶液并看作稀溶液，试求在这两种情况下，气相平衡分压 $p_{CO_2}^*$ 与碳酸钾溶液转化度 f_e 的关系式。

4. 某易溶于水的气体 A 的亨利系数 $H_A=0.5$atm/摩尔分率，难溶于水的气体 B 的亨利系数 $H_B=50000$atm/摩尔分率，溶液的摩尔密度 $C_M=55.6\text{kmol/m}^3$。

(1) 如果是物理吸收，分别计算这两种气体的气膜阻力和液膜阻力之比。此时

$$k_l=10^{-3}\text{cm/s},\quad k_g=1.67\times10^{-5}\text{mol/(cm}^2\cdot\text{s}\cdot\text{atm)}$$

(2) 试分析对于哪一种气体应用快速反应的化学吸收增强作用会更大一些。

5. 一级不可逆反应的化学吸收过程，已知：$k_l=10^{-4}\text{m/s}$，$D_L=1.5\times10^{-9}\text{m}^2\text{/s}$，试讨论：

(1) 反应速率常数 k_{I}^* 高于什么值时，将在液膜中进行快速反应过程；k_{I}^* 低于什么值时，将在液流主体中发生慢反应？

(2) 如果 $k_{\text{I}}^*=0.1\text{s}^{-1}$，液相主体体积与液膜体积之比 α_L 大于多少反应才能在液相主体中完成？

(3) 如果 $\alpha_L=30$，$k_{\text{I}}^*=0.2\text{s}^{-1}$，求增强因子 β。

6. 计算 25℃，用浓度为 0.8kmol/m^3 的 NaOH 溶液吸收 CO_2 的速率 N_A。

已知：$k_l=2\times10^{-4}\text{m/s}$，$CO_2$ 的溶解度常数 $H'_{CO_2}=3\times10^6\text{Pa/(kmol/m}^3)$，气相中 CO_2 分压 $p_A=10^5\text{Pa}$，扩散系数 $D_{AL}=D_{BL}=1.5\times10^{-9}$，$k_g=3\times10^{-2}\text{kmol/(m}^2\cdot\text{s}\cdot\text{atm)}$，反应速率常数 $k_{\text{II}}^*=8800\text{m}^3\text{/(kmol}\cdot\text{s)}$。(提示：计算时可首先假设 $C_{Ai}=p_A/H_A$，再校正)。

7. 用硫酸吸收混合气中氨气，反应式如下

$$NH_3+\frac{1}{2}H_2SO_4\longrightarrow\frac{1}{2}(NH_4)_2SO_4$$

已知：氨的分压为 0.05atm。气相传质分系数 $k_g=8.33\times10^{-3}\text{kmol/(m}^2\cdot\text{atm}\cdot\text{s)}$，液相传质分系数 $k_l=3\times10^{-3}\text{m/s}$，$D_{H_2SO_4}=D_{NH_3}$，问：

(1) 为使吸收过程以较快的速度进行，不受液膜中液膜扩散的限制，过程为气膜控制时吸收剂硫酸的浓度至少应为多少?

(2) 当吸收剂硫酸浓度为 0.08kmol/m^3 时，吸收速率为多少？分别增加气液相扰动对吸收速率有何影响?

8. 空气中含有有害杂质 A 需要除去，要求其含量(摩尔分率)由 0.1%减至 0.02%。试计算下列三种逆流吸收的填料层高度。

(1) 纯水吸收。已知：$k_{ga}=32$kmol/(m^3 · h · atm)，$k_{la}=0.1h^{-1}$。A 在纯水中的溶解度常数 $H_A=0.125$atm/(kmol/m^3)，气液两相流率分别为 $L=63.5$kmol/(m^2 · h)，$G=9.1$kmol/(m^2 · h)，液相的摩尔密度 $C_M=56.1$kmol/m^3。常压吸收。

(2) 用 $C_B=0.8$kmol/m^3(即 0.8N)的强酸溶液进行吸收，已知：$D_{AL}=D_{BL}$，$k_{AL}=k_{BL}$，瞬间反应 $A+B\longrightarrow P$。

(3) 用 $C_B=0.128$kmol/m^3(即 0.128N)的强酸溶液进行吸收。

9. 某厂脱乙烷塔塔顶的气体组成见下表，拟用丙酮作吸收剂除去其中乙炔，操作压力为 18atm(绝压)，操作温度为−20℃，此条件下各组分的相平衡常数已给，乙炔的回收率为 0.9995。

组　分	C_2H_6	C_2H_4	C_2H_2	$\sum$
进料/(mol/h)	12.6	87.0	0.4	100
相平衡常数 K	3.25	2.25	0.3	

求：(1) 完成此任务所需的最小液气比$(L/G)_{min}$。

(2) 取操作液气比为最小液气比的 1.83 倍所需的理论板数 N。

(3) 各组分的回收率 η 和出塔尾气组成 y_1。

(4) 进料为 100kmol/h，塔顶应加入吸收剂丙酮的用量 L_0。

10. 某气体混合物含甲烷 95%、正丁烷 5%，现采用不挥发的烃油进行吸收。油气比 1∶1，进塔温度 37℃，吸收在 3atm(绝压)下操作，现从气体中回收 80%的正丁烷，求所需的理论板数。

11. 用纯水吸收混合气体中的 A。气体中 A 的浓度为 0.01，塔内的液气比 $L/V=10$，操作压力 $p=3.039\times10^5$Pa。已知：当温度 $t=10$℃时，$H_A=2.453$MPa，尾气中 A 的浓度达到 0.001；当温度 $t=30$℃时，$H_A=4.852$MPa。用 30℃水吸收时尾气中 A 的含量为多少?

12. 某催化裂化装置吸收脱吸塔的进料和吸收剂的组成如下(摩尔分率)：

项目	CO_2+N_2	H_2	C_1^0	C_2^0	C_3^0	iC_4^0	C_5^0	C_6^0	C_7^0
进料	0.06	0.11	0.10	0.06	0.20	0.38	0.08	0.01	—
吸收剂						0.006	0.187	0.28	0.527

塔的操作压力为 14atm(绝压)。吸收剂的相对分子质量 $M_r=100$，冷却到 40℃入塔，富气量 500kmol/h，入塔温度为 40℃，吸收段最高温度为 50℃。分离要求：C_2^0 进入塔底量为 0.2kmol/h，C_3^0 进入塔顶量为 4kmol/h。试求各段的理论塔板数和吸收剂的用量(吸收剂损失量可暂不考虑)。

13. 拟采用柠檬酸钠液吸收硫酸厂炉气中的 SO_2，其流程如图 3-46。设计依据如下：

(1) 规模：年产 1000t 液态 SO_2(浓度 99%以上)。

(2) 炉气温度为 40.0℃，组成如下：

成分	SO_2	N_2	O_2	H_2O
体积分数/(%)	7.0	82.0	11.0	0.0

(3) 上海地区大气压：753mmHg。

计算：当吸收率为 96.1%时，(1) 系统物料衡算；(2) 系统热量衡算。

已知各塔液体进出口含量：

贫液(吸收塔顶进口)　　$10kg/m^3(SO_2)$

半贫液(吸收塔中部进口)　　$25kg/m^3(SO_2)$

富液(吸收塔进口)　　$40kg/m^3(SO_2)$

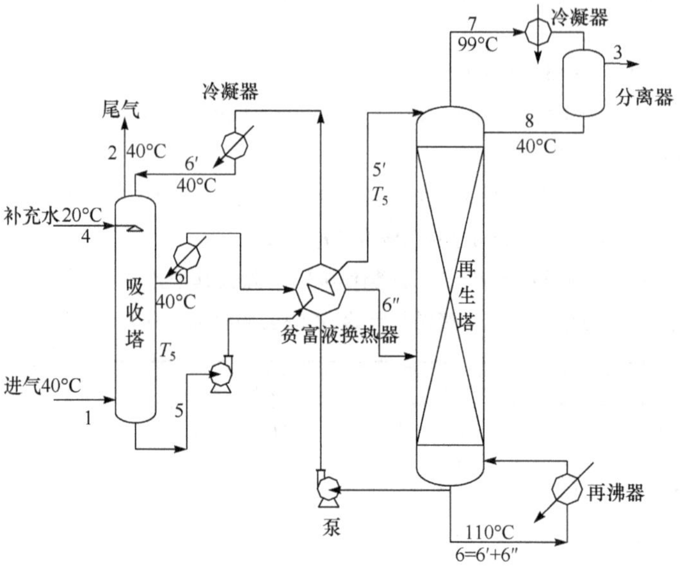

图 3-46　柠檬酸钠液吸收硫酸厂炉气中的 SO_2 流程图

14. 某逆流操作吸收塔中,用清水吸收混合气中 H_2S,进料混合气中含 4%(体积)H_2S,要求吸收率为 95%,服从亨利定律,$E=5.52\times10^4$kPa,操作液气比为最小液气比的 1.15 倍,试计算下列情况下出塔吸收液中 H_2S 浓度 x_1(摩尔分率)和操作液气比 L/V。

(1) 操作压强为 101.3kPa。

(2) 操作压强改为 506kPa,其他条件不变。

参 考 文 献

《化学工程手册》编委会.1979.化学工程手册.北京:化学工业出版社

陈大昌,刘乃鸿.1980.现代新型塔填料.北京:化学工业出版社

兰州石油机械研究所.1990.现代塔器技术.北京:烃加工出版社

张成芳.1985.气液反应和反应器.北京:化学工业出版社

庄永定.1989.大型氨厂脱碳吸收塔的模拟计算.上海第二工业大学学报,(2):42

Astarita. 1983. Gas Treating with Chemical Solvents. New York:John Wiley & Sons

Billet R. 1995. Packed Towers in Processing and Environmental Technology. Berlin: VCH; 中译本: 毕力特 R. 1998. 填料塔.北京:化学工业出版社

Bolles W L, Fair J R. 1982. Improved Mass-Transfer Model Enhances Packed-Column Design. Chem. Eng. ,12: 109

Connell D, et al. 1960. Mass Transfer Efficiency-Packed Columns. Chem. Eng. Prog. ,56(7):68

Danckwerts P V. 1951. Significance of Liquid-Film Coefficients in Gas Absorption. Ind. Eng. Chem. ,43:1460

Danckwerts P V. 1970. Gas-Liquid Reactions. New York:McGraw-Hill

Eckert J S. 1970. Selecting the Proper Distllation Column Packing. Chem. Eng. Prog. ,66(3):39

Edmister W C. 1957. Absorption and Stipping-Factor:Functions for Distillation Calculation by Manual and Digital Computer Methods. AIChE J. ,(3):165

Geankoplis C J. 1978. Transport Processes and Unit Operations. Boston : Allyn and Bancon Inc.
Henley E J, Seader J D. 1981. Equilibrium-Stage Separation Operations in Chemical Engineering. New York: John Wiley & Sons
Higbic R. 1935. The Rate of Absorption of Pure Gas into a Still Liquid during Short Periods of Exposure. Trans. Amer. Inst. Chem. Eng. , (31): 365
Holland C D. 1975. Fundamentals and Modeling of Separation. New York : Process Prentice-Hill Inc.
Huber M, Meier W. 1975. Sulzer Columns for Vacuum Rectification and Mass Transfer. Sulzer Tech. Rev. , 57 (1): 3
Kohl A L. 1979. Rieseufeld, Gas Purifieation. 3rd ed. New York: McGraw-Hill
Onda K, et al. 1970. Gas Absorption Accompanied by Complex Chemical Reactions-1 Reversible Chemical Reactions. Chem. Eng. Sci. , (25): 753
Onda K. 1968. Gas Absorption with Chemical Reaction in Packed Columns. J. Ch. E. Japan, (1): 62-66
Onda K. 1968. Mass Transfer Cofficients between Gas and Liquid Phases in Packed Columns. J. Ch. E. Japan, (1): 56-62
Patberg W B, et al. 1983. Effectiveness of Mass Transfer in a Packed Distillation Column in Relation to Surface Tension Gradients. Chem. Eng. Sci. , 38(6): 917
Perry R H. 1984. Chemical Engineer's Handbook. 6th ed. New York: McGraw-Hill
Sherwood T K, Pigford R L, Wilke C R. 1977. Mass Transfer. New York: McGraw-Hill
Strelzoff S. 1976. Technology and Manufactrue of Ammonia. New York: John Wiley & Sons
Whitman W G. 1923. The two-Film Theory of Absorption. Chem. Met. Eng. , 29: 147

第4章 液液萃取

4.1 液液萃取过程

液液萃取(liquid-liquid extraction)也称为溶剂萃取(solvent extraction),简称为萃取或抽提,是一种重要的化工单元操作。

在液液萃取过程中,一种液态溶液(水相或有机相)中的一个或多个组分(溶质)被萃取进第二种液态溶液(有机相或水相),而上述两种溶液是不互溶或仅仅是部分互溶的。所以,萃取过程是溶质在两个液相之间重新分配的过程,即通过相际传递来达到分离和提纯的目的。

由于液液萃取具有处理能力大、分离效果好、回收率高、可连续操作以及易于自动控制等特点,在石油化工、湿法冶金、原子能工业、生化、环保、食品和医药工业等领域得到越来越广泛的应用。

液液萃取法所提取的物质可分为无机物质和有机物质两大类。

液液萃取法应用于无机物质的分离,主要集中在稀有金属和有色金属的分离与富集过程,以及提取各种无机酸的过程。最先在工业上应用成功的例子是使用萃取剂磷酸三丁酯(TBP)提取金属铀。提取无机酸的一个实例是用2-乙基己醇从硼矿石浸取液中提取硼酸(Su et al.,1980)。

早在100年前人们就开始研究把液液萃取法应用于有机物质的分离。采用液态二氧化硫作萃取剂从煤油中萃取芳香烃是1908年开始的工业应用。近年来,溶剂萃取已经在石油化工上得到广泛的应用,随着萃取设备的发展,处理量也不断地增大。液液萃取还应用于丙烯氧化制丙烯酸生产中从水溶液中萃取丙烯酸、从发酵液中用磷酸三丁酯萃取柠檬酸等。

有关工业生产中液液萃取的一些应用实例可参阅文献(《化学工程手册》编委会,1979;李洲等,1993;时钧等,1996)。

4.1.1 液液萃取过程的特点和主要研究内容

1. *液液萃取的特点*

与精馏和吸收过程相比,虽然同属化工分离单元过程,但萃取过程具有以下特点:

(1) 萃取过程中相互接触的两相均为液相,在萃取设备中此两相应先进行紧密接触,以加强并完成传质过程,然后又必须依靠两相之间的密度差或外界输入能量进行两相的分离。

(2) 萃取过程中的两液相间的密度差、界面张力以及两液相的黏度等物理性质是十分重要的因素,水相和有机相对设备材质的亲和性有时也是一个重要的考虑因素。一个用于气液接触效率很高的设备,如果用于液液接触操作,往往效率不高。以填料塔为例,目前所用的一些新型填料,如鲍尔环和英特洛克司(Intalox)填料等实际上是根据气液传质过程的特点而开发的。然而,液液萃取与气液传质过程对填料的要求并不相同。气液过程的传质主要在填料表面完成,要求液相能很好地浸润填料表面,并要求填料提供尽可能大的有效传质面积;液液过程的传质是在分散相液滴群与连续相之间进行的,要求填料能很好地分散液滴群,且其表面不被分散相所浸润,以防止液滴群的聚集。否则,传质效率会明显下降。

(3)在萃取过程中,特别是在微分逆流萃取过程中,轴向混合的影响是相当严重的。通常,把导致两相流动的非理想性,并使两相在萃取设备内的停留时间分布偏离活塞流动的现象,统称为轴向混合(也称纵向混合)。一般认为,它包含了返混和前混等各种现象。

例如,当下降的连续相局部速度过大时会夹带分散相液滴,引起分散相的返混;当分散相液滴上升速度较大时,会引起其周围连续相的返混;当分散相液滴大小不均匀,如果在萃取塔中它作为轻相而上升时,液滴的上升速度会不相同,可能造成分散相的前混等。

对于具有外界输入能量的萃取塔,其流动状况更为复杂,轴向混合也往往进一步加剧。

由于液液萃取过程通常有两相密度差小、黏度和界面张力大等特点,因此轴向混合对过程的不利影响比在精馏和吸收过程中更为严重。据报道,对于大型的工业萃取塔,有时多达60%～80%的塔高是用来补偿轴向混合的不利影响的,还有关于80%～90%塔高补偿轴向混合的报道。

2. 液液萃取过程的主要研究内容

随着计算机技术的飞速发展,特别是先进软件日益广泛的应用,萃取过程的开发应用所需的时间已经大大缩短。然而由于萃取过程的复杂性,对于多数过程而言,仍应进行中间试验,即按实验室小型试验→中间试验→工业设备设计的步骤来完成开发。开发中,拟解决的共性问题如下所述:

(1) 确定萃取体系。选用何种萃取剂进行萃取的同时,还必须考虑水相介质的选定。通常萃取过程都是在酸性介质(如 HCl、H_2SO_4、H_3PO_4、HNO_3 或混合酸)中进行的,少量的在碱性介质中进行,即使使用同一种萃取剂,它在不同水相介质中的萃取效果可能完全不相同。

(2) 测定相平衡数据。在确定萃取体系的基础上,研究两相平衡关系,测定计算所必需的平衡数据。

(3) 确定工艺和操作条件。研究采用哪些操作条件对达到所设定的分离或提纯目的最为有利,考虑的条件有:萃取剂、稀释剂用量及进口浓度、两相流比(又称为相比)、温度等。通常,萃取设备在大气压力下操作。

(4) 萃取流程的建立。完整的萃取过程由溶剂萃取和再生两者组成。再生过程可以根据需要用反萃取或蒸馏、蒸发等方法达到回收溶剂并使之循环使用的目的。其中反萃取过程是使有机相中的溶质返回到另一水相(称为反萃液)的过程。反萃液常采用不含溶质的新鲜水溶液。有时,在萃取步骤之后引入一个洗涤步骤,以去除某些与溶质一起进入有机相的组分。经反萃取后的有机溶剂可在过程中循环使用,而含有溶质的反萃液应根据课题的目的要求进行各种处理。这样萃取-洗涤-反萃取便组成了一个完整的萃取循环过程。在建立萃取流程中,必须综合考虑技术的可行性和经济的合理性,即对萃取过程的技术经济指标进行预评估。

(5) 萃取设备的选择和设计。选定萃取设备的类型并进行工程设计计算以确定尺寸大小。有关内容见 4.4 节的介绍。

4.1.2 萃取剂的选择和常用萃取剂

1. 萃取剂的选择

萃取剂必须具备两个特点:

(1) 萃取剂分子中至少有一个功能基。通过它,萃取剂可以与被萃取物质结合成萃合物。常见的功能基有 O、P、S、N 等原子。有的萃取剂还含有两个或两个以上的功能基,如 2-甲基-

8-羟基喹啉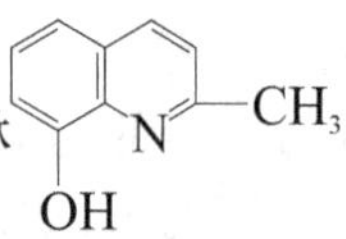

,其中 O 和 N 均为功能基。

(2) 作为萃取剂的有机溶剂的分子中必须有相当长的烃链或芳香环。这样,可使萃取剂及萃合物容易地溶解于有机相。一般认为萃取剂的相对分子质量在 350～500 之间较为适宜。

工业上选用萃取剂时,还应综合考虑以下各点:

(1) 选择性好。对要分离的一对或几种物质,其分离系数 $\beta_{A/B}$或 $\beta_{C/B}$要大。

(2) 萃取容量大。单位体积或单位重量的萃取剂所能萃取物质的饱和容量要大,这就要求萃取剂具有较多的功能基和适宜的相对分子质量,否则萃取容量就会降低,试剂单耗和成本就会增加。

(3) 化学稳定性强。要求萃取剂不易水解,加热时不易分解,能耐酸、碱、盐、氧化剂或还原剂的作用,对设备的腐蚀性小,在原子能工业中还要求萃取剂具有较高的抗辐射能力。

(4) 易与原料液相分层,不产生第三相和不发生乳化现象。要求萃取剂在原料液相的溶解度小,与原料液相的密度差别大,黏度小和表面张力大,以便于分相和保证萃取过程正常运行。

(5) 易于反萃取或分离。要求萃取时对被萃取物的结合能力适当,当改变萃取条件时能较容易地将被萃取物从萃取剂相中反萃取到另一液相内,或易于用蒸馏或蒸发等方法将萃取剂相与被萃取物分开。

(6) 操作安全。要求萃取剂无毒性或毒性小,无刺激性,不易燃(闪点要高),难挥发(沸点高和蒸气压小)。

(7) 经济性。要求萃取剂的原料来源丰富,最好利用本国原料,合成制备方法容易,价格便宜,在循环使用中损耗尽量少。

必须指出,随着人类对生活环境质量要求的不断提高,选择萃取剂还必须考虑其对环境的影响。由于使用有机萃取剂,生产工厂所排放的废水中有些指标会明显增加,特别是化学耗氧量(COD)和生物耗氧量(BOD)的指标。因此在选用时应综合考虑到处理三废排放的经济费用部分。

2. 常用萃取剂

常用萃取剂大致可分为:中性含磷萃取剂、中性含氧萃取剂、中性含硫萃取剂、酸性有机磷类萃取剂、胺类萃取剂、螯合萃取剂、有机羧酸以及有机磺酸萃取剂等。

中性含磷萃取剂中最常见的是磷酸三丁酯、三辛基氧膦(TOPO)和三烷基氧膦等。

中性含氧萃取剂中有仲辛醇、甲基异丁基酮(MIBK)、乙酸丁酯等,分别属于醚类、醇类、醛类、酮类、酯类、醇醚类的有机溶剂。

中性含硫萃取剂主要是亚砜类和硫膦类有机溶剂,常见的有二辛基亚砜(DOSO)和石油亚砜(PSO)。

酸性有机磷类萃取剂主要有二(2-乙基己基)磷酸(D2EHPA)和 2-乙基己基磷酸单(2-乙基己基)酯(HEHEHP)等。

有代表性的萃取剂的有关物性参数、主要应用可参阅文献(马荣骏,1979)及其他有关著作。

4.1.3 液液萃取过程中的一些常用名词

1. 分配比

分配比(distribution ratio)也称分配系数(distribution coefficient),指的是一个萃取体系在达到平衡时被萃取物在两液相之间的分配情况,即被萃取物在萃取剂相中的浓度与在原料液相中的浓度比值,用 D 表示。例如,当被萃取物为 HNO_3 时,有

$$D=[HNO_3]_{(o)}/[HNO_3]_{(a)}$$

式中:[ ]表示平衡浓度;下标(o)表示萃取溶剂相或有机相;下标(a)表示原溶剂相或水相。

D 值越大,表示被萃取物越容易进入萃取剂相。大多数情况下 D 值不是常数,影响它的因素较多,所以通常需要通过实验来测定。两种极端的情况是:当 $D=0$ 时,表示待萃取物完全不被萃取;当 $D=\infty$ 时,则表示完全被萃取。当然在实际操作中,这两种情况是不存在的。

2. 相比

萃取体系中一个液相(通常指萃取剂相)与另一液相(通常指原料液相)的体积之比称为相比(phase ratio),可用 R 表示

$$R=V_{(o)}/V_{(a)}$$

相比通常是在实验室试验中使用的名词,而在萃取设备的设计和计算中常用两相流比表示。例如

$$流比=G/L$$

式中:G 为有机相流量;L 为水相流量。

3. 分离系数

分离系数(separation coefficient)又称为分离因子(separation factor),常用 β 表示,代表原料液中两种物质可被某一种萃取剂所分离的难易程度,等于这两种物质在相同萃取条件下的分配比的比值,即

$$\beta — D_A/D_B$$

β 值可表示 A、B 两种物质的分离效果。β 值越大表示分离效果越好,若 $\beta=1$ 则说明该操作条件下萃取剂不能把 A、B 两种物质分开。

以图 4-1 为例,图中纵轴表示 $\beta(D_P/D_W)$,横轴表示原料液中钨与磷含量之比。当钨/磷比值增大时,β 值也增大,表明钨与磷的分离效果增大;当钨/磷比值为 12 时,$\beta=1$,表示此时所用萃取剂不能把钨、磷分离开。

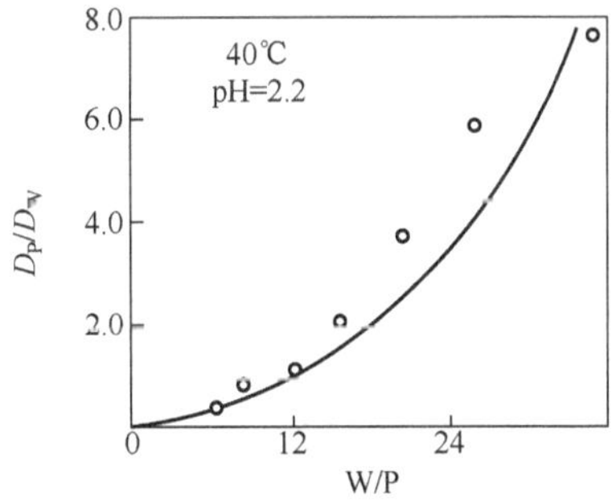

图 4-1 分离系数与料液中钨、磷原子比例的关系

4. 其他一些常用名词

在含有溶质、原溶剂和溶剂的三元体系中,含有溶质的原溶剂称为水相,含有溶质的溶剂相称为有机相(又可称为油相)。上述两相经过接触混合并分相,分相后的水相称为萃余相,溶液称为萃余液;有机相称为萃取相,溶液称为萃取液。

4.2 液液相平衡

4.2.1 三元体系相图表示法

三元体系相图通常用三角坐标法和直角坐标法来描述。

1. 三角坐标法

三角坐标法中有等边三角形法和直角三角形法。直角三角形法(等边直角三角形法和不等边直角三角形法)由于能使所绘的曲线展开,故使用起来有方便之处,但最常用的还是等边三角形法。

1) 等边三角形法

如图 4-2 所示,三角形 ABS 的三个顶点分别表示"纯"的溶质 A、原溶剂 B 和溶剂 S 组分。三角形的各条边都分为 100 等份,处于各点边上的点表示某个二元组分。例如,图中的 C 点代表仅含 A 和 B 的一个混合物,其中 B 的含量为 60%,A 的含量为 40%。三角形内部的任何一点都代表一个三元混合物,如图中的 D 点。当用三角形的高来表示时,通过 D 点向三角形各边作垂直线,分别交各边于 E、F、G 点,各点垂线的长度则分别代表了该混合物中各组分的百分含量,即 DE、DF 和 DG 分别代表了 A、B 和 S 的含量,即

$$\overline{DE}+\overline{DF}+\overline{DG}=50\%+25\%+25\%=100\%$$

混合物的组成可以用体积、质量或摩尔分数来表示。

2) 双结点曲线、结线和褶点

双结点曲线也称溶解度曲线。如图 4-3 所示的是在一定温度条件下,形成一对部分互溶液相的三元体系的双结点曲线。

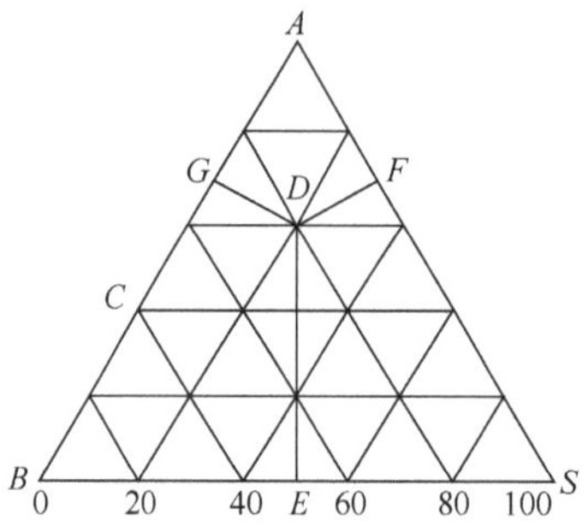

图 4-2 等边三角形相图

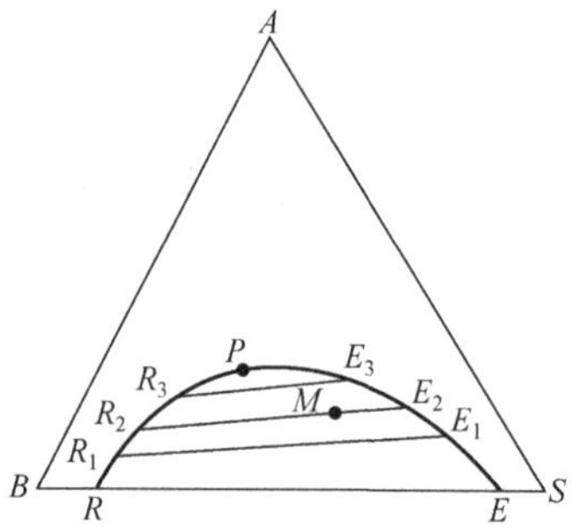

图 4-3 双结点曲线图

在溶质、原溶剂和溶剂所组成的三元体系中,若三组分混合形成一个均相溶液,则不能进行萃取操作,显然只有形成互不相溶的液相才有实际的意义。除了形成一对部分互溶液相的情形外,还有形成二对、三对部分互溶液相的,另外,还有形成固相的情形。但是最典型的是如图 4-3 所示的双结点曲线 $RR_1R_2R_3PE_3E_2E_1E$。

图 4-3 中位于曲线所包围区域外点表示该混合物为均相,而曲线以内以及 RE 线上的点表示该混合物可形成两个组成不同的相,该曲线代表了饱和溶液的组成。例如,一个组成为 M 的混合物,形成两个液相,其组成分别为 R_2 和 E_2,这两个液相称为共存相(也称为共轭相),在一定的温度条件下,两液相处于平衡状态。连接 R_2 和 E_2 的线称为结线,由于在分相区内任一混合物都可分成两个平衡液相,故原则上可以得到无数条结线,如图中的 R_1E_1、R_3E_3 等。

图 4-3 中的 P 点称为褶点(也称为临界混溶点),它位于溶解度曲线上。在该点上,两相消失而变为一相,即两个共存相的组成相同,显然,褶点处的三元混合物已不能用萃取方法进行分离。褶点位置可以通过作图法来确定,见图 4-4,若溶解度曲线以及 R_1E_1、R_2E_2、R_3E_3 和 R_4E_4 四条结线为已知,通过 R_1、R_2、R_3、R_4、E_4、E_3、E_2 和 E_1 分别作平行于 AB 边和 AS 边的直线,并分别交于点 H、I、J、K、L、M、N 和 O 点,连接这些交点得到辅助曲线 $HIJKLMNO$,它与溶解度曲线的交点就是褶点 P 的位置。

2. 直角坐标法

用直角坐标来描绘三元体系的相图通常有杰奈克(Janecke)直角坐标和一般直角坐标两种方法。

杰奈克直角坐标相图的优点是横坐标和纵坐标轴的刻度可以不相等,并可根据需要对某一坐标轴的刻度进行放大,以得到展开的标绘曲线。但是,最常用的还是一般直角坐标相图,见图 4-5(b)。

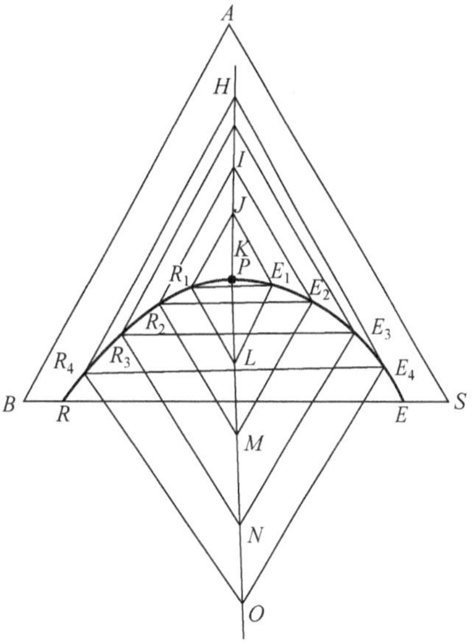

图 4-4 作图法求取褶点位置

图 4-5(b)中曲线 $OHIJP$ 即为一定温度下的平衡线,横坐标 X 代表溶质 A 在原溶剂 B 中的平衡浓度,纵坐标 Y 代表溶质 A 在萃取溶剂 S 中的平衡浓度。在实际萃取体系中,很多情况下都是溶剂与原溶剂的互溶度较小或者可以在设计计算中假定它们不互溶。因此,一般直角坐标法使用方便,在萃取化工过程中得到广泛的应用。由三角相图中的一对共存相的组成可以在相应的直角坐标相图中确定一点,该点就是由直角坐标所表示的平衡点,平衡点浓度的值由横、纵坐标的单位所决定,见图 4-5(a)和(b)。

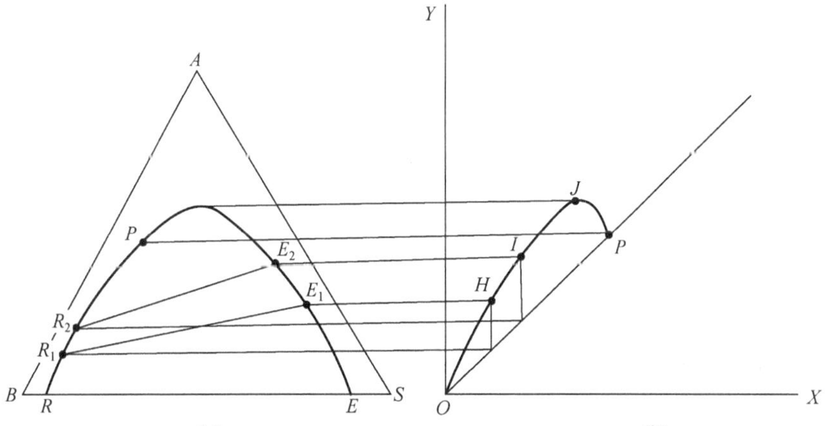

图 4-5 一般直角坐标相图及与三角相图的关系

4.2.2 互溶度测定方法

互溶度的测定常用化学分析法。但是,有时对两个液相采用直接的分析方法有相当的难度,这时,比较常用的有基于光密度变化的浊度法,还有基于液相折光率或相对密度变化的方法等都可用于组成的测定。

1. 化学分析法

为了确定双结线曲线上的各点组成，需要用化学分析方法进行测定。如图 4-3，组成为 M 点的一个三元混合物，当被充分混合并静置分层后，会分成 R_2 和 E_2 两个液相。为了确定 R_2 和 E_2 在双结点曲线上的位置，就必须对两相的组成进行分析。按同样的方法，以初始组成不同的一系列三元混合物出发，就可以最终描绘出该体系的双结点曲线。

2. 浊度法

浊度法有两种路线可供选择。

第一种方法如图 4-6 所示，若已知含 A 和 S 的二元混合物 F 的初始组成，在恒定温度的实验条件下，向该混合物中滴加进纯的 B 组分。滴定开始时一段时间，三元混合物组成尚处在双结点曲线之外的区域，故溶液是透明的。当 B 的加入达到一定量，若组成正好逐步从 F 点移动到 D 点上，则溶液开始变为混浊，根据 B 的加入量就可计算出 D 点的组成。这个方法可以计算出双结点曲线上位于 S 相一边的各点；再用同法，向含 A 和 B 的混合物中滴入纯 S 组成，可以得到双结点曲线上位于 B 相一边的各点，从而完成整个双结点曲线的测定。

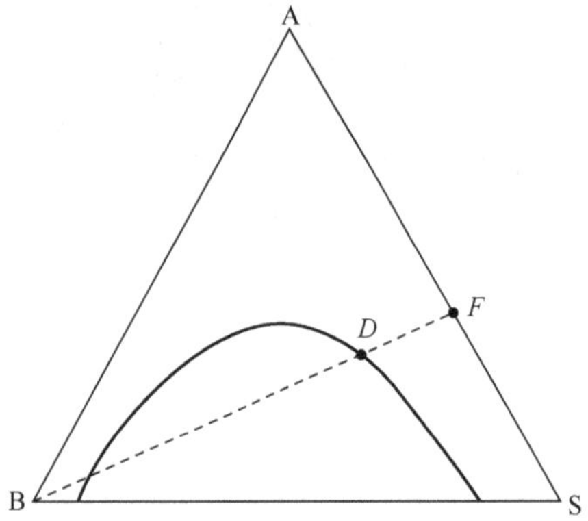

图 4-6　双结点曲线测定方法

第二种方法则向纯 B 和 S 的二元混合物中滴入纯 A 组分，同样可以求得双结点曲线上各点的位置。与第一种方法的区别仅是：滴定开始后一段时间内三元溶液一直是混浊的，直到溶液开始变清时那一点停止滴定，通过计算这一点的组成，就可以确定它在双结点曲线上的位置。

4.2.3　测定相平衡的实验方法

相平衡实验通常在分液漏斗中进行，实验中需保持恒温。实验分为相比变化法和相比不变法两种。

1. 相比变化法

实验时先配制一系列不同料液与溶剂体积比例的三元溶液，在分液漏斗中经充分振荡混合达到平衡并分层后，分别对各实验点的两相溶液分析组成，可得到一系列实验点的两相组成，即两相平衡浓度。一般认为，上述比例范围在 1/10～10/1 之间。在进行实验配制时，应事先大致估计出溶质在原溶剂和溶剂中的浓度，以便选择合适的比例，并可减少实验工作量。

2. 相比不变法

此方法需事先选择一个合适的相比，使含有溶质和原溶剂的料液相与溶剂相经充分接触达到平衡后分层，分离两相，分别对两相进行取样分析，得到平衡浓度。然后弃去料液相，保留溶剂相，再按同样的相比加入新鲜的料液相与保留的溶剂相接触，进行同样的实验过程，再得到一平衡浓度。以此类推，直到得到所有所需要的平衡浓度为止。此方法的缺点是合适的相比事先不易选择，实验中要保持相同的条件也比较困难。

4.2.4 结线关联

在三元相图中，通过实验的方法一般只能获得有限的平衡数据及相应的结线，而实际设计计算中，特别是在逐级接触萃取设备的计算中，往往需要相邻近的结线数据，为满足这一要求，单靠实验方法难以解决。当然，前面所述的采用添加辅助线的作图法可以内插或外推以获得所需数据，但更多的是采用各种结线关联的方法。有关结线关联的报道很多，有坎贝尔(Campbell)法、贝克门(Bachman)法、黑恩德(Hand)法和奥斯默(Othmer)法等。另外还有特鲁贝尔(Treybal)法等对结线关联方法所作的综述报道可供参考。

下面以黑恩德法为例，介绍关联计算。黑恩德提出的关联式如下

$$\lg(X_{AC}/X_{CC})=n\lg(X_{AB}/X_{BB})+\lg K \tag{4-1}$$

根据式(4-1)标绘，如图 4-7。图中，X_{AC}为溶质 A 在 C 相中的浓度，X_{AB}为 A 在 B 相中的浓度，X_{CC}为 C 在 C 相中的浓度，其余符号可类推理解。

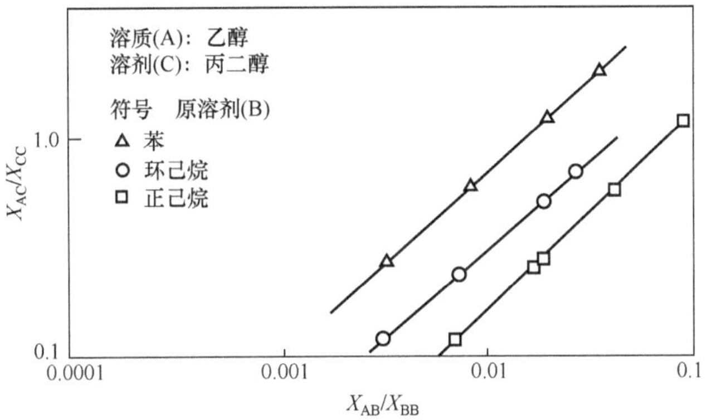

图 4-7 黑恩德的关联法(例 4-1)

【例 4-1】 乙醇(A)-苯(B)-水(C)体系所测得的 25℃平衡时的双结点数据(质量分率)如下：

表 4-1

B 相溶液			C 相溶液		
X_{AB}	X_{BB}	X_{CB}	X_{AC}	X_{BC}	X_{CC}
0.0445	0.9525	0.003	0.3600	0.0102	0.6298
0.1745	0.8000	0.0255	0.5215	0.2045	0.2740

根据以上数据，估算平衡数据，并与测定值比较。

解 根据给定的双结点数据，按黑恩德标绘，如图 4-8。为估算双结点曲线上的点，在溶解度曲线上选一点 G，其中 $X_A/X_C=9.2$，$X_A/X_B=0.12$，因 $X_A+X_B+X_C=1.0$，可解得结线一端(B 相)组成为 $X_{AB}=0.105$，$X_{BB}=0.883$，$X_{CB}=0.012$。与其相平衡的结线另一端(C 相)组成在 H，即 $X_{AC}=0.506$，$X_{BC}=0.072$，$X_{CC}=0.422$。按上述方法估算出结线两端组成如下：

表 4-2

X_{AB}	X_{BB}	X_{CB}	X_{AC}	X_{BC}	X_{CC}
0.012	0.986	0.002	0.167	0.0005	0.833
0.025	0.972	0.003	0.264	0.003	0.733
0.105	0.833	0.012	0.506	0.072	0.422
0.264	0.684	0.052	0.454	0.393	0.153
0.340	0.577	0.083	0.340	0.577	0.083

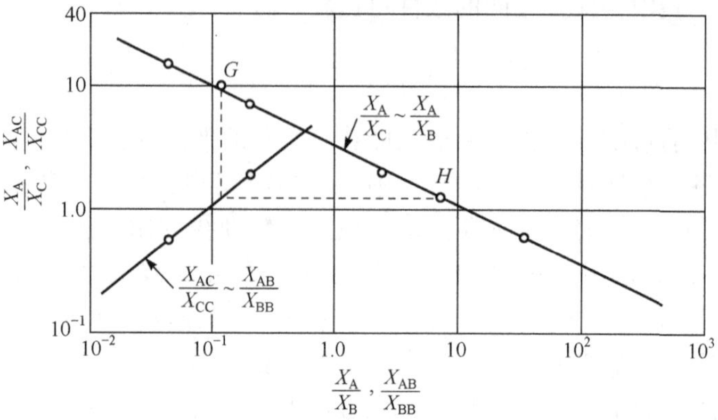

图 4-8 黑恩德标绘(例 4-1)

上述数据在三元相图上的标绘如图 4-9。实验值与估算值如图 4-10 所示,表明两者吻合良好。

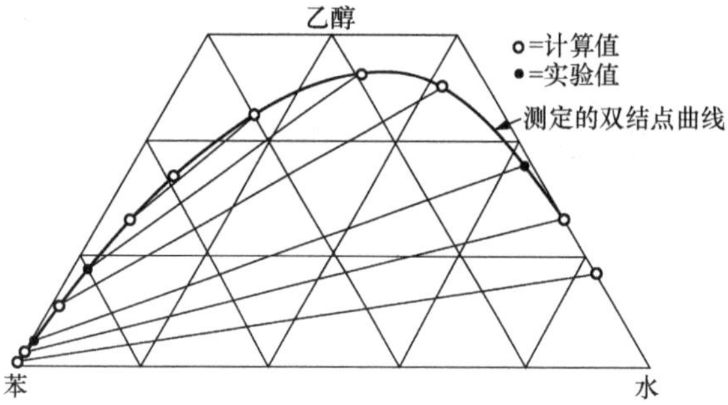

图 4-9 乙醇-苯-水体系三元相图(例 4-1)

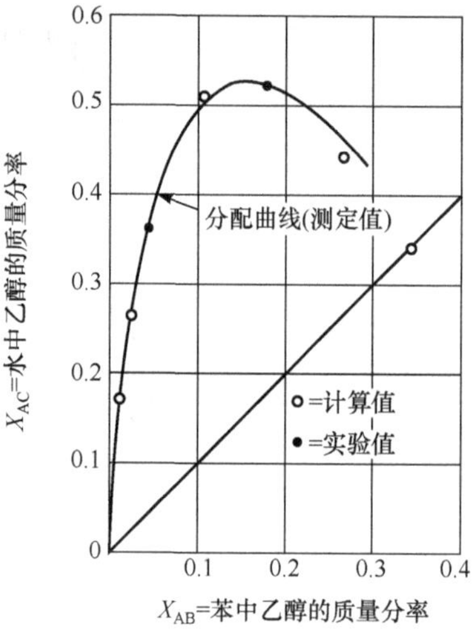

图 4-10 乙醇在苯和水中的分配(例 4-1)

4.2.5 液液相平衡数据的预测和常用关联方法

上述 4.2.4 节介绍的结线关联方法大都是用图解法来关联数据,由于它们建立在经验方法的基础上,故在应用范围上受到限制。而非电解质溶液的活度系数的各种计算方法由于是由溶液理论为基础而发展起来的,并把过量热力学函数与萃取体系中的组分浓度相关联,所以已经得到广泛的应用,尤其是在物理萃取体系中。

前面已介绍了液液萃取体系中的分配比 D。在工业萃取过程的设计计算中,必须得到在达到平衡时某溶质 A 在原溶剂相 B 及萃取溶剂相 S 中的浓度比,即分配比 D_A

$$D_A = X_{AS}/X_{AB} \tag{4-2}$$

根据平衡条件,A 在 B、S 两相中的化学势应相等,即

$$\mu_{AB} = \mu_{AS} \tag{4-3}$$

亦即

$$X_{AB}\gamma_{AB} = X_{AS}\gamma_{AS} \tag{4-4}$$

或

$$D_A = X_{AS}/X_{AB} = \gamma_{AB}/\gamma_{AS} \tag{4-5}$$

显然，分配比 D_A 可以由活度系数 γ 的值来求得。因此，如何求取非电解质溶液中组分的活度系数就成为学者们研究的对象。几十年来已经有了许多报道，如文献(时钧等，1996)就曾对关联方法进行过综合性报道。求算方法可详见本书第 2 章有关内容。

4.2.6　相平衡数据的检索

有关液液相平衡的实测性数据已有报道，读者可查阅有关专著和手册。

4.3　萃取过程计算

4.3.1　萃取过程分析

工业萃取设备主要可分为两大类，即以各种混合澄清槽为代表的逐级萃取设备和以各种类型的萃取塔为代表的微分萃取设备。

4.3.2　逐级萃取过程

1. 逐级萃取过程分析

逐级萃取过程中一个最重要的概念是平衡级萃取，这也是它和微分萃取过程的一个重要区别。混合澄清槽的每一级都包含一个混合室和一个澄清室。两相在混合室中得到充分接触，溶质在两相间的分配已满足热力学平衡条件，然后在澄清室中得以分开，此时认为两相已完成一个平衡级接触。为达到所需要的分离程度而需要的级数，称为理论级数。设计计算应解决具体工艺所需理论级数以及各级平衡浓度等问题。

逐级萃取过程中采用的流程有错流萃取、逆流萃取和分馏萃取流程等，而涉及的体系又有两相不互溶或两相部分互溶等不同情况。一般来讲，错流萃取由于需向每一级都加入新鲜溶剂，会造成回收溶剂(反萃取或精馏)的负担较大，在实际工业应用中，以多级逆流萃取流程为常见。

2. 逐级萃取过程的计算

逐级萃取过程的计算有多种，各有其适应性。譬如可以应用各种图解法，包括三角形图解法(李洲等，1993)、杰奈克(Janeche)坐标图解法和麦克凯贝-赛尔(Mccabe-Thiele)图解法，还可以应用代数公式法和矩阵法。在计算溶剂部分互溶体系时采用前两种图解法较为方便；麦克凯贝-赛尔图解法和代数公式法比较适用于溶剂不互溶体系或者可近似认为不互溶体系的计算；矩阵法的优点是既适用于三元或三元以上体系，又适用于溶剂不互溶或部分互溶体系的计算，加上矩阵法便于计算机编程求解，所以也得到广泛应用。本节简单介绍多级逆流萃取流程的麦克凯贝-赛尔图解法和代数公式法，并举实例介绍交替使用平衡关系和操作关系求解理论级数和逐级浓度分布的计算过程。

多级逆流萃取流程示意图见图 4-11。图中水相和有机相的流量分别以 L 和 G 表示，其浓度分别以 x_i 和 y_i 表示($i=1,2,3,\cdots,N-1,N$ 表示级的编号)，x_f 和 y_f 分别为水相和有机相的进料浓度。显然，如果传质方向是从水相到有机相，则随着萃取的进行，有机相中各级出口浓度逐渐增大，即 $y_1 > y_2 > y_3 > y_4 > \cdots > y_{N-1} > y_N$，而水相中各级出口浓度逐步减小，直至 x_N 满足所要求的分离浓度。

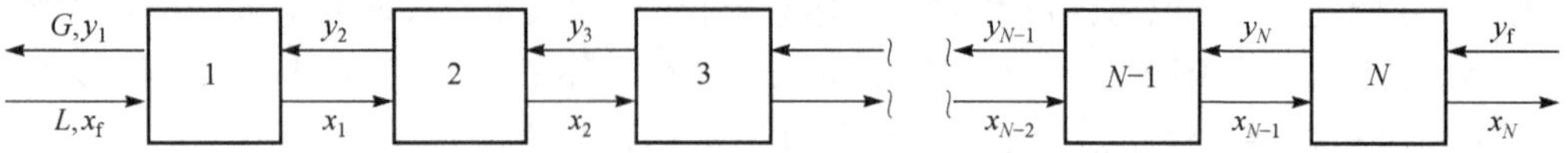

图 4-11　多级逆流萃取流程图

1）麦克凯贝-赛尔图解法

如图 4-12 所示。萃取体系为采用有机萃取剂分离乙二醛溶液中的杂质酸，近似认为体系为两相不互溶。图中横轴代表水相中总酸物质的浓度，纵轴代表有机相中总酸物质的浓度，两相流比为有机相/水相 $=G/L$。图中直线代表操作线，曲线为平衡线。

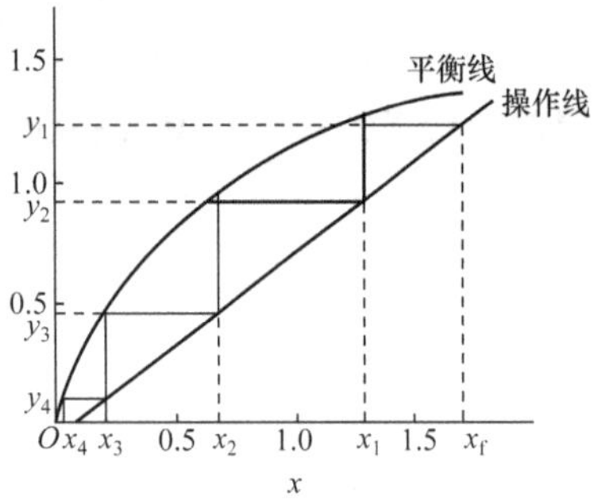

图 4-12　多级逆流萃取乙二醛中杂质酸流程图

如图 4-12，从水相初始组成 x_f 开始，在操作线和平衡线之间反复画阶梯，每一阶梯代表一个平衡级，图中当经过四级萃取后，萃余相中酸浓度已降到 $x_4=0.1$ 以下，同时各级浓度分布也清楚显示在图上。

图中操作线的斜率为 L/G，当逐步增加萃取溶剂的用量时，斜率逐渐小于 1/1.3，操作线与平衡线距离变大。显然，这时只需要小于四级阶梯就可达到 $x_4=0.1$ 以下，即所需级数变少；反之，减少萃取剂用量，所需理论级数变多，但若操作线斜率增大到操作线与平衡线相交于一点，此时则需要无限多个阶梯才能完成指定的分离任务，此时相应的流比称为极限流比或最小流比。

2）各级分配系数变化时的逐级计算法

严格地讲，逐级计算法仅适用于溶剂不互溶体系，但通常在工业上遇到的各种可以近似认为不互溶的体系也可采用这种方法来求解所需的理论级数和各级浓度分布。

根据罗宾逊(Robinson)等研究过的用萃取剂 LIX64 萃取铜的流程(图 4-13)，举例说明当各级分配系数变化时的逐级流程计算。

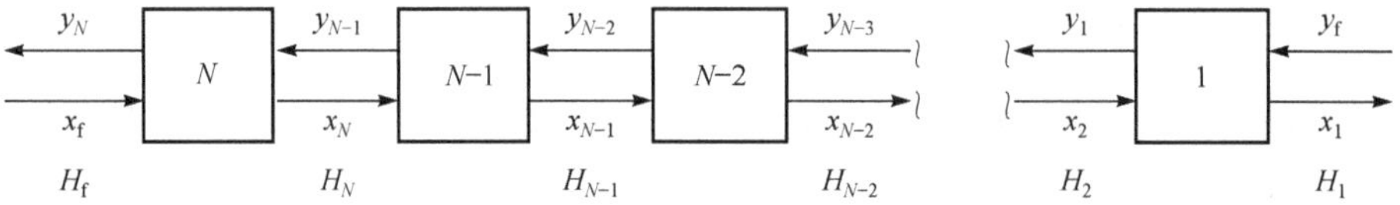

图 4-13　LIX64 萃取铜的多级逆流萃取流程

【例 4-2】　水相料液中含 Cu^{2+} 为 $x_f=2.5kg/m^3$，含 H_2SO_4 为 $H_f=1.0kg/m^3$；有机相为含 LIX64 为 10%的煤油溶液，它含有 $y_f=0.075kg/m^3$ 的 Cu^{2+}(来自反萃取工序的循环有机相)；流比为 $G/L=60/75$(体积流量)；要求经多级逆流萃取后萃余相中含 Cu^{2+} 为 $x_1=0.35kg/m^3$。计算流程所需要的级数及逐级浓度分布。

解　萃取方程式为

$$CuSO_4 + 2HR \rightleftharpoons CuR_2 + H_2SO_4 \tag{4-6}$$

其中 R 表示含 LIX64 的有机相。

从式(4-6)可知：萃取过程中只有 Cu^{2+} 进入有机相，而萃取过程中生成的 H_2SO_4 则留在水相中，所以随

着水相从第 N 级向第 1 级流动，其中的酸含量逐渐增大，图 4-13 中各级酸含量以 H_i 表示，各级水相和有机相含 Cu^{2+} 浓度以 x_i 和 y_i 表示。

从式(4-6)可知，1mol Cu^{2+} 相当于生成 1mol H_2SO_4，它们的相对分子质量之比为 98/63.5=1.54。

在计算过程中应交替使用平衡关系和物料平衡(操作关系)。

对 Cu^{2+} 作总物料衡算，有

$$y_N G + x_1 L = y_f G + x_f L$$

即

$$\begin{aligned} y_N &= (y_f G + x_f L - x_1 L)/G \\ &= 0.075 + 2.5 \times 75/60 - 0.35 \times 75/60 \\ &= 2.76(\text{kg/m}^3) \end{aligned}$$

对 H_2SO_4 作总物料衡算，有

$$LH_f = LH_1 - 1.54(y_N - y_f)G$$

即

$$H_f = H_1 - 1.54\frac{G}{L}(y_N - y_f)$$

或

$$H_1 = 1.0 + 1.54 \times (60/75) \times (2.76 - 0.075) = 4.31(\text{kg/m}^3)$$

由于 y_i 是 x_i 和 H_i 的函数，即 $y_i = f(x_i, H_i)$，所以本题中的各个 y_i 可以通过图 4-14 的平衡关系图上外推或内插查得。

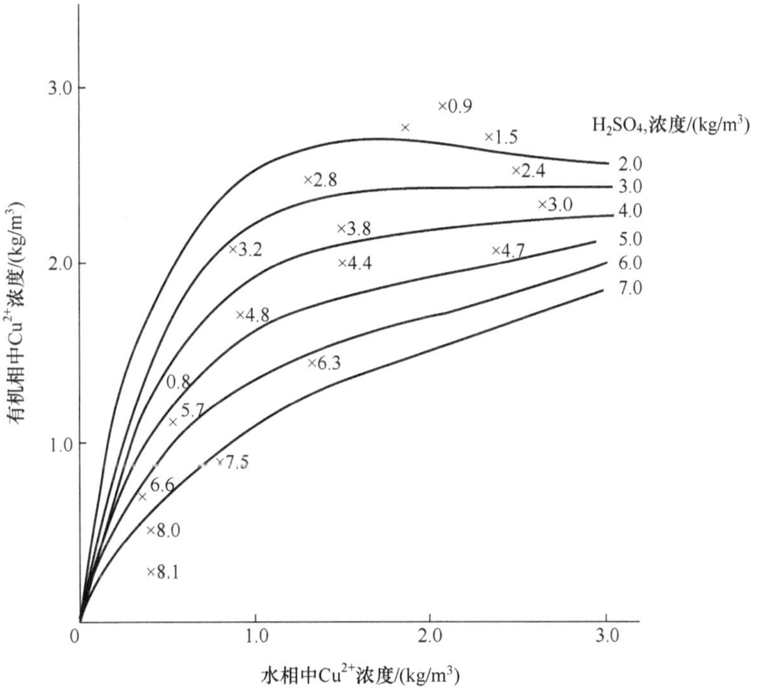

图 4-14　铜在两相中的平衡关系

对于 y_1，从图上可得 $y_1 = 1.11\text{kg/m}^3$。

对第 1 级作衡算可以分别得到 x_2 和 H_2：

$$x_2 = (y_1 G + x_1 L - y_f G)/L$$

$$x_2 = 1.11 \times 60/75 + 0.35 - 0.075 \times 60/75 = 1.18(\text{kg/m}^3)$$

又

$$LH_2 = H_1 L - 1.54G(y_1 - y_f)$$

所以

$$H_2=4.31-1.54\times(60/75)\times(1.11-0.075)=3.04(\text{kg/m}^3)$$

有了 x_2 和 H_2 的值，对于 y_2 可以再次利用平衡关系从图 4-14 上查得

$$y_2=2.24\text{kg/m}^3$$

对第 2 级作衡算可以分别得到 x_3 和 H_3

$$\begin{aligned}x_3&=(y_2G+x_2L-y_1G)/L\\&=2.24\times\frac{60}{75}+1.18-1.11\times\frac{60}{75}\\&=2.08(\text{kg/m}^3)\end{aligned}$$

而

$$LH_3=H_2L-1.54G(y_2-y_1)$$

故

$$H_3=3.04-1.54\times\frac{60}{75}\times(2.24-1.11)=1.65(\text{kg/m}^3)$$

有了 x_3 和 H_3，同样利用平衡关系，从图 4-14 上查得

$$y_3=2.76\text{kg/m}^3$$

对第 3 级作衡算可以得到 x_4 和 H_4

$$Lx_4=Lx_3+y_NG-y_2G$$

即

$$\begin{aligned}x_4&=x_3+y_3G/L-y_2G/L\\&=2.08+2.76\times60/75-2.24\times60/75\\&=2.5(\text{kg/m}^3)\end{aligned}$$

而

$$LH_4=LH_3-1.54G(y_3-y_2)$$

即

$$H_4=1.65-1.54\times60/75\times(2.76-2.24)=1.0(\text{kg/m}^3)$$

显然，经过计算，已有 $x_4=x_f=2.5\text{kg/m}^3$ 和 $H_4=H_f=1.0\text{kg/m}^3$。所以本题只需经过 3 个理论级就能满足题意要求。计算结果的各级浓度分布见图 4-15。

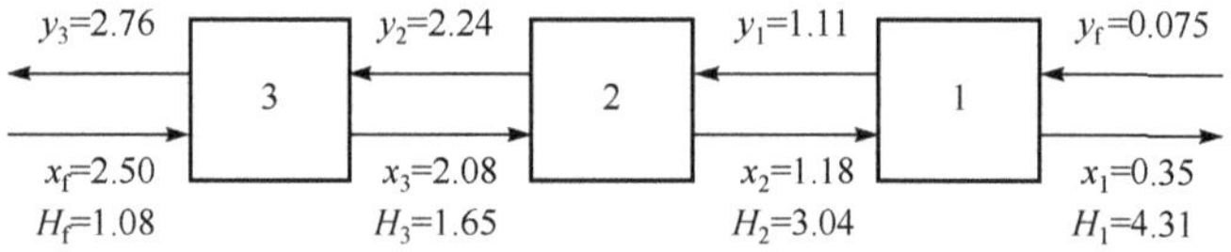

图 4-15　各级浓度分布图(浓度单位为 kg/m³)

以上介绍的作图法和逐级计算法各有其不足之处。麦克凯贝-赛尔作图法由于本身的局限性，其误差无疑比用公式计算大；逐级计算法在级数较多时工作量大。另外，除非有较为精确的平衡数据，否则读图中的误差也不容忽视。

3) 代数公式法

在溶剂不互溶、萃取因子为常数时，理论级数 N 的计算式

$$N=\frac{\lg\left[\left(\dfrac{x_f-\dfrac{y_0}{D}}{x_N-\dfrac{y_0}{D}}\right)\left(1-\dfrac{1}{\varepsilon}\right)+\dfrac{1}{\varepsilon}\right]}{\lg\varepsilon}\tag{4-7}$$

式中：x_f、x_N 分别为水相的进料浓度和末级出口浓度；y_0 为有机相的进料浓度；D 为分配系数；

ε 为萃取因子，定义为 $\varepsilon=D\cdot\dfrac{G}{L}$，即等于分配系数与两相流比的乘积。

式(4-7)即为著名的克莱姆塞-休特(Kremser-Souder)方程式。用此方程式在已知水相的进出口浓度、有机相的进口浓度、分配系数和 ε 时，可方便地求出理论级数。

当萃取因子不是常数时，用代数公式法计算逐级浓度分布则需要用试差法。先根据物料衡算导出各级浓度和末级浓度表达式，在计算中必须先假定各级的浓度值以确定相应的 ε 值，多次试算后，直到计算值和假定值接近为止。有关例子可参阅相关教科书。

3. 平衡级和级效率

在以上讨论逐级萃取过程中，都认为在每一级内两相均经充分混合而达到平衡，即使用的是平衡级的概念。但实际上，在连续流动的设备内，由于流体停留时间分布的不均匀性，或多或少存在着与平衡点的偏离。因此，就像精馏中的板效率一样，定义了多种萃取级效率，其中最常用的是默夫里(Murphree)级效率，其定义是某级中某相实际浓度的变化与平衡达到时应发生的浓度变化之比值。默夫里效率可用图 4-16 表示(Lo et al.，1983)。

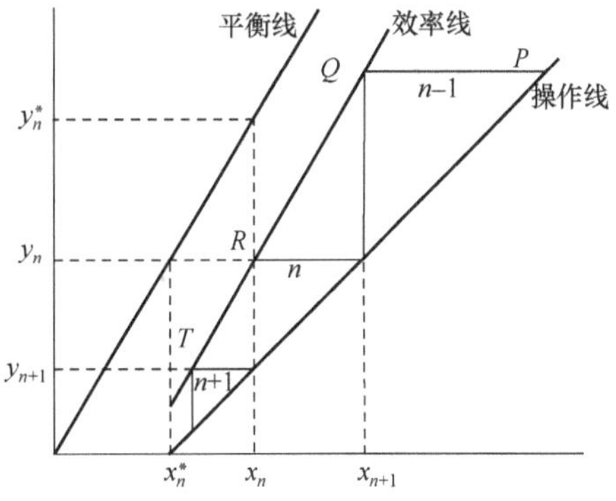

图 4-16　默夫里效率示意图

图中单位可用质量分率、摩尔分率等。由于各级(图中所示是第 $n-1$、n 和 $n+1$ 级)都未达到平衡，所以从操作线开始从 P 点向平衡线作水平线时，只到达 Q 点就停止了，即这一级阶梯的顶点是 Q 点，Q 点不在平衡线上。图中的 R 点和 T 点亦是同样情况。图中通过 Q、R、T 的线称为效率线。

默夫里效率可以用来描述萃取中各级的实际情况，它分为用水相浓度表示和用有机相浓度表示两种，对图中的第 n 级而言，可有

$$E_{mx}=\frac{x_{n-1}-x_n}{x_{n-1}-x_n^*} \tag{4-8}$$

和

$$E_{my}=\frac{y_n-y_{n+1}}{y_n^*-y_{n+1}} \tag{4-9}$$

显然 E_{mx} 和 E_{my} 在数值上一般是不相等的。

4. 多级逆流萃取的实验室模拟

实验室中模拟多级逆流萃取过程企图解决理论级数和各级浓度分布的问题。采用的方法主要有两类：一类是分液漏斗间歇模拟法，亦称串级模拟实验法；另一类是采用实验室中的各种微型混合澄清槽来模拟实际工业上的连续逆流过程。当萃取系统的平衡数据缺乏时，或是所涉及的系统是多元体系时，以及需要验证作图法或计算法得到的数据时，这些模拟是非常有用的。分液漏斗模拟法是最常用的一种方法，下面就在实验室中用间歇的实验来模拟四级逆流萃取的过程作一介绍。

如图 4-17，图中每个圆圈代表一个分液漏斗，圈内数字表示第几级，圈外一列数字表示实验排数。F 和 S 分别代表水相料液和有机相，相应的箭头表示物料走向，在每排的第 1 级中都加入水相料液，而第 4 级中按规定相比都加入新鲜有机相。在每一个分液漏斗实验中都应使

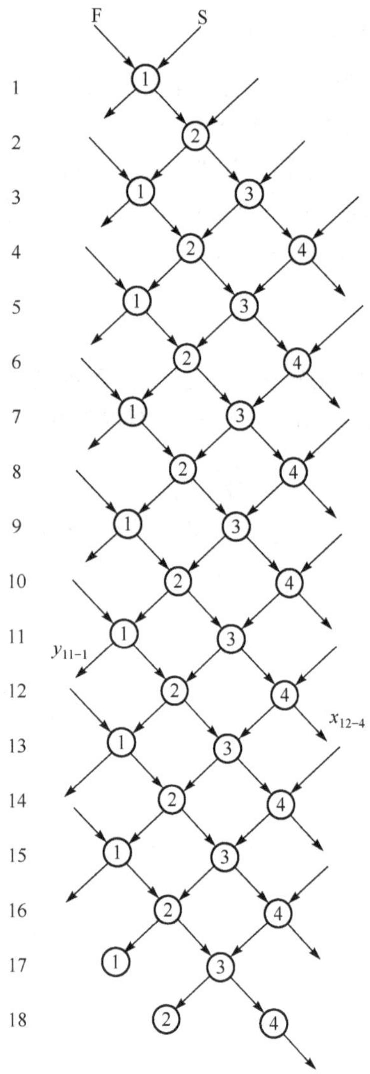

图 4-17　四级逆流萃取模拟实验

两相充分混合，并静置分层，随后按箭头所示让萃余相（x 相）和萃取相（y 相）分别进入不同的序号的漏斗继续实验。

例如，序号为 3-3（第 3 排第 3 号）的漏斗，它的水相原料为来自序号 2-2 的萃余相，而它的有机相原料为新鲜有机相，经振荡分层实验后，它的萃余相应进入序号 4-4 的漏斗，而萃取相应进入序号 4-2 的漏斗。

模拟实验如图所示顺序按排数往下进行，并对第 4 级分液漏斗实验的萃余相每次进行浓度分析，也可同时对第 1 级的萃取相进行分析。一开始，每次浓度值不稳定，直至某一排数实验后，才会趋于稳定。实践经验表明，实验排数到达级数三倍以上能达到稳定的浓度值。本例中若分析 x_{12-4} 得到稳定值，但实验还不能停止，因为其他各级的浓度此时尚未达到平衡，还需要继续做几排实验，并在实验中对各个分液漏斗的萃余相和萃取相都进行分析，直到各级都达到平衡。但必须注意，由于分析取样减少了溶液体积，因此应特别注意保持后续实验中相比的一致性。本例中若进行到 18 排实验时，分析各级都达到平衡，则可根据序号 15-1、16-2、17-3 和 18-4 实验后的各个萃余相和萃取相的浓度作出各级浓度分布。

显然，每次分液漏斗实验都应在相同温度下进行，以确保平衡数据的正确性。

分液漏斗模拟实验方法还可以模拟带有回流的逆流萃取过程和分馏萃取过程，有关内容可参阅相关的教科书。

分液漏斗间歇模拟实验在方法上比较简单，实验成本也较低，因此得到广泛的应用。但是，它也有缺点，主要是：必须事先确定级数和相比，当最终萃余相浓度与分离要求不符时，则需要重新设定级数，按上述过程进行实验，直至满足要求为止。显然，对理论级数较多的过程而言，实验工作量就很大；此外，实验中操作必须不出一点差错，否则，整套实验必须从头开始进行。

4.3.3　微分逆流萃取过程

在塔型萃取设备中，水相和有机相分别在塔内进行逆流流动，传质在逆流接触中进行，塔的中间部分通常称为有效接触段。而两相的分离在塔的两端进行，两端部分通常可称作扩大段或静止段。这类萃取过程需要用微分逆流萃取的计算方法进行设计计算。常见的塔型设备有填料塔、筛板塔、Kühni 塔和转盘塔等。

1. 传质单元数和传质单元高度

如图 4-18 两相在萃取塔进行连续逆流接触。令 A 为塔的横截面积；H 为塔高；a 为单位塔体积的两相接触界面积，即比表面积；x、y 分别为萃余相和萃取相的溶质浓度。

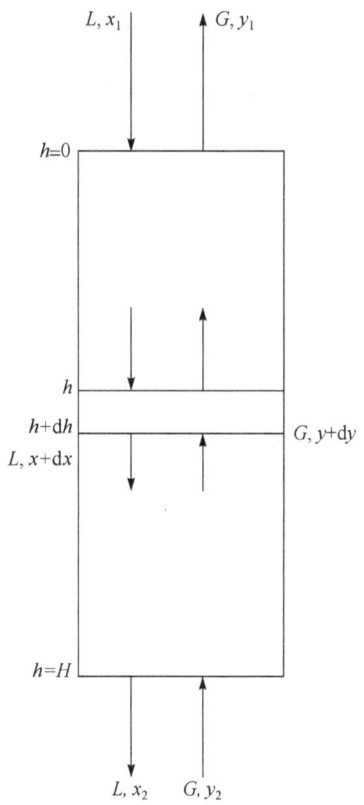

图 4-18　连续逆流接触示意图

结合惠特曼(Whiteman)双膜理论、传质速率方程式和物料衡算式，可以得到

$$H=\frac{L}{k_x\cdot a\cdot A}\int_{x_2}^{x_1}\frac{dx}{x-x_i} \tag{4-10}$$

和

$$H=\frac{G}{k_y\cdot a\cdot A}\int_{y_2}^{y_1}\frac{dy}{y_i-y} \tag{4-11}$$

式中：k_x、k_y 分别为萃余相和萃取相的传质分系数；x_i、y_i 分别为萃余相和萃取相的界面浓度。

由于界面浓度 x_i 和 y_i 在求取时的实际困难，并因而影响到传质推动力$(x-x_i)$和(y_i-y)的计算，故在实际设计计算中采用两相总传质系数 k_{ox} 和 k_{oy} 的概念。从传质方程出发应用类比关系可分别推出与式(4-10)和式(4-11)相似的公式：

$$H=\frac{L}{k_{ox}\cdot a\cdot A}\int_{x_2}^{x_1}\frac{dx}{x-x^*} \tag{4-12}$$

和

$$H=\frac{G}{k_{oy}\cdot a\cdot A}\int_{y_2}^{y_1}\frac{dy}{y^*-y} \tag{4-13}$$

式中：k_{ox}、k_{oy} 分别为基于萃余相和萃取相的总传质系数；x^*、y^* 分别为对应于 x 和 y 的平衡浓度。

令

$$(\text{HTU})_{ox}=\frac{L}{k_{ox}\cdot a\cdot A},\quad (\text{NTU})_{ox}=\int_{x_2}^{x_1}\frac{dx}{x-x^*} \tag{4-14}$$

及

$$(\text{HTU})_{oy}=\frac{G}{k_{oy}\cdot a\cdot A},\quad (\text{NTU})_{oy}=\int_{y_2}^{y_1}\frac{dy}{y^*-y} \tag{4-15}$$

结合式(4-12)和式(4-13)可得

$$H=(\text{HTU})_{ox}\cdot(\text{NTU})_{ox} \tag{4-16}$$

和

$$H=(\text{HTU})_{oy}\cdot(\text{NTU})_{oy} \tag{4-17}$$

式中：$(\text{NTU})_{ox}$ 和 $(\text{NTU})_{oy}$ 分别为萃余相和萃取相的总传质单元数；$(\text{HTU})_{ox}$ 和 $(\text{HTU})_{oy}$ 分别为基于萃余相和萃取相的总传质单元高度。

传质单元数表示完成给定分离任务的难易程度。对于推动力大或分离要求低的体系，它的值就较小，反之，它的值就越大。传质单元数受到多种因素的影响，如分配系数的变化或两相流比的变化等。有关计算将在下节讨论。

传质单元高度反映的是萃取过程中传质动力学的特性，从式(4-14)和式(4-15)可以看出它受到传质速率($k_{ox}a$ 或 $k_{oy}a$)以及表观流速(L/A 或 G/A)的影响，有关传质单元高度的计算也比较复杂，因为它随设备类型、体系物性和操作条件的变化而不同。

2. 两相作活塞流流动时传质单元数的计算

活塞流也称作柱塞流,“活塞流动”假设在塔内整个横截面上流体均匀分布,并且平行地向上或向下推进,亦即在同一横截面上每一相流速都相等。它还假定在塔内两相之间的传质仅发生在水平方向上,而且在轴向方向上每一相内都无传质发生。

1) 两相不互溶及分配系数为常数时 NTU 的计算

这是一种简单的情况,传质推动力可用对数平均推动力表示:

$$(\mathrm{NTU})_{ox}=(x_1-x_2)/(x-x^*)_{l_n} \tag{4-18}$$

式中:

$$(x-x^*)_{l_n}=\frac{[(x_1-x_1^*)-(x_2-x_2^*)]}{\ln[(x_1-x_1^*)/(x_2-x_2^*)]} \tag{4-19}$$

同理,可得萃取相中总传质单元数:

$$(\mathrm{NTU})_{oy}=(y_1-y_2)/(y^*-y)_{l_n} \tag{4-20}$$

式中:

$$(y^*-y)_{l_n}=\frac{[(y_1^*-y_1)-(y_2^*-y_2)]}{\ln[(y_1^*-y_1)/(y_2^*-y_2)]} \tag{4-21}$$

2) 分配系数不为常数时 NTU 的计算

这种情况下,在 x-y 图上平衡线是曲线。可以用图解积分法来求取 NTU。

在 x-y 图上把 x 的范围分成若干等分,求每一点的$(x_i-x_i^*)$,以 $1/(x_i-x_i^*)$对 x 作图得到一条曲线,曲线与横坐标包围的面积即为所求的萃取总传质单元数,用相应的方法也可求得萃取相的 NTU。

求解上述面积可用各种数值积分法。若平衡关系可由解析式表达,用辛普森(Simpson)法结合计算机编程求解则更为方便。

3) 分配系数不为常数且两相流量发生变化时 NTU 的计算

这种情况的计算比较复杂。一般认为扣除溶质后纯溶剂(包括原溶剂和萃取溶剂)的流量在萃取过程中可作为常量。在此基础上可列出相应的计算式求解 NTU。计算公式可参阅有关教材的介绍。

当体系为互不相溶的稀溶液时,则计算公式可得到简化,还可依靠算图(Treybal,1963)来求解传质单元数。

此外,在很多实际体系中,$(1-x^*)$和$(1-x)$之间的差别不大于两倍,此时计算公式可简化为

$$(\mathrm{NTU})_{ox}=\int_{x_2}^{x_1}\frac{\mathrm{d}x}{x-x^*}+\frac{1}{2}\ln\frac{1-x_2}{1-x_1} \tag{4-22}$$

以及

$$(\mathrm{NTU})_{oy}=\int_{y_2}^{y_1}\frac{\mathrm{d}y}{y^*-y}+\frac{1}{2}\ln\frac{1-y_1}{1-y_2} \tag{4-23}$$

但应注意,式中浓度应以摩尔分率表示。

3. 理论级和理论级当量高度

在工程上也采用理论级和理论级当量高度的概念来处理萃取塔的设计计算问题,特别是在多组分复杂体系的计算中。萃取塔的高度 H 可表示为

$$H = \text{NETS} \cdot \text{HETS} \tag{4-24}$$

式中：NETS 为理论级数；HETS 为理论级当量高度，单位 m。

HETS 的概念是：当两相通过塔内某一段高度后，其分离效果相当于一个理论级所对应的分离效果，则这段高度称作理论级当量高度。显然，HETS 可反映传质效率的高低，其值越小则传质效率越高。而 NETS 与前文逐级萃取中的理论级数一样，反映了完成指定分离任务的难易程度。

必须指出，理论级和理论级当量高度基于平衡级概念，而实际上两相连续逆流中的传质不同于逐级接触过程，因此，在工程设计中应用理论级和理论级当量高度的可靠性还有待不断提高。

4. 传质单元高度计算

1）轴向混合

前面介绍的活塞流动是一种理想流动形式，在萃取塔内，两相逆流流动的实际情况是相当复杂的，其形式与活塞流动有显著的偏离。

通常把偏离活塞流的非理想性流动和停留时间分布统称为轴向混合。

在萃取塔内，两相中的某一相总是在进塔后通过特殊的分布器形成液滴，与另一相逆流流动，以增大两相接触面积。被分散的一相称为分散相，而另一相称为连续相。显然，连续相和分散相内都存在轴向混合现象。

引起轴向混合的原因有多种。对连续相而言，它内部产生旋涡，并会夹带分散相；连续相在其流动方向上会有速度分布；另外，塔内不同形状的内构件也可能会造成连续相在径向上有一定的速度分布。对分散相而言，其液滴尺寸分布有不均匀现象；部分液滴的速度会大于平均速度。上述现象都会造成萃取塔内的所谓返混和前混。再者，两相在塔内的停留时间分布也与活塞流时不同。

如图 4-19 所示，在塔两端的两相入口处都产生了浓度的突跃，分别从原来的 x_1 和 y_1 变成了 x_{1R} 和 y_{1E}。这种浓度的突然变化与塔内两相流的返混等都造成了塔内实际推动力的下降，使萃取率随之降低，也就是说轴向混合的存在极大地影响了萃取塔的性能。一般认为，塔有效高度的 60%～80%是为了补偿轴向混合的，在有些情况下这个数字甚至会达到 90%。

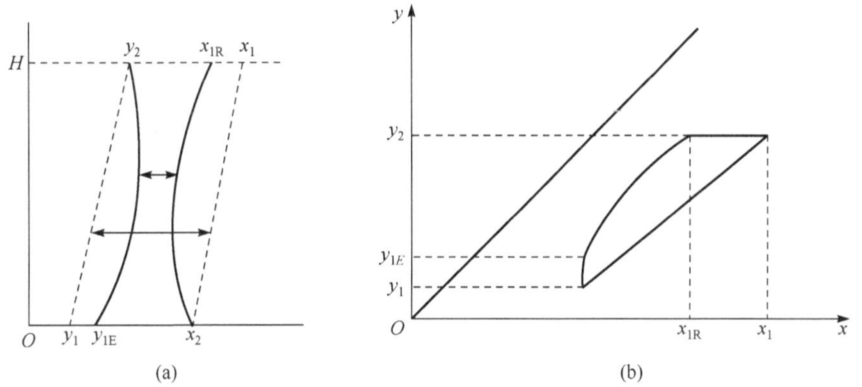

图 4-19　轴向混合的影响

显而易见，传质单元高度的计算必须考虑轴向混合的影响。

2）有关轴向混合研究

几十年来，关于萃取塔中轴向混合的研究已有大量报道。所发展的模型都是在考虑轴向混合的基础上建立微分方程组来描述塔内的实际传质过程。其中最早建立的是级式模型，以后陆续发展了扩散模型、返流模型和综合考虑前混和两相返混的组合模型（Zhu et al.，1991；Richer et al.，1981）。近年来，又发展了相互作用模型，提出用群体衡算方程或Monte-Carlo模型法来分析萃取塔内的传质过程。但由于问题本身的复杂性，有关模型的研究和计算仍在不断改进、发展之中。鲁德（Rod）、罗（Lo）和李洲等都曾对各种模型进行过详细讨论。

在考虑轴向混合的影响以后，就有可能对萃取塔进行较为可靠的放大设计，据报道，曾以直径50mm的转盘塔测得的总传质系数放大到直径为4m的工业装置中去，中试数据与放大后所标定的数据有较好的一致性。

3）扩散模型

在上述各种模型中，使用得最多的是扩散模型。扩散模型作如下假定：

（1）每一相的返混特性可以用一个湍流扩散系数 E_i（轴向扩散系数）来表示。

（2）每相的平均速度和浓度在塔内每一横截面上相同。

（3）体积传质系数（$k_{ox}a$ 或 $k_{oy}a$）是常数或可以取其平均值来计算。

（4）除了进口浓度外，每相的溶质浓度梯度是连续的。

（5）两相不互溶或有一恒定的互溶度，且与溶质浓度无关。

（6）两相料液的体积流量在整个塔内为常数。

（7）平衡关系是线性或可近似以线性计。

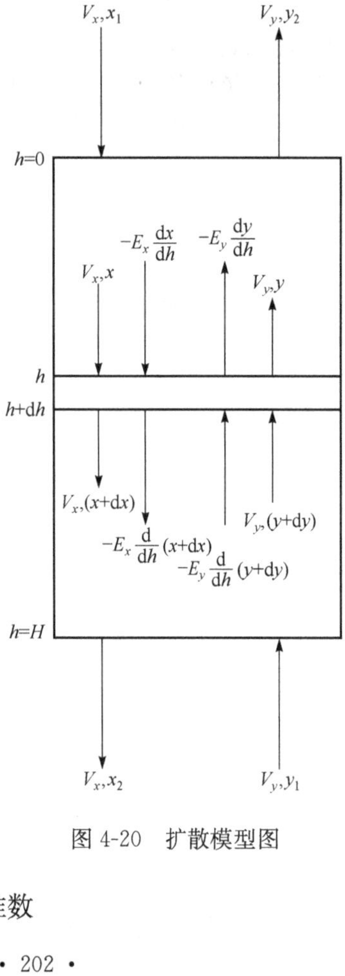

图4-20　扩散模型图

另外，扩散模型实际上还假定了分散相的滞流分率在整个塔内不变（滞流分率的概念见4.4.3节）。

扩散模型的示意图见图4-20。其中：E_x 和 E_y 分别为萃余相和萃取相的轴向扩散系数，可通过实验测定或计算得到；x 和 y 分别为两相浓度；V_x 和 V_y 分别为两相空塔流速，当塔横截面积为 A 时，有 $V_x=L/A$ 和 $V_y=G/A$。

扩散模型借助描述分子扩散过程的菲克定律来描述由于轴向混合的存在而引起的在塔高方向的传质

$$N_x=-E_x\frac{\mathrm{d}x}{\mathrm{d}h} \tag{4-25}$$

和

$$N_y=-E_y\frac{\mathrm{d}y}{\mathrm{d}h} \tag{4-26}$$

对图4-20中的微元 $\mathrm{d}h$ 分别对萃余相和萃取相作物料衡算，可得到扩散模型描述传质过程的微分方程组

$$\left.\begin{aligned} E_x\frac{\mathrm{d}^2x}{\mathrm{d}h^2}-V_x\frac{\mathrm{d}x}{\mathrm{d}h}-k_{ox}a(x-x^*)=0 \\ E_y\frac{\mathrm{d}^2y}{\mathrm{d}h^2}-V_y\frac{\mathrm{d}y}{\mathrm{d}h}+k_{oy}a(x-x^*)=0 \end{aligned}\right\} \tag{4-27}$$

为了便于计算上面的方程组，可采用一些变换方法，譬如采用无因次变量法：

（1）以彼克列特（Peclet）数作为描述轴向扩散的无因次准数

$$\mathrm{Pe}_i=\frac{V_i \cdot d_c}{E_i}$$

式中：d_c 为萃取塔的特性尺寸（在填料塔中即为填料的当量直径）。

(2) $B=H/d_c$。

(3) 无因次高度 $Z=h/H$，H 为塔高。

(4) 无因次浓度 $c_x=x/x_1$，$c_y=y/y_1$。根据上式变换，可以得到

$$\left.\begin{aligned}\frac{d^2c_x}{dz^2}-\mathrm{Pe}_xB\frac{dc_x}{dz}=(\mathrm{NTU})_{ox}\mathrm{Pe}_xB(c_x-c_x^*)\\ \frac{d^2c_y}{dz^2}-\mathrm{Pe}_yB\frac{dc_y}{dz}=(\mathrm{NTU})_{oy}\mathrm{Pe}_yB(c_x-c_x^*)\end{aligned}\right\} \tag{4-28}$$

式中：$(\mathrm{NTU})_{ox}$ 和 $(\mathrm{NTU})_{oy}$ 分别为萃余相和萃取相的"真实"总传质单元数，即

$$(\mathrm{NTU})_{ox}=\frac{k_{ox}aL}{V_x},\quad (\mathrm{NTU})_{oy}=\frac{k_{oy}aG}{V_y}$$

边界条件是：

$$\left.\begin{aligned}&\text{当 } z=0 \text{ 时}, -\left(\frac{dc_x}{dz}\right)=\mathrm{Pe}_xB(1-c_{xR});\quad \frac{-dc_y}{dz}=0\\ &\text{当 } z=1 \text{ 时}, -\left(\frac{dc_x}{dz}\right)=0;\quad -\left(\frac{dc_y}{dz}\right)=\mathrm{Pe}_yB(c_{yE}-c_{y_1})\end{aligned}\right\} \tag{4-29}$$

从二阶微分方程组(4-28)可以看出，求解扩散模型仍是比较复杂的。为了使模型在工程设计的计算中得到实际应用，已发展了一些近似的方程组解法。其中迈亚恩蔡(Miyanchi)和弗米恩勒恩(Vermeulen)提出的解法(简称 M-V 解法)得到了比较广的应用。下面就其解法作一介绍。

4) M-V 解法

该方法把基于活塞流情况下得到的总传质单元高度记为 $(\mathrm{HTU})_{oxp}$，称为表观传质单元高度，并把它分为两部分，一部分是不考虑轴向混合影响的"真实"传质单元高度，记为 $(\mathrm{HTU})_{ox}$，另一部分是由于轴向混合存在而传质单元高度增加部分，称作分散传质单元高度 $(\mathrm{HTU})_{oxd}$，而且三者之间的关系是

$$(\mathrm{HTU})_{oxp}=(\mathrm{HTU})_{ox}+(\mathrm{HTU})_{oxd} \tag{4-30}$$

"真实"传质单元高度 $(\mathrm{HTU})_{ox}$ 可以根据中试实验测定。在已知体积传质系数时，也可以按 $(\mathrm{HTU})_{ox}=V_x/k_{ox}a$ 计算。

M-V 解法把原先复杂的问题简化成两方面的问题来求解，即分别求得 $(\mathrm{HTU})_{ox}$ 和 $(\mathrm{HTU})_{oxd}$，然后按式(4-30)得到表观传质单元高度。其计算框图如图 4-21 所示。其计算过程可分为以下步骤：

(1) 已知条件是两相进出口浓度、分配系数、两相流比、轴向扩散系数以及"真实"传质单元高度等。

(2) 求表观传质单元高度 $(\mathrm{HTU})_{oxp}$。当分离因子 $\varepsilon=1$ 时，存在下式

$$(\mathrm{HTU})_{oxp}=(\mathrm{HTU})_{ox}+\frac{E_x}{V_x}+\frac{E_y}{V_y} \tag{4-31}$$

(3) 求塔高的初值 H_0

$$H_0=(\mathrm{HTU})_{oxp}\cdot(\mathrm{NTU})_{oxp}$$

其中 $(\mathrm{HTU})_{oxp}$ 是表观传质单元数，亦即前面介绍的总传质单元数 $(\mathrm{HTU})_{ox}$，是通过活塞流模型求得的。

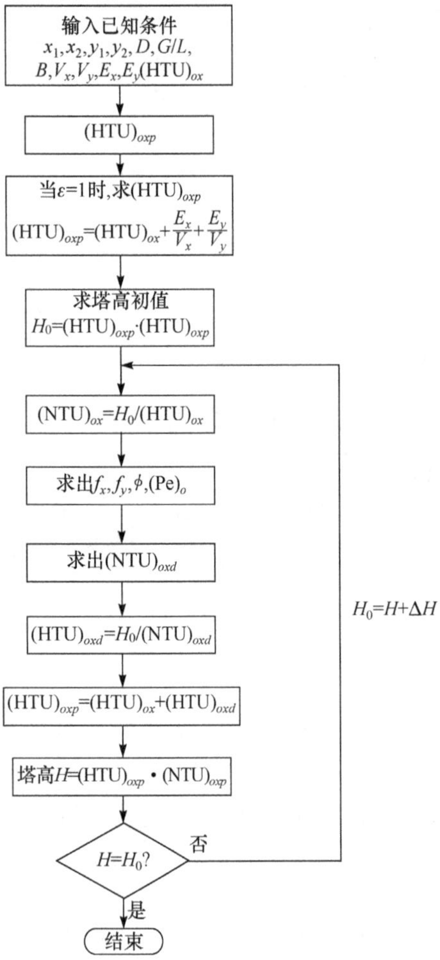

图 4-21　M-V 近似解法计算框图

(4) 求初值塔高下的“真实”传质单元数 $(\mathrm{NTU})_{ox}$

$$(\mathrm{NTU})_{ox}=H_0/(\mathrm{HTU})_{ox}$$

(5) 求分散传质单元数 $(\mathrm{NTU})_{oxd}$。

为计算 $(\mathrm{NTU})_{oxd}$，需要先计算 f_x、f_y，以及萃余相和萃取相的彼克列特准数 Pe_x 和 Pe_y，进而求出综合考虑两相轴向混合程度的总彼克列特准数 $(\mathrm{Pe})_o$ 和 ϕ，再最后求得 $(\mathrm{NTU})_{oxd}$。

f_x、f_y 和 Pe_x、Pe_y 可按下列经验式估算

$$\left.\begin{aligned}f_x&=\frac{(\mathrm{NTU})_{ox}+6.8\varepsilon^{0.5}}{(\mathrm{NTU})_{ox}+6.8\varepsilon^{1.5}}\\ f_y&=\frac{(\mathrm{NTU})_{ox}+6.8\varepsilon^{0.5}}{(\mathrm{NTU})_{ox}+6.8\varepsilon^{-0.5}}\end{aligned}\right\}\tag{4-32}$$

$$\left.\begin{aligned}\mathrm{Pe}_x&=V_xH/E_x\\ \mathrm{Pe}_y&=V_yH/E_y\end{aligned}\right\}\tag{4-33}$$

而

$$(\mathrm{Pe})_o=\left(\frac{1}{f_x\mathrm{Pe}_x\varepsilon}+\frac{1}{f_y\mathrm{Pe}_y}\right)^{-1}\tag{4-34}$$

$$\phi=1-\frac{0.05\varepsilon^{0.5}}{(\mathrm{NTU})_{ox}^{0.5}(\mathrm{Pe})_o^{0.25}B^{0.25}}\tag{4-35}$$

很多实际情况下，ϕ 的值接近于 1。

这样，可求得

$$(\mathrm{NTU})_{oxd}=(\mathrm{Pe})_oB+\frac{\phi\varepsilon\ln\varepsilon}{\varepsilon-1}\tag{4-36}$$

(6) 求 $(\mathrm{HTU})_{oxd}$

$$(\mathrm{HTU})_{oxd}=H_0/(\mathrm{NTU})_{oxd}\tag{4-37}$$

(7) 求表观传质单元高度 $(\mathrm{HTU})_{oxp}$

$$(\mathrm{HTU})_{oxp}=(\mathrm{HTU})_{ox}+(\mathrm{HTU})_{oxd}\tag{4-38}$$

(8) 求塔高 H

$$H=(\mathrm{HTU})_{oxp}\cdot(\mathrm{NTU})_{oxp}\tag{4-39}$$

这样，得到第一次试算的塔高 H。

(9) 比较 H 和 H_0，若符合规定精度，则计算结束；反之，则令 $H_0=H+\Delta H$，回到程序里反复迭代计算，直到 H 和 H_0 之间的误差在允许范围内。

4.4　萃取设备

4.4.1　萃取设备的分类

多种多样的萃取设备是从各种特定的工艺需要出发而逐步发展起来的，它们各具有不同的特点，也适用于不同的场合。

萃取设备的分类方法可以有多种，可以按两相接触形式、是否外加能量或产生两相逆流等方式来进行分类。图 4-22(Lo et al.，1983)首先采用按重力方式和离心力方式把萃取设备分成两大类，然后再区别不同的情况，予以分类并给出设备的名称。

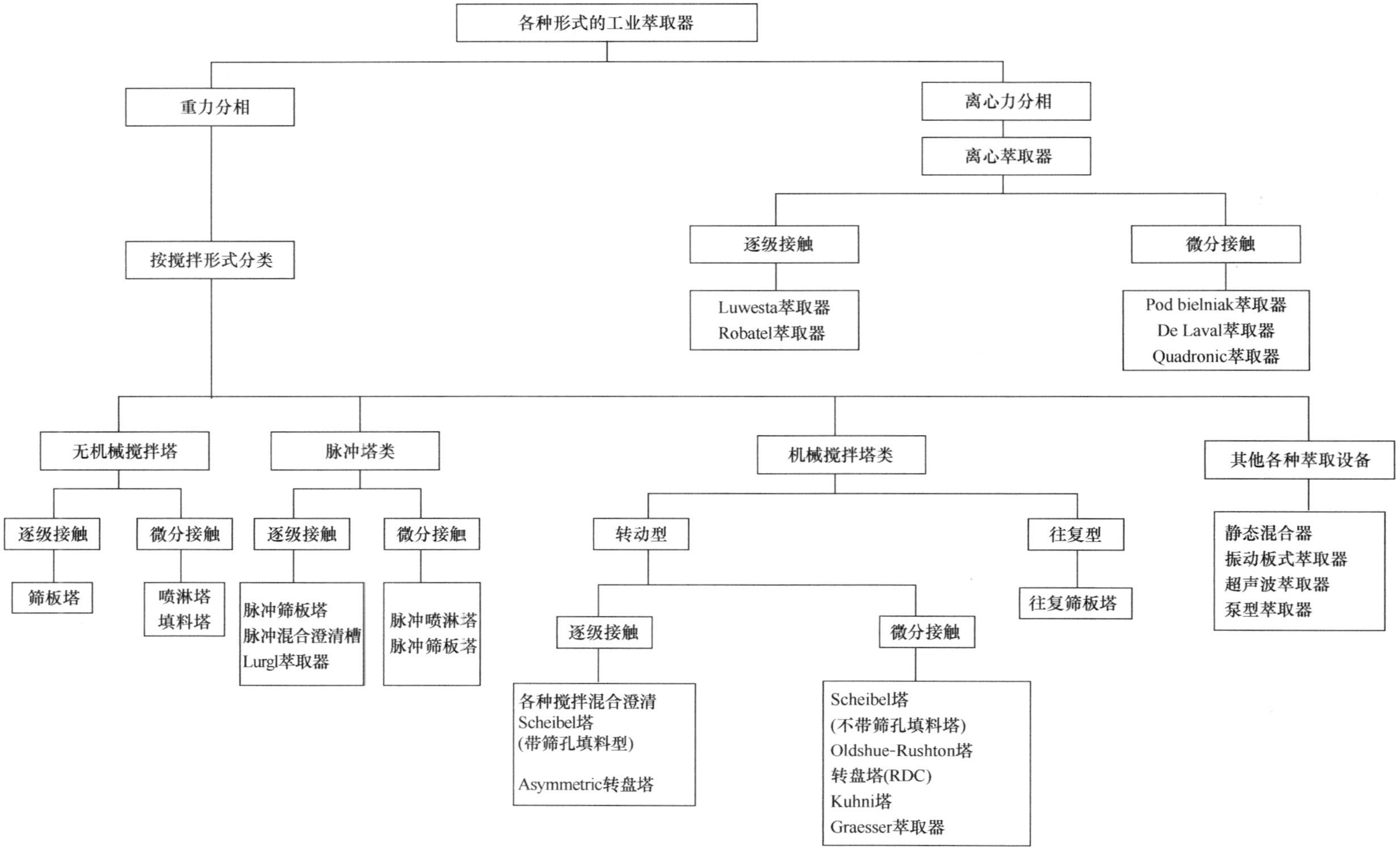

图4-22 工业萃取设备的分类

必须指出，由于萃取设备在各种工业领域中都得到了广泛应用并不断地扩大应用范围，所以设备的种类多、发展快。不管以哪一种分类法，都是相对的，对某一种萃取设备而言，可能在不同的分类法中有交叉的位置。另外，各种分类法一般都只列出有代表性的设备名称。

4.4.2 萃取设备的选择

在选择萃取设备时，一开始往往面临两种情况：一是有众多设备可供挑选，二是所要解决问题的复杂性和多因素性，包括体系的各种物理性质、对分离的要求、处理量的大小等，甚至还应包括投资条件、技术与操作的可靠性、建设项目所在地的地理环境等因素。尽管选择萃取设备因素繁多，甚至会使人困惑，但还是有一些原则可循。

柳瓦(Luwa)等把体系的物理性质和理论级数与选择萃取设备时一个重要的指标即经济操作范围联系起来，指出在不同范围内可供考虑的设备的类型，见图 4-23。

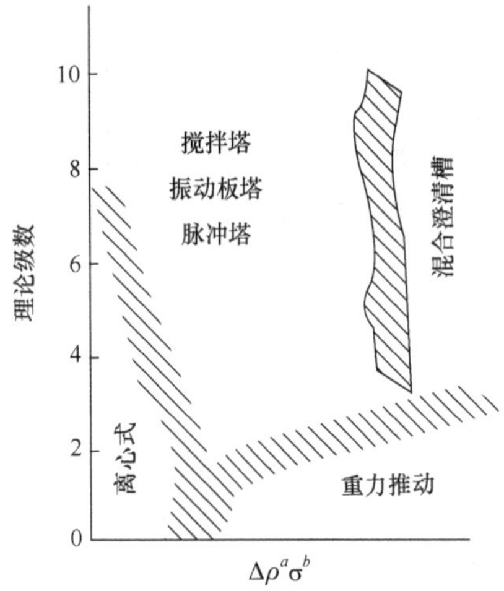

图 4-23 萃取设备及其经济操作范围

此外，还有以下几点为通常选择萃取设备必须遵循的原则，供设计者考虑。再加上对待解决实际工况的特殊因素进行综合考虑，即可选定萃取设备。

(1) 系统物性。系统物理性质往往是首先要考虑的因素之一。如果系统稳定性差或两相密度差小，则选用离心式萃取器比较合适；若黏度高、界面张力大，可选用有补充能量的萃取设备。

(2) 处理量。一般认为转盘塔、筛板塔、高效填料塔和混合澄清槽的处理通量较大，而离心式萃取设备处理量最小。

(3) 理论级数。所选萃取设备必须能满足完成给定分离任务的要求。通常若级数在 5 级以上，则不应考虑填料塔、筛板塔等无外加能量的设备。而当级数相当多时(如几十级甚至上百级)，则混合澄清槽是合适的选择，如在稀土工业中就有极成功的典型例子。

(4) 设备投资、操作周期和维修费用。设备制造费用、日常操作运转费用及检修费用也是需要考虑的因素。这几个因素有时会产生矛盾，则应与其他因素一起进行综合考虑，以对设备进行选型。

(5) 生产场地。通常是指厂区能给所选设备提供的面积和高度。显然，塔型设备占地小但高度大，混合澄清槽类设备占地较大而高度小。

(6) 生产操作者的经验。一般来说混合澄清槽类设备比较容易操作，因为其过程比较直观，而塔型设备的操作难度相对大一些。随着先进控制技术的日益发展，这种差别已逐步缩小，但同时也对操作者的素质提出了更高的要求。

除了以上因素之外，设计者必须对各种萃取设备的性能有较全面的了解，从这个角度而言，往往设计者的经验和实践是十分重要的。

图 4-24(Hanson，1978)为一种可供参考的萃取设备选择流程。

4.4.3 萃取设备中两相的流动特性

1. 分散相与连续相

在萃取过程中，要求两相能紧密接触，以扩大传质的表面积并强化传质，所以总是使一相

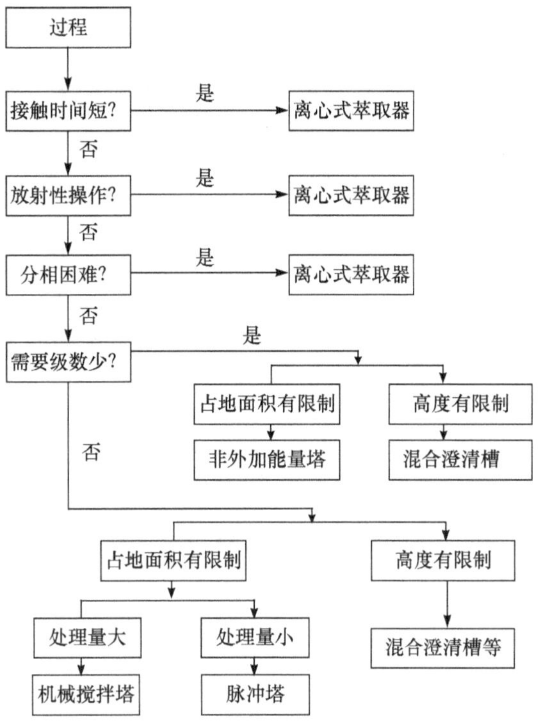

图 4-24　萃取设备选择

分散成液滴的形式与另一相进行逆流流动，前者称为分散相，而后者称为连续相。

理论上分散相可以是两相中的任何一相，但由于分散相的选择会影响到塔内传质效果及操作性能，所以在决定以哪一相作为萃取过程的分散相时，往往要考虑下列因素。

一般来说，总是希望选择流量大的一相作分散相，还往往选择黏度大的一相作为分散相。仅就上面两个因素而言，在实际体系中经常是难以统一的，即非常有可能黏度大的一相根据项目任务它的流量小。实际上，分散相的选择是对各种因素综合评比的结果。除了以上因素外，还有体系的界面特性和其他物性、传质方向、通量、传质和操作的稳定性、设备内构件与两相的浸润关系等。

一般情况下，选择分散相应通过试验，特别是在中试中确定。

2. *液滴直径*

分散相的液滴通常是由分散相通过喷嘴或分布器上的筛孔或借助填料的作用形成的，在有外加能量的设备中，液滴也依靠机械力的作用形成。

显然，分散相液滴群中液滴的尺寸是不均等的，存在着一个直径分布，通常以沙特(Sauter)液滴平均直径 $d_{3,2}$ 来表示液滴的平均直径 d_p

$$d_{3,2}=\frac{\sum_{i=1}^{N}n_i d_{pi}^3}{\sum_{i=1}^{N}n_i d_{pi}^2} \tag{4-40}$$

关于 $d_{3,2}$ 的半经验关联式，已经有了许多报道，它们都是在特定的设备中通过大量实验测定得到的，主要是关联了 $d_{3,2}$ 与体系物性和搅拌强度(有外加能量设备时)等因素的关系。

3. 分散相的滞留率

通常把设备中分散相所占有的体积与塔中两相所占据的有效体积之比称为分散相的滞留率，也称滞留分率，用 ϕ 来表示。

这样，设备中分散相的比表面积 a 可以由平均液滴直径 $d_{3,2}$ 和分散相滞留率来表示

$$a=6\phi/d_{3,2} \tag{4-41}$$

4. 滑动速度和特性速度

滑动速度 v_s 是塔内两相实际线速度之和，即连续相与分散相的相对速度。可用下面的基本关系式关联

$$v_s=\frac{v_d}{\phi}+\frac{v_c}{1-\phi}=v_k(1-\phi) \tag{4-42}$$

式中：v_d、v_c 分别为分散相和连续相的表观速度（也称空塔速度），可以分别由两相的体积流率除以塔的横截面积得到；v_k 定义为特性速度。显然，在一定条件下，v_k 与分散相滞留率无关，而仅是体系物性、设备几何尺寸及搅拌强度的函数。

特性速度 v_k 并不一定等于液滴在设备中沉降的终端速度 v_0，有的报道认为 v_k 是 v_0 的函数，还有的认为它们之间有简单关系可循

$$v_k=Cv_0 \tag{4-43}$$

式中：C 为经验常数。

对于填料塔等设备，式(4-42)可成为

$$v_s=\frac{v_d}{\varepsilon_t\phi}+\frac{v_c}{\varepsilon_t(1-\phi)} \tag{4-44}$$

式中：ε_t 为填料空隙率。

大量的实验表明，式(4-42)仅适用于低滞留分数以及分散相无明显聚合情况下的两相流动特性，因此，提出了更为普遍的关联式（汪家鼎等，1965）

$$v_s=\frac{v_d}{\varepsilon\phi}+\frac{v_c}{\varepsilon(1-\phi)}=v_k(1-\phi)^n \tag{4-45}$$

其中特性速度由下式关联

$$v_k=C\left(\frac{a}{\varepsilon g}\cdot\frac{\rho_c}{\Delta\rho}\right)^{-\frac{1}{2}} \tag{4-46}$$

式中：C 为经验常数。

文献（朱永华等，1997）报道了式(4-45)和式(4-46)关联在 QH-1 型填料塔内 TBP-煤油/乙酸/水体系的实验结果，见图 4-25。

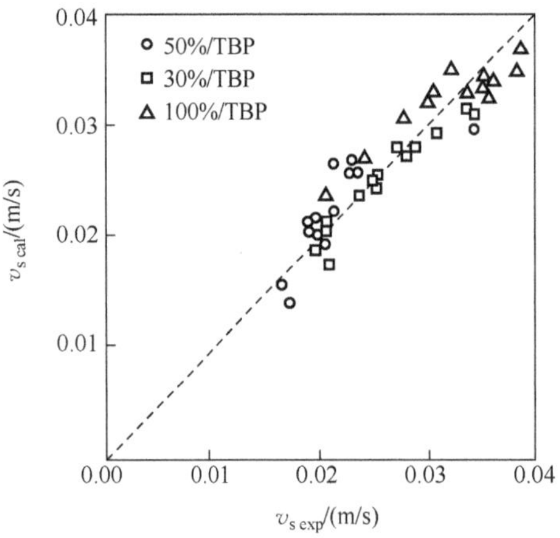

图 4-25　滑动速度实验值与计算值的比较

图中所示为滑动速度实验值与按特性速度关联式计算值的比较，说明一致性良好。实验并求出式(4-45)中的 n 和式(4-46)中的 C 值为

$$n=0.986,\quad C=0.610$$

对于不同的萃取设备，已经通过大量的试验提出了许多特性速度的关联式。例如，在转盘塔中有

$$\frac{v_k \mu_c}{\sigma}=\beta\left(\frac{\Delta\rho}{\rho_c}\right)^{0.9}\left(\frac{g}{D_R N_r^2}\right)^{1.0}\left(\frac{D_S}{D_R}\right)^{2.3}\left(\frac{H_T}{D_R}\right)^{0.9}\left(\frac{D_R}{D}\right)^{2.6} \tag{4-47}$$

5. 液泛

从宏观上看，若萃取塔运行中操作不当，会发生一液相被另一相“推”出设备的情况，或者发生分散相液滴凝聚成一段液柱并把连续相隔断的现象，这种现象称为液泛。刚开始发生液泛的点称为液泛点，这时两液相的流速分别称为两相的液泛流速。

显然，液泛是设备操作者不愿发生的现象，但它又是一个重要的设计指标。因为液泛速度指出了一个萃取塔所能允许的最大处理通量(也可用负荷或比负荷来表示)。

对式(4-42)而言，从理论上说，液泛时应有$\frac{\partial v_d}{\partial \phi}$和$\frac{\partial v_c}{\partial \phi}$都等于零，从而可得到两相液泛速度

$$v_{dF}=2v_k\phi_F(1-\phi_F) \tag{4-48}$$

$$v_{cF}=v_k(1-\phi_F)^2(1-2\phi_F) \tag{4-49}$$

式中：ϕ_F 为液泛时的分散相滞流率，由下式得到

$$\phi_F=\frac{(L_R^2+8L_R)^{1/2}-3L_R}{4(1-L_R)} \tag{4-50}$$

式中：$L_R=v_d/v_c$，即两相流速比。

这样得到的两相液泛速度称为表观液泛速度。一般在设计中往往取液泛速度的50%～70%作为设备中液相的实际操作速度。

萃取塔径设计过程中，可以先根据工艺要求确定流速比 L_R，从式(4-50)可求出液泛时的分散相滞留率 ϕ_F，再选用合适的特性速度 v_k 的关联式，并结合式(4-48)和式(4-49)求出两相液泛速度 v_{dF}和 v_{cF}，然后按液泛速度的50%～70%范围决定实际操作速度，最后，可计算塔径。

4.4.4 萃取设备中的传质特性

萃取设备中的传质发生在连续相和液滴群之间，考虑到单个液滴的界面面积和与它有关的接触时间容易通过实验得到，因此通过研究单液滴的传质行为来得到传质系数，进而对设备内的传质进行预测，事实上也已经有了从单液滴传质机理较成功地预测喷淋塔、筛板塔和转盘塔尺寸大小的报道。

在各种形式的设备中以液滴群的传质行为作为研究对象的工作，目前刚开始不久，还有待继续发展，在本章中不作介绍。

1. 单液滴传质

一般认为单液滴的传质中按顺序应包括四个阶段，即液滴形成、液滴释放、液滴自由运动和液滴凝聚。其中液滴释放行为，即对液滴离开分布孔或喷嘴并开始做加速运动时的传质行为的研究，因为认识纷纭，尚属初步，可查阅有关文献报道。

1) 液滴形成阶段

通常认为该阶段的传质量是接近平衡时总传质量的20%，故研究报道也不少，但由于实验的困难性和外加因素的多样性，又由于合适的测量技术难以找到，故所报道的经验公式一致性比较差，但这方面的工作还在不断进行。例如，斯来脱(Slater)指出该阶段中萃余率 E_f 可表示为

$$E_f=16.8[(D_d t_f)^{0.5}/d][1+(\pi D_d t_f)^{0.5}/d] \tag{4-51}$$

2）液滴自由运动阶段

由于传质方向可以是从分散液滴到连续相，也可以是从连续相到分散液滴，所以这一阶段的传质研究分为滴内和滴外两方面。

（1）滴内传质系数关联式。对低流速的小液滴，可视作刚性液滴，有

$$k_d \approx \frac{2\pi^2 D_d}{3d_p} \approx 6.6\frac{D_d}{d_p} \quad (\mathrm{Re}<1) \tag{4-52}$$

式中：k_d 为分散相的传质分系数；D_d 为分散相扩散系数；d_p 为液滴直径。

对滴内呈滞流内循环的液滴，有克隆-勃林克（Krong-Brink）式

$$k_d = 17.9\frac{D_d}{d_p} \quad (10<\mathrm{Re}\leqslant 50) \tag{4-53}$$

对滴内呈湍流内循环时，有亨特洛斯-巴隆（Handlos-Baron）式

$$k_d = \frac{0.0037v_t}{1+\mu_d/\mu_c} \quad (\mathrm{Re}\geqslant 80) \tag{4-54}$$

式中：v_t 为液滴终端速度；μ_d、μ_c 分别为分散相和连续相的黏度。

一般认为对刚性液滴的关联得到的是传质系数的低限，而湍流内循环式的 k_d 则可看作高限，在实际中很难达到。事实上，所报道的关联式中的 k_d 值的确处在这高低限之间，且范围极宽，因此各种研究报道还在不断出现，如勃拉斯（Blass）等关联了以下式子

$$k_d = 0.002\frac{v_t \cdot \mu_c}{\mu_c + \mu_d} \tag{4-55}$$

（2）滴外传质系数关联式。对于滴外传质的关联式报道也很多，有综述报道认为主要可分下述三种情况：

对于刚性液滴，当 $60<\mathrm{Re}<660$、$\mathrm{Sc}\gg 1$ 时，可用嘎纳（Garner）提出的关联式

$$\mathrm{Sh_c} = 2 + 0.95\mathrm{Re_c^{\frac{1}{2}}}\mathrm{Sc_c^{\frac{1}{2}}} \tag{4-56}$$

式中：$\mathrm{Sh_c}$、$\mathrm{Re_c}$ 和 $\mathrm{Sc_c}$ 分别为连续相的谢伍德数、雷诺数和施密特数。

对于循环液滴，利用它的势流可导出平均 $\mathrm{Sh_c}$ 为

$$\mathrm{Sh_c} = 1.13\mathrm{Re_c^{\frac{1}{2}}}\mathrm{Sc_c^{\frac{1}{2}}} \tag{4-57}$$

对于摆动液滴，可采用

$$\mathrm{Sh_c} = 2 + 0.084\left[(\mathrm{Re_c})^{0.484}(\mathrm{Sc_c})^{0.339}\left(\frac{d_e^{\frac{1}{2}}}{D_c^{\frac{2}{5}}}\right)^{0.072}\right]^{3/2} \tag{4-58}$$

3）液滴凝聚阶段

液滴凝聚也是一种复杂的界面现象。由于目前对此尚缺乏透彻的认识，更缺乏可靠的计算方法，因此仅有少量的半经验公式用于估算该阶段的传质系数。

从目前对这阶段的研究来看，有以下几个方面的定性认识：

（1）界面张力的影响。界面张力越低，凝聚时间延长。

（2）密度差的影响。两相密度差增加会使凝聚时间缩短。

（3）黏度的影响。连续相的黏度越大，凝聚时间延长。

（4）液滴直径的影响。实验中能观察到液滴直径越小，凝聚时间越长，但也有报道认为这是因为小液滴到达传质界面所需时间较长，并不说明它们在界面上的停留时间长。

（5）另外，一些外加因素也会影响凝聚，如温度、微量杂质等。通常温度的升高有利于液滴的凝聚。

从上面讨论可以看出，在萃取设备中两相间传质行为之影响因素的复杂性，除了上面所介

绍的各阶段的传质外，分散相的液滴在其整个塔内运动中可能反复地发生形成-凝聚-再形成的情况，加上传质表面不断得到更新并伴有强烈湍动，都会造成传质速率大大提高。另外，液滴的外形状态也会对传质产生极大的影响，在以前讨论的液滴平均直径计算中都假设液滴为球形，而实际上液滴在与连续相的逆流流动中，只有小液滴才可能保持球形状态，较大的液滴可能呈椭圆形或其他形状，这些因素都极大地影响着萃取过程中的传质行为。

其他影响传质的因素还有液滴内发生的环流和"颤抖"，以及各种原因导致的界面骚动，有关内容读者可参阅相关教材和本书吸收章。

2. 传质系数和传质阻力

如果取水相作为连续相，有机相作为分散相，则有

$$\frac{1}{k_{oc}}=\frac{1}{k_c}+\frac{D}{k_d} \tag{4-59}$$

$$\frac{1}{k_{od}}=\frac{1}{k_d}+\frac{1}{Dk_c} \tag{4-60}$$

式中：k_{oc}、k_{od}分别为以连续相和分散相为基准的总传质系数；k_c、k_d分别为连续相和分散相的传质分系数。

若考虑界面阻力，则除了考虑两相的阻力外还应加上界面阻力项 $1/k_i$，如对式(4-59)就有

$$\frac{1}{k_{oc}}=\frac{1}{k_c}+\frac{D}{k_d}+\frac{1}{k_i} \tag{4-61}$$

即把总的传质阻力认为是各相传质阻力之和再加上界面阻力。

通常在设计计算中可忽略界面阻力项，当然，这是有前提的。一般认为界面上若存在污染物质就会造成界面阻力。此外，发生在界面上的萃取化学反应若是慢反应，则忽略界面阻力项就会引起较大的误差。

4.4.5 萃取设备的设计

由于萃取设备众多，计算方法各异，限于篇幅，仅以常用的转盘塔和填料塔为例，对设备的开发、设计作简单的介绍，更详细的内容可参阅专著、手册和有关文献。

1. 转盘塔

1) 基本结构单元和尺寸

转盘塔基本单元如图 4-26 所示，包括转轴、转盘、定环等。塔径以 D 表示，环径以 D_S 表示，盘间距和环间距都以 H_T 表示，盘径以 D_R 表示。

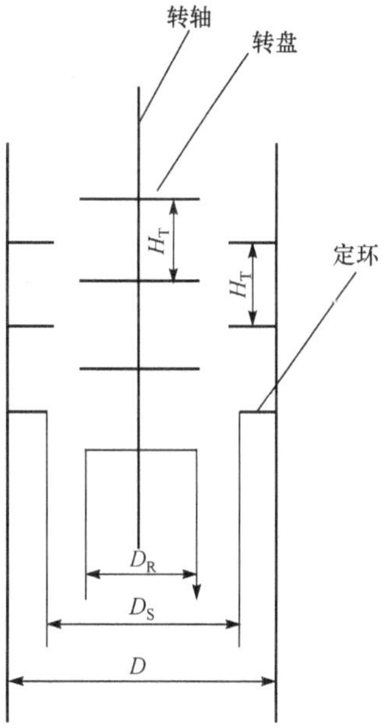

图 4-26 转盘塔基本单元

在设计中，上述单元之间有如下选择范围

$$1.5\leqslant\frac{D}{D_R}\leqslant 3$$

$$2\leqslant\frac{D}{H_T}\leqslant 8$$

$$D_R<D_S$$

$$\frac{2}{3} \leqslant \frac{D_S}{D} \leqslant \frac{3}{4}$$

在具体选用时，显然应综合考虑体系物性、转盘转速、操作条件、材质和机械强度等因素。Lo(Lo et al.，1979)建议的转盘塔尺寸如下

$$\frac{D_S}{D}=0.7, \quad \frac{D_R}{D}=0.9$$

而 H_T/D 的值可从表 4-3 中选择。

表 4-3　转盘塔 H_T/D 值与塔径的关系

D/m	0.5～1.0	1.0～1.5	1.5～2.5	>2.5
H_T/D	0.15	0.12	0.1	0.08～0.1

无疑，为了解决塔的通量和效率之间的矛盾，在工业设计中，转盘塔的尺寸应该有最佳值。表 4-4 列出了当塔的一些参数增加时所引起通量和效率的变化。表中"＋"表示增大，"－"表示减小，N_r 为转速。

表 4-4　参数增大时通量和效率的变化

参数	N_r	D_R	D_S	H_T	D	v_d/v_c
通量	－	－	＋	＋	0	＋
效率	＋	＋	－	－	0	＋

2) 转速和功率

转盘塔是依靠转盘来输入外界能量的，转动在塔内造成了一个高度湍动下的两相逆流流动，在转动引起的剪切力的作用下，将分散相分成液滴。当转速较慢时，对液滴没有产生明显的分散作用(在实验中即反映为分散相的滞留率没有明显变化)，只有当转速增大到一定程度，当产生的湍流的压头克服界面张力的临界值时，液滴才会有进一步的分散，因此，转盘塔转速有一个临界值。

设计中，转盘塔的最佳操作转速最好由中试来确定，当缺乏相应数据时，也可按特里巴尔(Treybal)和拉德哈(Laddha)提出的关联式估算临界转速。一般认为，转盘的周边速度不应小于 90m/min。

转盘塔的功率消耗主要在于向液体施加能量，而输入能量的多少又与液滴的大小有直接关系。因此，转盘塔的功率研究在放大设计中有重要地位。放大时可以以功率因子 $\left(\frac{N_r^3 D_R^5}{H_T D^2}\right)$ 相等原则作为依据，一般认为功率因子为 0.045m^2/s^3 时，萃取效率最高。但实际过程中功率因子最好由中试数据决定。此外，通常认为转盘塔的通量不受放大的影响，但通量最好也由实验测定。

3) 转盘塔的放大和设计

目前，工业上转盘塔的设计基本上还是中间试验的方法，得到通量和效率后，应用放大原理进行设计，特别是对于大直径的转盘塔更是如此。已有从 64mm 直径的中试设备放大到直径为 4～4.5m 工业装置的报道(吴俊生等，1992)。

对转盘塔已进行了较广泛的研究，世界上已有超过 700 个转盘塔在运转，直径达 6～8m，塔高达 10～12m。虽然转盘塔的基本结构已经定型，但各种改进型转盘塔的研究仍在进行中。

(1) 塔径。塔径的计算关键在于先得到液泛速度的值。图 4-27 为转盘塔操作区域的示

意图。

随着转速的增加，液滴直径变小，同时，分散相滞留率按区域 1→2→3 变化，一般区域 3 为转盘塔的操作区域，若转速继续增大，则发生液泛。

液泛速度可以由实验测定，也可按特性速度 v_k 的概念求得。

洛盖斯达尔（Logisdail）等提出并经肯（Kung）等修正的特性速度的关联式公式为

$$\frac{v_k\mu_c}{\sigma}=\beta\left(\frac{\Delta\rho}{\rho_c}\right)^{0.9}\left(\frac{g}{D_R N_r^2}\right)^{1.0}\left(\frac{D_S}{D_R}\right)^{2.3}\left(\frac{H_T}{D_R}\right)^{0.9}\left(\frac{D_R}{D}\right)^{2.6} \tag{4-47}$$

式中单位采用 c·g·s 制时，取连续相黏度 μ_c 为 g/(cm·s)，界面张力 σ 为 dyn/cm，转速 N_r 为 r/min。

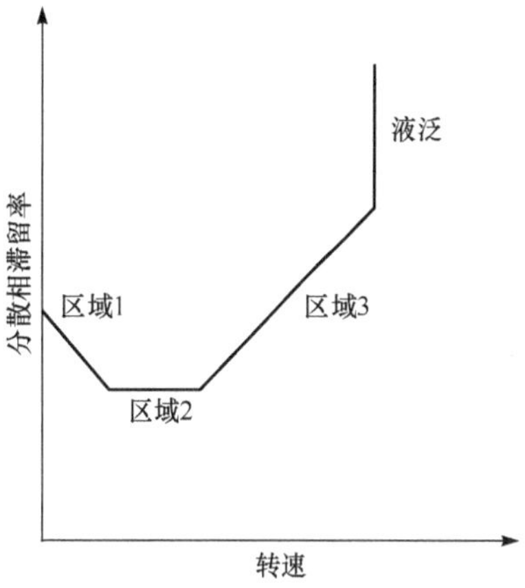

图 4-27　转盘塔的操作区域

β 值有

$$当(D_S-D_R)/D>\frac{1}{24}时,\quad \beta=0.012$$

$$当(D_S-D_R)/D\leqslant\frac{1}{24}时,\quad \beta=0.0225$$

液泛速度 v_F 的计算为：

$$对分散相\qquad v_{dF}=2v_k\phi_F^2(1-\phi_F) \tag{4-48}$$

$$对连续相\qquad v_{cF}=v_k(1-\phi_F)^2(1-2\phi_F) \tag{4-49}$$

式中：ϕ_F 为液泛时的分散相滞留率，可由下式得到

$$\phi_F=\frac{(L_R^2+8L_R)^{\frac{1}{2}}-3L_R}{4(1-L_R)} \tag{4-50}$$

式中：$L_R=v_d/v_c$。

设计中所需的实际操作速度可取为表观液泛速度的 50%～70%，即 $v_c=(0.5\sim0.7)v_{cF}$，则塔径

$$D=\sqrt{\frac{Q_c}{\frac{\pi}{4}\cdot v_c}} \tag{4-62}$$

(2) 塔高。塔高可按总传质单元数和总传质单元高度的乘积来计算，而总传质单元高度又可按扩散模型的 M-V 方法求得，即表观传质单元高度

$$(\mathrm{HTU})_{oxp}=(\mathrm{HTU})_{ox}+(\mathrm{HTU})_{oxd}$$

式中：$(\mathrm{HTU})_{oxp}$ 亦即总传质单元高度；$(\mathrm{HTU})_{ox}$ 为“真实”传质单元高度，一般在中试规模设备中测得的总传质单元高度可视作 $(\mathrm{HTU})_{ox}$；$(\mathrm{HTU})_{oxd}$ 为分散传质单元高度，即补偿轴向混合影响的传质单元高度，可由式(4-31)至式(4-37)求得。

式(4-31)和式(4-33)中 E_x 和 E_y 的计算如下：根据实际需要确定了连续相和分散相以后，E_c 可由伊默戴因(Emerding)经验式得到

$$E_c=0.5v_cH_T+0.012D_RN_rH_T(D_S/D)^2 \tag{4-63}$$

而按经验，E_d 一般取 1～3 倍的 E_c 值。

【例 4-3】 从含溶质 10%(质量分数)的水溶液中回收溶质 B，要求经萃取后萃余相中 B 的浓度低于

0.5%(质量分数)，料液的处理量为 2×10^4 kg/h，使用萃取溶剂量为 3.4×10^4 kg/h，试在中试的基础上确定所需转盘塔的塔径和塔高。

解 (1) 物性数据

$$\rho_c=1010\text{kg/m}^3,\quad \rho_d=710\text{kg/m}^3$$
$$\mu_c=1.31\times10^{-3}\text{Pa}\cdot\text{s},\quad \mu_d=0.243\times10^{-3}\text{Pa}\cdot\text{s}$$
$$\sigma=13.5\times10^{-3}\text{N/m}$$

体系的平衡线和操作线见图 4-28。

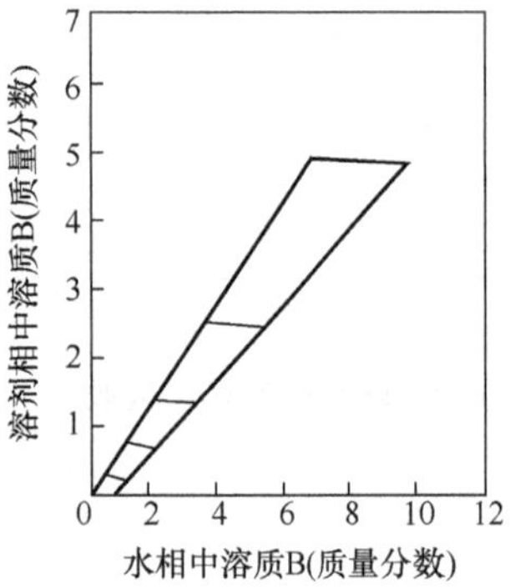

图 4-28 平衡线和操作线

(2) 中试。在直径 100mm 的转盘塔中，分别以溶剂为连续相和料液为连续相，改变转速测定不同功率因子 $\left(\dfrac{N_r^3D_R^5}{H_TD^2}\right)$ 下的传质单元高度和液泛速度。

中试塔结构尺寸为：$D_R=0.05$m，$D_S=0.075$m，$H_T=0.03$m。

试验结果表明：

① 以料液为连续相时萃取效率高，因此应选用该方案。

② 当功率因子 $\dfrac{N_r^3D_R^5}{H_TD^2}=0.3085\text{m}^2/\text{s}^3$，即转速 $N_r=400$r/min 时，传质效果最好，此时 $(\text{HTU})_{ox}=1.05$m，并求得液泛速度 $v_c=3.72\times10^{-3}$m/s，$v_d=9.49\times10^{-3}$m/s。

(3) 求取塔径。按式(4-47)到式(4-50)，有

$$L_R=v_d/v_c=\frac{34000/710}{20000/1010}=2.42$$

$$\phi_F=\frac{(L_R^2+8L_R)^{\frac{1}{2}}-3L_R}{4(1-L_R)}=0.394$$

$$v_k=0.012\frac{13.5\times10^{-3}}{1.31\times10^{-3}}\left(\frac{1010-710}{1010}\right)^{0.9}\left[\frac{980}{0.05\times\left(\frac{400}{60}\right)^2}\right]\left(\frac{0.075}{0.05}\right)^{0.9}\left(\frac{0.03}{0.05}\right)^{0.9}\left(\frac{0.05}{0.1}\right)^{2.6}$$
$$=4.84\times10^{-2}(\text{m/s})$$

$$v_{cF}=4.84\times10^{-2}(1-0.394)^2(1-2\times0.394)=3.77\times10^{-3}(\text{m/s})$$

即液泛的计算值与实测值相当接近。

实际操作速度取 65%的液泛速度，有

$$v_c=2.42\times10^{-3}\text{m/s}$$

同理可得

$$v_d=6.17\times10^{-3}\text{m/s}$$

这样，塔径为

$$D=\sqrt{\frac{4Q_c}{3.14v_c}}=\sqrt{\frac{4\times20000}{3.14\times1010\times2.42\times10^{-3}\times3600}}=1.70(\text{m})$$

选用 $D/D_R=2$，$D/H_T=7$ 和 $D/D_S=4/3$，得

$$D_R=0.85\text{m},\quad H_T=0.25\text{m},\quad D_S=1.3\text{m}$$

按功率因子相等的原则放大，即取功率因子 $\left(\dfrac{N_r^3D_R^5}{H_TD^2}\right)=0.3085\text{m}^2/\text{s}^3$，可得放大后塔的转速为 $N_r=0.795$r/s。

(4) 求取塔高。按图 4-21 的计算框图，先算出 E_c

$$\begin{aligned}E_c&=0.5v_cH_T+0.012D_RN_rH_T(D_S/D)^2\\&=0.5\times2.42\times10^{-3}\times0.25+0.012\times0.85\times0.795\times0.25\times(1.3/1.7)^2\\&=1.49\times10^{-3}(\text{m}^2/\text{s})\end{aligned}$$

取 E_d 为 3 倍的 E_c

$$E_d=3\times1.49\times10^{-3}=4.47\times10^{-3}(m^2/s)$$

两相流比为

$$v_d/v_c=6.13\times10^{-3}/2.42\times10^{-3}=2.53$$

按物料衡算，应有

$$\frac{v_d}{v_c}=\frac{c_{c进}-c_{c出}}{c_{d出}-c_{d进}}=\frac{0.100-0.005}{c_{d出}-0}=2.53$$

$$c_{d出}=0.038$$

式中：c_c 为连续相溶质浓度，质量分数；c_d 为分散相溶质浓度，质量分数。

假定活塞流动，则操作关系为

$$c_c=2.53c_d+0.005$$

平衡关系可近似用下式表示

$$c_c^*=1.53c_d+0.0022$$

亦即分配系数 $D=1/1.53=0.65$。

总传质单元数$(NTU)_{ox}$即$(NTU)_{oxp}$

$$(NTU)_{oxp}=\int_{c_{c进}}^{c_{c出}}\frac{-dc_c}{c_c-c_c^*}=6.78$$

当 $\varepsilon=1$ 时，由式(4-31)求$(HTU)_{oxp}$

$$(HTU)_{oxp}=1.05+\frac{1.49\times10^{-3}}{2.42\times10^{-3}}+\frac{4.47\times10^{-3}}{6.17\times10^{-3}}=2.39(m)$$

得塔高初值为

$$H_0=(HTU)_{oxp}\cdot(NTU)_{oxp}=16.2(m)$$

继续计算：

$$(NTU)_{ox}=16.2/1.05=15.4$$

按式(4-32)～式(4-34)可得

$$f_c=0.809,\quad f_d=1.167,\quad (Pe)_c=26.3,\quad (Pe)_d=22.4,\quad (Pe)_0=15.0$$

而

$$\varepsilon=\frac{Dv_y}{v_x}=\frac{Dv_d}{v_c}=0.65\times2.53=1.65$$

这样，有

$$(HTU)_{oxd}=\frac{16.2}{15+\dfrac{\ln1.65}{1-\dfrac{1}{1.65}}}=0.996(m)$$

$$(HTU)_{oxp}=(HTU)_{ox}+(HTU)_{oxd}=1.05+0.996=2.05(m)$$

第一次试算的塔高

$$H=2.05\times6.78=13.9(m)$$

比较此 H 与 H_0 的值，可知不相符，说明还要继续进行计算。以新的 $H_0=13.90$m 返回框图程序继续计算，四次迭代后得到 $H=13.76$m，计算结束。

设计中为了使转盘塔中的分隔数成整数，对本例情况可取塔高 14m。

2. 填料塔

填料塔的应用已经有几十年的历史。近年来，随着生产过程的大型化和环保要求的不断提高，新型填料塔的开发成为萃取设备的研究热点之一。对新型填料塔的要求是结构简单，操作弹性大，效率高，通量大以及对分散相的夹带少。研究的重点集中在对各种新型高效填料的开发上，并已取得成效。例如，一种内弯弧筋片扁环填料（简称 QH-1 型填料，费维扬等）经过多年的实践，已经在石油化工工业中得到成功的应用。

填料塔的设计过程与上节转盘塔的设计过程大致相仿，仍须通过中间试验，然后依据一定的放大原则进行工业设计。

如果仍以扩散模型来描述填料塔内的传质过程，并以 M-V 解法来求解，则有设计计算过程如图 4-29。

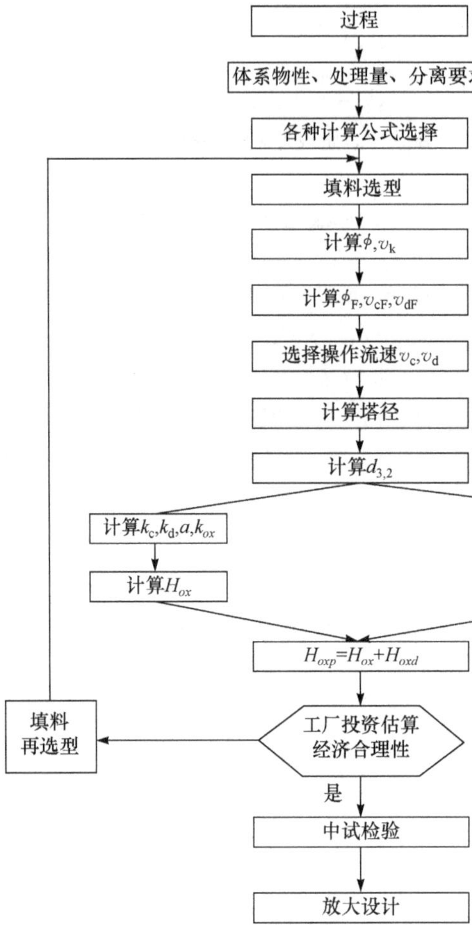

图 4-29　填料塔设计计算过程示意图

1）塔径计算

从图 4-29 可知，塔径计算过程与转盘塔相仿，但必须指出，在计算 v_R、$d_{3,2}$ 等参数时，应注意所选用公式的特殊性，看清应用条件。特别应注意大部分公式是在高界面张力体系和一般空隙率的填料中得到的。因此，对于新型填料，计算时应选择与其相应的公式。

2）传质系数的计算

根据体系具体情况选择合适的单液滴传质系数关联式，计算出 k_c、k_d，进而可得总传质系数 k_{ox}。在算出传质面积 a 后，得到总体积传质系数 $k_{ox}\cdot a$，接着可算得真实的传质单元高度 H_{ox}。

3）E_x、E_y 的计算

有关填料塔中两相轴向混合情况的试验数据并不多，一般可采用温（Wen）等的关联式估算连续相轴向扩散系数

$$\frac{\varepsilon v_c d_p}{E_c}=1.12\times10^{-2}y^{-0.5}+7.8\times10^{-3}y^{-0.7} \tag{4-64}$$

式中：

$$y=\left(\frac{\mu_c}{d_p v_c \rho_c}\right)^{0.5}\left(\frac{v_d}{v_c}\right) \tag{4-65}$$

对于分散相，可参阅弗米恩勒恩(Vermenlen)等提出的一些关联式，但必须注意它们分别适用于不同的填料。

另外，普拉特(Pratt)指出，填料塔内分散相的轴向混合一般很小，因此，在进行参数拟合时可以令 $E_d=0$，而仅计算 E_c 值。

有了轴向扩散系数，加上真实传质单元高度，就可以按照图 4-21 的计算顺序，按式(4-31)～式(4-38)反复迭代计算出塔高。

4) 中试

中试得到的结果可以检验所选用的各个计算公式及其结果的正确性。

中试塔中填料的当量直径与塔径之比应以小于 1∶8 为宜。

5) 设计放大

特鲁贝尔(Treyhal)建议放大后的工业塔应选用与中试塔相同类型的填料。

文献(时钧等，1996)认为，不管工业填料塔所用填料尺寸与中试塔所用的是否相同，在两塔的轴向混合程度相当的条件下，都可按相同的体积原则进行放大。

填料塔的设计放大中，经验成分较大，当采用理论级当量高度和理论级数的方法进行放大时，经验更起到重要作用。

乔腾(Jordan)较详细地介绍了中试和放大过程中应注意的问题，可供参阅。

4.5 萃取过程的新进展

4.5.1 超临界流体萃取

1. 概述

超临界流体萃取是利用流体在临界点附近所具有的特殊溶解性能进行萃取的一种化工分离技术。

何谓超临界流体？超临界流体是气体还是液体？通常看到的物质有三种状态，即固态、液态和气态。所谓超临界流体是指物质的温度和压力分别超过其临界温度(T_c)和临界压力(p_c)时的流体。处于临界点状态的物质可实现液态到气态的连续过渡，两相界面消失，汽化热为零。超过临界点的物质，不论压力多大都不会液化，压力的变化只引起流体密度的变化。因此，超临界流体有别于液体和气体，通常用 SCF 表示。

早在 1879 年，人们就认识了超临界流体萃取这一概念。当时发现一些低挥发性的物质如氯化钴、碘化钾、溴化钾等物质能溶解在超临界乙醇中，而当压力降低时又可析出。后来，人们又认识到地球演变过程中水对岩石的形成、甲烷对石油的形成和迁移都与超临界流体的溶解作用有关。到 1942 年，苏联科学家提出，将超临界流体技术应用于石油脱沥青过程，而基础理论和实际应用的研究到 50 年代后期方开始进行。70 年代，全球能源危机使节能成为研究的热点，超临界流体萃取和膜分离等新分离方法应用发展起来。许多研究者研究了用超临界流体分离有机物的水溶液，期望以此取代能耗较高的精馏过程。目前，超临界流体作为一门技术，不仅用于超临界流体萃取，还用于超临界流体反应、超临界流体色谱、超临界流体重结晶提纯或制备微细颗粒材料等。

超临界流体萃取过程是建立在该流体在临界点附近温度或压力的微小变化会引起流体的

溶解能力有很大变化的基础上。例如，二氧化碳具有无毒、无臭、不燃和价廉等优点，临界温度31.04℃，临界压力7.38MPa，只需改变压力，就能在近常温的条件下分离萃取物和溶剂二氧化碳。而传统的液液萃取过程通常要用加热和蒸馏等方法才能把溶剂和萃取物分开，这样不仅耗能，在不少情况下还会造成萃取物中低挥发组分或热敏性物质的损失，得到的萃取物通常含有残留的有机溶剂，产品可能有异味或残毒，影响产品的质量。采用超临界萃取技术可克服这些弊端。作为一种新颖的化工分离技术，超临界流体萃取引起世界上许多领域的重视，有着很好的发展前景。

2. *超临界流体萃取的基本原理*

1）超临界流体的基本性质

超临界流体最重要的性质是密度、黏度和扩散系数。物质临界点的特征可表示为$\left(\frac{\partial p}{\partial v}\right)_{T_c}=0$，$\left(\frac{\partial^2 p}{\partial v^2}\right)_{T_c}=0$。即在临界点附近，微小的压力变化会引起流体密度的巨大变化。在临界温度附近，相当于对比温度$T_r=1\sim1.2$时，流体有很大的可压缩性。在对比压力$p_r=0.7\sim2$的范围内，适当增加压力可使流体的密度很快增大到接近普通液体的密度，使超临界流体具有类似液体的溶解能力，且密度随温度和压力的变化连续变化。流体的密度大，溶解能力也大。

超临界流体的黏度受温度和压力的影响也很大，通常它的对比黏度μ_r只有1～3，而普通液体的μ_r在12以上。同样超临界流体的扩散系数比普通液体的扩散系数大得多。

将超临界流体和常温常压下气体、液体的三个基本性质密度、黏度和扩散系数进行比较，列于表4-5(Stahl et al.，1988)。由比较可知，超临界流体具有接近液体的密度，即具有类似液体的溶解能力，而黏度和扩散速度接近气体。这就意味着萃取过程将有很高的传质速率和很快达到平衡的能力。

表4-5 超临界流体与气体、液体的物性比较

流体 \ 物性	密度ρ/(g/cm^3)	黏度μ/(Pa·s)	扩散系数D/(cm^2/s)
气体15～30℃，常压	$(0.6\sim2)\times10^{-3}$	$(1\sim3)\times10^{-5}$	0.1～0.4
超临界流体，T_c，p_c	0.2～0.5	$(1\sim3)\times10^{-5}$	0.7×10^{-3}
超临界流体，T_c，$4p_c$	0.4～0.9	$(3\sim9)\times10^{-5}$	0.2×10^{-3}
液体15～30℃，常压	0.6～1.6	$(0.2\sim3)\times10^{-3}$	$(0.2\sim2)\times10^{-5}$

用于超临界流体萃取的溶剂很多，表4-6(Brunner，1994)列出了一些常用溶剂的临界参数。从表中可得出如下的趋势：①大部分碳氢化合物其临界压力在5.0MPa左右；②对低碳烃化物，如乙烯、乙烷等，其临界温度接近常温，环状的脂肪烃和芳香烃具有较高的临界温度；③二氧化碳具有温和的临界温度和相对适中的临界压力，为最常用的超临界流体；④水和氨具有较高的临界温度和临界压力，这是因为极性大和氢键的原故。

表 4-6　某些超临界流体的物性

溶剂＼参数	临界温度/℃	临界压力/MPa	相对分子质量
乙烯	9.25	5.04	28
三氟甲烷	26.15	4.86	70
三氟-氯甲烷	28.8	3.87	104
二氧化碳	31.04	7.38	44
乙烷	32.25	4.88	30
一氧化二氮	36.5	7.24	44
六氟化硫	45.6	3.76	146
丙烷	91.8	4.60	44
丙烯	96.6	4.25	42
氨	132.4	11.35	17
异丙醇	235.15	4.76	60
甲醇	239.45	8.09	32
乙醇	240.75	6.14	46
苯	289.0	4.89	78
甲苯	318.6	4.10	92
水	374.2	22.12	18

对于临界温度在 0～100℃范围的流体，适用于提取天然植物有效成分。

2）二氧化碳的超临界特性

二氧化碳为最常用的超临界流体，其压力-温度及物性状态如图 4-30 所示。图中的熔点线、沸点线和升华线把图分成固相、液相和气相区。临界点处，温度 T_c＝31.04℃，压力 p_c＝7.38MPa，温度和压力都超过上述值的二氧化碳称为超临界二氧化碳。超临界二氧化碳的溶解能力与温度和压力有关，并有接近液体的密度，接近气体的黏度和扩散速度等特性，故具有很大的溶解能力、很高的传质速率和很快达到萃取平衡的能力。

图 4-31 为二氧化碳的压力-密度图。纵坐标为对比压力，横坐标为对比密度。若温度低于临界温度并作等温压缩，见图 4-31 中曲线 A，点①处状态为饱和蒸汽，进一步压缩时部分二氧化碳会液化。点①与点②间为汽液共存，点②处则全部为液体。可以预料在点②处的液体二氧化碳会有很好的溶解能力。若系统的温度大于临界温度 T_c，并作等温压缩，见曲线 B，气体不会发生冷凝和液化，然而气体的密度会增加到与液化二氧化碳相当的水平。此超临界二氧化碳会有与点②处液化二氧化碳相近的密度和分子间力、相近的溶解能力。图 4-31 还清楚地表明，在临界点附近的压力和温度变化对密度影响非常敏感，很小的温度和压力变化都会引起密度较大的变化，从而引起溶剂溶解能力较大的变化，故改变过程的温度或压力可实现萃取、分离的目的。

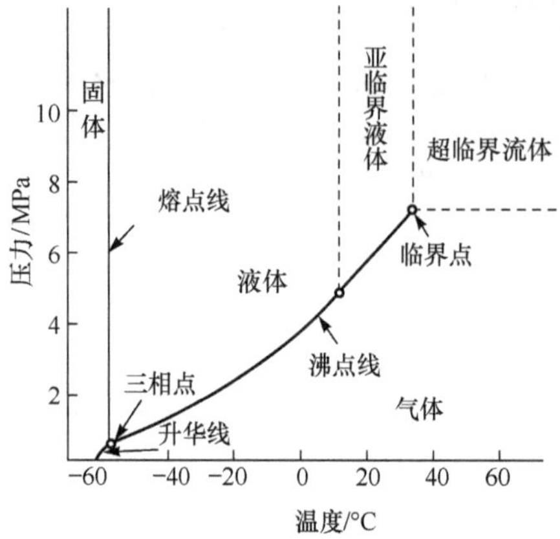

图 4-30　CO_2 的 p-T 图

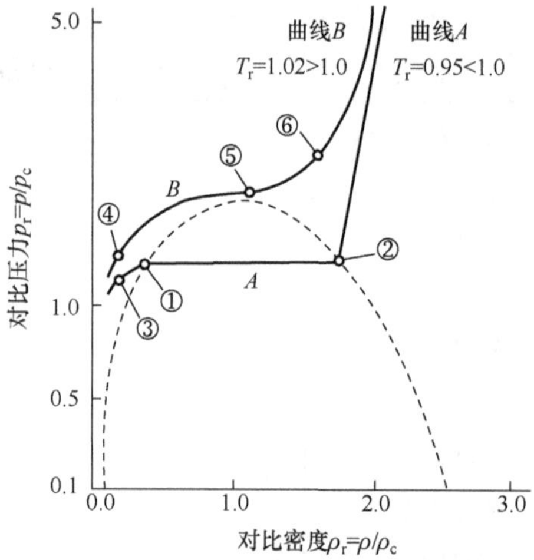

图 4-31　CO_2 的 p-ρ 半对数坐标图

3. *超临界流体萃取的热力学基础*

超临界流体对组分的溶解能力比按理想气体组分蒸汽压计算所得到的值大得多。为什么超临界流体具有如此大的溶解能力,可从热力学的角度进行分析。

对于任意两相,一相用“′”表示,另一相用“″”表示,当两相平衡时,必须满足如下的热力学关系

$$f_i'=f_i'' \quad (i=1,2,3,\cdots,m) \tag{4-66}$$

式中:f_i 为组分 i 的逸度;m 为组分数。下面分别就固体和液体在超临界流体中的溶解度进行讨论。

1) 固体在超临界流体中的溶解度

对于固体与超临界流体系统平衡时,由式(4-66)可得组分 i 的逸度,在超临界流体相中可表示为

$$f_i^{\text{SCF}}=y_i\phi_i^{\text{SCF}}p\cdots \tag{4-67}$$

式中:f_i^{SCF} 和 ϕ_i^{SCF} 分别为组分 i 在超临界流体中的逸度和逸度系数;y_i 为组分 i 在超临界流体中的摩尔分率;p 为系统压力。

纯固体组分 i 的逸度用 f_i^{OS} 表示(Prausnita,1969)如下

$$f_i^{\text{OS}} = p_i^{\text{sub}}(T)\phi_i^{\text{sub}}(T,p_i^{\text{sub}})\exp\left[\int_{p_i^{\text{sub}}}^{p}\left(\frac{v_i^{\text{OS}}}{RT}\right)\mathrm{d}p\right] \tag{4-68}$$

式中:$p_i^{\text{sub}}(T)$为纯固体组分 i 在系统温度下的升华饱和蒸汽压;v_i^{OS} 为纯固体组分 i 的摩尔体积;$\phi_i^{\text{sub}}(T,p_i^{\text{sub}})$为纯固体在温度为 T 和压力为 p_i^{sub} 时的逸度系数,指数项为纯固体组分 i 逸度的修正项,通常称 Poynting 修正。合并式(4-67)和式(4-68)得非挥发性固体在超临界流体中的溶解度为

$$y_i = \frac{p_i^{\text{sub}}(T)}{p}\cdot\frac{\phi_i^{\text{sub}}(T)}{\phi_i^{\text{SCF}}}\cdot\exp\left[\int_{p_i^{\text{sub}}}^{p}\left(\frac{v_i^{\text{OS}}}{RT}\right)\mathrm{d}p\right] \tag{4-69}$$

式中:右边第一项为理想溶解度,是温度和压力的函数;第二项为对气相非理想性的考虑;第三项为 Poynting 校正,表示压力对凝聚相逸度的影响。

对于非挥发性固体,p_i^{sub} 比较小,故 ϕ_i^{sub} 可近似为 1,则式(4-69)变成

$$y_i = \frac{p_i^{\mathrm{sub}}}{p} \cdot \frac{1}{\phi_i^{\mathrm{SCF}}} \cdot \exp\left[\int_{p_i^{\mathrm{sub}}}^{p} \left(\frac{v_i^{\mathrm{OS}}}{RT}\right) \mathrm{d}p\right] \tag{4-70}$$

定义

$$E_i = \frac{1}{\phi_i^{\mathrm{SCF}}} \cdot \exp\left[\int_{p_i^{\mathrm{sub}}}^{p} \left(\frac{v_i^{\mathrm{OS}}}{RT}\right) \mathrm{d}p\right] \tag{4-71}$$

式中：E 称为增强因子，其物理意义是固体溶质在超临界流体相中溶解度增大的量度。

在常压～10.0MPa 范围内，式(4-71)中的 Poynting 修正数仍不大于 2，因此表现为组分在超临界流体中非理想性的 ϕ_i^{SCF} 是导致高增强因子的主要因素。例如，乙烯-萘体系，在压力为 10.0MPa 时，萘在气相中的逸度系数远小于 1，使增强因子高达 25000。

2）液体在超临界流体中的溶解度

液体溶质在超临界流体相中的溶解度为气液两相的平衡关系。当两相平衡时液体溶质 i 在两相中逸度相等，在系统温度、压力下，式(4-66)变成

$$f_i^{\mathrm{SCF}}(T, p, y_i) = f_i^{\mathrm{L}}(T, p, x_i) \tag{4-72}$$

式中：f_i^L 为组分 i 在液相中的逸度；x_i 为组分 i 在液相中的摩尔分率；y_i 为组分 i 在超临界流体相中的摩尔分率。

对于每一相中，逸度可表示为

$$f_i^{\mathrm{SCF}}(T, p, y_i) = y_i \phi_i^{\mathrm{SCF}} p \tag{4-73}$$

$$f_i^{\mathrm{L}}(T, p, x_i) = x_i \phi_i^{\mathrm{L}} p \tag{4-74}$$

联合式(4-72)～式(4-74)就可以计算出液体在超临界流体中的溶解度。

根据热力学分析可以看到，超临界流体具有较大溶解度的主要原因在于在这种状态下，溶剂与溶质间具有较大的相互作用力，因此可得到很大的增强因子。增强因子的计算归结为溶质组分在超临界流体中逸度系数的计算，而逸度系数则可通过各种状态方程计算而得。

4. 超临界流体萃取过程的传质

传质过程往往取决于它处的状态条件。对超临界流体萃取过程，压力对传质过程的影响尤为重要。从吸收过程可知，当气体的质量流率恒定时，传质系数 K 和压力 p 的乘积为常数，即

$$(K \cdot p)_G = 常数 \tag{4-75}$$

对于强制对流过程，Re＞10 时，传质关联式(Lim et al.，1990)如下

$$\mathrm{Sh} = C_1 \mathrm{Re}^{1/2} \mathrm{Sc}^{1/3} \tag{4-76}$$

式中：Sh 为谢伍德数，定义为 $\mathrm{Sh} = \beta L / D$；Re 为雷诺数，$\mathrm{Re} = uL/v$；Sc 为施密特数，$\mathrm{Sc} = v/D$；$\beta$ 为传质系数；C_1 为几何形状及结构系数；L 为特征长度；u 为流体流速；v 为黏度；D 为扩散系数。

由于超临界流体萃取体系直线流速低（在 1～20mm/s 范围内），黏度低，故为自然对流。对于自然对流，有

$$\mathrm{Sh} = C_2 (\mathrm{Sc} \cdot \mathrm{Gr})^{1/4} \quad 层流自然对流 \tag{4-77}$$

$$\mathrm{Sh} = C_3 (\mathrm{Sc} \cdot \mathrm{Gr})^{1/3} \quad 湍动自然对流 \tag{4-78}$$

式中：Gr 为格拉斯霍夫数，定义为 $\mathrm{Gr} = (\beta_T \Delta T g L^3)/v^2$；$C_2$、$C_3$ 为几何形状结构系数；β_T 为热膨胀系数；g 为重力加速度。

系数 C_2 和 C_3 的值，文献曾有 $C_2 \approx 0.5$、$C_3 \approx 0.1$ 的报道，实际应由实验数据确定。在自

然对流起主导作用时，可用上述两式计算传质系数。

在中间区域，强制对流和自然对流同时起作用时，传质系数中应考虑格拉斯霍夫数和雷诺数的作用。中间区域的谢伍德数(Sh_I)由强制对流的谢伍德数(Sh_F)和自然对流的谢伍德数(Sh_N)计算得。

对于助推流(assisting flow)

$$Sh_I^3 = Sh_N^3 + Sh_F^3 \tag{4-79}$$

对于对峙流(opposing flow)

$$Sh_I^3 = Sh_N^3 - Sh_F^3 \tag{4-80}$$

式(4-79)和式(4-80)不能足够有效地表示所有的实验数据。例如，苯甲酸从固定床层到亚临界二氧化碳的传质(Catchpole et al.，1990)，测得的结果为

$$Sh = 0.839Re^{0.667}Sc^{1/3} \tag{4-81}$$

式中：$2 < Re < 55$，$4 < Sc < 16$。

对萘-CO_2 系统，在固定床内层流时，$4 < Re < 135$，得到如下的传质等式(Lim et al.，1990)。

$$\frac{Sh_I}{[Sc \cdot Gr]^{1/4}} = 0.1813\left(\frac{Re^2 Sc^{1/3}}{Gr}\right)^{1/4}(Re^{1/2}Sc^{1/3})^{3/4} + 1.2149\left[\left(\frac{Re^2 Sc^{1/3}}{Gr}\right)^{3/4} - 0.01649\right]^{1/3} \tag{4-82}$$

从可可壳中提取可可碱过程，得到如下的传质方程(Brunner et al.，1993)。当 $5.6 < Re < 28.1$ 时

$$Sh = 1.5Re^{0.43}Sc^{1/3} \tag{4-83}$$

式中：谢伍德数定义为 $Sh = \beta d_p / XD$；雷诺数定义为 $Re = ud_p / v$；d_p 为特征长度，定义为 $d_p = (6/Xa_s)$；$X = a_d / a_s$；a_d 为与超临界流体接触的表面积；a_s 为固体物料表面积。

非挥发性液体维生素E和二氧化碳在管道内的传质方程(Zehnder et al.，1993)表示为

$$Sh = C_4 Re^{1/2} Sc^{1/2} (d_h / L)^{1/3} \tag{4-84}$$

式中：C_4 为流动形状系数；d_h 为液压长度，相当于管子直径。

由此可见，需通过实验才能得到合适的特定系统的传质关联式，但在中间区域很难有精确的共同的传质关联式。

5. 超临界流体萃取过程的原则流程

1) 工艺流程

超临界流体萃取过程基本上由萃取阶段和分离阶段组成。图4-32为具代表性的四种工艺流程示意：(a)变压萃取分离(等温法)；(b)变温萃取分离(等压法)；(c)吸附萃取分离(吸附法)和(d)稀释萃取分离(惰性气体法)。

等温降压萃取过程是应用最方便的一种流程。萃取剂经压缩升压达到超临界状态，如图4-33所示的状态点①。流体经换热后(一般为冷却)进入萃取器与萃取物料接触。因超临界流体有较高的扩散系数，传质过程很快就达到平衡，此过程维持压力不变到达状态点②。随后萃取物流进入分离器减压分离，到达状态点③，这时超临界流体的溶解能力减弱，溶质从流体中析出。减压了的流体再经压缩机升压后回到状态点①，这样可周而复始地进行。

在等压条件下，通过改变过程的操作温度也可实现溶质与溶剂的分离，但温度对流体溶解能力的影响比压力的影响要复杂。当等压升温时，超临界流体密度下降，溶解能力亦下降，但此时溶质的蒸汽压会升高，溶解度会有所增加。两者相互消长的结果会造成在某一压力范围内(通常为较高压力段)，温度升高使流体溶解能力增加；而在另一压力范围内(通常为较低压

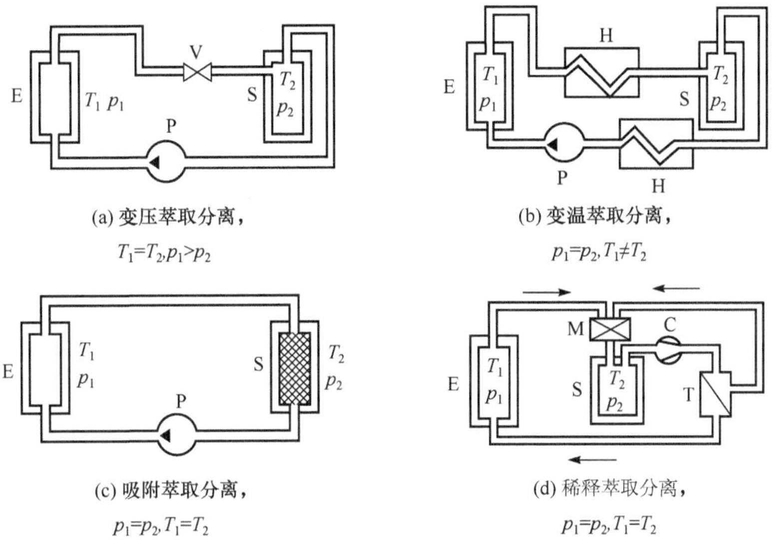

图 4-32　超临界流体萃取的流程

E. 萃取器；S. 分离器；P. 泵；C. 压缩机；V. 节流阀；H. 换热器；M. 气体混合器；T. 气体分离（膜分离）

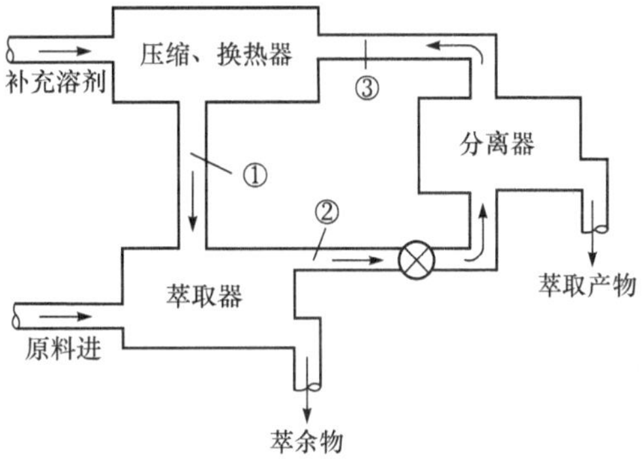

图 4-33　超临界流体萃取过程

力段），温度的升高使流体的溶解能力下降。因此等压变温过程需视压力和物系来确定是升温还是降温。

分离器内放置能吸附萃取物的吸附剂可实现萃取剂再生。这样，整个循环可在等压、等温下进行，压缩机只用来克服循环系统的阻力。但由于涉及吸附剂的再生，因此，该过程适用于萃出物量少或去除少量杂质的过程。

在超临界流体内加入惰性气体。例如，二氧化碳内加入氮气或氩气能降低流体的溶解能力（Gahrs，1984），达到分离溶质和溶剂的目的。此过程在恒温恒压下得到纯的萃取物，但混合流体的分离需通过膜分离过程。

2）流体的循环方式

在超临界流体萃取工业化过程中，流体的增压设备可选用泵或压缩机。为了获得设计所需的热力学数据，现以二氧化碳循环过程的温度-熵图说明不同的循环方式各点流体的状态及能量消耗。

（1）泵循环过程——萃取剂二氧化碳利用泵循环时各个过程的流体状态如下：

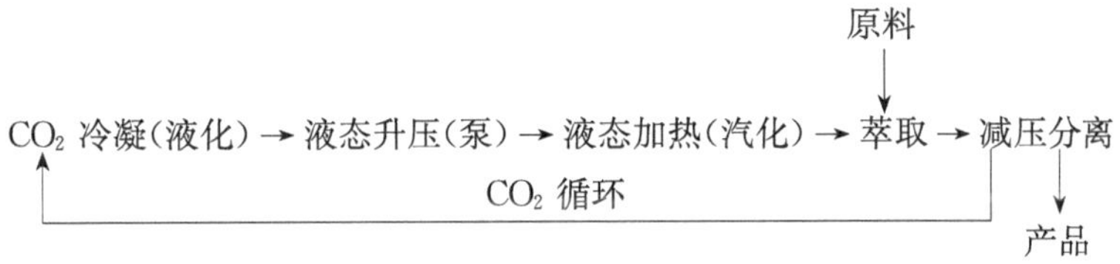

图 4-34 为超临界 CO_2 用泵循环时 T-S 示意图。分离时流体膨胀到亚临界状态，流体经泵增压后恒压升温。对其所需的热能和电能进行计算，其总能量列于表 4-7。

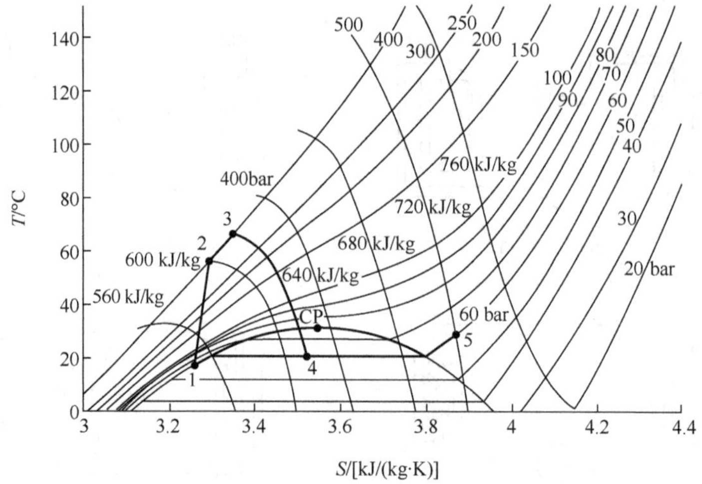

图 4-34　泵循环 *T-S* 示意图

1→2. 液体增压；2→3. 恒压汽化；3. 萃取；3→4. 节流膨胀；4→5. 溶剂再生；5→1. 冷凝

表 4-7　泵循环过程能量消耗

过程步骤	能量传递/(kJ/kg)	热量排放/(kJ/kg)	冷却量/(kJ/kg)	电能/(kJ/kg)
5→1	−175.5	0	175.5	10.9
1→2	50.0	0	0	50.0
2→3	7.3	7.3	0	0
3→4	0	0	0	0
4→5	119.5	0	0	0

资料来源：Brunner，1994。

注：萃取条件 40MPa，339K；分离条件 6MPa，301K。

(2) 压缩机循环过程——采用压缩机增压循环时各过程的流体状态如下：

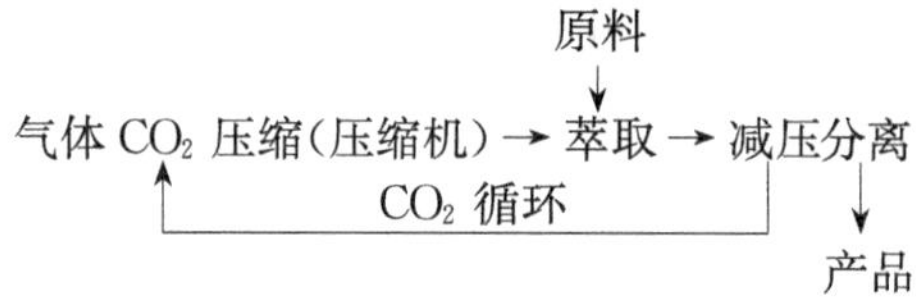

图 4-35 为 CO_2 用压缩机循环时的 *T-S* 图。该图与泵循环的主要区别是循环按逆时针进行。减压分离时，膨胀到亚临界状态。过程气体的冷却(2→3)可用气体冷凝器加热蒸发液体(4→5/1)。循环过程需要的热能和电能计算列于表 4-8。

表 4-8　压缩机循环过程能量消耗

过程步骤	能量传递/(kJ/kg)	热量排放/(kJ/kg)	冷却量/(kJ/kg)	电能/(kJ/kg)
4→5/1	168.2	0	0	0
1→2	38.7	0	0	38.7
2→3	−206.1	0	36	0.3
3→4	0	0	0	0

资料来源：Brunner，1994。

注：萃取条件 25MPa，313K；分离条件 5MPa，299K。

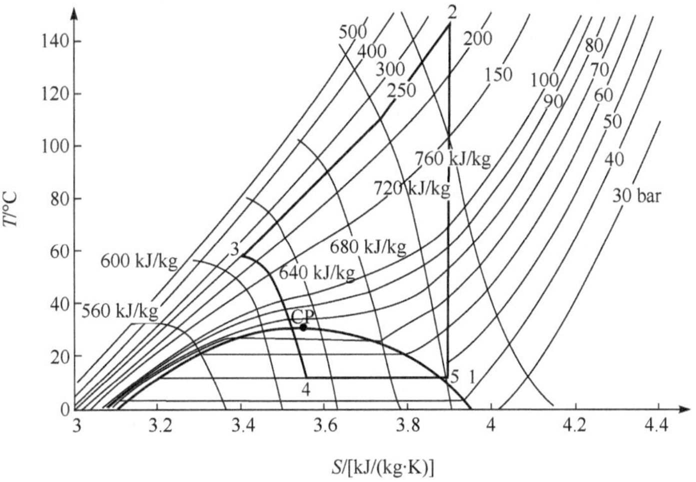

图 4-35　压缩机循环 *T-S* 示意图

1→2. 增压；2→3. 恒压冷却；3. 萃取；3→4. 节流膨胀；4→5. 溶剂再生；5→1. 冷凝

图 4-36 和表 4-9 比较了压缩机循环和泵循环两个过程的能耗。当萃取压力增高时，能量消耗增加；分离压力提高时，能耗减少；当分离压力处于超临界状态时，两者的能耗相差不大，即使当萃取压力在 30MPa 左右，分离压力在亚临界状态时，压缩机循环和泵循环两者的能耗相差也不大；萃取压力较高时，压缩机循环过程能耗大，萃取压力较低时，泵循环过程能耗大，尤其是热能的消耗。

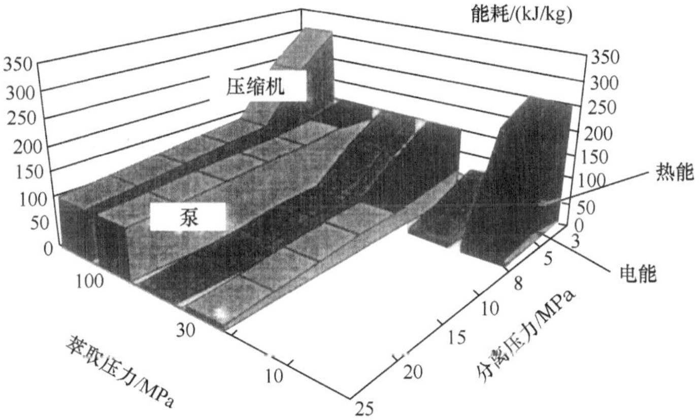

图 4-36　压缩机和泵循环能耗比较(萃取温度 313K)

表 4-9　超临界 CO_2 萃取循环能耗比较(kJ/kg CO_2)

分离压力/MPa	泵循环			压缩机循环		
	萃取压力/MPa					
	10	30	100	10	30	100
3	12.9	51.4	127.9	65.2	150	307
5	24.2	47.4	131.3	34.5	103.8	240
8	13.7	36	122.3	11	38.5	138.1
10		33.2	118.2		35.9	132.2
15		24.7	114		24.8	120
20		17.1	106.9		17.2	110.2
25		9.9	101.5		9.6	101.5

泵循环的优点:泵的投资比压缩机少;流体流量易于控制;当压力大于 30MPa 时,能耗比压缩机小。

泵循环的缺点:需要热交换器、冷凝器及冷凝剂,此外,在较低压力下萃取时需要热能。

压缩机循环的优点:只需一个热交换器,热能消耗少。

压缩机循环的缺点:流体流量控制比泵困难;电能消耗较大,压缩机的设备成本较高,当萃取压力大于 30MPa 时能耗较大。

实际工业设计时,选用压缩机还是选用泵应根据具体情况综合考虑。

6. 超临界流体自固体物料提取有效成分工艺过程

超临界流体从固体物料中萃取有效成分可分为两步:萃取和分离。萃取过程流体通过物料固定床的方式可从上到下,也可以从下到上。超临界流体的性质前面已讨论过,而固体物料的性质对萃取过程极为重要,现讨论如下。

1) 固体相中传质机理

用超临界流体从天然植物中萃取有效成分,物质传递发生在固体内部和植物结构的界面上。由于几何形状的差异,萃取过程的物质传递受到影响。就是同一物质,不同的萃取阶段其传递速率可能不同。

一般,可溶性物质从固体物料中萃取出要经历这样几个过程:①原料吸收超临界流体,细胞壁即细胞膜和细胞间的通道扩张,使传质阻力下降;②原料吸收溶剂的同时发生溶剂化反应,超临界流体溶解溶质;③被溶解物质迁移到固体外部表面,此过程扩散是最主要的传递机理;④被溶物通过外部界面并有可能发生相变化;⑤被溶物进入超临界流体主体相并与超临界流体一起离开固体物料主体。

原料固体基质如图 4-37 所示。萃取器内的固定床由植物原料颗粒组成,颗粒则由植物细

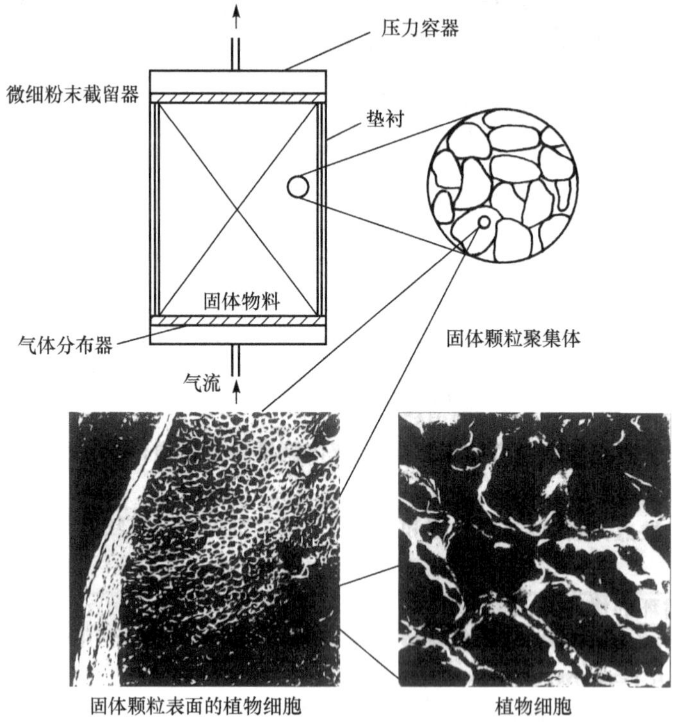

图 4-37 固定床固体基质示意图

胞组织构成。植物细胞结构如图 4-38 所示，萃取物溶解在细胞质或液泡内。细胞的基体，像包含液泡的细胞质、细胞壁、细胞间的空腔和原生质膜、细胞原浆的汽压和细胞壁的凹陷，决定了萃取过程的传质。

在细胞汁液内可能有结晶存在，像咖啡因之类物质，还有糖类、脂肪、蛋白质和可溶性盐。这些物质的传递需经过各种膜的网络。基础膜是膜网络的部分，基础膜上有孔能让水和脂类通过，这样一个基础膜的动力学模型能解释水在萃取过程中的作用。基本膜内的油脂支柱随水的浓度而变化，当物料体系中水分不足时，支柱将膜关闭，使之成为非渗透性膜，当有足够水时，膜变为可渗透性。

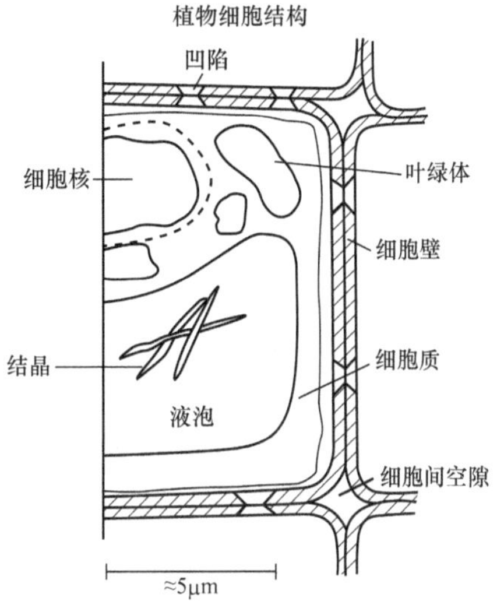

图 4-38 植物细胞剖面图

生物细胞的基础膜是半渗透性的，它能让溶剂通过，但不能让溶质通过。细胞壁有几层组成，使之有一定的稳定性，在某些点上细胞壁凹陷深至中间层，即基础膜层，通过这些点可进行传递物质。细胞间形成空腔，细胞壁部分和空腔形成一个长而空的中间层供传递物质。

另一方面，若植物被粉碎，细胞和细胞组织被破坏，则可缩短传质途径，增加传质速率。这样，通过膜的阻力变得次要，而其他的传质机理如固体内部扩散、固体表面的脱附及溶剂层流层的扩散变成主要因素。

2）萃取速率

图 4-39 为两种常见的萃取速率曲线。曲线 1 为固体原料中具有较高浓度被萃取物时的萃取速率曲线。曲线的第一阶段表示由固体与流体界面间的物质迁移决定传质过程，故萃取传质恒定（操作条件不变）。可以想象，固定床中某个部位的传质是恒定的，这部位随着萃取的进行、时间的延续会从固定床的一端移到另一端。

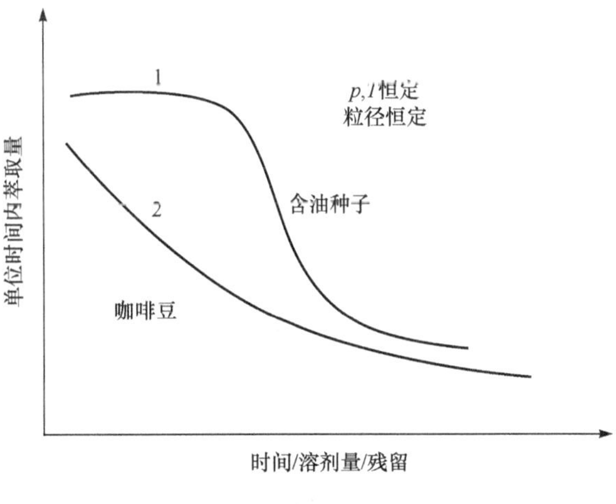

图 4-39 萃取速率曲线

曲线 1 的第二阶段萃取速率递减。有两个因素可能引起溶剂中溶质浓度下降，使萃取速率下降：① 固定床中大部分靠近溶剂与固体界面的原料中被萃取物量减少，萃取物需从固体内部扩散到界面，故传质阻力增加，影响萃取速率；②由于萃取的进行，具有原始浓度的原料固定床长度减小，流体流经此减小了的床层的时间不足以让溶剂饱和。

曲线 2 通常表明原料中被萃取物含量较少的萃取过程速率，因此从萃取一开始固体内部传质就起主要作用，从而影响了萃取速率。曲线 2 与曲线 1 的第二阶段速率是一致的。由萃取速率曲线可看出，随着萃取的进行，萃取速率会越来越小，固体中被萃取物的残留也会越来越少。

除此之外，萃取速率曲线还存在一个起始段，在起始段内萃取速率随时间的增加而增加。这是由于萃取刚开始时，设备结构固有的特点使靠近出口的流体没有与原料接触，故出萃取器的溶剂中没有溶质，随着时间的进行，流出的流体中溶质溶度会逐渐增加，直至饱和（像曲线 1 的情况）。起始段的程度与流体的停留时间有关，停留时间短（流体与物料比大），则起始段的影响小；相反，流体的停留时间长（流体与物料比小），起始段的影响就显得重要，这样，分析结果时就必须考虑溶剂在萃取器中的停留时间。从固体物料中萃取的过程是非稳态的，故速率曲线的起始段不可避免。

3）萃取过程浓度曲线

超临界流体从固体物料中萃取有效成分，流体中有效成分浓度曲线如图 4-40 所示。图中理想型和实际型两种浓度曲线分别与图 4-39 中速率曲线 1 和速率曲线 2 时的情况相对应。理想曲线的第一部分流体中溶质浓度为常数，第二部分随着萃取的进行，溶质浓度下降。曲线的第一部分情况表明，萃取过程流体相传质阻力控制，在溶剂与固体界面有足够的萃取物溶解到流体主体中，故当流体流速恒定时，流体中溶质浓度恒定。

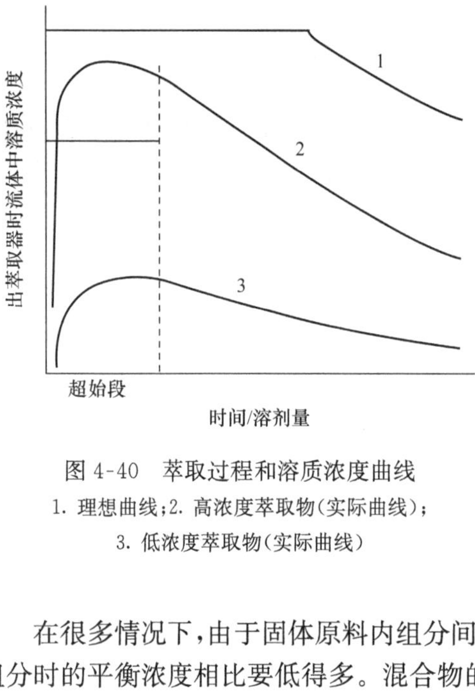

图 4-40　萃取过程和溶质浓度曲线

1. 理想曲线；2. 高浓度萃取物（实际曲线）；3. 低浓度萃取物（实际曲线）

流体中溶质浓度的大小取决于传质速率和溶剂比，浓度的最大值为平衡浓度。由于不同的物质其传递阻力和平衡扩散系数不同，因此它们可能以不同的速率被萃取出，这样超临界流体中溶质最大浓度可能是萃取时间的函数。

在平衡浓度条件下萃取，可使超临界流体的用量达到最少，但不等于萃取所需的时间最少。在低于平衡浓度的情况下萃取，增加溶剂的流率可使单位时间的萃出量大于平衡萃取时的萃出量。

依照图 4-39 萃取速率曲线 1 的第二阶段，随着萃取的进行，溶剂中溶质浓度会下降。这是因为固体中被萃取物浓度下降和传质阻力增加，使流体中实际溶质浓度低于平衡浓度，且越来越低。

在很多情况下，由于固体原料内组分间的相互作用，被萃取物组分的实际浓度与萃取单独组分时的平衡浓度相比要低得多。混合物的平衡数据通常情况下未知，平衡值包括固体的吸附平衡，与固体原料中的被萃取物浓度有关。因实际萃取过程溶质浓度远离平衡浓度，所以可用纯组分的平衡数据简单而有效地模拟萃取过程。

例如，当二氧化碳的温度和压力分别在 350K、30MPa 时，纯咖啡因在二氧化碳中的平衡浓度约 0.4%（质量分率，4000ppm）。用相同条件下的二氧化碳从咖啡豆中萃取咖啡因时，其平衡浓度仅约 200ppm，且随着萃取的进行，咖啡豆中咖啡因量的减少，大部分萃取时间内超临界二氧化碳中咖啡因的浓度低于 100ppm。

在另外一种情况下，当低挥发性组分中加入一种易挥发性组分时，其平衡浓度会增加。例如二氧化碳与菲的二元系中，加入相对挥发度比菲高的萘时，菲在超临界二氧化碳中的溶解度增加。这在实践中表现为添加携带剂的萃取方法。

4）萃取过程影响因素

(1) 压力。当温度恒定时，溶剂的溶解能力随压力的增加而增加；经一定时间萃取后，原料中有效成分的残留随着压力的增加而减少。

(2) 温度。当萃取压力较高时，较高的温度可获得较高的萃取速率。原因之一是在相对较高的压力下，温度增加，组分蒸汽压上升占优；原因之二是传质速率随温度的增加而增加，使得单位时间内的萃取量增加。

(3) 流体密度。溶剂的溶解能力与其密度有关，密度大，溶解能力大，但密度大时，传质系数小。在恒温时，密度增加，萃取速率增加；在恒压时，密度增加，萃取速率下降。

(4) 溶剂比。当萃取温度和压力确定后，溶剂比是一个重要的参数。在低溶剂比时，经一定时间萃取后固体中残留量大。用非常高的溶剂比时，萃取后固体中的残留趋于低限。

溶剂比的大小必须考虑其经济性。有两个方面影响产品成本：一是高溶剂比时，萃取时间短。由于溶剂比大，溶剂中溶质浓度低，引起操作成本增加。此外，溶剂比大时溶剂循环设备大，投资增大。二是高溶剂比时，生产能力增加，产品成本下降。

溶剂比增加时，萃取速率增加。但由于溶剂停留时间缩短，溶剂中溶质浓度下降。在某个溶剂比下，萃取速率将达到最大。

若投资成本突出，溶剂比取达到最大萃取速率为目标。若产品成本中溶剂的循环费用突出，应取最小溶剂比。调节溶剂的流速，使溶剂流出萃取器时溶质浓度达平衡时的溶剂量为最小。实际过程最适溶剂比应视各个过程的特点而定，在过程优化时，需考虑溶剂再生，尤其要考虑某些限制，如萃取时间对产品质量的影响。

(5) 颗粒度。超临界流体通过固体物料时的传质，在很多情况下取决于固体相内的传质速率。固体相内传递路径的长度决定了质量传递速率，一般情况下，萃取速率随颗粒尺寸减小而增加。当颗粒过大时，固体相内传质控制，萃取速率慢，在这种情况下，即使提高压力、增加溶剂的溶解能力，也不能有效地提高溶剂中溶质浓度。另一方面，传质必须到达溶剂相内，若颗粒尺寸小到影响流体在固定床中通过时，传质速率亦下降，因为细小的颗粒会形成高密度的床层，使溶剂流动通道阻塞而影响传质。图 4-41(Charpentier et al.,1987)所示为超临界二氧化碳萃取豆油时的情况，萃取速率随豆片厚度的减小而增加，当厚度为 0.10mm 时，97％的油被萃取出，而当厚度增加到 0.81mm 时，萃取率仅为 67％。

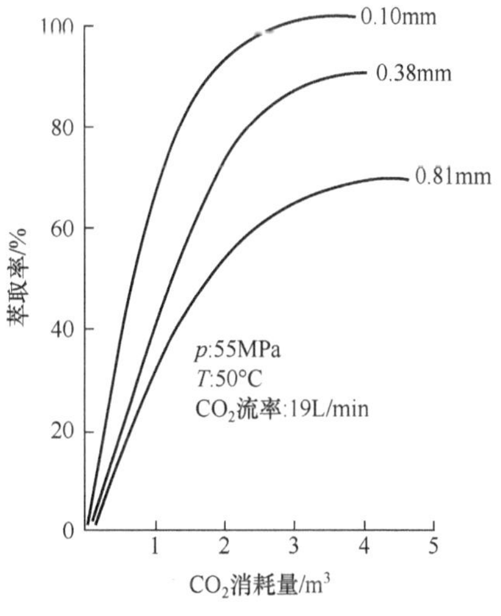

图 4-41　颗粒度与萃取效率的关系

5）拟稳定态萃取模型

超临界流体从天然植物中提取有效成分，萃取体系包含固相和溶剂相，固相在萃取器内，溶剂通过萃取器溶解提取有效成分。模型化的目的是用量少但物理意义明确的参数以简单的方程有效、定量地描述过程。

拟稳定态的假设基于：萃取过程较慢，溶剂停留时间为分钟级，萃取时间从 10min 到几个小时不等。

单位时间内的萃取量表示如下

$$\frac{dm}{dt}=\dot{m}=-m_s\frac{dc_m}{dt} \tag{4-85}$$

式中：m 为被萃取组分的质量；m_s 为固体原料质量；c_m 为固体中被萃取物平均浓度。

萃取物从固体相传递到固-溶剂界面，然后进入溶剂主体

$$\dot{m}=\beta_s A(c_m-c_0) \tag{4-86}$$

$$\dot{m}=\beta_F A(c_0-c_\infty) \tag{4-87}$$

当固-溶剂界面没有相转移时，总传质阻力为

$$\frac{1}{K}=\frac{1}{\beta_s}+\frac{1}{\beta_F} \tag{4-88}$$

式中：β_s 为固相中传质系数；β_F 为溶剂相中传质系数；A 为传质面积；c_0 为固体相中被萃取物的初始平均浓度；c_∞ 为溶剂主体中被萃取物浓度；K 为总传质阻力。

若固-溶剂界面出现相转变，则界面平衡需考虑在内。

当 K 为常数时，可得到如下的等式计算固相中被萃取物平均浓度。

$$\frac{c_m-c_\infty}{c_0-c_\infty}=\exp\left(-\frac{KA}{m_s c_0}t\right) \tag{4-89}$$

假设固体相中传质阻力控制，则

$$\frac{1}{\beta_F}\ll\frac{1}{\beta_s}$$

所以 $K\approx\beta_s$。

式(4-89)能表达萃取过程，但不包括起始段，起始阶段较复杂，很难用简单模型表达。

通常传质系数 β_s、β_F 和 K 的实际值无法获得，但可通过总质量平衡或根据传递模型求算。

6）颗粒模型

在萃取过程中，非稳态的物质浓度分布可由菲克第二定律表示，对于球形颗粒，其方程为

$$\frac{\partial c_s}{\partial t}=D_{es}\left(\frac{\partial^2 c_s}{\partial r^2}+\frac{2}{r}\frac{\partial c_s}{\partial r}\right) \tag{4-90}$$

式中：D_{es} 为被萃取物在颗粒内的扩散系数；r 为颗粒半径坐标，$0\leqslant r\leqslant R$，R 为颗粒半径；c_s 为被萃取物在颗粒中的浓度。

式(4-90)的边界条件为

$$c_s=c_{so},\quad t=0,\quad 0\leqslant r\leqslant R$$

$$\frac{\partial c_s}{\partial r}=0,\quad r=0,\quad t>0$$

$$\beta_F(c_{sr}-c_F)=-D_{es}\frac{\partial c_s}{\partial r},\quad r=R,\quad t>0$$

颗粒内萃取物平均浓度 c_{sm} 通过对颗粒体积积分得

$$c_{sm}=\frac{3}{c_{so}\pi R^3}\int_0^R[4\pi r^2 c_s(r,t)]dr \tag{4-91}$$

这里，原料固体作各向同性近似处理。实际情况往往是各向异性的复杂过程，但固体内部传质的详细过程并不重要，因此，萃取过程可作各向同性处理，得到的传递系数被当作实际的扩散系数或实际的传质系数。

7. 超临界流体萃取在石化工业中的应用

超临界流体萃取过程本身所具有的突出优点引起各工业部门的广泛关注，在许多领域内，

超临界流体萃取作为一种新颖的分离方法正受到人们越来越多的重视。

在石油化工中，20 世纪 50 年代就已采用超临界丙烷、丙烯从地蜡矿中萃取地蜡，从渣油中脱除沥青。

超临界二氧化碳可以用来分离水中的化合物。超临界水不仅是很好的溶剂，而且是非常好的氧化剂，用于处理有机废水和有毒化合物。下面介绍两个实例。

1）ROSE 脱沥青过程

美国 Kerr-McGee 炼制公司开发了一种渣油的超临界流体萃取过程（residuum oil supercritical extraction），简称 ROSE 过程（Vermilion et al.，1983）。该过程的特点是用超临界流体方法回收溶剂替代传统的蒸发回收溶剂方法。溶剂是丙烷、丁烷、戊烷或它们的混合物。进料为常压或减压渣油或混合物，见图 4-42。渣油经 M-1，与数倍体积的轻烃溶剂（如正戊烷）在选定的温度与压力下接触，在 V-1 中分离，塔底是重沥青质馏分，经 H-1 加热，V-1 蒸出溶剂以获得沥青质产品。从流程图看，按恒压升温法，T-2 与 T-3 塔底分别获得胶质与轻质油产品。基本无油的溶剂相自 V-3 塔顶引出，经 E-4、E-1 和 E-2 逐段冷却后循环使用。据 Kerr-McGee 公司估算，ROSE 过程可节省操作费用约 50%，节省投资费用约 20%。该过程有较大的灵活性，V-1、V-2、V-3 之间可按不同方案组合以满足不同原料、不同产品的要求。

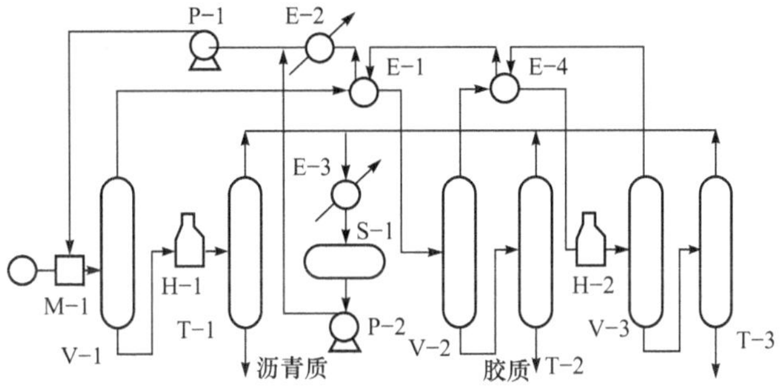

图 4-42　ROSE 过程工艺流程

M. 混合器；V. 分离器；H. 加热炉；E. 换热器；

P. 循环泵；T. 闪蒸塔；S. 贮罐

2）重烃油加氢转化过程

重烃油包括石油渣油、油页岩和焦油砂沥青等的重质碳氢化合物。用超临界萃取法对重烃油加氢转化的典型流程如图 4-43 所示。渣油先加热到 260℃以上，压入 5，氢经过压缩机与加热炉后也进入 5。从 5 顶部排入 8，维持温度 427～454℃，氢分压 10.4～27.7MPa。8 顶部排出物包括氢、其他气体及油蒸气，经 11 冷却后进入 14，并维持温度 400～438℃，压力8.4～26.3MPa，8 底部流出物经 9 入 10 并维持温度 371～416℃，防止液体产生热裂解。在容器 10 内完成超临界萃取。从 15 顶部排出的气相、液相以及附加 H_2 一起进入 18，进行催化脱硫以除去硫与氮化合物。18 通常是固定床催化反应器，所使用的催化剂为钴-钼催化剂，反应温度为 393～438℃，氢分压为 10.4～19.4MPa。从 20 排出的循环 H_2 进 22，将重馏分裂化成轻烃馏分，裂化条件为温度 416～438℃，压力 12.5～19.4MPa。需要时，可将 15 底部出来的部分重油循环回到 5 内以提高渣油转化率。同样也可将 23 底部出来的重油循环入 18，以使加氢转化率（体积）从 90%增加到 92%～98%。该过程的一个最明显的优点是在两个催化反应之间采用了超临界萃取，使有效的脱金属与残炭过程能在 10 内完成，明显地保持了催化剂的活性，并提高了产品的质量（Pelrine et al.，1982；Ganguli 1984）。

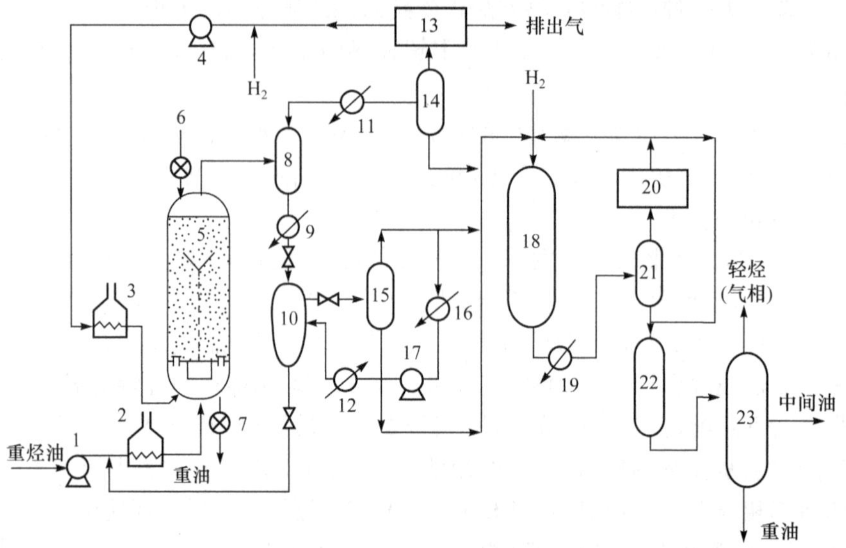

图 4-43　重烃加氢转化工艺流程

1. 泵;2. 加热炉(一);3. 加热炉(二);4. 压缩机(一);5. 催化反应器(一);6. 催化剂入口阀;7. 催化剂排出阀;8. 热相分离器;9. 冷却器(一);10. 萃取分离器;11. 冷却器(二);12. 加热器;13. 气体净化器(一);14. 气液相分离器;15. 闪蒸器;16. 冷却器(三);17. 压缩机(二);18. 催化反应器(二);19. 冷却器(四);20. 气体净化器(二);21. 相分离器;22. 氢化裂解器;23. 分馏器

8. 超临界流体萃取在提取天然产物有效成分中的应用

超临界流体萃取技术的发展与应用紧密相连。在天然产物和食品工业方面已经有了广泛的应用。1978 年德国已有工业规模的装置从咖啡豆中脱除咖啡因,咖啡因的含量可从初始的 0.7%～3%降到 0.02%以下,而香味并无损失。工业规模的还有用超临界二氧化碳提取啤酒花有效成分,从茶叶中提取咖啡因,从烟草中脱除尼古丁等。此外,从木浆的氧化废水中提取香兰素,还有各种香料挥发油的超临界流体提取,柠檬皮油、大豆油、胡椒等有效成分的超临界流体提取都取得了成功。

用超临界流体萃取技术从天然植物中提取有效成分,如天然香料挥发油、中草药挥发油成分及生物碱等物质,可取代传统的水蒸气蒸馏法和部分有机溶剂萃取过程。使用对人体无害的二氧化碳作溶剂,可在近常温的条件下操作分离,故可几乎全部保留可萃取物的本真特征,防止一些热敏性成分的分解或降解,提高产品的收率,提高天然资源的利用率。得到的萃取物色泽浅、清澈干净,无有机溶剂残留,质量明显优于传统方法生产的产品的质量。

天然植物如天然香料植物,除了含有芳香的挥发油外,还含有脂肪或脂肪酸、树脂、蜡、色素等成分。用超临界流体萃取可通过调节压力和温度,选择性地溶解一些成分。图 4-44 为不同萃取条件萃取物成分示意。由此可见,在低压时,萃取精油和部分萜烯,当压力升高时可萃取脂肪酸和脂肪,当进一步提高压力到 30MPa 以上时,提取出高分子长链蜡、树脂和色素等物质,这在传统的水蒸气法和有机溶剂法中是难以做到的。

9. 超临界流体萃取的特点

超临界流体在溶解能力、传递性能和溶剂回收等方面具有突出的优点:

(1) 由于超临界流体的密度与通常液体溶剂的密度相近,因此用超临界流体萃取具有与

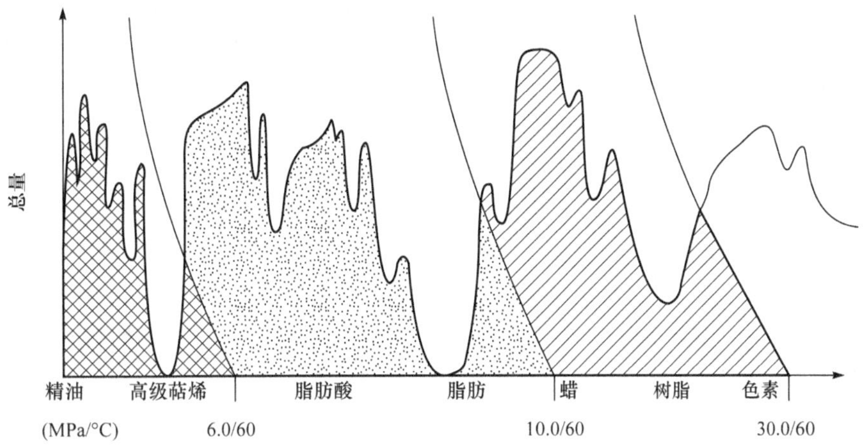

图 4-44　超临界流体萃取天然植物成分示意

液体相近的溶解能力。同时它又保持气体所具有的传递特性，即比液体溶剂渗透得快，渗透得深，能更快地达到平衡。

(2) 操作参数主要为压力和温度，而这两者比较容易控制。在接近临界点处，只要温度和压力有微小的变化，超临界流体的密度就会有显著的变化，即溶解能力会有显著变化。因此，萃取后溶质和溶剂的分离容易。精确地控制超临界流体的压力或温度，还能得到类似于精馏的效果，使溶质逐一分离。

(3) 超临界流体萃取集精馏和液-液萃取特点于一体，故有可能分离一些用常规方法难以分离的物系。

(4) 超临界流体尤以超临界二氧化碳，可在近常温的条件下操作，故特别适用于热敏性、易氧化物质的提取和分离。例如，提取天然香料、中草药有效成分等产物，几乎可全部保留热敏性本真物质，过程有效成分损失少、收率高。

超临界流体萃取存在的不足有：

(1) 高压下萃取，相平衡较复杂，物性数据缺乏。

(2) 高压装置与高压操作，投资费用高，安全要求亦高。

(3) 超临界流体中溶质浓度相对较低，故需大量溶剂循环。

(4) 超临界流体萃取过程固体物料居多，连续化生产较困难。

4.5.2　反胶束萃取

迄今，国内外生物技术，尤其是基因工程产品的上游研究开发工作已报道有重大进展，但是生物工程产物作为商品，获得预期的经济效益和社会效益的还为数极少，重要原因之一是基因表达后所得产物的分离纯化，获得高纯度产品的技术还存在许多问题。常规的分离技术往往有处理量小、流程长、易失活、收率低和成本高等缺点。

基因工程及细胞工程的蛋白质类大分子产品的提取与回收，既要考虑使用高选择性的分离和纯化法，又要考虑不影响产品的生物活性。由于发酵反应产物浓度很低(如工业酶为0.1～100g/L)，又同菌体或细胞及其代谢产物和剩余培养基等混在一起，故需要经过多步分离和纯化操作，使得生物技术下游工程十分复杂。

液液萃取技术尽管已在抗生素工业中广泛使用，但不适用于大部分基因工程的主要产品——蛋白质的分离。这是因为难以找到一种具有良好选择性的萃取剂，蛋白质在发酵液和培养介质中绝大多数呈现为离子态，不溶于非极性的有机溶剂，若使蛋白质与有机溶剂接触，还会引起蛋白质变性。为使蛋白质能从水相萃取进入另一液相，发挥液液萃取技术的优良分离性能和作用，需要找到一种与水不互溶、而蛋白质能溶于其中并保持活性的液相。因此，近年来出现了反胶束萃取技术，用于萃取生物活性物质。

1. 反胶束萃取蛋白质的原理

1）反胶束系统的物理化学性能

反胶束(reversed micelle)是表面活性剂在有机溶剂中自发形成的纳米尺度的一种聚集体。反胶束溶液是透明的、热力学稳定的系统。表面活性剂是由亲水的极性头和疏水的非极性尾两部分组成的两性分子。在反胶束溶液中，组成反胶束的表面活性剂的非极性尾向外伸入非极性有机溶剂主体中，而极性头则向内排列形成一个极性核(polar core)。此极性核具有溶解水和大分子(如蛋白质)的能力。有机溶剂中表面活性剂浓度超过临界胶束浓度(CMC)时，才能形成反胶束溶液。这是体系的特性，与表面活性剂的化学结构、溶剂、温度和压力等因素有关。在非极性溶剂中，CMC 值的变化范围是 $1\times10^{-4}\sim1\times10^{-3}$mol/L。

阴离子表面活性剂、阳离子表面活性剂和非离子型表面活性剂都可用于形成反胶束。常见的反胶束系统见表 4-10。在反胶束萃取蛋白质的研究中，用得最多的是阴离子表面活性剂“Aerosol OT”(简称 AOT)，其结构式见图 4-45。这种表面活性剂容易获得，它具有双链，极性头较小，形成反胶束时不需加助表面活性剂，并且它所形成的反胶束较大，有利于大分子蛋白质进入。当表面活性剂为 AOT 时，最常使用的有机溶剂为异辛烷。

表 4-10　若干常见的反胶束系统

表　面	溶　剂
AOT	四氯化碳，异辛烷，环己烷，烷烃($C_8\sim C_{10}$)
CTAB	己醇/异辛烷，己醇/辛烷，氯仿/辛烷
TOMAC	环己烷
Brij60	辛烷
Triton	己醇/环己烷
卵磷脂	苯，庚烷
磷脂酰乙醇胺	苯，庚烷

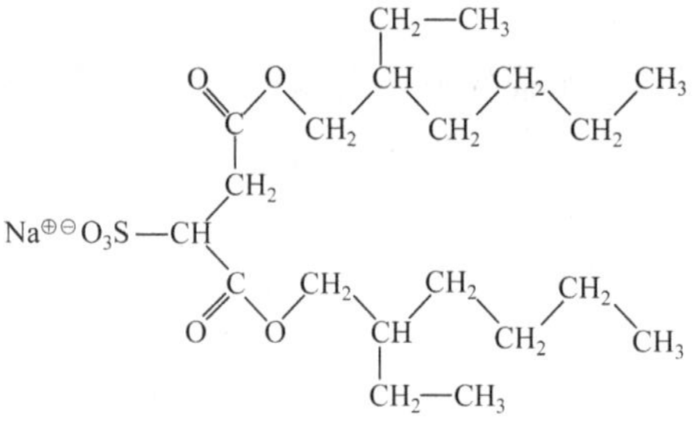

图 4-45　AOT 的结构式

溶解于反胶束中的水量常用 W_o(=[H_2O]/[表面活性剂])表示，定义为反胶束中所含水分与表面活性剂的物质的量比。这是一个极其重要的参数，由于每个表面活性剂极性头有一定的有效面积，因此，它决定了反胶束的大小和每个反胶束中表面活性剂的分子数。反胶束溶液在与水相平衡的情况下，W_o 值与表面活性剂和溶剂的种类、助表面活性剂、水相中盐的种类和盐的浓度等有关。对 AOT/异辛烷/H_2O 体系，溶解于反胶束中的最大含水量为 $W_o=60$，超过这一数值，透明的反胶束溶液将变为浑浊，并发生分相。

反胶束的形状通常为球形，也有人认为反胶束应是椭球形或棒形。反胶束尺寸可由理论模型计算推出，但更多采用实验手段测定，如超离心法、小角度中子散射法(SANS)、似弹性光散射法以及小角度 X 射线散射与脉冲辐射分解相结合的方法等。对 AOT/异辛烷/H_2O 体系，反胶束的尺寸分布相对来说是均一的，若 W_o 从 4 变到 50，则反胶束的流体力学半径从 2.5nm 增加到 18nm，每个反胶束中的表面活性剂分子数从 35 增大为 1380，而在极性核表面的 AOT 分子的有效极性头面积从 0.359nm² 变为 0.568nm²。

2）反胶束萃取蛋白质的基本原理

对一个由水、表面活性剂和非极性有机溶剂构成的三元系统，根据三种成分的相对含量，它们的混合物显示出多种结构形式。图 4-46 是这种混合物的一个三元相图示例。

从图中可知，能应用于蛋白质分离的是位于相图底部的两相区，此时三元混合物分为平衡的两个相，一相是含有极少量有机溶剂和表面活性剂的水相，另一相是作为萃取剂的反胶束溶液，它们的组成关系用系线来表达。这一体系的物理化学性能非常适合于萃取操作，因为界面张力在 0.1～2mN/m 范围内，密度差为 10%～20%；反胶束溶液黏度适中，大约为 1mPa · s 这一数量级。

蛋白质的萃取过程和萃取后的情况示意于图 4-47。蛋白质进入反胶束溶液是一种协同过程，即在宏观两相（有机相和水相）界面间的表面活性剂层同邻近的蛋白质发生静电作用而变形，接着在两相界面形成包含有蛋白质的反胶束，此反胶束扩散进入有机相中，从而实现蛋白质的萃取。改变水相条件（如 pH 和离子种类及其强度等），又可使蛋白质由有机相重新返回水相，实现反萃取过程。这一过程主要由反胶束在宏观两相界面处的聚结速率决定，故反萃取速率比萃取速率低得多。

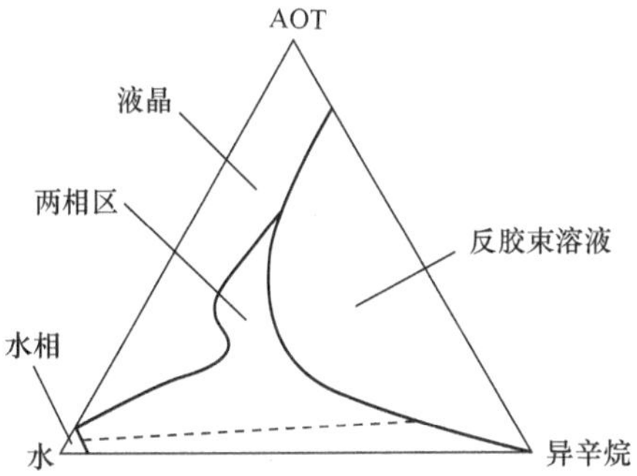

图 4-46　水-AOT-异辛烷系统相图

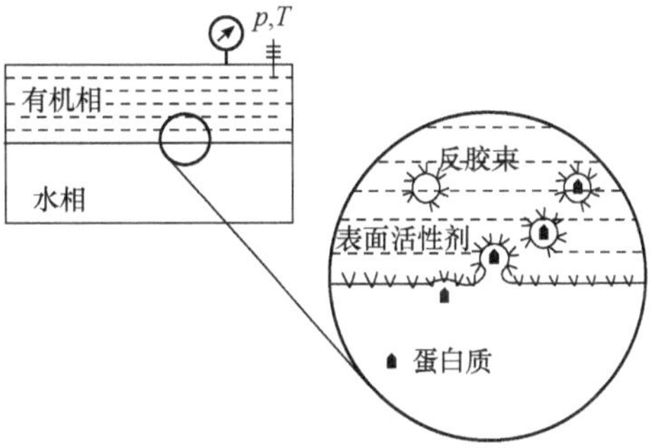

图 4-47　反胶束萃取蛋白质的示意图

蛋白质在反胶束内溶解情况可用水壳（water-shell）模型作解释（图 4-47）。弹性光散射的研究证实在蛋白质分子周围至少存在一个单分子的水层，这一实验事实有力地支持了水壳模型。蛋白质外表面有一层水壳和一层极性头的保护，从而使蛋白质不与有机溶剂直接接触，所以蛋白质不会变性。

3）影响反胶束萃取蛋白质的主要因素

蛋白质进入反胶束的机理还不很清楚，一般认为蛋白质在反胶束内的溶解作用，与蛋白质的表面电荷同反胶束的内表面电荷间的静电作用，以及反胶束的大小有关。所以，任何可以增强这种静电作用或导致形成较大的反胶束的因素，均有助于蛋白质的萃取。影响反胶束萃取蛋白质的主要因素列于表 4-11，只要通过对这些因素的系统研究，确定最佳操作条件，目标蛋白质就可得到合适的萃取率，从而达到分离纯化的目的。

表 4-11　影响反胶束萃取蛋白质的主要因素

与反胶束相有关因素	与水相有关因素	与目标蛋白质有关因素	与环境有关因素
表面活性剂的种类	pH	蛋白质的等电点	系统的温度
表面活性剂的浓度	离子的种类	蛋白质的大小	系统的压力
有机溶剂的种类	离子的强度	蛋白质的浓度	
助表面活性剂及其浓度		蛋白质表面的电荷分布	

离子强度对萃取率有几方面的影响:①离子强度增大后,反胶束内表面的双电层变薄,减弱了蛋白质与反胶束内表面之间的静电吸引,从而减少蛋白质的溶解度;②反胶束内表面的双电层变薄后,也减弱了表面活性剂极性头之间的斥力,使反胶束变小,从而使蛋白质不能进入其中;③离子强度增强时,增大了离子向反胶束内水池(water pool)的迁移并取代其中蛋白质的倾向,使蛋白质从反胶束内被盐析出来;④盐与蛋白质或表面活性剂的相互作用可改变溶解性能,盐的浓度越高,其影响就越大。离子强度(KCl 浓度)对萃取核糖核酸酶 a、细胞色素 C 和溶菌酶的影响,如图 4-48 所示。在较低的 KCl 浓度下,蛋白质几乎全部被萃取;当 KCl 浓度高于一定值时,萃取率就开始下降,直至几乎为零;不同蛋白质开始下降时的 KCl 浓度是不同的。

水相 pH 对萃取率的影响主要在于蛋白质表面电荷的改变,另外,pH 对蛋白质构象的改变也有影响。pH 对萃取几种相对分子质量较小的蛋白质的影响见图 4-49。用阴离子表面活性剂时,当 pH>pI,萃取率几乎为零,这时,蛋白质的净电荷为负值;当 pH<pI,萃取率急剧提高,这表明蛋白质所带的净电荷与表面活性剂极性头所带电荷符号相反,两者的静电作用对萃取蛋白质有利;在很低的 pH 下,萃取率又降低,在界面上产生白色的絮凝物,这种情况是蛋白质变性析出引起的。

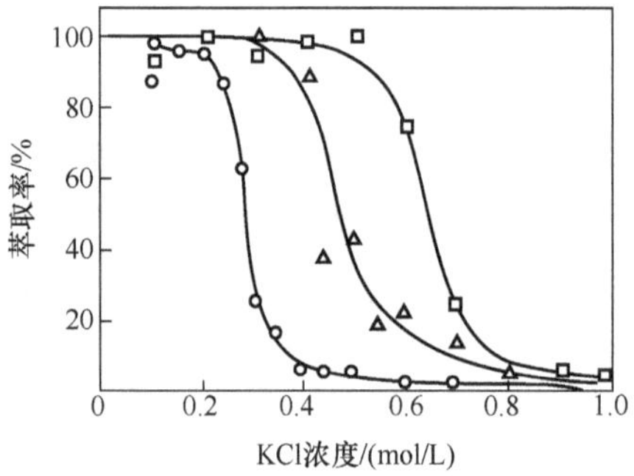

图 4-48　离子强度对蛋白质萃取率的影响
○. 细胞色素 C;□. 溶菌酶;△. 核糖核酸酶 a

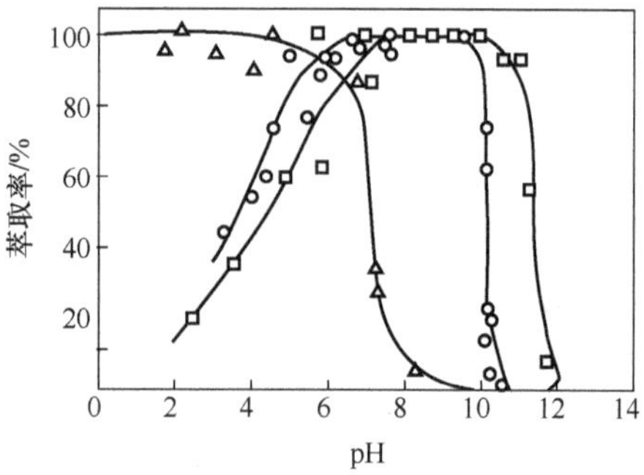

图 4-49　pH 对蛋白质萃取率的影响
○. 细胞色素 C(pI=10.6);□. 溶菌酶(pI=11.1);
△. 核糖核酸酶 a(pI=7.8)

2. 反胶束萃取蛋白质和酶的应用

应用反胶束萃取技术进行蛋白质的提取、浓缩和分离,虽然还没有生产出可供销售的商品,但已有的实例充分表明它是一种极有前途的生物物质分离技术。泰帕(Taipa)等比较了用反胶束萃取和制备色谱法纯化脂肪酶的结果(表 4-12),得出反胶束萃取是一种很有希望的预色谱方法。

表 4-12　比较反胶束和其他方法纯化脂肪酶

脂肪酶	方法	所需步骤数目	纯化因子	收率/%
A	制备色谱	1	5.0	21
	反胶束体系	2	4.3	91
B	制备色谱	1	104	51
	反胶束体系	2	3.7	76

1）分离蛋白质混合物

哥克莱（Göklen）和哈顿（Hatton）等将反胶束萃取法用于一系列二元和三元蛋白质混合物的分离。例如，对三种低相对分子质量蛋白质的混合物：细胞色素 C、核糖核酸酶 a 和溶菌酶，根据图 4-48 和图 4-49，合理地调节萃取条件，可使细胞色素 C 和溶菌酶完全进入反胶束溶液相，而将核糖核酸酶 a 留在水相萃余液中；再将负载有机相接连两次与不同 pH 和离子强度的水相接触，先反萃回收细胞色素 C，然后回收溶菌酶，实现了三元混合物的分离。这个实验以及其他实验结果均证明，用反胶束萃取分离水溶液中的蛋白质混合物是可行的。

纳克雪奥（Nakashio）等选用一种或几种表面活性剂溶入有机溶剂中，由此形成的反胶束溶液与蛋白质的水溶液相接触，可以极其经济、便利地净化和分离蛋白质，且不发生变性。例如，对于 0.5kg/m^3 溶菌酶和 0.5kg/m^3 肌红蛋白的混合溶液（这两种蛋白质的相对分子质量相近，而等电点分别为 11.1 和 6.8），它的盐浓度为 100mol/m^3，并已用硼酸盐缓冲液调至 pH＝9。将此料液用 5～50mol/m^3 二烷基磷酸盐/异辛烷反胶束溶液萃取，溶菌酶能完全进入有机相，而肌红蛋白则留在水相。

2）浓缩 α-淀粉酶

狄克（Dekker）和范特利脱（van′t Riet）等运用两级混合-澄清槽单元，检验蛋白质的连续萃取和反萃取操作性能。水相料液为 α-淀粉酶的水溶液，有机相为 TOMAC/异辛烷反胶束溶液。结果使得 α-淀粉酶浓缩 8 倍，酶活力的得率约为 45％，在反胶束相循环 3.5 次后，表面活性剂的缓慢损失造成了萃取效率的下降，重新添加表面活性剂又可以完全恢复。对过程进行优化，在高分配系数（在反胶束相中添加非离子型表面活性剂）和高传质速率（增大搅拌转速）下，反萃水相中的 α-淀粉酶活力得率达到了 85％，浓缩 17 倍，反胶束相每次循环的表面活性剂损失量减少到 2.5％。

3）从发酵液中提取细胞外酶

在生物产品的提取方面，反胶束溶液能否作为萃取剂，要看它们是否可以从真实的发酵介质中选择性地萃取蛋白质。拉哈曼（Rahaman）和他的同事们对这个问题进行了研究，他们从芽孢杆菌的发酵液中提取和净化碱性蛋白酶（一种洗涤酶，M_r＝33000Da）。在实验的 pH 范围内，萃出的蛋白质总量随 pH 变化很小，这可能是受负载量的限制，但是，萃出的蛋白质混合物中活性成分的选择性受 pH 影响很大，这种特性可充分用于碱性蛋白酶的净化。按 1∶1 的水相/有机相体积比进行单级萃取，活力的收率约为 22％，蛋白质的收率约为总量的 10％，故在反萃液中，蛋白质比活力增加了 2.2 倍。通过优化过程，例如，采用多级错流操作和改变相比，可以达到更高的收率和比活力（相对比活力高达 6）。这一实验有力地证明，对生化工艺中实际碰到的含有活性蛋白质的料液，反胶束萃取法有着良好的应用前景，而且采用这一技术可使纯化和浓缩一步完成。

4）直接提取细胞内酶

吉奥文哥（Giovenco）和威赫琴（Verheggen）等报道了反胶束萃取在全料液中的另一个用途，提取和纯化棕色固氮菌（*Azotobacter vinelandii*）的胞内脱氢酶。将全细胞的悬浮液注入 CTAB/己醇-辛烷反胶束溶液中，完整的菌体细胞在表面活性剂作用下被溶裂，析出的酶进入反胶束的水池中，再通过适当选取反萃液，可以选择性地回收到浓度很高的酶。在最优条件下，对于相对分子质量较小的 β-羟丁酸脱氢酶（M_r＝63000Da）和异柠檬酸脱氢酶（M_r＝80000Da），反萃液中酶活性的回收率超过 100％（相对于用无细胞抽提液），纯化系数为 6。相对分子质量较大的葡糖-6-磷酸脱氢酶（M_r＝200000Da）不能被提取出来，至少不能提取到有活性的酶。

细胞碎片留在反胶束相中是这种方法的一个不利因素，它使得反胶束相不能重复使用。如果可以很便利地回收有机溶剂和表面活性剂，那么，这种细胞溶解与蛋白质萃取相结合的工艺方法，将成为从细胞直接提取蛋白质的重要途径。

5）反胶束萃取用于蛋白质复性

反胶束萃取的一个非常吸引人的应用是蛋白质复性。重组 DNA 技术生产的大部分蛋白质须溶于强变性剂中，使它们从细胞中抽提出来。除去变性剂，进行复性的过程通常要在非常稀的溶液下操作，以避免部分复性中间体的凝聚。哈琴（Hagen）等将单个蛋白质分子置于反胶束内，也能阻止这种有害的相互作用。他们用 AOT/异辛烷反胶束溶液萃取变性的核糖核酸酶，将负载有机相连续与水接触以除去变性剂盐酸胍，再用谷胱甘肽（glutathione）的混合物重新氧化二硫键，使酶的活性完全恢复，最后由反萃液回收复性的、完全具有活性的核糖核酸酶，总收率达到了 50%。

6）从植物中同时提取油和蛋白质

用烃类溶剂提取植物（如大豆和葵花籽）中的油时，残渣中含有 30%～50%的蛋白质。目前这些高营养价值的渣饼只能用作饲料，如何将它加工成为人们的食物，是一个很有意义的课题。莱塞（Leser）等使用烃类为溶剂的反胶束溶液作为提取剂，油被直接萃入有机相，而蛋白质则溶入了反胶束的极性核内；先用水溶液反萃取蛋白质，接着冷却反胶束溶液使表面活性剂沉淀分离，最后用蒸馏方法将油与烃类分开。实验结果显示，这种用反胶束溶液同时提取植物中的油和蛋白质的方法是相当优越的，且能将影响蛋白质作为食品的绿原酸类物质分离。

3. 反胶束萃取蛋白质的理论研究

1）平衡特性

对反胶束萃取蛋白质的平衡特性，已进行了大量的研究。狄克等研究 TOMAC/正辛醇-异辛烷反胶束溶液萃取 α-淀粉酶时发现，增加离子强度（NaCl）导致蛋白质回收率-pH 分布曲线的偏移，并且仅在远大于 pI 的很窄一段 pH 范围内过程可以进行。这意味着蛋白质表面电荷密度对萃取也是一个重要因素。凯利（Kelly）等用 AOT/异辛烷反胶束体系萃取 α-胰凝乳蛋白酶，指出采用铵盐和钠盐时的蛋白质传递量比用钾盐和铯盐时高得多，这种趋势亦反映在反胶束相水含量的变化方面，即阳离子种类影响反胶束的大小。沃伯特（Wolbert）等总结了各类蛋白质的萃取性能，提出对于 AOT 反胶束体系，$pH_{1/2}$（萃取率为 50%时的 pH）与蛋白质等电点 pI 和相对分子质量 M_r 的关系，可用以下经验方程关联：

$$|pH_{1/2}-pI|=(0.12\times10^{-3})M_r-1.07 \tag{4-92}$$

而对于阳离子表面活性剂 TOMAC 所形成的反胶束体系，相应的关联式为

$$|pH_{1/2}-pI|=(0.11\times10^{-3})M_r-0.97 \tag{4-93}$$

由于反胶束内表面所带电荷符号的不同，式（4-92）的 $pH_{1/2}$ 须小于 pI，而式（4-93）的情况正好相反。除了上述因素以外，巴罗（Barlow）等经计算获知，蛋白质表面电荷分布不对称的比对称的更容易传入反胶束溶液。

2）热力学模型

在研究影响反胶束萃取蛋白质平衡特性因素的同时，许多研究者还致力于包容蛋白质的反胶束热力学模型。庞纳（Bonner）等首先进行了这方面的工作，模型假定一个反胶束内只能包含一个蛋白质分子，反胶束膨胀的体积相当于蛋白质的体积，这一模型被称为“水壳”模型。沃尔（Woll）等考虑了蛋白质-胶束的配合体，对这一模型作了改进。卡西里（Caselli）等根据反胶束相的微结构，从理论上作进一步提高，以溶解蛋白质前的反胶束相作为热力学计算的参比

系统，由参比系统和溶解了蛋白质的系统间的最小自由能变化方程及质量守恒方程来求取有关变量，在计算时用了一种近似方法：即将空胶束当作一个微电容器，而将满胶束当作两个同心的微电容器。布拉特科(Bratko)等用"壳-核"模型分析了蛋白质从水相萃入反胶束相的热力学，通过求解非线性的泊松-玻耳兹曼(Poisson-Boltzmann)方程，确定了静电作用对蛋白质传递自由能的贡献。佛莱埃杰(Fraaije)等采用一种更加唯象的方法，根据经典的界面热力学，分析蛋白质在两主体相间的分配性能，并从实验数据计算了伴随着蛋白质的传递引起的质子及其他小离子的共分配。

尽管上述模型对分析蛋白质分配的实验数据，以及预测影响分配系数的主要系统参数是有用的，但是迄今为止所有这些模型尚不能准确预测反胶束相和水相的平衡组成，许多参数是未知的或无法定量的，它们是：蛋白质和非极性溶剂的憎水作用；离子与蛋白质或表面活性剂的特定作用；萃取了蛋白质后，反胶束大小发生的变化所引起的自由能变化；蛋白质分子表面带电基团的分布等。

3）萃取动力学

相对于热力学性能来说，目前对反胶束萃取动力学了解更少。拉哈曼等萃取发酵液中的碱性蛋白酶，发现真实发酵液的反萃取速率比模拟料液要慢得多；反萃取达到平衡的时间比萃取长；最短的萃取平衡时间为 5min，反萃取则为 15min。贝蒂斯坦尔(Battistel)等的定性结果显示，蛋白质的萃取速率比其他小分子组分快得多。蒲留辛斯基(Plucinski)等发现，在溶菌酶萃取过程中，相对于对流传质的阻力，界面阻力是可以忽略的。莱塞等认为，萃取动力学与所萃取蛋白质种类有关，特别是蛋白质分子的大小起重要作用。狄克等利用混合澄清槽及恒界面池，定量研究了 α-淀粉酶进入或离开 TOMAC/异辛烷反胶束相的动力学，发现在蛋白质反萃过程中存在较大的界面阻力，其值约为 10^5 s/cm，要比萃取的总阻力大得多。因此，萃取与反萃取过程的动力学具有较大的差异。

4. 反胶束萃取蛋白质的过程开发

1）新型的反胶束体系

用反胶束技术萃取蛋白质时，用以形成反胶束的表面活性剂起着关键作用。目前，常用阴离子表面活性剂 AOT 来形成反胶束，其不足之处在于不能萃取相对分子质量较大的蛋白质，且沾染产品。久保井亮一等采用 AOT 和牛脱氧胆酸(TDCA)的混合反胶束溶液来提取脂肪酶，活性得率和选择性都得到了提高。史红勤等的实验结果表明，在 AOT 反胶束溶液中加入天然生物表面活性剂磷脂，能使胶束尺寸变大，且提高血红蛋白和枯草杆菌 α-淀粉酶的萃取率。欧瑜明(Eryomin)以 AOT、CTAB 和 Triton-45 形成混合反胶束，有机相溶解辣根过氧化酶的容量得到了显著提高。沃尔等在 AOT/异辛烷反胶束溶液中加入亲和试剂正辛基-β-D-半乳糖苷，对核糖核酸酶 a 与伴刀豆球蛋白-A 组成的模拟体系进行分离，使选择性增加了 10～100 倍。彭(Peng)等将生物相容的表面活性剂 C_8 卵磷脂溶于异辛烷-正己醇(9∶1)形成反胶束溶液，用以提取 α-胰凝乳蛋白酶获得了成功。阿耶拉(Ayala)等则以非离子表面活性剂形成的反胶束溶液，实现了细胞色素 C 从水相传入有机相。如何进一步选择与合成更优的表面活性剂，将是今后应用研究的一个重要方面。

2）蛋白质的反萃取

应用反胶束萃取法提取蛋白质，须考虑的另一个重要问题是如何从负载有机相中反萃取出蛋白质。简单地依靠调节反萃液性能，回收率一般较低，甚至不能获得具有活性的蛋白质。最近相继提出了几种新方法：莱塞等使用硅石从反胶束中反萃取出蛋白质；菲力普(Phillips)

等采用笼形水合物的形成，使反胶束中的蛋白质沉淀析出；狄克等通过改变温度，使原先增溶于反胶束中的水成为一过量水相，分离出此水相就可回收到大部分蛋白质。由于涉及高压及较高温度，这些方法的可行性尚待继续研究和探讨。

3) 反胶束萃取的工业化

上述的论述都还局限于间歇操作。用反胶束萃取技术从水溶液中连续提取蛋白质有两个步骤：即蛋白质从水相选择性地传入反胶束相（萃取）和蛋白质由反胶束相转入另一水相（反萃取），而反胶束相在两个操作工序之间循环。狄克等用两级混合澄清槽，检验蛋白质连续萃取和反萃取的操作性能。阿姆斯特朗（Armstrong）等将反胶束溶液作为液膜，实现了同时萃取与反萃取蛋白质的操作。久保井亮一等也使用液膜，通过调节料液和反萃液的条件，实现了多元蛋白质的分离。道赫伦（Dahuron）等为解决表面活性剂引起的相分离困难，使用聚丙烯中空纤维膜固定两种不互溶液体间的界面，实现了 α-胰凝乳蛋白酶和细胞色素 C 分别从水相萃入 AOT/异辛烷反胶束溶液。从以上实验结果可见，反胶束溶液萃取蛋白质已显示了良好的工业应用前景。

综上所述，大量的研究工作已证明了反胶束萃取法提取分离蛋白质的可行性与优越性。不管是自然细胞还是基因工程细胞中的产物都能被分离出来；不仅发酵滤液（粗滤后）和浓缩物（超滤或真空蒸发后）可通过反胶束萃取进行处理，就是发酵清液也可同样进行加工；不仅是蛋白质和酶能被提取，还有核酸、氨基酸和多肽也可顺利地溶于反胶束。然而，反胶束萃取目前尚处于实验室研究阶段，离真正的实用还有许多有待于研究和解决的问题。例如，如何克服表面活性剂对产品的沾染；更多获取扩大至工业规模所需的基础数据；进行反胶束萃取过程的开发、模拟和放大的研究。尽管如此，用反胶束萃取法大规模提取蛋白质技术由于具有成本低、溶剂可循环使用、萃取和反萃取率都很高等优点，正越来越多地引起各国科研人员的重视，并不断将研究推向深入。

4.5.3 双水相萃取

前面所述及的各种萃取方法几乎都是利用溶质在水油两相的溶解度不同而达到分离目的的。本节涉及的内容是利用两个互不相溶的水相组成双水相体系，进行萃取操作。

双水相萃取是一项可以利用不复杂的设备，并在温和条件下进行简单的操作就可获得较高收率和纯度的生物产品的新型分离技术。与一些传统的分离方法相比，双水相分配技术有以下特点：

(1) 系统的含水量多达 75%～90%，两相界面张力极低（10^{-6}～10^{-4}N/m），有助于保持生物活性和强化相际间的质量传递，但也有系统易乳化的问题，值得注意。

(2) 分相时间短（特别是聚合物/盐系统），自然分相时间一般只有 5～15min。

(3) 双水相分配技术易于连续操作，若系统物性研究透彻，可运用化学工程中的萃取原理进行放大，但要加强萃取设备方面的研究。

(4) 目标产物的分配系数一般大于 3，大多数情况下目标产物有较高的收率。

(5) 大量杂质能够与所有固体物质一起去掉，与其他常用固液分离方法相比，双水相分配技术可省去 1～2 个分离步骤，使整个分离过程更经济。

双水相萃取技术在生物特别在基因工程产物的分离纯化中已显示出其优越性，所得产品纯度已能满足一般工业应用的需要，如再与超滤、层析等技术相结合，还可进一步提高产品的纯度。因此，可以认为该法在生化工程中有良好的应用前景。

1. 双水相萃取技术的基本原理

1) 双水相的形成

将两种不同的水溶性聚合物的水溶液混合时，当聚合物浓度达到一定值，体系会自然地分成互不相溶的两相。这一现象早在 1896 年就由贝杰林克(Beijerinck)观察到了，当明胶与琼脂或明胶与可溶性淀粉的水溶液混合时，就得到一个浑浊不透明的溶液，它随之分成两个液相，这就是双水相体系。双水相体系的形成主要是由于高聚物之间的不相容性，即高聚物分子的空间阻碍作用，相互无法渗透，不能形成均一相，从而具有相分离倾向，在一定条件下即可分为两相。一般认为只要两聚合物水溶液的憎水程度有所差异，混合时就可发生相分离，且憎水程度相差越大，相分离倾向也就越大。

与一般的水-有机溶剂体系相比较，双水相体系中两相的性质差别(如密度和折射率等)较小。由于折射率的差别甚小，有时甚至都难于发现它们的相界面。两相间的界面张力也很小，仅为 $10^{-6}\sim10^{-4}$ N/m(一般体系为 $1\times10^{-3}\sim2\times10^{-2}$ N/m)。界面与试管壁形成的接触角几乎是直角。

原则上，无论是天然的还是合成的亲水性聚合物，绝大多数在与另一种聚合物水溶液混合时都可分成两相，构成双水相体系。部分双水相系统列于表 4-13。用于生物分离的高聚物体系有：聚乙二醇(简称 PEG)/葡聚糖(简称 Dextran)和 PEG/Dextran 硫酸盐体系。常见的高聚物/无机盐体系为：PEG/硫酸盐或磷酸盐体系。

表 4-13　各种双水相系统

聚合物 1	聚合物 2 或盐	聚合物 1	聚合物 2 或盐
聚丙二醇	甲基聚丙二醇 聚乙二醇 聚乙烯醇 聚乙烯吡咯烷酮 羟丙基葡聚糖 葡聚糖	聚乙二醇	聚乙烯醇 聚乙烯吡咯烷酮 葡聚糖 聚蔗糖
乙基羟乙基纤维素	葡聚糖	羟丙基葡聚糖	葡聚糖
聚丙二醇 聚乙二醇 聚乙烯吡咯烷酮 甲氧基聚乙二醇	磷酸钾	聚乙二醇	硫酸镁 硫酸铵 硫酸钠 甲酸钠 酒石酸钾钠
聚乙烯醇或 聚乙烯吡咯烷酮	甲基纤维素 葡聚糖 羟丙基葡聚糖	甲基纤维素	葡聚糖 羟丙基葡聚糖

2) 萃取原理

水溶性两相的形成条件和定量关系常用相图表示。图 4-50 所示为 PEG/Dextran 体系的相图。这两种聚合物都能与水无限混合，当它们的组成在图 4-50 曲线的上方时(用 M 点表示)体系就会分成两相，分别有不同的组成和密度，轻相(或称上相)组成用 T 点表示，重相(或称下相)组成用 B 点表示。由图可见,上相主要含 PEG,下相主要含 Dextran。C 为临界点,曲线 TCB 称为结线,直线 TMB 称为系线。结线上方是两相区,下方为单相区。所有组成在系线上的点分成两相后,其上下相组成分别为 T 和 B。M 点时两相 T 和 B 的量之间的关系服从杠杆定律,即 T 和 B 相质量之比等于系线上 MB 与 MT 的线段长度之比。又由于两相的密度与水相近(通常在 1.0～1.1kg/dm^3),故上下相体积之比也近似等于系线上 MB 与 MT 线段长度之比。

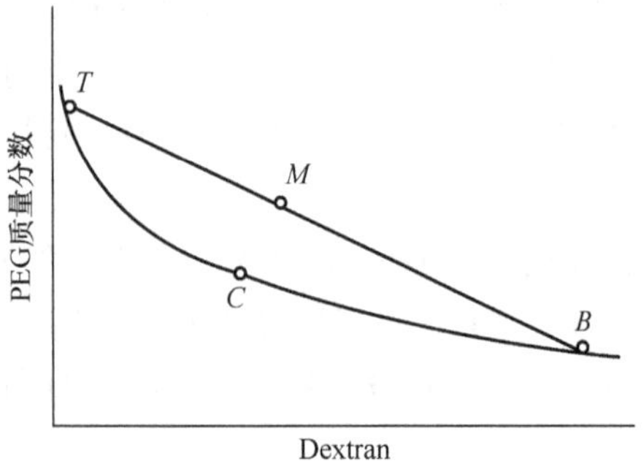

图 4-50　PEG/Dextran 体系的相图

双水相体系萃取分离技术的原理是生物物质在双水相体系中的选择性分配。当生物物质(如酶、核酸、病毒等)进入双水相体系后,在上相和下相间进行选择性分配,表现出一定的分配系数。在很大的浓度范围内,欲分离物质的分配系数与浓度无关,而与被分离物质本身的性质及特定的双水相体系性质有关。不同的物质在特定的体系中有着不同的分配系数,例如各种类型的细胞粒子、噬菌体等分配系数都大于 100 或小于 0.01,酶、蛋白质等生物大分子的分配系数大致在 0.1～10 之间,而小分子盐的分配系数在 1.0 左右。由此可见,双水相体系对生物物质的分配具有很大的选择性。

3) 影响物质分配平衡的因素

生物物质在双水相体系中的分配系数并不是一个确定的量,它要受许多因素的影响。表 4-14所示是影响生物物质分配的主要因素。对于某一生物物质,只要选择合适的双水相体系,控制一定的条件,通过对以上这些因素的系统研究,以确定最佳的操作条件,就可得到合适的(较大的)分配系数,从而达到分离纯化之目的,包括直接从细胞破碎匀浆液中萃取蛋白质而无需将细胞碎片分离。改变体系的 pH 和电解质浓度可进行反萃取。

表 4-14　影响生物物质分配的主要因素

与聚合物有关的因素	与目的产物有关的因素	与离子有关的因素	与环境有关的因素
聚合物的种类	电荷	离子的种类	体系的温度
聚合物的结构	大小	离子的浓度	体系的 pH
聚合物的平均相对分子质量	形状	离子的电荷	
聚合物的浓度			

(1) 聚合物及其相对分子质量的影响。不同聚合物的水相系统显示出不同的疏水性,水溶液中聚合物的疏水性按下列次序递增:葡萄糖硫酸盐＜甲基葡萄糖＜葡萄糖＜羟丙基葡聚糖＜甲基纤维素＜聚乙烯醇＜聚乙二醇＜聚丙三醇,这种疏水性的差别对目的产物与相的相互作用是重要的。

同一聚合物的疏水性随相对分子质量增加而增加,其大小的选择依赖于萃取过程的目的和方向,若想在上相获得较高的蛋白质收率,对于 PEG 聚合物,应降低它的平均相对分子质量,相反,若想在下相获得较高的蛋白质收率则平均相对分子质量应增加。例如双水相萃取糖化酶的结果表明,PEG 平均相对分子质量增大,分配系数减少。当相对分子质量为 400 时,$K>1$,酶主要分布于上相;当相对分子质量大于 400 时,$K<1$,酶主要分布于下相。主要原因是随着 PEG 相对分子质量的增大,其端基数目减少,因而疏水性增加,使糖化酶在上相的表面

张力增加，从而转入下相。

(2) pH 影响。体系的 pH 对被萃取物的分配有很大影响，这是由于体系的 pH 变化能明显地改变两相的电位差，而且，pH 的改变还导致蛋白质带电性质的变化。例如体系 pH 与蛋白质的等电点相差越大，则蛋白质在两相中的分配越不平均，对于酶蛋白，体系应控制在酶稳定的 pH 范围内。

(3) 离子环境对蛋白质在两相系统分配的影响。在双水相聚合物系统中加入电解质时，其阴阳离子在两相间会有不同的分配。同时，由于正电中性的约束，存在一穿过相界面的电势差(Donnan 电势)，它是影响荷电大分子如蛋白质和核酸等分配的主要因素。例如在 PEG/Dextran 系统中加入 $NaClO_4$ 或 KI，可增加上相对带电物质的亲和效应，并迫使带负电的物质进入下相；若加入 Li_3PO_4，则与上述效应相反。同样，对于粒子的迁移也有相似的影响，粒子因迁移而在界面上积累。故只要设法改变界面电势，就能控制蛋白质等荷电大分子转入某一相，如磷酸缓冲液(pH$>$7)，由于其中 HPO_4^{2-} 在 PEG/Dextran 中分配系数相当低，因此可方便地用以改变界面电势，从而将蛋白质转入富 PEG 的相中。因此，离子种类和浓度对被萃物的分配有很大影响。

(4) 温度的影响。分配系数对温度的变化不敏感，这是由于成相聚合物对蛋白质有稳定化作用，所以室温操作活性收率依然很高，而且室温时黏度较冷却时低(4℃)，有助于相的分离并节省能源开支。

2. 双水相萃取技术的应用

双水相萃取在生物化工领域中有广泛的应用。最早是采用聚乙二醇(PEG)葡聚糖体系，但价格过高，黏度过大，现多用 PEG/盐体系，尤其是 PEG/磷酸盐(磷酸钠或磷酸钾)体系。大小不同的粒子在分配系数上的巨大差异是双水相体系萃取分离物质的基础，使得利用双水相萃取技术于基因工程产品的分离和纯化成为可能。图 4-51 给出了这种分离过程的原则流程图。

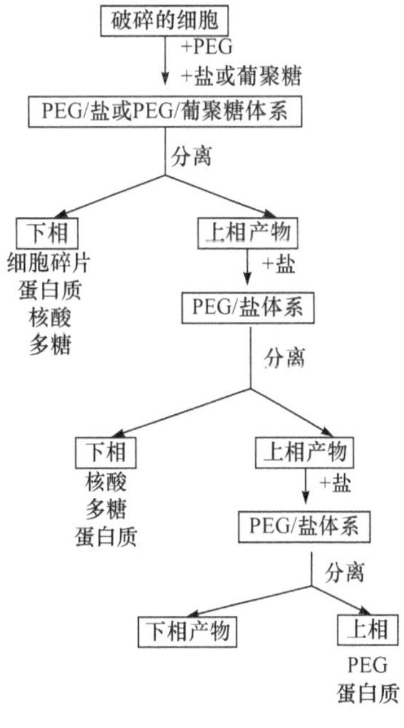

图 4-51　双水相萃取原则流程图

现举例介绍具体的分离、纯化方法。

1) 酶的提取与纯化

目前已较大规模提取纯化的酶有天门冬氨酸酶、果糖脱氢酶、β-半乳糖苷酶、延胡索酸酶、葡萄糖异构酶、葡萄糖苷酶、磷酸果糖激酶、磷酸化酶、乳酸脱氢酶等。甲酸脱氢酶的分离已达到处理 50kg 湿细胞规模，处理的酶蛋白已高达 150g，收率一般在 90%以上，纯化因子也达 1～8。如果条件选择合适，不仅可从发酵液提取酶，实现它与菌体的分离，而且还可将各种酶互相分离。

2) 核酸的分离及纯化

用 PEG/Dextran 体系萃取核酸时，其分配系数对盐离子组成非常敏感，即盐组成的微小变化将会引起分配系数的急剧变动，如图 4-52 所示。还可看到：有活性的 DNA 与无活性的 DNA 的分配系数差别较大，这可能与失活后的 DNA 双螺旋链的解体，从而使更多未配对的碱基裸露在外有关。据此，有人通过 10 级逆流分配平衡将两者几乎完全分离，结果示于图 4-53。

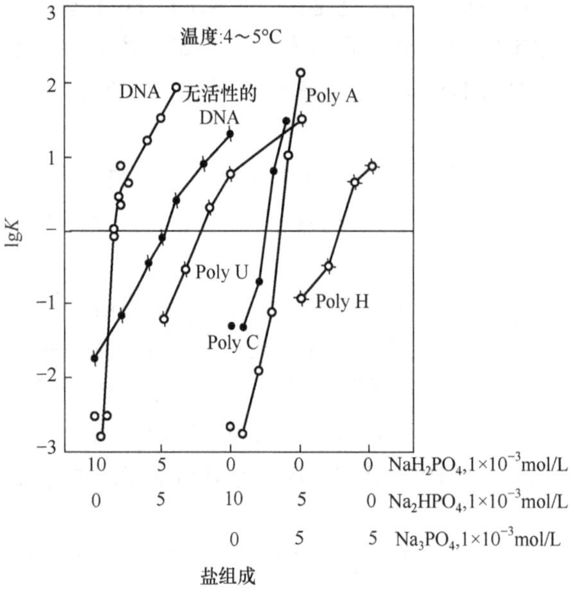

图 4-52　盐组成对不同核酸分配系数的影响
体系：PEG6000 4%/Dextran 5%（质量分率）

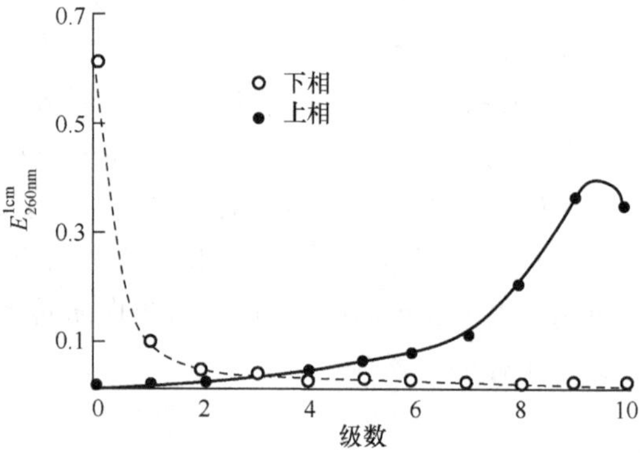

图 4-53　单链 DNA 与双链 DNA 的逆流分离
体系：PEG6000 4%/Dextran500 5%
NaH_2PO_4 0.005mol/L，Na_2HPO_4 0.005mol/L

3）基因工程药物和抗生素类的分离和提取

基因工程药物和抗生素类药物通常是经生物合成而得到的，其目的产物在转化液中的浓度很低，且对温度、酸、碱和有机溶剂较为敏感，容易失活和变性，若以常规的分离手段处理，产品的收率较低且纯度不高。而双水相萃取技术可以保证产物在温和的操作条件下得以分离和纯化。

在 PEG-磷酸酯/磷酸盐双水相系统中 β-干扰素完全分配在上相，杂蛋白几乎全在下相，且 β-干扰素浓度越高，分配系数越大，纯化因子高达 350，收率达 97%，干扰素的特异活性大于 10^6 单位/mg 蛋白。用这一技术与层析技术相结合组成了一套新的分离过程，已成功地向工业规模过渡。

用 PEG4000(6.6%)/磷酸盐(14%)系统从重组大肠杆菌(E. Coli)碎片中提取人生长激素(hGH)，如若进行三级错流萃取，处理量为 15L/h，总收率可达 81%，纯化系数为 8.5。

利用双水相萃取技术提取的抗生素有青霉素、头孢菌素 C、红霉素、乙酰螺旋霉素、青霉素、万古霉素等。

4）病毒的分离纯化

某些病毒在 PEG/NaDS(硫酸葡聚糖)中的分配系数列于表 4-15。可以看出，控制不同的 NaCl 浓度可以使病毒全部分配在上相([NaCl]＝1mol/L)、全部分配在下相([NaCl]＝0.15mol/L)或彼此分开([NaCl]＝0.3～0.5mol/L)，从而实现各种病毒的提取、纯化和反萃取。用这种方法处理的病毒有：噬菌体 T_2、T_4、λ、Φ×174、Φ_ω、QB，烟草花叶病毒、脊髓灰质炎病毒、日本脑炎病毒、流感病毒、腮腺炎病毒等。若一次萃取后病毒的浓度和纯度达不到要求，还可采用多次萃取工艺。

表 4-15　一些病毒在 PEG/NaDS/NaCl 体系中的分配

体系			分配系数 K		
PEG6000(质量分率)	NaDS68(质量分率)	NaCl	仿病毒	线病毒	噬菌体 T_2
1.4%	4.8%	1.0mol/L	$10^{2.6}$	$10^{0.2}$	
2.0%	3.0%	1.0mol/L	$10^{0.4\sim0.6}$	$10^{1.2}$	$10^{2.75}$
3.0%	3.0%	0.5mol/L	$10^{-0.4}$	$10^{1.2}$	$10^{0.8}$
4.0%	4.0%	0.3mol/L	$10^{-2.0}$	$10^{0\sim0.6}$	
7.0%	6.0%	0.15mol/L	$10^{-2.2}$	$10^{-2.6}$	$10^{-2.45}$

5）从天然植物中提取有效药用成分

最近，从天然植物中提取有效药用成分越来越受到人们的关注。利用温和的双水相系统的优越性，对中草药有效成分进行提取研究是一项很有意义的工作。蜕皮激素（ecdysone）和 20-羟基蜕皮激素（20-hydro xyecdysone）在商业上通常是作为杀虫剂或用于某些疾病的诊断指示剂，利用新型的 UCON50-HB-5100/羟丙基淀粉（PES）温度诱导双水相系统从菠菜中提取这两种蜕皮甾族化合物，被认为是一种简便、快捷、经济的技术。黄芩甙（baicalin）是黄芩中具有药用价值的主要有效成分，据报道，用 PEG6000-K_2HPO_4-水的双水相系统对黄芩甙和黄芩素进行分配实验，由于黄芩甙和黄芩素都有一定的憎水性，主要分配在富含 PEG 的上相，两种物质的分配系数最大可达到 30 和 35，若能通过一定的手段去掉溶液中的 PEG，则经浓缩结晶后可得到黄芩甙和黄芩素产品。

3. 双水相萃取技术的过程开发

1）亲和双水相体系

为了提高双水相萃取体系的选择性，可对成相聚合物进行化学修饰，即在 PEG 或 Dextran 上共价地接上具有基团特性或生物特性的亲和配基，如离子交换基、疏水基团、染料配基（以三嗪类染料为主）以及单克隆抗体等。在通常的 PEG/Dextran 体系中加入少量接上亲和配基的聚合物后，即形成亲和双水相体系。它不仅具有通常萃取体系处理量大的优点，而且具有亲和层析选择性强的特点。目前，利用亲和双水相体系已成功地实现对 β-干扰素、甲酸脱氢酶和乳酸脱氢酶等多种生物制品的大规模提取。

2）低成本的双水相体系

虽然 PEG/盐体系的成本较低，并已成功地应用于工业生产，但是，因为体系中盐浓度高，无法实现亲和分配，并会破坏某些生物物质的活性，而使其应用范围受到限制。另外，PEG/Dextran 体系则因葡聚糖价格高，而难以推广应用于工业生产。现已开发了几种低成本的聚合物来代替葡聚糖。例如，牌号 PPT 的变性淀粉和牌号为 Reppa/PES 的淀粉衍生物以及牌号为 Pulluan 的微生物多糖等。利用 PPT 代替 Dextran 的亲和双水相已用于大规模地从肌肉中提取乳酸脱氢酶，回收率达 86%，从而使该工艺过程更为经济可行。

3）传质速率与连续萃取过程

如采用通常的搅拌设备或静态混合器进行双水相萃取操作，因这类体系的界面张力很低，极易分散成细小液滴，系统可迅速达到平衡，故无须研究其传递速率问题。但是，经混合后的物系分相很困难，需借助高速离心机来完成。为避免使用这类昂贵的设备和消除操作过程中易产生的乳化现象，近年来有人分别用聚丙烯中空纤维束按膜萃取的方式或利用喷雾塔的方式来进行双水相萃取。前者采用PEG盐体系,后者采用PEG/Dextran体系,分别对多种酶和牛血清蛋白的传质速率进行了测定,所得传质系数的数值皆在传统溶剂萃取过程分离小分子溶质的数值范围内。虽然,这只是实验室小型装置内的研究结果,但对双水相萃取过程的设备选型和设计具有一定的参考价值。

初期的双水相萃取过程仍以间歇操作为主,近年来,在天冬酶、乳酸脱氢酶、富马酸酶与青霉素酰化酶等多种产品的双水相萃取过程中均已采用了连续操作,有的还实现了计算机过程控制。这不仅对提高生产能力,实现全过程连续操作和自动控制,保证得到高活性和质量均一的产品具有重要意义,而且标志着双水相萃取技术在工业生产中的应用正日趋成熟和完善。

4) 在上游过程中的应用

当前,在酶催化的生物转化过程以及发酵过程中,引入液液萃取技术提取生成的产品,以消除或减轻因基质或产品对上游转化过程阻抑作用的研究,也十分令人注目。在双水相体系中进行酶催化的生物转化过程的研究报道有:苄青霉素的脱酰化、纤维素的糖化、淀粉水解、富马酸制L-苹果酸、丙烯腈制丙烯酰胺等。在双水相体系中进行萃取发酵的有:酵母发酵制乙醇,乙酰丁醇梭菌制丙酮乙醇,枯草杆菌、淀粉液化芽孢杆菌制 α-淀粉酶以及地衣形芽孢杆菌制碱性蛋白酶等。这些研究工作的结果表明,在双水相体系中制取上述产品时,其生产能力与分离效率均优于在单一水相中的间歇操作方法。

思　考　题

1. 为什么分离低浓度的苯甲酸水溶液优先采用液-液萃取而非精馏?
2. 试设计一个用三个分液漏斗进行5个理论级逆流萃取的实验操作法,并加以简单说明。
3. 萃取塔(连续接触式)中两相的液泛速度受哪些因素影响?就其实质而言,它与液滴的什么速度相当?
4. 液液传质中,物料的正负系统、传质方向(从C→D还是D→C)是如何影响传质和液滴聚并的?
5. 试画出具有轴向返混时萃取塔的实际操作线,并讨论轴向返混对分离的影响。微分接触萃取塔塔高的简化计算法是如何计及轴向返混的?
6. 在什么条件下混合-沉降器单元的级联可能是萃取设备的最佳选择?
7. 对25℃下,将低浓度水(C)溶液中的乙酸(A)萃取到乙酸乙酯(S)中的过程,估计或查找下列数据:$(K_A)_D$、$(K_C)_D$、$(K_S)_D$ 和 β_{AC}。该系统是否表现出:(1)高选择性;(2)高溶剂处理能力;(3)容易回收溶剂?能否选择一种比乙酸乙酯性能更好的溶剂?
8. 超临界流体的主要特点有哪些?超临界萃取又有哪些特点?
9. 分析温度对超临界流体溶解度的影响。

计　算　题

1. 拟用转盘塔从苯与丙酮的混合液中萃取丙酮,以水为萃取剂。水相为分散相,用量为850m³/d,混合液为连续相,处理量为370m³/d。试计算转盘塔的直径。

   转盘塔的有关尺寸比为:$D_S/D_R=1.5$,$H_T/D_R=0.6$,$D_R/D=0.5$。有关物系的物性为 $\rho_D=966\text{kg/m}^3$,$\rho_C=860\text{Kg/m}^3$,$\mu_D=1.08\text{cp}$,$\mu_C=0.59\text{cp}$,$\sigma=28.9\text{dyn/cm}$,转盘转速 $n=100\text{r/min}$。
2. 25℃下以1,1,2-三氯乙烷为萃取剂从丙酮水溶液中连续逆流萃取丙酮。水相进料流率为1000kg/h,含45%(质量分率)丙酮;出口萃余相中含有10%(质量分率)丙酮。根据以下数据进行图解计算(列出图解过程)。

   (1) 作出萃取体系的等边三角形相图。

   (2) 求萃取溶剂最低进料流率。

   (3) 估算当萃取相流率为最低流率的1.5倍时所需的萃取级数。

(4) 计算萃取相流率为最低流率的 1.5 倍时，离开各级的萃取相、萃余相流率和组成。

萃取相(质量分率)			萃余相(质量分率)		
丙酮	水	三氯乙烷	丙酮	水	三氯乙烷
0.60	0.13	0.27	0.55	0.35	0.10
0.50	0.04	0.46	0.50	0.43	0.07
0.40	0.03	0.57	0.40	0.57	0.03
0.30	0.02	0.68	0.30	0.68	0.02
0.20	0.015	0.785	0.20	0.79	0.01
0.10	0.01	0.89	0.10	0.895	0.005

以下是几条平衡结线两端萃余相和萃取相的组成：

萃余相(丙酮质量分率)	萃取相(丙酮质量分率)
0.44	0.56
0.29	0.40
0.12	0.18

3. 在转盘塔(RDC)中，以异丙醚为溶剂，25℃下从乙酸水溶液中多级连续逆流萃取乙酸。水相为分散相，流量、物性参数等条件如下所示。

密度：萃余相 1017kg/m^3，萃取相 726kg/m^3；黏度：萃余相 3.0cP，萃取相 1.0cP；萃余相流率为 9526kg/h，而萃取相流率为 23587kg/h；两相界面张力：13.5dyn/cm。

请估算：

(1) 稳定操作时，单液滴的特征运动速度 u_0 $\left(对于转盘塔，可以取\dfrac{u_0\mu_c\rho_c}{\sigma\Delta\rho}=0.01\right)$。

(2) 转盘塔的直径 D_T。

(3) 理论级当量高度 HETS。

塔径选择以保证稳定操作时(U_D+U_C)为发生液泛时流速$(U_D+U_C)_f$ 的 50%为依据。

理论级当量高度 HETS 的计算可根据图 4-54 来进行，注意：对于图中的 HETS / $D_T^{1/3}$ 数群，HETS 和 D_T 的单位均为英寸(in)，最终计算结果应换算成国际单位。1in =0.0254m。

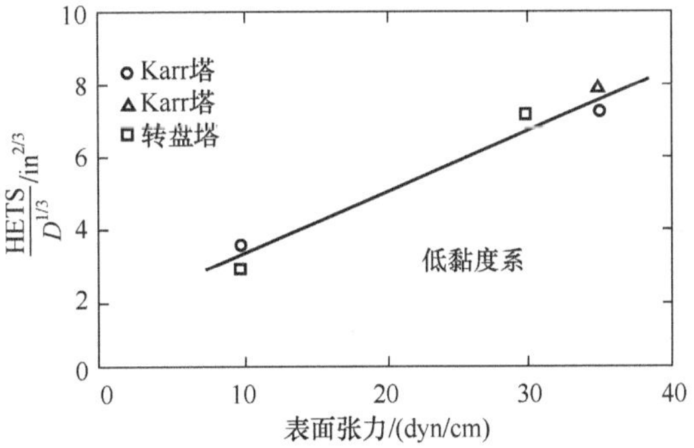

图 4-54　计算题 3 题

4. 糠醛的萃取：以甲苯为溶剂，从糠醛的水溶液中连续萃取糠醛，萃取温度 25℃，萃取设备为图 4-55 所示的搅拌槽，采用六平叶标准圆盘涡轮桨，$H/D_T=1$，$D_i/D_T=1/3$，$W/D_T=1/12$，$H_i/H=1/2$。水相进料流率为 9253.4kg/h，而溶剂进料流率为 5080.3kg/h。密度：水相 0.999g/cm^3，甲苯 0.868g/cm^3。黏度：水相 0.89cP，甲苯 0.59cP[1cP=0.001kg/(m·s)]。两相界面张力：25dyn/cm。停留时间为 2min，

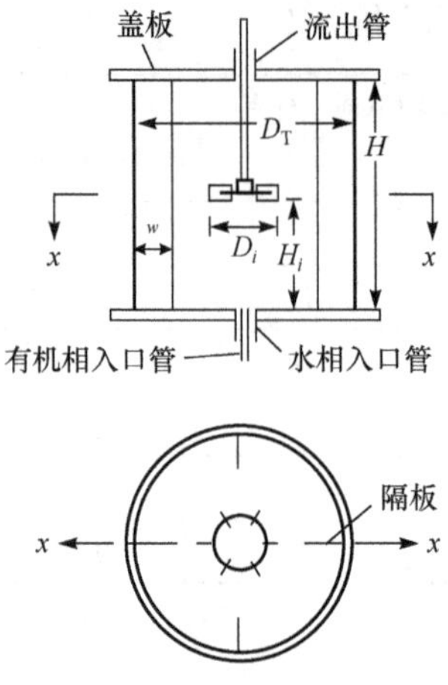

图 4-55　搅拌槽结构示意图

分别针对有机相和水相为分散相的情况，估算：

(1) 搅拌槽的尺寸 H、D_T 和涡轮桨的直径 D_i。

(2) 达到完全均匀分散时所需的最低搅拌转速。

(3) 在最低搅拌转速下消耗的搅拌功率。

以上计算可参考下面的材料：

(1) 液相密度和黏度须根据两项的体积分率取平均值；

(2) 计算最低搅拌转速可根据经验式：

$$\frac{N_{\min}^2 \rho_M D_i}{g\Delta\rho} = 1.03\left(\frac{D_T}{D_i}\right)^{2.76} \varphi_D^{0.106}\left[\frac{\mu_M^2\sigma}{D_i^{\ 5}\rho_M g^2(\Delta\rho)^2}\right]^{0.084}$$

(3) 搅拌功率的计算可根据下式：

$$N_{Po} = \frac{p g_c}{N^3 D_i^5 \rho_M}$$

$$N_{Re} = \frac{D_i^2 N \rho_M}{\mu_M}$$

和 N_{Po}-N_{Re}图。注：采用国际标准单位时，式中 $g_c = 1$。

$$\rho_M = \rho_C \phi_C + \rho_D \phi_D$$

$$\mu_M = \frac{\mu_C}{\phi_C}\left(1 + \frac{1.5\mu_D \phi_D}{\mu_C + \mu_D}\right)$$

参 考 文 献

《化学工程手册》编委会 . 1979. 化学工程手册：萃取及浸取 . 北京：化学工业出版社

《稀土》编写组 . 1982. 稀土. 上册 . 北京：冶金工业出版社

费维扬，等 . 实用新型专利 No. 89220935. 6

李伟，朱自强，梅乐和 . 1998. 双水相萃取技术在药物分离和提取中的应用 . 化工进展，(1)：26

李洲，等 . 1993. 液液萃取过程和设备. 北京：化学工业出版社

马荣骏 . 1979. 溶剂萃取在湿法冶金中的应用. 北京：冶金工业出版社

时钧，等 . 1996. 化学工程手册. 2 版 . 北京：原子能出版社

汪家鼎，沈忠耀，汪承藩 . 1965. 液-液萃取脉冲筛板塔中两相流动特性的初步研究. 化工学报，4：215

吴俊生，邓修，陈同芸 . 1992. 分离工程 . 上海：华东化工学院出版社

朱永华，郁威，陈德宏，等 . 1997. QH-1 型填料塔在中等界面张力体系的应用：Ⅰ流体力学特性. 化工冶金，18(2)：143

Abbott N L，Hatton T A. 1998. Liquid-liquid extraction for protein separation. Chem. Eng. Prog.，8：31-41

Alders L. 1959. Liquid-Liquid Extraction. Amsterdam：Elsevier Publishing Co.；中译本：Alders L. 1959. 液液萃取. 卢鸿业等译 . 北京：化学工业出版社

Bachman I. 1940. Convergence of Tie Lines in Ternary Liquid Systems. J. Phys. Chem.，12：38

Baskir J N，Hatton T A，Suter U W. 1989. Protein partitioning in two-phase aqueous polymer systems. Biotech. Bioeng.，34(4)：541

Blass E，et al. 1986. Progress in liquid-liquid extraction. Get. Chem. Eng.，89：222

Brunner G，Zwiefelhofer U. 1993. Mass transfer and scap up of the extraction from solids with supercritical carbon dioxide. AIChE Annual Meeting

Brunner G. 1994. Gas Extraction. New York：Springer

Campbell J A. 1944. Distribution Equation. J. Ind. Eng. Chem.，(36)：1158

Catchpole O，Simoes P，King M B，et al. 1990. Film mass transfer coefficients for separation process using near-critical CO_2. In DECHEMA，GVC(eds) 2nd International Symposium High Pressure Chemical Engineering. Abstract Handbook. Erlangen

Charpentier B A, Sevenants M R. 1987. Supercritical fluid extraction and chromatography-techniques and application. Americian Chemical Society, 366: 253

Gahrs H J. 1984. Bet Bunsenges. Phys. Chem., 88: 894

Ganguli P S. 1984. US P4478705

Gayler R, Roberts N W, et al. 1953. Liquid-liquid extraction PART Ⅳ: A further study of hold up in peaked columns. Trans. Instu. Chem. Engr., 31: 57

Gupta R B, Han C I, Johnston K P. 1994. Recovery of proteins and amino acids from reverse micelles by dehydration with molecular sieves. Bioteeh. Bioeng., 44: 830

Hand D B. 1930. Dineric Distribution. J. Phys. Chem., 34: 1961

Hanson C. 1978. The use of titanium in the chemical industry. Chem. Eng., 75: 18

Huddleston I, Veide A, Kohler K, et al. 1991. The molecular basis of partitioning in aqueous two-phase systems. Tibtech., 9(11): 381

Janecke E. 1906. A new methods of representation of phase relations in aqueous solutions, reciprocal salt-pairs. Etc. I. Anorg. Chem., 51: 132

Jordan D G. 1968. Chemical Process Development. New York: Interscience

Kung E Y, et al. 1961. Dispersed-phase hold-up in a rotating disk extraction column. AIChE J., 7: 319

Lim G B, Holder G D, Shah Y T. 1990. Mass transfer in gas-solid systems at supercritical condition. J Super Critical Fluids, 3: 186

Lo T C, Barid M H I, Hanson C. 1983. Handbook of Solvent Extraction. Hoboken: John Willy & Sons Inc

Lo T C, et al. 1979. Handbook of Separation Techniques for Chemical Engineering. New York: McGraw-Hill

Lu Q, Li K H, Zhang M, et al. 1998. Study of a centrifugal extractor for protein extraction using reversed micellar solutions. Sep. Sci. Technol., 33(15): 2397

Lu Q, Chen H Y, Li K H, et al. 1998. Transport between an aqueous phase and CTAB/hexanol-octane reversed micellar phase. Biochem. Eng. J., 1(1): 45

McCable W L, Brown G G. 1925. Graphical design of fractionating columns. Ind. Eng. Chem., 17: 605

Migauchi T, Vermeulen T. 1963. Diffusion of back-flow models for two-phase axial dispersion. IEC., 2: 304

Othmer D F, Tobias P E. 1942. Tie Line Correlation. J. Ind. Eng. Chem., 34: 693

Pelrine B P. 1982. US P4363717

Perry J H. 1984. Chemical Engineering's Handbook. 6 th ed. NewYork: McGraw-Hill

Prausnitz J M. 1969. Molecular thermodynamic of fluid phase equilibria. London: Prentice Hall

Richer N L, et al. 1981. An efficient general method for computation of countercurrent separation process with axial dispersion. AIChE J., 27: 277

Rod V. 1966. Calculating Mass Transfer with Longitudinal Mixing. Brit. Chem. Eng., 11: 483

Sleicher C A. 1959. Axial mixing and extraction efficiency. AIChE J., 5: 145

Souders M, Brown G G. 1932. Fundermental Design of High Pressure Equipment Involving Paraffin Hydrocarbons: Ⅳ Fundamental Design of Absorbing and Stripping Columns. J. Ind. Eng. Chem., 24: 519

Stahl E, Quirin K W, Gerard D. 1988. Dense gas for extraction and refining, Translation from the German Edition by M. R. F. Ashworth. New York: Springer

Su Y F, Yu D Y. 1980. Process Development of Baron From Ascharite. ISEC, 1(2): 57

Tadoaki N, Lkuto S, Takeshi K, et al. 1993. Partitioning behavior and enrichment of proteins with reversed micelles extraction. Biotech. Bioeng., 42(5): 596

Thornton J D. 1957. Liquid-liquid extraction PART Ⅷ: The effect of pulse wave-form and plate geometry on performance and throughput of a pulsed column. Trans. Inst. Chem. Eng., 5: 201

Tierney J W, et al. 1971. Proc. Int. Solvent Extraction Conf., 2: 1051

Treybal P E. 1963. Liquid Extraction. 2nd ed. New York: McGraw-Hill

Vermeulen T, et al. 1966. Axial dispersion in extraction columns. Chem. Eng. Prog. , 62: 95
Vermilion W L, Gearhart J A. 1983. Cut Reside Make. Hydrocarbon Processing, 62(9): 89
Wen C Y, Fan L T. 1975. Models for Flow System and Chemical Reactor. New York : Marcel Deckker
Young E F. 1957. New tool analyzes mixing stages. Chem. Eng. , 64: 241
Zehnder B, Trepp C. 1993. Mass-Transfer coefficients and equilibrium solubilities for fluid-supercritieal-solvent systerms by online near-IR spectroscopy. J Supercritical Fluids, 6: 131
Zhang S H, et al. 1985. A model for liquid-liquid extraction column performance. Can. J. Chem. Eng. , 63: 212
Zhu J W, et al. 1991. Hydrodynamics, Axial and Mass Transfer in OTRDC. Chem. Eng. Tech. , 14: 1670

第5章 固液浸取

5.1 概　　述

浸取又称固液萃取(leaching;solid-liquid extraction),是应用溶剂将固体原料中的可溶组分提取出来的单元操作过程。进行该操作的原料绝大部分是溶质与不溶性固体所组成的混合物。溶质是浸取所需的可溶组分,而通常在溶剂中不溶解的固体物质称为载体或惰性物质。将固体混合物浸在选定的溶剂中,利用其组分在溶剂中的不同溶解度,使易溶的组分溶解成为溶液,与溶液分离后的不溶性固体称为固体残渣。

浸取或液固萃取广泛地应用于湿法冶金工业、化学工业、食品工业和制药工业,以获取具有应用价值的组分的浓溶液或者用来除去不溶性固体中所夹杂的可溶性物质。在自然界中大多数金属矿都是以多组分存在的,所以有价值的金属需要通过浸取后才能从矿石中分离出来,例如用硫酸或氨溶液从矿石中浸取而得到铜,用氰化钠溶液浸取分离而提取金。利用浸取法还可以提取或回收铝、钴、锰、锌、铀等。以天然物质为原料,应用浸取法可得到各种有机物质,例如用温水从甜菜中提取糖,用有机溶剂从大豆、花生、米糠、玉米、棉籽中提取食用油,用水浸取各种树皮提取丹宁,从植物的根叶中用水或有机溶剂提取各种医药物质,用有机溶剂提取鱼油、从粗毛中回收油脂等。

浸取所处理的物料,有天然的或经火法处理的矿物,也有生物物质,如植物的根、茎、叶、种子等。

浸取可分为物理浸取、化学浸取和细菌浸取三大类。

物理浸取是单纯的溶质溶解过程,所用的溶剂有水、醇或其他有机溶剂。化学浸取用于处理矿物,常用酸、碱及一些盐类的水溶液,通过化学反应将某些组分溶出。细菌浸取用于处理某些硫化金属矿,靠细菌的氧化作用将难溶的硫化物转变为易溶的硫酸盐而转入浸出液中。

浸取法分离可溶性组分的步骤一般为:①溶剂与固体物料密切接触,使可溶组分转入液相,成为浸出液;②浸出液与不溶固体(残渣)的分离;③用溶剂洗涤残渣,回收附着在残渣上的可溶组分;④浸出液的提纯与浓缩,取得可溶组分的产品;⑤从残渣中回收有价值的溶剂。例如用乙醇或正己烷浸取大豆中的豆油,用水浸取甜菜中的糖分等。

浸取也可在常压或加压的条件下进行。在浸取过程中,固体混合物中的易溶组分在固体内扩散至液固两相界面,然后扩散到溶剂中。为了加速两相间物质传递,必须加大液固两相界面的面积。因此,在一般情况下,都用小块状或粉粒状的固体混合物。

中药提取过程实质上也是溶质由固相转移到液相的浸取过程。中药材中的可溶性组分有的在药材的表面上,有的可能完全被药材的不溶性固体所包围,也有的存在于动植物药材的细胞中。在药材表面上的可溶性成分容易被提取,而当这些可溶性成分存在于固体物质所包围的孔穴中或者存在于药材细胞中时,溶剂必须首先进入到固体的内部,将可溶成分溶解,然后再扩散出来。中药材在工业生产中一般被加工成片状,称为饮片。植物种子一般也被压制加工成薄片,这样既增加了表面积,又有一定量的细胞壁破裂,溶剂就可以容易地接触可溶性成分,而达到提取分离的目的。

5.2 固体中的分子扩散

固体内的气体、液体和固体的扩散速率一般比在液体和气体中慢，然而，固体内的质量传递在化学和生物加工过程中是相当重要的。食品(如大豆)、金属矿石的浸取，木材、食盐及食品的干燥，固体催化剂中的扩散及催化反应，薄膜分离流体，通过包装用高聚物薄膜的气体扩散，以及高温下用气体处理金属等，均涉及通过固体的扩散。

固体内的传递过程通常可概括为两种类型；一种是服从菲克定律的扩散，基本上与固体结构无关；另一种是在多孔固体中的扩散，因此固体的实际结构及其通道对扩散有很大的影响。下面就这两种不同类型的扩散分别进行讨论。

5.2.1 遵从菲克定律的固体内的扩散

固体中的这种扩散类型是与固体结构无关的。当扩散的流体或溶质实际上溶解在固体中形成均匀的溶液时，便发生这种典型的扩散。例如中药提取操作时，由于固体药材内含有大量的水，溶质通过这些水溶液进行扩散。又如锌通过铜的扩散，这时形成固体溶液。

这类扩散可以用类似的方程计算，通常可使用简化方程。应用两组分扩散的一般方程式：

$$N_A=-cD_{AB}\frac{dx_A}{dz}+\frac{c_A}{c}(N_A+N_B) \tag{5-1}$$

由于 c_A/c 或者 x_A 相当小，主体流动项 $\frac{c_A}{c}(N_A+N_B)$ 也很小，故可忽略。此外，对于固体中的扩散，假设 c 是常数，则

$$N_A=-D_{AB}\frac{dc_A}{dz} \tag{5-2}$$

式中：D_{AB} 是 A 通过 B 的扩散系数(m^2/s)，对一个体系通常为常数，对固体来说，它与压强无关。

对于固体平板，即当固体颗粒形状为片状且处于稳态时，则

$$N_A=-\frac{D_{AB}(c_{AS}-c_A)}{z_2-z_1} \tag{5-3}$$

当固体颗粒形状为管状，如空心茎状或管状的药材，其通过内径 r_1、外径 r_2 以及长度为 L 的圆筒的径向扩散，则

$$\frac{\overline{N}_A}{2\pi rL}=-D_{AB}\frac{dc_A}{d_r} \tag{5-4}$$

$$\overline{N}_A=D_{AB}(c_{AS}-c_A)\frac{2\pi L}{\ln(r_1/r_2)} \tag{5-5}$$

式中：$\overline{N}_A$ 为总传质速率，kmol/s。

对于连续非稳态操作过程，按菲克第二定律，应有

$$\frac{\partial c_A}{\partial t}=D_{AB}\frac{\partial^2 c_A}{\partial X^2} \tag{5-6}$$

当考虑在厚度为 $2x_1$ 的平板上在 x 方向非稳态扩散时[图 5-1]，遵循式(5-6)，并为方便计除去下标，则有

$$\frac{\partial c}{\partial t}=D\frac{\partial^2 c}{\partial X^2} \tag{5-7}$$

在时间 $t=0$ 时,剖面图 5-1 上 x 方向所有的浓度值是一致的,即 $c=c_0$。$t=0$ 时,周围的溶剂的浓度为 c_1;强烈的湍动使表面传质的阻力几乎可忽略,以致固体平板表面的浓度和溶液主体相的浓度 c_1 相一致。所以,存在下列边界条件:

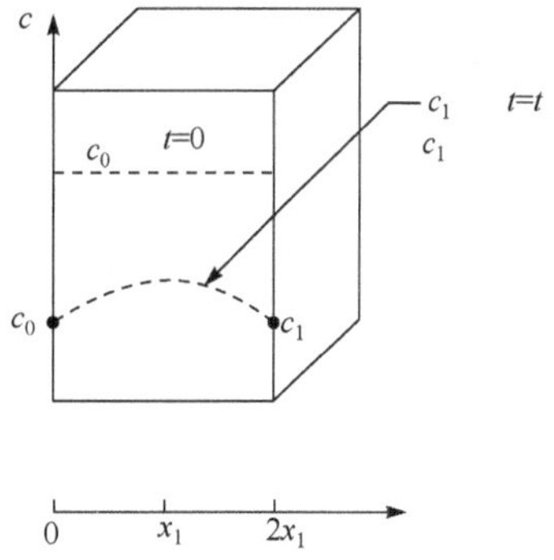

图 5-1　无界面阻力时平板的非稳态传质示意图

$$c=c_0,t=0,x=x,\qquad Y=\frac{c_1-c_0}{c_1-c_0}=1$$

$$c=c_1,t=t,x=0,\qquad Y=\frac{c_1-c_1}{c_1-c_0}=0$$

$$c=c_1,t=t,x=2x_1,\qquad Y=\frac{c_1-c_1}{c_1-c_0}=0$$

令

$$Y=\frac{c_1-c}{c_1-c_0}$$

有

$$\frac{\partial Y}{\partial t}=D\frac{\partial^2 c}{\partial x^2} \tag{5-8}$$

上述方程的解可用无限的傅里叶(Fourier)级数表示如下

$$Y=\frac{c_1-c}{c_1-c_0}=\frac{4}{\pi}\left[\frac{1}{1}\exp\left(-\frac{1^2\pi^2X}{4}\right)\sin\frac{1\pi x}{2x_1}+\frac{1}{3}\exp\left(-\frac{3^2\pi^2X}{4}\right)\sin\frac{3\pi x}{2x_1}+\frac{1}{5}\exp\left(-\frac{5^2\pi^2X}{4}\right)\sin\frac{5\pi x}{2x_1}+\cdots\right] \tag{5-9}$$

式中:$X=Dt/x_1^2$,无因次;c 为在平板上时间为 t、距离为 x 时的浓度;Y 为无因次浓度因子,$1-Y=(c-c_0)/(c_1-c_0)$。

对于间歇操作过程,可将式(5-1)积分,即

$$\int_{c_{A0}}^{c_A}\frac{dc_A}{c_{AS}-c_A}=\frac{Ak_L}{V}\int_{\theta=0}^{\theta}d\theta \tag{5-10}$$

$$\frac{c_{AS}-c_A}{c_{AS}-c_{A0}}=e^{-(k_LA/V)\theta} \tag{5-11}$$

式中:c_{A0} 为溶液中溶质 A 的初始浓度,$kmol/m^3$。

由式(5-11)可知,溶液按指数规律趋于饱和状态。

5.2.2　与固体结构有关的多孔固体中的扩散

菲克定律是应用了一个经验的扩散系数 D_{AB},把固体作为均相物质来处理。但对于多孔固体物料,这些固体具有孔道或连通的空间,它们对扩散有影响。这些多孔性的固体物料的剖面如图 5-2 所示。

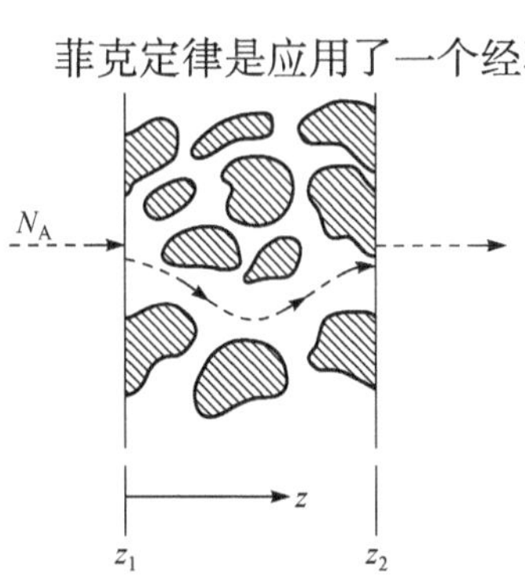

图 5-2　多孔固相剖面传质示意

图 5-2 是一个典型的多孔管状的横截面图。当固体的孔道中被溶剂充满时,孔道中心边界层 1 和孔道外壁 2 的溶质 A 的浓度分别为 c_{AA} 和 c_{A2}。溶质 A 从孔道中心通过孔道壁向外的传质路径是未知的,但肯定比(z_1-z_2)长 τ 倍,τ 称曲折因子。若不考虑固相传质,其连续稳态的传质式:

$$N_A=\frac{\varepsilon D_{AB}(c_{AS}-c_A)}{\tau(z_1-z_2)}=D_{ABeff}\frac{(c_{AS}-c_A)}{(z_1-z_2)} \tag{5-12}$$

式中：ε 为空隙率；τ 为曲折因子，其值在 1.5～5.0。也可以把上述两个量并入扩散系数 D_{AB}，成为有效扩散系数 D_{ABeff}：

$$D_{ABeff}=\frac{\varepsilon D_{AB}}{\tau} \tag{5-13}$$

当多孔固体的孔道内充满气体时，物质的扩散与在液体（溶剂）中扩散的情况类似。如果孔道很大，孔内只发生 Fickian 型扩散，因此对于气体，式(5-12)变为

$$N_A=\frac{\varepsilon D_{AB}(c_{AS}-c_A)}{\tau(z_1-z_2)}=\frac{D_{ABeff}}{RT}\frac{(p_{AS}-p_A)}{(z_1-z_2)} \tag{5-14}$$

5.3 浸取过程的相平衡

5.3.1 三角坐标

固体物料提取时进入提取设备内的物料有：原料的固体载体，其中有可溶性成分（溶质）A 及不溶物质（载体）B；溶剂 S。这样的系统可认为是三元体系。三元体系的固液平衡关系的表示与液液萃取的情况一样，一般应用等腰直角三角坐标。图 5-3 表示为由溶质（A）、载体（B）和溶剂（S）所组成的三元体系的直角坐标，在固体物料浸取过程中，溶质为固体物料的可溶性有效组分、载体为固体物料的不溶性物质、溶剂为提取所用的溶剂。每一个顶点代表一个纯组分，而每一条边则代表一个二组分的混合物。横轴 BA 上的点表示溶质的组成（x_A），纵轴 BS 上的点表示溶剂的组成（x_S），斜边 BA 表示不含载体的溶液，即 $x_B=0$。与斜边平行的直线群表示载体组成一定时（x_B＝定值）的情况，位于三角形内的点则代表真正的三组分混合物的组成。

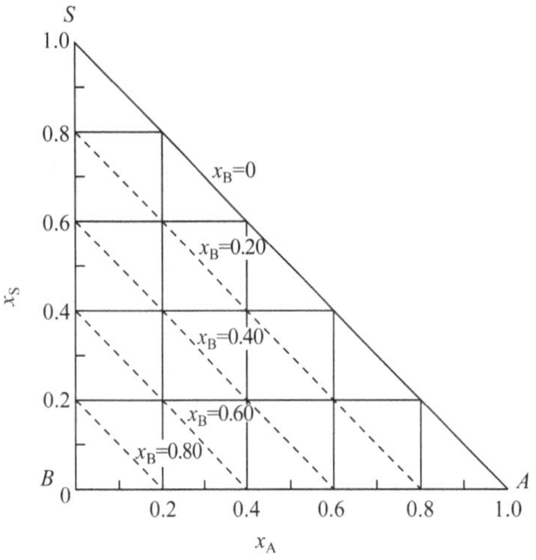

图 5-3　直角三角坐标

中药提取（浸取或者称液固萃取）过程通常把固体药物原料看成由可溶物（溶质）和不溶物（载体）所组成的混合物。溶质是浸取所需的可溶组分，而不溶解的固体被称为载体。中药提取过程就是将中药材中的可溶性组分从中药的固体基块中转移到液体中，即将溶质（可溶性组分）由固相转移到液相中，从而得到含有溶质的提取液的过程。因此，提取过程实质上是溶质由固相传递到液相的传质过程。也可以用三角形内的点表示中药组分混合物的组成关系。

5.3.2 相平衡

固体浸取是利用溶剂从固体药材中分离出可溶性溶质（有效组分）的操作，它的操作步骤包括固体药材与溶剂的混合及分离。如果固体物料与溶剂经过长时间的充分混合，可溶性溶质将全部溶解在溶剂中，不溶性的固体药材和部分残留在固体内的溶液则成为药渣，如果能把药渣也分离为固体和液体，也即达到溶质与不溶性固体的分开，这就达到了固液完全分离的要求。但在实际的提取操作中，用普通的分离手段往往不能将固液完全分开，固体药材中常常要吸附一部分溶液。即使达到吸附平衡，要从固体药渣中完全分离出溶质

也是有困难的。

将固体物料与溶剂混合，经过一定时间后分离出溶液相(提取液或称溢流)和分离后固体里含有的液相(提余相或底流)。如图5-4所示，点M表示为固液混合相，点V与L分别表示为溢流与底流，直线VL通过M点。如果溢流是澄清液，则V在斜边SA上，如果溶剂量很大，达不到饱和溶解度，在溶质(可溶性成分)没有吸附和接触时间充分的情况下，溢流液中的溶质浓度与底流液中的溶质浓度相等，因此直线VL一定通过原点B，底流L可认为是与溢流具有相同组成的溶液。固体浸取过程大多数是这种情况，这种情况称为处于平衡状态，在平衡状态时的级数称为平衡级或理论级。

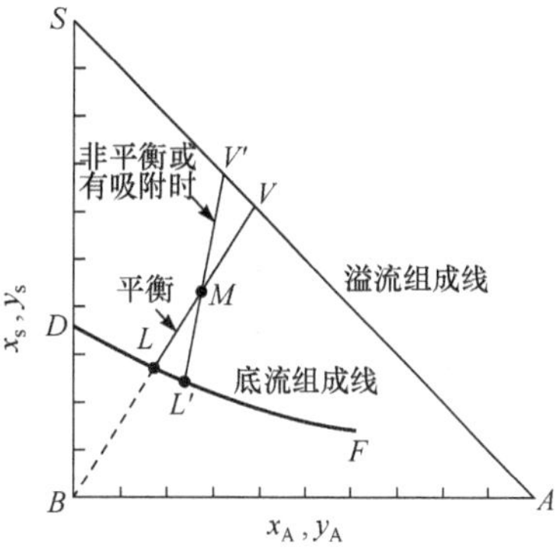

图5-4 平衡图

在固液两相接触时间不足而未达到平衡或溶质有吸附的情况下，则底流液的溶质浓度将大于溢流液的溶质浓度。溢流和底流分别用V'、L'表示，点L'必定在点L的右边。在大多数中药提取过程中，溶质在药材内部的扩散速率比外部的扩散速率小，所以非平衡的情况居多。尤其是在多级提取的情况下，与单级提取相比，因为各级提取时间不足，所以为非平衡提取。

在实际的提取操作中，用相似的条件如接触时间、固液分离程度、温度、溶质浓度等，就各种浓度的混合相进行提取试验，点V'等的轨迹就构成了溢流组成线，其澄清液为斜边SA，而点L'等的轨迹就构成了底流组成线DF，由此得到相应的溢流组成和底流组成(如结线$V'L'$和VL)。这种在实际装置操作中和在相似条件下求得的关系，称为实际平衡关系。利用实际平衡关系计算所得的级数，即为实际级数。

5.4 浸取过程的计算

5.4.1 浸取的平衡及理论级

与其他物质的传递操作一样，浸取过程的设计计算也是基于“平衡级”或“理论级”的概念。所谓一个理论级，就是离开该级的浸取液浓度与底流液的浓度相等。在实际的浸取操作中，通常没有足够的接触时间使溶质完全溶解，所以溶质与溶液之间很少能达到真正的平衡。同时要使固体与溶液完全分离也是不现实的，所以离开浸取器的固体中总夹带有一定量的液体及溶解在液体中的溶质。当溶质被固体吸附，溶液和固体之间虽可建立平衡，但常因沉降和排出的不完全而导致级效率的降低。因此，除了理论级数外，还需要考虑有实际意义的总的级效率，以求得已知的浸取操作中实际所需的级数，或通过实验来取得实际的平衡数据。

一般，固体浸取操作系统可由三个组分组成：①载体或不溶性固体；②溶质，可为单一的组分或多组分的混合物；③溶剂，可选择性地溶解溶质。如果载体在溶剂中的溶解度和载体所吸附的溶质可用溶液浓度的函数来表示，就可以进行平衡级和理论级方面的计算。可根据物料衡算，已知的载体所吸附着的溶液量表示为溶液中溶质浓度的函数和理论级数的定义，算出所需的理论级数。

5.4.2 物料衡算及操作线方程

在浸取设备中，有三种形式的基本操作方法，即单级浸取、多级错流浸取和多级逆流浸取。单级浸取为固体物料与新鲜溶剂接触，完成传质后进行液固的机械分离，这种方法溶质的回收率比较低，而且所得的浸取液浓度也比较小，在工业操作中是经济的。在多级错流浸取操作中，新鲜溶剂和固体物料先在第一级内接触，拟完成传质平衡后，从第一级出来的底流至第二级，再与新鲜溶剂接触，其后各级均按此步骤进行操作。在多级逆流浸取的操作中，底流液与溢流液在各级中相对流动，即在某级中液固两相进行接触，拟完成传质平衡后，底流液向下一级流动，而溢流液则向上一级流动，各级均按此步骤进行操作。由于固体在最后一级与新鲜溶剂接触，固体离开设备后，弃溶质含量可降到最低，因此可获得较高的溶质回收率。溶剂则在第一级与新的固体物料接触后离开浸取设备，因此也获得较高浓度的浸取液。

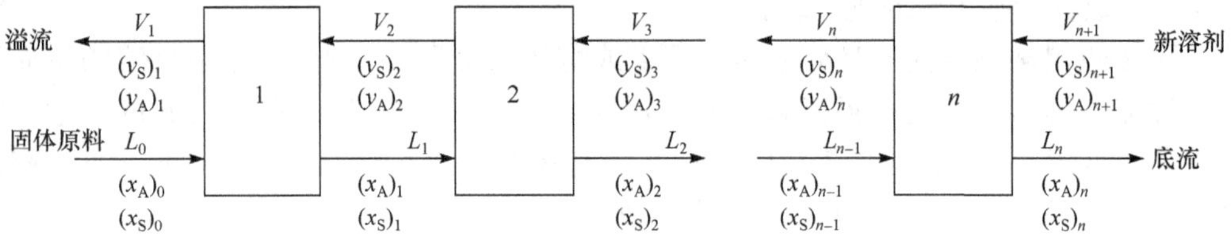

图 5-5 多级逆流浸取示意图

图 5-5 表示多级逆流浸取的操作过程，也表示了物流量及其浓度。在稳定操作时，整个系统的物料衡算由如下表达：

对总的溶液

$$L_0+V_{n+1}=L_n+V_1 \tag{5-15}$$

对溶质

$$L_0(x_A)_0+V_{n+1}(y_A)_{n+1}=L_n(x_A)_n+V_1(y_A)_1 \tag{5-16}$$

式中：L_n 为离开 n 级的底流总量；V_n 为离开 n 级的溢流总量；x_A 为底流中溶质分率；y_A 为溢流中溶质分率；x_S 为底流中溶剂分率；y_S 为溢流中溶剂分率；n 为液流离开浸取级的级数。

式(5-16)消去 V_{n+1} 解出 $(y_A)_{n+1}$，得到操作线方程式如下

$$(y_A)_{n+1}=\frac{L_n}{V_1+L_n-L_0}(x_A)_n+\frac{V_1(y_A)_1-L_0(x_A)_0}{V_1+L_n-L_0} \tag{5-17}$$

如果从各级流出的底流液恒定，式(5-17)所示的操作线是直线。如果 L_n 不恒定，操作线的斜率将逐级变化。对于已知的各种浸取问题，可应用代数法、图解法和解析法，利用上述的操作线方程式计算所需的平衡级数。

5.4.3 代数法

代数法是从已知的最终液流量和组成中选择最合适的量作为计算基准开始进行计算的。首先应用平衡数据和载体所夹带的溶液数据，从浸取级的任一端的一个理论级来进行物料衡算，计算出液流组成。这样从系统的一端开始，逐级在各理论级进行重复计算，直至达到工艺所规定的条件为止。由此得到的理论数除以总的级效率，就得到实际级数。不溶性固体所吸附的溶液量取决于溶液的性质，尤其是黏度。通常，在与工业上相似的操作条件下用实验来测定。各种工业浸取问题都可以用代数法解决，但当浸取级数较多时，计算相当繁琐。

5.4.4 图解法

1. 单级浸取

单级浸取过程的示意流程如图 5-6 所示，固体物料 L_0 与溶剂 V_S 在浸取设备中进行混合接触，然后将混合物分离得到提取液 V_1 和底流(物料)L_1。

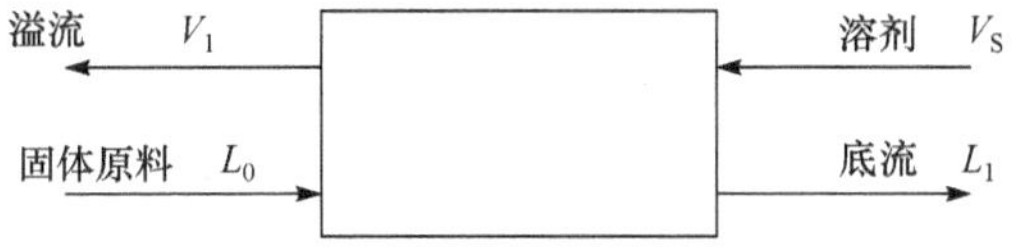

图 5-6 单级浸取

图中 V_S 为进入系统的新鲜溶剂质量流量，kg/h 或 kg；V_1 为离开系统的提取液的质量流量，kg/h 或 kg；L_0 为进入系统的固体物料的质量流量，kg/h 或 kg；L_1 为离开系统的固体物料的质量流量，kg/h 或 kg。

设 x 表示离开系统的固体物料中的组分质量分率，y 表示提取液中的组分质量分率，对系统进行物料衡算：

$$L_0+V_S=L_1+V_1=M \tag{5-18}$$

$$L_0x_{A0}+V_Sy_{AS}=L_1x_{A1}+V_1y_{A1}=Mx_{AM} \tag{5-19}$$

式中：M 为 L_0 与 V_S 混合物的质量流量，kg/h 或 kg；x_{AM}为混合物的组分 A 质量分率。

由此得

$$x_{AM}=\frac{L_0x_{A0}+V_Sy_{AS}}{L_0+V_S}=\frac{L_1x_{A1}+V_1y_{A1}}{L_1+V_1} \tag{5-20}$$

不溶固体的物料量

$$B=L_0(1-x_{A0}) \tag{5-21}$$

单级浸取在平衡图上的表示如图 5-7 所示。点 L_0、V_S 分别表示为固体物料与溶剂，表示混合物的点 M 为$\overline{L_0V_S}$的内分点，其组成可由式(5-20)计算。因 $y_{A0}=0$，式(5-20)可改写成为

$$\frac{x_{AM}-y_{AS}}{x_{A0}-x_{AM}}=\frac{L_0}{V_0}=\frac{\overline{V_SM}}{\overline{L_0M}} \tag{5-22}$$

由此说明由 L_0 与 V_S 的比值，可以从图上求出内分点 M。则 V_1、L_1 为通过 M 点的结线，由此可从图上读出溢流(提取液)和底流(提取后的物料)的组成，若接触时间充分而能达到平衡状态时，$\overline{L_1V_1}$ 将通过原点 B。

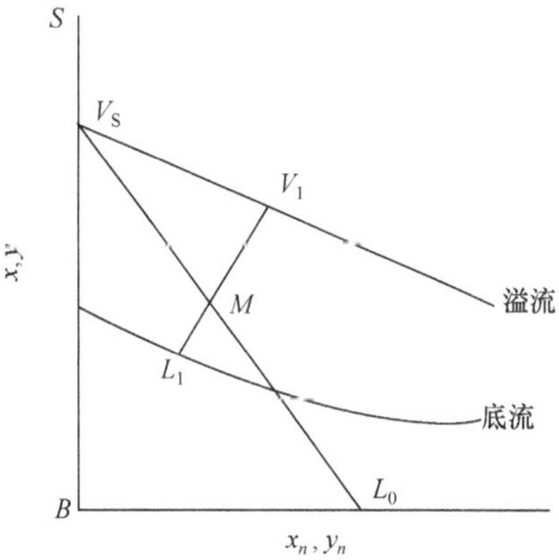

图 5-7 单级浸取图解法

2. 多级错流浸取

多级错流浸取如图 5-8 所示。经过一次提取后的底流(物料)L_1 又与新鲜溶剂接触，进行第二次浸取，这样重复进行的操作为多级错流浸取，在平衡图上表示如图 5-9。

与单级浸取的情况一样，由原物料 L_0 与溶剂 V_S 求出混合物的组成点 M_1，通过 M_1 的结线与溢流组成线及底流组成线的交点分别为 V_1、L_1。由于在多级错流浸取中，每级均用新鲜

溶剂处理，因此连接 L_1 与 V_S，由 L_1 与 V_S 的比值求出 L_1V_S 的内分点 M_2，同样得到通过 M_2 的结线与溢流组成线的交点 V_2、L_2。由此重复图解，即可得到所需的理论级数和最终的提取液的浓度。

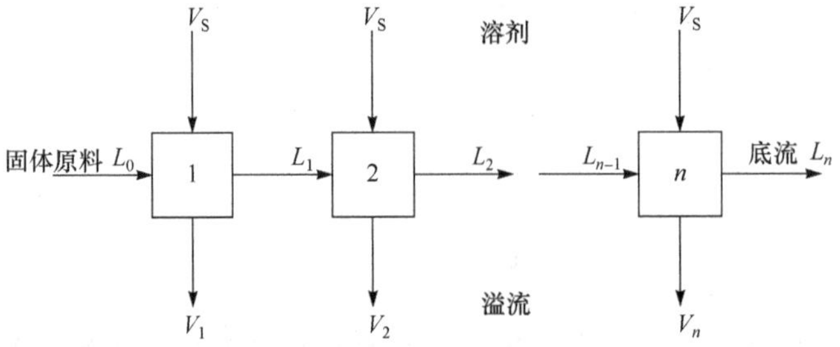

图 5-8　多级错流浸取

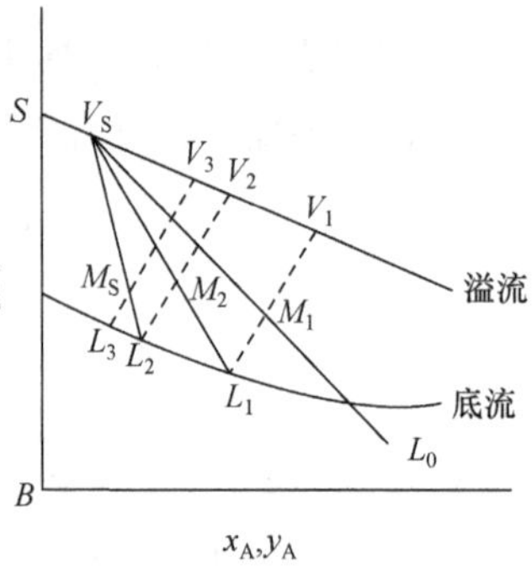

图 5-9　多级错流浸取图解法

3. 多级逆流浸取

连续多级逆流浸取是固液浸取中最重要的操作之一，其流程如图 5-5 所示。图中 L_0、V_{n+1} 分别表示固体物料和溶剂，L_i、V_i 分别表示第 i 级的底流与溢流，在连续多级逆流操作中，底流液（固体物料）与溢流液（溶剂）在各级中以相对方向流动，即由第一级流出的底流在第二级与由第三级流出的溢流接触，这样，溶剂经过几级逆向与固体物料接触后，可获得较高浓度的浸取液，并可得到较高的浸取率。

在稳定操作时，由第 1 级到第 n 级作总的物料衡算和溶质 A 的物料衡算：

$$L_0+V_{n+1}=L_n+V_1=M \tag{5-23}$$

$$L_0x_0+V_{n+1}y_{n+1}=L_nx_n+V_1y_1=Mx_M \tag{5-24}$$

解出 y_{n+1} 并消去 V_{n+1} 可得到如下的操作线方程：

$$y_{n+1}=\frac{L_n}{V_1+L_n-L_0}x_n+\frac{V_1y_1-L_0x_0}{V_1+L_n-L_0} \tag{5-25}$$

如果从各级流出的底流液能够恒定，则式(5-25)在 XY 坐标图上是直线，如果 L_n(底流液)不恒定，操作线的斜率逐渐变化。在实际生产中，底流液一般是不恒定的。

M 是根据 L_0 与 V_{n+1} 的比值求出的 $\overline{V_{n+1}L_0}$ 线的内分点，M 点又是表示 V_1 和 L_n 混合物的点，所以 M、V_1 和 L_n 也应在同一直线上。因此，由底流组成线上的点 L_n，通过 M 引一条直线，与溢流组成线相交，其交点即为 V_1。一般如果决定了 L_0、V_{n+1}、L_n、V_1 四个量，则 V_{n+1} 与 L_0 的比值确定了溶剂比。上面四个量与溶剂比确定后，另一个量也能够确定。由各级的物料衡算，可得

$$L_0-V_1=L_1-V_2=\cdots=L_n-V_{n+1}=\Delta \tag{5-26}$$

$$L_0x_0-V_1y_1=L_1x_1-V_2y_2=\cdots=L_nx_n-V_{n+1}y_{n+1}=\Delta x_\Delta \tag{5-27}$$

式(5-26)中 Δ 是图 5-10 中直线 $\overline{L_0V_1}$ 和直线 $\overline{L_nV_{n+1}}$ 的交点，而表示操作线的各直线 L_1V_2，L_2V_3…均通过 Δ 点。当 $L_0>V_1$ 时，Δ 为正，Δ 在溢流线之上；当 $L_0<V_1$ 时，Δ 为负，如图 5-10 中 Δ 在溢流线之下；而 x_Δ 可取正负值。M、Δ 是两个假想的量值。M 是将多级提取过程视为单级提取时 L_0 与 V_{n+1} 的混合物，将这一混合物分离即得 L_n 和 V_1。而 Δ 表示从第一级至 n 级方向流动的净流率。

在图上求级数时，可以从第一级或 n 级开始，图 5-10 中为从第一级开始进行。由式(5-26)和式(5-27)先定出 V_1，通过点 V_1 结线和底流组成线相交得 L_1（平衡时，结线应通过 B

点)，将 L_1 与 Δ 连接起来，其接线与溢流组成线相交的交点 V_2，如此重复作图，直至 i 级底流中溶质浓度 $(x_A)_i \leqslant (x_A)_n$ 为止，其级数即等于结线的数目。如果平衡数值是在实际生产中得到的，则所得的级数经圆整即为实际所需的级数。

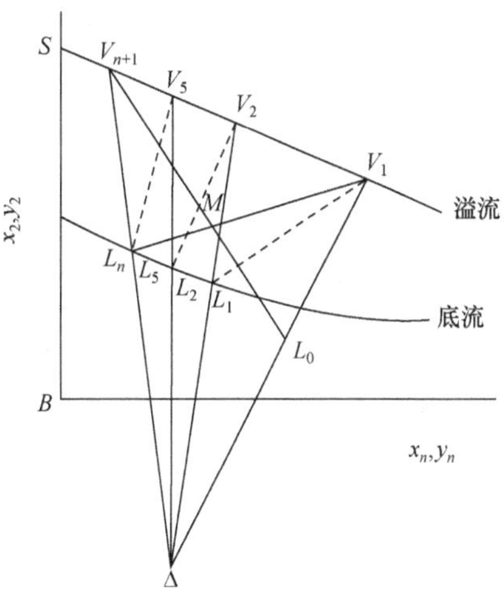

图 5-10　多级逆流提取的图解法

5.4.5　解析法

解析法的原理与图解法一样，是应用物料衡算和平衡关系逐级进行计算，然后根据简单的假定导出计算浸取率和所需理论级数的关系式。

1. 单级和多级错流浸取

根据图 5-11 所示，作单级浸取时的物料衡算为

溶质：
$$S_{F1}+s_0=S_1+s_1 \tag{5-28}$$
溶液：
$$W_{F1}+w_0=W_1+w_1 \tag{5-29}$$

通常 S_{F1}、s_0、W_{F1}、w_0 为已知值，所以如果给定上述两式中右边两个未知数中的一个，则上述方程式即可解。

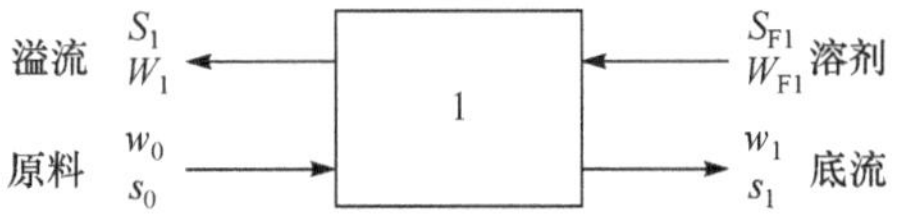

图 5-11　单级浸取(解析法)

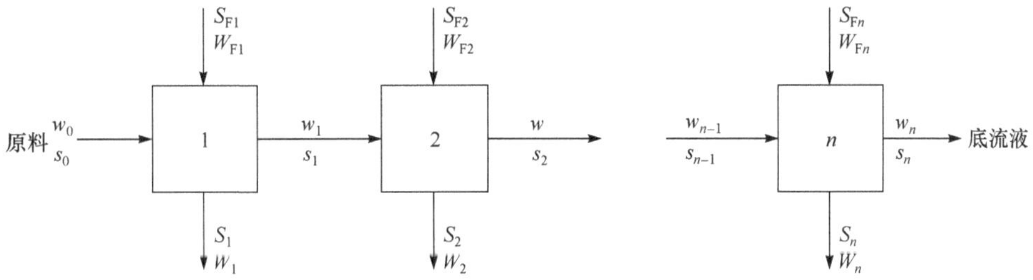

图 5-12　多级错流浸取(解析法)

多级错流浸取过程如图 5-12 所示，其物料衡算可表示为

溶质：
$$S_{F2}+s_1=S_2+s_2 \tag{5-30}$$
溶液：
$$W_{F2}+w_2=W_2+w_2 \tag{5-31}$$

假定：①液固接触时间充分，达到平衡；②底流量一定；③溢流中不含有固体。以溶剂比 a 表示溢流液和底流液的比值，则

$$\frac{S_1}{W_1}=\frac{s_1}{w_1},\quad \frac{S_2}{W_2}=\frac{s_2}{w_2} \tag{5-32}$$

$$S_1=\left(\frac{W_1}{w_1}\right)s_1=a_1s_1,\quad S_2=\left(\frac{W_2}{w_2}\right)s_2=a_2s_2 \tag{5-33}$$

$$w_1=w_2=\cdots=w=\text{定值}$$

假定各级进料的量均相等，则各级溢流液量相等，即

$$W_1=W_2=\cdots=W=\text{定值}$$

各级所用的溶剂量相等，即

$$W_{F2}=W_{F3}=\cdots=W_{Fn}=W=\text{定值}$$

因此：$w_0 \neq w_1 = w$，　$W_F \neq W_1 = W$

w_0 可以取任意值。由以上假定可得

$$a_1=a_2=\cdots=a \tag{5-34}$$

由此可见，溢流液量与底流液量的比值 a 在各级中也为一定值。

假定各级中所用的溶剂不含有溶质时，$S_{Fn}=0$，由式(5-28)、式(5-33)、式(5-34)可得

$$s_0=s_1+S_1=s_1+as_1=(1+a)s_1$$

$$s_1=\frac{s_0}{(1+a)} \tag{5-35}$$

同样可得

$$s_2=\frac{s_1}{(1+a)}=\frac{s_0}{(1+a)^2}$$

由此可得 n 级浸取时为

$$s_n=\frac{s_0}{(1+a)^n} \tag{5-36a}$$

$$\frac{s_n}{s_0}=\frac{1}{(1+a)^n} \tag{5-36b}$$

式中：s_n 为经过 n 级浸取后原料中的溶质量；s_0 为最初原料中的溶质量；a 为各级溢流液量和底流液量的比值。

在最初固体原料中溶液量与各级底流液量相等时

$$w_0=w,\qquad W_{F1}=W_{F2}=\cdots=W_{Fn}=W \tag{5-37}$$

因此，a 为各级供给溶剂量与底流液量之比。在 n 级错流浸取时，若将一定量的溶剂进行 n 等分，则各级中的溶剂量为$\frac{a}{n}$，则

$$s_n=\frac{s_0}{\left[1+\left(\frac{a}{n}\right)\right]^n} \tag{5-38a}$$

$$\frac{s_n}{s_0}=\frac{1}{\left[1+\left(\frac{a}{n}\right)\right]^n} \tag{5-38b}$$

当用一定数量的溶剂进行浸取时，采用溶剂量少而次数多的浸取，要比溶剂量多而次数少的浸取效果好。实际上，最适宜的浸取次数应该由经济效益来决定。

2. 多级逆流浸取

多级逆流浸取的解析计算方法较多，有 Baker 式、Kremser 式、McCabe-Smith 式及陈氏式等，这里仅介绍 Baker 式计算方法。

图 5-13 所示的是多级逆流浸取，以载体量为基准，对任意的一级 i 的溶液和溶质进行物料衡算

$$W_i+w_i=W_{i+1}+w_{i-1} \tag{5-39}$$

$$S_i+s_i=S_{i+1}+s_{i-1} \tag{5-40}$$

式中：$i=1-n$。通常将 s_i、w_i 表示为 S_i/W_i 的函数关系，如下：

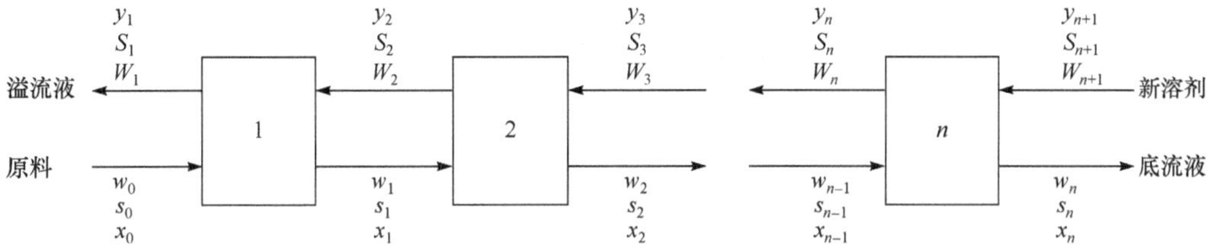

图 5-13　多级逆流浸取(解析法)

$$s_i=f\left(\frac{S_i}{W_i}\right)\qquad w_i=g\left(\frac{S_i}{W_i}\right)\quad i=1,2,\cdots,n \tag{5-41}$$

假定(1)各级均达到平衡，即

$$\frac{S_i}{W_i}=\frac{s_i}{w_i}\quad i=1,2,\cdots,n \tag{5-42}$$

(2)各底流液量一定，即

$$w_i=w=\text{定值}\qquad i=1,2,\cdots,n$$

在一般原料中，不含溶剂或含有任意量的溶剂时，$w_0\neq w$。当底流液量一定时，由 2 级以后的各级物料衡算得 $W_i=W, i=2,3,\cdots,n$。$n=1$，所以 $W_1\neq W$。在 2 级以后的各级中溢流液量与底流液量的比值一定，设为 a，则由式(5-42)可得

$$S_i=as\qquad i=2,\cdots,n \tag{5-43}$$

在 $n=1$ 时，$S_1=a_1s_1$，式中的 $a_1\neq a$。应用上述假定，对 n 级的溶质进行衡算：

$$s_{n-1}=s_n+S_n-S_{n+1}=s_n(1+a)-S_{n+1} \tag{5-44}$$

对 n 级与 $n-1$ 级的溶质进行衡算：

$$\begin{aligned}s_{n-2}&=s_n+S_{n-1}-S_{n+1}=s_n+as_{n-1}-S_{n+1}\\&=s_na[s_n(1+a)-S_{n+1}]-S_{n+1}\\&=s_n(1+a+a^2)-S_{n+1}(1+a)\end{aligned} \tag{5-45}$$

同理可得

$$s_{n-3}=s_n(1+a+a^2+a^3)-S_{n-1}(1+a+a^2)$$

$$s_{n-(n-1)}=s_1=s_n(1+a+a^2+\cdots+a^{n-1})-S_{n+1}(1+a+a^2+\cdots+a^{n-2}) \tag{5-46}$$

$$s_1=s_n\frac{a^n-1}{a-1}-S_{n+1}\frac{a^{n-1}-1}{a-1} \tag{5-47}$$

总的物料衡算：

$$s_0=s_n+S_1-S_{n+1}=s_n+a_1s_1-S_{n-1} \tag{5-48}$$

将式(5-47)代入式(5-48)得

$$s_0=s_n+a_1\left[s_n\frac{a^n-1}{a-1}-S_{n+1}\frac{a^{n-1}-1}{a-1}\right]-S_{n+1} \tag{5-49}$$

$$\frac{s_0}{s_n}=1+a_1\left(\frac{a^n-1}{a-1}\right)-\frac{S_{n+1}}{s_n}\left[1+a_1\left(\frac{a^{n-1}-1}{a-1}\right)\right] \tag{5-50}$$

式(5-50)称为 Baker 式，表示原料中的溶质量与最终溶质量的比值和溢流液与底流液之比，级数以及溶剂中的溶质量之间的关系。

在 Baker 式中，如果溶剂中不含溶质，则 $S_{n+1}=0$，式(5-50)变为

$$\frac{s_0}{s_n}=1+\frac{a_1(a^n-1)}{a-1} \tag{5-51}$$

如果 $a=a_1$，由式(5-50)得

$$\frac{s_0}{s_n}=\frac{a^{n+1}-1}{a-1}-\frac{S_{n+1}(a^n-1)}{s_n(a-1)} \tag{5-52}$$

当 $a=a_1$，$S_{n+1}=0$，则可进一步简化为

$$\frac{s_0}{s_n}=\frac{a^{n+1}-1}{a-1}=1+a+a^2+\cdots+a^n \tag{5-53}$$

通常，在原料中不含有溶剂（$w_0=s_0$）和溶剂中也不含有溶质（$S_{n+1}=0$）的情况下，由式(5-51)可得

$$a^n=\left(\frac{s_0}{s_n}-1\right)\left(\frac{a-1}{a_1}\right)+1 \tag{5-54}$$

因为 $a=\dfrac{W}{w}$，$a_1=\dfrac{W_1}{w}$，所以

$$a-1=\frac{W-w}{w}=\frac{W_{n+1}-w_n}{w}=\frac{W_1-s_0}{w}$$

$$\frac{a-1}{a_1}=\frac{W_1-s_0}{W_1}=1-\left(\frac{s_0}{W_1}\right) \tag{5-55}$$

将式(5-55)代入式(5-54)，可得

$$a^n=\left(\frac{s_0}{S_n}-1\right)\left(1-\frac{s_0}{W_1}\right)+1=\frac{s_0}{s_nW_1}(W_1-s_0+s_n)$$

因 $S_{n+1}=0$，由总的溶质衡算可得

$$s_0=S_1+s_n$$

所以

$$a^n=\frac{s_0}{s_nW_1}(W_1-S_1)=\frac{s_0}{s_n}\left(1-\frac{S_1}{W_1}\right)$$

$$\frac{s_0}{s_n}=\frac{a^n}{1-\dfrac{S_1}{W_1}} \tag{5-56}$$

式(5-56)表示原料中的入口与出口溶质浓度比，以及级数和最终浸取液的浓度之间的关系。以上各式均是以溶液量来表示的，如果以溶剂量为基准，也可以推导出类似的式子。

5.5 浸取过程的工艺条件选择

5.5.1 固体物料的预处理

在固体浸取过程中，为了使固体原料中的溶质能够很快地接触到溶剂，对固体原料进行一定的预处理是非常重要的。预处理包括粉碎、研磨、切片及造型等。

固体原料有不同的结构特性，溶质可能在不溶性固体的表面上，也可能完全被不溶性固体所包围。溶质可能为化学结合，也可能像在动植物中那样是存在于细胞中。在不溶性固体表面上的溶质是容易被溶剂浸取的，而当溶质存在于不溶的惰性物质包围的空穴中时，溶剂必须首先扩散到固体内部，将溶质溶解，然后再扩散出来。在这种情况下，将固体原料粉碎、磨细或切成碎片，增加与溶剂接触的表面积，可使浸出的速度有显著的提高。但考虑到浸取过程中和粉碎后续的液固分离费用，需选择一个经济合理的颗粒大小。对于溶质在不溶性固体均匀分布、溶剂容易渗透的情况，过细的粉碎是不经济的。对浸取后不溶性固体易于破碎的情况，处理上就比较简单。而对于一般块状的原料，由于粉碎后浸取速率增加，因此粉碎的程度除考虑

粉碎的成本以外,还需考虑固液分离和液体渗滤通过的难易程度。通常用搅拌等方法,能保持固体粒子较好地悬浮在溶剂中。

在动植物原料中,由于溶质存在于细胞中,如果细胞壁没有受到破裂,浸取作用是靠溶质通过细胞壁的渗透行为来进行的。因此细胞壁产生的阻力致使浸取速率变慢,但如果为了将溶质浸取出来,而将原料磨碎,破坏全部细胞壁,这也是不实际和不可取的,因为这样将会使一些相对分子质量比较大的组分也被浸取出来,造成溶质精制的困难。因此工业上是将这类原料加工成一定的形状,如在甜菜提取中将其加工成甜菜丝,在植物籽的提取中将其压制加工成薄片,在中药制药过程中往往是将一些中药材加工成饮片后进行提取。这样既增加了表面积,又有比较少量的细胞壁破裂,溶剂可以在不溶性固体中自由流动,从而达到浸取的目的。

5.5.2 浸取溶剂的选择

浸取所用的溶剂与液液萃取中的溶剂选择一样,所选溶剂必须能选择性地溶解溶质,这样可以减少浸取液的精制成本;其次,溶剂对溶质的饱和溶解度要大,这样可以得到高浓度的浸取液。如果溶质的溶解度小,就要消耗过多的溶剂,而且所得到的浸取液中溶质浓度也很小,这样在进行溶剂回收时就需要消耗较多的能量。第三溶剂的物性,从溶剂回收角度来看,溶剂的沸点应该低一些,如果在常压下进行操作,则沸点成为浸取温度的上限。黏度和密度对扩散系数、固液分离、搅拌的动力消耗等均有影响。有时还必须考虑溶剂的价格、毒性、燃烧、爆炸、腐蚀性等有关问题。在矿物浸取(湿法冶金)中,常用一些强酸(盐酸、硫酸、硝酸等)、强碱(氢氧化钠等)作为溶剂。溶剂的用量由浸取过程所需条件及溶剂回收要求、被处理固体和液体量的比值来决定。

5.5.3 浸取温度的选择

浸取温度是影响浸取的重要因素之一,由于溶质在溶剂中的溶解度一般随着温度升高而增大,浸取液的溶质浓度也会增高,同时黏度减少、扩散系数增大,促使浸取速率增快。但为了避免杂质过多浸出,或者当固体在高温时会引起化学反应时,浸取温度就不能太高。如果在沸点温度操作,浸取设备必须耐压,因而设备费用就会提高,一般浸取温度选择都在所选用溶剂的沸点以下或接近于沸点温度。

5.5.4 浸取时间

通常浸取时间与浸取量成正比,也就是说浸取时间越长,扩散值越大,越有利于浸取。但当扩散达到平衡后,浸取过程即完成,延长时间对浸取已无作用。相反,长时间的浸取往往会导致大量的杂质溶出,影响浸取液的质量。在中药提取中,长时间的提取还会使一些有效成分如苷类等易被在一起的酶所分解。

5.6 浸取过程设备

液固浸取操作主要包括固体原料中溶质在溶剂中溶解的过程和残渣与浸取液的分离过程,后一过程中不溶性固体与浸取液往往不能分离完全,因此为了回收浸取后残渣中吸附的溶质,通常还需反复进行洗涤。

浸取设备有间歇式、半连续式、连续式。按固体原料的处理方式,可分为固定床、移动床、分散接触式;按溶剂与固体原料的接触方式,可分为多级接触、单级接触与微分接触型。

在选择设备时,要根据所处理固体原料的形状、颗粒大小、物理性质、处理难易以及所需费用大小决定，处理量大时一般选用连续浸取设备。在浸取过程中，为了避免固体原料的移动，有采用固定床串联，使浸取液通过固定床后连续取出，也可采用半连续或间歇式的固定床。

5.6.1 渗滤浸取设备

1. 分批操作渗滤器

1）矿床内浸取

实际是就地浸取，直接从矿床中回收有利用价值的金属，目前应用范围还比较小。例如美国对于含铜 0.5%的硫化铜矿，将坑道水循环，廉价回收铜，浸取液通过矿床平均需两天。

2）堆积浸取

堆积浸取(简称堆浸)是另一种简单的浸取操作，在不发生渗透性的床面上堆积粗碎矿石，在其上面喷洒浸取剂。例如从智利硝石提取盐，在不渗透性的床面上堆积原料，并在上面喷洒水，经渗滤所得浸取液经自然蒸发可得粗盐。又如含铜硫化铁矿的矿场上，将1in左右的粗碎矿石按 10°倾角堆积至 6～9m 高，然后在上面喷洒浸取剂，矿石遇到适当的水分并和空气发生氧化反应，铜即成为可溶性盐而被浸出。为了使氧化时间充分，浸取剂是间歇喷洒的。浸取后的浸取液可流过铁屑，使金属铜置换出来。

3）渗滤器

粗大颗粒固体可由固定床或移动床设备的渗滤器进行浸取。在渗滤器中装入待浸取固体，然后用溶剂渗滤、浸渍并间歇排泄滤液。槽内应放颗粒均匀的固体，这样才有最大的空隙率，使床层阻力降低和沟流减少。槽的底部安装多孔板或木格子，固体原料堆放其上，浸取槽可用金属、水泥、木材，内衬沥青、铅板、耐酸砖等制成圆形或方形，固体颗粒小时，可内衬滤布。当床层压降过高时，或为了避免溶剂的蒸发损失，可以采用密封的渗滤器，溶剂可用泵循环通过各渗滤槽。

渗滤器也可联组操作。如图 5-14 为多个间歇浸取器所组成的浸取器组，可用于制糖工业中，也用于药物的提取中。在制糖工业中，用几个至十几个浸取器联组，以 71～77℃的热水从含糖 18%的甜菜中提取糖，糖的收率可达 95%～98%，最终浸取液的浓度达 12%。在丹宁的浸取中，用直径为 1.5～2.4m、高度 4.6～7.6m 的由铜或不锈钢等材料制造的提取器组，以完全浸泡和间歇脱水的方法进行浸取。

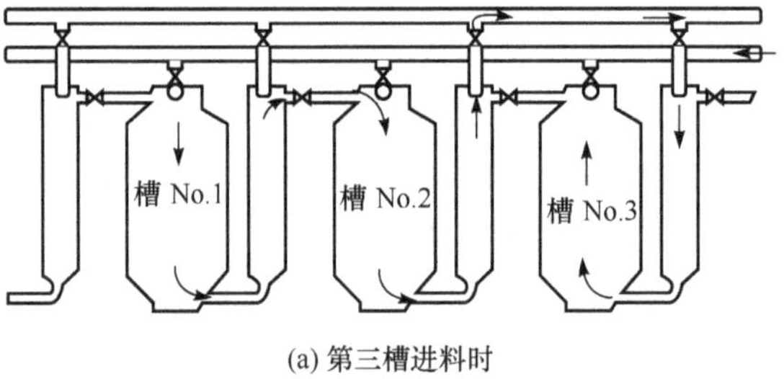

(a) 第三槽进料时

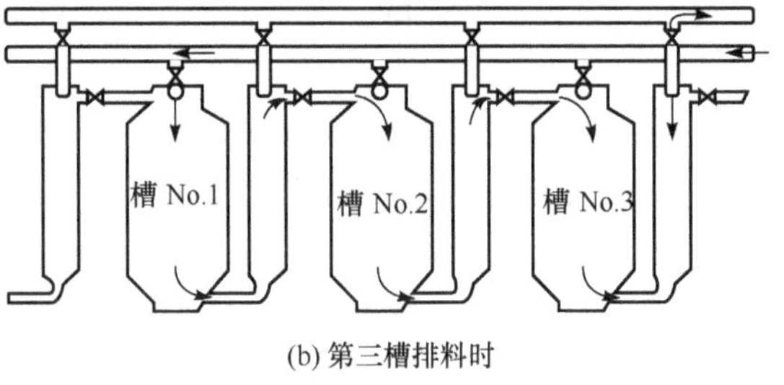

(b) 第三槽排料时

图 5-14　浸取器组示意图

2. 连续操作渗滤器

在移动床中进行固体浸取的渗滤器有 Rotocel、Bollman、Kennedy 及环形浸取器等多种。应用于有机溶剂从棉籽、大豆、米糠、蓖麻籽和许多其他植物籽中提取植物油。通常，为有利于浸取，需将这些植物籽用挤压方法加工成片状。

1) Rotocel 浸取器

由美国 Kellogg 公司开发，1949 年开始用于工业化生产，这种浸取器处理能力大。美国大都采用这种大容量连续浸取的 Rotocel 浸取器，已建成每天可处理物料 18000t 的大型 Rotocel 浸取器。我国在处理大豆和菊花晶等提取过程中也采用此类浸取器。

Rotocel 浸取器的结构如图 5-15 所示。类似于间歇逆流多级接触浸取器组，由中心部分连通的互相垂直的两个槽所组成，浸取器内侧的槽隔开成 20 个相等的扇形单元(也称单元)，整个槽在圆形轨道上慢慢旋转，转速大约为 40rpm。固体物料连续地从某一固定地点加入，此后就受到多股溶剂喷淋，每一股溶剂依次比前面一股要稀，而物料排出前再用纯溶剂洗涤。各单元底板有翻板，浸取完成时，浸取残渣都将落下。浸取槽外侧装有密封罩，以防溶剂蒸汽外逸。槽的底部分成溶液和残渣接受器。溶液接受器接受由各单元流下的溶液，用泵将其输送到隔室的上方，再喷淋下来。残渣接受器则接受分离下来的残渣，再推出槽外。

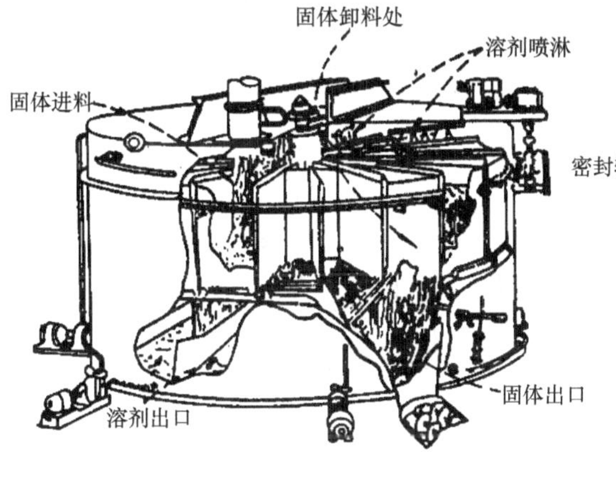

(a) Rotocel 浸取器

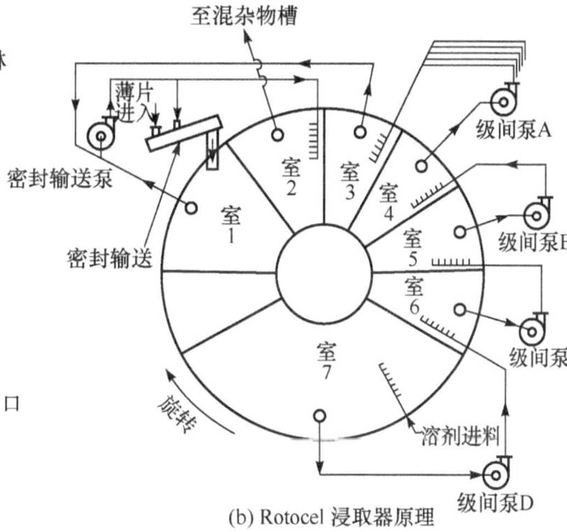

(b) Rotocel 浸取器原理

图 5-15 Rotocel 浸取器示意图

2) Bollman 浸取器

Bollman 浸取器(图 5-16)是一种移动床式连续浸取器，包含一连串带孔的料斗，其安排的方式就如斗式提升机，料斗安装在密封设备中。固体加到向下移动的那一边顶部料斗，再从向上移动的一边的顶部料斗中排出。溶剂喷淋在即将排出的固体物料上，并经料斗向下流动，以达到逆向的流动。然后，再使溶剂以并流方式向下流经其余的料斗并与物料接触。典型的 Bollman 浸取器每小时转一圈，每斗可装 360kg 物料。Bollman 浸取器处理能力大，每天可处理固体物料 50～500t，也有更大的日处理能力为 1800t 的设备。Bollman 浸取器由于固体没有搅拌及最后的浸取液是并流的，可以处理薄片物料。但是在这类设备中只有部分采用逆流流动，且有时会发生沟流现象，因而效率比较低。

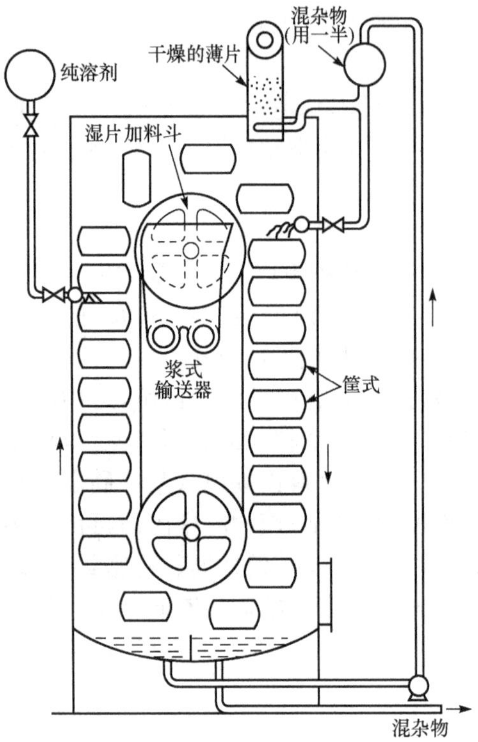

图 5-16　Bollman 浸取器示意图

3) Kennedy 浸取器

Kennedy 浸取器如图 5-17 所示。它由一组槽子串联组成,固体受叶轮带动,由一槽子输送到另一槽子。因此,这种浸取器实际上是一个渗滤器。

当固体被叶轮的叶片提升至槽内的液体水面上并倾倒入下一个槽子时,固体中的液体被放出。在浸取过程中,固体从一个槽子至另一个槽子的移动方向与溶剂的流动方向相反,因而形成逆流浸取,可取得较好的浸取效率。

4) 环形浸取器

环形浸取器由美国皇冠公司 20 世纪 70 年代研制开发,既具喷淋式又具浸泡式浸取器的优点,日处理量达 1000～1500t,可连续处理许多油料作物如棉籽、大豆、小麦胚芽、向日葵、咖啡、菜籽、花生等。其结构如图 5-18 所示,固体物料由进料口加入浸取器后,先经预喷淋浸取段进入流化浸取段,随后在环形浸取器的下部被多次喷淋或浸泡浸出,再由右边弧形部分被提升上去,与新鲜溶剂呈逆流流动而进行连续浸取,最后受到新鲜溶剂喷淋冲洗并沥干,固渣由螺旋输送器排出。

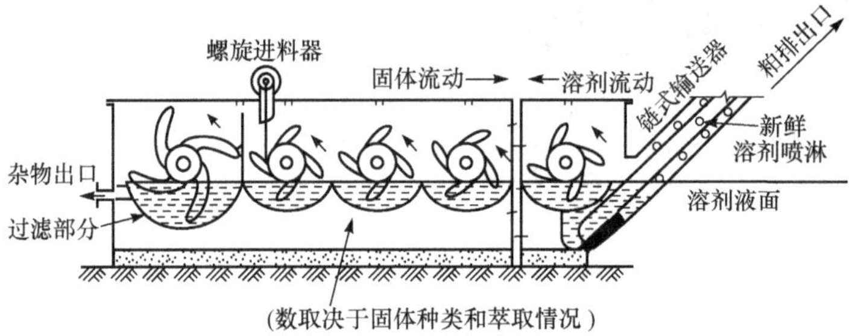

图 5-17　Kennedy 浸取器示意图

5.6.2　分散固体浸取设备

1. 搅拌槽

1) 粗粒原料用搅拌式浸取槽

搅拌式浸取槽又分卧式搅拌浆浸取槽、立式搅拌浆浸取槽与回转圆筒式浸取槽等类型,见图 5-19。

在卧式搅拌浆浸取槽中,待装入原料后密封,一面搅拌原料,一面将新溶剂通过喷嘴喷入,此后再由同一个喷嘴在不搅拌时将溶解了溶质的溶剂排出。这样经过三次或三次以上的重复操作后,用蒸汽夹套加热,使附着在残渣上的溶剂蒸发,或从槽的底部喷嘴直接吹入蒸汽将溶剂蒸出。蒸汽冷凝回收,脱去溶剂后的残渣由排出口经螺旋输送器排出。

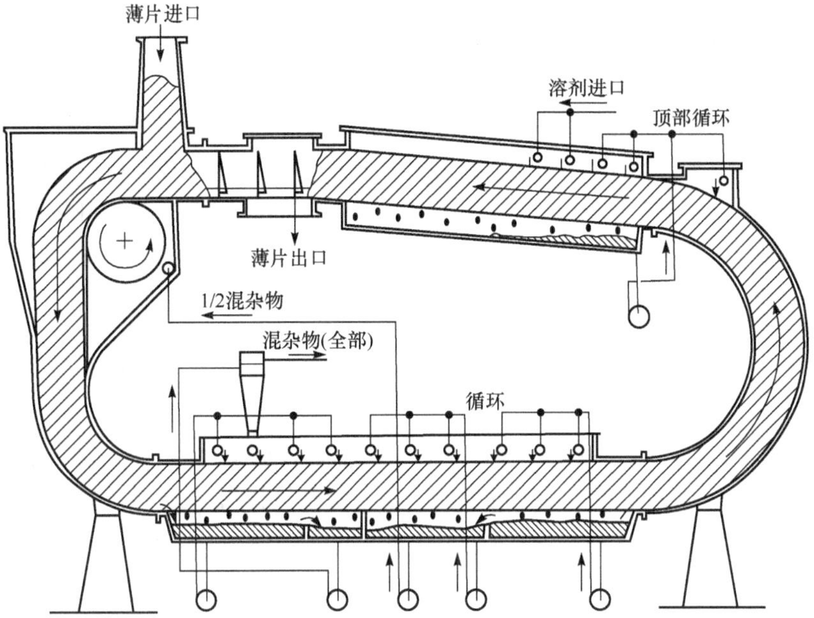

图 5-18　环形浸取器示意图

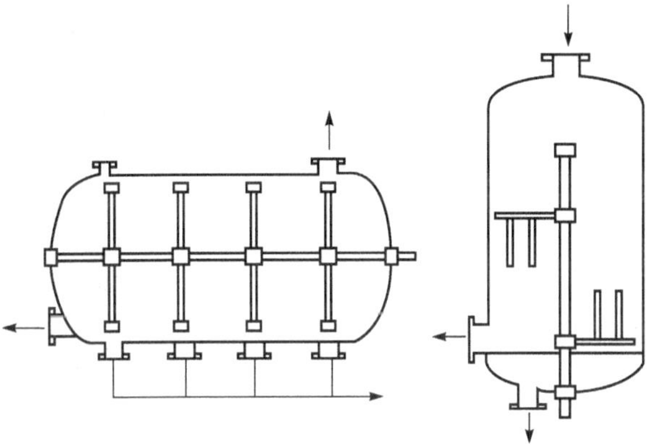

(a) 卧式　　(b) 立式

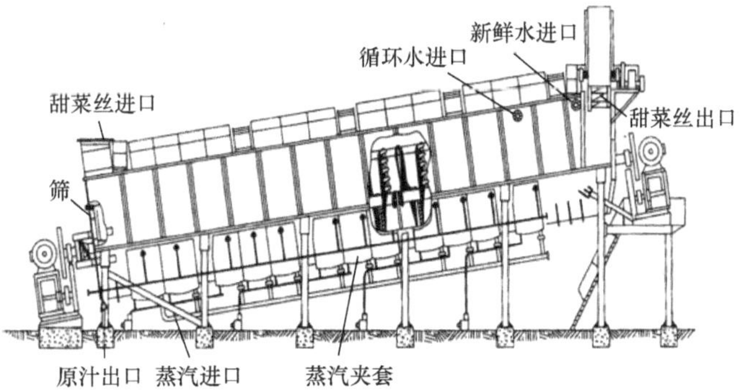

图 5-19　搅拌浸取器示意图

立式搅拌浆浸取槽可用于植物籽的浸取，在这种浸取器的底部装有蒸汽盘管，可直接喷蒸汽进行加热，这种形式的设备广泛应用于间歇浸取或半连续的浸取中。

回转式浸取槽与回转式干燥器类似，主要用于提取浸出比较困难的鱼渣、漂白土、羊毛、压榨过的残渣、胶体粉末及泥状物料。工业中广泛采用的是具有外夹套蒸汽加热的水平圆筒形，便于浸取器的旋转和均匀加热。

2）细粒原料搅拌式浸取槽

在浸取槽中，用搅拌使细粒原料悬浮在溶剂中，当经过一定时间浸取抽提后，在同一槽中或在另一槽中使固体粒子沉降，或用过滤方式使固液分离，搅拌形式有机械与空气搅拌两种。

图 5-20 为空气搅拌的 Pachuca 槽，用于从金银矿中的氰化法提取或氯化锌的浸取。槽用木材、金属、水泥或铅制造，设备费低廉，适宜长期操作。在槽的中部，从锥形底至液面附近有一根垂直管，下部吹入空气，悬浮液与空气在管内急剧上升，悬浮液在垂直管外侧向槽底部流动，形成循环。

2. 连续分散浸取器

连续分散浸取器(Bonotto 浸取器，图 5-21)是一种垂直的板式浸取器，在一个长圆柱塔内等距离装置水平圆板，水平圆板以一定速度旋转。板上有刮刀，使固体在板上移动。相邻两板上的开孔互相错开 180°，固体物从顶部加入，依次通过各板，直到降至底部，然后用螺旋输送器排出。浸取剂从底部进入，向上流动，当溶液由于浓度增加而密度增大时，会与溶剂发生轴向混合。

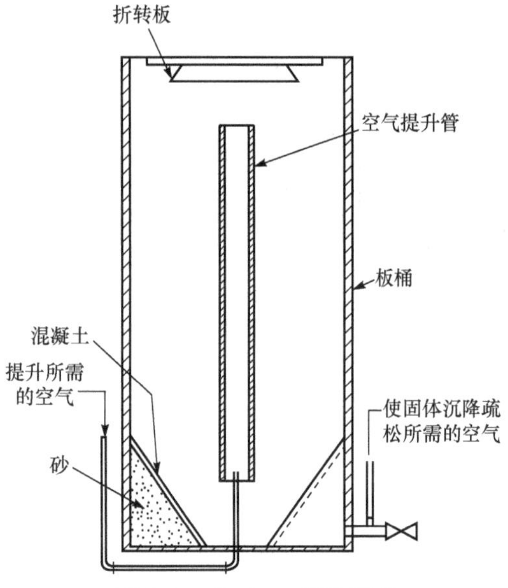

图 5-20　Pachuca 槽示意图

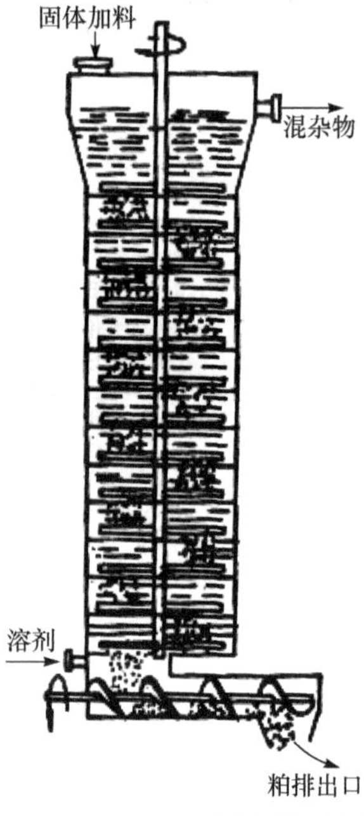

图 5-21　Bonotto 浸取器示意图

5.6.3　螺旋输送浸取器

在一个 U 形组合的浸取器中，分装三组螺旋输送固体，在螺旋线表面上开孔，溶剂可以通过孔进入另一螺旋中与固体逆流接触。螺旋转速以固体排出口达到紧密程度为好。但是，由于受到溶剂损失和料液液流的限制，螺旋输送器[图 5-22(a)]主要用于处理轻质的、具有渗透性的固体。

也有其他形式的螺旋输送器，如双螺旋浸取器[图 5-22(b)]，其水平部分的螺旋用于浸取，倾斜部分的螺旋用于洗涤、脱水和排出浸取过的固体。

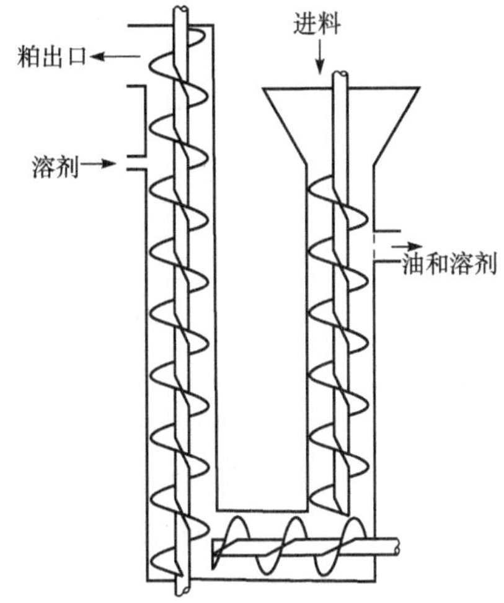

(a) 螺旋输送浸取器示意图

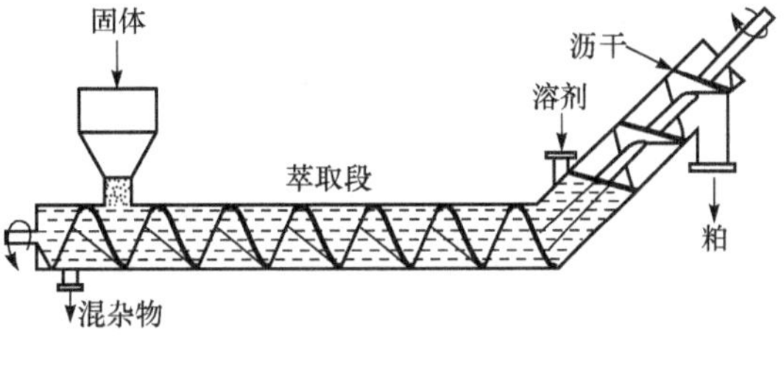

(b) 双螺旋浸取器

图 5-22　螺旋浸取器

5.7 应用举例

5.7.1 矿物加工

20世纪五六十年代我国用硫酸浸取法提取矿物中的重金属如镍、钴、锰、金及其他金属铜、锌等，进行了规模化生产。在现代工业中，大规模的湿法冶金（浸取）已逐年在减少，而在环保、节能等方面应用浸取法进行贵重金属的回收利用，对一些工业废弃物的综合利用等还在不断研发和涌现新的产业。

李来时等以电厂排放的废弃物粉煤灰和硫酸为原料，经活化、磁选、硫酸浸出、硫酸铝溶出、结晶制备出 $Al_2(SO_4)_3 \cdot 18H_2O$。硫酸铝经煅烧、$\gamma$-$Al_2O_3$ 碱溶和晶种分解、氢氧化铝煅烧等过程制备出冶金级氧化铝。获得了完整的工艺流程，在最佳条件下，粉煤灰中氧化铝提取率可达 92.3%。

袁春华以粉煤灰、废铁屑和工业废酸为主要原料，采用自制特殊活化剂并借助活化法制备聚硅酸铝铁（PSAF）无机高分子絮凝剂。该活化剂能有效打开粉煤灰中的 Si-Al 键，大大提高各元素的浸出率。在 m（活性剂）∶$m(SiO_2)$＝1∶3，活化时间为 1h，活化温度为 900℃时得初产品，以混酸 65℃下搅拌浸取，浸取时间为 2h，可获得最佳浸取率。

攀枝花钢铁公司采用高炉炼铁，每年产出大量的高炉渣，造成现有渣场无法堆放，并严重污染金沙江水域。而废渣中含有大量的钛、镁、铝等有价值的金属，需要对其进行浸取处理以更合理利用资源。在用硫酸法由高钛渣生产富钛料的过程中，镁、铝的存在会带来一系列极为不利的影响，例如增加酸耗、浸取液过滤困难、影响后续的水解等；生产钛白会产生大量的废酸，难于治理。结合上述几方面的情况，选择了用废酸对高炉渣酸解浸取，降低其中的镁、铝含量，实现酸废液循环操作。

梁艳辉等研究硬锌渣两段硫酸常压浸取锌、铟、锗的冶金技术。在Ⅰ段低酸条件下将锌浸出，在Ⅱ段高酸和添加剂共同作用下将铟、锗等有价值金属浸出。锌的浸出率达到 90%以上，铟的浸出率达到 88%以上，锗的浸出率可以达到 90.57%以上。

随着电池产销量的逐年增长，废旧电池的回收和处理引起人们的极大关注。例如，利用废旧锌锰电池可以回收锰、锌等金属，不但减少了废旧电池对环境的污染，而且可以实现锌、锰等金属资源的再生利用。锂离子电池广泛应用在电动汽车、航天以及小型移动电子设备等领域，其平均寿命在500～1000次循环，使用时间为3年左右，因此，废旧锂离子电池回收处理问题同样受到了普遍重视。普通的手机锂离子电池中钴、铜、铝、铁、锂等金属含量分别为15%、14%、4.7%、25%和0.1%，对其回收处理可以实现资源综合利用，变废为宝。赵东江等利用湿法浸取处理技术，采取碱浸-酸溶的方法对废旧锂离子电池正极材料进行处理，研究了回收钴、铝、锂金属元素的工艺条件，制备得到氢氧化铝、碳酸钴、碳酸锂等化合物。

石煤是我国一种重要钒矿资源，石煤中碳含量普遍较低，通过选矿富集的方法进行回收碳的意义不大，并使工艺流程复杂化。石煤提钒传统工艺一般采用加盐焙烧-酸浸工艺，因此过程中不可避免会产生 Cl、HCl 等有害气体，环境污染问题突出，且 VO 回收率不高，普遍在40%～50%。近年来，一些科研人员对湿法提钒做了大量研究，李旻廷提出了一种在加压条件下直接酸浸低碳石煤矿石的新工艺。新工艺不需要对矿石进行脱碳处理，工艺流程简单。在加压条件下，钒转化浸出反应的动力学条件大为改善，反应时间缩短，钒转浸率大大提高，钒浸出率可达91%以上，为低碳石煤提钒开辟了一条新的技术途径。

5.7.2 中药材浸取

中药煎药、药酒制作应是世界上最古老的浸取操作之一。应用浸取的方法提取动植物原料中的有效组分也是中药制药工程中的最常用的方法。早期就有人利用稀氨水来浸泡甘草，获取的浸泡液加硫酸进行沉淀得到甘草酸，但这种方法浸泡时间长、效率很低。随着中药制药工业的发展，新的浸取技术和设备逐渐得到应用，如甘草的连续渗漉浸取生产甘草酸，连续逆流螺旋提取器用于甘草霜、甘草膏的生产。

在天然麻黄碱的生产中，传统的多罐煎煮浸提时间长，效率低。邵锡宸等用双辊碾压机将麻黄草表皮碾破，再用平转型浸取器（Rotocel 浸取器）进行喷淋提取，可获得10倍的提取速率。

丹参是一味常见的中药，通过水浸提和醇浸提可获得相应的水浸提物和醇浸提物，可进一步制取丹参片、复方丹参片、复方丹参滴丸、冠心丹参胶囊、香丹注射液等制剂。

银杏叶的主要成分有银杏黄铜、银杏内酯和银杏酸，其中银杏黄铜、银杏内酯是有效成分，而银杏酸类化合物则是一种有害成分。2005年版《中华人民共和国药典》收载的银杏叶提取物的生产过程为：银杏叶粉碎，用稀乙醇热回流提取，提取液回收乙醇浓缩至适度，上大孔树脂柱吸附，然后用水、不同浓度的乙醇依次洗脱，洗脱液回收乙醇后喷雾干燥（或浓缩至稠膏，真空干燥后进行粉碎），得银杏叶提取物粉体。除药典工艺外，还有专利 DE3940092A1，前者用稀乙醇作为浸取剂，后者用丙酮。此外还有多种银杏叶提取物的生产工艺，可参阅相关资料。

废次烟叶经干燥、粉碎预处理后，可用石油醚或正己烷提取其中很有医药价值的茄尼醇。这是变废为宝，提高烟草工业附加值的一条有效途径。相对于传统提取工艺使用的正己烷作为浸取剂，石油醚在最佳工艺条件下不仅有较高的茄尼醇提取率和溶剂回收率，更为重要的是，它的价格远低于正己烷，如能工业化生产，可使整个生产过程的成本降低，因而具有广阔的应用前景。

我国植物药浸取技术与装置的开发及应用有不少进展，但总体水平与国外相比有一定差距，在国内亦落后于食品、油脂制糖工业，其原因主要在于质量指标成分和药材预处理标准的确定、对用于制药的浸取技术和浸取设备的评价、对应用于制药的浸取新技术和新设备（超临界流体萃取、微波、超声波辅助浸取等）的认定等。

5.7.3 食品加工

浸取法在食品工业中也有非常广泛的应用和进一步深入开发的前景。在食用油脂生产工业中，用浸取法从油料（大豆、花生、棉籽、油菜籽、葵花籽、芝麻等）中提取食用植物油是目前常用的制油方法之一。浸取法制油是利用萃取原理选择一种能溶解油脂的有机溶剂（常用的是六号轻汽油），使其与经预处理的油料接触（浸泡或喷淋），使油料中的油脂被溶解出来成为一种溶液，这种溶液称为混合油，利用所选择溶剂与油脂沸点不同，对混合油进行蒸发、汽提，蒸出溶剂，留下油脂，得到毛油。被蒸出的溶剂蒸汽经冷凝回收，再循环使用。毛油再经过精制（脱脂、脱胶、脱水、脱色、脱臭、脱酸等工序）得到成品油。所以整个工艺流程要包括油料预处理、预榨、料胚浸出、湿粕脱溶、溶剂冷凝冷却回收循环、毛油精制等。国家标准规定，即使合格的浸出大豆油每公斤也允许含有 10mg 的溶剂残留。

姜黄色素是传统的工业化生产食品色素，由于姜黄精油会引起姜黄素溶解度、气味和色泽的恶化，在工业上并没有采用在浸取姜黄色素前先用溶剂浸取姜黄精油的方法，而是用己烷等有机溶剂洗涤姜黄色素的粗提物，这样更经济、更节约时间。现代姜黄色素的工业化生产依然是以此为基础的。为了提高姜黄色素的纯度、浸取得率和浸取效率，浸取溶剂特点、浸取工艺和强化浸取过程技术等一直在进行大量的研究工作，取得了大量的成果。

番茄红素是一种天然类胡萝卜素，具有较强的抗氧化性。因此，番茄红素是很有开发前途的功能性天然色素。番茄红素最简便有效的提取方法就是溶剂浸取法，很多科研人员对浸取溶剂的选择、浸取液用量、浸取时间、浸取温度、浸取次数等进行研究，以获取最佳的浸取工艺参数，指导实际工业生产。

思 考 题

1. 什么是固液浸取？用浸取法分离组分一般有几个步骤？
2. 试用三角坐标来表达三元体系的固液平衡关系，表示三组分混合物的组成。
3. 浸取操作有几种形式的基本操作方法？
4. 何为理论级及浸取的平衡？

计 算 题

1. 采用正己烷提取大豆油，大豆含油 20%（质量分率），如使用 100kg 纯溶剂一级浸取原料为 100kg 大豆的油，且每公斤底流液中的不溶物为 1.5kg。试计算溢流（提取液）和底流（提取后的物料）的组成和质量。
2. 条件同例 4-1，但单级浸取改为多级逆流浸取，希望大豆油的回收率提高至 90%、溢流液最终含油量 $y_{A1}=50\%$ 和每公斤底液中含不溶物为 2kg。需要多少理论级才能满足上述要求？
3. 2000kg 棉籽饼中还含有 15% 的棉籽油，用正己烷对其进行三级错流浸取。经三级浸取，每级可得到浸取液 1200kg，浸取后的残渣为 2500kg，假定每级浸取后的棉籽油溶解在正己烷中都达到平衡，每级的底流量一定，浸取液不含少量固体，试用解析法求：
   (1) 经三级浸取后残渣棉籽油的含量。
   (2) 浸取液中总的棉籽油浓度。
4. 在三级逆流浸取器中，用 5000kg 的水浸取含溶质 12%、水分 5%（质量分率）的矿物药材 4000kg。假定每级均能达到平衡，各级的底流中每 1kg 载体中含有 0.3kg 的溶液。用解析法求溶质的回收率和最终浸取液的浓度。

参考文献

曹光明. 1994. 中药工程学. 北京:中药医药科技出版社

曹光明. 2004. 中药制药工程学. 北京:化学工业出版社

曹光明. 2009. 中药浸提物生产工艺学. 北京:化学工业出版社

曹雁平,矫庆泽. 2010. 姜黄色素浸取技术研究进展. 中国食品添加剂,4:228-232

邓修. 2008. 中药制药工程与技术. 上海:华东理工大学出版社

邓宇,杨燕,陆海燕,等. 2002. 番茄红素提取工艺的初步研究. 化工科技,10(1):11-14

范正,黄吉安,陈家镛. 1980. 转盘萃取塔进展. 化学工程,3:236

化学工程手册编写委员会. 1985. 化学工程手册. 北京:化学工业出版社

金克普利斯 J. 1985. 传质过程与单元操作. 清华大学化学与化学工程系传质组译. 北京:清华大学出版社

李来时,翟玉春,吴艳,等. 2006. 硫酸浸取法提取粉煤灰中的氧化铝. 轻金,12:9-12

李旻廷,魏昶,李存兄,等. 2008. 低碳石煤加压浸取钒新工艺研究. 铀矿冶,27(3):7-9

梁艳辉,魏昶,蒋鹏飞,等. 2010. 硬锌渣常压浸取锌铟锗. 有色金属, 64(4):11

邵锡宸,夏定龙,刘为群,等. 1994. 麻黄草原料前处理及麻黄碱连续浸取. 中国医药工业杂志,25(8):363-368

邵锡宸. 1992. 植物药浸取. 医药工程设计,1:27-30

杨德建,刘代俊,徐程浩. 2007. 钛白废酸浸取攀钢高炉渣的研究. 四川化工,10(2):44

袁春华. 2010. 混酸浸取制聚硅酸铝铁及其性能研究. 无机盐工业,42(11):51-53

赵东江,马松艳. 2011. 采用湿法技术从废旧锂离子电池中回收有价金属. 化学工程师,2:52

Christie J. 1978. Geankoplis Transport Processes and Unit Operation. Boston :Allyn and Bacon Inc

Coulson J M,Son F R. 1978. Chemical Engineering. Vol 2. 3rd ed. New York :Pergamon Press Inc

Treybal R E. 1968. Mass Transfer Operation. 2nd ed. New York : McGraw-Hill

第 6 章　传质分离过程的节能

混合物的分离必须消耗外能。能耗是大规模分离过程的关键指标，它通常占操作费用的主要部分。因此，确定具体混合物分离的最小能耗，了解影响能耗的因素，寻求接近最小能耗的分离过程是很有意义的。

精馏是工业上应用最广的分离操作，消耗大量能量。减少精馏操作的能耗，一直是热门的研究课题，本章主要讨论精馏操作的节能。

节省分离过程的能耗可以从以下几方面着手：首先选取适宜的分离方法，这是节能的关键步骤，这一问题将在有关章节作简要论述；其次是分离过程在总体工艺流程中进行热集成，有兴趣读者请参阅有关著作；再次是复杂混合物分离的适宜流程安排；最后是各具体分离操作的适宜操作条件和参数的确定，以及设备结构和尺寸的优化等。本章仅对最后两方面的节能知识进行简要介绍。

6.1　分离过程节能的基本概念

6.1.1　有效能(熵)衡算

考察图 6-1 所示的连续分离过程，它将物质的量为 n_{Fj}(mol)、焓为 H_{Fj} 和组成为 z_{Fj} 的 e 股进料分离成 n_{Qj}、H_{Qj} 和 z_{Qj} 的 m 股产品，其间不发生化学反应，与外界发生热量 Q_t 和功 W_t 的交换(本章规定，从环境向系统传入热量和做功为正)。如果由过程引起的动能、位能和表面能等的变化可以忽略，由热力学第一定律可得

$$\sum_{j=1}^{e} n_{Fj}H_{Fj} + Q_t + W_t = \sum_{j=1}^{m} n_{Qj}H_{Qj} \tag{6-1}$$

由热力学第二定律可得

$$\sum_{j=1}^{m} n_{Qj}S_{Qj} \geqslant \sum_{j=1}^{e} n_{Fj}S_{Fj} + \frac{Q_t}{T} \tag{6-2}$$

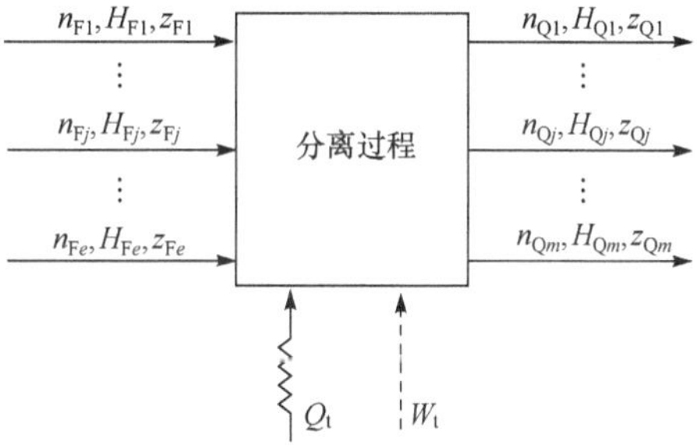

图 6-1　连续分离过程示意图

式中：S 为物流的摩尔熵，假设分离过程等温进行，温度为 T。式(6-2)等号仅适用于可逆分离过程。如以 σ 表示系统的熵产生(可逆过程 $\sigma=0$)，式(6-2)改写为

$$\sum_{j=1}^{e} n_{Fj}S_{Fj} - \sum_{j=1}^{m} n_{Qj}S_{Qj} + \frac{Q_t}{T} + \sigma = 0 \tag{6-3}$$

将式(6-3)各项乘以环境温度(“死态”温度)T_0，并与式(6-1)相减后整理得

$$\sum_{j=1}^{e} n_{Fj}(H_{Fj} - T_0S_{Fj}) - \sum_{j=1}^{m} n_{Qj}(H_{Qj} - T_0S_{Qj}) + Q_t\left(1 - \frac{T_0}{T}\right) + W_t = T_0\sigma \tag{6-4}$$

热力学中已证明，温度为 T 的热能 Q_t 的有效能为

$$B_Q = \left(1 - \frac{T_0}{T}\right)Q_t \tag{6-5}$$

不计动能和位能时物流的物理有效能为

$$B_{ph}=H-T_0S \tag{6-6}$$

不可逆过程的有效能损耗为

$$D=T_0\sigma \tag{6-7}$$

因此，定态连续分离过程的有效能衡算式为

$$\sum_{j=1}^{e} n_{Fj}B_{Fj}-\sum_{j=1}^{m} n_{Qj}B_{Qj}+B_Q+W_t=D \tag{6-8}$$

显然，式(6-8)可以推广应用到不发生化学反应的任何定态过程。

6.1.2 分离最小功

分离最小功是分离过程必须消耗的最小功的下限，只有当分离过程完全可逆时，分离消耗的功才是分离最小功。因为过程可逆，有效能损耗 $D=0$，根据有效能衡算式(6-8)得

$$W_{min}=W_t+B_Q=\sum_{j=1}^{m} n_{Qj}B_{Qj}-\sum_{j=1}^{e} n_{Fj}B_{Fj} \tag{6-9}$$

分离最小功可以是外界提供的功或热能，它等于产物流的有效能与原料有效能之差。

代入物流的有效能定义式(6-6)得

$$W_{min}=\sum_{j=1}^{m} n_{Qj}(H_{Qj}-T_0S_{Qj})-\sum_{j=1}^{e} n_{Fj}(H_{Fj}-T_0S_{Fj}) \tag{6-10}$$

热力学定义的吉布斯自由焓 $G=H-TS$。当 $T=T_0$ 时，上式变为

$$W_{min}=\sum_{j=1}^{m} n_{Qj}G_{Qj}-\sum_{j=1}^{e} n_{Fj}G_{Fj} \tag{6-11}$$

1mol 混合物的吉布斯自由焓是各组分化学位(偏摩尔自由焓)与摩尔分率乘积之和，即

$$G=\sum_{i=1}^{c} z_i\overline{G}_i=\sum_{i=1}^{c} z_i\mu_i \tag{6-12}$$

在温度 T_0 时，化学位 μ_i 为

$$\mu_i=\mu^{\circ}_i+RT_0(\ln\hat{f}_i-\ln f_i^{\circ}) \tag{6-13}$$

式中：μ°_i 和 f_i°分别是纯 i 组分在系统压力 p 和温度 T_0 下的标准态化学位和逸度。如果进料和产品都处于同一压力 p 下，对同一组分 i，μ_i°和 f_i° 是唯一的。将式(6-12)、式(6-13)和式(6-11)结合整理得

$$W_{min}=RT_0\left[\sum_{j=1}^{m} n_{Qj}\left(\sum_{i=1}^{c} z_{Qi}\ln\hat{f}_{Qi}\right)-\sum_{j=1}^{e} n_{Fj}\left(\sum_{i=1}^{c} z_{Fi}\ln\hat{f}_{Fi}\right)\right] \tag{6-14}$$

当物流是理想气体混合物时

$$\hat{f}_i=pz_i$$

当物流是理想溶液时

$$\hat{f}_i=p_i^s z_i$$

代入式(6-14)，当进料和产品为同一相态时得

$$W_{min}=RT_0\left[\sum_{j=1}^{m} n_{Qj}\left(\sum_{i=1}^{c} z_{Qi}\ln z_{Qi}\right)-\sum_{j=1}^{e} n_{Fj}\left(\sum_{i=1}^{c} z_{Fi}\ln z_{Fi}\right)\right] \tag{6-15}$$

将 1mol 组成为 z_{Fi}的物料分离成纯组分产品时，所需的分离最小功

$$W_{min}=-RT_0\sum_{i=1}^{c}(z_{Fi}\ln z_{Fi}) \tag{6-16}$$

当分离实际溶液时

$$\hat{f}_i=\gamma_i z_i f_i^{\circ}$$

于是

$$W_{\min}=RT_0\left\{\sum_{j=1}^{m}n_{Qj}\left[\sum_{i=1}^{c}z_{Qi}\ln(\gamma_{Qi}z_{Qi})\right]-\sum_{j=1}^{e}n_{Fj}\left[\sum_{i=1}^{c}z_{Fi}\ln(\gamma_{Fi}z_{Fi})\right]\right\} \tag{6-17}$$

将 1mol 实际溶液分离为纯组分时

$$W_{\min}=-RT_0\sum_{i=1}^{c}\left[z_{Fi}\ln(\gamma_{Fi}z_{Fi})\right] \tag{6-18}$$

由式(6-15)和式(6-17)可见,分离最小功与分离过程的分离因子无关。比较式(6-16)和式(6-18)可见,等温分离正偏差溶液的最小功比分离理想溶液时所需的要小,对负偏差溶液的分离,情况恰巧相反。

【例 6-1】 将含苯 58.65%(摩尔分率)、甲苯 30.0%和二甲苯 11.35%的料液于常压下分离为两股产物,塔顶产物含苯 99.5%和甲苯 0.5%,塔底产物含苯 0.5%、甲苯 72.0%和二甲苯 27.5%,试求分离最小功。设料液和产物均处于环境温度 298K,并均可当作理想溶液。

解 设料液量为 1kmol,计算两股产品量 n_{Q1} 和 n_{Q2}:

$$n_{Q1}+n_{Q2}=1$$

$$n_{Q1}\times 0.995+n_{Q2}\times 0.005=1\times 0.5865$$

联立解得

$$n_{Q1}=0.5873\text{kmol},\quad n_{Q2}=0.4127\text{kmol}$$

分离最小功由式(6-15)计算

$$\begin{aligned}W_{\min}=&8.314\times 298\times[0.5873(0.995\ln 0.995+0.005\ln 0.005)+0.4127(0.005\ln 0.005\\&+0.72\ln 0.72+0.275\ln 0.275)-(0.5865\ln 0.5865+0.30\ln 0.30+0.1135\ln 0.1135)]\\=&1604.2(\text{kJ/kmol 料液})\end{aligned}$$

6.1.3 热力学效率

分离最小功是分离过程必须消耗的有效能的下限,其值大小可用来比较具体分离任务分离的难易。实际分离过程的有效能消耗要比分离最小功大许多倍。为了分析和比较实际分离过程的能量利用情况,广泛采用热力学效率来衡量有效能的利用率。分离过程热力学效率 η 的定义是

$$\eta=\frac{W_{\min,T_0}}{W_n} \tag{6-19}$$

式中:W_n 为实际分离过程的有效能消耗,简称为净功耗。

对于精馏操作,分离消耗的是热能,而不是机械能,图 6-2 简要示明了此分离过程。精馏操作受温度 T_H 下向塔釜加入的热量 Q_B 驱动,同时在冷凝器中于温度 T_L 下取走热量 Q_D。两者的有效能之差为精馏操作的净功耗:

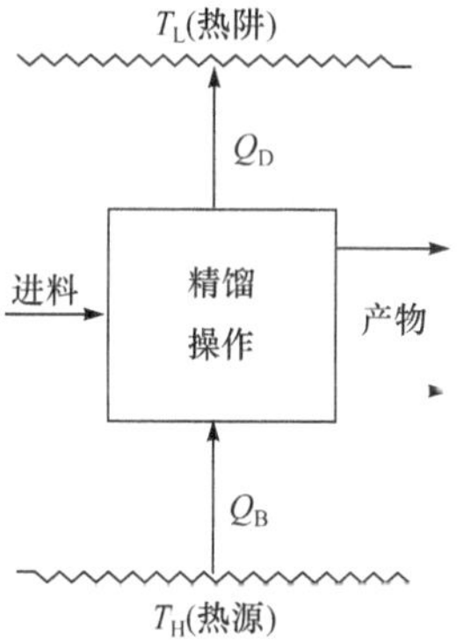

图 6-2 精馏过程示意图

$$W_n=Q_B\frac{T_H-T_0}{T_H}-Q_D\frac{T_L-T_0}{T_L} \tag{6-20}$$

6.1.4 分离过程中有效能损失的主要形式

为提高分离过程的热效率,必须减少有效能损失。分离过程中有效能损失主要有以下几种形式:

(1) 由于流体流动阻力造成的有效能损失 $D_{\Delta p}$。

在定态流动过程中,如果物系和环境间不发生热和功的交换,则根据热力学第一定律:

$$dH=0$$

等焓过程从热力学第一定律看，热效率为 100%，但有相当数量的有效能损耗掉。因为$dH=TdS+Vdp$，所以熵变 dS 为

$$dS=-\frac{V}{T}dp \tag{6-21}$$

因此，有效能损耗为

$$\delta D_{\Delta p}=-nT_0dS=n\frac{T_0V}{T}dp \tag{6-22}$$

式中：n 为摩尔流率。可见阻力越大，有效能损失越多。

(2) 节流膨胀过程的有效能损失。

从本质上说，与上项损失类同。节流膨胀均引起物系熵增，损失有效能。节流过程的有效能损失 $D_{节}$ 可按阀前和阀后物流的状态计算：

$$D_{节}=n(B_{前}-B_{后}) \tag{6-23}$$

式中：$B_{前}$ 和 $B_{后}$ 分别为 1kmol 物流在阀前和阀后的有效能。

一般来说，在相同节流压降下，节流初始温度越低，熵增越小，有效能损失也越小。

(3) 热交换过程中推动力温差造成的有效能损失 $D_{\Delta T}$。

在塔顶冷凝器、塔底再沸器和其他一些辅助换热设备中，均需有一定的传热推动力温差存在。当 δQ 的热量从温度为 T_H 的热源传到温度为 T_L 的热阱时，其有效能损失为

$$\delta D_{\Delta T}=T_0\left(\frac{\delta Q}{T_L}-\frac{\delta Q}{T_H}\right)=T_0\left(\frac{T_H-T_L}{T_HT_L}\right)\delta Q \tag{6-24}$$

可见，有效能损失与传热温差成正比。

(4) 由于非平衡的两相物流在传质设备中混合和接触传质造成的有效能损失 D_{mt}。

以板式精馏塔为例，从下面上升进入某块板的气相温度比上面板流下来的液相温度高些，而易挥发组分的含量则低于与下降液相浓度相平衡的浓度，两股物流在温度和组成上均不平衡，在塔板上发生的热量和质量传递过程均是不可逆的，必然造成有效能损失，这是精馏塔内有效能损失的主要部分。

当物质 dn 由化学位 μ_i^{I} 的相Ⅰ传到相Ⅱ时，产生的有效能损失分析于下：

由热力学可知，与环境有物质交换的开放系统，其总热力学能 $n\hat{U}$ 的微分式为

$$d(n\hat{U})=Td(n\hat{S})-pd(n\hat{V})+\sum_i\mu_idn_i \tag{6-25}$$

因此，当相Ⅰ和相Ⅱ间发生 dn 的质量传递时，熵产生量为

$$d\sigma=\left(\frac{1}{T^{\mathrm{I}}}-\frac{1}{T^{\mathrm{II}}}\right)d(n\hat{U})+\left(\frac{p^{\mathrm{I}}}{T^{\mathrm{I}}}-\frac{p^{\mathrm{II}}}{T^{\mathrm{II}}}\right)d(n\hat{V})-\sum_i\left(\frac{\mu_i^{\mathrm{I}}}{T^{\mathrm{I}}}-\frac{\mu_i^{\mathrm{II}}}{T^{\mathrm{II}}}\right)dn_i \tag{6-26}$$

当质量传递在等温等压下进行时，上式简化为

$$d\sigma=-\sum_i\left(\frac{\mu_i^{\mathrm{I}}}{T^{\mathrm{I}}}-\frac{\mu_i^{\mathrm{II}}}{T^{\mathrm{II}}}\right)dn_i=-\sum_i(\mu_i^{\mathrm{I}}-\mu_i^{\mathrm{II}})\frac{dn_i}{T} \tag{6-27}$$

于是有效能损耗为

$$\delta D_{mt}=T_0d\sigma=-T_0\sum_i(\mu_i^{\mathrm{I}}-\mu_i^{\mathrm{II}})dn_i/T \tag{6-28}$$

化学位是传质的推动力，正是两相间化学位有差异而导致传质过程，从而发生有效能损失。

根据上述讨论可见，减少每块板上传热和传质推动力，即使得操作线与平衡线尽量接近，过程趋于可逆，是降低塔内有效能损失的主要途径。

6.2 精馏节能技术

充分利用精馏设备中移走的热量，直接能够节省能耗。应用塔顶蒸汽或塔底残液预热进塔料液或其他物料，通过减压槽使较高温度的釜液闪蒸产生低压蒸汽，均是较常用的办法。对于塔顶是多组分产品，且其泡点和露点有显著差别时（如原油蒸馏），可以采用两级冷凝，回收较高温位的热能。

根据6.1节的分析，开发应用高效换热设备，有可能在较小的传热温差下完成传热，减少有效能损失。选择传质效果好、阻力小的高效传质设备，如规整填料塔，一则可以减小塔的阻力，而更重要的是有可能应用较小的回流比提高塔中传质的可逆程度，从而减小传质有效能损失。

除了上述比较明显的节能措施外，选择适宜回流比、进料热状态以及操作压力，对精馏节能有重要意义。此外，还开发了一些有较好应用前景的措施。除了操作压力的选择已在精馏章中作了讨论外，下面分别进行论述。

6.2.1 最适宜回流比

在精馏塔的设计和操作中，回流比是一个十分重要的参数。它一方面直接影响再沸器和冷凝器的热负荷，决定精馏分离的净功耗，因此，大体上确定了操作费用；另一方面还与塔设备的投资密切相关：在最小回流比 R_m 附近，随 R 的增大，操作线与平衡线间距离拉大，达到规定分离要求所需的塔板数明显减少，塔中传质的不可逆程度也随之增大，设备费下降；在较高 R 处，进一步增加回流比而引起所需塔板数的减少甚少，但因塔中蒸气流率和换热器热负荷仍按比例增大，造成塔径、再沸器和冷凝器传热面积的增大，又使得设备费用增加。彼得斯等对苯-甲苯两元精馏塔进行过适宜回流比的研究（Peters et al.，1980）。该塔常压操作，含苯45%（摩尔分率）的原料于饱和液态下加入塔中，要求塔顶馏出液中含苯92%，塔底液中含苯5%。研究的结果示于图6-3中，适宜回流比应根据总费用最小来决定，由图可知$R_{opt}/R_m=1.25/1.14=1.1$。由于总费用在适宜回流比 R_{opt} 附近变化缓慢，有时并不取 R_{opt} 作为操作回流比，而有意取 $R=(1.2\sim1.3)R_m$，这样做总费用仅增加2%～6%，但操作弹性增大许多。

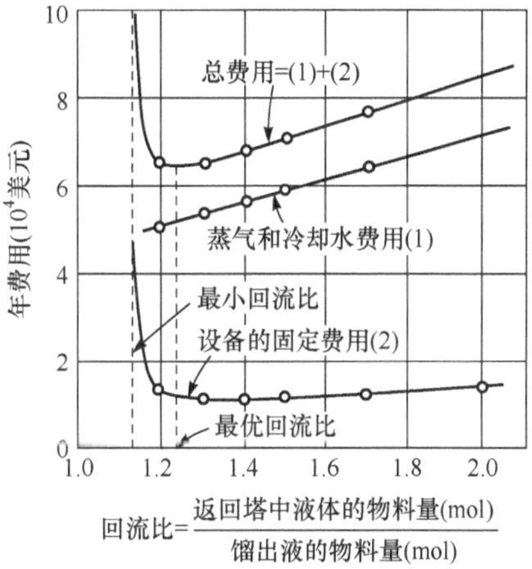

图6-3 费用和回流比的关系

需要注意，在选定 R/R_m 比值时，要考虑到设计计算中选用的相平衡数据和板效率的正确性，如果这些数据的正确性差，此比值需取大些。此外，如果原料组成易变动和分离程度很高，此比值也宜取大些。

6.2.2 最佳进料热状态

加料热状态的不同造成塔中精馏段和提馏段中气液相流率的变动，从而影响最小回流比、达到规定分离要求所需的理论板数以及再沸器和冷凝器的热负荷。从塔的总能耗量最少角度考虑，需要加到塔中的热量应全部从塔底再沸器加入，从塔中取走的热量应全部从塔顶取出，因为加到塔釜中的热量产生的蒸气和从塔顶取走热量形成的凝液在全塔传质分离中均能发挥作用。但从有效能角度考虑,即不同温位的热能价值不同,则此结论过分简单化,因为塔釜和塔顶分别是塔中温度的最高和最低点,而加料板处温度居于两者之间。

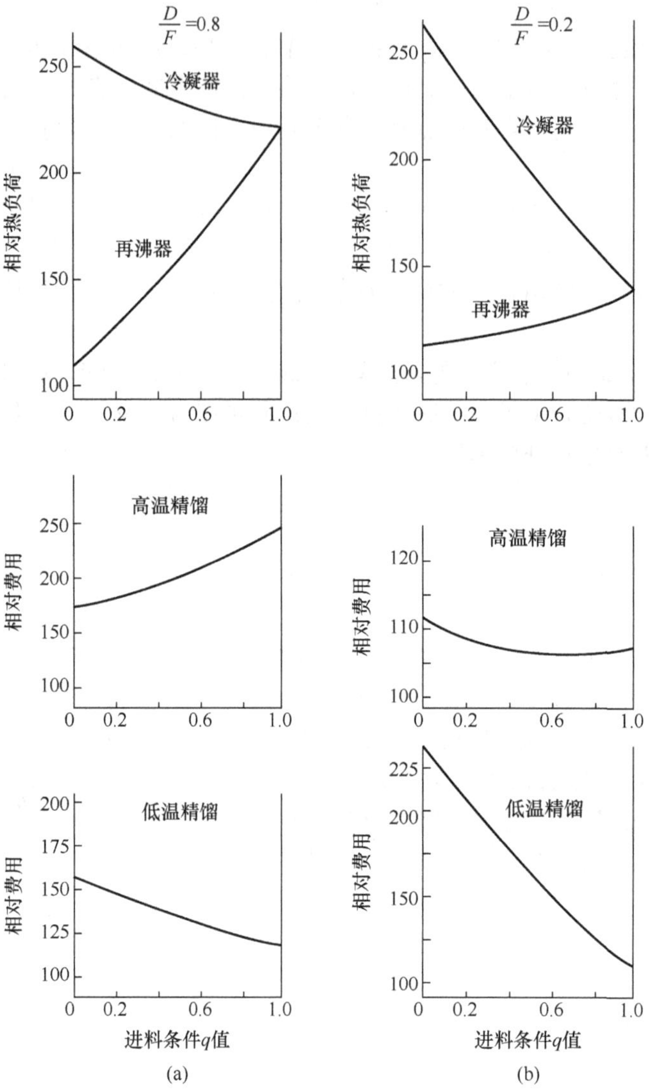

图 6-4　进料热状态(q)对再沸器和冷凝器热负荷的影响

很明显,对加料进行预热必然减少塔釜所需的加热量,但是塔顶冷凝器的热负荷并未减小,相反因最小回流比的增大引起回流比增大,冷凝的热负荷有所增加。但是加料浓度的不同,即 D/F 的不同,料液预热的影响也不同。通过计算可以发现:当 D/F 较大时,增加料液预热而减小其 q 值,塔釜中加热量减小的幅度比冷凝器热负荷增加的幅度要大(图 6-4);相反,当 D/F 较小时,料液 q 值的减小使塔釜加热量减小的幅度比冷凝器热负荷增加的幅度要小。这种不同的影响对于精馏塔经济性的影响随塔的温度而变,对于塔顶和塔釜温度均高于室温的高温精馏,塔釜常用水蒸气加热,塔顶用水和空气冷却,加热费用一般高得多;对于塔釜和塔顶温度均低于室温的低温精馏,塔釜可用 0℃左右的丙烯一类介质加热以回收冷量,塔顶则需用价格昂贵得多的低温制冷剂冷凝。综合以上讨论可以得到如下结论:

(1) 高温精馏时,当 D/F 较大又有适用于加热料液的低温热源时,应尽量采用较低的 q 值,即以气相或气液混合物进料为宜;当 D/F 较小时,应尽量采用较高的 q 值,即以液相进料为宜，因为省去料液预热后，塔釜加热量增加很少。

(2) 低温精馏时，无论 D/F 多大，均采用较高的 q 值，即以液体进料为宜，因为此时塔顶的冷凝热负荷越小越经济。

(3) 除以上两种极端情况外，对于中等温度范围的精馏操作，即塔釜温度高于大气温度，而塔顶温度低于大气温度的精馏，加热剂和冷却剂价格有较大变动，有时可能还有废热可以利用，应根据具体情况进行全面经济评价，确定最佳的进料热状态。

6.2.3 中间冷凝器和中间再沸器

在精馏塔内，温度自塔顶向塔底逐渐升高，如能在塔中部设置中间冷凝器(图 6-5)，就可以采用较高温度的冷却剂。在裂解深冷分离塔中，意味着可以应用较价廉的冷源，节省有效能。如果在塔的中部设置中间再沸器，对于高温塔，则可以应用较低温位的加热剂，在深冷分离塔中，则可以回收温度较低的冷量。对于两元精馏，应用 y-x 图上的图解法可以清楚地表明：中间冷凝器和中间再沸器的使用使操作线向平衡线靠拢，提高了塔内分离过程的可逆程度。中间冷凝器和中间再沸器的热负荷需适当选择，一般保持塔在最小回流比时的恒浓区仍在进料板处，使全塔保持较高的可逆程度。这样，在进料板处级间的气液两相流量与无中间冷凝器和中间再沸器时的一样，于是简单精馏塔的塔顶冷凝器的热负荷近乎等于有中间冷凝器时两台冷凝器的热负荷之和；同样，简单精馏塔塔釜再沸器的热负荷也近乎等于有中间再沸器时两台再沸器的热负荷之和。值得注意的是，可逆性提高的好处并不表现在总的热负荷有所减小，而在于通过塔的热能有效能降级程度的减小，而且由于所需塔板数的增加和增加换热设备，设备投资还需增加。因此，在生产过程中必须要有适当温位的加热剂或(和)冷却剂与其相配，并需有足够大的热负荷值得利用，再加上塔顶和塔底的温度差要相当大，如此才会取得经济效益。

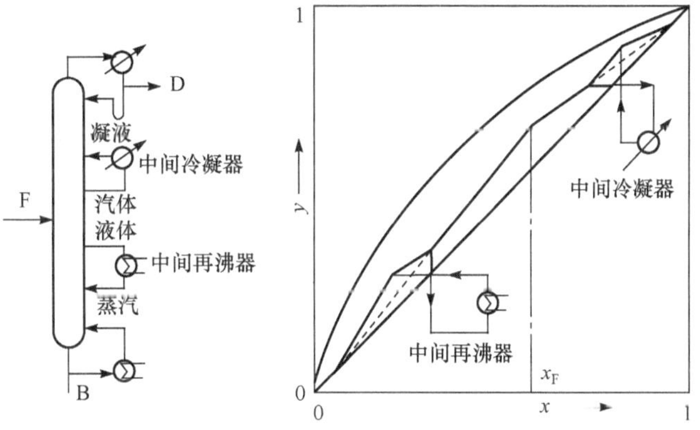

(a) 流程图　　(b) y-x图解

图 6-5　带有中间冷凝器和中间再沸器的精馏塔

6.2.4 多效精馏

前已论及普通精馏的净功耗为 $Q_B\left(1-\dfrac{T_0}{T_H}\right)-Q_D\left(1-\dfrac{T_0}{T_C}\right)$。为节省能耗，最好加热剂温度略高于塔底温度，冷却温度略低于塔顶温度。而实际情况是：最方便价廉的冷却剂是水或空气，最常用的加热剂是水蒸气，很难符合上值要求。为此，精馏塔经常无为地多耗不少有效能。解决此问题的办法之一是采用多效精馏，这与多效蒸发十分相似，只要精馏塔塔底和塔顶温度之差比实际可用的加热剂和冷却剂间温度差小得多，就可以考虑采用多效精馏。

图 6-6 所示为双效精馏的三种流程。这里均需由两座塔，并且有不同的操作压力，低压塔

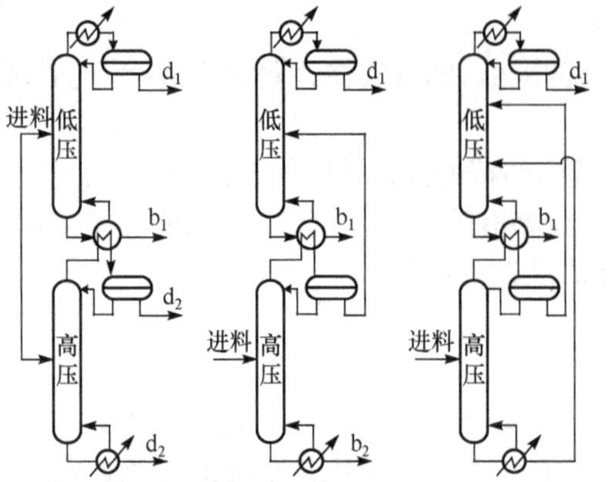

(a) 分别进料　(b) 高压塔出一股产物的前馈进料　(c) 仅低压塔出产物的前馈进料

图 6-6　双效精馏塔

的再沸器与高压塔的冷凝器耦合成一台换热器，用高压塔顶蒸汽加热蒸发低压塔塔底的物料。其中，流程(a)中的两座塔所起的作用基本相同，都使同样的原料分离成两股较纯的产品。单位加热量几乎可以比单塔多处理一倍原料。流程(b)中全部料液加入高压塔，在塔中分离出较纯的塔底产品，易挥发组分得到部分增浓了的塔顶产物再进入低压塔，进一步分离成两股较纯的产品。这样的流程安排可以使高压塔中塔底和塔顶的温差减小，造成整个装置的总温差变小，但单位热量不能比单塔多处理近一倍的物料。参照流程(b)，还可以设计出与其相对的另一种流程，即引入高压塔的原料先在其中分离出较纯的塔顶产品，难挥发物得到了部分增浓的塔底产物再进入低压塔，进一步分离为两股较纯的产品。流程(c)中的高压塔仅将原料初步分离，得到部分分离后的塔顶和塔底产物分别引入低压塔，进一步分离成两股较纯产品。如此安排可使高压塔中两端温差变得更小，当然，单位加热量可处理的料液量将进一步减小。

多效精馏虽然可以节省大量能耗，但需增加设备投资，且因两塔之间的热偶合，要求更高级的控制系统。

6.2.5　热泵精馏

将温度较低的塔顶蒸气经压缩后作为塔底再沸器的热源，称为热泵精馏。图 6-7 中示明了三种典型的热泵精馏流程，其中流程(a)利用另外的工作流体进行操作；流程(b)对塔顶蒸气进行直接压缩，升温后作为塔釜加热剂；流程(c)将塔釜液进行节流闪蒸后作为塔顶冷却介质，自己进一步受热汽化，再经压缩后回入塔底。对比三种流程可见：流程(a)所选用的工作流体可以在压缩特性、汽化热(汽化热大则循环气量小)等方面有更优良的性质，但需用两台换热器，且为确保一定的传热推动力，要求压缩升温较高。当塔顶蒸气或釜液蒸气有较好的压缩特性和较大汽化热时，宜选用后两种流程。考虑到冷凝和再沸热负荷的平衡以及方便控制，在流程中往往设有附加冷却器或加热器。

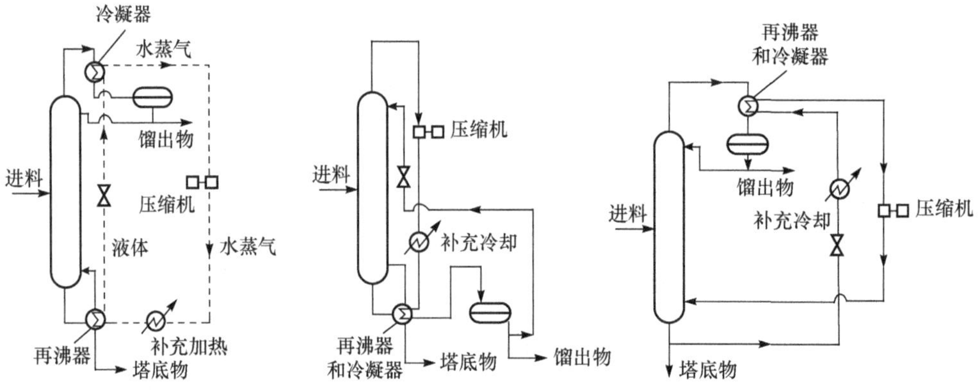

(a) 使用另外的工作流体　(b) 塔顶蒸汽再压缩　(c) 再沸器液体闪蒸

图 6-7　热泵精馏流程

热泵精馏是靠消耗一定机械能来提高低温蒸气的能位而加以利用的，因此消耗单位机械能能回收的热量是一项重要经济指标，称为性能系数，常记为C. O. P. 。显然，对于沸点差小的混合物分离应用热泵精馏效果会更好。对于沸点差较大物系的分离，可以采用双塔式热泵精馏流程(图 6-8)，以取得较显著的经济效益。

例如乙醇-水混合物，在乙醇低浓度区相对挥发度相当大，随浓度向恒沸物浓度趋近，相对挥发度逐渐变小而趋近于 1。在塔产出接近恒沸物的单塔精馏中，塔底和塔顶间温差约 22℃，如用普通热泵精馏，压缩机的压缩比需 3 左右，消耗机械能很大。但如应用双塔热泵精馏流程，上部塔中物料在恒沸点附近，温差相当小，在 1℃左右，将该塔改为热泵精馏，压缩比只需 1.2 左右，能取得较好的节能效果。

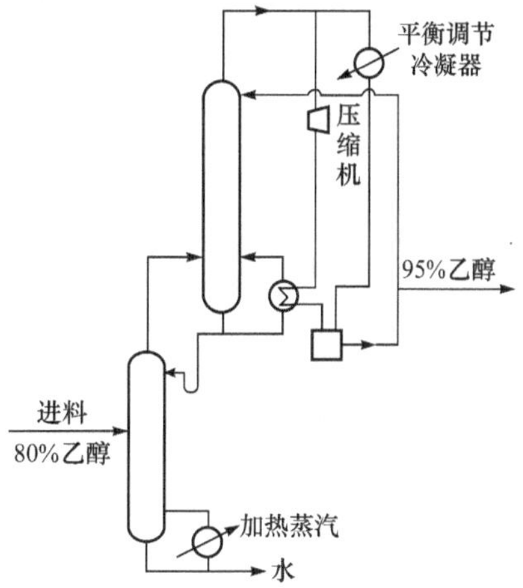

图 6-8　双塔式热泵精馏流程

机械能和电能是比热能价值更高的一种能量形式，根据我国火力发电的水平，发 1kW · h 电能约消耗 3000kcal 热能。因此，1kW · h 电能驱动热泵压缩机至少需收回 3000kcal 热能，此时的性能系数

$$\text{C. O. P.} = \frac{3000}{860} = 3.5$$

鉴于增设压缩机等设备投资，热泵精馏的实际性能系数至少应大于 4 才有意义。

6.2.6　SRV 精馏

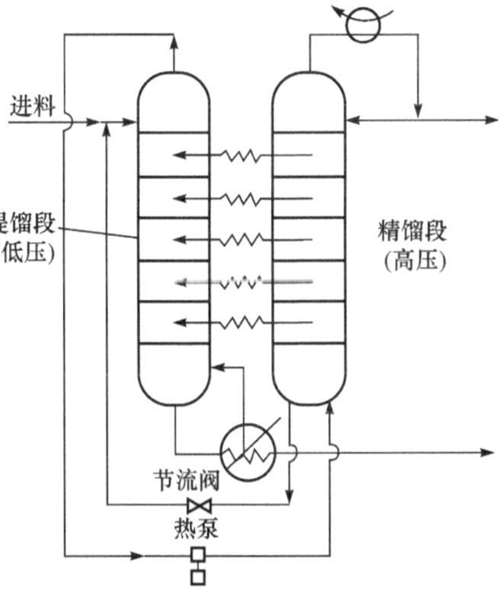

图 6-9　SRV 精馏

SRV 精馏是具有附加回流和蒸出的精馏简称，由综合中间再沸、中间冷凝和热泵精馏技术发展而成，图 6-9所示为其流程。因为精馏段的操作压力高于提馏段，致使精馏段相应位置的温度高于提馏段的，在两段中各相应对塔板间进行换热可以实现。由于两段间存在压差，流程中需设置热泵和节流阀。

因 SRV 精馏中附有多级中间回流和蒸出，使得精馏段中的回流量自上而下逐步增加，提馏段中上升蒸气量则自下而上逐步增加。这对于沸点相近混合物的低温精馏很有吸引力，因为所需的低温冷却剂可以显著降低。

值得指出，每一项节能措施的实现均要求相应的设备投资，是否值得采用，均应结合具体情况通过经济核算确定。

6.3　多组分物料分离流程的安排

多组分物料分离成多个纯组分产品需要采用多个塔，这些塔如何排列，哪个组分首先分出，这是相当复杂的分离流程(序列)合成问题，合理的流程安排对节能起着重要作用。本书仅作简要讨论。

6.3.1 分离流程方案数

工业上广泛采用的分离(精馏)塔是具有一股进料和两股产物的简单分离塔,应用这种塔将组分数为 c 的物料分离为 c 个高纯度产品,需要 $c-1$ 座分离塔。鉴于分离流程的安排是一个十分复杂的流程合成问题,本小节主要讨论用简单分离塔分离得高纯度产品的合成问题。

分离 c 个组分料液的 $c-1$ 座塔可能排列的流程方案(序列)数 S_F 可由下式计算:

$$S_F=\frac{[2(c-1)]!}{c!\ (c-1)!} \tag{6-29}$$

例如由 ABCD 四组分组成的混合物分离所需的三座塔可以组成图 6-10 所示的五种分离流程排列。流程排列常称为序列,图 6-10 是分离序列常用的一种表示方法,[ ]中代表物流所含的组分,组分间的横线"—"代表此料液在塔中于此进行分割,两箭头尾端交点代表一座精馏塔,该塔产物组成在箭端[ ]中示明,分离序列中各塔连接次序在此图中清晰示明。

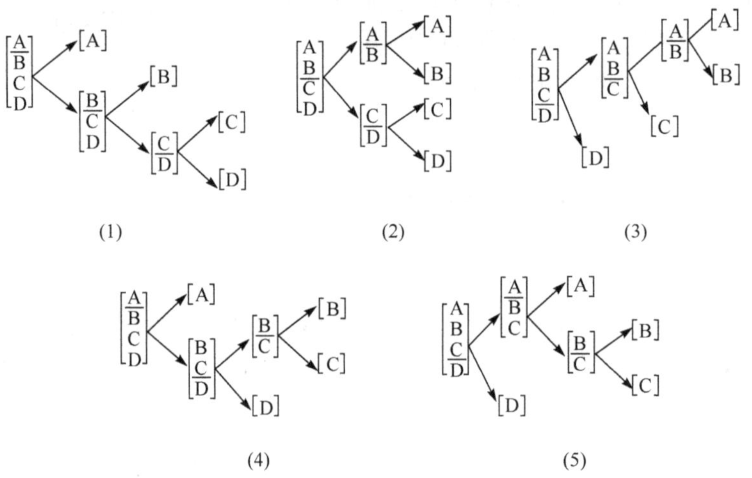

图 6-10 四组分混合物的分离流程排列

进一步分析上面示例的分离序列可见,被处理的原料或分割所得的产物有所不同的独立分离塔数(常称为子问题数),共有 10 座,即:四组分分离塔 $\begin{bmatrix}\underline{A}\\B\\C\\D\end{bmatrix}$,$\begin{bmatrix}A\\\underline{B}\\C\\D\end{bmatrix}$ 和 $\begin{bmatrix}A\\B\\\underline{C}\\D\end{bmatrix}$;三组分分离塔 $\begin{bmatrix}\underline{A}\\B\\C\end{bmatrix}$,$\begin{bmatrix}A\\\underline{B}\\C\end{bmatrix}$,$\begin{bmatrix}\underline{B}\\C\\D\end{bmatrix}$ 和 $\begin{bmatrix}B\\\underline{C}\\D\end{bmatrix}$;两组分分离塔 $\begin{bmatrix}\underline{A}\\B\end{bmatrix}$,$\begin{bmatrix}\underline{B}\\C\end{bmatrix}$ 和 $\begin{bmatrix}\underline{C}\\D\end{bmatrix}$。分离序列中组成不同的独立物流股数也为 10,它们是:$\begin{bmatrix}A\\B\\C\\D\end{bmatrix}$,$\begin{bmatrix}B\\C\\D\end{bmatrix}$,$\begin{bmatrix}A\\B\\C\end{bmatrix}$,$\begin{bmatrix}A\\B\end{bmatrix}\begin{bmatrix}B\\C\end{bmatrix}$,$\begin{bmatrix}C\\D\end{bmatrix}$,[A],[B],[C]和[D]。

独立分离塔数 S_c 可按下式计算:

$$S_c=\frac{(c-1)(c+1)c}{6} \tag{6-30}$$

独立物流股数 S_s 用下式计算：

$$S_s=\frac{c(c+1)}{2} \tag{6-31}$$

组分数为 2～10 时的 S_F、S_c 和 S_s 之值列于表 6-1 中。

表 6-1　不同组分数的 S_F、S_c 和 S_s 值

c	2	3	4	5	6	7	8	9	10
S_F	1	2	5	14	42	132	429	1430	4862
S_c	1	4	10	20	35	56	84	120	165
S_s	3	6	10	15	21	28	36	45	55

由表 6-1 可见，随组分数的增加，S_F 急剧增大，S_c 增加较慢，S_s 增加最慢。

经几十年的广泛研究，已开发了多种分离序列合成方法，它们分属于三类方法，即试探法、调优法和数学规划法，下面分别进行简要介绍。

6.3.2　试探法

试探法就是经验方法，是从长期工程实践经验和理论知识中总结归纳出来的经验方法。这类方法缺乏严格的数学基础，不能保证合成出最优的序列，但其使用十分简便，不需进行十分繁杂的计算，一般能从大量可能组成的序列中筛选出接近最优的序列。试探法与其他方法的结合，既能减少大量计算，又能得到最优的或接近最优的序列，是很有发展潜力的方法。

1. 经验规则

尼希达等(Nishida et al.，1981)总结归纳出了 19 条经验规则，下面粗略地将它们分为四类进行简要介绍：

1) 关于分离方法选择的经验规则

包括首选精馏方法；避免采用需用质量分离剂的分离方法；如果选用了质量分离剂方法，那么质量分离剂最好在紧接的下一步分离中分出回收；不宜采用需用另外质量分离剂的方法来分离回收上面应用的质量分离剂；$\alpha \leqslant 1.05$～1.1 不应采用精馏。

精馏是工业上最广泛应用的分离方法，因其流程和操作简单，技术成熟，不会污染产品，一般比较经济。但当关键组分间的相对挥发度 $\alpha_{lk,hk}<1.05$～1.1 时，则不宜采用普通精馏，而应考虑应用需用质量分离剂的分离方法。文献(Nadgir et al.，1983)中建议了图 6-11 所示的图线，可以用来判断何时适合用萃取精馏或萃取替代普通精馏。

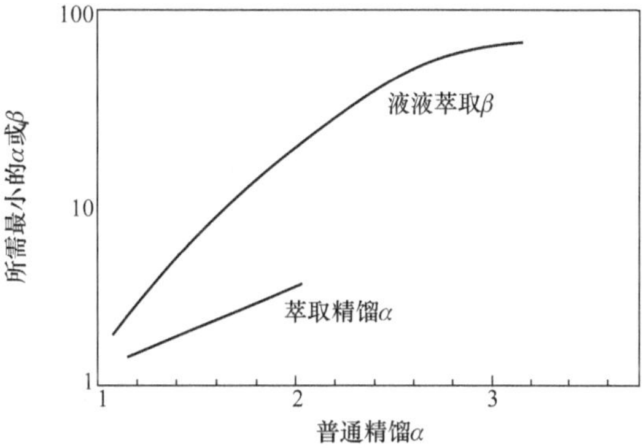

图 6-11　普通精馏、萃取精馏和萃取的选择

这类经验规则中还包括：避免采用高温、高压、低温、高真空等操作条件，优先采用常温、常压操作。一般认为：如果精馏塔塔顶冷

凝器需用制冷剂，可以考虑以吸收或萃取替代精馏；如果精馏需用真空操作，可以考虑用萃取替代。

2）设计方面的经验规则

分离序列产生的产物数应最少。当产品全是单一组分时，显然不存在这个问题。但是，当产品是多元混合物时，能由分离塔直接得到产品是最好的，要用分离得到的产物混合调配而得产品，显然是不经济的，浪费了过渡分离的能耗。

按照料液中各组分挥发度递降的次序，依次使各组分从塔顶分出最经济。这条规则意味着料液中的各组分（最重组分除外）仅需经受一次汽化和一次冷凝，因此耗能最少。

3）与组分性质有关的经验规则

料液中的热稳定性差和腐蚀性组分首先分出；会产生有害化学反应的组分首先分出。这两条规则的理由是十分显然的，对保证产品质量、提高收率、延长操作周期和节省设备投资都有利。

最困难的分离放到分离序列最后进行；最容易的分离首先进行。前者的理由是：当 α 接近 1 时，所需 R_m 很大，R 也必然很大，相应的再沸器和冷凝器的热负荷也大。如果此时还存在轻组分或（和）重组分，塔底和塔顶的温差将增大，按照式(6-20)，精馏的净功耗加大，不经济。放到最后分，才能节省净功耗。根据这一规则的理由，也就很易理解最容易的分离首先进行的规则了。

4）与组成和经济性有关的规则

宜选用使料液对半分开的分离，即 $D \approx B$。这是因为精馏中塔顶的液相回流量和塔釜的蒸发气相量不是独立的，即$\overline{V}=V-(1-q)F=(R+1)D-(1-q)F$。因此，如果 $D \ll B$，假定是饱和气相进料，则$\overline{L}=L=RD$，但$\overline{L}$必是大于 B，所以回流比 R 必然很大，精馏段操作线的斜率 $L/V=R/(R+1)$接近于 1，与对角线很接近，精馏段每块板上的传质推动力很大，塔板的不可逆程度大，有效能损失必增大；反之，如果 $D \gg B$，两塔段中情况与上述相反，提馏段的不可逆程度很大，有效能损失也大。只有当 D 与 B 接近，两塔段中呈现等同情况，塔的总体可逆程度增大，有效能损耗得到减小。

宜将高回收率的分离留到最后进行。因此时要求很多塔板数，塔较高，如果这时还有其他非关键组分存在，塔中气相流率将增大，也将增大塔径，又高又大的塔将增大投资。

宜将原料中含量最多的组分首先分出。含量最多的组分分出后，就避免了这个组分在后继塔中的多次蒸发、冷凝，减小了后继塔的负荷，这样当然比较经济。

有的文献中还建议：适宜分离序列的各塔中的蒸气流量总和应是最小的；每级分离步骤的下一步应是费用最小的等。这些经验规则的含义是很清楚的，其应用需进行一定的设计计算和经济核算，且结论的正确性还受到这些规则导出时所用假设的局限，因此较少采用。

从上述介绍的经验规则可以发现，对于具体的分离序列合成，它们之间往往会发生矛盾或含义交叉。为克服这一问题，有人提出了有序试探法，他们将选用的经验规则进行排序，排在前面的规则需优先遵循。还有人应用模糊集合的概念和运算，将采用的经验规则进行量化，再结合选优判据选出优化序列。下面择要进行介绍。

2. 有序试探法

纳奇尔和刘(Nadgir et al.，1983)于 1983 年提出了有序试探法，采用如下七条经验规则：①优先采用普通精馏；②避免减压操作和使用冷冻剂；③产物数应该最少；④具有腐蚀性的和危险的组分首先分出；⑤最困难的分离放到最后进行；⑥进料中含量最多的组分首先分出；

⑦宜选用两端产品量等物质的量的分离。这七条经验规则的次序不能变动，排在前面的经验规则优于后面的，如此可以克服各规则之间的矛盾。

在实际应用中，对于切割既接近于等物质的量，又具有合理的相对挥发度的判别有困难时，可以采用下式定义的分离易度系数 C_{ES} 来判断：

$$C_{ES}=f\cdot\Delta \tag{6-32}$$

式中：f 为两端产品的摩尔流率数比值，总是取 D/B 或 B/D 中小于 1 的数值；Δ 为欲分离的两组分间的沸点差。也可以令

$$\Delta=(\alpha-1)\times 100 \tag{6-33}$$

不过在比较时，C_{ES} 只可以取同一定义的值。

如此处理后，第七条经验规则转换为 C_{ES} 最大的分离优先进行。

【例 6-2】 料液的组成如表 6-2 所示：

表 6-2

序　号	组　分	x_F（摩尔分率）	相对挥发度		$(C_{ES})_{\mathrm{I}}$	$(C_{ES})_{\mathrm{II}}$	正常沸点/℃
			α_{I}	α_{II}			
A	丙烷	1.47					−42.1
			2.45		2.163		
B	1-丁烯	14.75					−6.3
			1.18	1/1.17	3.485	3.29	
C	正丁烷	50.30					−0.5
			1.03	1.70	1.510	35.25	
D	反-2-丁烯	15.62					0.9
E	顺-2-丁烯	11.96					5.7
			2.50		9.406		
F	正戊烷	5.90					36.1

要求得到的产品为高纯度的 A、C、F 和混合丁烯 B、D、E。试用有序试探法合成出优化的或接近优化的分离序列。

解　为能应用水冷却，分离上述料液的塔需加压。在压力为 1.03MPa 和温度 65.6℃时，料液中待分离的相邻两组分间的相对挥发度已列于表 6-2 中。α_{I} 代表普通精馏时的相对挥发度，α_{II} 代表用 96%（质量分率）的糠醛水溶液进行萃取精馏的相对挥发度。根据挥发度大小各组分的排列次序为：普通精馏 $(\mathrm{ABCDEF})_{\mathrm{I}}$，萃取精馏 $(\mathrm{ACBDEF})_{\mathrm{II}}$。

根据经验规则①，除 CD 间分离外都用普通精馏，而 CD 间的分离选用萃取精馏。

根据经验规则②，应用常压到中等压力操作。

根据经验规则③，应避免 DE 间分离，可以由 B 和 DE 混合得到混合丁烯产品 BDE，或直接分离得到 BDE。

经验规则④在此不必采用。

根据经验规则⑤，C/DE 最难分离，采用萃取精馏，故放到最后，待 A、B 和 F 分出后再进行。

根据经验规则⑥，C 虽然是含量最多的组分，但在此也不宜最先分出，因为首先要遵循经验规则⑤。

根据经验规则⑦，先按式(6-33)和式(6-32)计算 C_{ES}，此结果也已列于表 6-2 中。由 C_{ES} 值可见，首先的分离是 ABCDE/F，其 C_{ES} 最大(9.406)。随后为分离 ABCDE，可能的分离是 A/BCDE 和 AB/CDE。与此相关的 C_{ES} 值计算如表 6-3，故首选的是 AB/CDE。

表 6-3

	f	$(\alpha-1)\times100$	C_{ES}
A/BCDE	1.47/92.63	145	2.301
AB/CDE	16.22/77.88	18	3.749

综上分析结果，有序试探法合成出的首先分离序列为

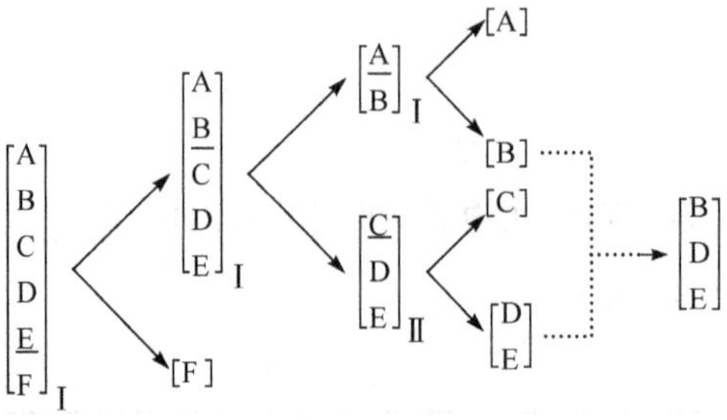

(1)

应该指出，由于有一些分离序列的总费用相差不大(参见下面表格)，甚至最优结果会受经济模型和系数正确度左右。最佳分离序列的确定还需要考虑开停车和操作控制的方便性，操作温度和压力是否合适等因素。因此，一般希望合成出几个接近优化的序列。对于本例题来说，(AB/CDE)和(A/BCDE)的分离 C_{ES} 差别不大，故也可以考虑以下序列：

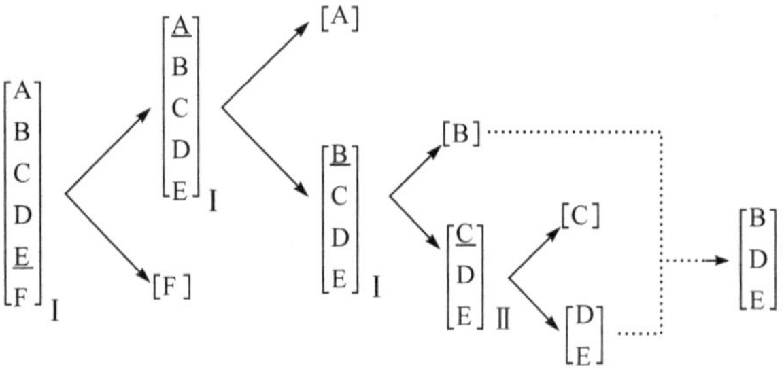

(2)

如果原料的分离也选用第二大 C_{ES}，即(AB/CDEF)，则可合成出如下分离序列：

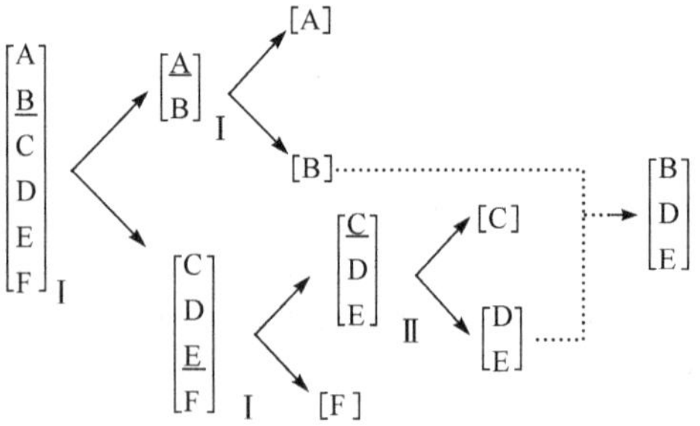

(3)

还可以考虑原料中先分离出 A 的下列三种序列：

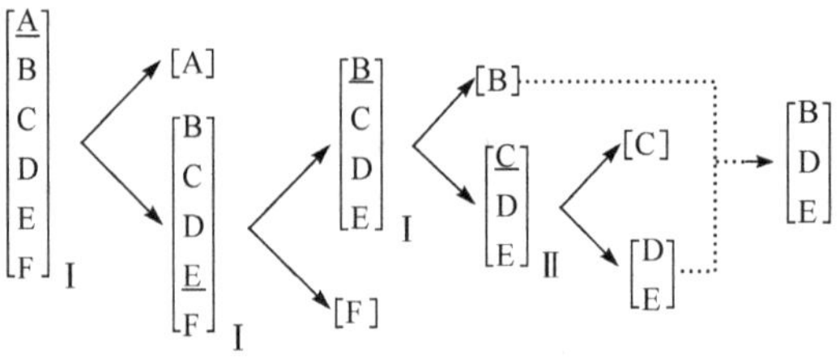

(4)

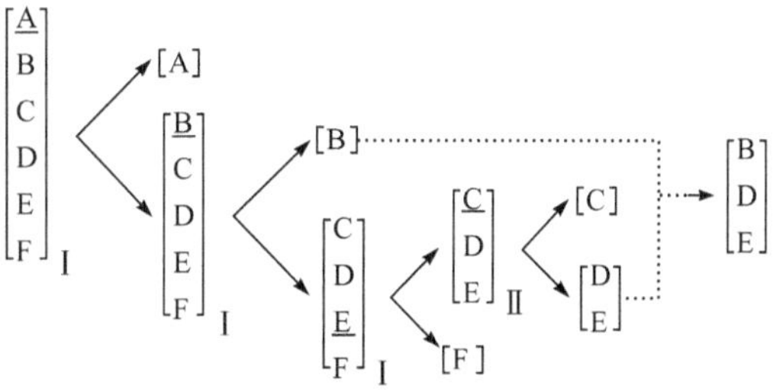

(5)

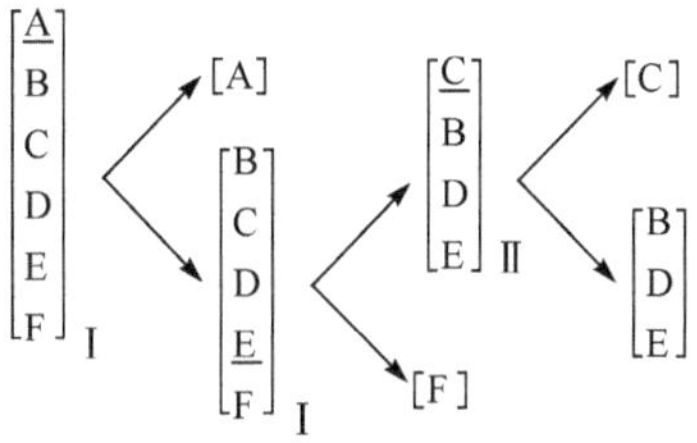

(6)

亭德利和休斯对上述六种序列进行过详细计算,得到的总费用如表 6-4 所示:

表 6-4

序列编号	1	2	3	4	5	6
总费用/(美元/年)	867400	878200	860400	878000	872400	1095600
与最优序列总费用的偏差/%	0.8	2.1	最优	2.0	1.4	27.3

由表 6-4 可见,有序试探法能合成出接近最优的分离序列。

3. 应用模糊集合理论的合成法

由于经验规则中许多含义并不十分严格,例如"难以分离"、"差别不大"、"比较合适"、"高回收率"等,因此很适合应用模糊集合理论来处理。已有一些这种合成方法提出,下面对弗劳尔斯等(Flower et al.,1994)于 1994 年提出的方法进行介绍。

该合成方法选用下列三条经验规则:①取消不适宜进行的分离;②容易的分离优先;③倾向于等物质的量的分割。

问题的关键是如何建立与此三条经验规则相应的隶属度计算式,能确切定量地表示上述规则中的"不宜"、"容易"和"倾向于"。对于规则①,根据相邻组分间的相对挥发度小于 1.05 不宜用普通精馏的认识,适合于进行普通精馏的模糊集合的隶属度函数式为

$$\mu(\alpha)=\begin{cases}1 & \text{当 } \alpha>1.05\\ 0 & \text{当 } \alpha\leqslant 1.05\end{cases} \tag{6-34}$$

对于规则②,当 $\alpha=1.05$ 时为最难分离,其 $\dfrac{\mathrm{d}N}{\mathrm{d}\alpha}\approx\dfrac{\mathrm{d}N_{\mathrm{m}}}{\mathrm{d}\alpha}$ 为最大。当 $\dfrac{\mathrm{d}N_{\mathrm{m}}}{\mathrm{d}\alpha}$ 为此最大值的 1% 时,可以认为很易分离。在轻重关键组分收率均为 98% 的假定下,其 $\alpha=1.5$。当 $\alpha=1.1$ 时,认为分离难易相当,取其在容易分离模糊集合中的隶属度为 0.5。于是导得此模糊集合中的隶属度函数式为

$$\mu(\alpha)=\begin{cases}\left[1+e^{-\left(\frac{\alpha-1.1}{0.014}\right)}\right]^{-1} & \text{当 } \alpha>1.05\\ 0 & \text{当 } \alpha\leqslant 1.05\end{cases} \tag{6-35}$$

对于规则③，显然当 $B/D=1$ 时，即在 $f=B/F=0.5$ 时，在等物质的量模糊集合中的隶属度应为 1。取隶属度函数式为

$$\varphi(f)=\begin{cases}e^{-\left(\frac{f-0.5}{0.1}\right)^2} & \text{当 } f\leqslant 0.5\\ 1-30(f-0.5)^2 & \text{当 } f>0.5\end{cases} \tag{6-36}$$

当相邻组分间的 $\alpha>1.05$ 时，在综合考虑第二和第三条规则的优先集合中，相应的隶属度函数式建议为

$$\Lambda(f\alpha)=\begin{cases}\dfrac{\varphi(f)+\mu(\alpha)}{2} & \text{当 } \alpha>1.05\\ 0 & \text{当 } \alpha\leqslant 1.05\end{cases} \tag{6-37}$$

此函数式意味着 $\varphi(f)$ 和 $\mu(\alpha)$ 在优先集合中是等权的，$\Lambda(f,\alpha)$ 大表示优先。由此可见，当两条规则间出现矛盾时，应用模糊集合理论使其得到了合理解决。此外，当建立了模糊集合后，还可以应用它的 Λ 截集挑选出需作进一步严格模拟计算的后选分离序列。例如，选定 $\Lambda=0.7$，则隶属度 $\geqslant 0.7$ 的各个分割需进一步分析。应用模糊集合理论定量处理经验规则的另一重大得益是，试探法可以很方便地编成程序。

由上面的介绍可见，应用模糊集合理论处理分离序列的合成时，关键的问题有两个：首先是各经验规则相应的模糊集合中各隶属度函数的定义式；其次是各条经验规则的隶属度如何综合，导得最终执行合成的判据。应用模糊集合理论进行过程合成，目前尚处于发展阶段，有待进一步改进和完善。

6.3.3 调优法

调优法以某个初始分离序列为出发点，按照一定的调优法则和策略对它逐步进行改进，最终合成出最优分离序列。建立初始分离序列、确定调优法则和制定调优策略是调优法的三个主要部分。

初始分离序列的建立可以采用上面介绍的试探法合成，也可以应用工业上已用的流程。如果初始分离序列接近最优的，只需经少量调优步骤就能达到最优序列；如果初始分离序列与最优的相距较远，则需经大量调优步骤才可能达到最优，甚至有可能得不到最优序列。从严格的数学意义上讲，调优法并不保证最终合成出的序列一定是最优的。

所谓调优法则是指产生所有可能分离序列的法则。它应具有如下三条性质：

(1) 有效性。利用调优法则产生的分离序列应该是可行的。

(2) 完整性。反复运用调优法则，应产生所有可能的序列。

(3) 直观合理性。由初始序列 A 产生的序列 B，两者之间不应存在十分显著的差异。

根据此三条开发的序列结构变化法则，可以归纳为如下两条：

(1) 互换相邻两座塔的分割部位。

(2) 对一定的分离任务，用方法Ⅱ代替方法Ⅰ。

原则上，采用这两条法则可以变化出一切分离序列，这样就变成了穷举法。为减少需经历到的序列数，能够找到最优序列，就需开发调优策略。

所谓调优策略，是用来指导调优朝着最好方向(总费用减少方向)进行的策略，目前已开发出的策略有：

(1) 广度第一策略。利用调优法则从现行序列产生全部可行相邻序列，通过模拟计算确定各序列的费用，选取费用最低的作为新的现行序列。重复此过程，直至找到最优分离序列。

(2) 深度第一策略。利用部分调优法则对现行序列产生全部可行相邻序列并调优，直至找到局部最优序列。再改用其他调优法则对此局部最优序列调优。如此反复轮换应用调优法则调优，直至无法产生更优的近邻序列，此时的现行序列即认为最优序列。

(3) 超前策略。当序列总数不多或考察的当前序列看来是局部最优时，可以用调优法则产生当前序列的全部相邻序列，还可以进一步产生相邻序列的相邻序列，甚至可以向前考察更多层次，再对它们进行模拟计算确定费用，选出费用最低的新的现行流程。显然，此法可向前考察的层次数与计算机的内存和能允许的计算时间有关，向前考察的层次越多，则搜索得到最优序列的概率越大。

为节省模拟计算工作量，可以在调优中结合前面介绍的经验法则，筛除明显不可能得到改进的相邻序列。有些研究人员提出了一些评优的经验判据，例如差价(marginal price)，总的蒸气负荷和分离难度系数等，用此对产生的相邻序列进行筛选，随后再对少数较优的序列进行模拟计算，这是个相当有效的办法。

【例 6-3】 根据例 6-2 的分离条件和要求，应用调优法重新合成分离序列。

解 首先建立初始分离序列。在此选用例 6-2 的首选合成序列(1)，即

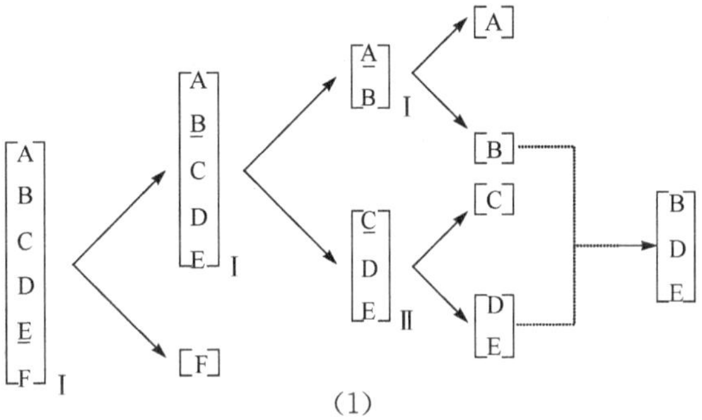

(1)

总费用为 867400 美元/a

应用调优法则①，交换第一和第二座塔的分割部位得到相邻序列，并模拟计算得出总费用。

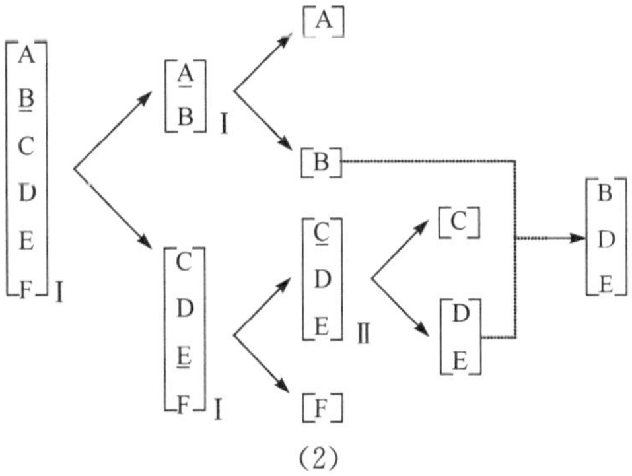

(2)

总费用为 860400 美元/a

序列(2)优于序列(1)，选为新的现行序列。交换第一座和第二座塔的分割部位，又得出相邻序列，并模拟计算其总费用。

以下序列该舍弃。对序列(2)再次应用调优法则构成新的相邻序列，并模拟计算其总费用。计算结果发现，序列(2)总费用最低，此即为最终的最优分离序列。

鉴于调优法则需要初始分离序列，所以特别适用于老厂的技术改造。

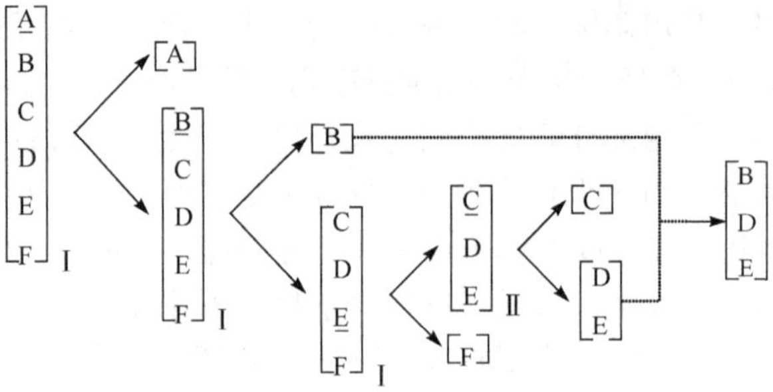

(3)

总费用为 872400 美元/a

6.3.4 数学规划法

数学规划法具有严格的数学基础，保证可以合成出最优分离序列。但计算工作量过大是其致命弱点，这也是开发各种合成方法需重点予以研究和解决的问题。

最优分离序列的合成属于非线性混合整数规划问题，既要对可能构成的序列作出离散决策，又要对每个分离器(塔)的设计变量作出连续决策；既要找出最优分离序列，又要找出其中每个分离器的设计变量最优值。求解这一非线性混合整数规划问题，最早使用的是动态规划法。

动态规划是解决多阶段决策过程最优化问题的一种算法，而分离序列的合成恰好是一个多步决策过程。将 c 组分进料分离得到 c 个纯产品的分离序列，需要 $c-1$ 座塔，每选择一座塔都可以看成是一步决策过程，因此，该分离序列的合成就是一个 $c-1$ 步决策过程。

n 步决策过程最优化的目标函数是

$$\phi = \sum_{k=1}^{n} C(\boldsymbol{X}_k, \boldsymbol{U}_k) \overset{!}{=} \min \tag{6-38}$$

式中：$\boldsymbol{X}_k$ 为 $k-1$ 步决策的终止状态，即为第 k 步决策的初始状态。在分离序列合成中，即为第 $k-1$ 步用的分离塔的一股产物，为第 k 步分离塔的进料。$\boldsymbol{U}_k$ 为 k 步决策变量，在此即为选定的 k 步分离塔的设计变量，$C(\boldsymbol{X}_k, \boldsymbol{U}_k)$为 k 步的费用函数。

下面结合例题讨论动态规划法合成最优分离序列问题的全过程。

【例 6-4】 表 6-5 所示的五组分原料用普通精馏分离为各组分的高纯度产品。试用动态规划法合成最优分离序列。

表 6-5

组　分	丙烷(A)		异丁烷(B)		正丁烷(C)		异戊烷(D)		正戊烷(E)
x_F(摩尔分率)	0.05		0.15		0.25		0.20		0.35
相邻组分间的 α		2.00		1.33		2.40		1.25	

解　本例的全部分离序列集合示于图 6-12 中。此集合中包含的独立精馏塔列于表 6-6 中，各塔的进料物流、分割点和分离总费用也都列于表中。

动态规划的最优化原理是：作为整个过程的最优策略具有这样的性质，即无论前面的决策和状态如何，对前面的决策形成的状态而言，余下的各阶段决策必须构成最优策略。根据此原理，在求解时各状态的前面各状态和决策，对于后面的子问题只不过影响其初始状态而已，并不影响后面过程的最优策略。为此，可以把多阶段决策问题的求解过程看成是一个连续递推过程，由后逐步向前推算。

对于本例分离序列问题，各分离子序列费用最小值计算的递推公式为

$$V_{k-1}(\boldsymbol{X}_{k-1}) = \overset{\min}{\boldsymbol{U}_k \in \boldsymbol{U}} [C(\boldsymbol{X}_k, \boldsymbol{U}_k) + V_k(\boldsymbol{X}_k)] \tag{6-39}$$

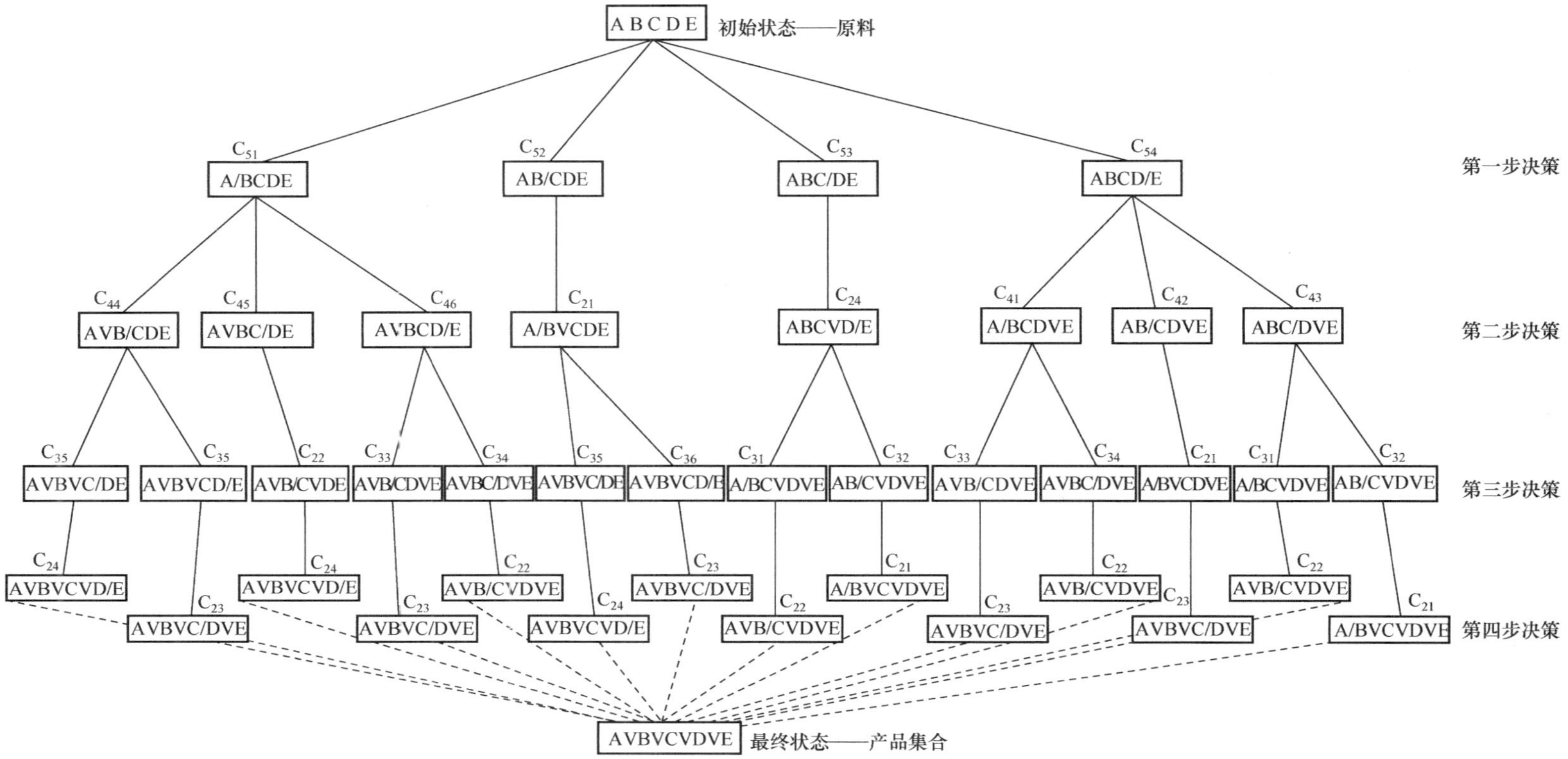

图 6-12　例 6-4 附图

/—本阶段决定的分割点；V—前面阶段决定的分割点；C—实现决策分割的费用，其含义见表 6-6

表 6-6　所有独立精馏塔和子序列费用

独立物流股	独立精馏塔的切割点	独立精馏塔费用[1]	从独立精馏塔到产品集合子序列费用	分离独立物流股最小费用 V_k	最优(子)序列
$\begin{bmatrix}A\\B\end{bmatrix}$	$\begin{bmatrix}\underline{A}\\B\end{bmatrix}$	C_{21} 0.2613	0.2613	0.2613	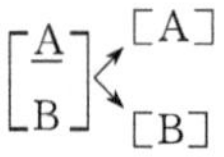
$\begin{bmatrix}B\\C\end{bmatrix}$	$\begin{bmatrix}\underline{B}\\C\end{bmatrix}$	C_{22} 0.9493	0.9493	0.9493	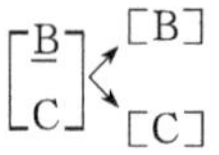
$\begin{bmatrix}B\\C\end{bmatrix}$	$\begin{bmatrix}\underline{C}\\D\end{bmatrix}$	C_{23} 0.5927	0.5927	0.5927	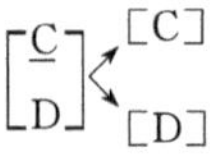
$\begin{bmatrix}D\\E\end{bmatrix}$	$\begin{bmatrix}\underline{D}\\E\end{bmatrix}$	C_{24} 1.6920	1.6920	1.6920	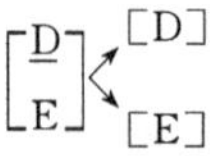
$\begin{bmatrix}A\\B\\C\end{bmatrix}$	[A/BC][2]	C_{31} 0.3953	1.3446	1.3446	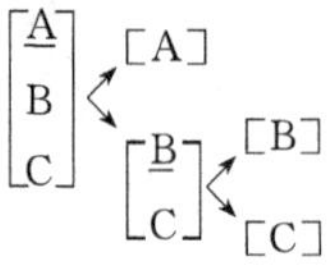
	[AB/C]	C_{32} 1.1980	1.4593		
$\begin{bmatrix}B\\C\\D\end{bmatrix}$	[B/CD]	C_{33} 1.1260	1.7187	1.7168	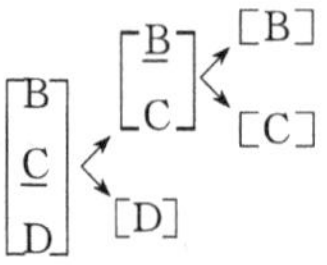
	[BC/D]	C_{34} 0.7675	1.7168		
$\begin{bmatrix}C\\D\\E\end{bmatrix}$	[C/DE]	C_{35} 0.7817	2.4737	2.4457	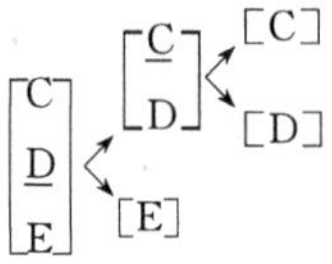
	[CD/E]	C_{36} 1.8530	2.4457		
$\begin{bmatrix}A\\B\\C\\D\end{bmatrix}$	[A/BCD]	C_{41} 0.4707	2.1875	2.1875	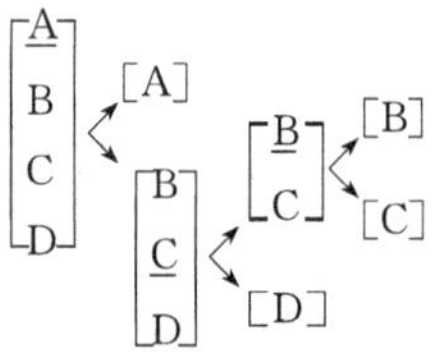
	[AB/CD]	C_{42} 1.4050	2.2590		
	[ABC/D]	C_{43} 0.9445	2.2891		
$\begin{bmatrix}B\\C\\D\\E\end{bmatrix}$	[B/CDE]	C_{44} 1.3340	3.7797	3.5856	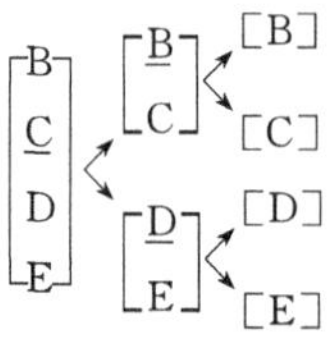
	[BC/DE]	C_{45} 0.9443	3.5856		
	[BCD/E]	C_{46} 2.4180	4.1358		
$\begin{bmatrix}A\\B\\C\\D\\E\end{bmatrix}$	[A/BCDE]	C_{51} 0.5715	4.1571	4.1571	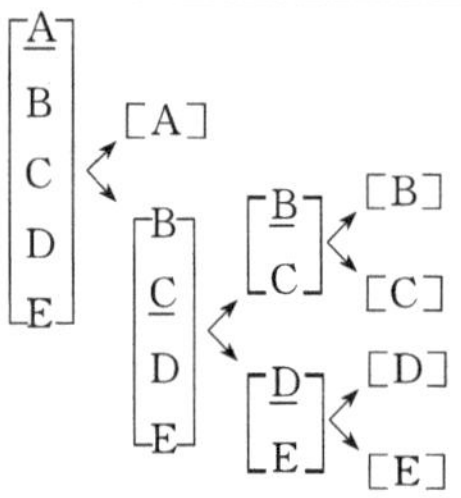
	[AB/CDE]	C_{52} 1.6500	4.3570		
	[ABC/DE]	C_{53} 1.1490	4.1856		
	[ABCD/E]	C_{54} 2.6600	4.8475		

1)费用单位为 10^5 元/年，在此仅作比较用。

2)为书写方便而横写，/代表分割点。

以及

$$V_{n+1}(\boldsymbol{X}_{n+1})=0 \tag{6-40}$$

式中：V_k 为从 k 步至最终产物集合间的子序列所耗总费用的最小值，V_{k-1} 则为从 $k-1$ 步至最终产物集合间的子序列所耗总费用的最小值。$\boldsymbol{U}$ 为决策集合，即整个过程决策变量值的集合。按式(6-40)计算的各段决策至产品集合子序列的最小费用已列于表 6-6 中，相应的最优子序列也在表中表明。表中最末一个的最优序列就是本方法合成得到的结果。

分析本例的优化计算过程，可以得到下述两点：

(1)整个过程的优化问题，即从众多分离序列中挑选出最优序列问题，已化成各个子问题的优化，即各独立分离塔的设计变量优化，使问题大为简化，计算工作量也可以减少，尤其对于组分数多的分离。

(2)动态规划法合成分离序列需要详细计算全部独立分离塔的费用，因此计算工作量十分大。

为克服动态规划法计算工作量大的问题，先后开发出了分支界限法、有序分支搜索法、有序搜索法等算法，读者需要时请查阅有关文献。

分离序列的合成是个相当复杂的问题，上面仅仅介绍了有关的基础知识，所介绍的各种合成方法仅适用于简单分离塔构成的序列，且每座塔实现清晰分割，即假定轻关键组分全部到塔顶中，重关键组分全部到塔底，是高纯度分离塔的理想化；另外，各座塔之间并未进行热集成。为节省能耗，工业生产中的分离塔序列往往进行过热集成，有些塔是具有多进料、气液相侧线抽出以及中间冷凝或中间再沸的复杂塔，因此，实际分离序列更加复杂。对于三组分和四组分物料的精馏分离流程，不少人进行了专门研究，图 6-13 所示是研究过的三组分分离的八种流程，各对于一定范围的进料浓度较合适。

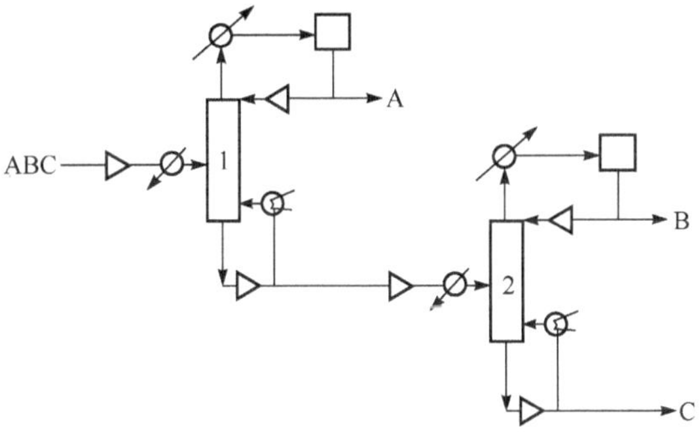

方案Ⅰ

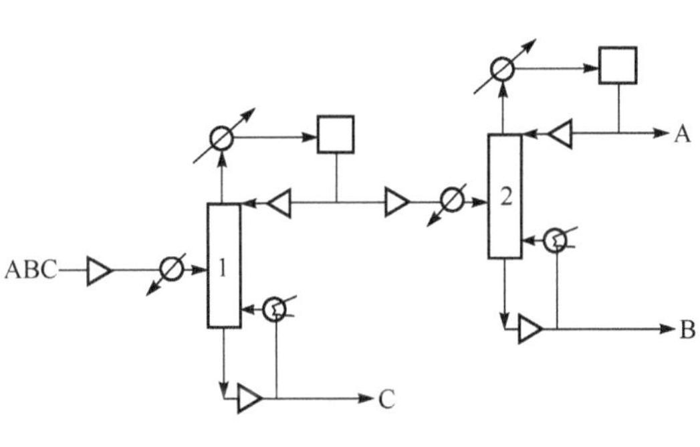

方案Ⅱ

图 6-13　分离三组分料液的一些流程

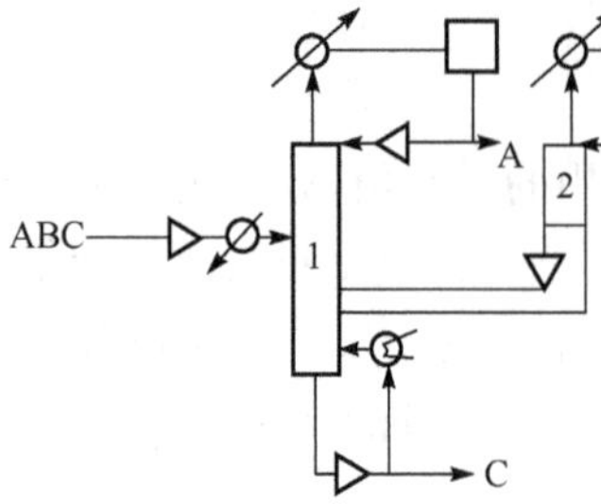

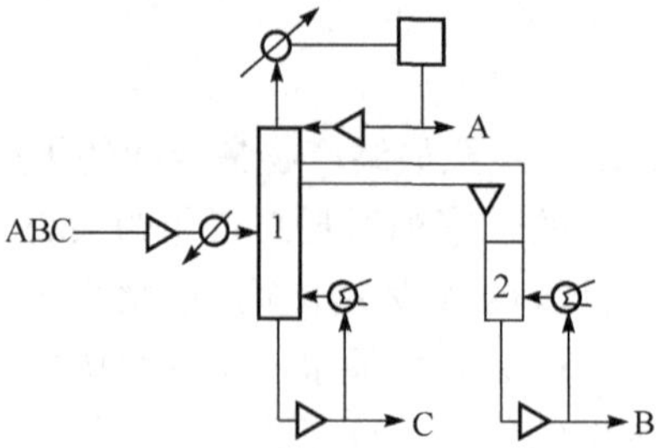

方案Ⅲ　　方案Ⅳ

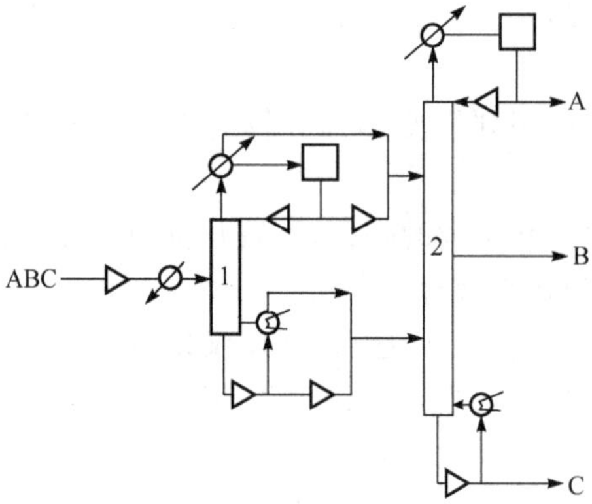

方案Ⅴ

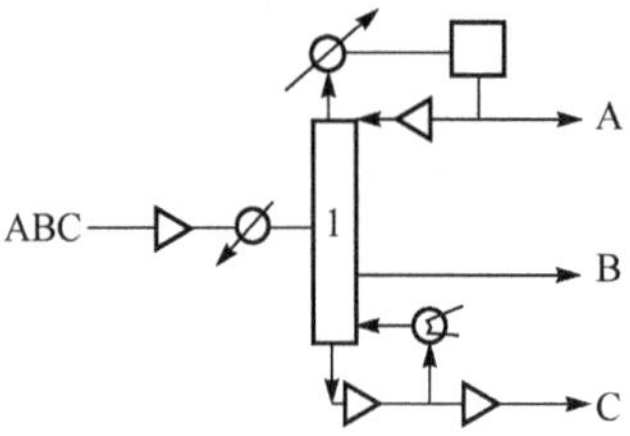

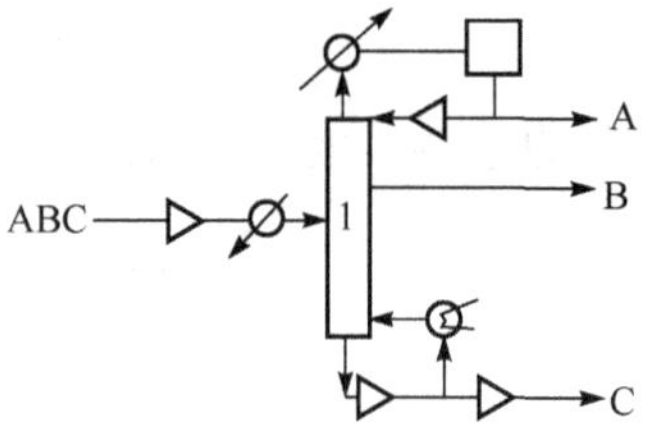

方案Ⅵ　　方案Ⅶ

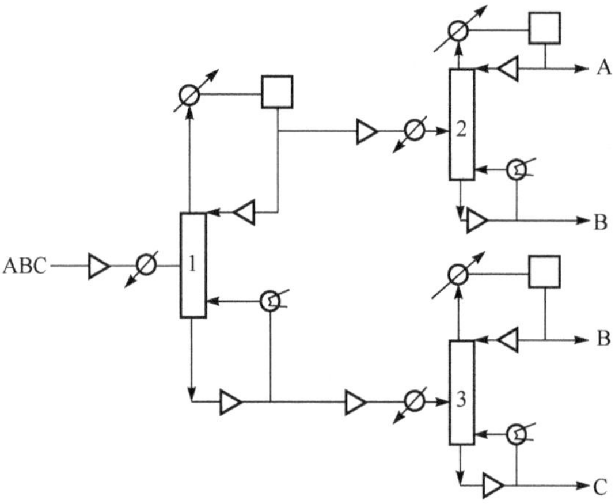

方案Ⅷ

图 6-13(续)

研究表明,各塔间进行热集成的分离序列的合成宜分成两步走,首先不考虑热集成,合成出几个接近最优的分离序列作为后选序列,随后再对它们分别进行热集成,并进行详细的模拟计算,从中选出最优序列。

计　算　题

1. 在温度 T_0 下分离二元气体理想混合物，计算下列各情况并画在 $-\dfrac{W_{min}}{RT_0}$-x 图上。

(1) 完全分离 100%；(2) 分离 98%(摩尔分率)；(3) 分离 90%。

就此结果讨论如何由最小功率来探讨分离要求的合理性。

2. 气相分离如下图，求室温下达到此分离要求所需要的最小功。

3. 在室温 25.0℃，压力为 1atm 下，水吸收空气中的丙酮，其结果如下图，试计算最小理想功。其液相活度系数关系式用 Van Laar 方程 $A_{12}=2.0$，$A_{21}=1.7$(丙酮-1，水-2)。

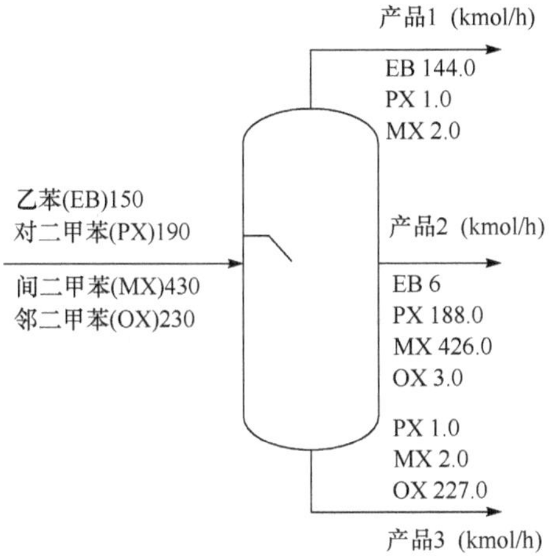

(题 2 图)

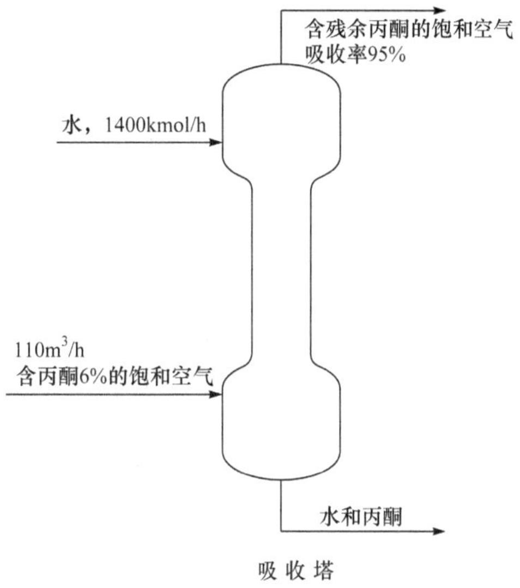

(题 3 图)

4. 丙烯-丙烷分离塔情况如图：

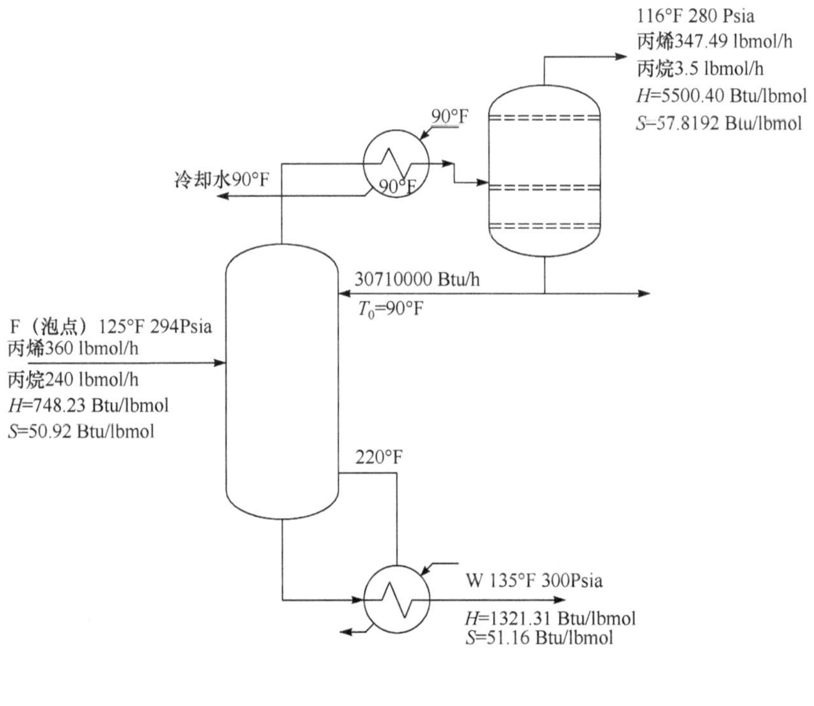

计算：

(1) 再沸器热负荷(给出冷凝器负荷)；

(2) ΔB；　(3) $-W_n$；　(4) δD；　(5) η。

5. 有一常规精馏塔，沸点进料，绝热条件下操作。各股流体物料的蒸发潜热及显热的差别可忽略不计，测得塔釜温度为120℃，塔顶换热量为2×10^7kJ/h，塔的热力学效率为$\eta=46\%$。现为了节能，提高塔的热力学效率，在塔的中部温度100℃处增设了一台中间再沸器。同时对塔内部结构进行调整，中间再沸器采用2kg/cm^2(绝)的饱和水蒸气加热，该蒸汽潜热为2202kJ/kg，流量为4750kg/h，若已知达到分离要求所需的最小能耗为8×10^5kJ/h，当地气温为25℃。

(1) 塔顶温度为多少？

(2) 塔改造后，操作条件不变，热力学效率提高到多少？

6. 对于空气分离工程制富氧与液氮的过程。

(1) 试计算0.1MPa、298K干空气，分离为纯N_2和纯O_2时，每分离1kmol空气在理论上所需的最小功(若空气中含$N_2$79%，含$O_2$19%，以理想气体计)。

(2) 实际过程将取得98%液氮(0.1MPa，77K)和50%的富氧。求此时最小功。

已知：

氮气的性质	焓(H)/[kJ/kmol]	熵(S)/[kJ/(kmol·K)]
0.1MPa，298K	13556	126
77K液态	1500	13.4

摩尔气体常量$R=8.314$kJ/(kmol·K)。

(3) 实际过程的热力学效率仅6.5%，试计算净功耗W_n和有效能损失δD。试指出该过程的不可逆因素。

7. 有一多组分系统，其数据如下表。

种　类	代　号	原料(摩尔分率)	相对挥发度α
丙烷C_3	A	0.05	8.1
异丁烷i-C_4	B	0.15	4.3
正丁烷n-C_4	C	0.25	3.1
异戊烷i-C_5	D	0.20	1.25
正戊烷n-C_5	E	0.35	1.0
		$\sum=1.00$	

经方案评比后，列出了下述四种方案的年操作费用(包括折旧费)。显然①②③好，④较差，请按各方案的情况：

(1) 说明本例中哪一条法则为最重要的法则。

(2) 费用最大的④方案差的原因是什么(或违反了哪几条法则)？

① $\left(\frac{A\times B\times C}{D\times E}\right)^{\left(\frac{A\times B}{C}\right)_{C}^{\left(\frac{A}{B}\right)_{B}^{A}}}_{\left(\frac{D}{E}\right)_{E}^{D}}$

2576340元/年

② $\left(\frac{A\times B\times C}{D\times E}\right)^{\left(\frac{A}{B\times C}\right)^{A}\left(\frac{B}{C}\right)_{C}^{B}}_{\left(\frac{D}{E}\right)_{E}^{D}}$

2590740元/年

③ $\left(\frac{A}{B\times C\times D\times E}\right)^{A}_{\left(\frac{B\times C}{D\times E}\right)^{\left(\frac{B}{C}\right)_{C}^{B}}_{\left(\frac{D}{E}\right)_{E}^{D}}}$

2614380元/年

④ $\left(\frac{A\times B\times C\times D}{E}\right)_{E}^{\left(\frac{A}{B\times C\times D}\right)^{A}\left(\frac{B}{C\times D}\right)^{B}\left(\frac{C}{D}\right)_{D}^{C}}$

2818200元/年

8. 对于含不挥发溶质的稀溶液，欲获得固相溶质，可用多少种分离方法(四种以上)？并简述其优缺点。

参 考 文 献

陈敏恒，等. 2006. 化工原理(第三版). 下册. 北京：化学工业出版社

吴俊生，邵惠鹤. 1997. 精馏设计、操作和控制. 北京：中国石化出版社
杨冀宏，麻德贤. 1989. 过程系统工程导论. 北京：烃加工出版社
张联科. 1980. 化工热力学（无机化工专业用）. 北京：化学工业出版社
邹仁鋆，等. 1988. 石油化工分离原理与技术. 北京：化学工业出版社
Douglas J M. 1988. Conceptual Design of Chemical Processes. New York：McGraw-Hill
Flowers T L，Harrison B K，Niccolai M J. 1994. Automated Synthesis of Distillation Sequences Using Fuzzy Logic and Simulation. AIChE J.，40(8)：1341
Hendry J E，Hughes R R. 1972. Generating Separation Process Flowsheets. CEP，68(6)：71
Madi A K，Westerberg A W. 1992. Distillation Column Sequencing Using Marginal Price. IEC Res.，31(3)：839
Nadgir V M，Liu Y A. 1983. Studies in Chemical Process Design and Synthesis：Part V A Simple Heuristic Method for Systematic Synthesis of Initial Sequences for Multi-Component Separations. AIChE J.，27(3)：321
Nath R，Motard R L. 1981. Evolutionary Synthesis of Separation Processe. AIChE J.，27(5)：578
Nishida N，et al. 1981. A Review of Process Synthesis. AIChE J.，27(3)：321
Peters M S，Timmerhaus K D. 1980. Plant Design and Economics for Chemical Engineers. 3 rd ed. New York：McGraw-Hill

第 7 章　界面现象及其调控

7.1　概　　述

化学工程是一门以数学、物理和物理化学等基础学科为基石、与多门学科互为交叉的工程学科，体现了相当浓厚的边缘学科特征。传质与分离工程在宏观的研究方面有着长足的进步，它与反应工程一起，研究化学工业及其他相关过程工业中物料彼此所进行的物理与化学过程，并把流体力学、相平衡、传热和传质等作为它们的理论基础，进而构筑成各种工艺流程。可是，从微观的研究入手，了解界面的微观结构和它们在传质过程中的地位、作用以及由此衍生出来的诸多原理却显得比较复杂，比较陌生。其原因是在以往的工程研究中，涉及界面现象的一些难以定量的因素都采用十分有效的工程方法，效率、传质系数、垢层系数等，来进行成功的设计与操作。可惜这些有效的工程处理方法都无法揭示传质过程的实质。随着对传统的分离方法不断地深入研究和新的分离技术不断出现，人们要求了解过程的本质和系统的微观结构，尤其是表面张力起主导作用的现象，如湿润、乳化、泡沫、分散等，更需要知道在相界面上到底发生了什么。换句话说，就是化学工程从传统的“单元操作”出发，取得了巨大的成功以后，随着实践的深入，化学工程又将进入深层次。化学工程的焦点将从着重改变材料的物理状态和化学组成的工业过程，变化到从分子水平的微观尺度(microscale)和极度复杂系统的宏观尺度(macroscale)去更完善地解决化学工程技术问题，包括新技术、新产品等。

本章从分子水平的微观尺度来看待各种新老分离技术，如传质过程中界面阻力的微观表现，液膜、泡沫、胶束等的共性等。叙述中会涉及其他学科的理论，特别是表面及胶体化学、固体物理学的基本原理，力图介绍原子和分子水平上认识的界面结构和它外观特性之间的关系；从而调查研究相界面上发生的基本物理和化学过程，并将这些知识与目前若干新分离技术相结合，以解释这些理论在完善若干新技术转化为工业化成熟技术方面起的重要作用。

7.2　界 面 张 力

7.2.1　界面与界面现象

凡是有物相存在的地方就有界面。物质有气、液、固三相，相与相之间的接触部分即分界面就称界面。除了气体与气体可以完全混合，两者不存在界面以外，三相能组合成气液、气固、液液、液固及固固五种界面，而且习惯上把与气相组成的界面称表面。

在以下讨论的场合，界面常常只是接触两相之间的二维薄层，仅相当于单分子层或几个分子层厚。这种界面只有在界面的生成自由能为正值时，才保持稳定。若为负值，则一种物质完全均匀地分散在另一种物质之中，就像两种气体、互溶的液体、固体完全溶于溶剂等。若存在稳定的界面，必存在一凝聚相(连续相)。

尽管界面层是由相邻两体相组成的二维薄层，但它的性质显示出很多独立性，有着一些表征界面特性的二维物理量，如表面张力、表面压、表面黏度、弹性及表面电性质等，并由此产生了一些与此相关的界面现象。

界面现象如此丰富地存在于日常生活和科学、生产实践中，表 7-1 列举了常见的涉及表面作用力的界面现象。这些界面现象往往不同程度地渗入各种分离与反应技术中，有些还占主导地位，如固体填料表面的润湿和铺展，液膜分离，泡沫与浮选等，都是典型的例子。表中列举的只是常见的两相界面，大至海洋表面小至气溶胶微粒，还有更复杂的界面情况。例如从一个介稳态均相中生成另一相而产生界面，对一个多相共存体系的界面，就可能有气-液、气-固、液-固三种界面，塔器(筛板塔、填料塔)都是很好的例子。但这些情况都不存在三相同时接触的界面，极端的情况是三相直接接触的界线。下面的讨论都是在两相界面上展开的。

表 7-1　界面性质有关的界面现象与相关技术

界　面	界面现象	有关的工艺、技术举例
液-气(l-g)	云、雾、雨、露、泡沫、毛细作用等	蒸发、蒸馏、吸收、冷凝、泡沫分离
液-液(l-l)	牛奶、豆浆、乳液聚合、液-液铺展等	萃取、液膜分离、乳化、破乳
固-液(s-l)	润湿、吸着与吸附、动电现象、胶体溶液，电极过程等	催化、电泳、电渗析、电解、吸附、溶解、结晶、沉降、浮选、铺展、浸取
固-气(s-g)	尘、烟(气溶胶)、升华、吸附、催化等	气固催化反应，气体吸附升华
固-固(s-s)	固相反应、黏附、摩擦等	渗混、筛分、球磨、制动

7.2.2　表(界)面张力

1. 纯物质的表(界)张力

对于气液界面和液液界面，由于分子的流动性，液面常常容易呈弯曲状，悬浮的液滴常是球状，肥皂泡更是如此。这一现象可以从液体的表面层分子和液相主体内部分子受力的不同得到解释。静态时，所有的分子都受到相邻分子的范德华(van der Waals)引力的作用。对于主体内部的分子，从统计平均的角度来说，受到的引力是均衡的。但是，表面层的分子不同，由于气液两相密度的差异，在远离临界温度的条件下，界面分子在气相一侧所受到的气体分子的引力大大小于液相内部分子间的引力(范德华力与分子间的距离的七次方成反比)。于是，液相界面分子会受到一个垂直界面并指向主体相内部的力，这种力常称界(表)面张力，如图 7-1。由于这种力仅是分子引力(范德华力)，所以表面层分子受到这种力影响的也只限于第一、二层的分子，就这个意义来讲，表面层是十分薄的。

表面张力的存在与大小可以用一个十分简单的装置来证实，图 7-2 是三面固定、一面铂丝可以自由滑动的方框，框内施加一层液膜，若不在右边可移动的铂丝上加一外力 F，液膜就会收缩。这一现象充分说明表面收缩力是存在的，若摩擦力存在于装置，该力的大小将可以测量。实验证明：该力将与液膜的长度 $2L$(铂丝连接两个液膜表面)有关。以 σ 表示表面张力，

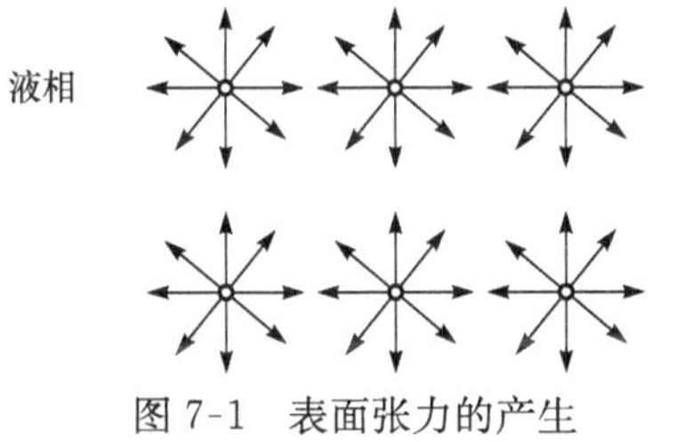

图 7-1　表面张力的产生

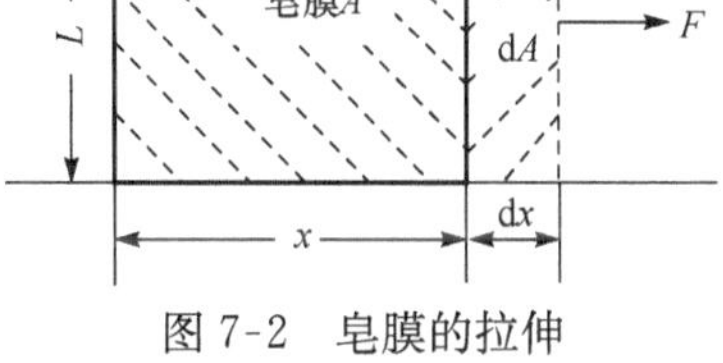

图 7-2　皂膜的拉伸

从力学的角度讲，它是单位表面长度所受到的力，单位是 N/m(10^3 dyn/cm)。它是反抗表面张大的一种收缩力，有

$$\sigma=\frac{F}{2L} \tag{7-1}$$

从热力学看，增加液体表面必须做功。仍以图 7-2 的装置为例，设在 F 的作用下，铂丝移动了 $\mathrm{d}x$ 的距离，则所需可逆功为

$$\mathrm{d}W=F\mathrm{d}x \tag{7-2}$$

代入式(7-1)，可得

$$\mathrm{d}W=\sigma\mathrm{d}A \tag{7-3}$$

式(7-3)可以和气体可逆膨胀功 $\mathrm{d}W=-p\mathrm{d}V$ 相类比。$\mathrm{d}A$ 相当于液膜增加的面积 $2L\mathrm{d}x$，σ 相当于作用在框架上的力。由于 $\mathrm{d}A$ 是二维面积的变化量，表面张力却是使表面收缩的一个二维压力，它们所做的功和膨胀功差一个负号，即

$$\sigma=\frac{\mathrm{d}W}{\mathrm{d}A} \tag{7-4}$$

此时，表面张力成为系统增加单位面积时所需的可逆功，单位为 J/M^2。在量纲上

$$\frac{\mathrm{N}}{\mathrm{m}}=\frac{\mathrm{N}}{\mathrm{m}}\cdot\frac{\mathrm{m}}{\mathrm{m}}=\frac{\mathrm{J}}{\mathrm{m}^2}$$

两者是一致的，所以，表面张力又可以是单位表面积的能量。

由热力学第二定律可知，界面若要稳定的必要条件是形成界面的自由能为正值。上述对表面分子和主体分子受力的分析已经说明了这一点，这样表面相的分子比主体相的分子具有额外的势能，这种势能是当分子处于表面才独有的，所以可以称为表面自由能，简称表面能。这一结论与式(7-4)的结论是一致的，欲使表面增加，则必须消耗一定数量的功，所消耗的功即等于表面自由能的增加。当表面缩小时，同样大小的能量(功)又被释放(输出)。这一结论还可以通过下面的热力学公式的转换来得到。

按照热力学第一定律，体系热力学能(E)的变化等于

$$\mathrm{d}E=\mathrm{d}q-\mathrm{d}W \tag{7-5}$$

式中：$\mathrm{d}W$ 为体系所做的功；$\mathrm{d}q$ 为体系吸收的热。而 $\mathrm{d}W$ 应该包括 $p\mathrm{d}V$ 功和所有非 $p\mathrm{d}V$ 功(包括化学功 $\mu\mathrm{d}n$、表面功 $\sigma\mathrm{d}A$ 等)，应有

$$\mathrm{d}W=\mathrm{d}W_{pV}+\mathrm{d}W_{非pV}=p\mathrm{d}V+\mathrm{d}W_{非pV} \tag{7-6}$$

热力学第二定律表明，对于可逆过程，有

$$\mathrm{d}Q_{可逆}=T\mathrm{d}S \tag{7-7}$$

联立式(7-5)、式(7-6)和式(7-7)，有

$$\mathrm{d}E_{可逆}=T\mathrm{d}S-p\mathrm{d}V-\mathrm{d}W_{非pV} \tag{7-8}$$

由自由能 G 的定义式

$$G=H-TS=E+pV-TS \tag{7-9}$$

微分后得

$$\mathrm{d}G=\mathrm{d}E+p\mathrm{d}V+V\mathrm{d}p-T\mathrm{d}S-S\mathrm{d}T \tag{7-10}$$

将 $\mathrm{d}E$ 代入式(7-10)得

$$\mathrm{d}G_{可逆}=T\mathrm{d}S-p\mathrm{d}V-\mathrm{d}W_{非pV}+p\mathrm{d}V+V\mathrm{d}p-T\mathrm{d}S-S\mathrm{d}T \tag{7-11}$$

对于恒温恒压的可逆过程，式(7-11)变为

$$\mathrm{d}G_{可逆}=-\mathrm{d}W_{非pV} \tag{7-12}$$

也就是说 dG 相当于该过程所输出的最大功，而且是非压强体积功。

若这个过程不存在化学变化，仅是表面积的变化，那么由式(7-4)可得

$$\mathrm{d}G=\sigma\mathrm{d}A \tag{7-13}$$

或更严密的表达式

$$\sigma=\left(\frac{\partial G}{\partial A}\right)_{T,p} \tag{7-14}$$

式(7-14)表明：表面张力表示每增加单位面积时吉布斯自由能的增加量。为强调 σ 是表面变化引起的每单位面积之额外的自由能，等价于 G^{S}，更强调它是一个特定的热力学函数。于是有

$$G^{\mathrm{S}}=\sigma=H^{\mathrm{S}}-TS^{\mathrm{S}} \tag{7-15}$$

和

$$\left(\frac{\partial G^{\mathrm{S}}}{\partial T}\right)_p=\left(\frac{\partial \sigma}{\partial T}\right)_p=-S^{\mathrm{S}} \tag{7-16}$$

上两式联立

$$\sigma=H^{\mathrm{S}}+T\left(\frac{\partial \sigma}{\partial T}\right)_T \tag{7-17}$$

在这里，$H^{\mathrm{S}}=E^{\mathrm{S}}$，两者是等价的。一般情况下，$\left(\frac{\partial \sigma}{\partial T}\right)$为负值，所以表面总能 E^{S} 常大于表面自由能 σ。表 7-2 列出了在 293K 下各种液体的 $\sigma(G^{\mathrm{S}})$、S^{S} 和 H^{S} 值。表 7-3 还列出了各类纯物质的表面张力与界面张力值。所谓纯物质的表面张力是指纯液体与饱和了本身蒸气的空气相接触时测得的数据。界面张力则是两相不互溶的液体或液体与固体相接触时测得的数据。测定液体表面张力的方法有许多，毛细管法、最大压泡法、圆环法、吊板法、悬滴法、滴重法等常用于纯液体表面张力的测定，滴重法、吊板法、座滴法等则适用于溶液。这些方法的介绍几乎遍及各种物理化学、表面化学及胶体化学的书籍。读者需要的话，可以进一步查阅。

表 7-2　293K 时各种液体的 σ、S^{S} 和 H^{S} 值

物　质	$\sigma/(\mathrm{mN/m})$[1)]	$S^{\mathrm{S}}(=\mathrm{d}\sigma/\mathrm{d}T)/[\mathrm{N/(m\cdot K)}]$	$H^{\mathrm{S}}[=E^{\mathrm{S}}=\sigma-T(\mathrm{d}\sigma/\mathrm{d}T)]/(\mathrm{mJ/m^2})$
正己烷	18.4	−0.105	49.2
乙醚	17.0	−0.116	51.0
正辛烷	21.8	−0.096	49.9
四氯化碳	26.9	−0.092	53.9
间二甲苯	28.9	−0.077	51.4
甲苯	28.5	−0.081	52.2
苯	28.9	−0.099	58.0
三氯甲烷	28.5	−0.135	68.3
1,2-二氯乙烷	32.2	−0.139	72.9
二硫化碳	32.3	−0.138	72.7
水	72.8	−0.152	117.3
汞	484	−0.220	548

1) $1\mathrm{mN/m}=10^{-3}\mathrm{N/m}=1\mathrm{dyn/cm}=1\mathrm{erg/cm^2}$。

表 7-3　表面张力和界面张力值

液　体	温度	σ/(mN/m)	液　体	温度	σ/(mN/m)
		液体/蒸汽界面			
水	20℃	72.88			
	25℃	72.14			
	30℃	71.40			
		有机化合物			
二碘甲烷	20℃	67.00	乙酸丁酯	20℃	25.09
二甲亚砜	20℃	43.54	壬烷	20℃	22.85
丙烯碳酸酯	20℃	41.1	甲醇	20℃	22.50
二甲基苯胺	20℃	36.56	乙醇	20℃	22.39
硝基甲烷	20℃	32.66		30℃	21.55
苯	20℃	28.88	辛烷	20℃	21.62
	30℃	27.56	庚烷	20℃	20.14
甲苯	20℃	28.52	乙醚	25℃	20.14
三氯甲烷	25℃	26.67	全氟甲基环己烷	20℃	15.70
丙酸	20℃	26.69	全氟庚烷	20℃	13.19
丁酸	20℃	26.51	全氟戊烷	20℃	9.89
四氯化碳	25℃	26.43			
		低沸点物质			
^4He	1K	0.365	O_2	77K	16.48
H_2	20K	2.01	C_2H_6	180.6K	16.63
D_2	20K	3.54	Xe	163K	18.6
N_2	75K	9.41	N_2O	182.5K	24.26
Ar	90K	11.86	Cl_2	−30℃	25.56
CH_4	110K	13.71	NOCl	−10℃	13.71
F_2	85K	14.84	Br_2	20℃	31.9
		金属			
Hg	20℃	486.5	Ag	1100℃	878.5
	25℃	485.5	Cu	熔点	1300
	30℃	484.5	Ti	1680℃	1588
Na	130℃	198	Pt	熔点	1800
Ba	720℃	226	Fe	熔点	1880
Sn	332℃	543.8			
		盐类			
$BiCl_3$	271℃	66	$NaNO_3$	308℃	116.6
$KClO_3$	368℃	81	$K_2Cr_2O_7$	397℃	129
KNCS	175℃	101.5	$Ba(NO_3)_2$	595℃	134.8

续表

液　体	温度	σ/(mN/m)	液　体	温度	σ/(mN/m)
液/液界面 液：水					
正丁醇	20℃	1.8	硝基苯	20℃	25.2
乙酸乙酯	20℃	6.8	苯	20℃	35.0
庚酸	20℃	7.0	四氯化碳	20℃	45.0
苯甲醛	20℃	15.5	正庚烷	20℃	50.2
液：汞					
水	20℃	415	正己烷	20℃	378
	25℃	416	正庚烷	20℃	378
乙醇	20℃	389	苯	20℃	357
液：碳氟高分子					
苯	25℃	7.8	水	25℃	57

资料来源：吴树森等，1989。

2. 表(界)面张力的影响因素

1) 温度

由式(7-1)和(7-2)，表面张力可看作分子间吸引力的一种量度。分子运动论又表明，温度升高，分子的动能增加，将可克服分子间的吸引力。这一结论说明了表面张力随温度的升高而降低的原因。直到温度接近临界温度时，液相与气相的界限逐渐消失，表面张力降至零。两者的关系可用拉姆齐(Ramsay)和雪尔茨(Shields)的经验式来表示

$$\sigma\left(\frac{M}{\rho}\right)^{2/3}=K(T_c-T-6) \tag{7-18}$$

式中：$\dfrac{M}{\rho}=V$ 为克摩尔体积，M 为摩尔质量，ρ 为密度；K 为常数，对于不缔合的液体，其值约为 2.1×10^{-4}mJ/K；T_c 为临界温度。通常温度每升高 10℃，表面张力约降低 1mN/m。表 7-4 列出了一些液体的表面张力与温度的关系值及表面总能。

表 7-4　表面张力的温度相关性

液　体	σ/(mJ/m^2)	T/K	dσ/dT	E^S/(mJ/m^2)
He	0.308	2.5	−0.07	0.47
N_2	9.71	75	−0.23	26.7
乙醇	22.75	293	−0.086	46.3
水	72.75	293	−0.152	117.3
苯	28.8	293	−0.13	67.0
辛烷	21.8	293	−0.10	51.1
钠	202	370	−0.10	239
银	879	1373	−0.184	1132
铜	1300	1808	−0.31	1721
铁	1880	1808	−0.43	2657

2) 压力

由热力学定律可以得到

$$\left(\frac{\partial\sigma}{\partial p}\right)_{A,T}=\left(\frac{\partial V}{\partial A}\right)_{p,T} \tag{7-19}$$

这说明表面张力值随压力的增加将由于物质分子从主体相迁移到表面相时所引起的克摩尔体积增加而增加。因为，一般表面的物质密度总是低于液相主体的密度，所以 ΔV 应为正值。可是这一理论结果往往与实验结果相反，系统压力的增加反而使表面张力值减小。因为要使液体表面所受到的压力增大，必须引入第二组分如惰性气体。压力增大后，气相密度增大，表面可能吸附了第二组分，使表面区域的物质浓集，所得体积增量 ΔV_a 呈负值，有

$$\Delta V_a=-\Gamma V=-\frac{\Gamma RT}{p} \tag{7-20}$$

式中：Γ 为单位表面积吸附的克摩尔数。但 1mol 物质从主体相迁移到表面相所引起的体积增量 ΔV_s 肯定是正值。这样，总的体积变化就是上述两部分体积变化量之和

$$\Delta V=\Delta V_a+\Delta V_s \tag{7-21}$$

ΔV 常为负值，这和实验结果是相一致的。液相的表面张力值随压力增大而减小。严格地说，第二组分多少会溶入液相，改变液相组成而使 σ 变小。通常，上述各种原因的加和使得每增加 1MPa，表面张力约降低 1mN/m。例如，0.1MPa 下，水和四氯化碳的 σ 分别为 72.8mN/m 和 26.8mN/m，而在 1MPa 下分别是 71.8mN/m 和 25.8mN/m。

7.2.3 溶液的表面张力——组成的影响

表面张力不仅与物质的种类有关，还和同一种物质不同浓度的溶液有关。实际应用中多数遇到的都是水溶液，因此本章着重研究水溶液的表面张力值。

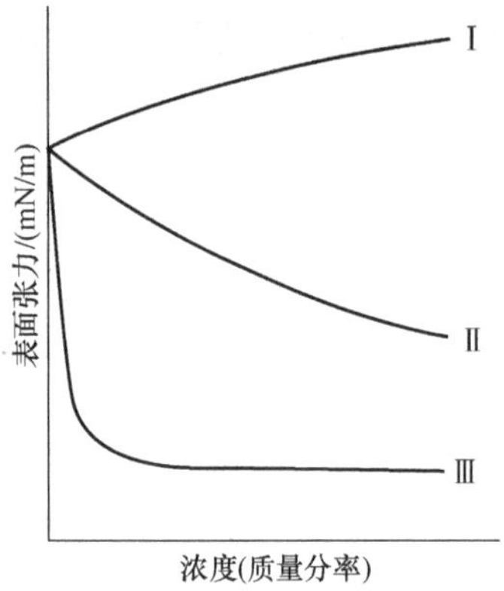

图 7-3 表面张力曲线的类型

在水溶液中，表面张力随组成的变化规律大致有三种类型。如图 7-3 所示，Ⅰ型曲线表示随溶液变浓，表面张力值略有增大。一般的电解质水溶液如 $NaCl$、Na_2SO_4、KOH、NH_4Cl、KNO_3 等无机盐，以及蔗糖、甘露醇等多羟基有机物均属于此类。Ⅱ型曲线表示表面张力降低，如一些低碳链的醇、醛、酮与胺类有机物。Ⅲ型曲线所包括的物质有 8 碳以上的直链有机酸碱金属盐、高碳直链磺酸盐、硫酸盐、苯磺酸盐等表面活性剂。它们的少量加入会使水溶液的表面张力急剧降低，而到一定浓度(CMC)以后表面张力几乎不再变化。

上述三种曲线的成因已被大量的事实所证明。原来溶质在溶液表面层的浓度和溶液内部的浓度是不同的，这是由于在溶液表面发生了吸附作用。若溶质在表面层中的浓度大于它在溶液主体相中的浓度，则在溶液表面发生了正吸附，以Ⅱ型特别是Ⅲ型曲线为典型；反之，为负吸附，如Ⅰ型曲线。

尽管人们希望能定量地描绘表面张力曲线，但因其复杂性，很难有满意的结果。较有名的公式有依据热力学推导而得的哥根汉(Gaggenheim，1945)计算式和狄法(Delay et al.，1966)经验式，但也有较大的局限性，读者可自行查阅和计算。

7.2.4 动态表面张力

纯液体尤其是分子结构比较对称的纯液体，无所谓时间效应，但液体加入溶质后则不同。当溶液表面迅速扩大时，刚生成的“新鲜”表面浓度与主体相浓度相同，这种瞬时产生的新表面处于

未老化状态，表面寿命为零($t=0$)，其表面张力定义为纯动表面张力。以后表面逐渐老化，当时间达 T 时表面张力达到平衡值，定义为静态表面张力。表面寿命从 0 到 T 的时间内，在表面积不变的情况下，表面张力随时间的变化值则全部称作动态表面张力(Delay et al.，1971)。

本节以前讨论的表面张力值和测定方法都是指静态表面张力。但有些方法经改造后就可用作测定动态表面张力。例如在几分钟到几小时就能达到平衡的系统可采用躺滴法和悬滴法，表 7-5 为采用悬滴法所测得的动表面张力与时间的关系。吊板法也适用于表面寿命较长的系统。实验时先将溶液表“皮”刮去一层，立即使吊板接触液面并开始测量，用自动记录仪记下表面张力与时间的关系。滴重法和滴体积法适用于测定寿命在 0.1s 到若干分钟范围。秒级以下的寿命范围可采用最大压泡法和振荡射流法。

表 7-5　硬脂酸钠的动态表面张力

时间(寿命)/s	表面张力/(mN/m)
10	71.9
60	58.2
120	54.4
1800	39.2

一般认为，时间效应取决于溶质分子自溶液内部到表面的扩散速度即吸附速度。图 7-4 显示了癸醇水溶液的表面张力与时间的关系。图中 A、B、C、D 四点显示在此之后的表面张力值几乎达恒值，即静表面张力值。碳链长小于 8 的醇类，时间效应极小，1s 以内即达平衡。对于表面活性剂，其表面张力的时间效应更为突出。浓度越大，表面张力随时间下降越多，达到平衡的时间越短。对于离子型的表面活性剂，有无机盐存在时，可大大减少表面张力的时间效应。例如浓度为 5×10^{-4}mol/L的十二烷基磺酸钠水溶液，实验表明其平衡时间长达 5min，而添加 NaCl 到 0.3mol/L 时，溶液的表面张力几乎立即达到平衡，没有时间效应。而对非离子表面活性剂则不然。总之，对于表面活性剂的时间效应，几乎可以想象为活性剂分子自溶液内部吸附至表面，加上形成定向排列所需要的时间。

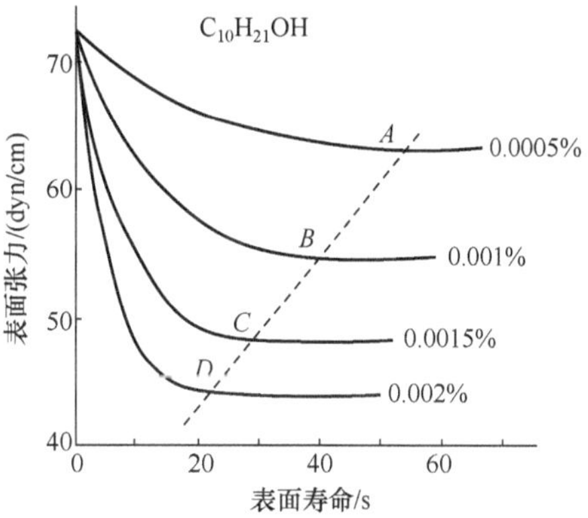

图 7-4　癸醇水溶液的表面张力-时间关系

在实际应用中，了解时间效应即吸附速度是十分有用的。在泡沫吸附分离与液膜分离中，泡沫和乳滴会不断生成，此时，新的表面和界面不断形成，同时要求溶质在表面和界面上吸附。如果吸附速度过慢，就会在要求的时间内不能形成达到稳定泡沫和乳状液的表面吸附层。同样，在胶片生产的涂布作业时更为突出。彩色胶片的涂布将涉及液固、液液界面的润湿和铺展两个问题。当乳剂自挤压咀流出后生成新表面，与片基接触后要求迅速铺展亦即扩大表面。如果吸附速度过慢，则在润湿和铺展的时间内无法达到平衡吸附量(表面张力)，会造成涂布不均匀而失败。上面两个简单的例子都说明对于有界面变化(生成新界面)的过程，就应了解溶液界面吸附速度会产生什么影响，即应具备动态表面张力的知识。

7.3 四个基本定律

界面化学有四个重要的基本公式：拉普拉斯(Laplace)公式、开尔文(Kelvin)公式、吉布斯(Gibbs)吸附等温式和杨(Young)润湿方程。拉普拉斯公式为表面张力的测定提供了理论依据，由此派生出众多的测定表面张力的方法。它还对各类界面现象的研究有指导作用。开尔文公式试图解决弯曲界面的曲率对蒸汽压的影响，从而对蒸汽的过饱和、胶体分散系的时效作用都作出了很好的解释。吉布斯吸附等温式讨论了各类界面上的吸附平衡，它的贡献在于建立表面过剩量的概念，使我们对表面活性剂性质的认识产生质的飞跃。杨将接触角当作平面固体上的液滴在三个界面张力下的力的平衡来处理的方法，解决了衡量固体表面润湿程度的直观判据。下面将对它们作简单的介绍以期了解、综合运用它们来解决在化学工程与工艺中所遇到的各种界面问题。上述四个公式的严格的热力学推导都可查阅有关专著。

7.3.1 拉普拉斯公式——弯曲液面下的附加压力

实验证明，液体的界面形状不同，其表面上承受的压力也不同。图 7-5 所显示的 H 型玻璃管装置，先关闭阀 3，通过阀 1、2 在两个管端分别吹两个不同直径的肥皂泡。设它们的半径 $r_1<r_2$，再关闭阀 1、2，开启阀 3，立即会出现大泡变大、小泡变小，直至两泡在两端形成曲率半径相等 $r_1'=r_2'$(图中虚线所示)。这一现象说明存在着大气压以外的附加压力 p。就以上述皂泡为例，若忽略重力场的影响，半径 r 的皂泡应具有总表面自由能 $4\pi r^2\cdot\sigma$。现半径减少 $\mathrm{d}r$，则表面自由能的变化为 $8\pi r\sigma\cdot\mathrm{d}r(=\sigma\mathrm{d}A)$。此时，皂泡的体积应相应减少 $4\pi r^2\mathrm{d}r(=\mathrm{d}V)$，要达到这一点必然是泡内外的压差 Δp 做功。同时，两者正好平衡，于是

$$\Delta p\cdot 4\pi r^2\cdot\mathrm{d}r=8\pi r\sigma\mathrm{d}r \tag{7-22}$$

$$\Delta p=\frac{2\sigma}{r} \tag{7-23}$$

对于任意曲面，类似的推导可得

$$\Delta p=\sigma\left(\frac{1}{r_1}+\frac{1}{r_2}\right) \tag{7-24}$$

显然，式(7-23)只是式(7-24)的特例。式(7-24)是拉普拉斯式的一般形式，是研究毛细现象的基本公式，也是表面张力测定的理论依据。当液体曲面为平面，即 r_1、$r_2\to\infty$ 时 Δp 的值为零，即平表面两侧无压差存在。

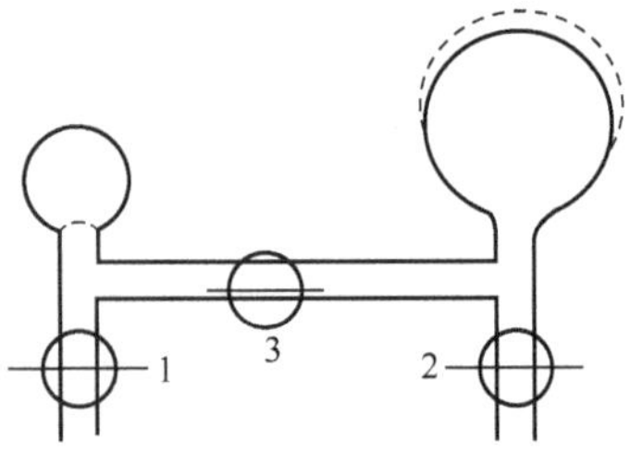

图 7-5 连通管装置示意图

弯曲表面两侧的压差可以使毛细管的液体上升，也可以成为固体粉料在烧结过程中的一种推动力。对于具有自由表面的液体，由于处于表面的分子受到一种垂直指向液体内部的合引力，表面越小则系统的能量越低。所以，可以说表面张力的存在造成了表面自行缩小的趋势。因此，液滴、气泡总是呈球形。分离工程中许多单元操作如喷雾干燥、萃取、吸收、精馏、泡沫分离和液膜分离等，都会遇到气液、液液两相由一相分散到另一相的液体喷淋或气体鼓泡的操作，拉普拉斯公式提供了所需的可逆功 $\sigma\mathrm{d}A(\Delta p\mathrm{d}V)$。大小泡相邻，泡壁的拱形指向大泡。当膜壁足够薄时，小泡的气体向大泡渗透，大泡变大，直至两泡曲率相等(甚至消失)。以上都在这里找到理论依据，见

图 7-6和图 7-5。

固体是一种刚性物质，表面上分子的流动性较差，它能承受剪应力，所以有抵抗表面收缩的可能。固体的表面张力是根据在固体表面上增加附加的原子以建立新的表面时所做的可逆功来定义的。杂质的存在可以对物质的表面能产生显著的影响。同样，和在 7.2.3 中描述的一样，在熔融的铁液中，只要含万分之五的氧和硫，就可以使铁液的表面张力由 1835mN/m 下降到 1200mN/m。对于许多固体金属、氮化物和碳化物的表面，氧能产生类似的影响。在这些材料的表面一旦形成氧的吸附层，就较难将其除去。

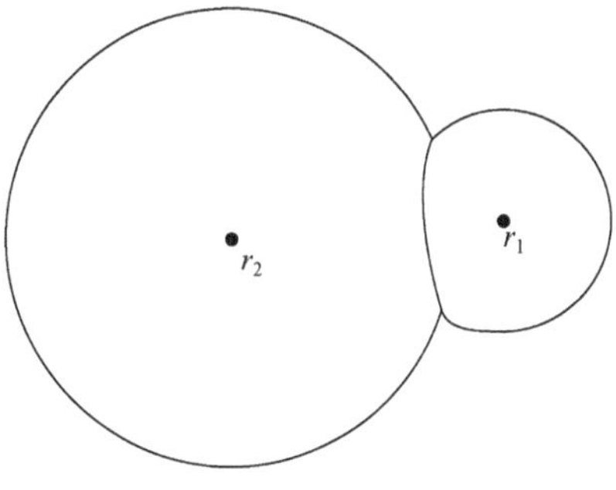

图 7-6　大小泡的间壁

7.3.2　开尔文公式——液体表面曲率与蒸汽压

小液滴单位体积的表面积很大，它的蒸汽压也高于相应平面上的蒸汽压。所以，使液体从平面转向液滴时必须消耗能量，这往往是因为液滴的表面积增大，或者说它的表面能将增加的缘故。

如果液滴的半径为 r，增加 $\mathrm{d}r$ 时，其表面积将从 $4\pi r^2$ 增加到 $4\pi(r+\mathrm{d}r)^2$（即增加 $8\pi r\mathrm{d}r$），表面自由能的增量为 $\sigma\cdot 8\pi r\mathrm{d}r$。若将微分摩尔量 $\mathrm{d}n$ 的液体由平面（蒸汽压 p_0）转移到液滴（蒸汽压 p_r），在这一过程中体系自由能的增量应为 $\mathrm{d}nRT\ln p_r/p_0$。若蒸汽为理想气体，上述两种自由能增值应相等。有

$$\mathrm{d}nRT\ln\frac{p_r}{p_0}=8\pi r\sigma\mathrm{d}r \tag{7-25}$$

而

$$\mathrm{d}n=4\pi r^2\mathrm{d}r\cdot\rho/M \tag{7-26}$$

于是

$$RT\ln\frac{p_r}{p_0}=\frac{2\sigma M}{\rho r}=\frac{2\sigma V_{\mathrm{m}}}{r} \tag{7-27}$$

式中：ρ 为液体的密度；V_{m} 为液体的摩尔体积；M 为摩尔质量。

式(7-27)通常被称为开尔文方程，对于液滴，压差 Δp 为正值，因而引起蒸汽压增大。以水滴为例，若 σ 为常数，则

$r=10^{-7}\mathrm{m}$	$10^{-8}\mathrm{m}$	$10^{-9}\mathrm{m}$
$p_r/p_0\approx1.01$	1.1	3.0

当然，该式也可以用于凹面，此时曲率为负值，蒸汽压将降低。开尔文方程由热力学推导而来。当半径 r 小到 $10^{-8}\mathrm{m}$ 时，蒸汽压增加 10%，如此小的水珠中聚集有 1.4×10^5 个分子。即使空气中蒸汽过饱和达 11%，按理此时的蒸汽应凝结为液滴，但因为生成的新相种子极其微小，它的饱和蒸汽压远大于这时蒸汽的压力，即此蒸汽对极小液滴（凝聚中心）来说尚未饱和。或换个角度来说，1.4×10^5 个分子同时聚在一起形成一个水珠的可能性实在太小，以致过饱和蒸汽能够稳定存在。这种情况可以用引进外来物质来绕过阻碍凝结的这种能垒，人工降雨就是一个典型的例子。在过饱和的云层中投入粉末状干冰或碘化银微晶作为凝聚时的界面，就可形成雨或雪。加入沸石可使过热液体的过热程度显著下降，也是针对沸腾时抵抗微小气泡所

承受的附加压力$\frac{2\sigma}{r}$的原理的一个例子。

7.3.3 吉布斯公式——溶液的表面吸附

1. 气液界面的结构

在表面张力的讨论中，液体表面张力可以看作“力”，也可以看作“表面能”。这一节中，将把着眼点放在后者。表面区的深度研究始终是一个人们十分关心的课题。现以纯水为例，表面张力现象将主要取决于分子间的作用力，如前述是随分子间距离的七次方衰减的范德华力。这样受力的范围只是在邻近一、二层分子之内，所以表面的厚度也就是几个分子直径厚。然而，从分子运动学的角度来看，就在这一薄层中，分子无论与气相分子还是与液相主体分子都进行着十分频繁的交往，下面分别说明。

先讨论分子在液相和气相之间的往来，由于液体水与其蒸汽处于动态平衡状态，于是分子在表面相获得足够的能量冲出表面跑到汽相(蒸发)；另一方面汽相分子在汽相冲击液体表面直至进入(凝聚)。由分子气体动力学，每秒撞击在每平方厘米表面上的物质的量为

$$Z=\frac{p}{\sqrt{2\pi MRT}} \tag{7-28}$$

在室温时，水的 Z 值约为 0.02mol/(cm^2 · s)，相当于 1.2×10^{22} 个分子。平衡时，每秒每平方厘米表面上也必须有这么多分子离开表面跑入汽相。折算到每个水分子的面积约为 10^{-15} cm^2(10Å^2)，此时每秒来往的分子有 1.2×10^7 个，由此可得表面分子的平均寿命 0.1μs。

表面区与主体区侧的分子也由于布朗运动频繁地来往，水和大多数液体在室温时的扩散系数 D 约为 10^{-5} cm^2/s。爱因斯坦(Einstein)公式描述了扩散系数与分子净位移 x 和所需时间 t 的关系：

$$D=\frac{x^2}{2t} \tag{7-29}$$

假定 x 为 10^{-6} cm，则 t 约为 10^{-8} s，这说明表面相和相邻的主体液相之间分子来往甚密。

经上述两方面的讨论，已经可以想象出：从分子级的微观尺度来考察气液界面时，实际是一幅毛茸茸的湍流图像，界面处于激烈的翻腾态，但其平均密度是从液相到气相的连续过渡，并无突变。

上述的讨论和对汽液表面的认定给热力学处理带来了方便。吉布斯提出了在两相间的过渡区内作任意数学划分面的方法，如图 7-7 所示。α 相和 β 相之间存在着某个通性 ρ 连续过渡的区域。x 是垂直于界面量得的距离，在这一过渡区内作任一划分面 x_0。但这时的界面并不是数学意义上的面，而是厚度为 x 的区，穿过此区体系的性质从表征 α 相的数值 ρ_α 逐渐变为表征 β 相的 ρ_β 值。可是，往往又认定界面不存在体积，于是只能将上述特征值假设在 α 相或 β 相时都是不变的值，而在划分面 x_0 处产生突变。x_0 应如何选定位置？如此选定后会带来什么影响？应予以讨论。

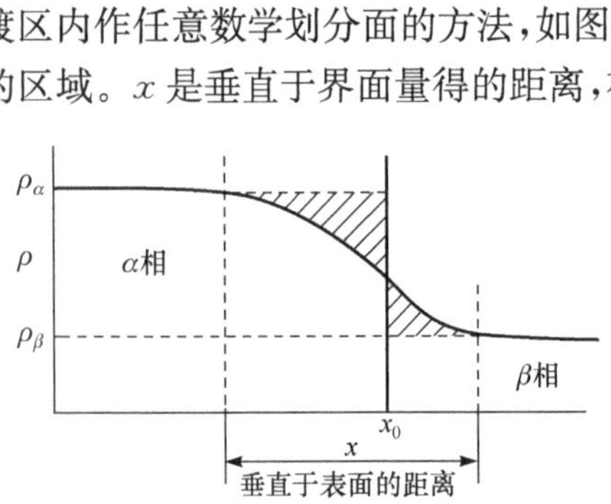

图 7-7 表面区某参数的连续过渡

假如图 7-7 中曲实线代表性质 ρ 的实际变化情况，选定分界面 x_0 以后，x_0 左边的阴影面积表示由于选定 x_0 后 ρ_α 因延伸而引起的 ρ_α 的超值部分；而 x_0

右边的阴影面积则正相反，是 ρ_β 延伸后导致的 ρ_β 的降值部分。如果 x_0 的选择使得两块阴影面积相等，那么，就可把界(表)面定在 $x=x_0$ 的位置上。

问题在于 ρ 代表的热力学参数在实际的情形下存在如下的一系列关系式：

$$体积：V=V^\alpha+V^\beta \quad (7\text{-}30)$$

$$熵：S=S^\alpha+S^\beta+S^\sigma \quad (7\text{-}31)$$

$$热力学能：E=E^\alpha+E^\beta+E^\sigma \quad (7\text{-}32)$$

$$自由能：G=G^\alpha+G^\beta+G^\sigma \quad (7\text{-}33)$$

$$物质的量：n_i=n_i^\alpha+n_i^\beta+n_i^\sigma \quad (7\text{-}34)$$

上标 α、β、σ 分别代表 α 相、β 相和表面相。其中，V^σ 认定极小，忽略。在恒温恒压下，系统热力学能的变化为

$$\mathrm{d}E = T\mathrm{d}S + \sum_i \mu_i \mathrm{d}n_i - p_\alpha \mathrm{d}V_\alpha - p_\beta \mathrm{d}V_\beta + \sigma \mathrm{d}A + K_1 \mathrm{d}C_1 + K_2 \mathrm{d}C_2 \quad (7\text{-}35)$$

式中：C_1、C_2 为数学分割面的曲率(分别为$\frac{1}{r_1}$和$\frac{1}{r_2}$)；K_1、K_2 为常数。式中最后三项表明表面积和表面曲率变化所引起的系统热力学能的增量。后两项又与任意面的选择有关，但又和它们不应影响热力学能相悖，现改写

$$K_1\mathrm{d}C_1+K_2\mathrm{d}C_2=\frac{1}{2}(K_1+K_2)\mathrm{d}(C_1+C_2)+\frac{1}{2}(K_1-K_2)\mathrm{d}(C_1-C_2)$$

要求任选的切割面首先满足$(K_1+K_2)=0$，其次，表面区厚度极薄，划分面的曲率不可能很大，因而 $\mathrm{d}(C_1-C_2)\approx0$，实际上，对球面或平面这一项确实为零，这样 $K_1\mathrm{d}C_1+K_2\mathrm{d}C_2\approx0$。有

$$\mathrm{d}E = T\mathrm{d}S + \sum_i \mu_i \mathrm{d}n_i - p_\alpha \mathrm{d}V_\alpha - p_\beta \mathrm{d}V_\beta + \sigma \mathrm{d}A \quad (7\text{-}36)$$

可见，任意切割面的划分以及假定 α 相和 β 相一直到分割面都保持均匀，式(7-30)到式(7-35)乃至式(7-36)都合理成立。

接着的问题是：对某一性质如密度 ρ 而言，x_0 的位置可选定在图 7-7 中两个阴影面积相等的 x_0 处。但是，图中曲线的形状是随所研究的各项性质而异的。这样尽管可以认定某一性质的划定面 x_0，对其他性质就会出现不等的两块阴影部分。两者之差引入了一个表面化学中的重要概念——表面过剩 Γ，这一点将结合吉布斯公式的导出详细讨论。

2. 吉布斯公式与表面过剩

7.2.3 中已经提及溶液界面与纯液体界面的不同。由于存在组成的影响，即发生了溶质在表面层的吸附而导致表面相与主体相的浓度是不同的。现设一杯溶液与蒸汽呈平衡，由上节的讨论，此时溶质的量可用下式表示

$$n=n^\alpha+n^\beta+n^\sigma \quad (7\text{-}37)$$

n 是体系实际的溶质量，n^α 和 n^β 分别是根据上节假设所算出的溶质量。实际情况中，由于表面相的不均匀性，上述两者并不相等，n^σ 就是它们之间的差值，其单位表面上的量称为表面过剩 $\Gamma(\mathrm{mol/cm^2})$

$$\Gamma=\frac{n^\sigma}{A'} \quad (7\text{-}38)$$

对汽液系统而言，气相的浓度 n^β 与液相相比几可忽略，所以式(7-37)可变为 $n^\sigma=n-n^\alpha$。也就是说，可以把 Γ 看成是单位表面上表面相超过(或低于)主体相的溶质量，即表面超量或亏量之说。

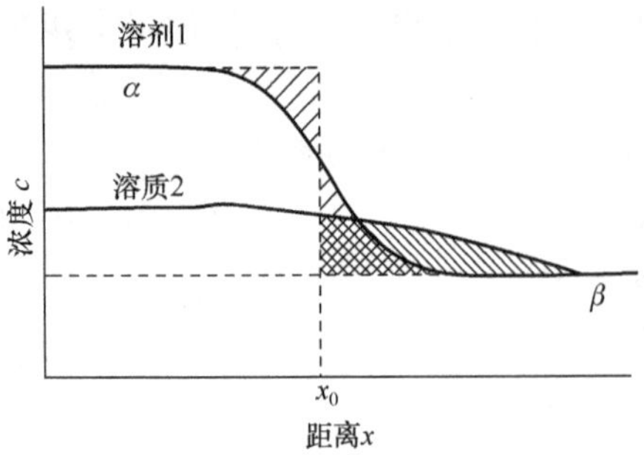

图 7-8　分界面的确定

对于溶液，即使最简单的二元溶液，Γ 的数值显然与吉布斯的任意切割面的位置 x_0 的选择有关。为了导出溶液中 Γ、σ 和 c 之间的关系，吉布斯在诸多因素中选择了溶剂的浓度作为确定 x_0 的参变量，具体方法示于图 7-8。图中纵坐标为浓度、横坐标为距离。分界面 x_0 的位置正好放在溶剂 1 的曲实线和 x_0 界面在图中所显示的两块斜阴影面积恒相等处，也就是说溶剂的 Γ 值为零。显然在图中已可明显看出溶质 2 的 Γ 值一定不为零，同时，系统的其他热力学性质如表面能、表面熵、表面自由能等也就依此而定。

对于一开放体系，并有表面存在时，体系热力学能的微小、可逆变化可用下式描述

$$dU = dU^{\alpha} + dU^{\beta} + dU^{\sigma} = TdS - pdV + \sum \mu_i dn_i + \sigma dA \tag{7-39}$$

仅考虑表面部分时，上式变为

$$dU^{\sigma} = TdS^{\sigma} - pdV^{\sigma} + \sum \mu_i dn_i^{\sigma} + \sigma dA \tag{7-40}$$

对于划定的几何面，$V^{\sigma}=0$，有

$$dU^{\sigma} = TdS^{\sigma} + \sum \mu_i dn_i^{\sigma} + \sigma dA \tag{7-41}$$

而 $U^{\sigma}=f(S^{\sigma},\ \sum n_i^{\sigma}, A)$，即服从欧拉(Euler)齐次函数定理，有

$$U^{\sigma} = S^{\sigma}\left(\frac{\partial U^{\sigma}}{\partial S^{\sigma}}\right) + \sum n_i^{\sigma}\left(\frac{\partial U^{\sigma}}{\partial n_i^{\sigma}}\right) + A\left(\frac{\partial U^{\sigma}}{\partial A^{\sigma}}\right) \tag{7-42}$$

$$U^{\sigma} = TS^{\sigma} + \sum \mu_i dn_i^{\sigma} + \sigma A \tag{7-43}$$

微分式(7-43)，并减去式(7-41)，可得

$$S^{\sigma}dT + \sum n_i^{\sigma} d\mu_i + Ad\sigma = 0 \tag{7-44}$$

恒温时

$$-d\sigma = \sum \frac{n_i^{\sigma}}{A} d\mu_i = \sum \Gamma_i d\mu_i \tag{7-45}$$

此即为吉布斯等温方程式，表示单位表面上过剩量 Γ 与表面张力 σ 和化学势 μ_i 之间的关系。

对于二元系统($i=2$)，常取溶剂为组分 1，并将任意划分面 x_0 置于 $\Gamma_1^1=0$ 处，组分 2(溶质)的化学势 $\mu_2=\mu_2^{\circ}+RT\ln a_2$，$a_2$ 为活度，则有

$$\Gamma_2^1 = -\frac{1}{RT}\left(\frac{d\sigma}{d\ln a_2}\right) \tag{7-46}$$

对于稀溶液，可用浓度 c_2 代替活度 a_2，式(7-46)简化为

$$\Gamma_2^1 = -\frac{1}{RT}\left(\frac{d\sigma}{d\ln c_2}\right) = -\frac{c_2}{RT}\frac{d\sigma}{dc_2} \tag{7-47}$$

式(7-47)表明：$\frac{d\sigma}{dc}<0$ 的系统，即溶液的 σ 随溶质浓度的增加而减少，溶质的表面浓度大于溶质的主体浓度，溶质在溶液表面被吸附，此时溶质的表面过剩是正值，常称正吸附。反之，$\frac{d\sigma}{dc}>0$ 的系统，$\Gamma_2^1<0$，称负吸附。一般情况下，上述 Γ 的上标 1 表示溶剂，可省略。

3. 吉布斯公式的应用

在推导吉布斯式时并未具体规定 α、β 是何种相及相界面，所以它有广泛的应用价值。

1）气固界面

固体吸附气体时表面过剩量可用下式表示：

$$\Gamma_2=\frac{V}{A_0V_m} \tag{7-48}$$

式中：A_0 为固体比表面（m^2/g）；V、V_m 分别为每克固体吸附气体的体积和气体的摩尔体积。若气体是理想气体，活度 a_2 可用 p 代替，则式(7-48)和式(7-47)化为

$$\frac{V}{A_0V_m}=-\frac{1}{RT}\frac{d\sigma}{d\ln p} \tag{7-49}$$

恒温下，$V=f(p)$，式(7-49)积分得

$$-\int_{\sigma_0}^{\sigma}d\sigma=RT\int_0^p\frac{V}{A_0V_m}d\ln p=\frac{RT}{A_0V_m}\int_0^p\frac{V}{p}dp \tag{7-50}$$

式中：σ_0、σ 分别为固体在吸附前后的界面张力。

解上述方程可根据实际情况而定，可利用实验数据作 V/p-p 图并图解积分求解，此时，固体的界面张力常因吸附而下降。低压时，$bp\ll1$，朗格缪尔公式 $\frac{V}{V_m}=\frac{bp}{1+bp}$ 变为 $\frac{V}{V_m}=bp$，可积分求解

$$\sigma_0-\sigma=RTbp=\Gamma_2RT \tag{7-51}$$

令 $\pi=\sigma_0-\sigma$，与当 $n^\sigma=1$ 时 $A=\frac{1}{\Gamma_2}$ 代入上式，则有

$$\pi A=RT \tag{7-52}$$

式中：π 称表面压，二维压力，是表面上吸附的单分子层的重要性质；A 为 1mol 吸附分子所占表面积；b 为吸附系数。

式(7-52)与三维的理想气体状态方程 $pV_m=RT$ 极相似，这是因为在低压下表面吸附的气体分子只具有二维热运动，而且分子间相互作用又可忽略。气体在固体表面上的吸附降低了固体的表面自由焓，从而改变了表面的各种性质，如润湿、吸附等性能，这一原理在吸附分离及与此有关的分离操作中起着重要的作用。

2）液固界面

固体在溶液中吸附溶质的现象与气固吸附极相似，也可应用吉布斯等温式

$$\sigma_0-\sigma=RT\int_0^{\ln c}\Gamma_2\,d\ln c_2 \tag{7-53}$$

这一结果有许多应用，涉及从溶液中分离溶质，固体表面由于吸附溶质而产生改性。尽管液固吸附比气固吸附复杂得多，但实践时相对简单，有很多应用。例如离子交换、色层分离、固体的润湿、凝聚和分散等都与之密切相关。

3）气液界面

在气固界面小节中提到的二维压力 π 完全可以用图 7-9 中的实验来加以证实。在 PLAWM 槽[①]中用薄的橡皮膜将槽一分为二，膜上方用一个浮标。左侧槽内放置溶剂（水），右

① PLAWM 是 Pockels-Langmuir-Adam-Wilson-Mcbain 的缩写。

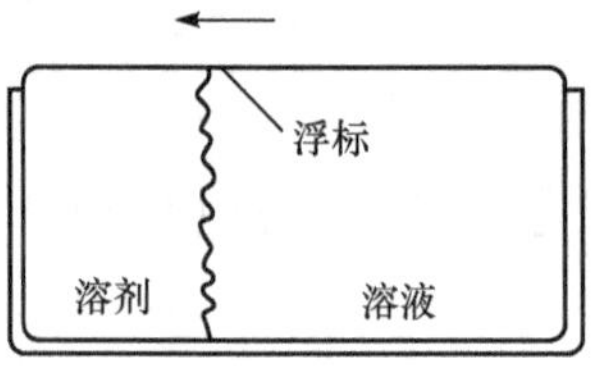

图 7-9　PLAWM 槽

侧槽内放置溶液(表面活性剂水溶液)。当溶液产生正吸附作用而使其表面张力大大降低时,浮标向表面张力大的一侧漂移,而有利于整个系统的表面自由能降低。而推动浮标的力就是上面所说的二维压力 π,在气液系统中可表示成

$$\pi=\sigma_{溶剂}-\sigma_{溶液} \tag{7-54}$$

π 的单位是 N/cm,其物理意义是分割两个液面的浮标每单位长度所受的力。

对于一些表面活性剂稀溶液,一般存在 $\sigma_0-\sigma=bc$ 的关系,即有 $\frac{d\sigma}{dc}=-b$,代入式(7-47)并整理,可得与低压下气固界面相同的单分子膜理想状态方程

$$\pi=p_2RT \tag{7-55}$$

或

$$\pi A=RT \tag{7-56}$$

此时,A 为每摩尔溶质分子在表面区所占面积。这一结果表明在稀溶液中吸附了溶质的表面薄膜也符合"二维理想气体定律",此时溶质在界面上以单分子层存在,而且分子间相互作用可以忽略,通常称为气态膜。当浓度较大时,单分子层中分子间相互作用已不可忽略,对式(7-56)要作必要的修正,表示为

$$\pi(A-A_0)=qRT \tag{7-57}$$

式中:A_0 为每摩尔分子实际所占面积;q 为内聚力的大小。式(7-57)重新整理,可得下式

$$\frac{\pi A}{RT}=\left(\frac{A_0}{RT}\right)\pi+q \tag{7-58}$$

当 π 值为 $(5\sim10)\times10^{-5}$ N/cm 时,实验结果与式(7-58)的结果相一致(图 7-10)。由这一结果推得的每个溶质分子在表面区所占面积约为 22×10^{-16} cm^2(22Å^2),该面积几乎与溶质分子的链长无关,称作极限面积。这一点可换个角度理解,把它解释成溶液的表面吸附层吸附的溶质分子(如表面活性剂)的排列取向是与表面垂直的。因为 π 继续增大,此压力①超过 15×10^{-5} N/cm 时,实验表明单分子膜开始崩溃。单分子层中每个分子都与表面垂直排列的现象成立使解释表面活性剂水溶液在一定浓度以上界面特性突变的原因更合理。

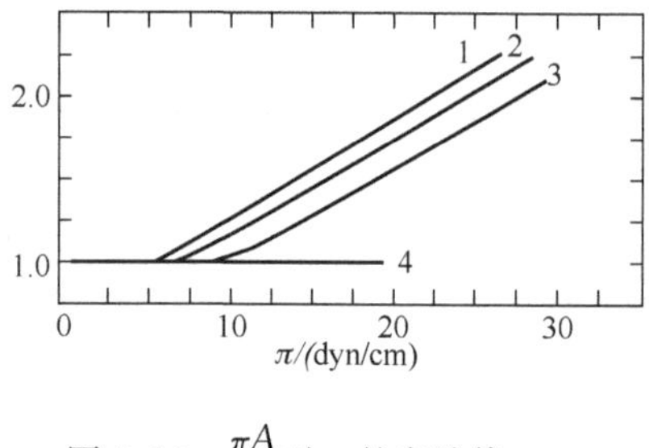

图 7-10　$\frac{\pi A}{RT}$ 对 π 的实验值

1. 正丁醇;2. 正戊醇;3. 正辛醇;4. 理想二维气体行为

许多不溶性物质,如长链脂肪酸与脂肪醇能借助于适当的溶剂在水面上铺展,只要空间允许,就可铺展成厚度仅为一个分子的表面膜,其亲水基因—COOH 或—OH 指向水面内,而憎水的非极性基团—R 指向气相呈整齐排列。当所有的分子都聚集在气液界面上一个分子厚度的薄层内,呈现液面吸附的一种极端情况,一般称作不溶性单分子层表面膜。它和溶液中吸附的单分子层的不同在于,可以直接从已知铺展物的数量和表面积得到表面浓度,而不需吉布斯方程。于是,可以从研究该单分子层不同的性质入手,获得很多有关单个分子的大小、形状与取向的数据。例如利用表面膜天平测定力-面积(π-A)曲线;空气-电极法和振动片法测定表面膜电位差,以获得有关膜分子排列方式的资料;用阻尼振荡法来获得表面

① 对 1nm 厚的膜来说,1mN/m 的表面压 π 相当于 10^6 N/m^2 即 10atm 的气体压力 p。

黏度值和用电子显微镜图来获得膜厚和表面状态的资料等。

不溶性单分子层表面膜的性质早就为人类所利用。油可平浪经富兰克林(B. Franklin)用4mL油平息了在大风天中近三亩水面的波浪所证实。在7.4.1界面阻力中叙述的单分子层减少水面上水的蒸发量和延长液体微滴蒸发寿命都是它用于实际的很好例子。利用表面膜的特点还可以测定高聚物的分子结构和相对分子质量。不同分子结构的物质,其不溶膜的状态亦不相同。例如通过 πA 曲线曾确定鲨肝醇和鲛肝醇二者的分子结构为 α-甘油醚型。高聚物表面膜,特别是蛋白质,在低压(约 1mN/m)下能在液面上展开成单分子膜并呈气态特征。因此,可以测定其相对摩尔质量。对于一个理想的气体膜,有

$$\pi A=RT$$

式中:成膜溶质的摩尔面积 $A=A_m \cdot M$,A_m 为单位质量溶质引成单分子层所占的面积,M 为溶质的摩尔质量。对于理想状态,可用 πA 对 π 作图,应得一直线。再将直线处延至 $\pi=0$ 处,其截距就是 RT/M。最后,可得 M 值。曾用此法测过一些蛋白质以及其他大分子的摩尔质量。所测白蛋白、醋酸纤维等的结果与用渗透压法、超离心法或黏度法测得的结果相符。但由于测定低表面压的困难,此法仅适合于摩尔质量小于25000的物质。表面单分子膜的特征应用远不止以上几个方面,在研究表面化学反应、混合单分子表面膜的性能、生物膜的模型试验等方面都有很大的潜力。

7.3.4 杨公式——固体表面的润湿

1. 固体表面

肉眼看固体的表面似乎是光滑的,然而将其放大1000倍以上,表面上就会呈现"山峦重叠"、"波浪起伏"状态,甚至有沟槽和裂纹等情况。这一情况是吸附、润湿、催化与摩擦等重要的影响因素。固体表面可以用光学显微镜、反射(或扫描)电子显微镜等仪器来观察,可以用几种表示平面粗糙程度的方法如平面粗度、粗度系数、甚至类似地图上的等高线那样的图示等来定量粗糙程度(段世铎等,1990)。但是不管如何加工出来的固体表面,不管它的平整度如何,两块平面叠合在一起,实际上接触的面积仍只有表观接触面积的1/1000左右。

固体表面分子的可动性远比液体要小得多,固体分子几乎是不移动的。由它们组成的固体表面是一种刚性物质,能承受一定的应力。固体表面的形状往往与它形成的过程密切相关,它的表面一般可以通过人工的手段任意加工。表面一旦形成,就很难变形,不易缩小。所以固体表面上的原子寿命极长,以室温下钨为例,由于它极难挥发,其蒸气压仅为 10^{-39}MPa,以致表面原子的平均寿命高达 3×10^{24}年。

固体表面十分容易污染,如金属表面的氧化、表面吸附流体某些成分等,从而改变其表面的特征。一方面为了研究固体表面的原始特征,必须进行表面清洁和超高真空技术来维持表面的"清洁";另一方面,利用这一特质,表面的吸附、润湿等又是化工分离技术中常用的手段之一。

当然,固体表面和液体表面一样,它的力场也是不饱和的,因此,也存在表面自由能 σ,σ 可看作是扩展单位固体面积所作的可逆功。然而,固体分子的不易移动使得直到目前没有一种公认的直接测定固体表面张力的方法。

2. 杨公式——接触角与润湿

润湿是一种最常见的界面现象,在日常生活和生产应用中普遍存在。润湿过程往往涉及气液固三相,多种情况是指液体取代固体表面的空气。当需润湿的固体表面积很小时,常称硬表面润湿,容易达平衡;然而,对于多孔表面,如织物表面或细粉状固体等润湿表面很大时,润

湿多数取决于过程动力学，而不是热力学，还涉及毛细润湿作用。

润湿现象是固体表面的结构与性质、固液两相分子间相互作用等微观特性的综合表现，常讨论的液体是水和水溶液，添加少量的表面活性剂能促进润湿过程的取代作用，这种表面活性剂称润湿剂。

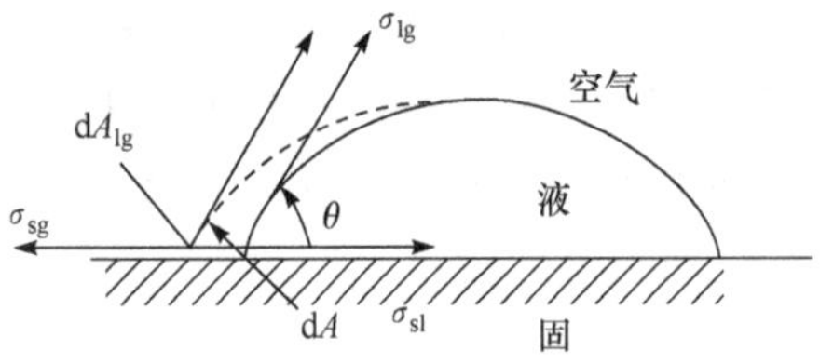

图 7-11　接触角

在铺展润湿过程中，液体在与固体接触后铺展于固体的表面，使固气界面缩小，固液、液气界面增大。若用铺展系数 S 表示可得下式

$$S=\Delta G_{铺展}/A=\sigma_{sg}-(\sigma_{sl}-\sigma_{lg}) \tag{7-59}$$

式中：$\Delta G_{铺展}$是由铺展而产生的自由能增量，下标 s、g、l 分别表示固、气、液三相。当 $S\geqslant 0$ 时，液体将在固体表面上自发铺展；当 $S<0$ 时，液体以液滴形式附着于固体表面，它与固体有一个固定的接触角，如图 7-11。平衡接触角 θ 就是指体系的总表面自由能最小时的接触角。

现设有一小滴与固体平面形成平衡接触角 θ 的液体，该体系如图 7-11 所示，总的表面自由能应是 $(\sigma A)_{sg}+(\sigma A)_{sl}+(\sigma A)_{gl}$，其中 A 为界面积。当该液滴进一步铺展出现微分面积 dA 的变化时（图中虚线所示），气液界面的增量 $dA_{lg}=dA\cos\theta$，此时该体系自由能增加为

$$dG=\sigma_{sl}dA+\sigma_{lg}dA\cos\theta-\sigma_{sg}dA$$

如果体系达平衡，$dG=0$，则

$$\sigma_{sl}+\sigma_{lg}\cos\theta-\sigma_{sg}=0 \tag{7-60}$$

式(7-60)即为杨方程，是研究润湿的基本公式，又称润湿方程，适用于均匀的表面与固液无其他特殊作用的平衡系统。在描绘润湿的程度时，通常说 $\theta=0$ 为完全润湿；$\theta=180°$ 为完全不润湿，此时分开固液界面不需做功。在实际情况中，固液分子总存在着一定吸收力，即 θ 在 0 和 180°之间，接触角越小，黏附功越大，润湿性能越好。

除了铺展润湿以外，润湿还包含黏润和浸润作用两类。黏润的典型例子是农药喷洒时能否有效地沾湿枝叶，即液体黏附于原先不相接触的固体；浸润则是原先不和液体相接触的固体被完全沉浸在液体中，原来的气固界面被液固界面所代替，典型的例子是清洗金属和洗衣服等。但即使全部浸没在液体中的固体，取出时仍可以发现没被浸润，这往往是因为液体分子自身的内聚力超过液体分子与固体表面分子的黏附力。

接触角的测定方法有角度直接测量法、长度测量法和重量测定法等，测量方法并不复杂，精度也可很高，专门书籍上都有介绍，但测得结果往往不易一致，可能是固体表面的不均匀性、多相性、表面的粗糙不平、表面污染和表面的不流动性等因素造成接触角滞后现象（前进角与后退角的差异）所致。

7.4　表面活性物质

7.4.1　表面活性剂及其特征

在 7.2.3 中已经论及各种物质的水溶液的组成与表面张力的关系大致可分成三类：第一类电解质水溶液没有表面活性，第二、三类有表面活性。有无表面活性的分界是该物质能否在溶液表面上优先吸附和使其表面张力降低。前者称非表面活性物质，后者称表面活性物质。但是，第三类物质之所以称为表面活性剂，还基于加入少量物质就能使溶液的表面张力大大降低并具有很高的表面活性，产生一系列由此而产生的润湿、乳化、泡沫、增溶以及洗涤等作用。在许多工业部门表面活性剂是不可缺少的助剂，用量少，收效大，得到了

广泛的应用。

表面活性剂是一种少量加入溶剂(以水为主)后,就能使其表(界)面张力大大降低,并具有改变该体系界面状态,使其产生一系列与原溶剂完全不同的性质的物质。这类物质有肥皂(如油酸钠)、洗涤剂、石油磺酸盐以及乳化剂等。它们的结构在本质上是由极性显然不同的至少两个或两个以上的基团所构成。这又使得它成为一种两亲分子,具有既亲油又亲水的两亲性质。图 7-12 列出了离子型和非离子型表面活性剂两亲结构的示意。两者的亲油基都是十二烷基,亲水基则不同,前者是—SO_4^-,后者是—$(OC_2H_4)_6OH$。这样的结构使得该分子具有既溶于水又能易于脱离水的双重特性,这是表面活性分子能在水溶液的表面被吸附而定向排列和在溶液中形成胶束(micelle)的基础。图 7-13 还列出了由直链或支链烃开始形成的表面活性剂的系列和种类(赵国玺,1984)。表面活性分类常以亲水基团的结构为依据,衍生出阴离子性、阳离子性、非离子性及两性等。一些新的以亲油基为特征的表面活性剂只是列大类供了解。

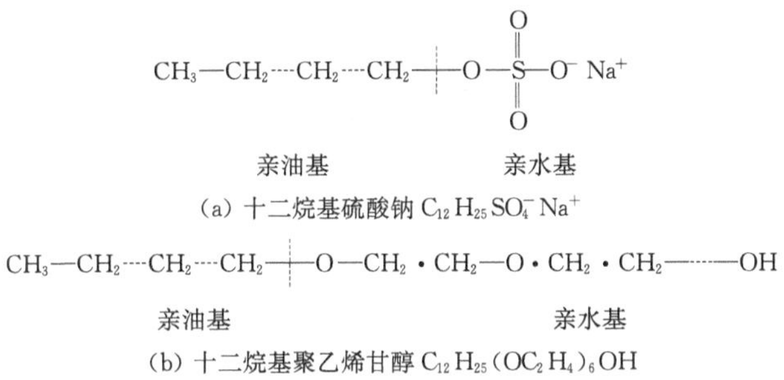

图 7-12　表面活性剂结构示意图

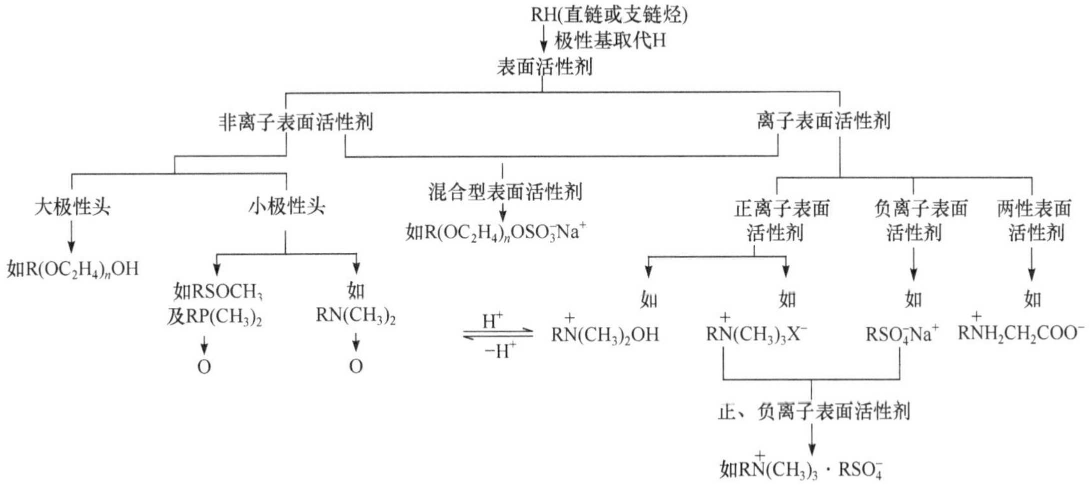

图 7-13　表面活性剂的分类

一般,表面活性剂溶入溶液中表现出两个基本性质:其一,在水溶液中的溶解分子会很快地聚集在水面,使空气和水的接触面减少,从而使表面张力按比例急剧下降,直至在溶液表面布满了表面活性剂分子[图 7-14(a)、(b)]。它们全都整齐、定向地把亲水基留在水中,亲油基伸向气(油)相,形成一个规则的单分子层[图 7-14(c)]。继续加入表面活性剂,在溶液内部的多余的分子会形成分子状态的聚集体——胶束[图 7-14(d)]。胶束的形式各异,图 7-15画出了各种胶束的形成情况。表面活性剂形成胶束的最低浓度即其分子布满单位液体表面的浓度

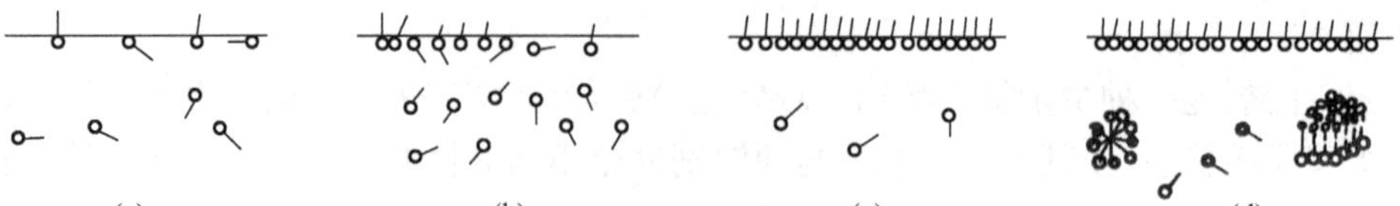

图 7-14　表面活性剂溶于水中各阶段示意图

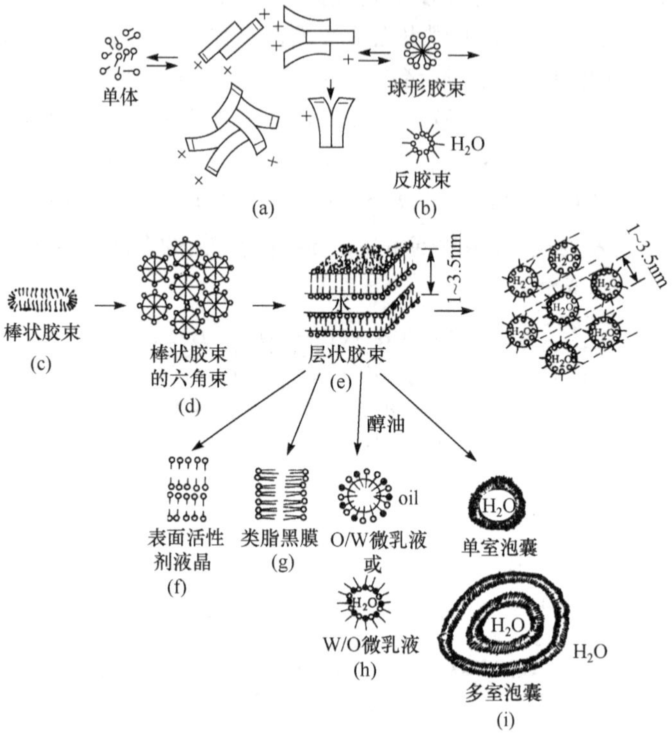

图 7-15　表面活性剂在水中形成的胶束的各种形式

称作临界胶束浓度(critical micelle concentration),简称 CMC,该值通常在 0.001～0.02mol/L 即 0.02%～0.4%(质量分率)的范围内。表 7-6 列出了一些表面活性剂的临界胶束浓度值(赵国玺,1984)。这一时期的状态相当于曲线图 7-3Ⅲ的斜线部分。其二,超过 CMC 以后,表面张力不再降低,表面张力为一恒值(曲线的水平部分)。在相界面上,由于存在定向排列的单分子层,其具有选择性的定向吸附作用。而这一特性会显著地改变原溶液界面的性质,表现在该水溶液的物理化学性质在一个很窄的浓度范围(CMC 附近)产生突变。图 7-16(Preston,1948)为纯度不高的十二烷基硫酸钠水溶液的物化性质随浓度变化的示意图,说明了表面现象与内部性质有统一的内在联系。于是活性剂所造成的各种界面作用(表面、界面张力降低、起泡、消泡、乳化、破乳、润湿、分散、凝聚)、洗净作用、增溶作用以及某种催化作用等都将是上述基本性质的反映。当然,随表面活性剂分子结构各不相同,各种活性剂也只能具有上述一种或几种作用。

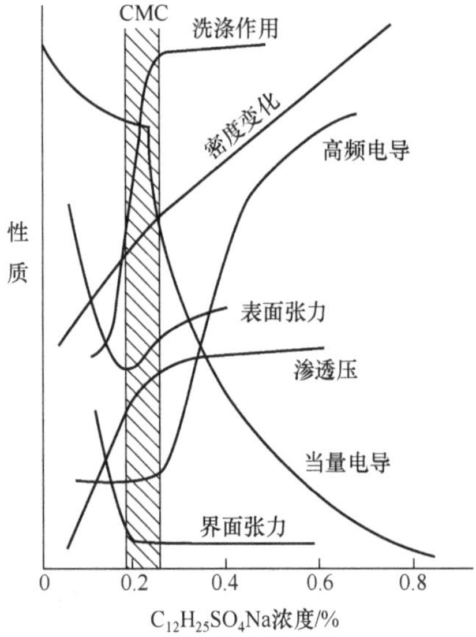

图 7-16　十二烷基硫酸钠水溶液的一些物理化学性质

表 7-6　一些表面活性剂的临界胶团浓度

序　号	化合物	温度/℃	CMC/(mol/L)
1	$C_{11}H_{23}COONa$	25	2.6×10^{-2}
2	$C_{12}H_{25}COOK$	25	1.25×10^{-2}
3	$C_{15}H_{31}COOK$	50	2.2×10^{-3}
4	$C_{17}H_{35}COOK$	55	4.5×10^{-4}
5	$C_{17}H_{33}COOK$(油酸钾)	50	1.2×10^{-3}
6	松香酸钾	25	1.2×10^{-2}
7	$C_8H_{17}SO_4Na$	40	1.4×10^{-1}
8	$C_{10}H_{21}SO_4Na$	40	3.3×10^{-2}
9	$C_{12}H_{25}SO_4Na$	40	8.7×10^{-3}
10	$C_{14}H_{29}SO_4Na$	40	2.4×10^{-3}
11	$C_{15}H_{31}SO_4Na$	40	1.2×10^{-3}
12	$C_{16}H_{33}SO_4Na$	40	5.8×10^{-4}
13	$C_8H_{17}SO_3Na$	40	1.6×10^{-1}
14	$C_{10}H_{21}SO_3Na$	40	4.1×10^{-1}
15	$C_{12}H_{25}SO_3Na$	40	9.7×10^{-3}
16	$C_{14}H_{29}SO_3Na$	40	2.5×10^{-3}
17	$C_{16}H_{33}SO_3Na$	50	7×10^{-4}
18	p-n-$C_6H_{13}C_6H_4SO_3Na$	75	3.7×10^{-2}
19	p-n-$C_7H_{15}C_6H_4SO_3Na$	75	2.1×10^{-2}
20	p-n-$C_8H_{17}C_6H_4SO_3Na$	35	1.5×10^{-2}
21	p-n-$C_{10}H_{21}C_6H_4SO_3Na$	50	3.1×10^{-3}
22	p-n-$C_{12}H_{25}C_6H_4SO_3Na$	60	1.2×10^{-3}
23	p-n-$C_{14}H_{29}C_6H_4SO_3Na$	75	6.6×10^{-4}
24	$C_{12}H_{25}NH_2\cdot HCl$	30	1.4×10^{-2}
25	$C_{16}H_{33}NH_2\cdot HCl$	55	8.5×10^{-4}
26	$C_{18}H_{37}NH_2\cdot HCl$	60	5.5×10^{-4}
27	$C_8H_{17}N(CH_3)_3Br$	25	2.6×10^{-1}
28	$C_{10}H_{21}N(CH_3)_3Br$	25	6.8×10^{-2}
29	$C_{12}H_{25}N(CH_3)_3Br$	25	1.6×10^{-2}
30	$C_{14}H_{29}N(CH_3)_3Br$	30	2.1×10^{-3}
31	$C_{16}H_{33}N(CH_3)_3Br$	25	9.2×10^{-4}
32	$C_{12}H_{25}(NC_5H_5)Cl$	25	1.5×10^{-2}
33	$C_{14}H_{29}(NC_5H_5)Br$	30	2.6×10^{-3}
34	$C_{16}H_{33}(NC_5H_5)Cl$	25	9.0×10^{-4}
35	$C_{18}H_{37}(NC_5H_5)Cl$	25	2.4×10^{-4}
36	$C_8H_{17}N^+(CH_3)_2CH_2COO^-$	27	2.5×10^{-1}
37	$C_8H_{17}CH(COO^-)N^+(CH_3)_3$	27	9.7×10^{-2}
38	$C_8H_{17}CH(COO^-)N^+(CH_3)_3$	60	8.6×10^{-2}
39	$C_{10}H_{21}CH(COO^-)N^+(CH_3)_3$	27	1.3×10^{-2}

序　号	化合物	温度/℃	CMC/(mol/L)
40	$C_{12}H_{25}CH(COO^-)N^+(CH_3)_3$	27	1.3×10^{-3}
41	$C_6H_{13}(OC_2H_4)_6OH$	20	7.4×10^{-2}
42	$C_6H_{13}(OC_2H_4)_6OH$	40	5.2×10^{-2}
43	$C_8H_{17}(OC_2H_4)_6OH$	—	9.9×10^{-3}
44	$C_{10}H_{21}(OC_2H_4)_6OH$	—	9×10^{-4}
45	$C_{12}H_{25}(OC_2H_4)_6OH$	—	8.7×10^{-5}
46	$C_{14}H_{29}(OC_2H_4)_6OH$	—	1.0×10^{-5}
47	$C_{16}H_{33}(OC_2H_4)_6OH$	—	1×10^{-6}
48	$C_{12}H_{25}(OC_2H_4)_6OH$[1)]	25	4×10^{-5}
49	$C_{12}H_{25}(OC_2H_4)_7OH$[2)]	25	5×10^{-5}
50	$C_{12}H_{25}(OC_2H_4)_9OH$	—	1×10^{-4}
51	$C_{12}H_{25}(OC_2H_4)_{12}OH$	—	1.4×10^{-4}
52	$C_{12}H_{25}(OC_2H_4)_{14}OH$	25	5.5×10^{-5}
53	$C_{12}H_{25}(OC_2H_4)_{23}OH$	25	6.0×10^{-5}
54	$C_{12}H_{25}(OC_2H_4)_{31}OH$	25	8.0×10^{-5}
55	$C_{16}H_{33}(OC_2H_4)_7OH$	25	1.7×10^{-6}
56	$C_{16}H_{33}(OC_2H_4)_9OH$	25	2.1×10^{-6}
57	$C_{16}H_{33}(OC_2H_4)_{12}OH$	25	2.3×10^{-6}
58	$C_{16}H_{33}(OC_2H_4)_{15}OH$	25	3.1×10^{-6}
59	$C_{16}H_{33}(OC_2H_4)_{21}OH$	25	3.9×10^{-6}
60	p-t-$C_8H_{17}C_6H_4O(C_2H_4O)_2H$	25	1.3×10^{-4}
61	p-t-$C_8H_{17}C_6H_4O(C_2H_4O)_3H$	25	9.7×10^{-5}
62	p-t-$C_8H_{17}C_6H_4O(C_2H_4O)_4H$	25	1.3×10^{-4}
63	p-t-$C_8H_{17}C_6H_4O(C_2H_4O)_5H$	25	1.5×10^{-4}
64	p-t-$C_8H_{17}C_6H_4O(C_2H_4O)_6H$	25	2.1×10^{-4}
65	p-t-$C_8H_{17}C_6H_4O(C_2H_4O)_7H$	25	2.5×10^{-4}
66	p-t-$C_8H_{17}C_6H_4O(C_2H_4O)_8H$	25	2.8×10^{-4}
67	p-t-$C_8H_{17}C_6H_4O(C_2H_4O)_9H$	25	3.0×13^{-4}
68	p-t-$C_8H_{17}C_6H_4O(C_2H_4O)_{10}H$	25	3.3×10^{-4}
69	$C_8H_{17}OCH(CHOH)_5$(辛基β-D-葡萄糖甙)	25	2.5×10^{-2}
70	$C_{10}H_{21}OCH(CHOH)_5$	25	2.2×10^{-3}
71	$C_{12}H_{25}OCH(CHOH)_5$	25	1.9×10^{-4}
72	$C_6H_{13}[OCH_2CH(CH_3)]_2(OC_2H_4)_{9.9}OH$	20	4.7×10^{-2}
73	$C_6H_{13}[OCH_2CH(CH_3)]_3(OC_2H_4)_{9.7}OH$	20	3.2×10^{-2}
74	$C_6H_{13}[OCH_2CH(CH_3)]_4(OC_2H_4)_{9.9}OH$	20	1.9×10^{-2}
75	$C_7H_{15}[OCH_2CH(CH_3)]_3(OC_2H_4)_{9.7}OH$	20	1.1×10^{-2}
76	n-$C_{12}H_{25}N(CH_3)_2O$	27	2.1×10^{-3}
77	$C_9H_{19}C_6H_4O(C_2H_4O)_{9.5}H$[2)]	25	$(7.8\sim9.2)\times10^{-5}$
78	$C_9H_{19}C_6H_4O(C_2H_4O)_{10.5}H$[2)]	25	$(7.5\sim9)\times10^{-5}$

续表

序　号	化合物	温度/℃	CMC/(mol/L)
79	$C_9H_{19}C_6H_4O(C_2H_4O)_{15}H$ 2)	25	$(1.1\sim1.3)\times10^{-4}$
80	$C_9H_{19}C_6H_4O(C_2H_4O)_{20}H$ 2)	25	$(1.35\sim1.75)\times10^{-4}$
81	$C_9H_{19}C_6H_4O(C_2H_4O)_{30}H$ 2)	25	$(2.5\sim3.0)\times10^{-4}$
82	$C_9H_{19}C_6H_4O(C_2H_4O)_{100}H$ 2)	25	1.0×10^{-3}
83	$C_9H_{19}COO(C_2H_4O)_{7.0}CH_3$ 1)	27	8.0×10^{-4}
84	$C_9H_{19}COO(C_2H_4O)_{10.3}CH_3$ 1)	27	10.5×10^{-4}
85	$C_9H_{19}COO(C_2H_4O)_{11.9}CH_3$ 1)	27	14.0×10^{-4}
86	$C_9H_{19}COO(C_2H_4O)_{16.0}CH_3$ 2)	27	16.0×10^{-4}
87	$(CH_3)_3SiO[Si(CH_3)_2O]Si(CH_3)_2—CH_2(C_2H_4O)_{8.2}CH_3$	25	5.6×10^{-5}
88	$(CH_3)_3SiO[Si(CH_3)_2O]Si(CH_3)_2—CH_2(C_2H_4O)_{12.8}CH_3$	25	2.0×10^{-5}
89	$(CH_3)_3SiO[Si(CH_3)_2O]Si(CH_3)_2—CH_2(C_2H_4O)_{17.3}CH_3$	25	1.5×10^{-5}
90	$(CH_3)_3SiO[Si(CH_3)_2O]_9Si(CH_3)_2—CH_2(C_2H_4O)_{17.3}CH_3$	25	5.0×10^{-5}

1) 氧乙烯数为平均值，产品经分子蒸馏提纯。

2) 商品未经分子蒸馏提纯。

7.4.2　表面活性剂的亲水、亲油性和 HLB 值

对于任何一种表面活性剂，分子中都包含亲油基和亲水基而成为“两亲性分子”。它的性能、应用都将与此有关。HLB 值(hydrophile and lipophile balance number)作为一种指定值，将其大小和表面活性剂的结构、性能和用途联系在一起，成为合理选择表面活性剂的一个重要指标。

HLB 值是经验大于理论成分的指定值。一般指定石蜡的 HLB=0，油酸为 1，油酸钾为 20，十二烷基硫酸钠为 40 作为标准。其他表面活性剂的 HLB 值都将在 1～40 之间。一般，表面活性剂的亲水性越强，其在水中的 CMC 越大，不同表面活性剂分子中所含亲水和亲油基团的大小和强度都不一样。于是，认定 HLB 值低，亲油性强；HLB 值高，则亲水性强。一般，HLB<10，亲油；HLB>10，亲水。表 7-7、表 7-8 和图 7-17 都分别说明了 HLB 值的用途。

表 7-7　HLB 值范围及应用

HLB 值	应　用
1～3	消泡剂
3～6	W/O 乳化剂
7～9	润湿剂
8～18	O/W 乳化剂
13～15	洗涤剂
15～18	增溶剂

表 7-8　HLB 值范围与状态

HLB 值	在水中的状态
1～4	不能分散(不溶)
3～6	粗粒子分散
6～8	激烈搅拌后可能呈乳状液分散
8～10	呈稳定的乳状分散
10～13	几乎透明的分散
>13	透明分散(溶解)

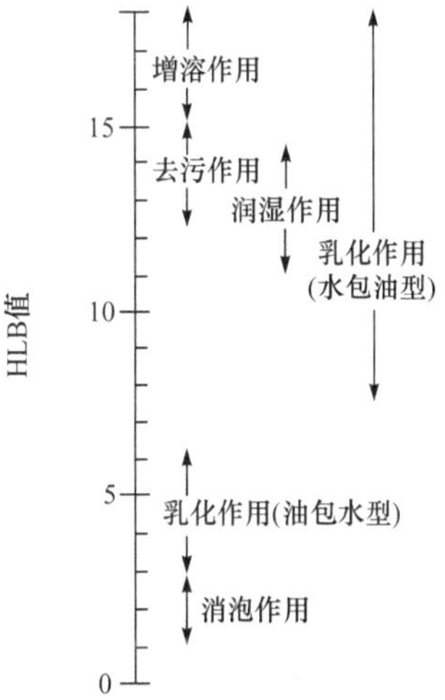

图 7-17　HLB 值

HLB 值是经验值，它依赖于实验测定，方法很多。人们曾试图求得 HLB 值与表面活性剂各种理化性能的相关式，可惜各种相关式的结果值有很大的差别，实验又较麻烦。对于应用者来说，工业上重要的表面活性剂的 HLB 值均已测出，可以在一些专著和手册中查出，市售产品的标签上也往往标出。

HLB 体系的另一特性是加和性，对于混合表面活性剂，它的 HLB 值具有按其混合组成的质量分率乘以各自的 HLB 值加和的性质，即

$$\mathrm{HLB_{AB}}=\mathrm{HLB_A}\cdot \mathrm{A}\%+\mathrm{HLB_B}\cdot \mathrm{B}\% \tag{7-61}$$

例如某混合表面活性剂中含司潘 40(20%)和吐温 80(80%)，并查得两者的 HLB 值依次为 6.7 和 15，此时该混合表面活性剂的 $\mathrm{HLB_{AB}}$值为

$$\mathrm{HLB_{AB}}=6.7\times 20\%+15\times 80\%=13.34$$

此计算值尽管与实测值略有 1～2 的差别，但可应用。

7.5 界面阻力与表面湍动

7.5.1 界面阻力

在 3.4 节传质理论的讨论中，三种模型都仅讨论了相内的物质传递(从相内到界面或从界面到相内)。每种模型都假设了界面无阻力，即在界面上立即达到气液相平衡，从而认定溶质分子通过相界面的阻力 R_I 为零。

很多学者对上述假设提出异议，并通过各种实验手段对此进行了研究。实验结果表明，在界面上有可能招致两种不同的效应。一种情况是界面上存在阻力，往往是由于在相界面上发生多元化学反应，或界面被污染，或分子穿越界面时是以有限速率而不是无限速率穿越的，或一些直到现在还不清楚的其他机理。一般认为，气液系统只有在新鲜洁净的界面上传质时，界面阻力才小到可以忽略，这也是上述传质理论得以认可的道理。对于液液系统，即使在新鲜、洁净的界面上，亦存在界面阻力。当系统表面受到污染或存在少量表面活性物质时，可引起较大的界面阻力。另一种情况则相反，界面受到扰动而产生界面与次界面或主体相之间分子的对流行为时，两相界面处会产生促进传质降低总阻力的情况。

综上所述，界面阻力为零的假设只能在某些场合下适用。当界面存在阻力时，界面上不再维持相平衡。此时，气相分压 p_i、液相浓度 c_i 和与彼此所相应的液相平衡浓度 c_{ie}、气相平衡分压 p_{ie}相平衡，其传质方程式可写成

$$N_\mathrm{A}=k_\mathrm{Ig}F(p_i-p_{ie}) \tag{7-62}$$

式中：k_Ig为界面传质系数，kmol/(m^2·s·MPa)或 m/s；p_i-p_{ie}为以表面气相阻力表示的推动力。若取液相浓度差($c_{ie}-c_i$)为推动力，此时相应的传质系数 $k_\mathrm{Il}=Hk_\mathrm{Ig}$。因此，系统总阻力表示为

$$\frac{1}{K_\mathrm{G}}=\frac{1}{k_\mathrm{g}}+\frac{1}{k_\mathrm{Ig}}+\frac{H}{k_\mathrm{l}} \tag{7-63}$$

$$\frac{1}{K_\mathrm{L}}=\frac{1}{Hk_\mathrm{g}}+\frac{1}{Hk_\mathrm{Il}}+\frac{1}{k_\mathrm{l}} \tag{7-64}$$

上述阻力也可写成 $R_{总}=R_\mathrm{G}+R_\mathrm{I}+R_\mathrm{L}$。图 7-18 显示了存在界面阻力时的传质过程。此时，操作线和平衡线不再相交于一点(p_i,c_i)，显示出界面处不呈平衡的情况。

对于洁净界面阻力的机理，有人认为是界面上未达热力学平衡，分子穿过界面时，只有那些具有足够能量的分子才有可能克服能障，穿过界面进入另一相。这一部分分子所占的摩尔

分率称适应系数 α。因此，分子将以一个有限的速率进行传递。以纯水为例，20℃时，若水的 $\alpha=0.034$，则 $k_{\mathrm{I}}=0.2053\mathrm{mol/(s\cdot cm^2\cdot MPa)}$ 或 500cm/s。

也有人认为界面传质系数 k_{I} 值可由下式计算

$$k_{\mathrm{I}}=\frac{\alpha\,\overline{u}c_{\mathrm{T}}}{\sqrt{6\pi}} \tag{7-65}$$

式中：$\overline{u}$是组分的分子均方根速度，m/s；c_{T} 是气相总浓度，$\mathrm{kmol/m^3}$；而适应系数 α 为

$$\alpha=\exp\left(-\frac{E}{RT}\right) \tag{7-66}$$

式中：E 为克服表面阻力所需的活化能。

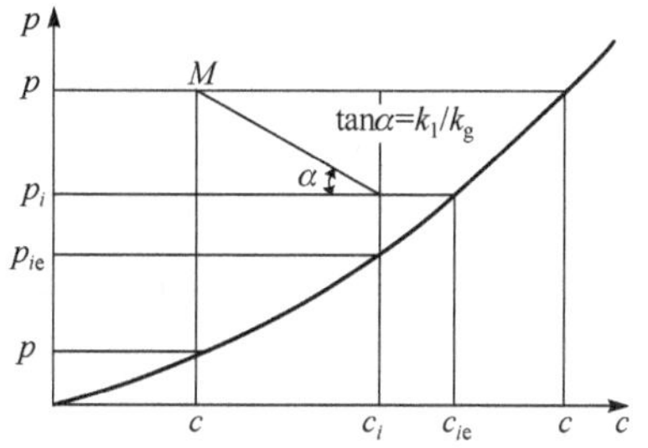

图 7-18　界面阻力存在时的传质过程

上述水蒸发时的 k_{I} 值，在一定工业设备中，与该工况下的 k_{g} 和 k_{l} 相比要小得多，可忽略不计。只有在传质速率特别高的真空操作下，R_{I} 才起到百分之几的作用。

对于液体，α 值一般在 0.02～1.0 之间。对于固体，因为分子从晶体或其他结构的固体中脱离出来需克服的活化能极大，所以 α 值较小，有的甚至低到 10^{-9}。这正是固体升华或结晶过程的传质速率很小的原因。

以上讨论的清洁界面的纯水蒸发，实际上是把液膜阻力 R_{L} 降到零，达到液膜无阻力的境地。但如果水面上有一层静止的空气膜，则气膜阻力 R_{G} 约为 80s/cm。一个典型的溶质 CO_2 从水向气相的扩散实验，其液膜阻力 R_{L} 值为 500s/cm。由此可以明显看出，这三种阻力中一般液膜阻力最高，相当于通过单分子层界面的非涡流扩散液体的分子扩散，而气膜阻力次之，清洁表面的阻力可忽略不计。

利用具有表面活性的长链化合物可在空气-水的平面上紧密填充铺满单分子层，在做水的蒸发实验时，就可获得该单分子层(表面污染源)在该传质过程中其阻力所占总阻力的比例。如上所述，气膜阻力约为 80s/cm 时，长链的酸和醇、芳香族醇等可使单分子层(相当于界面)阻力值达 5～10s/cm。朗格缪尔曾简单定义阻力为实验所测得速率的倒数，实验采用真空下的水蒸发法。所得结果表明，对于清洁表面，气膜与界面阻力的总和为 $770\mathrm{cm^2\cdot s/g}$，而对于加入单分子层的表面，加十二烷酸时，其值达 $1340\mathrm{cm^2\cdot s/g}$，阻力几乎增加了一倍；加十二烷醇时，其值高达 $60000\mathrm{cm^2\cdot s/g}$。所以，蒸发阻力和表面展开用溶剂的性质有很大的关系，一般认为随溶剂碳链的增加，单分子层的阻力也增加。运用这一特性，可以减少湖和贮水池的蒸发量。在美国西部干旱地区的贮水库原来每年的蒸发量约 200 亿立方米，采用十六醇形成单分子膜后，水的蒸发量减少了 30%～35%，收到了实效。

同样，对于液滴的蒸发也进行了类似的实验。由实验知，液滴和固体圆球的蒸发量都遵循单位时间表面的缩小量为恒值，即 $\mathrm{d}A/\mathrm{d}t$=常数。一般，水的常数值为 $3\times10^{-5}\mathrm{cm^2/s}$。由此，液滴的半径越小，其蒸发速度越快。这一结果与蒸发为扩散控制的机理相一致，有表达式

$$\frac{\mathrm{d}W}{\mathrm{d}t}=\frac{4\pi MDpr}{PT} \tag{7-67}$$

式中：W 为质量；r 为液滴半径；T 为温度；M 为相对分子质量；t 为时间。若环境空气处于静止、干燥态，在 18℃时，0.1cm 直径的水滴需 11min 才完全消失，而 10μm 的液滴仅需 60ms，即使相对湿度高达 80%，其消失的时间也只要 2.5s。这和式(7-67)的结果相一致，即 $\frac{1}{W}\frac{\mathrm{d}W}{\mathrm{d}t}$ 反比于 r^2，单位时间失去的质量分率与液滴的表面积成反比。

可是，由于微小液滴蒸发时液滴的几何形状大大降低了气膜阻力 R_G，因此，上述式(7-67)必须加入界面阻力 R_I 的影响加以校正，变为

$$\frac{1}{A}\frac{dW}{dt}=\frac{Mp}{RT(r/D+R_I)} \tag{7-68}$$

对于 10μm 的微滴，虽然界面阻力的校正仅使其寿命增加 5%，但 0.1μm 的液滴的寿命将增加六倍，尽管还未计及由于蒸发而造成的液滴表面蒸发温度降低所引起的寿命增加量。所以，在这种情况下液滴表面的任何污染都有较大影响。仍以 10μm 直径的水滴为例，长链醇的加入将使处于相对湿度 80%环境和 18℃温度下的液滴寿命从 2.5s 增加到 1300s。由此可见，对于微小液滴，表面污染所造成的界面阻力 R_I 的增加不可忽略，有机相如苯比水更甚。在实际工业生产中，萃取塔一旦渗入少量表面活性剂，萃取速率就会大大降低，甚至比吸收塔还严重，就是这个道理。这一研究成果也被用于工业实际：为改善煤矿矿内空气的质量，常采用喷雾粘尘的方法，但先决的条件是雾滴蒸发速度不能过快。现在，在喷成 12μm 微滴的水中预先添加少量的十六醇，就可使雾滴在矿内粘上矿尘后共同沉降时间少于雾滴蒸发的时间(寿命)，达到清洁除尘的目的。

7.5.2 表面湍动

在某些条件下，紧靠界面的液体可能产生对流，而使传质系数有很大的增加，这种现象称表面湍动。表面湍动常常是由于传质的不均匀性所造成的。大多数表面湍动与液相内浓度或温度的变化所造成的表面张力梯度有关。除此以外，化学吸收在液相表面形成的新化合物，会导致表面局部过浓，形成密度差。由此液体微元的挤压和浮升效应也会引起表面湍动。

表面湍动可以在气液界面上发生，也可以在液液界面上发生，尤以后者更甚。若溶液中存在表面活性物质，更容易导致界面湍动。

表(界)面张力是液体的一个热力学性质，它与液体的组成和温度有关。对于任何一个曲面，都会产生曲面内外压力的不平衡，而由此产生附加压力。此时，满足拉普拉斯方程

$$p_1-p_2=\frac{2\sigma}{r}$$

当界面附近的浓度起伏现象使界面张力产生增量 $\Delta\sigma$，而重新形成新的界面时，应满足

$$p_1-p_2=\frac{2(\sigma-\Delta\sigma)}{r} \tag{7-69}$$

湍动发生时，往往是由于局部界面张力的瞬间变化，p_1 的增加表现为垂直于曲面外表面的作用力，和式(7-69)中界面张力的减少相当。界面张力的局部减少又使得该区域在表面切向应力的作用下产生向外伸展的运动。这类随组分浓度增加而表面张力减少的系统称正系统$\left(\frac{d\sigma}{dc}<0\right)$；反之则称负系统$\left(\frac{d\sigma}{dc}>0\right)$。当然也有表面张力不随浓度变化的中性系统$\left(\frac{d\sigma}{dc}=0\right)$，它不属于本节讨论的范围。

由理论分析得知，表面湍动的发生与两相扩散系数的比值、两相运动黏度的比值、导数 $d\sigma/dc$ 的大小以及传质方向有关。这种由表面张力效应所引起的界面湍动现象称为马拉哥纳(Marangoni)效应。下面试分析由该效应所出现的两种界面湍动现象。

1. 规则界面对流

图 7-19 表示规则界面对流的二维环流网格模型。讨论一个不含溶质的相 1 和含溶质的

相 2 相互接触后产生的情况。按马拉哥纳效应，由于主体相的杂乱扰动，界面上的传质产生不均匀。此时表面张力较低的区域如图中 a 点将产生向外伸展，引起相邻界面层的运动，在 b 点的液体有可能受到挤压而转向次界面，相同的情况会在表面上出现几个或更多，最后形成图 7-19 上的网格状。此时沿着 x 轴和 y 轴的瞬时速度可由下述方程所描绘

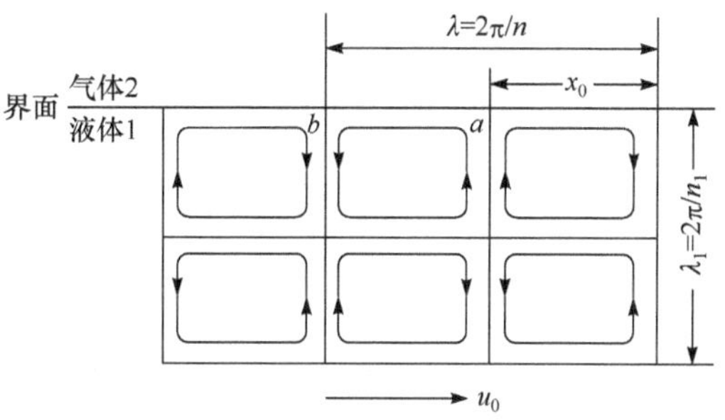

图 7-19　环流网格模型

沿 x 轴　　$$u=u_0[1+A\sin n(x-Wt)\cos n_1 y] \tag{7-70}$$

沿 y 轴　　$$v=-\frac{Anu_0}{n_1}\cos n(x-Wt)\sin n_1 y \tag{7-71}$$

式中：u_0 为沿 x 轴的平均速度；A 为速度的振幅；W 为波的传播速度；n、n_1 分别为在 x 和 y 轴方向上的波数。波数与波长的关系式有

$$n=2\pi/\lambda \tag{7-72}$$

若假定 $u_0=W$，而网格的大小等于沿着相应坐标轴的半个波长，因此 $n=\pi/x_0$，其中 x_0 为沿 x 轴方向的网格长度，在这些假定条件下得到下式

$$2\rho r^{1/2}u_0^{3/2}\frac{A}{(\pi n)^{1/2}}=|\Delta\sigma| \tag{7-73}$$

式中：$|\Delta\sigma|$ 为在一个网格范围内 σ 的变化值。根据上述的汉格比传质模型可知，当表面湍动发生时，传质系数应增大 β 倍，β 是无因次群 a 的函数：

$$a=\frac{Anu_0}{D_L n_1^2} \tag{7-74}$$

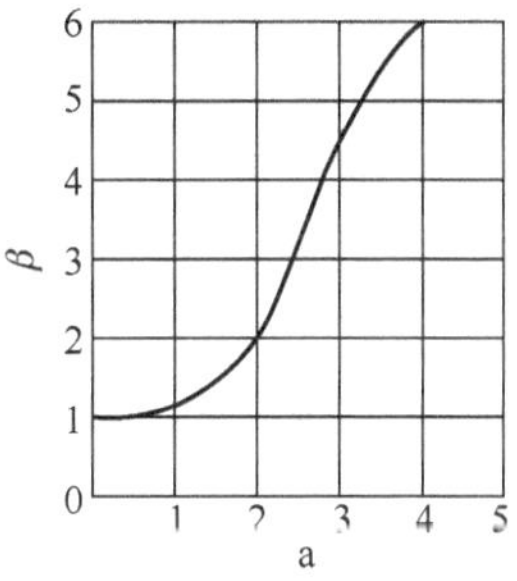

图 7-20　a-β 值

图 7-20 绘出了相应于 a 的增强因子 β 值。一般 x_0 值为 $10^{-3}\sim10^{-4}$m。知道了湍动时的 $|\Delta\sigma|$ 值，就可最终获得 β 值。例如，工业中乙醇胺吸收二氧化碳过程中，当乙醇胺的浓度约为 1.5kmol/m^3 与纯 CO_2 接触时，表面湍动的结果可以使 β 的最大增值接近十倍。

上面分析似可得到如下结论：若沿 x 轴方向（表面）的波长减小和沿 y 轴方向（深度）增大都会使 β 值增加。

2. 不规则界面对流

当主体相内湍动激烈或含溶质浓度较大时，有可能给予界面某一点十分强的起始扰动，这时会造成不规则界面对流，常称作界面迸发（eruption），如图 7-21 所示。图中的液液界面由相 1 和相 2 组成。若传质从相 2 到相 1，当一个旋涡从主体相 2 的内部将一微元带到界面 A 处，对于$\frac{d\sigma}{dc}<0$ 的物系，A 处浓度突跃而造成表面张力局部降低，液面在这里开始向周围扩展[图 7-21(a)，图中以线密度表示溶质浓度的大小]。此时处于主体液相的次界面中的液相向表面 A 处填补，但由于它的表面张力值比刚刚扩展出去的液体的 σ 高（此时溶质浓度较低），以致反而刚刚扩展出去的液体微元产生逆转，围绕在 A 周围的液体都向 A 聚集，最终形成了一个垂直于界面的类似于火山爆发的喷射流，这一现象称为迸发，见图 7-21(b)、(c)。

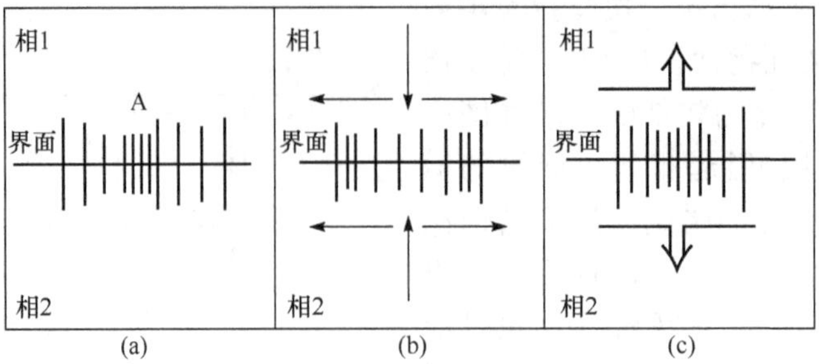

图 7-21　迸发机理

图中线的密度表示表面活性剂浓度的大小

由此可知，迸发现象的特点：①它的产生主要由界面上溶质浓度的不连续性所致；②湍动的位置、大小和频率等大致取决于相 2 主体的湍流程度；③该现象可以发生在任何传质方向，但存在着发生该现象的最低溶质浓度，例如对于乙酸从苯相到水相的传递，当乙酸浓度低于 0.15mol/L 时，就不会产生迸发。

3. 界面湍动对界面面积的影响

上面已谈及界面湍动对传质系数的影响并试图获得 β 值，这是由于发生传质的相的深度大于界面湍动所能渗透的深度。反过来，当传质的深度小于界面湍动的深度时，此时的界面湍动将主要影响传质界面。在一般的传质设备中，相界面的产生有两种办法：一种是支撑性界面（如填料或固体壁等）；另一种是非支撑性界面（如泡沫、雾沫、液滴等）。

界面湍动对非支撑性界面面积的影响将涉及滴（泡）的形成和聚并。如图 7-22(a)，当溶质从气相传向液相时，在 A 点处由于液层较薄，极易达到平衡。于是 A 点的溶质浓度将局部高于周围界面。对于正系统，$\frac{d\sigma}{dc}<0$，A 处的表面张力显然低于周围。这样就造成了在 A 处液膜继续扩张减薄直至断裂，有利于液滴的形成。图 7-22(b)尽管基本情况相同，但由于是负系统，$\frac{d\sigma}{dc}>0$，A 处溶质浓度浓而表面张力也高。A 处产生了向该点的收缩力，液层增厚不易形成液滴。因此对于气液吸收而言，若形成界面湍动，则正系统有利于增加传质面积。

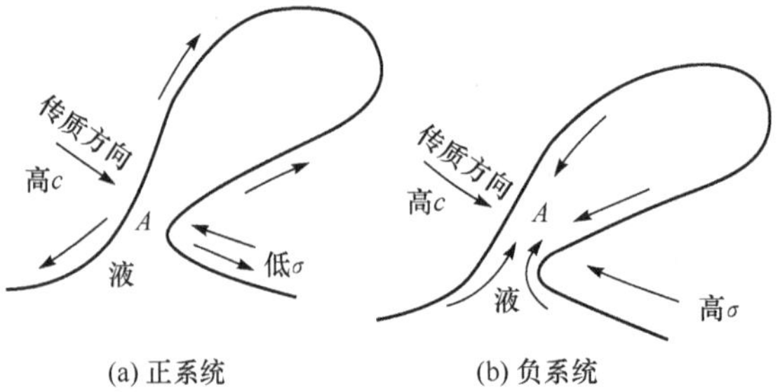

图 7-22　滴的形成和聚并

界面湍动对液滴凝聚的作用可以从分析两个十分靠近的液滴的运行情况来加以解释，如图 7-23。当在液液系统中进行传质时，夹在两个液滴中间的薄膜率先达到平衡。对于$\frac{d\sigma}{dc}<0$ 的正系统，当薄膜层向液滴传质时，夹层 M 处的溶质浓度变低而造成较高的表面张力，此时产生收

缩的界面运动将使外面的液体流进薄膜层，液滴不易聚并，有利于维持较大的相界面。而系统变为负系统时，同样的情况将造成薄膜层液体受到向外拉的曳力，以促使液滴凝聚[图 7-23(b)]。

若液膜具有固定的支撑面如填料表面、固体壁面等，由于流体的流动可能造成某一处的附壁液体层变薄，此时若传质方向由气相传向液相，那么对于$\frac{d\sigma}{dc}<0$的系统，薄层的液体易达到平衡而浓度较高，低的表面张力使得 M 处产生对薄膜的拉力，最后致使液膜破裂而减少了相界面。对于负系统$\frac{d\sigma}{dc}>0$，情况正好相反，将增进液膜的稳定性，从而增加界面面积。后者正是大多数吸收塔操作所需要的工况(图 7-24)。

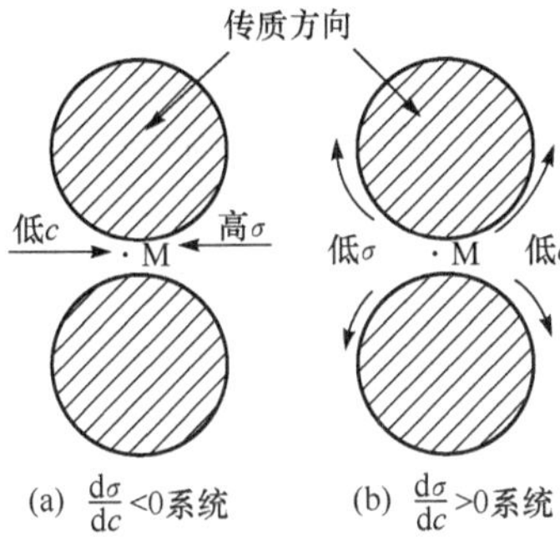

图 7-23　液滴的凝聚和形成

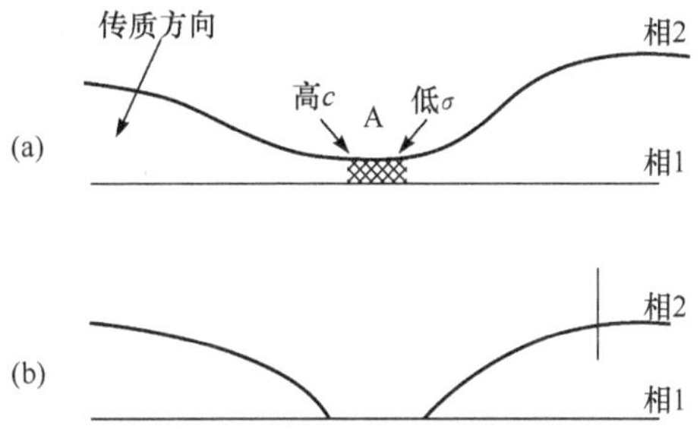

图 7-24　支撑液膜的破裂

总而言之，界面湍动对传质过程产生两方面即传质系数和传质界面的影响。正确选择系统以及与之相适应的传质设备将有利于传质过程。对于清洁的界面，界面阻力通常可以忽略。但对于有少量物质特别是表面活性剂沾染的界面，尤其是液液系统，再加上界面湍动现象的发生，使界面阻力产生或正或负的影响不容忽视。

7.6　固体表面的吸附

固体表面借分子间引力或化学作用力达到富集气体中某一种或多种组分的行为称为吸附。所有固体都能吸附一定量的气体，其吸附平衡时的吸附量视温度、压力和固体有效面积而定。常用的吸附剂有活性炭、硅胶、分子筛等。

7.6.1　物理吸附与化学吸附

按照吸附时作用力的性质，可将固体表面的吸附作用分为物理吸附和化学吸附两类。前者依靠分子间无选择性的范德华力；后者借助于分子间在化学键形成时的作用力。

发生气体吸附时，其分子仅限于二维运动。因此，吸附过程的熵值减少、自由能降低，$\Delta H_{吸附}$是负值，即吸附是放热反应。吸附热可以通过量热法直接测量。恒容吸附热可以由可逆吸附等温线并通过克劳修斯-克拉贝龙(Clausius-Clapeyron)方程算出

$$\left(\frac{\partial \ln p}{\partial T}\right)_V=\frac{-\Delta H}{RT^2} \tag{7-75}$$

例如，氮气在铁表面的物理积分吸附热约为-10kJ/mol，化学吸附积分热要大得多，约为-150kJ/mol。

表 7-9 列出了两者的区别，就其根本原因来说，固气之间的物理吸附没有电子的转移或组

成电子对，化学吸附则有。

表 7-9　物理吸附与化学吸附

吸附性质	物理吸附	化学吸附
吸附力	范德华力	化学键力
吸附热	近于液化热	近于化学热(数量级差别)
选择性	无	有
吸附层	单或多分子层	单分子层
吸附速度	快，不需活化能	快，需活化能
可逆性	可逆	不可逆
发生吸附温度	低于吸附质临界温度	远高于吸附质沸点

为说明物理吸附和化学吸附的机理，将双原子气体 X_2 在金属 M 上吸附的势能曲线示意绘于图 7-25。曲线 P 表示 M 与 X_2 的物理作用能，曲线 C 表示化学吸附，其中吸附质 X_2 离解成 2X。从图中可以看出，化学吸附之前必然存在着物理吸附。这样，在曲线 P 与 C 的交点处，被吸附分子就可完成物理吸附到化学吸附的转换，该点的能量值相当于化学吸附的活化能。如该值较大，那么在低温下该分子无法越过此能级，而只能达到物理吸附态。

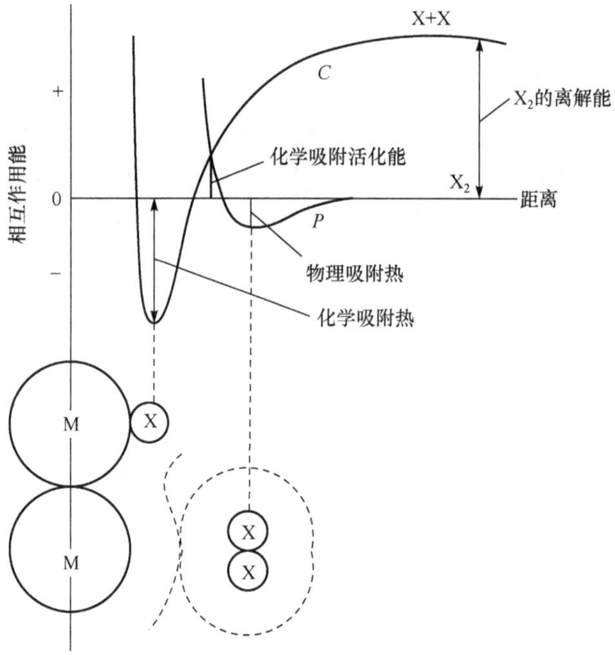

图 7-25　物理吸附和化学吸附的势能曲线

7.6.2　吸附的基本理论

1. 吸附平衡

当吸附剂与吸附质经过足够长时间的接触后，吸附质在吸附剂相和流体相中的含量可以达到一个恒定的数值，称为吸附平衡态。在吸附处于平衡的情况下，吸附质分子到达吸附剂表面的速率与离开表面的速率相等。因此，吸附平衡是一个动态的平衡。吸附平衡关系常用吸附等温线和吸附等压线来表达。吸附平衡在一定温度下随流体相中吸附质浓度变化而变化的关系称为吸附等温线，在一定流体相吸附质浓度下随温度变化的关系称为吸附等压线。

图 7-26 为在一定压力下固体表面上气体分子的吸附量和温度之间的关系。曲线 1 为物理吸附时的关系，曲线 2 为化学吸附时的关系。曲线 3 是过渡区，也是不平衡区，因为这时温度已上升，处于中间状态，化学吸附虽已较显著，但脱附速度尚小。曲线显示了非平衡吸附时的特性。

不同的吸附剂和吸附质之间的吸附平衡关系会有所不同，这反映为表示吸附平衡关系的吸附等温线的形状不同。一般地，对于简单的单一组分气相吸附过程，常见的吸附等温线有五种基本类型，如图 7-27 所示。类型Ⅰ通常表示吸附质分子在吸附剂表面只吸附一层，即所谓单分子层吸附；类型Ⅱ是一般的物理吸附，吸附质在吸附剂表面的吸附不限于单分子层而可吸附多层吸附质分子；类型Ⅲ比较少见，发生在吸附质的吸附热与其汽化热大致相等的情况下；类型Ⅳ和类型Ⅴ则反映了在吸附过程中产生的毛细管凝聚作用的影响。

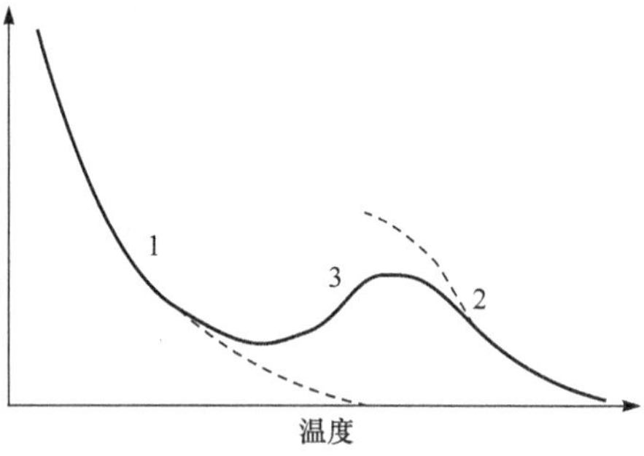

图 7-26　等压吸附线

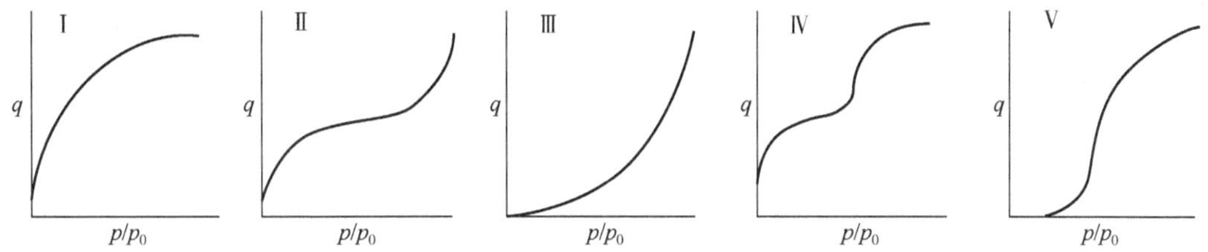

图 7-27　等温吸附曲线

为了计算吸附平衡，人们提出了吸附等温式来关联吸附平衡关系，主要有下述关系式：

1）亨利公式

$$q=H\cdot C \tag{7-76}$$

当吸附质在流体相中的含量很少，吸附质在吸附剂上的吸附量也很少时，即对应于吸附等温线接近于坐标原点的情况下，吸附量与流体相中吸附质的含量成正比，称为亨利公式。

2）朗格缪尔关系式

朗格缪尔公式是在工程应用中最常用的吸附等温式。它的形式为

$$q=q_{\mathrm{m}}\frac{bp}{1+bp} \tag{7-77}$$

式中：q 为吸附量；q_{m} 为吸附剂上所有吸附中心均被占据时的饱和吸附量（它是一个与温度无关的常数）；p 为吸附质的分压；b 为常数。

温度对吸附平衡的影响反映在常数 b 中。它可由下述范特霍夫（van't Hoff）方程表示：

$$b=b_0\exp\left(\frac{-\Delta H_0}{RT}\right) \tag{7-78}$$

式中：b_0 为与温度有关的常数；ΔH_0 为吸附热，负号表示吸附是一个放热过程。

朗格缪尔公式是在如下假设下导出的：吸附剂上存在一定数量的性能相同的吸附中心或称为吸附位，吸附就发生在吸附位上，一个吸附位只能吸附一个吸附质分子，并且被吸附的分子之间没有相互作用。吸附达到平衡时，达到吸附剂表面的分子的速率和离开吸附剂表面的分子的速率相等。

3）弗里德里希(Freundlich)关系式

弗里德里希方程是一个半经验的方程。它的形式如下：

$$q=K\cdot p^{\frac{1}{n}} \tag{7-79}$$

式中：K 为弗里德里希方程常数，是一个与吸附剂特性、温度有关的经验常数；n 为与温度有关的经验常数。

弗里德里希方程可以在较宽的范围内关联方程不能很好关联的吸附平衡，在实际应用中的使用也较广泛。

4）BET 公式

BET 公式是考虑多层分子吸附的最常见的公式。方程建立的主要假设是：吸附是均匀的，被吸附的分子不能在吸附剂表面自由移动，被吸附的吸附质分子可以是多层的，层与层之间的作用力是范德华力，同层分子之间无作用力，各层被吸附的分子之间存在动态的平衡，即每一层形成的吸附速率和解吸速率相等。在此假定下，可导出 BET 方程如下：

$$\frac{p}{q(p_0-p)}=\frac{1}{kq_{\mathrm{m}}}+\frac{k-1}{kq_{\mathrm{m}}}\cdot\frac{p}{p_0} \tag{7-80}$$

式中：p_0 为吸附质的饱和蒸汽压；k 为 BET 方程常数；q_{m} 为第一层单分子层的饱和吸附量。

BET 方程还可用于测定吸附剂的孔结构。例如根据液氮在吸附剂上的吸附数据，以 $\frac{p}{q(p_0-p)}$ 为纵坐标，$\frac{p}{p_0}$ 为横坐标作直线，其斜率为 $\frac{k-1}{kq_{\mathrm{m}}}$，截距为 $\frac{1}{kq_{\mathrm{m}}}$。由此求出 q_{m}，代入下式得吸附剂的比表面积 S 为

$$S=A\cdot\frac{N_{\mathrm{A}}}{22400}\cdot q_{\mathrm{m}} \tag{7-81}$$

式中：A 为液氮分子的截面积；N_{A} 为阿伏伽德罗常量。

5）波朗义(Polanyi)吸附位能理论

波朗义认为吸附剂的表面是被等位能面所包围的，如图 7-28 所示。等位能面所包围的容积称作吸附空间体积。若用 W 表示吸附空间体积，则吸附位能为

$$\xi=f(W) \tag{7-82}$$

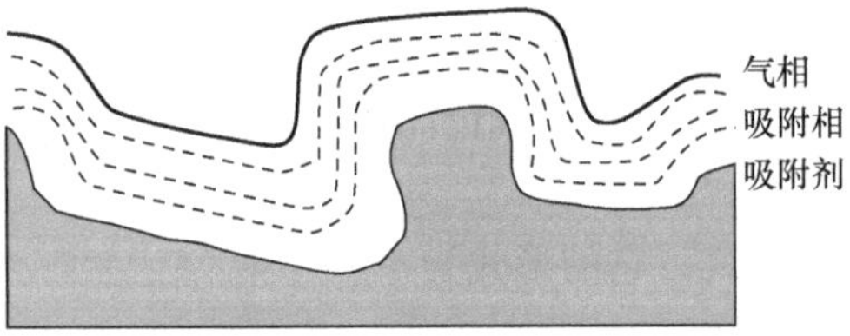

图 7-28　吸附剂表面的等位能面

曲线 ξ 称为特征曲线。1mol 吸附质在 W 体积中被吸附成为液相所需要的位能为

$$\xi=RT\ln\frac{p_0}{p} \tag{7-83}$$

波朗义吸附位能理论假设吸附位能与温度无关，因此，$\xi=f(W)$ 与温度无关而表示了吸附剂与不同吸附体系的特征。杜赛宁(Dubinin)引入亲和力常数的概念，把同一吸附剂吸附各种气体的特征曲线归纳在一条曲线 ξ^* 上：

$$\xi^*=\beta\cdot f(W) \tag{7-84}$$

亲和力常数 $\beta=\frac{\xi_2}{\xi_1}$，与温度无关。$\xi_1$、$\xi_2$ 分别代表 1、2 两种吸附质的特征曲线。因此可以根据某种标准物质在吸附剂上的特征曲线来获得其他吸附质的吸附等温线。一般在以活性炭作吸附剂的应用中常取苯的蒸气为标准物质。

对于细孔结构的活性炭，杜赛宁与拉达西克维奇(Radushkevich)导出了适用于在吸附质临界温度以下使用的关系式：

$$q=\frac{W_t}{v_m}\exp\left[-\frac{0.43BT^2}{\beta^2}\left(\lg\frac{p_0}{p}\right)^2\right] \tag{7-85}$$

式中：W_t 为微孔结构活性炭吸附空间的极限总体积，近似等于微孔的总容积；v_m 为温度 T 时吸附质液体的摩尔体积；B 为特征常数。式(7-85)称为 D-R 方程。

由于孔径分布、吸附位能分布及其他因素对吸附质分子的影响，D-R 方程对许多气-固吸附系统符合较差。1975 年，杜赛宁等提出了下述改进后的方程：

$$q=\frac{W_t}{v_m}\exp\left[-\frac{0.43BT^2}{\beta^2}\left(\lg\frac{p_0}{p}\right)^n\right] \tag{7-86}$$

其中，对应于吸附剂不同的孔径分布，n 在 1～4 的范围内取不同的值。式(7-86)一般称为 D-A方程(Dubinin-Astakher 方程)。

当与吸附剂接触的流体混合物中可被吸附剂吸附的组分不止一个，或多个组分的吸附不能被忽略时，通常需要按多组分吸附的原则来处理。例如，气相多组分气体吸附平衡可用负荷比关联朗格缪尔方程计算：

$$q_i=\frac{q_{mi}b_ip_i}{1+\sum_j b_jp_j} \tag{7-87}$$

由于组分数的增多以及被吸附组分之间的互相影响，吸附平衡比较复杂，需要通过大量实验测定。

对于液相吸附过程，情况要复杂得多。溶液中溶质为电解质时的吸附机理与溶质为非电解质时的吸附机理不同。对于电解质溶液，被吸附物质的溶解度和解离度的大小也影响吸附机理。对于非电解质溶液，在浓度较稀时，可采用类似气相吸附的方法。由于难于直接测定吸附剂的总吸附量，通常需用吸附质的表观吸附量来表征吸附剂的吸附量，即因吸附质在吸附剂表面的吸附而造成的溶液中吸附质浓度的下降值。例如对 w m^3 溶液投入 1kg 吸附剂，充分吸附后，溶液中溶质的浓度从初始浓度 c_0 kg/m^3 降低到 c^* kg/m^3，忽略溶液体积变化，该吸附剂的表观吸附量为 $w(c_0-c^*)$ kg 吸附质/kg 吸附剂。

2. 吸附速率

吸附速率即单位时间内被吸附的吸附质的量，是吸附过程设计与操作的重要参数。它与体系性质、操作条件以及两相组成等因素有关。

对于一个吸附质被吸附剂吸附的过程，通常可将其分为三步：

(1) 外扩散。吸附质从流体中传递到吸附剂的外表面。

(2) 内扩散。吸附质分子从吸附剂颗粒的外表面通过颗粒上的微孔扩散进入颗粒内部而到达吸附剂的内表面处。

(3) 在吸附剂的内表面上吸附质被吸附。

通常，吸附质在吸附剂表面上的吸附过程是很快的，尤其是普通的物理吸附过程，因此，吸附速率通常由外扩散或内扩散过程的速率所控制。为了吸附分离过程的开发、设计和运行，有必要了解内外扩散下的传质速率问题。

1) 外扩散速率

外扩散速率可用常规的流体与固体表面间的传质速率方程来描述：

$$\frac{\partial q}{\partial t}=k_fa_s(c-c_i) \tag{7-88}$$

式中：q 为吸附剂相中吸附质的浓度；t 为时间；k_f 为外扩散传质系数；a_s 为单位吸附剂的外表

面积；c 为流体相中吸附质的浓度；c_i 为吸附剂颗粒外表面处流体相中吸附质的浓度。

2）内扩散速率

吸附质在吸附剂颗粒内孔隙中的扩散即内扩散。根据有关孔隙直径的大小不同，扩散的形式也不同。当孔径远大于吸附质分子的平均自由程时，吸附质在孔内的扩散与一般的分子扩散类似；当孔径远小于吸附质分子的平均自由程时，吸附质分子在扩散过程中不断与孔壁碰撞，因而其扩散阻力主要是分子与孔壁间的作用，这类扩散称为努森（Knudsen）扩散；孔径在这两者之间时，两种扩散均起作用。除此之外，当微孔表面吸附吸附质时，沿孔的轴向表面存在吸附质的浓度梯度，已被吸附的吸附质可以沿着吸附剂孔壁移动，称为表面扩散。以上三种扩散机理在吸附研究中通常称为大孔扩散机理，以区别于吸附剂晶体内部的扩散（称为微孔扩散）。微孔扩散在涉及分子筛等由一定晶格结构的吸附剂时，常需加以考虑。微孔扩散通常与晶体的结构有关。

由于吸附剂本身结构的复杂性，要严格按有关机理计算内扩散速率是比较困难的。通常在工业应用计算中选用一些简化的模型，并根据有关实验数据计算。

3）吸附总传质速率

对于整个吸附过程而言，其传质速率主要由扩散速率决定。而根据扩散阻力占主要部分的扩散过程的不同，又可分为外扩散控制、内扩散控制或内外扩散同时控制。由于影响扩散速率的因素很多，为了方便起见，通常进行一些简化。最常使用的是线性推动力模型（LDF）。它将除浓度梯度推动力外所有对扩散速率的影响因素都归于传质系数 K，并认为传质速率与推动力成正比，即

$$\frac{\partial q}{\partial t}=KA(q^{*}-q)$$

式中：K 为传质系数；A 为传质面积；q^{*} 为吸附剂相中与流体相中吸附质浓度相平衡的吸附质的吸附量。

7.7 界面调控

化工过程中，涉及界（表）面现象的系统可分为两类：一类界面现象不一定与表面活性物质的存在有关，例如吸收、吸附、蒸馏、离子交换、电渗析等两相的传质行为、传递介质表面的物理、化学性质等；另一类则是由于表面活性剂的存在和参与，在界面上发生的润湿、乳化、泡沫、增溶、吸附、分散以及不溶性单分子层等。表面、界面和微结构在化学工程学科前沿研究中的地位日显重要。它从分子水平的微观尺度对与化工新技术、新产品有关的相界面现状进行调控、改善，以利于分离过程的改进与发展。为达到上述目的，任何使表面性质发生变化的措施（包括物理的或化学的）都可以称作界面调控，也称作表面改性。在此宗旨下，界面调控的工作应包括下列各方面：

（1）界面基本特性和行为的判定。用于了解表征界面的基础数据，为界面调控提供界面上完整的信息。包括静、动态表面张力、界面电性质（如 ξ 电位、双电层、电荷性质等）、界面膜强度、表面黏度、界面（或近界面）微观热力学和动力学等。

（2）液相界面传递过程及改性研究。用于生物膜、仿生液膜、乳化液膜和泡沫液膜等的改性调控，有可能发现新技术、新产品的萌芽点。包括界面吸附、表面活性剂的选择、乳液和泡沫的稳定性、乳液分散度大小及其黏度、乳液在电场中的稳定性规律及破乳，气液界面的变形和压缩性、泡沫与破沫、气液和液液界面的马拉哥纳效应、界面波动及扰动等非稳态研究以及乳

液的“老化”和溶胀现象等。

(3) 固相界面传递过程及改性研究。用于解决改性的机理和方法、界面层微结构的变化、界面的亲和性与选择性、表面改性前后吸附、润湿作用的变化规律以及表面污染等，以期发现分离技术的新的生长点。包括在固体界面上的吸附，固膜中的吸着、扩散和渗透，相界面亲水、亲油性能的调控，单个取代基或化学键对界面性能的影响，高分子材料、无机材料膜与表面金属涂层的孔径分布的调控，以及孔径和膜的表面性质对膜污染的影响等。

表面调控的方法很多，但不外是化学法和物理法两类。在实际工作中要根据体系的性质以及改性目的、要求和成本来定。下面讨论一些与界面特性有关、甚至需要通过界面调控来达到更好分离效果的情况。

7.7.1 表面张力效应

分离过程往往与气、液、固相的分散与接触以及传质情况等有直接关系。对界面特性的研究不断深入，表面张力 σ 已进入了具有物理意义的准数，如

$$\mathrm{We}=\frac{W^2\rho L}{\sigma g} \qquad \text{韦勃数}$$

$$\mathrm{Ma_m}=-\frac{\partial\sigma}{\partial c}\left(\frac{\Delta c}{\mu}\frac{d}{D}\right) \qquad \text{马拉哥纳数}$$

韦勃数是小滴破碎或气体起泡的稳定性判据值，其中 L 为定性尺寸，为小滴或泡的直径。临界韦勃数(对于低黏度流体)为 10～20，所相对应的稳定的液滴应在直径 $D<L$(计算值)范围内。有时，也可算出线速度 W，进而换算出要保持小滴直径一定时所需的搅拌浆的功率。马拉哥纳准数反映了表面张力对传质的影响，表面张力梯度所引起的马拉哥纳效应(7.4.2)往往使得传质准数关联式内必须加入 $\mathrm{Ma_m}$ 项对传质系数值进行修正。对它所产生界面湍动对界面面积的影响，表 7-10 给出了正系统$\left(\frac{d\sigma}{dc}<0\right)$和负系统$\left(\frac{d\sigma}{dc}>0\right)$两者受到表面张力梯度影响时对塔型的选择，可供设计、选型参考。对于中性系统，塔顶和塔底产物的表面张力差不大于 2dyn/cm 时，一般不会产生表中的效果。

表 7-10 表面张力梯度对传质相界面的影响

单元操作 \ 系统	正系统$\left(\frac{d\sigma}{dc}<0\right)$	负系统$\left(\frac{d\sigma}{dc}>0\right)$
填料(蒸馏、吸收)	润湿、铺展良好，使支撑液膜变得平坦、连续	不能良好润湿，使支撑液膜破碎，引成微流和液滴状
鼓泡工况(蒸馏、吸收)	使薄膜增厚，泡沫变为稳定，板效率达 90%	泡沫壁易拉碎，不稳定，减少塔持液量，减少分离能力
喷射工况(蒸馏、吸收)	迟缓喷滴形成，促进凝聚	促进喷滴形成，且液滴不易聚并
混合澄清槽萃取塔设备(萃取)	阻碍液滴喷淋分散，液滴易凝聚	有利于液滴喷淋分散，液滴不易聚并
界面湍动	容易产生、促进传质	不易产生，减小传质效果

7.7.2 表面润湿

从润湿方程来看，表面能高的固体比表面能低的固体表面更易被液体所润湿。一般，金属

及其氧化物、硫化物和无机盐等的表面为前者，能为一般液体所润湿，而高聚物和其他固体表面为低能表面，其润湿性质随固、液两相成分与性质的不同而有很大的不同。一般情况下，塔设备内所用填料的润湿性能是影响传质的一个重要因素。早期的材质如陶瓷、金属等作为填料时，其铺展系数 $S \geqslant 0$，填料表面可完全润湿。近期高分子材料的迅速发展，如聚乙烯、聚四氟乙烯等都能做成结构更为复杂、性能更为优良的填料，但其润湿性能并不理想。研究表明：决定固体润湿性质的是表面层原子或原子团的性质和排列情况，而与内部的结构无关。因此，在高聚物的碳氢链中加入其他杂离子，高聚物表面的润湿性能会明显改变，它们增进润湿的能力有如下次序：

$$\mathrm{H} < \mathrm{Cl} < \mathrm{Br} < \mathrm{I} < \mathrm{O} < \mathrm{N}$$

于是，表面改性改善了塔内填料的润湿性能，使塔设备的传质系数增加了15%。还有利用等离子体处理(plasma treatment)高聚物以改变其表面润湿性能的方法(筏义人，1986；陈国荣等，1991)，借助气体放电可产生等离子体。它是一种电离气体，是电子、离子、中性粒子的独立集合体，宏观上呈电中性，但具有很高的能量，与有机化合物原子间的键能相当。所以，处理时能发生等离子体化学反应，使高分子材料的表面性能、渗透性能以及医用性能都有很多改进。图7-29显示了用Ar等离子体处理聚乙烯、聚丙烯和聚四氟乙烯表面改变接触角的结果，仅2min就使它们的亲水性大大提高。该方法是一种很有发展前途的改性方法。追其原因是聚乙烯等经处理后表面上形成交联结构和不饱和烃，而且表面在相当长时间内存在着稳定的游离基，最终它们与空气中的氧作用能产生—OH和—COOH，从而改善表面的润湿性和黏结性。

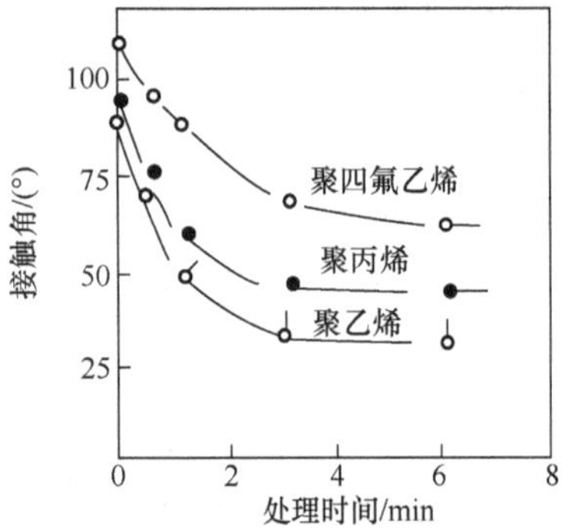

图7-29 处理时间和接触角关系

同样，无论是冷凝器还是再沸器等具有相变过程的换热器的设计，都要求呈膜状冷凝或膜状沸腾，使得传热面中无“干区”存在，以提高换热效率。这也取决于换热表面的润湿性能。因此，传热面的粗糙度和表面改性必需予以研究。当接触角大于90°时称不润湿，在相界面上，通过对双极性分子的吸附，可以提高其憎水性，例如经有机硅化物如二氯二甲基硅烷处理过的玻璃，可得到高度憎水化的表面。而氟碳化合物处理过的固体表面，甚至水、油(烃类)都不能使它润湿。利用这一原理，可以使输油管内壁不润湿性增强，来达到降低原油输送动力消耗的目的。

加入表面活性剂(捕集剂)，矿浆中金属矿粉因对表面活性剂的吸附而浮于表面以得到富集，脉石则因被水润湿沉在槽底而弃去。显然这是利用表面活性剂是两亲分子，其极性基团对特定的金属矿具亲和性而吸附，使非极性基团形成了新的表面，它的憎水性达到了借气泡上浮富集的目的。

润湿作用的应用很广，织物防水与洗涤、印染、胶片涂布、从岩石孔隙中二次采油以及农药喷洒等均与润湿有关，也都会涉及表面改性。

7.7.3 表面吸附

吸附是表面现象，表面改性将直接影响其吸附性能。例如亲水性 SiO_2 表面含有羟基，它能自苯溶液中吸附甲基红分子。若亲水性 SiO_2 经酯化改性，则无此吸附能力。活性炭是非极性吸附剂，但表面上有相当多的含氧基团，使活性炭表面上存留一定量的极性基团，若通过硅烷化处理使极性部位憎水化，则将有利于自水溶液中吸附非极性基团；反之，通过氧化处理，增加炭表面的含氧基团，使炭具有亲水性，则有利于自非水溶液中吸附极性有机物。

萨拉赞(Salazar)等曾测定了经甲基化改性后的白炭黑的特性。甲基化程度越高，对水的接触角越大，吸水量越少。表7-11列出了接触角为0°的原料白炭黑经甲基化后的接触角改变的情况(Salazar et al.，1994)。图7-30还给出了硅胶经甲基化改性后，对蒸汽的吸附量明显减低的结果。

表7-11 白炭黑甲基化程度与接触角

白炭黑甲基化程度	0	2.7%	5.6%	8.5%	19.2%	37.1%	52.4%	68.0%	75.8%	84.8%	100%
处理温度/℃	−20.0	−18.2	−15.4	−14.1	−14.0	−12.7	−11.4	−10.6	−9.5	−10.5	−40
接触角 θ/(°)	0.0	33	50	60	62	66	70	87	91	126	136

利用表面改性改变吸附剂的性质的另一个例子是络合吸附剂的研制。在工业气体分离中，CO往往由于N_2、CO_2和CH_4等气体的共存而难以被普通吸附剂选择性分离。但根据CO与Cu^+能形成络合物这一特性，在80年代初，采用专门的技术将Cu^+分散在普通吸附剂如活性炭、分子筛、活性氧化铝等的表面，制成了载铜吸附剂。表面上负载的Cu^+将原来的活性中心遮盖，并引成了以一价铜为活性中心的具有选择性吸附一氧化碳的吸附剂。这类载铜吸附剂已用于商业，当然，吸附剂本体的不同性能也会使这些商用吸附剂在吸附性能上有些差异，更重要的是一价铜离子在普通吸附剂上覆盖的程度在起作用。

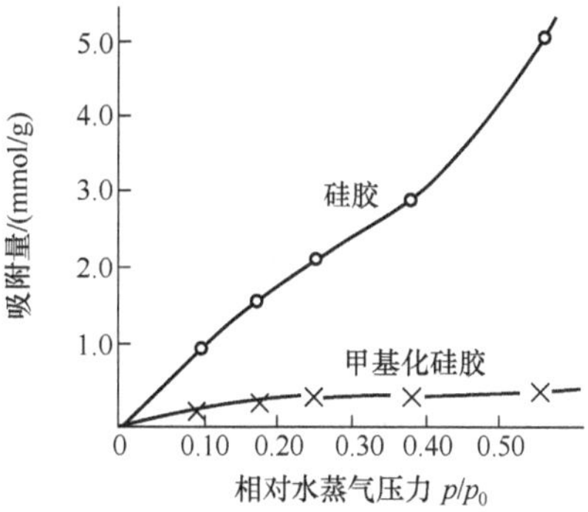

图7-30 硅胶的水蒸气吸附等温线

(30±0.5)℃

7.7.4 液体界面调控

泡沫和乳状液是人类实践中所见极多、很有研究及实用价值的物系。但它们的分散相粒子较大(0.1μm以上)，且存在着巨大的界面和较高的界面自由能，它们同属热力学不稳定物系。理论上讲，破泡和破乳都是自动过程，因此，要建立稳定的泡沫层和乳状液都要添加表面活性剂才行，也就是在界面上进行调控以达人们所需的功能。

1. 泡沫

泡沫是气体大量地分散在液相和固相中的多相分散体系。气体为不连续的分散相，液相或固相为连续相，且以前者为最多。

泡沫在人们日常生活和工业生产中广泛应用。啤酒、加气饮料、卫生用品(如洗发液、剃膏和洗衣粉)等是日常生活中常用的；工业上，泡沫灭火、泡沫制品、泡沫分离和浮选、泡沫杀虫剂等都有很大的用处。当然泡沫存在于精馏塔、发酵罐、生化池以及涂层中就会造成跑液、菌种死亡、废品等危害。因此，必须研究它的生成、稳定、破碎等情况以供应用。

泡沫生成很简单，用物理方法在液体中鼓泡、卸压和加热沸腾等都可能产生泡沫，但大都不能持久稳定。用化学方法发泡常采用热分解产生气体的反应，以碳酸氢钠为最典型。同样，形成的泡沫层并不稳定。

要维持稳定、持久的泡沫层，其根本点是要保持较低的表面自由能，而最有效的方法是加入少量的表面活性剂。发泡能力强的表面活性剂称发泡剂，如肥皂、十二烷基磺酸钠等。要得到稳定的泡沫，还需加入少许辅助的稳泡剂，如十二烷基苯磺酸钠、十二醇磺酸钠等。它的作用是使构成界面膜的吸附分子密度增大，组成的混合膜中分子相互作用加强，达到泡沫稳定的目的。

利用表面活性剂能使气泡稳定这一特性，可以在泡沫分离中处理洗涤剂废水，加入正或负离子表面活性剂可改变气液界面的电性，用来富集水溶液中正、负离子和生物质等。相反，在生产实际中，泡沫的形成和稳定会带来危害，必需消泡。消泡方法中用得最广的消泡剂，就是利用消泡剂的各种改性作用来达到液膜破裂、泡沫消失的目的。其改性作用有：

（1）加入的消泡剂具有更大的表面活性，更低的表面张力，使其本身又不能形成坚固的膜。因此它在表面能迅速铺展，或代替原来的表面活性剂分子，或使液膜减薄，造成泡沫破碎。乙醚、硅油、异戊醇都属此类。

（2）加入的消泡剂能大大地降低表面的黏度，使排液加快，液膜的抗扰动能力随之下降，液膜破裂。典型的例子是磷酸三丁酯。

（3）一些聚醚型非离子表面活性剂和润湿剂能很快地吸附和扩散到界面上，但又不能形成坚固的膜，使膜失去弹性和“修复”能力。

2. 乳状液膜

乳状液是一种或几种液体以液滴形式分散在另一相不互溶的液体中所构成的分散体系。乳状液的液滴一般都大于 0.1μm，是粗分散体系。乳状液中呈液滴状的液体称内相或分散相；另一相为连续相，称分散介质或外相。几乎所有的乳状液都由水相和油相组成。把有机溶液称作“油”，当它为分散相时，乳液属水包油型（O/W）；而油作连续相时，乳液称油包水型（W/O）。在此基础上，还可以将它们分别分散到油或水中，就构成 O/W/O 或 W/O/W 型多重乳状液，成为液膜分离技术的萌芽点。

乳状液是多相分散体系，相界面很大，液滴聚并是自动过程，属热力学不稳定体系。因此，制备乳状液往往需要添加表面活性剂以降低其表面自由能，保持乳液的稳定。但是，低的界面张力并不是唯一保持乳状液稳定性的因素。它的稳定存在还必须依赖于界面液膜的机械强度。研究表明：在 W/O/W 型多重乳状液体系中，油膜的稳定和传质取决于其组成。其中，膜溶剂是成膜的基体物质，具有一定的黏度，以保证膜的机械强度；具有两亲性质的表面活性剂分子在两相界面上定向排列，以固定液滴呈球形；膜中的另一组分称流动载体，负责某选定的离子或溶质的选择性迁移，它对液膜的传质行为起着决定性的作用，可以说是液膜的特性所在。它们的组成一般依次为 90%以上、1%～5%和 1%～5%，在结构上与生物膜极相似，相当于脂肪体、皮肤和蛋白质。两者传递机理极其相似，图 7-31 和图 7-32 是细胞膜与液膜的传递机理示意图，两者在输送 A 溶质的过程中，液膜中流动载体 X 和生命活性迁移中第二组分 B——蛋白质载体，都没有参与各自的穿过膜的渗透过程，却在迁移输送溶质 A 中起到主要作用，呈现离子泵和代谢泵的功能。由此可见，只要适当调节液膜各组成的比例和选择有效的流动载体（离子化合物或中性化合物），就能使液膜迁移过程具有仿细胞膜的传质特征。可以利用它来实现从低浓区向高浓区定向迁移选定的溶质或离子，复制生物膜的主动输送过程，在工艺上找到了一种彻底分离的全新途径。当然，液膜分离技术的内容还不至于此（详见 8.2节）。

乳状液除了上述功用外，在工农业生产和日常生活上有广泛的应用。石油钻井用油基泥浆就是一种加黏土的、水在油中的乳化液。农药乳剂、化妆品乳剂、洗涤剂乳剂等都是利用各种表面活性添加剂调控液液界面以达到为人们所利用和所接受的程度。

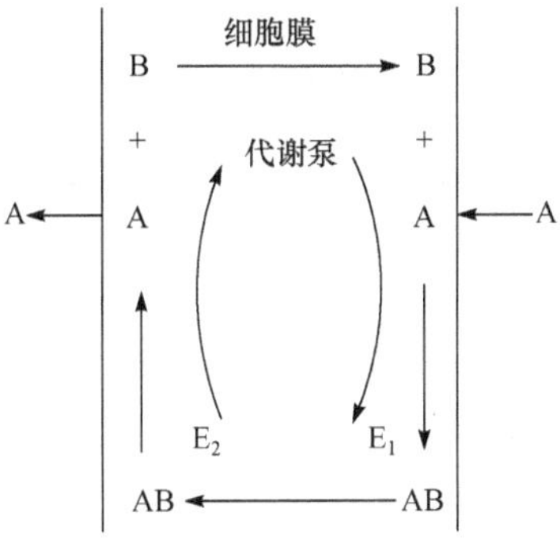

图 7-31　细胞膜传递机理

B. 第二组分,蛋白载体;A. 指定溶质;E. 酶

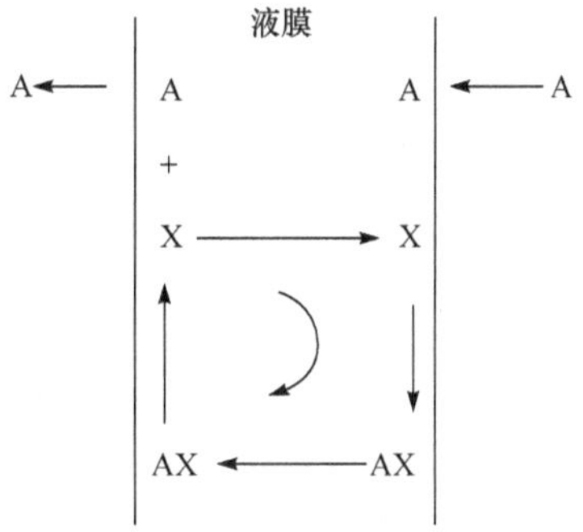

图 7-32　含流动载体的液膜传递机理

X. 指定载体;A. 指定溶质

当然,乳状液也有有害的一面。原油含水成乳状橡胶乳液、萃取液过度分散成乳液等都需要破乳,许多废水含有机相时,也往往会呈乳液状而必须破乳处理。破乳可利用物理的方法如离心、静电和超声波等达到破坏界面膜、使液滴聚并的作用。和化学破泡沫的方法相类似,利用破乳剂,改变原来稳定乳膜的成分、带电荷性能等,并使之变为不稳定直到液滴产生絮凝、聚并和两相分层,最后完全破坏。所以,不论乳化还是破乳,都和界面调控有关。

现今,表面改性及调控已是化学工程的重要研究课题之一。它不仅具有学术意义,更有重要的实用价值。它从传质界面(液体和固体表面)的微观结构和特性研究出发,了解原子和分子水平上结构和特性之间的关系,调查、研究相界面上发生的基本物理和化学过程,运用理论方法预测界面的化学动力学,并将这些知识结合到过程设计和估计的模型中去。最终克服各种分离过程与技术的各自障碍,使传统分离过程更加完善,新的分离技术得以产业化。界面特性及其调控的研究能揭示传递过程的本质,且与分子科学具有强烈的联系,它还可能是高新技术或新材料、新产品的萌芽点,有着广阔的前景。

思　考　题

1. 何谓表面张力?它的影响因素有哪些?
2. 表面过剩的定义是什么?它的单位是什么?
3. 什么叫界面?界面的微观结构是怎样的?
4. 传质过程在界面上发生了什么?能人为地调控界面吗?
5. 对于正系统,当传质方向由外相向内相进行时,瞬间产生的液滴将从主相分离出来形成液滴,还是返回主体发生凝聚?同样,变薄的液膜又会发生什么样的变化?由此,利用上述原埋在工程上如何选择塔型?
6. 萃取过程中,如何用界面湍动的原理来选择萃取相或萃余相?
7. 试述物理吸附与化学吸附的差别。

计　算　题

1. 20.0℃时从实验测得苯酚水溶液的表面张力为

苯酚水溶液浓度/%	0.024	0.047	0.118	0.471
σ/(dyne/cm)	72.6	72.2	71.3	66.5

试用吉布斯方程计算当溶液浓度为 0.1%时苯酚的表面过剩。

2. 200℃时,测得不同浓度的 NaCl 浓度的表面张力及平均活度系数如下表:

NaCl/(mol/L)	0.0	0.2010	0.5053	1.0204	2.0988	3.1920
活度系数	1.0	0.759	0.688	0.650	0.614	0.714
表面张力/(dyne/cm)	72.8	73.17	73.71	74.52	76.27	78.07

试确定上列倒数第二个 NaCl 溶液的表面过剩。

参考文献

陈国荣，张开. 1991. 低温等离子体在高分子材料表面改性中的应用. 塑料，20(1)：5

段世铎，谭逸玲. 1990. 界面化学. 北京：高等教育出版社

筏义人. 高分子表面の基础ち应用. 1986. 化学同人株式会社；中译本：筏义人. 1990. 高分子表面基础及应用. 北京：化学工业出版社

傅鹰. 1963. 化学热力学导论. 北京：科学出版社

顾惕人. 1994. 表面化学. 北京：科学出版社

谈慕华，黄蕴元. 1985. 表面物理化学. 北京：中国建筑工业出版社

吴树森，章燕豪. 1989. 界面化学——原理与应用. 上海：华东化工学院出版社

赵国玺. 1984. 表面活性剂物理化学. 北京：北京大学出版社

Delay R，et al. 1966. Surface Tension and Adsorption. London Longmans

Delay R，Pétré G. 1971. Surface and Colloid Science. Vol. 3. New York：Wiley-Interscience

Eriksson J C. 1962. On the Thermodynamic Theory for the Effect of Pressure of Surface Tension. Acta. Chem. Seand.，16(9)：2199-2211

Guggenheim E A. 1945. Statistical Thermodynamics of the Surface of a Regular Solution. Trans. Faraday Soc.，41：150-156

Hiemenz P C. 1977. Prindples of Colloid and Surface Chemitr Mcrcd Dekker Inc.；中译本：Hiemenz P C. 1986. 胶体与表面化学原理. 北京：北京大学出版社

Hildebrand J H，et al. 1950. Solubility of Nonelectrolytes. Reinhold

Jho C，et al. 1978. Effect of Pressure on the Surface Tension of Water：Adsorption of Hydrocarbon Gases and Carbon Dioxide Water at Temperatures between 0 and 50℃. J Colloid Interface Sci.，65：141

Preston W C. 1948. Some Correlating Principles of Detergent Action. J Phys. Chem.，52：84-97

Salazar I，Sepúlveda L. 1994. Nucleation of Water by Hydrophobic Silicas. J Colloid Interface Sci.，1：70

Shaw D J，1980. Introduction to Colloid and Surface Chemistry. 3th ed. Butterworths；中译本：肖 D J. 1988. 胶体与表面化学. 上海：华中理工大学出版社

第 8 章　新分离方法

科学技术的不断发展导致对分离技术的要求越来越高，分离的难度也越来越大。为了适应这些要求，除了对常规分离过程加以改进和强化外，还应不断开发新的分离方法，并要求尽快将实验室研究的成果推向工业化。

8.1　泡沫吸附分离技术

泡沫分离技术是近几十年来发展较快的新分离技术之一。它根据表面吸附的原理，借鼓泡使溶液内的表面活性物质聚集在气液界面(气泡的表面)上浮至溶液主体上方形成泡沫层，将泡沫层和液相主体分开，就可达到浓缩表面活性物质(在泡沫层)和净化液相主体的目的。由于浓缩的物质可以是表面活性物质，也可以是和表面活性物质具有亲和能力的任何溶质如金属阳离子、阴离子、蛋白质、酶以及染料等，还有矿石粒子以及沉淀微粒等。取其共性，把凡利用气体在溶液中鼓泡以达到分离或浓缩的这类方法总称为泡沫吸附分离技术。

实际上，泡沫分离在日常生活和工业中很常见，例如肥皂泡沫分离污秽、硫泡沫富集回收以及矿物的浮选等。随着工业日益发展，特别是对公害的普遍重视，逐渐出现了在浓度为 ppm 级的大量稀溶液中回收贵金属、稀有金属或除去有毒物质的新课题。1957 年以来，发现了金属离子和表面活性物质形成络合物可以附在泡沫层中得到富集；又发现用多级泡沫精馏塔除去生活污水中所含直链烷基苯磺酸盐可获成功，使它的含量从 50ppm 下降至 3～4ppm。这些都促进了泡沫吸附技术在上述领域中的工业应用，并继续扩大进入原子能工业、湿法冶金工业和多种工业废水的处理，显示了该技术的工业实用价值。

8.1.1　泡沫吸附分离技术的分类

泡沫吸附分离技术方法繁多。卡格等(Karger et al，1967)把它们综合分类于图 8-1。

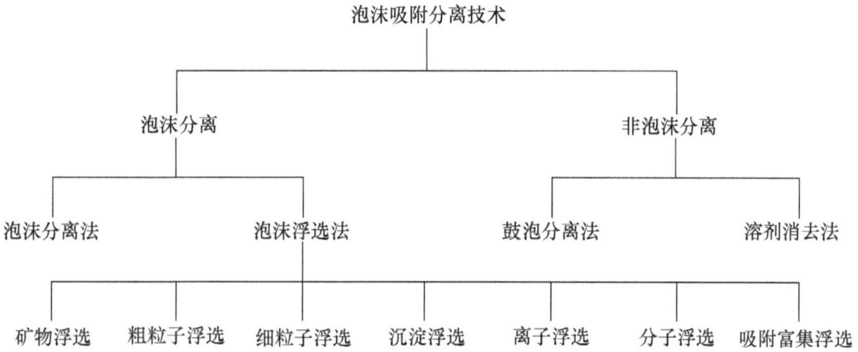

图 8-1　泡沫吸附分离技术的分类

1. 非泡沫分离

这类分离过程需要鼓泡，但不一定形成泡沫层。

1) 鼓泡分离法

从塔式设备底部鼓入气体，所形成的气泡富集了溶液中的表面活性物质，并上升至塔顶，和液相主体分离。液相主体得以净化，溶质得以浓缩。

2) 溶剂消去法

将一种与溶液不相互溶的溶剂置于溶液的顶部，用来萃取或富集溶液内的表面活性物质。该表面活性物质借容器底部所设置的鼓泡装置中所鼓出的气泡吸附作用带到溶剂层，见图 8-2。

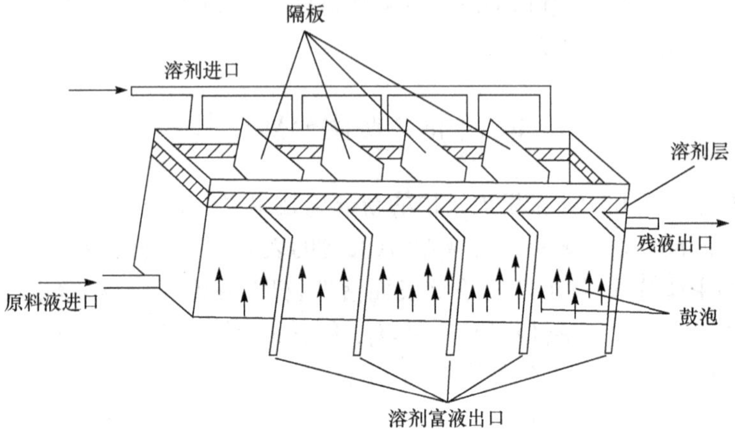

图 8-2 溶剂消去法流程示意图

2. 泡沫分离

根据分离的对象是真溶液还是带有固体粒子的悬浮液、胶体液，分成泡沫分离和泡沫浮选两类。

1) 泡沫分离法

作为分离对象的某溶质可以是表面活性剂如洗涤剂，也可以是不具有表面活性的物质如金属离子、阴离子、染料及药物等。但是它们必须具备和某一类型的表面活性剂能够络合或螯合的能力。当在塔式设备底部鼓泡时，该溶质可被选择性地吸附或附着于自下而上的气泡表面，并在溶液主体上方形成泡沫层。将排出的泡沫消泡，可获得泡沫液(溶质的富集回收)。在连续操作时，液体从塔底排出，可以直接排放，也可作为净制后的产品液。

2) 泡沫浮选法

利用矿石粒子和脉石粒子性质上的差异，选择合适的捕集剂使矿物具有亲油性(疏水性)性质，并在矿浆中加入适量的起泡剂，采用空气鼓泡会使脉石下沉和矿石借泡沫浮出液面得以富集。它和泡沫分离的根本区别在于浮选法的最后产物都是固体粒子。它又可分为下列几种：

(1) 矿物浮选。主要用于矿石与脉石粒子的分离，自然界中矿物大多数都以硫化物形式存在，加以捕集剂可使矿石具有疏水性，可使矿物通过浮选富集。

(2) 粗粒浮选和细粒浮选。常用于共生矿中单质分离，按粒度大小分为两类。粗粒浮选的粒子直径在 1～10mm 内，疏水性粒子在泡沫层或亲水性粒子在鼓泡槽底部得以富集。细粒浮选的粒子直径为 1μm～1mm，处理的对象为胶体、高分子物质、矿物液。

(3) 离子浮选和分子浮选。用于分离非表面活性物质的离子或分子。一般采用加入浮选捕集剂与待分离物形成沉淀物，再用泡沫吹出。

(4) 沉淀浮选。加入某种反应剂可选择性地在溶液中沉淀一种或几种溶质，然后把这些沉淀浮选出来。

(5) 吸附富集分离。将胶体粒子作为捕集剂置于溶液中，选择性地吸附所需分离的溶质，再用浮选的方法除去。

综上所述，所有的泡沫吸附分离方法都表明，尽管具体选择的捕集剂和对象各异，但具有共同的特征，即依靠选用的某表面活性剂的发泡性质，用惰性气体鼓泡达到分离溶质的目的。但是该技术本身尚属开发阶段，命名和分类尚不完善。现就泡沫分离的特性加以讨论。

8.1.2 泡沫分离流程设置及操作

泡沫分离的流程设置及处理方法和精馏很类似，故有泡沫精馏之称。其流程可以分为间歇分离和连续分离两类，其中连续分离又可分为精馏(段)塔、提馏(段)塔和上两者叠加而成的全馏塔三种(图 8-3、图 8-4)。

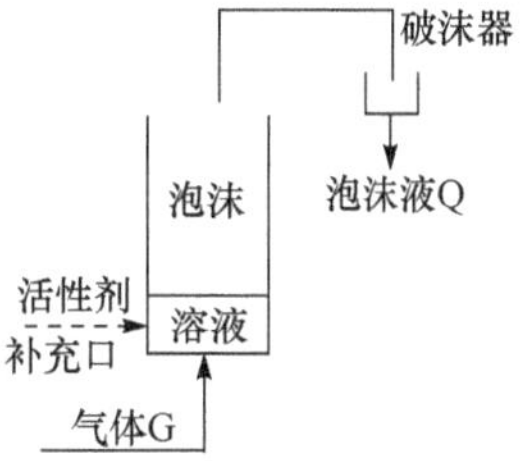

图 8-3 间歇式分离塔

柱形塔体分成溶液鼓泡层和泡沫层两部分。原料液可按不同类型塔分别在不同部分加入，见图 8-4。气体从设置在塔底的气体分布器中鼓泡而上，与原料液逆流相接触，由于液体中含有表面活性物质，鼓泡所形成的稳定的泡沫聚集在液层上方空间，汇成泡沫层，经塔顶排出。引出的泡沫消泡后，称泡沫液，为塔顶产品，其中被富集的物质称富集质。塔底还设有残液排出口，可间歇或连续排料。

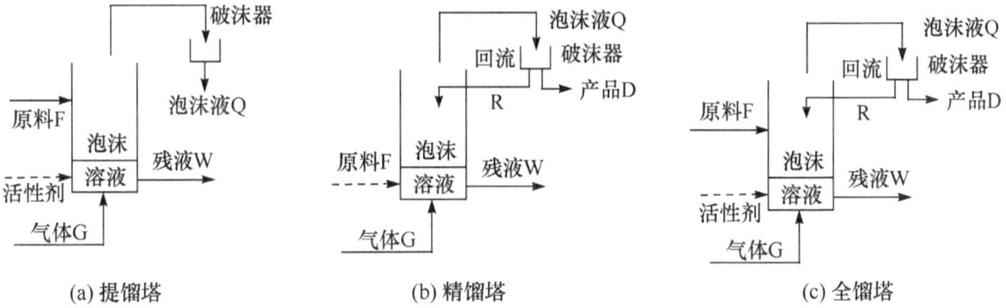

图 8-4 连续式分离塔

破沫器是泡沫分离的主要辅助设备之一。它的作用在于消泡以获得泡沫液。泡沫液一部分作产品，一部分回流至塔顶，作为获取稳定浓度的必要手段。工业上，破沫器有立式和卧式两种，以后者为佳。卧式破沫器可以使气泡所具有的速度的垂直分量减少到零，泡沫在静态下破碎更为有效。大生产中为了提高破泡速度，常用依据物理原理设计的破沫机。

诚然，泡沫液移出塔外，将相应带出较多的表面活性剂而造成耗损。提馏段的作用会使塔釜中表面活性剂的量减少。因此在流程中，全馏塔和提馏塔的塔釜都设置表面活性剂的添加口，以弥补它在塔釜中浓度的不足。这类另外加入系统中的表面活性剂通常称为捕集剂。

表 8-1 列出了泡沫分离和精馏在操作上相似之处。可见，泡沫中的气泡相当于精馏中的汽相，气泡与气泡之间的间隙液相当于精馏中的液相，气泡上升时在泡沫中挟带的主体液(挟带液)相当于精馏中的雾沫。所以两者的流程与操作均极相似。但从操作过程来说，泡沫分离得以进行主要靠泡沫，即单位时间所产生的气液界面；精馏主要靠热分离，即单位时间所耗的蒸汽量。在这一点上两者是截然不同的。

表 8-1　泡沫分离与精馏

泡沫分离	精　馏
(1) 采用多级逆流泡沫分离塔	(1)采用多级逆流蒸馏塔
(2) 回流是维持稳定生产的必要手段，且当全部泡沫液回至塔顶或所有泡沫在塔顶破碎而没有泡沫液流出时(全回流)，分离效果最佳	(2)回流是维持稳定生产的必要手段。全回流时，分离效果最佳
(3)增加塔釜的鼓泡气量可提高单位液体体积产生的表面积，但最后将导致挟带液的增多而降低分离效果	(3)增加塔釜再沸器的间接蒸汽量可提高汽相量，但最终导致雾沫挟带、降低分离效果
(4)泡沫稳定性不好，泡沫内部的气泡合并将使汽液界面减少，间隙液过量流下而产生"内回流"，泡沫液量减少	(4)保温不良，上升汽相会由于热损失而在塔内冷凝，产生的内回流使得产品量减少

8.1.3　泡沫分离的基本原理

泡沫分离应具备两个必要条件：①所需分离的溶质应该是表面活性物质，或者是可以和某表面活性剂相络合的物质，它们都可吸附在气液界面上；②富集质在分离过程中借泡沫与原料液分离并在塔顶富集。因而，它的传质过程在鼓泡区中是在液相主体和气泡表面之间进行的；在泡沫区中，是在气泡表面和间隙液中进行的。所以，表面化学和泡沫本身的结构和特征都是泡沫分离的基础。

1. *表面吸附与平衡数据*

吉布斯等温吸附方程式表达如下

$$\mathrm{d}\sigma = -RT\sum \Gamma_i \mathrm{dln}a_i$$

或

$$\Gamma = \sum \Gamma_i = \frac{-1}{RT}\frac{\mathrm{d}\sigma}{\mathrm{dln}a_i}$$

表面活性剂加入溶液会显著地降低溶液的表面张力，直到超过临界胶束浓度为止(图 8-5)，此时，式中 $\mathrm{d}\sigma/\mathrm{dln}a_i$ 项小于零，即 $\Gamma > 0$。也就是说表面活性剂在溶液中的分散是不均匀的，其表面层浓度大于溶液主体的浓度，为正吸附作用型。例如，在直链型脂肪酸中直链(R—)基团越长，表面张力的下降越显著，正吸附作用越大。

吉布斯方程适用于脂肪酸或长链醇等非离子型表面活性剂的稀溶液，溶液中若含离子型表面活性剂，则应进行下列修正：

$$\Gamma = \frac{-1}{nRT}\frac{\mathrm{d}\sigma}{\mathrm{dln}c} \tag{8-1}$$

式中：n 为与离子型活性剂的类型有关的常数。例如电解质型 $n=2$，电解质型的溶液添加无机电解质时，若有过剩的无机盐存在，$n=1$。

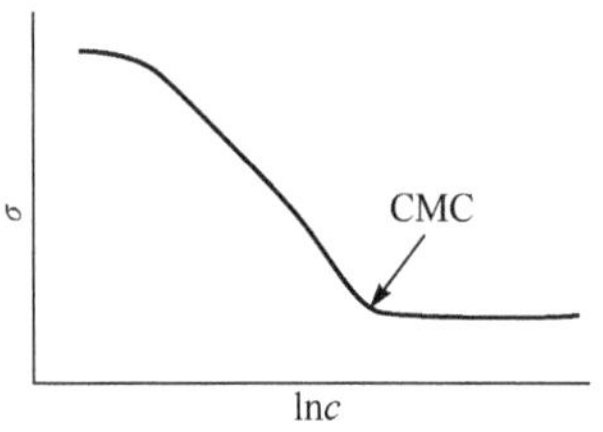

图 8-5　溶液浓度与表面张力的关系

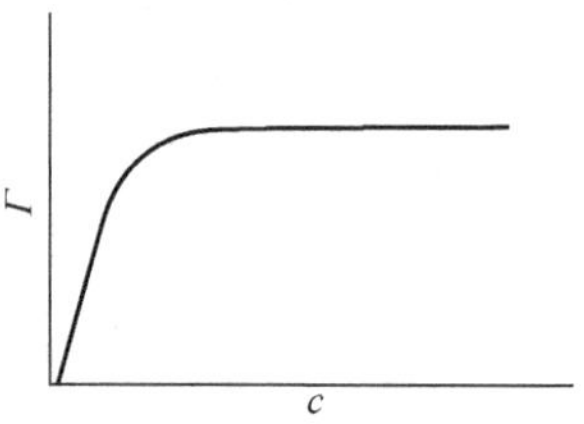

图 8-6　溶液浓度与表面过剩的关系

图 8-6 绘出了溶液浓度 c 和表面过剩 Γ 的相应关系。在稀溶液中(图 8-6 中斜线)可将关系式简化为

$$\Gamma = Kc \tag{8-2}$$

而对于非离子型表面活性剂,该曲线更接近于朗格缪尔方程

$$\Gamma = \frac{Kc}{1+K'c} \tag{8-3}$$

K 和 K' 均为常数。在饱和时,$K'c \gg 1$,$\Gamma = K/K'$。所以在溶液中表面活性剂的量超过临界胶束浓度后,表面过剩值恒定不变。很多表面活性剂的 Γ 值都在 $3\times10^{-10}\mathrm{mol/cm^2}$ 左右。

吉布斯方程的推导过程中对界面的种类及其厚度都未加限制,因此具有广泛的适用性。

为获取平衡数据,可采用吸附热法和实验法。

1) 吸附热法

任何一新配制的含有表面活性剂的溶液的表面浓度和主体溶液浓度在最初的瞬间是相同的。经过若干时间以后,表面活性剂分子才完成其从主体溶液向界面层的转移过程。此时,表面活性剂在表面层的浓度应大于主体溶液的浓度,见图 8-7。达到平衡时,由于界面和主体部分受力不同,会形成从主体液到表面层的浓度梯度,但在界面上和主体中活性分子所具有的化学位恒相等,即

$$(\mu_1)_\sigma = (\mu_1)_\mathrm{B} \tag{8-4}$$

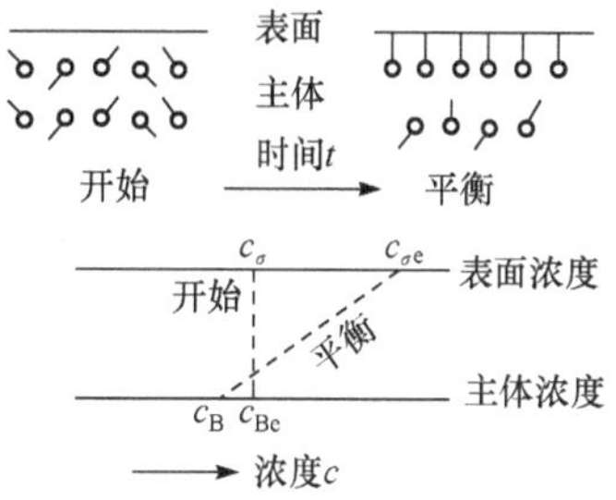

图 8-7 表面活性剂溶解在溶液中的平衡过程

当然,平衡所需达到时间往往会因物系的不同而异,从数秒到几天甚至更长。

由热力学知,表面相和主体相活性分子(溶质)的化学位可以由下式计算:

$$\text{表面相} \quad (\mu_1)_\sigma = (\mu_1)_\sigma^\circ + RT\ln(c_1)_\sigma \tag{8-5}$$

$$\text{主体相} \quad (\mu_1)_\mathrm{B} = (\mu_1)_\mathrm{B}^\circ + RT\ln(c_1)_\mathrm{B} \tag{8-6}$$

式中:R 为摩尔气体常量;T 为热力学温度,K;$(\mu_1)_\sigma$ 为表面相中组分 1(溶质)的化学位;$(\mu_1)_\sigma^\circ$ 为标准状况下表面相中组分 1 的化学位;$(\mu_1)_\mathrm{B}$ 为主体相中组分 1 的化学位;$(\mu_1)_\mathrm{B}^\circ$ 为标准状况下主体相中组分 1 的化学位;$(c_1)_\sigma$ 为表面相中组分 1 的浓度($\mathrm{mol/cm^3}$);$(c_1)_\mathrm{B}$ 为主体相中组分 1 的浓度($\mathrm{mol/cm^3}$)。

两者化学位之差就是相际传质的推动力,在平衡时其值为零

$$(\mu_1)_\mathrm{B} - (\mu_1)_\sigma = (\mu_1)_\mathrm{B}^\circ - (\mu_1)_\sigma^\circ + RT\ln[(c_1)_\mathrm{B}/(c_1)_\sigma] = 0 \tag{8-7}$$

式中

$$(\mu_1)_\mathrm{B}^\circ - (\mu_1)_\sigma^\circ = \lambda \tag{8-8}$$

λ 称为解吸热,其相反值为吸附热。于是

$$\lambda = -RT\ln[(c_1)_\mathrm{B}/(c_1)_\sigma] \tag{8-9}$$

$$(c_1)_\sigma/(c_1)_\mathrm{B} = \mathrm{e}^{\lambda/RT} \tag{8-10}$$

由此可见,表面活性剂的表面浓度(平衡浓度)取决于它在主体相的浓度和吸附热。

2) 实验法

图 8-8 为测定表面浓度 Γ 值的平衡装置流程,也是泡沫分离的最简单的形式之一。

增湿的氮气由塔底经鼓泡器鼓出一定直径的气泡进入溶液。鼓泡层高度和泡沫层高度可根据需要进行调节。塔内径为 ϕ1.6cm,塔顶出口处设有带搅拌的破沫器,泡沫液再由泵打到量液管计量后送至离鼓泡器最近的液体进口处得以循环。

为防止实验误差,应维持塔内的泡沫层稳定且无合并,精选鼓泡器保证气泡大小的一致性

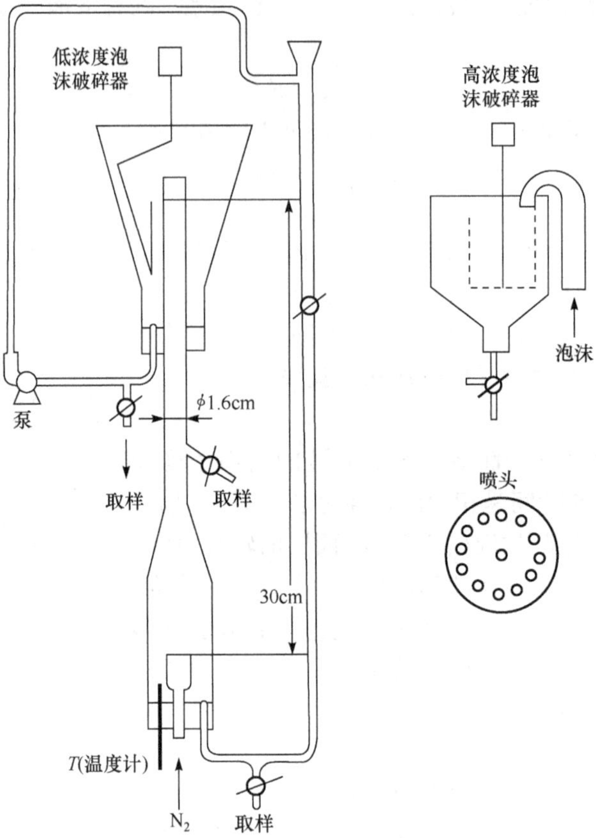

图 8-8　泡沫分离装置流程示意图

以及足够的气液接触时间。这样,在该泡沫分离塔中,活性组分(表面活性剂或溶质)由于表面吸附作用部分吸附于泡沫表面,部分由间隙液带出。假定产生的泡沫都是球形的,当球形气泡大小一致时,定性直径 $d_{均}$ 和单个气泡的直径相同;当气泡大小不同时,$d_{均}$ 可由不同直径 d_i 的圆球及其数量 n_i 计算,即

$$d_{均}=\frac{\sum n_i d_i^3}{\sum n_i d_i^2} \tag{8-11}$$

若设 G 为气体体积流速(cm^3/s),泡沫的表面总流动速率为 $6G/d_{均}$,而活性组分的流速为 $6G\Gamma/d_{均}$,$d_{均}$ 为气泡直径。

如果泡沫中无合并,间隙液的浓度应和釜液浓度相等。令 Q 为泡沫流动的流动速率(气体分离基),c_Q 为泡沫液中活性组分的浓度。根据物料平衡

$$Qc_Q=Qc_W+6G\Gamma/d_{均} \tag{8-12}$$

或

$$\Gamma=\frac{(c_Q-c_W)Qd_{均}}{6G} \tag{8-13}$$

式中:c_W 为塔釜液中活性组分的浓度。实验过程中,Q、$d_{均}$、G、c_Q 和 c_W 都可测得,故可得表面浓度 Γ 值。

2. 泡沫特征与间隙液流的求算

众所周知,当气体通过纯水或搅动纯水时所产生的泡沫很快就会消失,但在水中含有表面

活性剂时，生成的泡沫就能维持较长的时间。然而，泡沫是一种气体分散在液体介质中的多相不均匀态，其所含过剩的表面能使泡沫消失成为自动过程。

气泡的形成过程如下：当气体在含表面活性剂的水溶液中发泡时，气体首先在液体内部形成被包裹的气泡。在此瞬时，溶液中表面活性剂分子也已在气泡表面排成亲油基指向气泡内部，亲水基面向溶液的单分子膜(图 8-9)，该气泡借浮力上升冲击溶液表面的单分子膜。在某种情况下，气泡也可从表面跳出。此时，在该气泡表面的水膜外层上，表面活性剂分子又会形成与上述单分子膜的分子排列方向完全相反的单分子膜。由此两者构成较为稳定的两分子膜气泡体，在气相空间形成接近球形的单个气泡。实际上，两分子吸附膜之间还含有大量的溶液，例如肥皂泡膜厚约数百微米，比它的纯两分子膜厚 100 倍左右。其中所夹带的液体会因重力的缘故向下流动，造成部分气泡膜变薄，直至破裂。膜的稳定性(寿命)通常指从气泡形成到气泡破裂的时间周期，它往往取决于膜的表面黏度、弹性以及所带电荷性能。

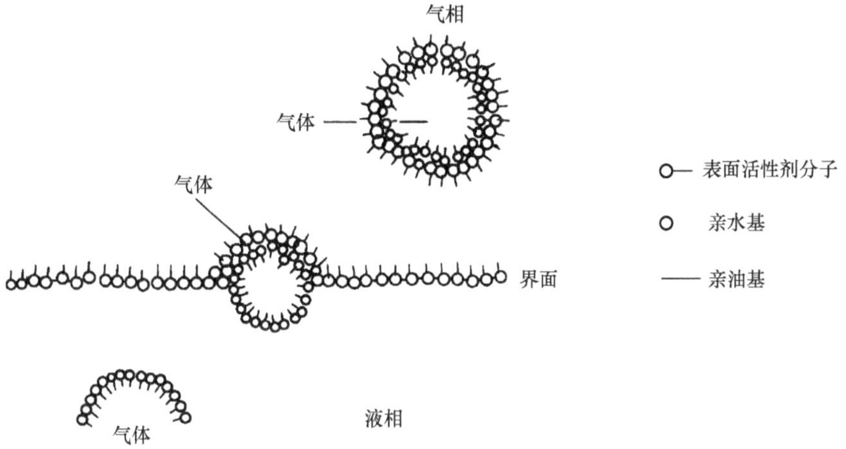

图 8-9　气泡的形成

一个独立的气泡呈球状，许多气泡聚集在一起时会形成大小不同的球状气泡的集合体。该集合体可以由两个或两个以上的气泡形成，气泡与气泡之间仅以薄膜隔开，更多的集合体聚集成泡沫层。泡与泡之间的隔膜也会因彼此压力不均或间隙液的流失等而发生破裂，导致气泡间的合并现象。

典型的三个气泡合在一起的结构剖面示于图 8-10。目测和电子显微镜都发现泡与泡之间的间壁为平面，而三个泡的共同交界处则形成具有一定曲率半径的小三角形柱体。三个以上的气泡合在一起时，最初也许会形成十字架或其他结构，但并不稳定，稍有外力就会造成膜的滑动而转换成上述三泡结构的稳定形式，见图 8-11。这种结构已由电子显微镜对固化了的聚氨基甲酸酯泡沫的观察所证实。液膜中位于平壁间的液体要比位于三角柱体壁内的液体所受的压力高得多，这是由三角柱壁的曲率所致。这一压力梯度会造成液膜中液体由膜向小三角柱体的流动，而使平壁逐渐变薄。这也就是泡沫层内排液的基础。

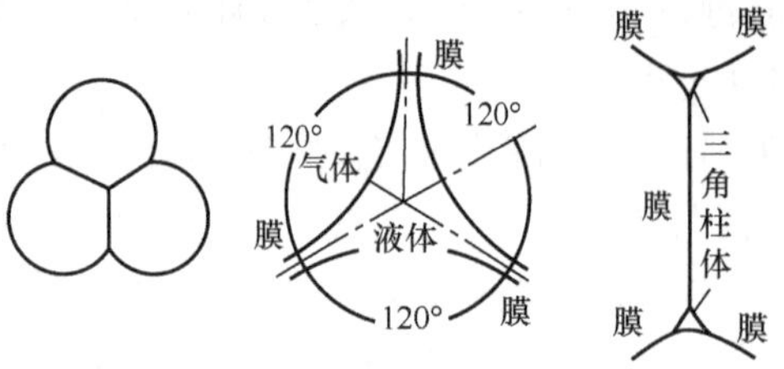

(a) 三泡结构　(b) 三角柱体横剖面　(c) 多泡结构

图 8-10　三泡结构以及三角柱体与膜的联结

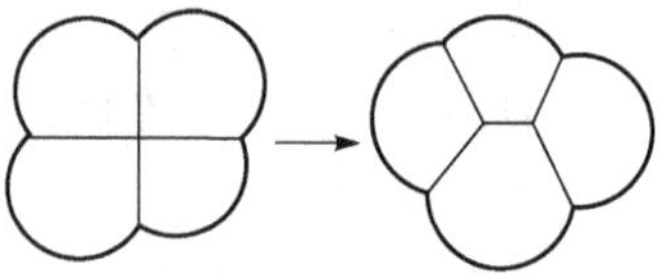

图 8-11　四泡结构的稳定形式

李奈特等(Leonard et al,1965)认为从上述三泡结构的稳定形式这一基本特征出发,可推得泡沫塔内的泡沫由全等的正五边形构成的正十二面体组成,且每个面的周围都环绕着小三角柱状的毛细管。由此推得单位垂直高度的泡沫所包含的毛细管长度可由下式给出

$$P=7.81A\phi/d_{均}^{2} \tag{8-14}$$

式中:ϕ 为泡沫中气体的体积分率;A 为空塔截面积,cm^2;$d_{均}$ 为气泡直径,cm。

由于泡沫塔内毛细管的方向和分布的不规则性,塔内毛细管的实际总长度由概率论推得为 $P/2$。

气泡膜间的间隙液流动则可应用一般的动量守恒方程求解。假设泡沫塔内泡沫做活塞流,且单根毛细管内牛顿型流体做直线滞流流动。那么,液体在毛细管内流动的净速度是液体在泡沫主体中向上的速度 U' 和它在毛细管内的下落速度 L 的向量和。令 u_f 为在泡沫主体垂直上升的线速度(cm/s),u_z 为在垂直毛细管内下落的线速度(cm/s)。并考虑到毛细管的不规则排列,它与水平面的夹角为 α,推得:

$$U'-L=P\int_0^{\frac{\pi}{2}}\int_{A_1}(u_f-u_z\sin^2\alpha)\sin\alpha\cos\alpha\,\mathrm{d}\alpha\,\mathrm{d}A_1 \tag{8-15}$$

式中:U' 为间隙液向上流动的体积流速,cm^3/s;L 为间隙液向下流动的体积流速,cm^3/s:A_1 为毛细管的水平横截面,cm^2。

又

$$A_2=A_1\sin\alpha(A_2\text{ 为毛细管的轴向横截面}) \tag{8-16}$$

为简化计算,上述关系也可处理成无因次数群的理论关系式:

$$Q=\frac{G^2\mu}{Ag\rho d_0^2}\phi\left(\frac{\mu^3G}{\mu_s^2g\rho A}\right) \tag{8-17}$$

式中:A 为泡沫塔空塔横截面,cm^2;g 为重力加速度;μ、ρ 分别为溶液的黏度和密度;μ_s 为有效表面黏度,是影响泡沫排出的一个重要参数,一般由实验测得,其值约为 10^{-7} Ns/m;d_0 为泡沫层中单泡的直径,cm;Q 为泡沫液的体积流率;cm^3/s。图 8-12 的曲线是式(8-17)中两个数群的理论关系线,并已由实验值所证实(图 8-12 中黑点)。故图 8-12 可以用来分别求算泡沫液流量 Q,泡沫塔空塔面积 A(即塔径)或实验法求算有效表面黏度 μ_s 值(dyn・s/cm)等。

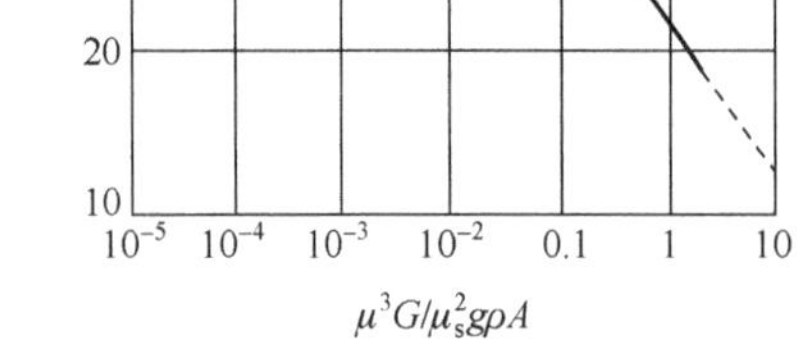

图 8-12　泡沫塔气量和泡沫液流量的理论关系
○. 皂革甙溶剂,μ_s 为 4.2×10^4;●. 白朊溶剂,μ_s 为 2.6×10^4;△. 三硝基甲苯,μ_s 为 1.0×10^4

在比较湿的泡沫中,气泡一般能自由地形成和移动。待形成泡沫层后,泡沫构成多面体,单个气泡在泡

沫层中的位置相对固定，整个泡沫层在塔内呈活塞流。上述正十二面体的结构的流动方程和无因次群关联式都是基于活塞流工况所得到的。霍浮等(Hoffer et al，1969)研究了在泡沫塔内从活塞流转向湍流(带有返混)工况时气速的影响，发现转折点一般在泡沫速度为 150cm³/(cm²·min)时出现。有实验关系式如下：

$$fd_{均}^2 = Ku_G^n \tag{8-18}$$

式中：u_G 为气泡线速度，cm³/(cm²·min)；f 为泡沫比，$f=Q/G$，cm³ 液体/cm³ 泡沫；n 为常数，活塞流时为 1，湍流时为 2.5；K 为常数，活塞流时为 7.0×10^{-6}，湍流时为 5.5×10^{-9}。

尽管在表面活性剂的浓度超过临界胶束浓度时可获得具有最大稳定性的泡沫，但为了获得在气液界面上的最高吸附量，泡沫分离过程常把溶液所含表面活性剂的浓度控制在临界胶束浓度之下。在实际操作的泡沫塔中，泡沫不断发生合并，合并结果会造成内回流，应尽量避免。合并的多寡一般和溶质的化学性质和浓度、系统温度以及泡沫单体大小有关，在实际操作中应予以足够的重视。同样，泡沫层的消泡虽是自动过程，但在实验研究和工业实践中需采用速度较快的消泡措施，常用的方法有机械搅拌、液体喷雾、机械破碎、加热和添加消泡剂等。

3. 理论级和计算举例

了解泡沫分离的平衡关系和泡沫分离塔内间隙液的流动状况，就不难解决泡沫分离塔的理论设计。

平衡线：对于任何泡沫塔，假设在它的任一横截面上，气泡表面所吸附的溶质浓度和泡沫间隙液内的溶质浓度相平衡。若 c 为间隙液的溶质浓度，U 为间隙液向上流动速率，那么，溶质的上升总量应是气泡中该组分的上升量与间隙液中该组分的上升量之和，即 $GS\Gamma+Uc$（S 为泡沫层的比表面）。现定义$\bar{c}$为泡沫分离塔的任意横截面上溶质 i 在泡沫中的有效浓度(Perry，1968)。按上述物料衡算应有：

$$\bar{c} = c + GS\Gamma/U \tag{8-19}$$

式中：Γ 的数值可根据 c 值从 Γ-c 曲线上读得；S 值在单泡结构为 $6/d$，而在泡沫层中 $S=6.59/d_{均}$（6.59 是泡沫群体的正十二面体结构对单泡结构的校正）。于是在一定的 G/U 比下，可求得一系列和间隙液的溶质浓度 c 所相对应的有效浓度$\bar{c}$值，即得到泡沫分离塔的平衡曲线。平衡曲线的形状显然取决于表面浓度 Γ 值。当它为常数，即表面活性剂浓度大于临界胶束浓度时，平衡曲线为截距等于 $GS\Gamma/U$ 的 45°线。当 $\Gamma=Kc$，平衡曲线为通过坐标原点、斜率为$1+GSK/\Gamma$ 的直线。

操作线：限于篇幅，本文仅以提馏塔的计算为例，其余情况可类推之。某提馏塔[图 8-4(a)]中，处理的物料为稀溶液，平衡关系服从 $\Gamma=Kc$，其平衡线已绘制于图 8-13。

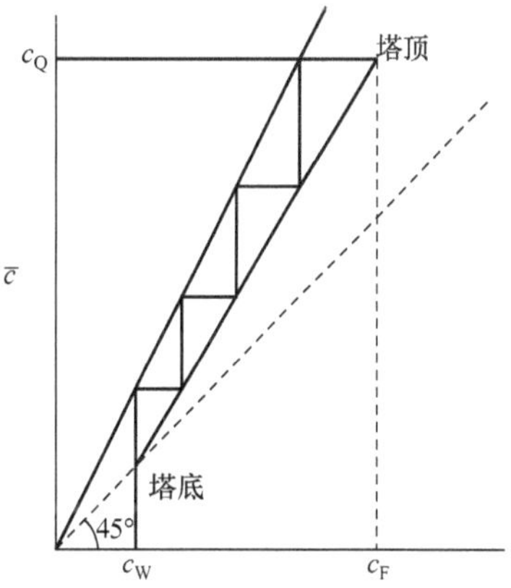

图 8-13　泡沫塔的图解法求理论级

该塔的操作线同样也取决于物料衡算。若所给系统的原料流率为 F，泡沫液和残液的流率分别为 Q 和 W，且它们所含活性组分浓度分别为 c_F、c_Q 和 c_W。当塔内无泡沫合并现象时，则间隙液上升流率 U 应和 Q(气体分离基，cm³/s)相等，即 $U=Q$，该塔应具有下列方程：

总物料衡算

$$F = Q + W \tag{8-20}$$

活性组分物料衡算

$$Fc_F = Qc_Q + Wc_W \tag{8-21}$$

平衡线方程

$$\bar{c}^* = \left(1+\frac{GSK}{Q}\right)c \tag{8-22}$$

$$\bar{c}_W^* = \left(1+\frac{GSK}{Q}\right)c_W \tag{8-23}$$

操作线方程

$$c=(Q/F)\bar{c}+(W/F)c_W \tag{8-24}$$

式中:上标 * 指平衡状态。所需理论级即可用上述方程进行逐板计算或图解法获得。

塔高的计算亦可采用传质单元计算法。对于向上流动的泡沫,它的传质单元数由定义式表达如下

$$N_U = \int_{\bar{c}_W^*}^{c_Q} \frac{d\,\bar{c}}{\bar{c}^* - \bar{c}} \tag{8-25}$$

式中:积分下限$\bar{c}_W^*$是塔釜作为一个理论级而确定的,相当于恰巧在鼓泡层液体的上界面上泡沫的有效浓度。将式(8-20)至式(8-24)代入式(8-25)并整理后可得

$$N_U=\frac{F}{GSK-W}\ln\frac{F(GSK-W)(c_F/c_W)+FW}{GSK(GSK+F-W)} \tag{8-26}$$

泡沫分离塔的传质单元高度一般不大,在一般操作系统仅几个厘米。

【例 8-1】 有一提馏式泡沫分离塔实验装置,塔底无排放,处理原料 F 为含有害物质为 $10^{-14}\,mol/cm^3$ 的水溶液。现选用合适的表面活性剂,产生的泡沫比表面为 $100cm^2/cm^3$。表面活性剂的浓度维持在临界胶束浓度之下,平衡关系服从 $\Gamma=Kc$,K 值为 $10^{-4}\,cm$;为保持操作过程中活性剂浓度恒定,在塔底设有捕集剂补充口。操作时,鼓泡用气体体积流量为原料体积流量的 20 倍,所得塔底浓度为 $10^{-15}\,mol/cm^3$。现将泡沫高度提高一倍,塔底的浓度为多少?

解 本题可直接代入式(8-26)求解,也可利用已知条件用下述方法求解。由题意 $W=0$,$G/F=20$。按总物料平衡式

$$F=Q=U$$

平衡方程式 $\bar{c}^*=(1+GSK/Q)c=[1+(20)(100)(10^{-4})]c=1.2c$

故 $\bar{c}_W^*=1.2c_W=1.2\times10^{-15}\,mol/cm^3$

由操作线方程,当 $W=0$,$F=Q$,则$\bar{c}=c$。

同样,在活性组分衡算时,$c_Q=c_F=10^{-14}$。从传质单元数定义式(8-26)直接求解

$$N_U = \int_{\bar{c}_W^*}^{c_Q}\frac{d\,\bar{c}}{\bar{c}^*-\bar{c}} = \int_{\bar{c}_W^*}^{c_Q}\frac{d\,\bar{c}}{1.2\,\bar{c}-\bar{c}} = \int_{1.2\times10^{-15}}^{10^{-14}}\frac{d\,\bar{c}}{0.2\,\bar{c}} = 10.6$$

现泡沫高度增加一倍,系统不变,传质单元高度也不变。因此可将传质单元数增加一倍,即 $N'_U=2N_U=2\times10.6=21.2$,代入式(8-25)

$$21.2 = \int_{1.2\bar{c}_W^{*\prime}}^{10^{-14}}\frac{d\,\bar{c}}{0.2\,\bar{c}} = 5\ln\frac{10^{-14}}{1.2\,\bar{c}_W^{*\prime}}$$

$$\bar{c}_W^{*\prime}=1.2\times10^{-16}\,mol/cm^3$$

【例 8-2】 为除去流量为 5000L/h 的废水中所含重金属离子,采用无回流的泡沫分离塔连续操作。若塔釜鼓泡的平均直径 $d_均$ 为 0.1cm,要求釜液的浓度为原料液浓度的 5%,且产品流率不大于 300L/h。平衡关系服从 $\Gamma=Kc$,$K=5\times10^{-3}\,cm$。问所需空气流量和泡沫分离塔直径。

解 已知 $d_均=0.1cm$,$\Gamma/c=K=5\times10^{-3}\,cm$,$c_W=0.05c_F$ 和 $S=6/d_均$。

该塔如图 8-14,有下述方程式成立

$$F=Q+W$$

$$Fc_F = Qc_Q + Wc_W$$

$$c_Q = c_W + GS\Gamma_W / Q$$

将上列三式联立，解得 c_W 的表达式为

$$c_W = c_F - GS\Gamma_W / F$$

所以

$$G = \frac{(c_F - c_W)F}{S\Gamma_W} = \frac{[(c_F/c_W) - 1]Fd_{均}}{6\Gamma_W / c_W} = \frac{[(1/0.05)-1]\left(\frac{5000}{60}\right)\times 0.1}{6\times 5\times 10^{-3}} = 5280(\text{L/min})$$

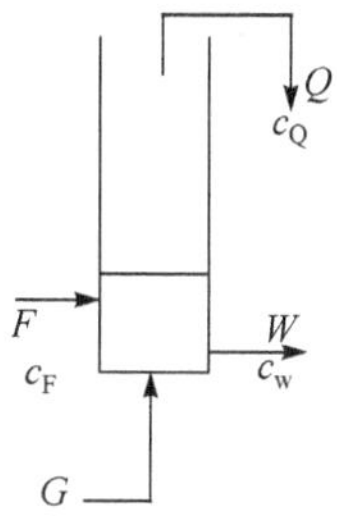

图 8-14

塔径可由图 8-12 求取。由于缺乏确切的物性数据，对于如此稀的溶液，溶液的黏度和密度可直接取水的数据，$\mu = 10^{-6}\text{N}\cdot\text{s/m}$ 和 $\rho = 1\text{g/cm}^3$，表面黏度 μ_s 取典型值 $10^{-8}\text{N}\cdot\text{s/m}$。将上述值代入式(8-17)。

$$\frac{QAg\rho d_{均}^2}{G^2\mu} = \frac{[300\times 1000/3600]A\times 980\times 1\times 0.1^2}{[5280\times 1000/(60)]^2\times 10^{-6}} = 0.1055A$$

$$\frac{\mu^3 G}{\mu_s^2 g\rho A} = \frac{(10^{-6})^3 5280\times 1000/60}{(10^{-8})^2\times 980\times 1A} = \frac{0.0898}{A}$$

由图 8-12 采用试差法联解塔截面 A，可得 $A = 14000\text{cm}^2$，所以，塔径应为

$$D = \frac{\sqrt{4A}}{\pi} = \frac{\sqrt{4\times 14000}}{3.14} \approx 135(\text{cm})$$

8.1.4 特点与应用

充分了解泡沫分离方法的优点及其局限性，可以使得该技术得到合理的应用，它有下列优点(北原文雄，1979；Schweltzer，1979；Freeman，1977；Perry et al，1973)：

(1) 能在很低的浓度(数量级在 ppm 范围)下十分有效地除去表面活性物质。

(2) 可以除去同样浓度的非表面活性物质如金属离子等，但必须加入某种表面活性剂(作为捕集剂)和该富集质络合或螯合后，才能分离。

(3) 当全塔都具有稳定的泡沫时，可利用回流尽可能增加单塔的分离能力。

(4) 设备和操作十分简单，能耗低。

该法的局限性如下：

(1) 当溶液中表面活性物质的浓度在临界胶束浓度以上时，泡沫分离塔虽然获得稳定的泡沫层，但分离效率降低。

(2) 在临界胶束浓度以下，仍能维持稳定的泡沫层的表面活性剂较少。

(3) 当用以除去富集质时，除去的总量和除去的表面活性剂往往呈化学计量关系，而后者都是高分子物质，消耗量较大，也会产生回收问题。

(4) 在泡沫分离设备的设计和操作中，塔中的返混严重影响泡沫分离的效率，尤其是泡沫层不稳定的系统，只能实测。

泡沫分离技术的工业应用领域很广。在环保工程中，可处理原子能工业中含放射性元素如锶的废水；染料、制革、石油化工等工业污水中，可降低化学耗氧量、色素、有机化合物等；在其他工业废水中，也可富集各种金属离子包括铜、锌、镍、铌、钇、铁、汞、银等；还可富集在海水中所含铜、锌、钼和铀。在医药和生物工程中，可用于分离蛋白质、酶以及活体中的金属含量的检验以及病毒的浓缩分离如脚气病和口腔病病毒等。总之，泡沫分离不失为一种应用很广、很有发展前途的新颖分离技术。

8.2 液膜分离技术

液膜分离技术是20世纪60年代兴起的一项新的分离技术，它具有快速、高效和节能等优点。该技术以液膜为分离介质、以浓度差为推动力。由于该技术明显的特点，问世以来引起了国内外众多学者的普遍关注并相继开展了广泛的基础和应用研究。

液膜分离过程和溶剂萃取过程相似，都属于液液系统的传质分离过程，但液膜分离具有许多明显的特点：其萃取和反萃过程可同时进行并在一级内完成，同时实现分离和浓缩的目的；其传质机理与生物膜有相似之处，由于促进传输作用的存在，液膜的传质速率明显提高，甚至能够使溶质从低浓度向高浓度扩散；其厚度薄、比表面积大，致使分离过程所需的理论级数少，大大节省了萃取试剂的消耗量。正是以上优势，液膜分离在湿法冶金、石油化工、环境保护、气体分离、仿生化学以及生物医学等领域显示了广阔的应用前景。

8.2.1 液膜的结构及分类

1. 液膜的定义及其组成

液膜是很薄的一层液体，它由悬浮在液体中的乳液微粒构成。它能把两个互溶的、组成不同的溶液隔开，通过这层液膜的选择性渗透作用达到分离的目的。

液膜通常由溶剂(水或有机溶剂)、表面活性剂(乳化剂)和添加剂组成。溶剂构成膜的基体；表面活性剂含有亲水和憎水基团，它们能够在油水界面定向排列，稳定液膜的形状；添加剂主要包括流动载体和膜增强剂，流动载体的作用是提高膜的选择性和渗透性，膜增强剂用于控制膜的稳定性。通常，将含有被分离组分的料液作为连续相；接受被分离组分的液体作为接受相；成膜的液体介于连续相、接受相之间(膜相)，上述三者构成液膜分离系统。

2. 液膜的分类

液膜分离技术按其形态和操作方式的不同主要分为乳化液膜和支撑液膜(张瑞华，1983)。

1) 乳化液膜

首先将不互溶的两相即接受相(内相)与膜相充分乳化制成乳状液，然后在搅拌的条件下将乳状液分散在连续相(外相)中(图8-15)。通常，内相与外相互溶，而膜相既不溶于外相也不溶于内相。根据成膜材料即水膜和油膜的不同，可将上述多重乳液区分为O/W/O(油包水包油)型和W/O/W(水包油包水)型。前者多用于分离碳氢化合物，后者多用于处理水溶液。通常，内相微滴的直径范围为1～100μm，W/O型乳液的直径范围为0.5～2mm，液膜的有效厚度为1～10μm。因而，单位体积中膜的总面积非常大，即传质比表面积巨大，使溶液中迁移组分的透过速率大大提高。

2) 支撑液膜

支撑液膜是将溶解了载体的膜相溶液牢固地吸附于多孔支撑体的微孔之中，在膜的两侧则是与膜相互不相溶的料液相和反萃相(图8-16)。待分离的溶质自料液相经多孔支撑体中的膜相向反萃相迁移。由于膜相溶液是依据表面张力和毛细管作用吸附于支撑体微孔之中的，因而可以承受较大的压力，同时具有较高的选择性，可以承担合成聚合物膜所不能达到的分离要求。但是，在使用过程中，液膜也会发生流失现象而使分离功能逐渐下降。所以支撑液膜的性能与支撑体膜材料的选择性极为相关。支撑体通常采用聚丙烯、聚乙烯、聚砜及聚四氟

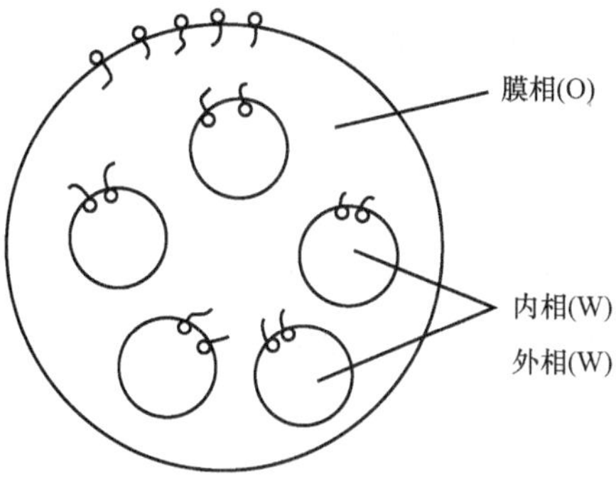

图 8-15　W/O/W 型乳化液膜示意图

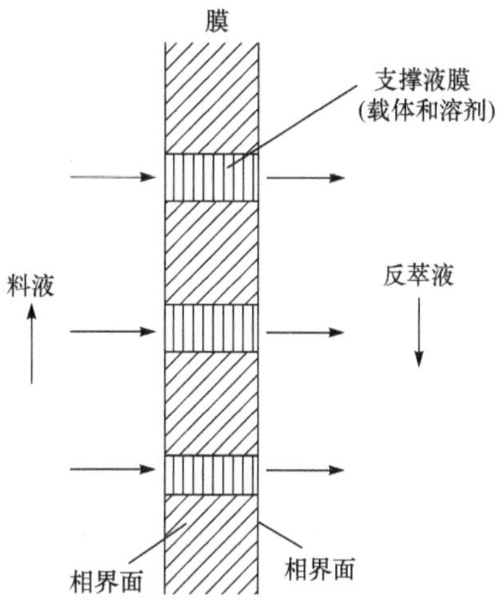

图 8-16　支撑液膜示意图

乙烯等疏水性多孔膜，膜厚一般在 25～50μm，微孔直径在0.02～1μm。液膜的稳定性随着孔径的减少而增强，但孔径过小将导致空隙率下降，被迁移组分透过速率降低。在工艺过程中，一般需要定期向支撑体微孔中补充损失的液膜溶液。

8.2.2　液膜分离的机理

液膜分离具有高效、快速、专一等优点。形成这些优点的原因一方面是在膜结构上有所突破；另一方面是在迁移机理方面的突破，它能够模拟生物膜的输送功能，产生促进迁移和活性迁移，使其选择性和渗透通量发生突跃性的提高。

液膜分离主要可以归纳为以下几种传质机理(图 8-17)。

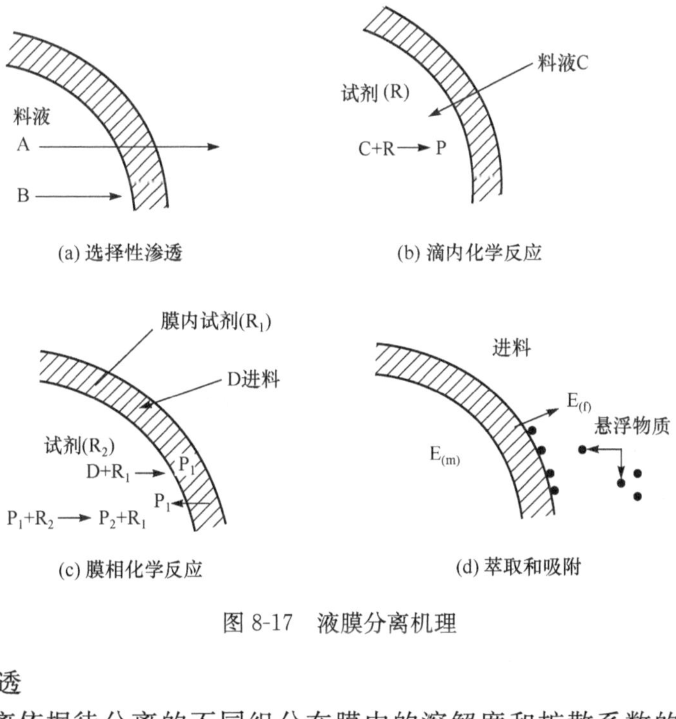

图 8-17　液膜分离机理

1）选择性渗透

这种液膜分离依据待分离的不同组分在膜中的溶解度和扩散系数的不同来实现。由于大多数溶质的扩散系数是彼此接近的，因此分离过程往往依据两种溶质分配系数的差别即溶质在膜相及料液相溶解度比值的差别来完成，如图 8-17(a)中包裹在液膜内的物质 A 和 B，由于 A 易溶于膜而 B 难溶于膜，故 A 透过液膜的速率大于 B，而 B 则停留在内相，经过一定时间后，连续相中 A 的浓度大于 B，内相中恰好相反，从而实现 A、B 的分离。但当膜两侧被迁移物质 A 的浓度相等时，输送便自行停止。因此，这类过程不能达到完全分离的目的。

2) 滴内化学反应(Ⅰ型促进迁移)

如图 8-17(b)，在液膜内相添加一种试剂 R，它能与料液中的迁移物质 C 发生不可逆化学反应并生成不溶于膜相的物质 P，使渗透物 C 在内相中的浓度为零，从而保持 C 在液膜内外两相有最大的浓度梯度，以促进 C 的传递，达到从料液相中分离 C 组分的目的。这种在滴内发生化学反应而促进渗透物传递的机理也称为Ⅰ型促进迁移。

3) 膜相化学反应(Ⅱ型促进迁移)

如图 8-17(c)所示，在膜相中加入一种流动载体 R_1，料液中的 D 组分在膜相/连续相的界面上与 R_1 反应，生成中间产物 P_1，P_1 在浓度差的作用下扩散至膜相的另一侧，在膜相/内相界面上与内相试剂 R_2 发生反应，生成不溶于液膜的物质 P_2 并使 R_1 重新还原并释放至膜相中，借浓度梯度作用扩散返回至膜相/连续相界面一侧。R_1 在整个传递过程中没有消耗，仅起了载体的作用。这种含流动载体的液膜在选择性、渗透性和定向性三方面更类似于生物细胞膜的功能，它使分离和浓缩两过程合二为一。这种迁移机理即为Ⅱ型促进迁移，也称为“离子泵”。

4) 萃取和吸附

这种液膜分离过程具有萃取和吸附的性质，如图 8-17(d)所示。料液中的悬浮物为膜相吸附或有机物为膜相萃取，从而实现分离的目的。

应该指出：上述含流动载体的液膜分离过程的实质是通过化学反应给流动载体不断地提供能量，使其可以从低浓度区向高浓度区定向输送溶质。给流动载体提供化学能的形式可以是酸碱中和反应、同离子效应、离子交换、络合反应和沉淀反应等。给流动载体供能的方式有两种：一种是反向迁移，即供能物质与被迁移的溶质流向相反；另一种是同向迁移，即供能物质与被迁移的溶质流向相同。

(1) 反向迁移。它是液膜中含有离子型载体的迁移过程，以液膜分离铜离子为例(如图 8-18)。分离过程的步骤如下：

(a) 外相中的 Cu^{2+} 扩散至膜界面 1，与载体 RH 生成溶于膜相的络合物 CuR_2 同时将 H^+ 释放至外相：$Cu^{2+} + 2RH \longrightarrow CuR_2 + 2H^+$。

(b) 膜相中的络合物 CuR_2 在浓度梯度的作用下由界面 1 向界面 2 扩散。

(c) 在界面 2，由于 H^+ 浓度较高，CuR_2 发生解络合反应，Cu^{2+} 迁移至内相，载体得以复原；$CuR_2 + 2H^+ \longrightarrow 2RH + Cu^{2+}$。

(d)复原后的载体在浓度梯度的作用下由界面 2 向界面 1 扩散，重复前述过程。

通过分析可以看出：上述过程是供能溶质离子 H^+ 由高浓度区向低浓度区迁移，并完成 Cu^{2+} 由低浓度区向高浓度区的传递。它与生物膜的反向迁移过程类似。

(2) 同向迁移。液膜中含有非离子型流动载体时，它所迁移的溶质是中性盐，即载体与阳离子选择性络合的同时又与阴离子络合形成离子对而一并迁移，此迁移过程称为同向迁移。如图 8-19 所示，为钾离子同向迁移的示意图。膜中载体为二苯并 18 冠 6(以 DBC 表示)，外相为含有较高 Cl^- 浓度的 KCl 溶液，内相为水。当外相中的 K^+ 和 Cl^- 扩散到液膜外侧界面时，K^+先与 DBC 作用生成配阳离子，与此同时配阳离子再与 Cl^-缔合生成DBC·KCl配合物，当 DBC·KCl 在浓度梯度作用下扩散到液膜的内界面时，由于内相中 Cl^-浓度较低引起钾离子的释放，空载的 DBC 在浓度梯度作用下反向扩散回到膜的外侧。上述过程不断重复，直到内外相 Cl^-浓度相等，从而实现 K^+由低浓度区向高浓度区的迁移。

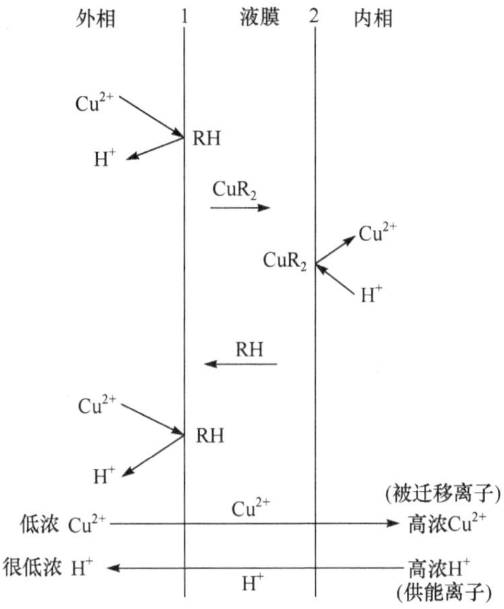

图 8-18 铜的反向迁移原理示意图

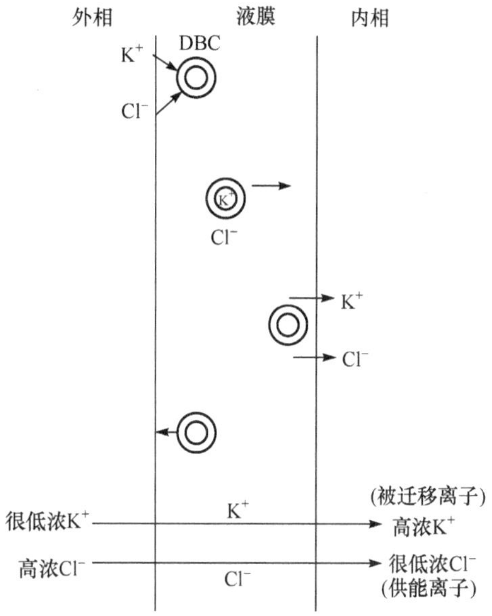

图 8-19 钾的同向迁移原理示意图

由此可见：Cl^-是此过程的供能离子，它与被迁移离子 K^+的运动方向相同，故称为同向迁移。此迁移过程与生物膜的同向迁移相类似。

8.2.3 液膜分离的操作过程

乳化液膜的操作过程与支撑液膜相比较为复杂，其流程示意图如图 8-20 所示，主要步骤分为：乳化液膜制备、混合分离、沉降澄清和破乳等工序。

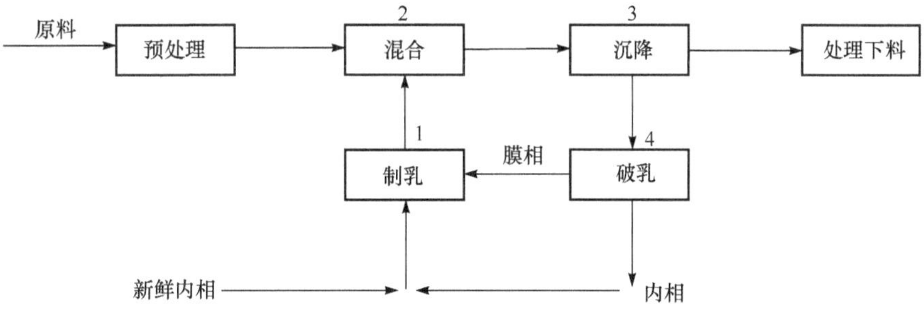

图 8-20 液膜分离的工艺流程

1) 乳化液膜的制备

将含有膜溶剂、表面活性剂、流动载体以及其他膜增强剂的膜相溶液同内相溶液进行混合，制得所需的水包油(O/W)或油包水(W/O)型乳化液。通常，制得乳液的稳定性与制乳过程的操作因素相关，主要包括：表面活性剂的加入方式、制乳时的加料顺序、制乳搅拌方式以及乳化器材质的润湿性能等。

2）混合分离

这一阶段是使乳化液膜与料液进行混合接触，形成油包水再水包油（W/O/W）型或水包油再油包水（O/W/O）型多重乳化液，实现传质分离。在间歇式混合设备中，适宜的搅拌速度是极其关键的工艺因素。在连续塔式接触器中，要选择适当的流量和塔内转盘的转速，以期达到塔内连续相纵向混合影响较小而乳化液滞流量较大，有利于塔内乳水相的接触分离。

3）沉降澄清

这一步是根据富集了迁移物质的乳化液与残液之间的比重不同而进行自然沉降，最后达到分层澄清，该工序便于两相的分离并减少相互夹带。

4）破乳

为了使用过的乳化液膜重新利用并汇集富集溶质的内相，需要将乳液打破，分出的膜相用于循环制乳。破乳的方法有两种类型：一种是化学破乳（加破乳剂）；另一种是物理破乳，主要有离心法、加热法、施加静电场法以及采用聚结剂法等。目前一般认为采用静电破乳法效果较好。

8.2.4 液膜传质的影响因素

影响液膜传质效果的因素很多，除了膜稳定性的影响之外，还有膜选择性和膜渗透速度所产生的效应。它们和液膜配方及传质工艺条件有着必然的联系。

1. 液膜体系的组成

液膜分离技术的关键是选择最适宜的表面活性剂、膜溶剂和流动载体等材料，以制备稳定的液膜并构成合适的液膜体系。液膜体系的组成通常为表面活性剂 1%～5%，流动载体 1%～5%，而膜溶剂则占 90%以上。

1）表面活性剂

表面活性剂既对液膜的稳定性起决定性作用，又对渗透物通过液膜的扩散速率产生显著的影响，两者都影响到液膜的分离效果。

表面活性剂的加入能明显地降低液体的表面张力或两相的界面张力，起到稳定液膜的作用。表面活性剂的加入能否促成其形成稳定的乳状液，首先取决于表面活性剂的 HLB 值——亲水亲油值。HLB 值越大，亲水性越强；反之则越弱。通常油包水型乳状液选用 HLB 值为 3.5～6 的油溶性表面活性剂；水包油型乳状液则宜选用 HLB 值为 8～18 的水溶性表面活性剂。

不同结构的表面活性剂对物质透过液膜的扩散速率存在不同的影响；而同一类型的表面活性剂其扩散速率亦随亲水链的长度而变化。

表面活性剂的浓度对液膜的稳定性和分离效果影响较大。在低于临界胶束浓度时，液膜的稳定性随表面活性剂浓度的增大而增强，其分离效果亦随之提高。但当其浓度高于临界胶束浓度时，表面活性剂浓度增加对液膜稳定性和分离效果提高影响不大。而且，过高的表面活性剂浓度使膜太稳定，膜厚和黏度增大，降低了膜相的传质系数；同时，不利于破乳和回收。

由于 HLB 值不包括被乳化物和乳化分散剂的化学结构以及两者之间的关系，因而不能单纯地根据 HLB 值来选择表面活性剂，这里可以参考一些经验性的选择依据。

(1) 一般选用乳化剂要先考虑其离子类型。表面活性剂包括阴离子、阳离子、非离子以及两性等多种，选择时要根据具体情况加以采用，其中以非离子型表面活性剂为佳，因为它容易制成液态的物质；同时，其临界胶束浓度比相应的离子型表面活性剂要低得多，因而在液膜技术中非离子型表面活性剂得以普遍采用。

(2) 选用憎水基与被乳化物结构相似并有很好亲和力的乳化分散剂，乳化效果会更好。

(3) 乳化分散剂易溶于被乳化物中的，其乳化效果越好。

2) 膜溶剂

膜溶剂是液膜的基体物质。膜溶剂的黏度是物性选择中的重要参数。黏度的大小直接影响膜的稳定性、厚度和膜相传质系数，从而影响分离效果。通常情况下，液膜稳定性随黏度的增大而增强，但黏度过高亦使膜相传质阻力增大，使分离效率降低。另一个值得考虑的因素是膜溶剂对溶质的溶解度，而对于含流动载体的液膜，膜溶剂应能溶解载体而不溶解溶质以便提高液膜的选择性。为减少溶剂的损失，还要求膜溶剂不溶于膜内、外相。

作为膜溶剂的一部分，为了增强液膜的稳定性，可以在膜溶剂中加入适当的膜增强剂。O/W 型乳状液膜用甘油，W/O 型液膜添加石蜡油或其他矿物油。

3) 流动载体

流动载体的选择须具备以下基本条件：①溶解性，流动载体及其络合物应溶于膜相而不溶于邻接的溶液相；②络合性，作为有效载体，其络合物形成体应有适中的稳定性，即在膜的一侧该载体能较强地络合指定溶质从而可以迁移它，而在膜的另一侧相对弱地络合指定溶质从而可以释放它，以实现指定溶质的穿膜迁移过程；③稳定性，流动载体和表面活性剂不能相互作用达到大大削弱液膜强度的程度，即载体不应与膜相的表面活性剂反应而使膜受到破坏。

流动载体按电性可以分为两类：离子型载体和中性载体，通常中性载体的性能比离子型载体好。中性载体中又以大环化合物为最佳。离子型载体中负电性载体优于正电性载体。

2. 液膜分离工艺条件对分离效果的影响

1) 混合强度的影响

混合强度即搅拌速度，这里包括制乳时的搅拌速度及水乳接触分离时的搅拌速度。

在制乳阶段，通过搅拌输入外加能量，使内相解吸剂呈微滴状分散到膜相中。制乳搅拌速度越大，油包水微滴越细，其直径越小，乳化液膜也越稳定。

在传质阶段，通过搅拌使乳液与待分离溶液充分接触，并提供尽可能大的两相接触面积。接触分离时的搅拌速度有一最佳值。高于此值，则速度过快，易使液膜破裂；相反则速度过低，难以保证乳水相间的充分混合。二者都使分离效果降低。

2) 操作时间

这里包括制乳时间、乳液放置时间以及水乳接触分离时间。制乳时间是指在高速搅拌下，内相微滴分散于膜相中形成乳液的时间，制乳时间越长，分散状态越均匀，液膜越稳定。

在连续运转过程中，要求乳液有一定的使用寿命，即放置时间，以保证在操作过程中不发生破裂现象，显然乳液能放置的时间越长越好。

接触分离时间是指在适中的搅拌速度下，原料液与乳化液膜混合接触的时间。由于液膜体系两相接触面积大、液膜薄、渗透快等原因，两相往往在较短的时间内即可达到分离要求。如果进一步延长接触时间，外相原料液中的浓度反而回升，即分离效果下降，这是由于少量乳化液膜破裂。因此，接触分离时间的选择亦有一最佳范围。

3) 料液的浓度、酸度的影响

液膜分离打破了萃取平衡，特别适用于低浓度物质的提取，其浓度范围可以从几个 ppm 到 1%～2%。若料液浓度较高，一级处理达不到要求时，可以采用多级处理。在选择操作方式时，首选逆流形式。在用一定量的液膜处理一定量的废水时，为简化操作并达到排放标准，往往要求废水中待分离组分有一定的上限。

料液中的酸度即 pH 对液膜分离效果的影响很显著。一方面在一定的 pH 下，待分离物质能与载体形成络合物而进入液膜相取得明显的分离效果；另一方面料液中的酸度也影响表面活性剂的稳定性；同时，原料液中的酸度还是渗透物迁移所需的能源。

4）操作温度

液膜分离操作条件比较温和，一般可在常温或料液温度下进行。提高温度可以加快传质速率，但也有不利的一面，它使分配比减小，降低了液膜的黏度，增大了膜相的挥发性，甚至引起表面活性剂的水解，最终降低液膜的稳定性和分离效率。

5）油内比

油内比 R_{oi}是制备乳化液膜时油相与内相的体积比，它既影响液膜的稳定性，也影响液膜的渗透速度。在相同的操作条件下，液膜的稳定性（膜厚）随着 R_{oi} 的增大而增强，而液膜的渗透速度则随着 R_{oi}的增大而降低。因此，在分离过程中应尽量选择比较低的 R_{oi}，使液膜得到较薄的膜层以提高传质速度，同时，要准确控制液膜分离的接触时间，以便在液膜破裂前达到充分的分离效率。

6）乳水比

乳水比 R_{ew}为乳化液膜与被处理的废水的体积之比。R_{ew}越大，渗透过程的接触面积越大，分离效率越高。但此时乳化液膜消耗增加。从经济上看，则希望在高效分离的情况下，乳水比越低越有利。

8.2.5 液膜分离的数学模型

液膜分离就其传质机理主要分为：选择性渗透、Ⅰ型促进迁移和Ⅱ型促进迁移。选择性渗透机理由于在内外相化学位差值为零时，传质速率为零，因而具有较大的局限性。目前，研究最多的是Ⅰ型和Ⅱ型促进迁移机理，数学模型也多建立在这两种机理之上。现将液膜分离的数学模型作一个简单的介绍。

1. 平板模型

凯恩等（Cahn et al，1974）之提出了平板模型（图 8-21），其模型方程为

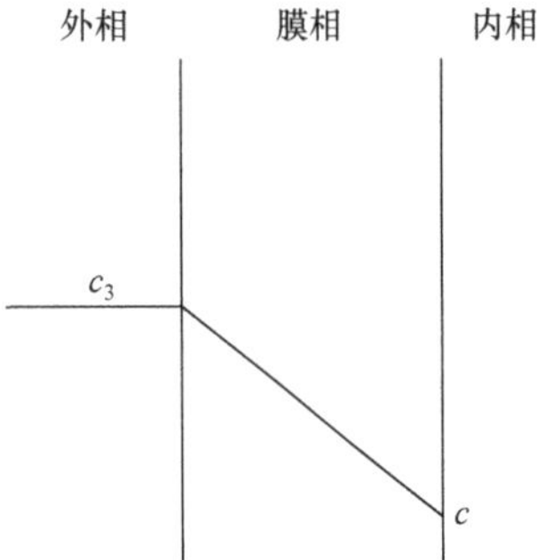

图 8-21　平板模型示意图

$$-V_{30}\cdot\frac{\mathrm{d}c_3}{\mathrm{d}t}=D_A\cdot S\cdot\frac{c_3-c}{\Delta x}\tag{8-27}$$

式中：c_3、c 分别为溶质在外相和内相的浓度；D_A 为液膜内的扩散系数；S 为膜面积；t 为时间；V_{30} 为外相的初始浓度；Δx 为膜厚。

由于膜厚难以测定，以下采用虚拟的扩散系数 D'。对于Ⅰ型促进迁移，传递组分在内相的浓度近似认为是零，上式经变换并积分得

$$\ln\frac{c_{30}}{c_3}=D'\cdot\left[\frac{V_{E0}}{V_{30}}\right]\cdot t\tag{8-28}$$

式中：c_{30}为溶质在外相的初始浓度；V_{E0}为乳液的初始体积。

凯恩和黎念之应用方程（8-28）分别计算了间歇操作中废水脱酚和脱氨体系的 D'，发现 D' 依赖于所取的时间间隙和相比等操作参数。因而这种方法较粗糙，多用于粗略的计算。

2. 空心球模型

马图来维克斯和黎念之(Matulevicius et al,1975)提出了空心球模型,如图 8-22 所示。模型假设为:①连续相和乳液相充分混合;②整个过程的传质阻力全部集中在壳层中且不随时间变化;③实际的乳液滴等效为球壳为膜相溶液、而球芯为内相溶液的球体;④乳液滴一旦形成则保持刚性。

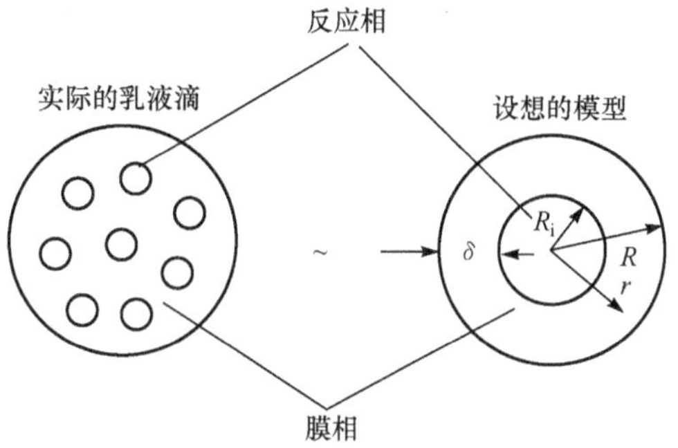

图 8-22 空心球模型示意图

根据上述假设,建立模型方程为

$$\frac{\partial c_m}{\partial t}=\frac{D_e}{r^2}\cdot\frac{\partial}{\partial r}\left[r^2\cdot\frac{\partial c_m}{\partial r}\right] \qquad R_i<r<R,t>0 \tag{8-29}$$

初始条件和边界条件为

$$t=0,\quad r>R \text{ 处 } c_m=c_{30};r<R \text{ 处 } c_m=0$$
$$t>0,\quad r=R_i \text{ 处 } c_m=0$$
$$t>0,\quad r=R \text{ 处 } c_m=\alpha\cdot c_3$$
$$t>0,\quad r>R \text{ 处 } c_m=c_3$$

式中:c_m 为溶质在膜相的浓度;D_e 为滴内有效扩散系数;R、R_i 分别为乳液滴的外球和内球半径;r 为乳液滴的径向坐标;α 为溶质在外相与乳液相间的分配系数。

假设乳液滴大小分布函数为

$$\frac{n}{N}=f\cdot dR$$

式中:n 为半径为 R 的乳液滴数;N 为乳液滴总数;f 为乳液滴大小分布函数。

上述方程在有效膜厚 $\delta=R-R_i$ 比乳液滴半径小得多的情况下,可求得解析解。但是该模型也有考虑欠妥之处:①没有考虑内相试剂的消耗速率以及其浓度的高低对萃取速率的影响;②有效膜厚不易确定,而且把膜厚当作常数处理是不恰当的。

3. 渐进前沿模型

霍与哈特等(Ho et al,1982)建立了渐进前沿模型,如图 8-23 所示。该模型的假设包括以下几点:

(1) 由于表面活性剂的存在,乳液滴无再分散、滴内无内循环。

(2) 传递组分在膜相自由地扩散直至和内相试剂发生反应,假设反应为瞬间不可逆。

(3) 在乳液滴内存在一尖锐的边界,即反应前沿 $\varphi(t)$,在反应前沿的内部区域无传递组分,外部区域无内相反应试剂。

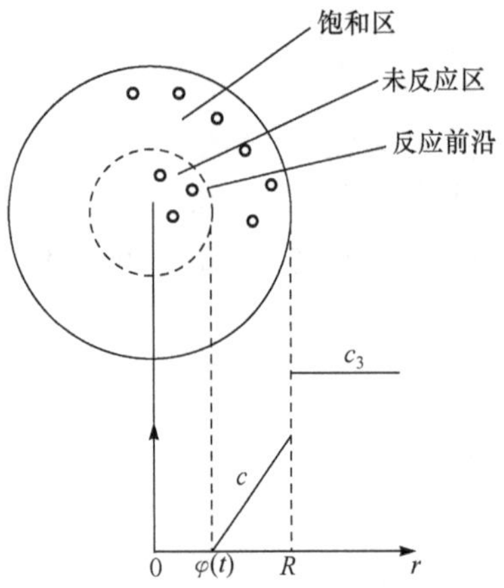

图 8-23 渐进前沿模型示意图

(4) 随着反应的进行,反应前沿不断向乳液滴中心收缩。

(5) 忽略乳液滴及其内部微滴尺寸的不均匀性。

(6) 忽略膜外相传质阻力,不考虑膜的破裂。

根据上述假设,建立乳液滴及外部连续相的溶质浓度方程:

溶质在乳液滴内的扩散方程:

$$\frac{\partial c}{\partial t}=\frac{D_e}{r^2}\cdot\frac{\partial}{\partial r}\left[r^2\cdot\frac{\partial c}{\partial r}\right],\quad \varphi(t)<r<R \tag{8-30}$$

$$\begin{aligned}&t=0,\quad r\leqslant R,\quad c=0\\&t>0,\quad r=R,\quad c=\alpha\cdot c_3\\&t>0,\quad r=\varphi(t),\quad c=0\end{aligned} \tag{8-31}$$

式中:c 为溶质在乳液滴内的平均浓度;$\varphi(t)$为反应前沿半径。

连续相物料平衡方程:

$$-V_3\cdot\frac{\mathrm{d}c_3}{\mathrm{d}t}=\frac{3}{R}(V_m+V_i)\cdot D_e\cdot\left.\frac{\partial c}{\partial r}\right|_{r=R} \tag{8-32}$$

$$t=0,\quad c_3=c_{30}$$

式中:V_i、V_m、V_3 分别为内相、膜相和外相的体积。

反应前沿物料平衡方程:

$$-\frac{V_i}{V_i+V_m}\cdot c_{io}\frac{\mathrm{d}\varphi(t)}{\mathrm{d}t}=D_e\cdot\left.\frac{\partial c}{\partial r}\right|_{r=\varphi(t)} \tag{8-33}$$

$$t=0,\quad \varphi(t)=R$$

式中:c_{io}为内相反应试剂的初始浓度。

方程(8-29)属线性抛物型偏微分方程,式(8-30)~式(8-33)构成了一个偏微分方程组。霍与哈特在该模型的求解过程中,用摄动法得到了模型的近似解析解。计算结果表明,在零级解的情况下,模型计算值和实验值吻合良好。

4. 其他的传质模型及模型评述

1) 其他的传质模型

上述模型在建模时均未考虑外相传质阻力的影响。事实上,在反应前沿渗入球内较少的情况下,外相传质阻力不可忽略。

部分学者对渐进前沿模型进行了修正。司本正明等建立了考虑滴外传质阻力的模型,并求得了数值解。严年喜、费尔以及郁建涵等在其后各自修正渐进前沿模型时,同时考虑了滴内外传质阻力的影响,分别得到了近似解析解。以上模型都是在渐进前沿模型的基础上建立或修正得到的。修正后的渐进前沿模型同经典的渐进前沿模型相比有一定的优势,但是这类模型并未完全真实地反映体系的传质特征,一般的研究者在研究过程中多避开液膜破损和乳液溶胀,或仅考虑其中的一个方面,从而带来数学模型的部分失真。韩伟等(韩伟等,1997)在前人工作的基础上建立了改进的 Ⅱ 型促进迁移液膜传质渐进前沿模型,该模型同时引进了乳液渗透溶胀和液膜破损效应,用克兰克-尼科尔森隐式差分法求解,模型计算值能和实验值良好地吻合。

以下学者建立了其他类型的传质模型：本格等提出了滴内可逆反应平衡的扩散模型；杰来基罗曼提出了渐进反应区模型；司本正明等建立了多层球壳模型；顾忠茂等建立了表面活性剂所造成界面阻力的模型；徐铜文和严年喜等分别提出了同时考虑滴内外传质和内相反应的扩散-反应模型，并求得了摄动解。

2）传质模型的评述

自凯恩和黎念之首先提出最简单的平板模型以来，液膜传质模型获得了长足的发展，但目前理论体系较为完备、较为实用的数学模型大致有两大类：一类是源自渐进前沿模型及在其基础上的修正；另一类是扩散-反应模型（适用于内相反应速率较慢的情形）。

8.2.6 液膜分离技术的应用

液膜分离技术由于其过程具有良好的选择性和定向性，分离效率很高；同时，该技术还具有分离、浓缩及净化等功能。因此，它的研究领域和应用范围广泛，已经取得了显著的成就。现举几例作为简单的介绍。

1）烃类混合物的分离

分离具有相似理化性质的烃类混合物，长期以来一直是分离技术上的一个难题，主要问题涉及以下几个方面：工艺复杂，设备庞大，费用昂贵，效率低下。采用液膜法进行分离则具有简便、快速、高效、专一等优点。由于待分离的烃类混合物为有机相，膜相则采用水相膜。这里用扩散柱式液膜分离工艺流程，如图 8-24 所示。具体操作步骤为：①待分离的烃溶液从扩散柱底部的喷嘴进入，以小液滴形式分散于含有表面活性剂的水溶液中；②烃液滴表面立即包上一薄层液膜，然后小液膜球滴向上运动，进入一个密度大于分散的烃液滴的有机溶剂相中；③被分离的烃组分从烃液滴中透过液膜进行选择性渗透，扩散到溶剂相中，富集了非渗透组分的液滴在溶剂中缓缓上升，离开溶剂后彼此凝聚成另一个液相（萃余相）。富集渗透组分的溶剂相在分离器中经两相分离后，继续回收使用。

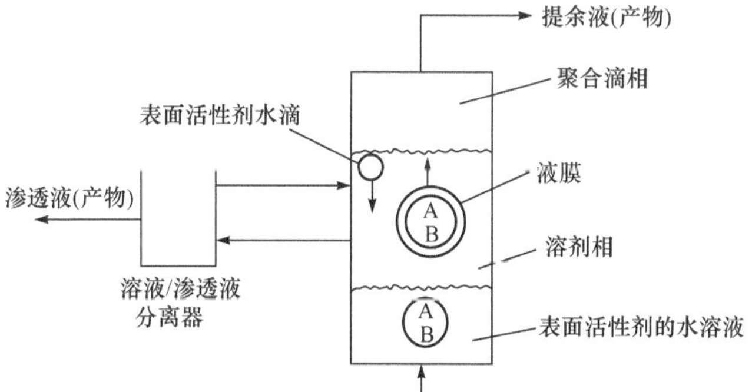

图 8-24 液膜扩散柱流程

上述扩散柱法虽然可以证明液膜分离烃组分的渗透作用是确实存在的，但它对于放大进行生产是不适宜的。图 8-25 是乳化液膜分离烃组分的工艺流程图。

目前，上述工艺已成功地应用于甲苯-庚烷、庚烷-乙苯以及正辛烷-乙苯等混合体系的分离。

2）废水的处理

液膜的另一应用领域是废水处理。用液膜萃取污染物，不但清除了环境污染，而且可以进行废物利用。

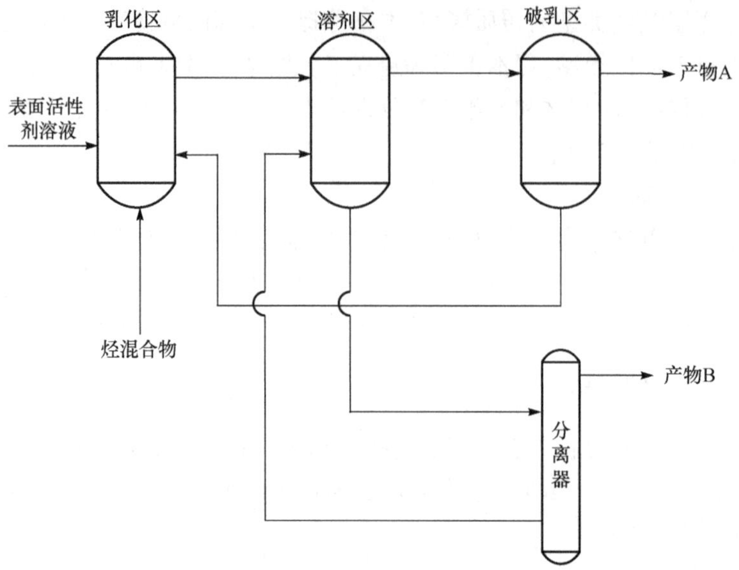

图 8-25　乳化液膜分离烃的混合接触工艺流程

酚是炼焦、石油炼制和合成树脂生产排出废水中常见的污染物。在工业上对 200ppm 以下低浓度酚采用生物氧化降解法进行处理；对于 200～1000ppm 的高浓度酚采用溶剂萃取法进行处理。前者效率低、费用大；后者在酚含量变动较大时，运转不可靠。采用液膜分离技术处理含酚废水，过程简单、成本低廉、效果理想，适合于各种浓度废水的分离。从废水中脱酚时，待分离的酚处于水溶液状态，因此应使用油膜，即采用油包水型乳化液膜，内相为 NaOH 水溶液。如图 8-26 为液膜废水脱酚转盘塔连续小试设备流程。

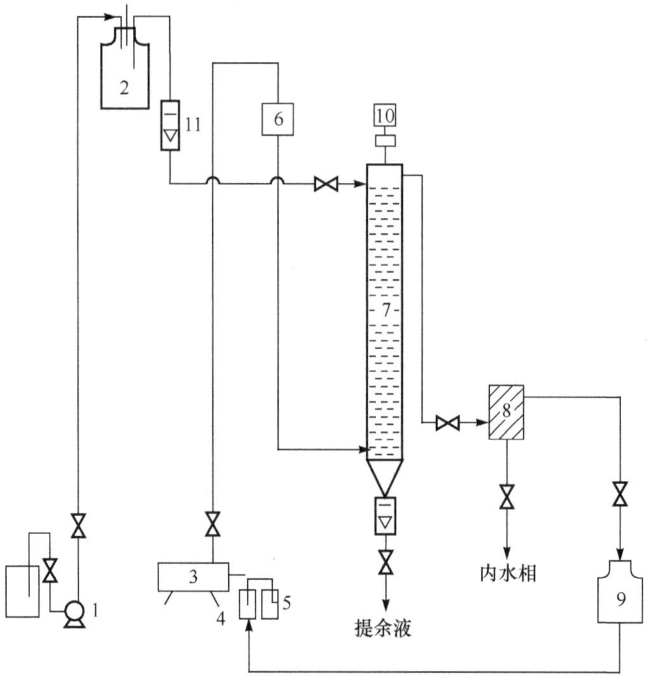

图 8-26　液膜废水脱酚转盘塔连续小试设备流程

1. 废水输送泵；2. 废水高位槽；3. 超声波制乳器；4. 油膜溶液贮槽；5. NaOH 水溶液贮槽；6. 乳化液膜高位槽；7. 转盘塔；8. 静电破乳器；9. 油膜溶液贮槽；10. 转盘马达；11. 流量计

其他有机废液如乙酸、乳酸等，无机阳离子 Zn^{2+}、Hg^{2+}、Cr^{2+}、Cu^{2+}，阴离子 NO_2^-、PO_4^{3-}、CN^-、S^{2-} 等，也可以采用液膜分离的方法予以处理。已有的研究结果表明，液膜处理废水已有实现工业化的可能。黎念之以及马罗曾分别对液膜萃取酚以及铜、钒等进行了经济核算，并与溶剂萃取法进行了比较，结果表明，无论是投资费用还是操作费用，液膜法均比溶剂萃取法低。

3）湿法冶金

由于液膜分离过程中萃取和反萃取在同一设备中同时进行，并打破了溶剂萃取所固有的相平衡的限制，因此它特别适用于分离浓度较低或分配系数较低的组分。在湿法冶金中的应用涉及 Cu^{2+}、Co^{2+}、Ni^{2+}、Ag^+、Ga^{3+}、Pt^{4+}，稀土元素如 La^{3+}、Eu^{3+} 等，核能工业中核燃料 Pu^{4+}、U^{6+} 的萃取。英国戴维麦肯公司从含铜 2.5g/L 的酸性浸出液中用液膜法直接萃取铜，以年产 36000t 铜为基准进行了经济核算，结果表明液膜法比溶剂萃取法可节省投资 40%。

4）生物化学中的应用

随着生物工程技术和生物化学的发展，推动了液膜分离技术的进步，采用液膜分离技术模拟生物体膜的能动输送功能，取得了重大突破，引起了人们的极大关注。特别是有关氨基酸、抗生素等生理活性物质的研究工作更加活跃(刘红等，1997)。

在生物化学中常常为了防止酶受活性物质的干扰而需要使酶“固定化”。利用液膜包酶比传统的固定化酶有如下优点：①液膜包酶容易制得，便于固定低相对分子质量的和多酶的体系，且其扩散速率较固定化酶快得多，并可根据需要在膜相添加载体促进传质；②液膜包酶可免受外相中各组分对其活性的影响，避免了酶与底物及产物的分离；③乳液可以重复使用，不必破乳；④在系统中加入辅酶时，无需借助小分子载体吸附技术。黎念之博士曾成功地将液膜技术用于酚酶的包裹，其他的生物酶如胰蛋白酶、尿蛋白酶、青霉素酰化酶等也可以用液膜封裹并保持较好的生理活性。

液膜分离技术在氨基酸、抗生素等生理活性物质的提取方面也显示了较大的优势。这类物质多利用微生物发酵法生产，离子交换法分离、提取，此种方法存在周期长、三废严重等弊端，采用液膜法可实现其有效分离，特别适用于低浓度氨基酸、抗生素溶液的提取，并能有效地降低能耗、建立洁净工艺。目前所研究的体系有苯丙氨酸、缬氨酸、赖氨酸、青霉素等。

5）生物医学上的用途

液膜在生物医学上的应用有液膜人工肝、人工肺、人工肾以及液膜解毒、缓释药物等。液膜在应用的过程中不需要破乳等复杂操作，作为药物时口服用量亦不大，因此显示了广阔的应用前景。液膜不仅能从人体排除物质，也能给人体添加某些物质。利用这一特点可以制成能定时释放药物的液膜，如将治牙病的药物包封在液膜内制成乳液药膏涂在牙齿上，可以对牙齿起防治作用。

液膜分离技术是近年崛起的一种新兴分离手段，由于其分离选择性高、通量大，受到各国科技界的垂青，其应用前景十分诱人。但其作为一项正在发展中的新技术，大多数研究尚处于实验室规模及中间工厂试验阶段，因而它也不可避免地存在有待克服的问题：如液膜的稳定性、溶胀和破乳问题，电破乳的机理，多级过程时的复杂性所造成的设备粗笨，以及制乳、破乳等设备方面的不完善等问题，更有一些新的领域有待开发。所有这些有待工程技术人员及科技工作者进一步研究、探索和完善。相信在不久的将来，液膜分离技术将会在各个领域中为人类科技的繁荣作出应有的贡献。

8.3 微波辅助提取技术

8.3.1 概述

传统固液提取方法存在着提取时间长、劳动强度大、原料预处理能耗大、热敏性组分易破坏等缺点，近年来发展的外场强化提取过程，是在传统提取工艺基础上加上一个物理场（如电场、微波场、超声波、磁场等），该物理场可通过提取体系的内部来强化传热或传质过程，通称外加能量的传质过程。超声波辅助提取（supersonic-assisted extraction，SAE）是超声波和传统的溶剂提取法相结合后形成的一种新型的分离方法，已广泛应用于化学分析的样品预处理技术中。微波辅助提取（microwave-assisted extraction，MAE）又称微波萃取（microwave extraction，ME），是微波和传统的溶剂提取法相结合后形成的一种新型的分离方法。

1986 年，Ganzler 首次提出"微波萃取"这一概念时，也是用作分析化学中的一种新型的样品预处理手段，具有时间短、节省试剂、制样精度高、回收率高等优点（Ganzler et al，1990）。其后，提取天然植物中的有效成分演变为近代微波萃取法的一个重要的应用方向。自 1991 年，Pare 先后运用此技术从薄荷、大蒜、海鸥芹、雪松叶中提取了其中有效成分（Pare et al，1994）。Chen 利用微波萃取法从植物中提取了重要的油成分。1997 年以后，中国开始了这方面的研究工作，特别是在天然植物与中草药的提取方面，丁靖垲从朱砂、兰鲜花中提取头香物质；谢永荣从柑橘皮中提取天然色素；李学坚从丁香中提取有效成分；陈猛从辣椒中提取辣椒素；杨海燕萃取缬草天然香料；范志刚从槐花中提取芸香苷；华东理工大学中药工程研究所和昆明理工大学从 1997 年起（银又新，1997；郝金玉等，2002），先后将此技术用于提取三七、木香、丹参、西番莲籽、鸢尾、除虫菊、黄花蒿、淫羊藿、十大功劳叶等中有效成分，还从大豆残渣中提取出了卵磷脂，从灰黄霉素菌丝体中提取出了灰黄霉素等。随着微波萃取技术的不断发展，其应用范围已从最初的环境分析拓展到生物、制药、食品、农药等领域。目前，随着中药现代化进程的推进，这种新型的提取方法在中药有效成分提取领域的研究方兴未艾。

8.3.2 微波萃取的基本原理

1. 微波及其发热机理

微波是指波长在 1mm～1m（频率为 300MHz～30GHz）之间的电磁波，介于红外与无线电波之间，目前国内用于工业加热的常用频率规定为 915MHz 和 2450MHz。

微波萃取主要是利用微波的热效应。电介质吸收微波，一般来说，在微波场中被加热有两种机理，即离子传导和偶极子转动。

（1）离子传导机理：离子传导是电磁场中可离解离子的导电移动，离子移动形成电流，且由于介质对离子流的阻碍而以 $Q=I^2R$ 产生热效应。溶液中所有的离子均起导电作用，但作用大小与介质中离子的浓度和迁移率有关。因此，离子迁移产生的微波能量损失依赖于离子的大小、电荷量和导电性，并受离子与溶剂分子之间相互作用的影响。

（2）偶极子转动机理：介质是由许多一端带正电、一端带负电的分子（或偶极子）组成（图 8-27）。如果将介质放在两块金属板之间，介质内的偶极子做杂乱运动，当直流电压加到金属平板上，两极之间存在一直流电场，介质内部的偶极于重排，形成有一定取向的有规则排列的极化分子。若将直流换成一定功率的交流电，两极之间的电场就会以同样频率交替改变，介质中的偶极子也相应快速摆动，在 2450MHz 的电场中，偶极子就以 4.9×10^9 次/s 的速度快速摆动。由于分子的热运动和相邻分子的相互作用，偶极子随外加电场方向的改变而作规则摆动时受到干扰和阻碍，就产生了类似摩擦的作用，使杂乱无章运动的分子获得能量，以热的形式表现出来，介质的温度也随之升高。

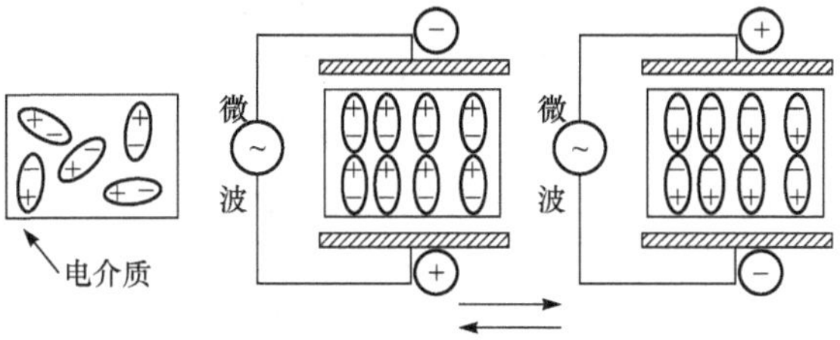

图 8-27　微波加热原理(偶极子转动机理)

在微波加热实际应用中，两种机理的微波能耗散同时存在。这些材料吸收微波能并被加热。

在萃取体系中，水、蛋白质、脂肪、碳水化合物等都属于电介质。由于水分子的特殊结构，在微波作用下，它是引起物料发热的主要成分。

如图 8-28 所示：水是极性分子，其共价键电子的分布并不在中心，即正负电荷中心不重叠在一起，整个分子呈现电荷的极性。当水分子在自由状态下，这些分子杂乱无序排列使正负极相抵消，总体不显电性。当将水放在电磁场中时，这些相当于一个个小磁针的水分子就有呈方向性排列的趋势，当电场方向变化时就会引起水分子极性的转动。也就是说在交变电场感应下，水分子有转动的趋势，当电场频率很小时，水分子转动也慢，不会引起整个分子运动动能很大的变化。当频率足够高时，例如达到了微波频率 2450MHz，就相当于使水分子在 1s 内要 180°来回转动 24 亿 5 千万次，由于分子与周围分子存在着较强的作用力，这种转动就会引起分子之间强烈地摩擦，使分子热运动加剧，这就是微波加热的原理。体系中的蛋白质、脂肪、碳水化合物等物质也是同样道理，在微波电磁场下可以自身发热，只是强度不如水分子。由上述可知，微波与材料是通过形成偶极子和(或)已有的偶极子的重新排列而发生相互作用的，在交变电场中是连续形成和(或)重新排列的。这个极化过程需要从微波场中吸收能量，并最终以热的形式耗散在材料体内。在单位时间内，材料吸收的微波能量即发热量由下式给出

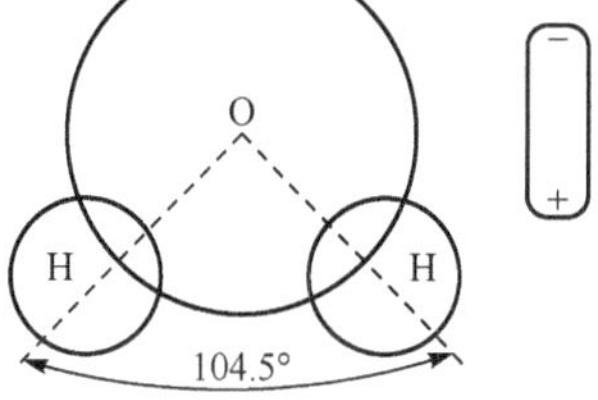

图 8-28　水分子的极性

$$P_A=\omega\varepsilon_0\varepsilon''_{\text{eff}}\frac{E_i^2}{2}V \tag{8-34}$$

式中：ω 为角频率(rad/s)；ε_0 为真空的介电常数(F/m)；$\varepsilon''_{\text{eff}}$为相对有效介电损耗因数(无量纲)；$E_i$ 为内电场强度(V/m)；V 为试样体积(m^3)。

2. 微波常用材料

当微波在传输过程中遇到不同的材料时，会产生反射、吸收和穿透现象，上述这些作用及其程度、效果取决于材料的几个主要的固有特性：介电常数(ε_γ)、介质损耗角正切(tan，简称介质损耗)、比热、形状、含水量的大小等。在微波加工系统中，常用的材料有

导体、绝缘体、介质、极性和磁性化合物等几类。导体:常为金属,能够反射微波,因此在微波系统中,常利用导体反射微波的这种特殊的形式做成波导管来传播微波。它们是微波的通路。绝缘体:可渗透微波并且吸收微波的功率很小。微波和绝缘体相互间的关系就像光线和玻璃的关系,在微波系统中,根据不同的情况可使用玻璃、陶瓷、聚四氟乙烯、聚丙烯塑料等绝缘体作为反应器的材料。由于这种"透明"特性,在微波工程中也常用绝缘体材料来防止污物进入某些要害部位,这时的绝缘体就成为有效的屏障。介质、极性和磁性化合物:对微波而言,它们都具有吸收、穿透和反射的性能。介质通常就是被加工的物料,这种材料仅从电结构看,一类称为非极性分子电介质,另一类称为极性分子电介质。

介质吸收微波的能力,主要由介电常数和介电损耗角的正切来决定。介电常数是介质"阻止"微波通过的能力的量度,介质损耗角正切是介质损耗微波能量的"效率",表示物质在一定温度下吸收某一频率微波的能力。常用的萃取剂中,水的介电常数较大(80.4),是强烈吸收微波能的介质;无水乙醇(25.7)、甲醇(33.7)、丙酮(20.7)和异丙醇(18.3)等是对微波部分透明的介质;而甲烷(1.9)、四氯化碳(2.2)和二氯甲烷(9.1)等介电常数较小,可认为对微波是透明的。对于不同程度地吸收微波这类物料也称为有耗介质。特别是含水和含脂肪的食品、药材等,它们不同程度地吸收微波能量并将其转变为热能。由此同样可以认为,许多极性化合物、磁性材料同介质材料一样,也易于作为微波加工材料。

3. 热质同向传递

微波加热是一个内部加热过程,它不同于普通的外加热方式将热量由物料外部传递到内部,而是同时直接作用于介质分子,使整个物料同时被加热,即所谓的"体积加热"过程。

在传统的热提取过程中,热能首先传递给溶剂,然后溶剂扩散进入固体物料,再从物料中溶解或夹带多种成分扩散出来,即遵循加热—渗透进物料—溶解或夹带—渗透出来的模式。传统提取的传热方向与传质方向正好相反。传质方向是从内到外,而传热方向是从外到内,见图 8-29。它首先需要长时间将大量溶剂加热,然后热量传递到物料外表面,当物料外表面的细胞处于高温时,物料内部的细胞还处于"冷态",因此,传统热提取的加热不均匀性导致其提取效率低下。而微波辅助提取是通过偶极子旋转和离子传导两种方式里外同时加热,其传热和传质方向均为从内向外。微波技术这种独特的"体加热原理"使它无论在提取效率、适用范围以及操作经济性方面,都具有独特的优势。

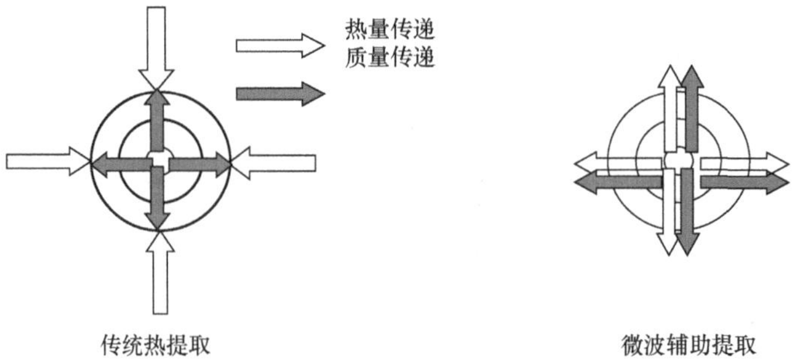

图 8-29 微波辅助提取与传统热提取在传质、传热上的不同

4. 微波萃取的破壁效应

Pare 等用扫描电子显微镜观察了微波处理和传统索氏萃取前后植物细胞分泌腺的变化，他们选择薄荷叶进行了实验，通过扫描电子显微镜观察到薄荷叶中有大量的袋状腔体，这些腔体被限制在细胞、腺体、纤维管或其他类似的空间内，所有这些腔体中含有不同的化学组分和不同程度的水，微波选择性地和这些腔体中的自由水或游离水作用，从而导致局部被加热。由于有大量的水在植物叶子的部分空间内存在，微波的作用非常明显地使叶子内部的部分区域在温度上产生突然的非平衡上升或提高。对于薄荷叶，叶子内部的腺体和纤维管系统是微波作用的主要目标，微波辅助萃取薄荷叶中的植物油时，微波目标体系内的温度快速达到水的沸点，由于水的沸腾在目标体系内部产生高压，体系内部无法承受这种高压就会因为体积膨胀而破裂，这样薄荷叶中的有机组分就自由地流到了温度相对较低的溶剂中。

国内部分学者也认为：从细胞破碎的微观角度看，微波加热导致细胞内的极性物质，尤其是水分子吸收微波能，产生大量的热量，使细胞内温度迅速上升，液态水汽化产生的压力将细胞膜和细胞壁冲破，形成微小的孔洞并进一步形成裂纹。孔洞和裂纹的存在使细胞外溶剂容易进入细胞内，溶解并释放出胞内物质。

郝金玉、韩伟等以新鲜银杏叶片为对象，研究了微波辅助萃取对植物微观结构的破坏，并探讨了微波辅助萃取的机理。在微波作用下，隐性的细胞壁没有发生破裂，只是导致细胞结构松散；微波萃取 1min 对银杏叶细胞的破坏的程度比传统热萃取 10min 还要大。他们认为可能是微波的作用导致细胞内物质的物理和化学结构及其性质发生改变，使原有细胞结构变得疏松，从而使有效成分快速溶出。因为微波一方面使细胞内的一些极性分子高速转动成为激发态，或者使极性分子本身释放能量回到基态，释放的能量传递给其他物质分子，加速其热运动，从而缩短萃取时间；另一方面微波作用于溶剂，不仅加热了溶剂，而且提高了溶剂的活性，使其能更多地溶解有效成分，并高效率地进入溶剂主体。也有人认为：微波与物质相互作用过程中，有些过程只表现出热效应，有些过程同时存在非热效应。微波非热效应的机理可能有：由于物质对微波选择性吸收而使部分物质活性增加；由于微波使物质结构发生改变从而影响过程发生的路径，微波产生的附加驱动力（电势梯度）使过程得到加强。

8.3.3 微波辅助提取传质过程模型

目前对于微波辅助提取过程动力学研究不多。Spiro 做了微波萃取和传统溶剂提取迷迭香中精油的动力学研究。他们指出，虽然传统溶剂提取迷迭香符合上述一级动力学方程，但在微波萃取时对 t 的曲线却不是线性关系。郝金玉等提出在传质数学模型引入微波促进因子 F，用于体现微波可以加速提取过程的特点，同时模型还考虑了物料的孔隙率随提取时间的变化，从而使有效扩散系数成为提取时间的函数。

纵观研究者们建立的中草药数学模型，均是以扩散传质为基础。而外加能量的加入，使微波辅助提取速率加快；物料内存在与浓度梯度同向的温度梯度，使其机理不同于传统加热提取。以往人们在研究固液提取过程热质传递模型时，大都直接采用热传导方程、傅里叶定律和菲克扩散定律，忽略温度梯度对浓度扩散的作用，并假设系统定性温度为常数以求热质参数。这将导致模型及模拟结果有很大的局限性。黄瑞华等将温度因素引入固液提取的传质扩散方程，建立了微波辅助提取的热质传递数学模型，并进行了数值模拟。以微波辅助水提取淫羊藿苷为例，模型方程基于以下假设而建立：

(1) 饮片形状假设为平板，厚度均一，且在提取过程中厚度保持不变。

(2) 传质和传热方向为中心向两侧的一维扩散。

(3) 系统是对称的，在平板中心处没有热量和质量传递。

(4) 萃取开始时，饮片内部的温度和溶质浓度分布均匀。

(5) 萃取过程中饮片的有效成分淫羊藿苷含量及饮片内部温度随时间和距离变化。

(6) 饮片内部为各向同性的均质体。

(7) 溶质和溶剂在固液界面上达到热质平衡。

(8) 在提取过程中固液相密度、比热和导热系数恒定且均匀。

(9) 提取过程在常压下进行。

由不稳定热传导的傅里叶定律建立热量传递过程：

$$\rho_s C_{ps}\frac{\partial T_s}{\partial t}=\kappa\frac{\partial^2 T_s}{\partial x^2}+Q_{(x)} \tag{8-35}$$

由不稳定分子扩散的菲克定律建立传质过程：

$$\frac{\partial(\varepsilon C_s)}{\partial t}=\frac{\partial}{\partial x}\left(\frac{D_e\partial C_s}{\partial x}\right) \tag{8-36}$$

$$\frac{\partial T_s}{\partial x}=0 \quad x=0 \tag{8-37}$$

$$\frac{\partial C_s}{\partial x}=0 \quad x=0 \tag{8-38}$$

在边界条件 $x=l$(表面)时，式(8-35)变为

$$k\frac{\partial T_s}{\partial x}=-h(T_s-T_l) \quad x=\pm l \tag{8-39}$$

同样，式(8-36)变为：

$$D_e\frac{\partial C_s}{\partial x}=-k_c\left(\frac{C_s}{m}-C_l\right) \quad x=\pm l \tag{8-40}$$

初始条件为

$$T_s=T_{s0}, \qquad t=0, \quad -l\leqslant x\leqslant l \tag{8-41}$$

$$C_s=C_{s0}, \qquad t=0, \quad -l\leqslant x\leqslant l \tag{8-42}$$

基于上述的理论公式，研究者对微波提取过程中淫羊藿饮片内部的温度和淫羊藿苷浓度分布进行了数值模拟计算。由图 8-30 和图 8-31 可以看出：饮片各层温度随时间急剧上升，在温度上升过程中，内部温度比表面上升快，形成由内到外的温度梯度；饮片内的淫羊藿苷浓度是常数，提取开始时，靠近表面层的淫羊藿浓度逐渐转移到液相主体中，饮片内部的淫羊藿浓度下降，随时间的增长，浓度分布曲线随时间逐渐下移。他们还对传统水提取过程中饮片内部温度及浓度分布作了对比：传统水提过程饮片内部温度低于饮片表面的温度，形成由外到内的温度梯度，且温度梯度随时间的增加而减少，最后趋于恒定；传统水提淫羊藿浓度曲线与微波提取过程有相同的趋势，但浓度曲线下降慢，提取相同的时间，传统水提取饮片内部浓度远高于微波辅助水提饮片内部的浓度。

为了检验模型的有效性，他们采用溶剂主体中淫羊藿苷的浓度验证模型计算值。结果如图 8-32 所示，可以发现虽然计算结果和实测值有一定的差异，但淫羊藿苷浓度计算的最大相对偏差小于 10%，说明所建立的模型能较好地描述微波辅助提取热质同向传递的特性。

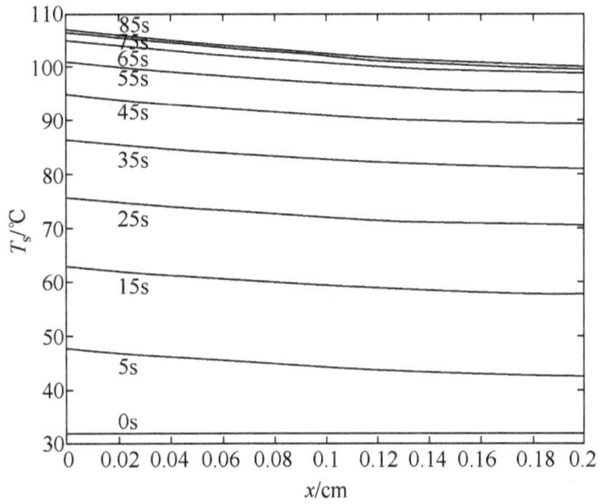

图 8-30　饮片内部温度分布

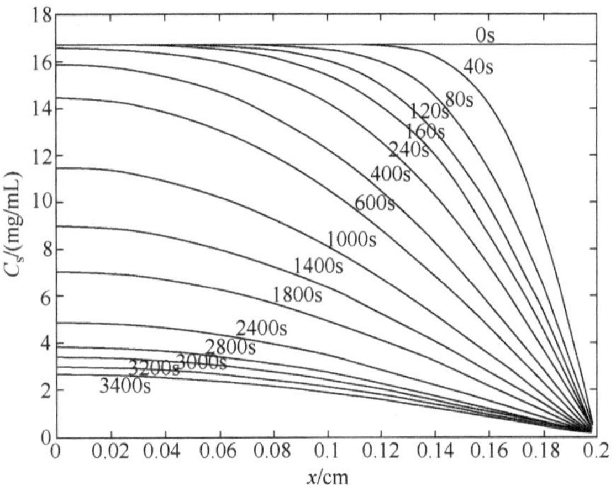

图 8-31　饮片内部浓度分布

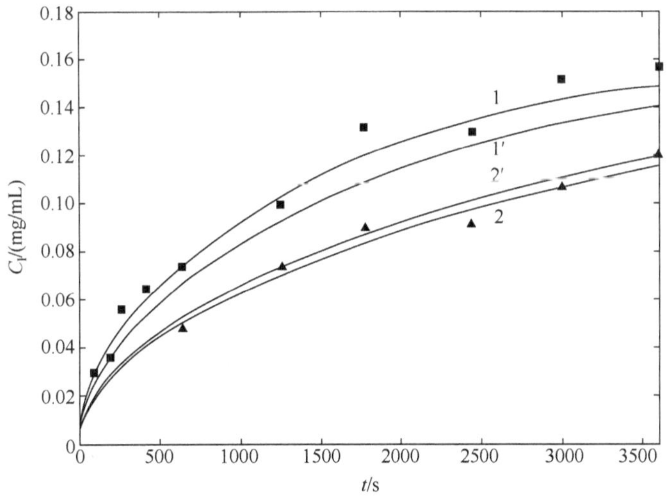

图 8-32　溶剂中淫羊藿苷浓度的实验值与模型值比较

1,1′. 微波辅助提取溶剂中淫羊藿苷的浓度(——模型值;■实验值)

2,2′. 传统水提取溶剂中淫羊藿苷的浓度(——模型值;▲实验值)

8.3.4 微波萃取的特点

(1) 快速高效。样品及溶剂中的偶极分子在高频微波能的作用下，以 4.9×10^9 次/s 的速度变换其正、负极，产生偶极涡流、离子传导和高频率摩擦，从而在短时间内产生大量的热量。偶极分子旋转导致的弱氢键破裂、离子迁移等加速了溶剂分子对样品基体的渗透，待萃取成分很快溶剂化，使微波萃取时间显著缩短。

根据大量的现场数据统计，常规的多功能萃取罐 8h 完成的工作，用同样大小的微波动态提取设备只需几十分钟便可完成。

(2) 加热均匀。微波加热是通过体加热进行的，形成独特的物料受热方式，使整个样品被加热，无温度梯度，具有加热均匀的优点。由于消除了物料内的热梯度，从而使提取质量大大提高，有效地保护食品、药品以及其他化工物料中的功能成分。

(3) 选择性。在高频微波场中，对于介电常数小或介质损耗小的物质，微波入射可以认为是"透明"的。由于不同化合物具有不同的介电常数，所以微波萃取具有选择性加热的特点。溶质和溶剂的极性越大，对微波能的吸收越大，升温越快，萃取速度增大；而对于非极性溶剂，微波几乎不起加热作用。所以，在选择萃取剂时一定要考虑到溶剂的极性，以达到最佳效果。

(4) 生物效应(非热特性)。由于大多数生物体含有极性水分子，所以在微波场的作用下引起强烈的极性振荡，容易导致细胞分子间氢键断裂，细胞膜结构被电击穿、破裂，进而促进基体的渗透和待提取成分的溶剂化。此外，微波萃取还可实现时间、温度、压力控制，保证在萃取过程中有机物不发生分解。因此，利用微波辅助提取从生物基体萃取待萃取的成分时，在热与非热效应的协同作用下，更能提高萃取效率。

(5) 节省溶剂。与其他萃取方法相比，微波萃取能减少萃取试剂的消耗，例如微波萃取技术用于样品分析时，一般萃取试剂用量为 30～40mL。微波萃取可以多种样品在相同条件下同时萃取。用于生产过程时，溶剂用量较常规方法可减少 50%～90%。

(6) 工艺简单、节省投资。由于微波设备是用电的设备，不需配备锅炉；微波属体加热，提取时同样的原料、同样的效率下，用常规方法需两三次提取的，微波场一次提取即可。提取的时间大大节省、工艺流程大大简化。微波提取没有热惯性，易控制，所有参数均可数据化，并和制药现代化接轨。

(7) 应用面广。由于提取温度低，不易糊化，分离容易，后处理方便。既可采用水提、醇提、脂提等各种工艺，又适用于中药提取、食品化学、农药提取、土壤分析、环境化学以及矿物冶炼等多方面的应用场合。

8.3.5 微波辅助提取过程

1. 工艺流程

微波萃取主要经过选料、清洗、粉碎、微波萃取、分离、浓缩、干燥等步骤获得产品。其大致工艺流程见图 8-33。

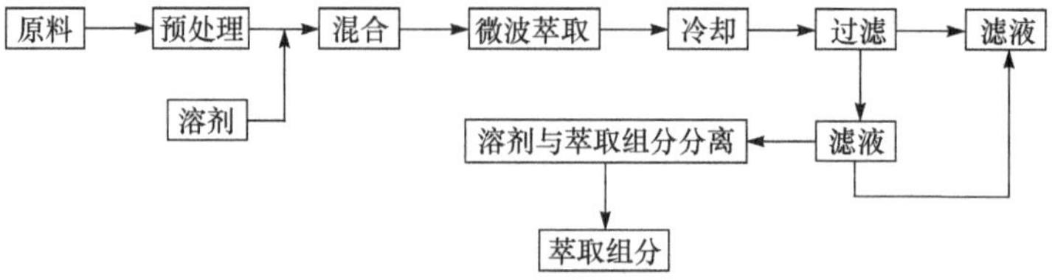

图 8-33 微波萃取工艺流程示意图

2. 影响因素

1）溶剂的选择

由于不同物质具有不同的介电常数，所以萃取溶剂的选择非常重要。必须考虑以下几个方面：①溶剂必须对微波透明或半透明，而且具有一定的极性；②溶剂对待分离成分有较强的溶解能力，而对萃取成分的后续工作干扰较少；③萃取溶剂的沸点应高一些。一般常用的萃取溶剂有正己烷、二氯甲烷、甲醇、乙醇等。

萃取溶剂具有一定的极性，这是微波萃取必需的条件。但是如果萃取溶剂为甲苯、正己烷等非极性溶剂时，必须加入一种极性溶剂，以增加萃取溶剂体系的介电常数，目前已报道的溶剂有丙酮、水。因此，萃取溶剂可以为一元体系、二元体系，也可以是多元体系，对于某一具体样品的萃取体系而言，要根据样品的性质、萃取目标物的性质和预实验决定。

2）液固比

萃取剂用量可在较大范围内变动，通常萃取剂与物料之比（V/w）在1∶1～20∶1范围内选择。液固比是提取过程中的一个重要因素，主要表现在影响固相和液相间的浓度差，即传质推动力。液固比的提高必然会在较大程度上提高传质推动力，但萃取液体积过大，会增加后续处理的负担。

3）微波辐射时间

微波萃取时间与被萃取样品量、溶剂体积和加热功率有关。与传统萃取方法相比，微波萃取的时间较短，一般情况下10～15min已经足够，有时甚至更短，如从食品中萃取氨基酸成分时，萃取效率并没有随萃取时间的延长而提高，尽管连续的辐照并不会引起氨基酸的降解或成分破坏。在萃取过程中，一般加热1～2min即可达到所要求的萃取温度。对于不同的物质，最佳萃取时间不同。连续辐照时间以不会引起溶剂沸腾为准。否则，不仅造成溶剂的浪费，还会带走一部分目标产物，降低产品收率。

4）微波辐射功率

微波辐射条件包括微波辐射频率、功率和辐射时间，它们对萃取效率具有一定的影响。不同的萃取目的采用不同微波辐射条件，通常，所需的微波条件以最有效地萃取出目标成分为原则，一般所选用的微波能功率在200～1000W，频率在2×10^3～3×10^5MHz。实际上，我国将能用于工业加热的常用频率限定为915MHz和2450MHz两种，似无太多的选择。

5）破碎度

和传统提取一样，被提取物经过适当破碎后可以增大接触面积，有利于提取的进行。但通常情况下传统提取不把物料破碎得太小，一方面会使杂质增加溶出，另一方面会给后续过滤带来困难。同时，将近100℃的提取温度会使物料中的淀粉成分糊化，提取液变得黏稠，增加了后续分离的难度和溶剂的黏附耗损。在微波提取中，通常根据物料的特性将颗粒的破碎度控制在2～10mm。

6）物料中的水分或湿度的影响

因为水分能有效吸收微波能而产生温度差，所以待处理物料中含水量的高低对萃取收率的影响很大。对于不含水分的物料，可采取增湿的方法，使其具有适当的水分，以吸收微波能。

7）影响微波萃取（强化）的其他因素

从固体或半固体样品中进行萃取是一个复杂的过程，该过程可简化为五步：①目标物从物料基体的活性点解吸；②目标物扩散到整个物料基体；③目标物在萃取溶剂中的溶解；④目标物在溶剂中扩散;⑤目标物的收集。因此,目标物有效的萃取不仅与溶剂有关,而且与物料基体的性质有关。

3. 微波辅助提取的装备

目前,实验室用微波萃取设备分两类。一类为间歇式微波萃取器,如图 8-34 和图 8-35 所示。两者主要区别:图 8-34 是分批处理物料,由一个磁控管、一个炉腔、监视压力和温度的监视装置及一些电子器件所组成。其中在炉腔中有最多可容放 12 个密闭萃取罐(PTFE 材料)的旋转盘。该装置备有自动调节温度、压力的装置,可实现温、压可控萃取。当压力增大时,溶剂的沸点也相应增高,这样有利于将待萃取组分从基体中萃取出来,且待萃取组分不易损失。在密闭罐装置中,最大压力可达到 600～1000kPa。目前,此装置已商品化。图 8-35 为家用微波炉改装,使用方便,常压操作,可回收溶剂。

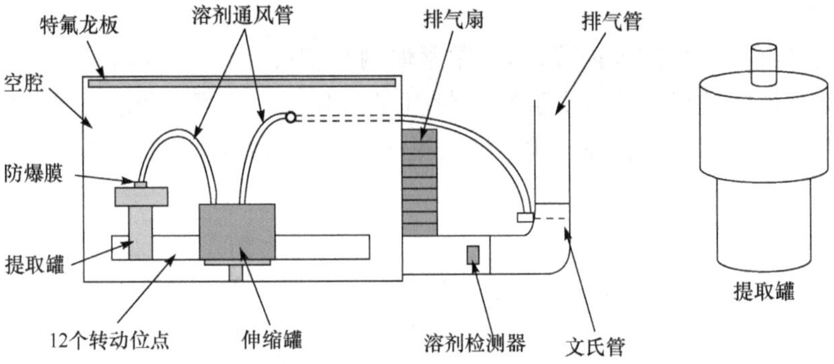

图 8-34 密闭式微波辅助萃取装置和萃取罐

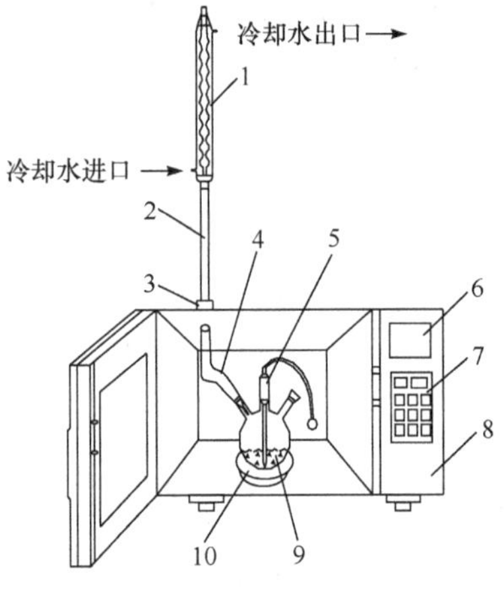

图 8-35 实验室间歇式微波辅助提取装置

1. 水冷凝;2. 空气冷凝;3. 紫铜管;4. 特制弯管;5. 空气鼓泡装置;
6. 时间显示屏;7. 时间设定面板;8. 微波炉;9. 三口烧瓶;10. 表面皿

另一类(图 8-36 和图 8-37)是以连续方式工作的萃取设备,前者主体设备来自于专利。而微波源的具体参数一般由生产厂家根据使用需求设计。使用的微波频率一般有 2450MHz 和 915MHz 两种。后者可不断地让溶剂进入萃取罐,萃取物通过 HPLC 进行实时监测。

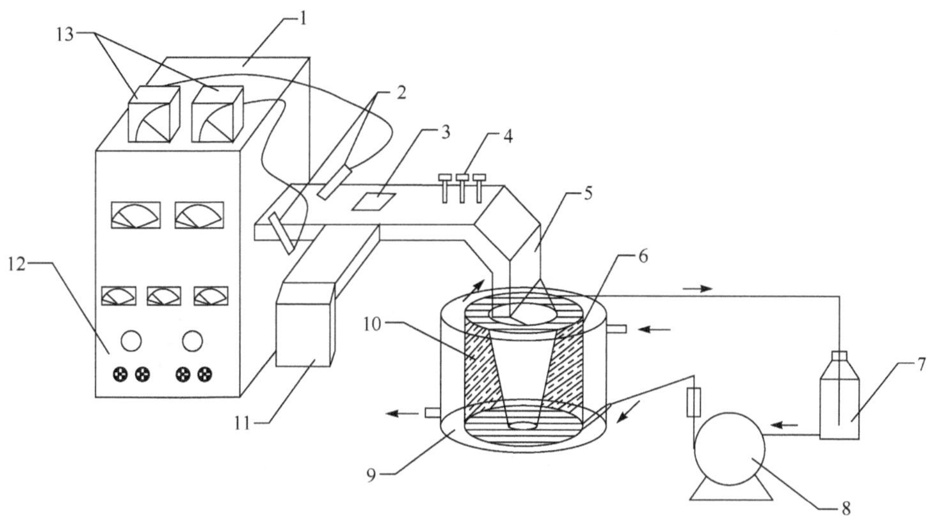

图 8-36　实验室连续式微波辅助提装置

1. 微波发生源；2. 定向耦合器；3. 环形器；4. 微波协调器；5. 波导；6. 微波萃取器；7. 缓冲罐；8. 螺杆泵；9. 夹套；10. 倒锥形隔离器；11. 水负载；12. 微波发出源控制面板；13. 电流表

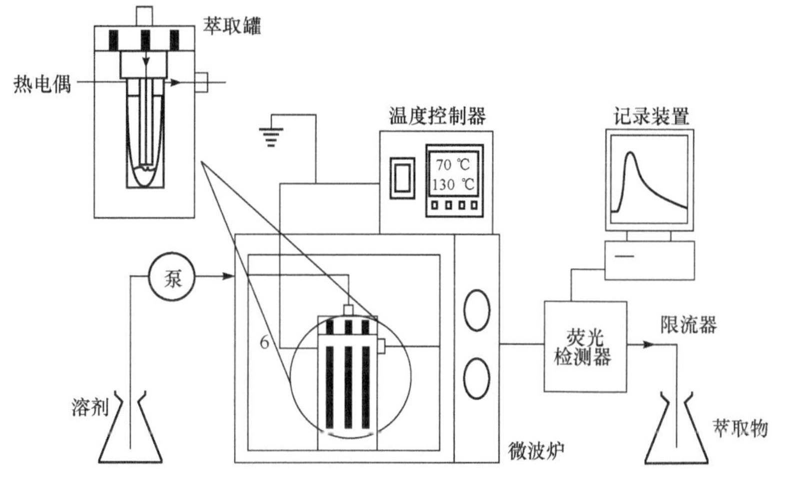

图 8-37　动态微波辅助萃取装置

工业规模的微波装置可用于干燥、灭菌和提取等方面，但无论在结构上还是在性能上都有待作进一步改进。下面仅选几种典型的装置供参考。

(1) 中药原材料、药粉等微波干燥灭菌机，如图 8-38 所示。主要用于中草药材、药丸(水丸、水蜜丸)、药粉、药粒、药片及各种口服液的干燥、杀菌。该机采用(2450±50)MHz 的频率，微波输出功率为 20kW(可调)，外形尺寸(长×宽×高)约 9800mm×800mm×1650mm，连续运转的传输带宽度为 650mm，传输速度为 0.5～5m/min。

(2) 微波萃取装置。图 8-39 和图 8-40 都是微波萃取装置，前者为间歇式，后者为连续式。用溶剂提取中草药有效成分常用的浸渍法、渗漉法、回流提取法及连续回流提取法等，从原理上来讲，均可以加入微波进行辅助提取，使之成为高效中草药有效成分提取设备。间歇微波萃取装置的设计十分像一个放大的家用微波炉，它的输出功率≥16kW(可调)，操作时可在真空度 1.33kPa 下进行。罐体充分发挥了微波提取的特长，在提取收率、提取效率上均明显高于

图 8-38　中药原材料、药粉等微波干燥灭菌机(广州帝威工业微波设备有限公司)

常规提取。在实际应用中,容积在 100L 以下的微波提取罐已相当普遍。所以罐体形式的微波提取设备应用于小量药品提取及药品研究工作方面,效果显著。唯装卸料是间歇进行的;连续微波萃取装置中的物料和溶剂在提取过程中同时做连续的逆流运动或移动。物料在运动过程中不断改变与溶剂的接触状况,并在传输机构的作用下充分混合接触,出料的料渣和提取液连续分离,分别排出,实现连续提取,这样可大大提高提取收率。它的输出功率要小得多,仅≥6kW(可调)。所设计的传输带宽 400mm,传输速度 0～20m/min(变频调速),其外形尺寸(长×宽×高)约 5800mm×620mm×1400mm(如图 8-40 所示),可使用于中草药、香料、保健食品、化妆食品、化妆品、茶饮料、调味料、果胶、高黏度壳聚糖等行业。

图 8-39　间歇微波萃取装置(齐协微波设备有限公司)

图 8-40　连续微波萃取装置
(上海博奥微波能设备有限公司)

8.3.6　微波萃取技术的应用

如上所述,随着微波萃取技术的研究与发展,微波萃取在很多行业都有广泛的应用,并逐渐由单一的分析方法向多领域生产制备发展。到目前为止,已见报道的微波萃取技术主要应用于土壤分析、食品化学、农药提取、中药提取、环境化学以及矿物冶炼等方面。

本节特别提一下在食品、天然植物和中草药等领域。如前所述,Pare 对 MAE 法提取挥发油进行了研究并申请了包括设备的一系列专利。另外，在提取人参、生姜、大蒜、葡萄籽、芝麻、芦荟等方面均有所报道。加拿大政府还积极推广微波萃取技术，把它应用于食用油的提取和从土壤中大规模除去污染物等环保项目。Mattin 等利用 MAE 法从红豆杉中提取紫杉醇等。与固相萃取相比，效果相当显著，且降低了提取时间和花费。

我国学者用 MAE 提取丹参酮、罗汉果皂苷、青蒿素、番茄红素、柚皮色素、栀子黄色素、丁香油、雪莲黄酮、茶多酚、咖啡因和茶多糖等均取得了较好效果。刘传斌等还利用微波能提取酵母中的海藻糖，取得了对酶的快速灭活，达到可防止有关物质降解的效果。由于 MEA 技术具有选择性高、操作时间短、溶剂消耗量少、有效成分得率高、不产生噪音、适合于热不稳定成分且能在短时间内灭活植物中的水解酶等优点，而且作为吸收微波最好介质的水也是中药提取的主要溶剂，因此在中药提取中显然有良好的应用前景。但如何针对中药复方的特点设计 MEA 方案以及工业化微波萃取设备的开发等还是有待研究的主要问题。

8.4 吸附技术

8.4.1 概述

人类很早就知道使用固体物质从气相或液相中脱除某些物质。这一过程得以进行的基础是由于固体表面与体相相比存在表面过剩能，从而可吸引其他分子于其表面，称为吸附。其中用作分离介质的固体物质称为吸附剂，被吸附的物质称为吸附质。吸附分离过程就是利用吸附剂与混合物中不同组分间结合力的不同，即各组分在吸附剂相（固相）与混合物相（流体相）间分配不同的性质使混合物中难吸附组分（轻组分）与易吸附组分（重组分）分离的技术。选择合适的吸附剂，可以使吸附分离过程具有很高的分离效能，因此它特别适用于用精馏等传统分离方法难以分离的混合物体系的分离和气体或液体中微量杂质的去除等过程。由于吸附操作过程通常在接近常温的温和条件下进行，还比较适用于生物活性物质等热敏性体系的分离。一些工业应用的吸附分离过程可参见表 8-2。

表 8-2　吸附分离过程的工业应用示例

待分离体系	使用的吸附剂	待分离体系	使用的吸附剂
N_2/O_2	分子筛	水/空气	分子筛、活性炭、活性氧化铝、硅胶
O_2/N_2	碳分子筛	对二甲苯/邻、间二甲苯	分子筛
H_2/NH_3、N_2、CO_2、CO、CH_4、Ar	分子筛	正烷烃/异烷烃、芳烃	分子筛
CO/N_2、CO_2	载铜活性氧化铝	有机杂质/水	活性炭
NO_x/排放气	分子筛	硫化物/有机物	分子筛
丙酮/排放气	活性炭	溶剂脱色	活性炭
有机溶剂/空气	活性炭	发酵产物/发酵液	活性炭、吸附树脂

除了某些特殊情况之外，一个实际的吸附分离过程通常包括吸附与脱附两个过程。吸附过程一般是指混合物流体与吸附剂相接触，其中重组分较多地被结合在吸附剂的表面，而轻组分则大多留在流体相中这一过程。通过吸附过程，混合物可被分成富含重组分的吸附相和富含轻组分的流体相而达到分离目的。脱附过程有时又被称为再生或解吸过程，是指将已吸附了吸附质的吸附剂进行处理（如减压、升温、加入解吸剂或再生剂等），以使吸附剂恢复对吸附质的吸附能力同时可回收被吸附的吸附质。通过脱附过程，吸附剂可恢复其吸附能力而使之可循环利用，从而降低过程消耗。在特殊情况下，如吸附剂再生处理费用与采购使用新吸附剂

的费用相比较高或可作其他用途时，也可不进行脱附操作而将吸附剂直接处理掉（如直接作为产品、丢弃、作燃料等）。实际上，多种多样的吸附剂再生方法是产生各种类型吸附分离流程的重要因素。

由于吸附分离操作需要涉及固体吸附剂，与采用流体分离介质的吸收、萃取等操作相比，工业处理较为不便，难以大规模的工业化和连续化。直到 20 世纪 60 年代以后，由于一系列新型高效吸附剂的相继开发成功，同时由于 70 年代世界能源危机，使得人们对开发高效节能的化工分离过程有了较为迫切的需求，吸附分离操作才又引起人们的注意。吸附过程虽然是一个比较古老的分离过程，但是与精馏等传统操作相比，由于固体吸附剂的性能十分复杂，限于人们目前的知识，有关理论尚不成熟，有待人们继续探索。在吸附过程的开发中，由于吸附剂的性能对某一具体吸附分离过程的效果有很大的影响，对吸附剂的研究与开发在吸附过程的开发中一直占有一定的地位，针对特定分离要求的新型高效吸附剂层出不穷。此外，工艺流程的组织优化对过程的优化也有很大的影响。因此，近来有关吸附过程的研究比较活跃。

8.4.2 吸附剂

工业吸附剂通常有活性炭、分子筛、活性氧化铝、硅胶和吸附树脂等。此外，一些天然物质如硅藻土、白土、天然沸石等，有时也可用作吸附剂。但天然吸附剂通常吸附容量较小且吸附选择性较差，又由于一般其价格较低，故通常不作再生处理而仅作一次性使用。

对于吸附剂而言，由于吸附只发生在其表面，因此，一个性能良好的吸附剂应该具有合适的孔结构和很大的比表面积（单位质量吸附剂所具有的表面积），这也是吸附剂通常所具有的特点。此外，吸附剂表面的性质对吸附的性质也有很大的影响。例如，活性炭具有憎水性的表面，而分子筛通常具有亲水性的表面，因此活性炭比较适用于从极性或惰性物质中吸附非极性物质，如空气中有机溶剂蒸汽的脱除等。除此之外，吸附剂的性能还与其制造方法及吸附操作循环过程有关。

吸附剂在使用时通常根据使用的环境被制成各种形状，如圆柱状颗粒、球状颗粒、片状颗粒及粉状等。

1）活性炭

活性炭是最常用的吸附剂。它是用木炭、果壳、煤、石油等含碳原料经炭化、活化等加工过程制得的。活性炭主要有两种活化方法：一种方法是利用高温下蒸汽及少量空气与炭的反应使炭内部产生大量的微孔而得到产品活性炭；另一种是利用氧化性的化学药剂主要是氯化锌对炭的部分氧化而得到产品活性炭。不同的原料和加工过程所制得的活性炭的性能不同，可适用于不同的分离过程。活性炭的共同特点是吸附容量大、稳定性好、再生容易。它广泛应用于溶剂回收、溶液的脱色除臭、气体脱硫、废水处理等方面。此外，活性炭还经常用作催化剂的载体。活性炭在以固定床方式应用于气相或液相体系时，通常为颗粒状，其孔径一般小于 30×10^{-9}m，比表面积通常在 1000m^2/g 左右；在以釜式反应器应用于液相体系时，一般以粉末状形式提供，孔径一般大于 30×10^{-9}m，比表面积通常在 300m^2/g。评价活性炭吸附容量的指标一般是碘吸附量和亚甲基蓝吸附量，前者对应于小分子的吸附如通常的气相体系，后者对应于大分子的吸附如常见的脱色除臭等。

活性炭内的孔径分布较为宽广，对同系化合物或异构体的选择性较差。近年来出现的碳分子筛在这方面有了很大改进。碳分子筛是以合成高分子材料、木炭、果壳及煤之类原料，经过严格特定的制备过程而制得的具有孔径大小一致、分布狭窄特点的新型活性炭。由于其孔径分布特点类似于分子筛而被称为碳分子筛。它已经在工业上用于从空气中分离氧气的吸附过程。

2）分子筛

分子筛是一类由硅铝四面体形成的三维硅铝酸盐金属结构的晶体。一些天然沸石矿由于其晶体结构的原因也是一种分子筛，但是大多数性能优良的分子筛是人工合成的。分子筛与其他固体吸附剂相比，其最显著的特点在于微孔孔径的高度均一性，因而具有较高的选择性。分子筛的孔径和孔结构以及稳定性等其他使用性能还能通过改变其原料配比、合成条件、改性修饰等方法进行调整。因此 60 年代以来，分子筛在工业吸附分离过程中的应用已日见广泛。

工业常用的分子筛有 A 型、X 型、Y 型、ZSM 型、丝光沸石型等。它们的孔结构和硅铝比不同，性能也有差异。例如 A 型分子筛硅铝比较小，对水及其他极性物质有较高的吸附选择性，可用于干燥和净化；而 ZSM 型分子筛硅铝比较高，其表面更多地倾向于疏水性而强烈地吸附弱极性的有机分子，并且由于其特殊的孔结构而在油品脱蜡降凝、有机异构体的分离及二甲苯异构化等吸附与催化方面得到重要应用。

工业应用时通常还可对分子筛进行改性，以进一步提高其选择性。例如，用不同大小的阳离子交换分子筛上的阳离子可在一定范围内调节分子筛的孔径，以改变其吸附选择性。

应注意分子筛在工业应用时其使用的条件有一定限制。如果使用温度过高或使用环境的酸性过强都有可能导致分子筛晶体结构的破坏而失去其吸附分离活性。通常硅铝比高的分子筛稳定性也较高。

3）活性氧化铝

活性氧化铝是由氧化铝的水合物经加热脱水活化而得到的氧化铝。孔径主要在 $2\times10^{-8}\sim5\times10^{-8}$m，比表面积通常为 200～500$m^2/g$。活性氧化铝对水分有很强的吸附能力，故主要用于气体和液体的干燥。此外也可用作催化剂或其他吸附剂的载体。例如 CO 与 CO_2、N_2 的吸附分离就可采用浸渍了 Cu^+ 的活性氧化铝作吸附剂。

这类吸附剂也有用铝土矿直接加热活化制得的，价格较为低廉，常称为活性铝土矿。

4）硅胶

硅胶是由无定型 SiO_2 构成的多孔网状结构的固体颗粒。它是通过水玻璃（硅酸钠水溶液）与酸反应水解生成硅凝胶，再除去盐类后干燥得到的。硅胶的孔径通常在 $(2\sim20)\times10^{-9}$m，比表面积为数百平方米每克。硅胶结构中存在的羟基是它的吸附活性中心，因此它也是一种极性吸附剂，易于吸附水、甲醇等极性物质，而且能够大量吸附水分。通常用于高湿度气体的脱水干燥和石油馏分分离等方面。

5）吸附树脂

吸附树脂是带有巨型网状结构的合成树脂，有苯乙烯和二乙烯的共聚物、聚苯乙烯、聚丙烯酸酯等。根据需要可以制成从非极性到强极性的多种吸附树脂，用于不同的分离过程。各种吸附树脂主要用于生化产品的回收、纯化及水处理等过程中。

8.4.3 吸附过程与吸附剂的实验研究

1. 吸附剂的性质

对于工业应用的吸附剂或新开发的吸附剂，需要了解其有关的吸附性能和使用性能。影响吸附剂性能的因素很多，但一般都需要通过实验测定下列基础物性：吸附剂颗粒的密度、孔隙结构与孔径分布、比表面积和吸附容量等。以下简要介绍一下有关测定方法。

1）吸附剂颗粒的密度

颗粒密度包括填充密度、颗粒密度、真密度和晶体密度。将烘干的吸附剂放入量筒内，振摇至体积不变，此堆积体积与质量之比即为填充密度。颗粒密度是单个吸附剂颗粒包括其内部空隙在内的密度，又称表观密度或假密度。通常用汞置换法测定（图 8-41）。扣除空腔体积后，对单个颗粒而言，单位体积吸附剂颗粒的质量即是真密度，可用氦置换法测定。吸附剂晶体中，单位晶胞体积内所构成晶胞的各原子的质量数之和为晶体密度。

2）比表面积

吸附过程是一个表面过程。因此，吸附剂的比表面积的大小是影响吸附过程的重要因素，也是表征吸附剂性能的主要参数之一。通常，吸附剂颗粒的比表面积可通过测定液氮在其上的吸附，并根据 BET 公式计算得到。

3）孔隙结构与孔径分布

吸附剂的孔隙结构与孔径分布对吸附剂的性能有较大的影响，尤其是对其选择性有较大影响。一般对于 10^{-8}m 以上的孔径可采用压汞法测定，小于 10^{-8}m 的孔径可用气体吸附法测定。

4）吸附容量

吸附容量是反映吸附剂性能的主要参数。通常，对于气相的吸附，常以容量法、重量法或动态法来测定。容量法是在一定温度下，测量与一定量的吸附剂接触前后的气相压力和体积来计算吸附剂的吸附容量的。根据测量方式的不同，又可分为固定体积，测量压力变化的恒容法和固定压力，测量体积变化的恒压法。图 8-42 和图 8-43 分别为恒压吸附测定装置和恒容吸附测定装置。重量法直接测定吸附剂在吸附过程中的质量变化，反映被吸附的吸附质的量。该法与容量法相比，精确度稍差，但操作比较简单。图 8-44 是石英弹簧吸附仪的示意图。动态法是根据色谱原理，利用气相色谱仪测定吸附剂固定相上吸附质的色谱图，从而计算出吸附容量。按色谱流程的不同，有迎头色谱法和脉冲色谱法等。

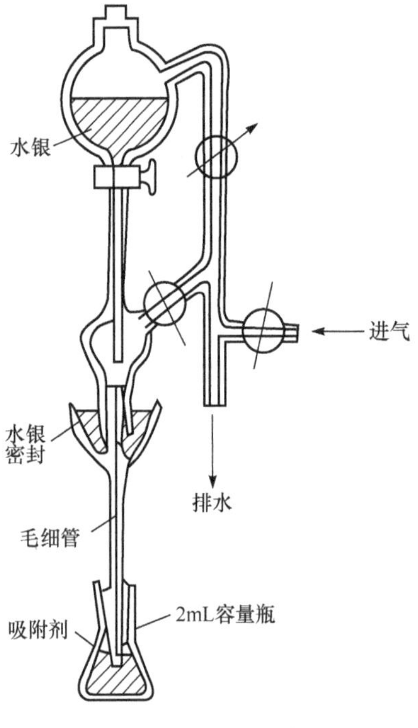

图 8-41　汞置换法测定装置

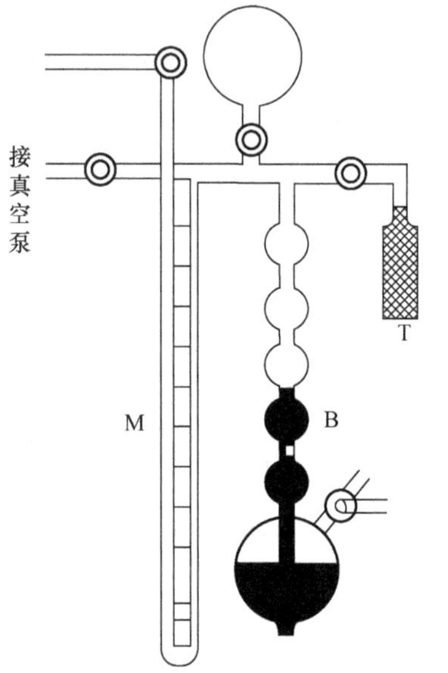

图 8-42　恒压吸附仪

B. 托普勒泵；M. 压差计；T. 吸附剂

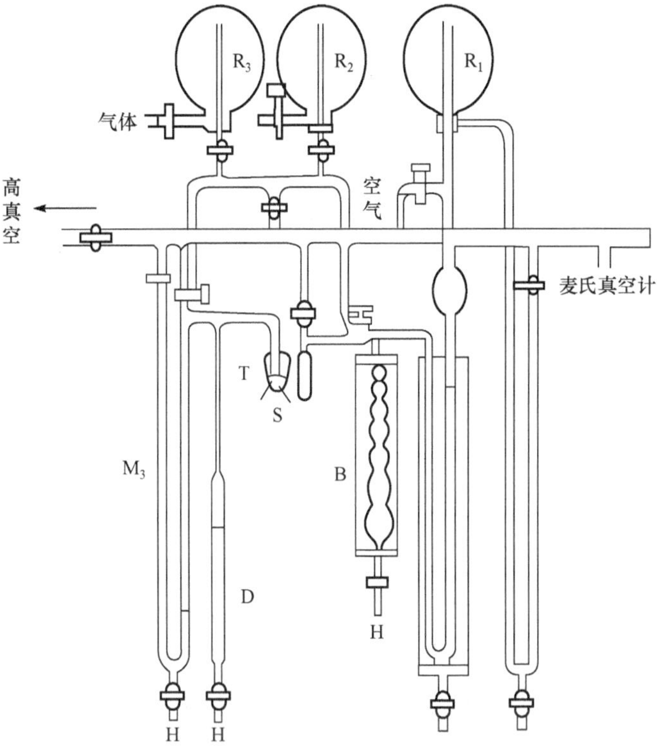

图 8-43　恒容吸附仪

B. 气体计量管；T、D、M_3. 温度计；

S. 吸附剂管；R_1、R_2、R_3. 气瓶；H. 出料

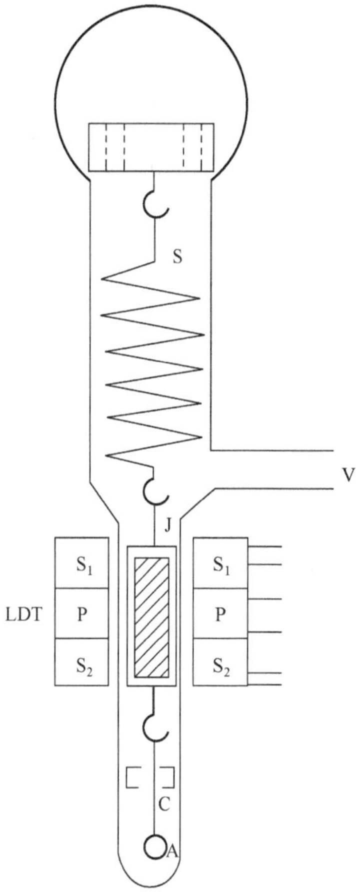

图 8-44　重量法石英弹簧吸附仪

S. 石英弹簧；J. 铁芯；A. 吸附剂皿；

C. 热屏蔽；LDT. 转换器；V. 接真空

对于液相吸附的研究而言，吸附剂吸附容量的测定通常采用如下的方法：把吸附剂加到一定浓度的溶液中，恒温下搅拌，待吸附达到平衡后，测定溶液的浓度，根据吸附前后溶液浓度的变化计算吸附量。

2. 吸附过程动力学

对于吸附过程动力学而言，可有吸附速率的测定和吸附器吸附动力学的测定两方面。吸附速率的测定反映了体系本身的性质，吸附器吸附动力学的测定反映了吸附剂在实际使用的情况下的综合性能。吸附速率的测定可参考上述吸附容量的测定方法，测定吸附量随时间的变化，即可获得吸附速率数据。

对于固定床吸附动力学的测定来说，通常选择单管/床实验装置。将一定浓度的流体以一定速度在一定温度下通过装有一定量吸附剂的吸附剂床层，在流体流出端不断测量流体中吸附质的浓度，其随时间的变化曲线即称为穿透曲线或透过曲线或破过曲线。它反映了床层的吸附操作特性，从中可以了解吸附剂的吸附量、传质总速率，计算出吸附剂床层的操作周期等。

当吸附剂在釜式反应器内以搅拌釜的方式使用时，也可参考有关反应工程的处理方法测定吸附器的动力学问题。

8.4.4 吸附分离的工艺设计

针对不同的体系，吸附操作有不同的实现方式，但它们都属于流固传质的设备。最常用的是固定床，一般情况下，吸附剂装填高度为 0.5～2m，对于要求床层压降小的场合，可取 0.3～0.8m。在用于液相的场合也常采用搅拌釜，再通过过滤、沉降或蒸发实现吸附剂与流体的分离。

1. 釜式操作方式的计算

在搅拌釜内，流体与吸附剂充分接触，可认为两相间已达到吸附平衡，因此所需的吸附剂投放量可根据吸附平衡来计算：

$$W=\frac{V(c_0-c_1)}{q_1-q_0} \tag{8-43}$$

式中：W 为吸附剂用量；V 为需处理的流体量；c 为吸附质在流体中的浓度；q 为吸附剂中与流体相中吸附质浓度相平衡的吸附量，$q=f(c)$，为吸附平衡关系。下标 0 和 1 分别代表处理前后的状态。

2. 固定床吸附器

固定床吸附器是最常用的连续接触式吸附传质设备。设想将吸附质浓度为 c_0 的流体以阶跃的方式注入一干净的吸附剂床层中，并以恒速 v 通过该床层。在此流动状态下，床层内吸附剂吸附的吸附质量随时间和床层位置的不同而不同，此吸附量变化的曲线称为床层负荷曲线。此曲线内的面积即为该吸附剂的吸附负荷量，又称饱和吸附量。在实际体系中，由于存在传质阻力、流体的流速分布、两相间相平衡和吸附速度等条件的影响，传质阻力不可能为零，因而传质速率不为无穷大。流动相在床层某一点的停留时间比达到相平衡所需要的时间要短，使吸附负荷曲线成为抛物线形。最初，在床层入口处送入原料，经过一段时间 t_1 后，在入口端形成负荷曲线，随着吸附的不断进行，负荷曲线沿床层轴向向床层出口处移动。由于吸附等温线斜率的影响，床层内各点吸附剂的吸附量随流动相中吸附质浓度的变化而变化，此抛物线形负荷曲线中 S 形的一段曲线即为传质前沿。当吸附速度无穷大时，传质前沿为垂直于 x 轴的直线。S 形传质前沿所占据的床层长度为吸附传质区。从吸附剂床层入口端到传质区的床层部分，由于其中的吸附剂已与进料流体达到吸附平衡，即吸附剂已被饱和，故被称为饱和区。至于传质区到吸附剂床层出口端的床层部分，则尚未发生有关的吸附过程而是清洁的床层。因此，传质区长度或负荷曲线的计算就成为固定床吸附器工艺计算的关键。

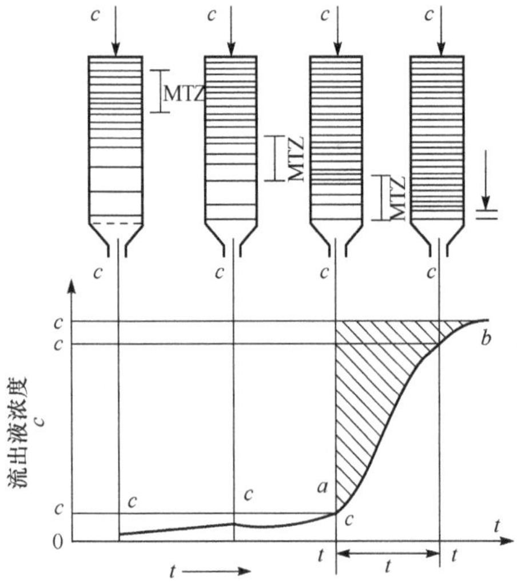

图 8-45　恒温固定床吸附器的穿透曲线

在常用的固定床吸附器中，将吸附质浓度为 c_0 的流体阶跃注入吸附剂床层中，测定吸附剂层出口的吸附质浓度随时间的变化即穿透曲线可以了解固定床吸附的传质过程。典型的穿透曲线如图 8-45所示。一般将出口吸附质浓度达到入口浓度 5％的点称为破点，又称穿透点，即图上的 a 点，而将出口吸附质浓度达到入口浓度 95%的点作为吸附剂床层已饱和的标志，称饱和点，即图上的 b 点。因此，从破点到饱和点的那段穿透曲线便反映了吸附质在吸附剂床层中的传质过程，它是扩散过程与吸附传质过程两种影响的综合结果。

对于通常的吸附过程，通常有三种典型的穿透曲线，对应于有关的吸附特征，即优惠型、线型和非优惠型，如图 8-46 所示。

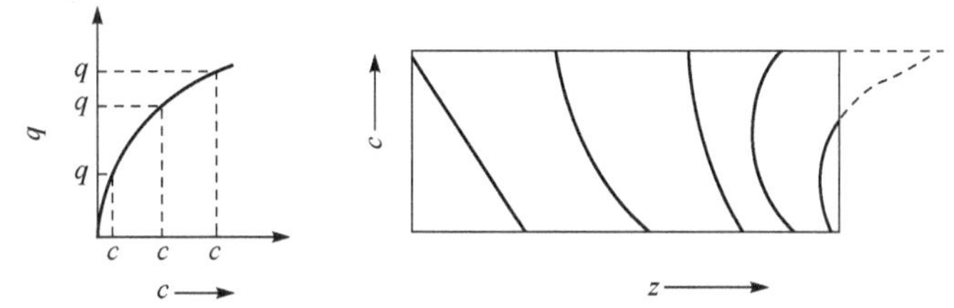

(a) 优惠吸附等温线

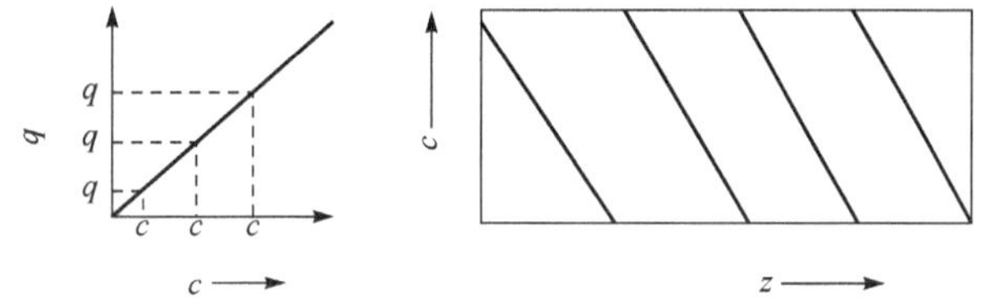

(b) 线型吸附等温线

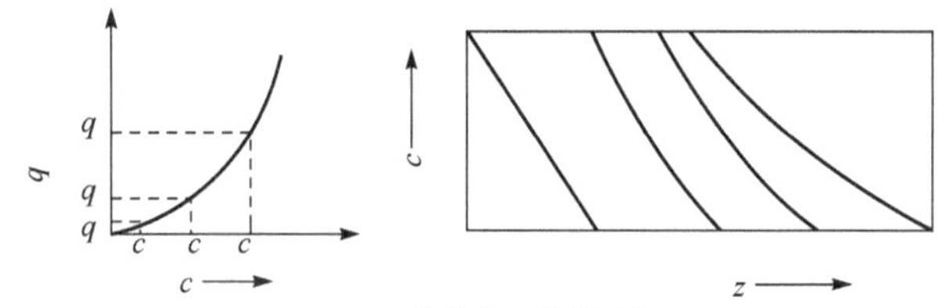

(c) 非优惠吸附等温线

图 8-46　三种吸附等温线对浓度波的关系

对于优惠型吸附等温线，吸附质分子与吸附剂之间的作用随流体相中吸附质浓度的增大而减小。当吸附操作刚开始时，由于原料为阶跃进料，浓度波在床层进口端形成直线，随着继续进料，浓度波沿床层向出口端移动。由于优惠型吸附等温线的性质，组分浓度增加，吸附剂固相的吸附量相应减少，故浓度波中高浓度的一端比相应的低浓度的一端移动得要快些，从而使得传质区有变短的趋势，有利于传质过程的进行。另一方面，由于传质扩散阻力的影响，传质区有变得越来越长的趋势，两者互相影响，最终在经历一段时间后床层内的传质区长度恒定不变，成为一稳定波形的浓度波在吸附剂床层内移动。

对于线型吸附等温线，吸附质分子与吸附剂之间的作用与流体相中吸附质浓度的大小无关。由于床层传质扩散阻力的影响，传质区随时间的流逝变得越来越长。

对于非优惠型吸附等温线，与优惠型吸附等温线相反，吸附质分子与吸附剂之间的作用随流体相中吸附质浓度的增大而增大，导致浓度波中浓度高的一端比浓度低的一端移动得慢，传质区不断变长。再加上扩散阻力的影响，对整个传质过程更为不利。

由于吸附本身的复杂性，固定床吸附负荷曲线的计算是一个相当复杂的过程。对最简单的单组分等温吸附过程而言有以下计算式：

(1) 优惠型吸附等温线负荷曲线。在传质区内的微分高度 $\mathrm{d}Z$ 内，可使用物质总传质系数 K_F 来计算其物料平衡：

$$\rho_a(A\mathrm{d}Z)\mathrm{d}q=K_F a_V(c-c^*)(A\mathrm{d}Z)\mathrm{d}t \tag{8-44}$$

因此

$$\rho_a\left(\frac{dq}{dt}\right)=K_F a_V(c-c^*) \tag{8-45}$$

式中：ρ_a 为吸附剂的填充密度；K_F 为传质系数；a_V 为固定床单位体积的外表面积；c^* 表示与吸附量 q 相平衡的流体相中的吸附质浓度。由于为优惠型吸附等温线，在经过一段时间后，波形不再变化，即浓度波上任一点所表示的吸附量与相应流体中的吸附质浓度之间成比例而为定值，故

$$\frac{q}{c}=\frac{q_0}{c_0} \tag{8-46}$$

其中下标 0 表示入口状态。将此式代入式(8-45)后可导得

$$\rho_a\frac{dq}{dt}=\rho_a\frac{q_0}{c_0}\cdot\frac{dc}{dt}=K_F a_V(c-c^*) \tag{8-47}$$

以破点和饱和点作为积分上下限，对此式积分得

$$t_A=t_E-t_B=\frac{\rho_a q_0}{K_F a_V c_0}\int_{c_B}^{c_E}\frac{dc}{c-c^*} \tag{8-48}$$

式中：下标 E 表示饱和点，B 表示破点；t_A 为负荷曲线通过传质区长度的时间。因此可计算传质区长度 Z_a 为

$$Z_a=\frac{u}{\varepsilon+\rho_a\left(\frac{q_0}{c_0}\right)}\cdot t_A=\frac{u}{\varepsilon+\rho_a\left(\frac{q_0}{c_0}\right)}\cdot\frac{\rho_a q_0}{K_F a_V c_0}\int_{c_B}^{c_E}\frac{dc}{c-c^*} \tag{8-49}$$

式中：u 为流体的空塔速度；ε 为床层的空隙率。因为 $\rho_a\frac{q_0}{c_0}\gg\varepsilon$，故

$$\frac{u}{\varepsilon+\rho_a\left(\frac{q_0}{c_0}\right)}\approx\frac{uc_0}{\rho_a q_0}$$

因此

$$Z_a=\frac{uc_0}{\rho q_0}\cdot\frac{\rho_a q_0}{K_F a_V c_0}\int_{c_B}^{c_E}\frac{dc}{c-c^*}=\frac{u}{K_F a_V}\int_{c_B}^{c_E}\frac{dc}{c-c^*} \tag{8-50}$$

一般地，式(8-48)中的定积分部分可通过图解积分法求出，$K_F a_V$ 可通过实验测定或通过理论计算。求出 Z_a 后就可计算出床层的动态吸附容量，以获得可吸附时间或求出所需的吸附剂床层高度。

(2) 线型吸附等温线负荷曲线。对于线型吸附等温线，例如低浓度吸附质的吸附过程，在流速不太小的情况下，可按如下过程导出其负荷曲线。

首先考虑在传质区内微元高度 dZ 内建立物料平衡：

$$uA\,dc\,dt+\rho_a A\,dq\,dZ+\varepsilon A\,dc\,dZ=D_L A\,d\left(\frac{\partial c}{\partial Z}\right)dt \tag{8-51}$$

式中：D_L 为扩散系数。再经整理后，得

$$u\left(\frac{\partial C}{\partial Z}\right)_t+\rho_a\left(\frac{\partial q}{\partial t}\right)_Z+\varepsilon\left(\frac{\partial C}{\partial t}\right)_Z=D_L\left(\frac{\partial^2 C}{\partial Z^2}\right)_t \tag{8-52}$$

右边项表示因轴向混合而引起浓度变化的部分。在流速不太小的情况下，该项的影响可以忽略。对此式结合边界条件、线性平衡关系和式(8-47)等进行变换后可推导出如下计算吸

附负荷曲线的计算式：

$$\frac{c}{c_0}=\mathrm{e}^{-X-T}I_0(2\sqrt{XT})+\int_0^T I_0(2\sqrt{XT})\mathrm{d}T \tag{8-53}$$

式中：$X=\dfrac{K_F a_V Z}{u}$；$T=\dfrac{K_F a_V t}{H\rho_a}$；$I_0$ 为虚数为零次的贝塞尔函数；H 为吸附平衡的亨利系数。

虽然通过上述或者更为复杂的计算能够获得吸附体系传质区长度等吸附器设计的关键参数，但由于影响吸附过程的因素很复杂，一般计算的准确性较差，因此固定床吸附器的设计往往是根据小试结果来进行的。在小试中，使用小直径的吸附柱、与工业应用相同的吸附剂在相同的流体流速下测定其负荷曲线，求出传质区长度，按传质区长度相同的原则来设计工业装置，即决定吸附床层的高度和吸附操作的持续时间。有关床层流体力学方面的问题与一般固定床相同。

8.4.5 吸附剂的再生

作为一个实际应用的分离工艺流程，除了部分特殊情况外，经过一次吸附的吸附剂都需要重复使用，才能使得操作在经济上有吸引力。因此，在吸附分离过程中需要一个操作步骤，将吸附在吸附剂上的吸附质解吸下来，从而一方面使吸附剂恢复对吸附质的吸附能力，另一方面回收了被吸附的吸附质。所以吸附剂的再生操作或称脱附操作，对于吸附分离过程的实现是非常重要的。在许多情况下，再生过程的费用决定了吸附分离过程的经济性。

由于吸附剂的再生过程主要是将已吸附的吸附质从吸附剂上解吸下来，这一过程本质上是吸附过程的反过程，因此，其原理与计算方法原则上与吸附类似，只是传质方向不同。

根据多组分吸附平衡性质，提高温度、降低组分分压、通入竞争性组分都可导致已吸附组分的解吸。由此，工业上使用的吸附循环的基本流程有以下几种。

1. 变温吸附

变温吸附循环过程是利用吸附与脱附过程在两个不同的温度下进行操作，利用吸附剂在两个温度间的吸附量的差异来进行循环的。通常实施时，吸附在常温或低温下进行，待操作进入再生脱附阶段时，对吸附床层加热至较高的温度，一般还要通入惰性气体将解吸的吸附质带出。脱附结束后，将吸附剂冷却到吸附操作温度，进入下一个操作循环。一般来说，与其他影响吸附容量的因素相比，温度的影响是最显著的。采用升温脱附的方法一般能使吸附剂得到相当彻底的解吸，并且容易得到高浓度的脱附物。但在工业生产上，大的吸附剂床层的升降温是很慢的，因而采用变温吸附使得吸附剂的生产强度较低。此外，多次的升降温循环对于一些吸附剂的孔隙结构会产生烧结等不利影响，缩短吸附剂的寿命。考虑到这些优缺点，通常变温吸附适用于吸附平衡受温度影响大的体系、要求净化度高的体系、低浓度杂质吸附净化等过程。

2. 变压吸附

变压吸附循环是在两个不同的压力下进行的。吸附操作在高压下进行，脱附操作在低压下进行，利用吸附质分压的不同来完成循环，因此一般仅用于气体分离。该过程的特点在于压力的变化相对于其他参数的变化来说要迅速得多，因此吸附剂的生产强度较大，操作也较方便，60 年代以来获得了迅速的发展。由于压缩气体的机械功与热能相比代价更大，因此该法一般适用于有高压气源的场合，尤其适用于产品回收率要求不高，进料气体价格较低并有一定压力的过程。近来也有在低压环境中应用，在真空下脱附再生的报道。

3. *冲洗吸附*

冲洗吸附是用惰性流体（气体或液体）冲洗吸附剂床层，从而降低了床层内与吸附剂接触的流体相中的吸附质分压或浓度，使得吸附质解吸的流程。显然，为了能经济地运行，除特殊情况之外，如脱附物不需回收、冲洗剂价格便宜又无污染或产品就是吸附剂的冲洗剂溶液等，都需对含吸附质的冲洗剂溶液进行诸如精馏、结晶、萃取等二次分离，流程长、费用高。但该法能得到较高纯度的重组分，而且循环速度较高，吸附剂的生产强度较大。该法在液相吸附循环中比较常用。

4. *顶替吸附*

与冲洗吸附不同，顶替吸附的脱附过程是用强吸附质通入吸附床层内，利用它与已被吸附的吸附质之间在吸附剂表面上的竞争吸附将其置换出来。与冲洗吸附一样，它也需要二次分离过程。此外，由于脱附结束后，吸附剂被顶替剂所饱和，还需对此进行解吸处理。该法比较适用于热敏性的较强吸附质的分离过程。

对于顶替吸附来讲，顶替剂的选择是一个关键。顶替剂于吸附剂之间的作用应和进料中最强的吸附质与吸附剂间的作用相当。过高，吸附剂的吸附容量利用率降低、回收率下降；过低，则成为冲洗脱附，使顶替剂用量大增，影响重组分产品浓度和经济效益。

8.4.6 新型吸附分离过程

1. *移动床与模拟移动床吸附*

吸附工艺与吸收、精馏等传统工艺相比，其最大的不同在于它采用了固体吸附剂作分离介质。由于固体本身的限制，通常连续运转是很困难的。因此吸附操作只能间歇进行，严重影响了装置的经济性和分离效率。为此，人们一直在研究开发能连续高效运行的吸附工艺。移动床和模拟移动床吸附就是两个例子。

顾名思义，移动床吸附就是吸附床层移动的吸附。与一般的固定床吸附不同，移动床吸附器内的吸附剂床层依靠某种动力而移动。最一般的是模仿吸收过程，使吸附剂与流体相向流动，逆流接触，随后被吸附质所饱和的吸附剂离开吸附器进入再生器再生后，再循环补充到吸附器内。50 年代前后，世界上建立了几套移动床吸附装置以用来吸附分离焦炉气中的乙烯。在这些装置中，吸附器从上到下被分为吸附段和解吸段。吸附剂活性炭从吸附器顶部加入并靠重力作用由上而下移动，焦炉气则从吸附段下部引入。吸附 C_1、C_2、C_3 等碳氢化合物的活性炭在向下移动的过程中被汽提解吸段活性炭受热释放的烃类气体置换。在此精馏段，内各气体组分按吸附能力的强弱分别排出而得到精制。热的活性炭到达吸附器底部后在吸附器外用气体提升至吸附器顶部，经冷却后再进入吸附段。

此类移动床吸附的优点是吸附剂自上而下连续移动，原料气也连续稳定地从适当部位进入吸附器内，所获得的轻重组分在吸附器的不同位置连续放出，这样，在吸附器内形成了稳定的浓度曲线，成为与精馏、吸收一样的连续稳定操作。这类工艺具有生产强度高、原料利用率好、产品质量稳定、过程易于自动控制等优点，在 50 年代前后受到了较多的关注，但在随后并没有大量的装置建成投产，这是因为它也存在严重的缺点：最主要的是由于吸附剂的不断循环，吸附剂磨损严重，导致吸附剂消耗较大，而且因此影响产品的质量。此外，大量吸附剂固体的循环对装置的操作也带来了不便。

针对移动床吸附器的缺点，在 20 世纪 60 年代美国 UOP 开发了模拟移动床技术，称为“Sorbex”。在模拟移动床中，吸附剂本身不再移动，而原料的进料口、各产品和冲洗剂的进出口按顺序不断在吸附器上移动，相当于吸附剂颗粒的移动，再生方法则采用冲洗剂循环流动。模拟移动床中原料、各产品和冲洗剂进出口的移动在实际装置中是通过定期起闭切换吸附塔各塔节的进出料和冲洗剂的阀门，从而使各液流进出口的位置不断变化（图 8-47），相当于吸附剂在吸附塔内移动。在阀门未切换时，对每个塔节而言是固定床间歇操作，当塔节很多和阀门不断地切换时，吸附塔就可被视为连续操作的移动床。为了保证冲洗剂在吸附塔内的循环流动，并使各进出物料在整个吸附塔内造成循环，需用可精密调节流量的精密计量泵。在此情况下可将吸附塔视作环形的塔进行操作，各种吸附、一精制、解吸、二精制操作将沿着“环形”的塔不断循环工作。例如，模拟移动床分离混合二甲苯的过程。吸附柱被分成 24 个塔节，其中吸附段占 9 节，一精段占 8 节，解吸段占 4 节，二精段占 3 节。在图 8-47 中，冲洗剂、抽余液、原料和抽出液的进出口分别为 3、6、15、23。经过一定时间后，由于旋转阀的转动，这四个口一起向上移动一节，即成为在 2、5、14、22 节处进出。由于液流进出口的向上移动，相对地就产生了与液体进出口固定而吸附剂向下移动相同的效果。这样，通过旋转阀的定时转动，依次向上移动液体进出口（当达到塔顶后转到塔底第 24 节），实现流体与吸附剂的逆流操作。显然，吸附塔分节数越多，液体进出口位置切换的时间越短，模拟移动床越接近普通移动床的连续逆流操作。但从模拟移动床中所得到的抽出液、抽余液都需经过精馏等方法作进一步的分离，以从中获得冲洗剂和轻重组分产品。冲洗剂重新进入吸附塔，因而与普通吸附过程相比较为复杂。

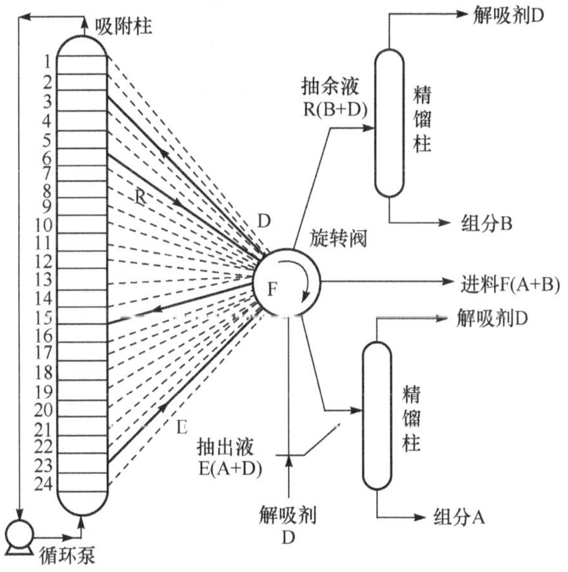

图 8-47 模拟移动床操作示意图

模拟移动床一般用于液相难分离体系，特别是异构体的分离过程。工业上应用的主要有：从混二甲苯中分离对二甲苯、从混二乙苯中分离对二乙苯、从烷烃混合物中分离正构烷烃、C_8～C_{18}烷烃与烯烃的混合物中分离烯烃以及从葡萄糖与果糖的混合物中分离果糖浆液等。

2. 变压吸附

在吸附剂的再生部分已经介绍了利用吸附与脱附压力的不同来形成吸附分离循环的变压

吸附概念。由于压力的变动与其他参数相比比较迅速，吸附剂的生产强度较大，特别适用于大量气体的分离。原则上变压吸附只需两个关键步骤：吸附与降压脱附，和一个辅助步骤：充压。但仅采用这三个步骤的变压吸附循环，无论是产品的质量还是回收率都不能满足要求，因此只是在 1958 年开发出 Skarstrom 循环后，变压吸附才逐渐成为一种广泛应用的气体分离技术。

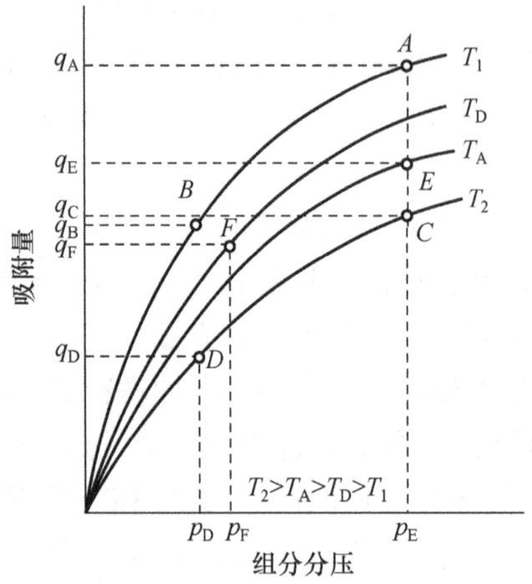

图 8-48　典型吸附量与组分分压之间的关系

在不同温度下，吸附等温线的斜率不同，随着温度的升高，吸附等温线的斜率减少(图 8-48)。当吸附组分的分压维持一定时，温度升高，吸附容量沿垂线 AC 变化，A 点和 C 点吸附量之差 $\Delta q=q_A-q_C$ 为组分的解吸量。如此利用体系温度的变化，进行吸附和解吸的过程称为变温吸附(thermal swing adsorption，TSA)。如果在吸附和解吸过程中床层的温度维持恒定，利用吸附组分的分压变化吸附剂的吸附容量相应改变，过程沿吸附等温线 T_1 进行，则在 AB 线两端吸附量之差 $\Delta q=q_A-q_B$ 为每经加压(吸附)和减压(解吸)循环组分的分离量，如此利用压力变化进行的分离操作称为变压吸附。如果要使吸附和解吸过程吸附剂的吸附容量的差值增加，可以同时采用减压和加热方法进行解吸再生，沿 AD 线两端的吸附容量差值 $\Delta q=q_A-q_D$，则为联合解吸再生，在实际的变压吸附分离操作中，组分的吸附热都较大，吸附过程是放热反应，随着组分的解吸，变压吸附的工作点从 E 点移向 F 点，吸附时从 F 点返回 E 点，沿着 EF 线进行，每经加压吸附和减压解吸循环的组分分离量 $\Delta q=q_E-q_F$ 为实际变压吸附的差值。因此，要使吸附和解吸过程吸附剂的吸附量差值加大，对所选用的吸附剂除对各组分的选择性要大以外，其吸附等温线的斜率变化也要显著(即等温线的曲率要大)，并尽可能使其压力的变化加大，以增加其吸附量的变化值。为此，可采用升高压力或抽真空的方法操作。

在变压吸附分离中，尤其是大型的工业装置，必须在保证产品纯度的同时，提高产品的收率，加大装置的处理能力和产量，减少单位产品气体的吸附剂用量，并降低处理单位原料(或单位产品)的能量消耗。因此，在改善变压吸附操作中，首先要考虑影响过程的一些不利因素，并尽可能回收利用床层间隙和吸附塔接头管道中死空间内的气体量。简单的单塔或双塔流程，当降压时，这部分死空间内的压缩气体就要被损失掉。循环的压差越大，损失越大。因此，要提高变压吸附的经济性，就要设法提高过程的回收率。提高变压吸附过程回收率的关键在流程上就是回收死空间内的气体。工业上应用的大型变压吸附装置正是出于这种考虑，大多采用多塔流程。在这类多塔流程中，原始的降压脱附过程被分成多个均压、清洗过程，尽可能地回收利用吸附塔死空间的气体资源，从而达到提高回收率的目的。例如常见的四塔流程，一般最少由如下七个操作组成：吸附、均压、顺向放压、逆向放压、吹扫、一段升压、二段升压。以 A 塔为例，在吸附阶段，原料气在吸附压力下通过吸附剂床层，在破点尚未到达前结束。所得轻质产品气作为产品，部分轻质产品用于塔 D 的升压，以将其压力从一段升压压力升到吸附压力，随后进入均压阶段，同时塔 D 进入吸附阶段。在均压阶段，将塔 A 与解吸完毕的塔 B 相连，使塔 A 的压力下降一半，同时使塔 B 的压力从吹扫压力升到一段升压压力。在此过程中，充分利用了塔 A 死体积内的高压气体。由于在吸附阶段，操作结束时，在出口端尚有部分床层未被利用，具有相当的吸附能力，在这阶段从塔 A 流入塔 B 的气体中轻组分含量要高于原料气，有利于保持已再生完毕的塔 B 床层的吸附剂的处理能力。均压结束后，塔 A 继续降压，所排出的气体通入已逆向放压到最低压力的塔 C，对其吸附剂床层进行吹扫。该操作持续到塔 A 的浓度波前沿刚到达床层出口端为止。顺向放压结束后，进行逆向放压，即通过床层吸附入口端向外排放气体以进一步降低压力。在此过程中，部分吸附质被脱附下来。逆向放压结束后，塔 A 进入吹扫阶段。用塔 D 的顺向放压的气体吹扫塔 A，使塔 A 内残余的吸附质被清除干净，床层得以再生。之后，塔 A 再通入塔 B 的均压气体进行一段升压，接着再通入塔 C 的部分产品气体进行二段升压，再进入下一循环(见图 8-49)。这些操作步骤都是为了利用吸附和解吸各阶段的部分气体，以回收能量，稳定气体产品的产量和质量。如要进一步提高产品的回收率，在其他条件相同的情况下，可以考虑增加均压的次数，使塔的压力变化更平缓。为此，需要增加塔的个数。在工业上就出现了十塔流程的变压吸附装置。

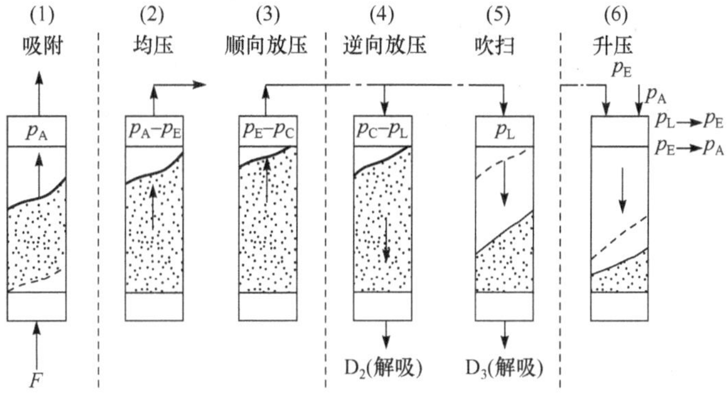

图 8-49　UCC 法四塔变压吸附循环单塔示意图

上述变压吸附装置是以取得高纯度的轻质产品为目的的，如从合成氨尾气中获得高纯度的氢气、从空气中获得高纯度的氮气、空气的干燥等。这些过程的重质产品的纯度很低，一般作为废气处理。当对重质产品的纯度要求较高时，或以重质组分作为分离的主产品时，流程安排将不同。一般在此情况下，采用真空解吸较为有利。例如从转炉尾气中回收一氧化碳、二氧化碳等。

变压吸附装置一般都是由自动控制装置控制的，在正常情况下可以不要人工干预。但是由于变压吸附装置的阀门切换操作十分频繁，对阀门的可靠性、密封性有较高的要求。

变压吸附操作在气体的主体分离中有较多的应用。在这类应用中，由于涉及的吸附量较大，床层的温度和流体在塔内的流速将不再恒定，计算过程比较复杂。

3. 参数泵吸附

参数泵吸附分离是一种流体混合物在固定吸附床内借助于分子运动的分离方法。它利用流体混合物在热力学参数同步改变下在吸附剂床层内上下流动，配合溶质的吸附和解吸，使溶质沿床层移动分离，不需要外加解吸剂和冲洗剂。操作的基本原理是利用影响体系平衡的热力学强度因素(如温度、压力、磁场、电场、pH 和化学位等)的变化，使固定相的持留容量相应增加或减少。例如，在操作的半个循环周期内，热力学参数减弱，混合液中的溶质持留于固定相上，混合物流动相利用泵的作用力使之同步向下移动；在另半个循环周期内，热力学参数增强，原持留于固定相上的溶质释放，流动相由柱底泵同步使溶质向上移动，溶质上升至床层的某一段距离，待下一循环的半周期热力学参数减弱，溶质持留于床层较高的距离。热力学参数和流动相的上下流向偶合同步变化，经过若干周期后溶质在床层的上部不断浓缩，随流动相上升自柱顶放出。另一种溶质的相平衡关系受热力学参数变化的影响较小，则在柱底增浓排出，而达到分离的目的。如果流动相只作单向流动和影响体系持留量的热力学参数相偶合,称为循环区域分离。变压吸附分离是利用气体组分的压力作为影响体系平衡的热力学强度因素,所以变压吸附也是参数泵吸附分离的一种。如果吸附剂对温度的变化敏感,温度改变时,吸附剂的吸附容量相差较大。当以温度为影响体系的热力学参数时,则为热参数泵吸附分离。此种技术的优点是设备简单、容易控制,对于液相混合液的分离利用溶液本身内的溶剂作为解吸剂(不外加解吸剂),既避免了产物的稀释,又解决了选择解吸剂的困难。吸附柱的加热温度可以控制在70～80℃,利用低温热源作推动力,既可回收废热(或低温热源)的热量,又可避免热敏性物质的分解。虽然所用的总热量与精馏过程近似(1.39～2.09MJ/kg产品),但因所用的是低温废热,故是节能的。困难在于选取对温度敏感的吸附剂,体系加热和冷却的温差小,吸附剂的热阻大,大型的热参数泵吸附分离装置工业化不太容易,除了用于水脱盐的"Sirtherm"过程外,其他未见有大规模工业化应用的报道。

除了温度之外,溶质在两相之间等温下平衡分配的关系还受到许多热力学参数的影响,例如离子强度、电位势、磁场强度、化学位和压力等。随这些热力学参数的变化,可通过偶合流动相流向的变化达到分离的目的。在选用这些热力学参数时,要参照被分离混合物的状态以选用合适的热力学参数。

总的来说,参数泵目前尚处于实验室研究阶段,理论研究已比较成熟,但实际应用存在许多技术上的困难。

8.5 热扩散简介

8.5.1 基本原理及其机理

在一个均匀的气体或液体混合物中建立稳定的温度场,此时溶液中会出现相对分子质量较轻的分子向热端漂移的现象,直至最后建立稳定的浓度场。利用上述原理分离均相混合物的技术称作热扩散。

热扩散是这样发现的:在倒置的U形管内充满在0℃下饱和的硫酸钠溶液,然后使一端维持在0℃、另一端则浸没在沸水(100℃)中,如此放置几天后,发现在冷端结出了硫酸钠结晶。它明显地呈现了在均相液中的热扩散现象。溶液中钠离子、硫酸根离子和水分子的相对分子质量分别为23、96和18。较重的硫酸根离子在稳定的温度场中流向冷端,水分子则反之。于是又形成了稳定的浓度场。由于溶液是饱和状态,所以,在冷端就出现了硫酸钠结晶,达到了溶质硫酸钠与溶剂水分离的目的。

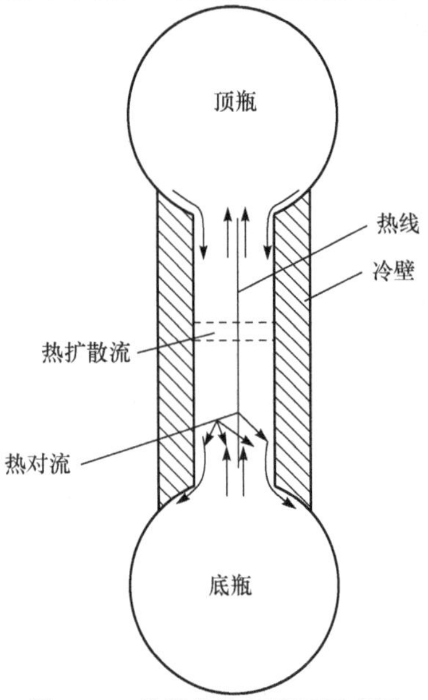

图8-50 热扩散装置原理示意图

1938年,凯休斯(Chesius)和狄克尔(Dickel)报道了利用稳定的温度场以及对流现象可引起溶液中两种不同质量的分子分离的串联效应。即使在十分简单的装置中,所达到的分离程度也十分显著。装置如图8-50,在管壁上设有冷却装置的垂直向上的圆管,两端各连接一圆形烧瓶,管中心轴线的位置上装有一根电热丝。在这种装置中,其一,冷的管壁和轴线上的热线之间建立了温度场。恒定的温度梯度将导致气体中较轻的组分分子向热线方向漂移,形成由管壁向轴中心线的径向流动;其二,温度梯度的存在又造成物流密度的不同。热线附近的气体将由于密度变小而向上流至管上端的烧瓶内；冷管壁附近的气体则反之。这样就形成了与由热扩散所引起的物质流方向呈法向的冷热气体之间的对流。最后，向热区移动的较轻的物质将由于热线附近的热对流而向上流动直至顶瓶并浓缩；同样，较重的组分则环流至底瓶聚集浓缩，如此形成高低不同的环流就能在顶瓶和底瓶处分别获取轻重组分。实验者曾用这种结构分离获得了高纯度的同位素氯，引起了人们的足够注意。二次世界大战期间，还用本法分离同位素铀。至今已进入工业实用阶段。

上述原理所进行的分离过程实质上是一个分离因子(或分配系数)很小的气相逆流萃取过程。但一般的萃取过程有明显的不同化学性质的两相，而热扩散仅以温度高低不同来区分在化学性质上并无严格区别的两相，传质推动力也低得多。可以将其传质速率方程表达为

$$J_1=\rho\left[\frac{D_T}{T}\frac{\partial T}{\partial r}-D\frac{\partial x}{\partial T}\right] \tag{8-54}$$

式中：J_1 为组分 1 的传递速率，mol/(s·cm^2)；x 为组分 1 的摩尔分率；T 为热力学温度，K；r 为径向距离，cm；ρ 为密度，mol/cm^3；D 为扩散系数，cm^2/s；D_T 为热扩散系数，它是系统各组分的函数。为简化计算，可将它写成

$$D_T=D\alpha x(1-x) \tag{8-55}$$

将它代入式(8-54)，可得

$$J_1=D\rho\left[x(1-x)\frac{\alpha}{T}\cdot\frac{\partial T}{\partial r}-\frac{\partial x}{\partial T}\right] \tag{8-56}$$

式中：α 为热扩散常数。显然，它将决定热扩散所能达到的分离程度。由其定义可知，它与系统的温度、压力和组分浓度无关，本质上取决于作用于分子间的力，即分子间的电子结构。

热扩散的理论研究包括两个方面：

(1) 提出各种气相分子和液相分子的电结构模型，企图说明最基本的热扩散行为，以及获得热扩散常数 α 的值。例如，对于气体混合物，热扩散常数 α 可归纳为下式

$$\alpha=\frac{105}{118}\cdot\frac{M_2-M_1}{M_2+M_1}K_T^* \tag{8-57}$$

式中：M 为相对分子质量，下标 1、2 分别为组分数；K_T^* 为热扩散比，即热扩散常数的实验值与所设分子模型的理论值之比。对刚性圆球模型来说，$K_T^*=1$；对其他模型如反向斥力型、斥力-吸力型等，K_T^* 值为 0.2～0.6。单级热扩散所获得的分离极限程度也可直接由式(8-56)导出

$$\ln\frac{x_h/(1-x_h)}{x_c/(1-x_c)}=\alpha\ln\frac{T_h}{T_c} \tag{8-58}$$

式中：下标 h 和 c 分别指热线与冷壁。该式有时也用来测定 α 值。

(2) 试图将速率表达式和三传基本原理相结合来解决工程应用问题。在扩散柱中，某组分的传质速率方程可描述为

$$\tau=Hx(1-x)-(K_c+K_d)\frac{dx}{d_z} \tag{8-59}$$

式中：τ 为在柱中某组分的轴向传质数，mol/s；Z 为轴向柱高；H、K_c 和 K_d 称作柱的传递系数，取决于混合物物理性质、塔的几何形状和温度。

8.5.2 热扩散的应用实例

由上所述，热扩散法是基于分子间相互作用力、分子大小和结构形式的不同而存在的。

它作为实验室研究工具和工业实用都有一定的价值。其静态分离器可提供热扩散效应所需的最基础的数据，作为进一步的理论研究和连续式分离柱的入门。本技术的特点是不存在相变化和无需加入任何反应剂，但分离因子小，利用这一特点，在精细化工和药(生)物化工中可以使化学性质十分相似即很难分离的混合物(如同位素)得到分离；也可以使药(试)剂得到浓缩或净化并无改性之虞。近年来，还有采用此法分离高黏度润滑油获得了工业应用的价值。

现就已付诸于工业化的同位素分离作为一例，美国橡树岭国家实验室在 1956 年曾对分离惰性气体^{85}Kr 进行研究。采用热扩散法获得的浓缩^{85}Kr 可从 3.6%提高到 15%(单程)或 40%(双程)。其主体设备的外貌酷似普通的热交换器。其中热扩散柱由间距很小，并排列在与之垂直的同一平面上的管子束组成。每根管子长 2～2.5m、内径 ϕ18mm，管内再设外径为 11.2mm 的同心圆加热管，共 36 根。每根管的顶端和另一根管的末端用 ϕ3.2mm 的铜管相连，形成总长约 85m 的热扩散柱。环隙空间充满待分离气，逆流相由沿着热管壁上升的热气流和沿着冷壁下降的冷气流组成。稳定生产时，这两种气流层各自朝着相反方向形成连续的对流循环层。其间，热扩散所造成的沿温度梯度方向较轻的分子向热区漂移的现象，又出现了径向的轻重组分相向的热扩散流。最后，在管两端达到浓缩的效果。实践证明，多数情况下圆柱体同心柱比平行板式更为实用。

同位素^{85}Kr 的提浓工厂生产流程示意图绘于图 8-51。气体的输送由串联在扩散柱始末的风箱式脉冲泵来完成。每 15min 可以循环一次，输出或输入的量约为 50mL 气体。每 36 根管子为一柱束组，装在长 2.5m、直径 0.25m 的外壳内。在不同的管柱间还装有四只盖革计数器，以监察放射性同位素并进行连续的测量和标绘。底部还设有能屏蔽 γ 射线的水泥槽，槽内装有液氮冷阱，在低温下可将气体从扩散柱中抽出或输入。

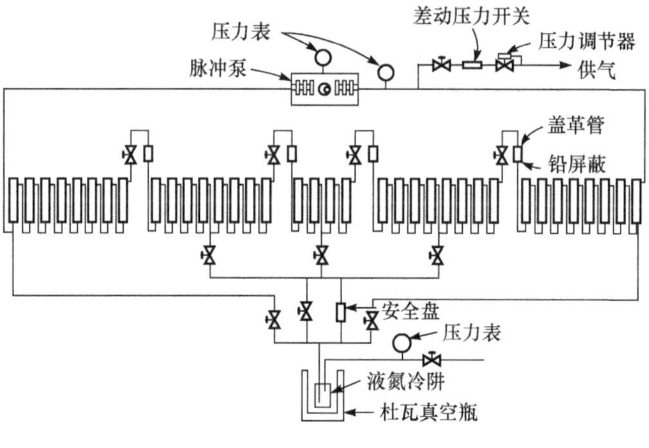

图 8-51　36 管热扩散柱流程示意图

对于裂变所产生的氪气，该组扩散柱束在运行正常并达到平衡时，不同的同位素将沿着该系统的柱长进行分配，所得结果示于图 8-52。以^{85}Kr 为例，如果把中心四根柱所含气体从系统抽出(在 0.1MPa 下约 1L)，其浓度可达 15.8%(质量分率)。抽 8 根气量可增加一倍但浓度显然下降(12.5%)。

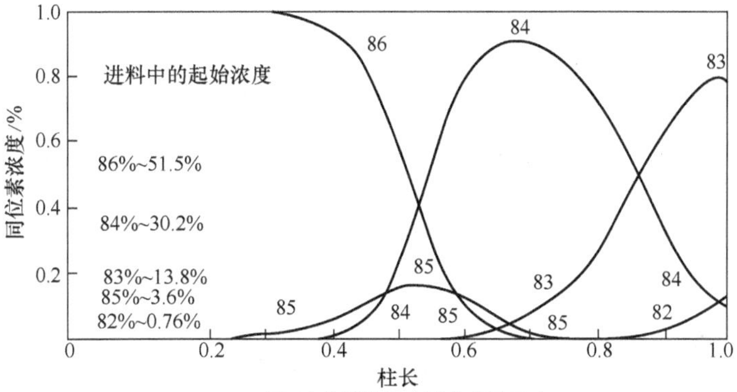

(a) 平衡时,热扩散柱中同位素的分布

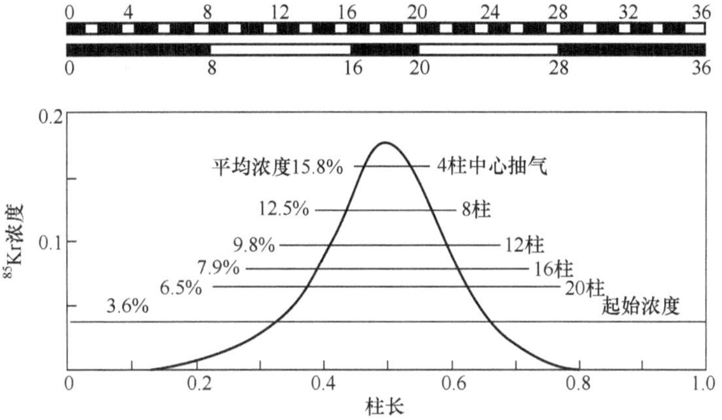

(b) 平衡时,热扩散柱中^{85}Kr的分布

第一流程的进料含^{85}Kr 3.6%,图中所示^{85}Kr平均浓度由不同柱长的中心抽气得到

图 8-52　36 管热扩散柱的浓度分布

8.6　耦合技术

传统的化学工程方法是研究单元过程和操作以及它们的优化,但是两个或两个以上不同性质的分离过程自身或与反应过程的耦合,有时会产生单个过程简单加和所达不到的功能。过程耦合实际上是一种组合技术,如果使得原来单个的稳态的操作变成耦合的局部非稳态的操作,会使之不再停留在简单的叠加或串联上,产生大大改进反应和分离的效果。例如,将膜技术与其他技术交叉组合,构成膜萃取、膜蒸发、亲和过滤、反应膜分离等。在众多组合中,可以利用分离过程各自的优点,也可以利用高选择性甚至具有催化剂功能的渗透膜,把有机物的转化反应与分离技术组合起来,或达到不断移走产物,提高反应转化率和选择性,或使热量得到充分利用,或省却后续设备及管道等达到高效节能的目的。当然,过程耦合会遇到一些技术上的问题,例如发酵过程与分离技术在线结合时,必须选择合适的溶剂、材料和技术,不至于使发酵过程污染而危及菌种的情况发生。这就要求耦合过程中,结合处理对象的体系的特殊性,对耦合的过程能扬长抑短地有机地结合起来,最后,把特殊性上升为共性,直至形成系列的化工过程耦合技术。近年来,耦合蒸馏、反应膜分离以及发酵分离耦合技术等都见于报道。尽管它们的工业化技术还不尽完善,但是,作为近年迅速发展的一种新颖组合技术,它有着十分大的潜在优势。过程耦合作为化工系统综合领域的一个分支,将对降低能耗和物耗,实施清洁工艺起到十分关键的作用,前景十分看好。

8.6.1 耦合蒸馏

它以蒸馏操作为主体过程，并结合其他过程同时进行，旨在节能与优化，已发展了多种组合：反应精馏（与化学反应）、催化精馏（与催化反应）、吸附精馏（与吸附分离）和膜蒸馏（与固膜分离）等。

其中，反应精馏最早被人们所接受，并实现了工业化。从酯化开始，已扩展到酯交换、皂化、胺化、水解、异构化、烃化、卤化、脱水、乙酰化和硝化等反应。把反应器和精馏过程结合起来，使得设备投资和运行费用明显降低，通过精馏作用移走反应产物，又提高了产品的得率和过程的选择性。它特别适合于有机合成反应，难分离的物系分离等。现以反应精馏的工业实例作一简单的介绍。

图 8-53(a)画出了反应精馏的一种原则流程。该流程用于乙醇和乙酸在浓硫酸催化下生成乙酸乙酯和水的酯化反应。实际运行时，以塔中部为反应段，不断生成的低沸点的酯、水、醇三元共沸物从塔顶出(C)，重组分水从塔底出(S)。生成物的不断移出，使反应不断得以进行，增大了反应的转化率。

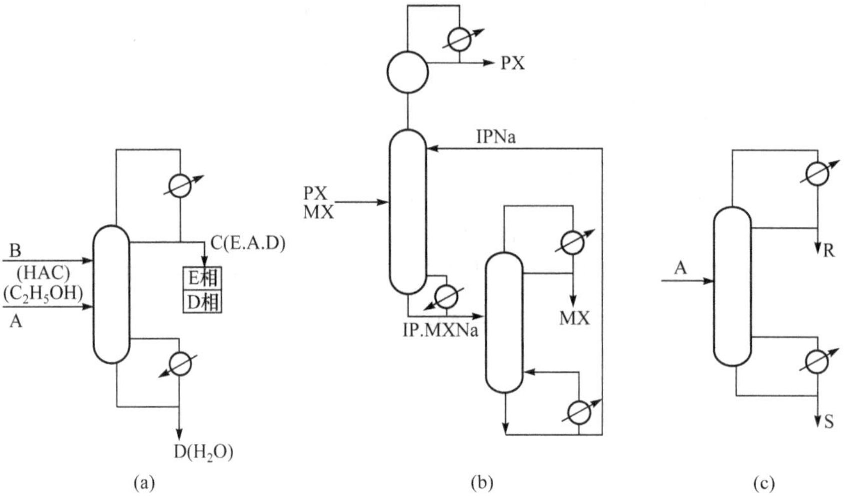

图 8-53 耦合蒸馏

这一方法还可用于难分离物系如间、对位二甲苯混合物的分离。异丙苯钠(IPNa)可和间二甲苯(MX)发生反应，也可与对二甲苯(PX)产生串联反应，如下

$$\text{IPNa}+\text{PX}=\!=\!=\text{IP}+\text{PXNa}$$

$$\text{IPNa}+\text{MX}=\!=\!=\text{MXNa}+\text{IP}$$

$$\text{PXNa}+\text{MX}=\!=\!=\text{PX}+\text{MXNa}$$

所以，利用双塔流程[图 8-53(b)]就可使得这对同分异构体得以分离。

反应精馏用于串联反应更有它独特的优点，对于反应

$$\text{A}\xrightarrow[T_1]{k_1}\text{R}\xrightarrow[T_2]{k_2}\text{S}$$

目标产物可以是 R 也可以是 S，视工艺要求而定，其原则流程为图[8-53(c)]。现以氯丙醇皂化得环氧丙烷为例，由于串联反应，环氧丙烷在碱性介质中水解生成丙二醇，属副反应。其反应式如下：

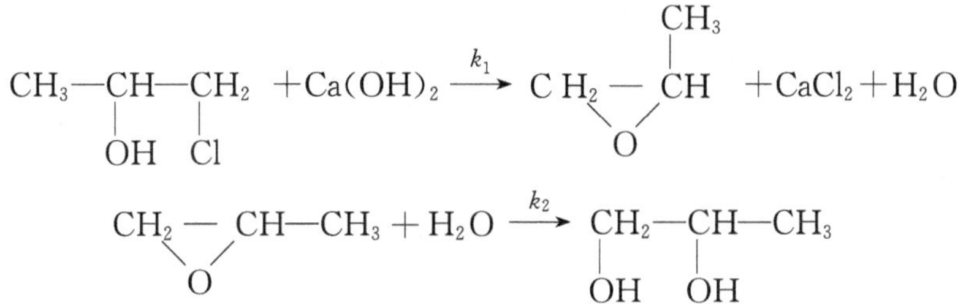

单独反应时，水解很严重，环氧丙烷收率仅 90%，采用反应精馏后，由于环氧丙烷很快从塔顶馏出，减少了它在串联反应中的消耗，得率提高到 98%。

8.6.2 发酵与分离耦合过程

近代生物技术的迅速发展，使得一门由化学、工程和生物三个学科相互渗透、密切结合而形成的边缘科学——生物化工脱颖而出。生物化工成为生物技术产业化的关键。单就生物产品的提取、分离和精制技术而言，当今生物技术产品成本高、缺乏与化学法相竞争的重要原因就是难度大、投资高、步骤多、收率低，很多生物反应体系中组分多而复杂，性质相近、产物浓度低，活性物质容易失活。上述原因种种往往会使得常用的一些单元操作如蒸馏、蒸发难以应用，这就希望针对处理体系的特性，开发出新型的高效的分离技术和工艺。

发酵和分离耦合过程就是近代生物化工领域内的热点之一。在发酵工业中，许多发酵过程都受到高浓度产物的内排阻力大，即产物反馈抑制效应，从而限制了产量和原料转化率的提高。如果在发酵的同时把部分发酵产物不断分离出去，就可既消除抑制反应，又简化产物的分离提取过程，一举两得。鉴于传统的酒精发酵，当乙醇浓度达到 11.4%时，酵母就停止进一步发酵。现在，用抽真空的办法，将易挥发的成分(乙醇)从发酵液中分离出来，达到边发酵边分离，可以使乙醇浓度高达 16%～20%，发酵速度也从原来的 7g/(L·h)提高到 40g/(L·h)。这一方法的成功大大开拓了思路，发展了一系列的耦合过程，如气提发酵、离子交换发酵和膜分离发酵等。

气提发酵是真空发酵的一种改进。企图改进因负压操作所造成发酵罐易染菌的缺点，采用惰性气体 N_2、H_2 或 CO_2 等将发酵罐中挥发性大于水的产物气提带出，含产物的气体经冷凝、吸附或吸收法分离出产物后，再经压缩返回发酵罐，如此循环气提。同样以发酵乙醇为例，发酵液中乙醇浓度可下降至 6%，而产品乙醇浓度可达 32%，有的甚至可达 40%～60%。可惜的是，上面两种方法或因真空或因 CO_2 等惰性气体都使发酵过程受到一些不好的影响。

萃取发酵是发酵与萃取两个单元联合起来，采用两种方式：原位和异位进行耦合的操作。萃取原位操作是在线操作，萃取就在发酵罐内同时进行。它的关键在于溶剂选择，希望分配系数大，选择性好，对微生物生理性能的影响小，如十二烷醇可用于乙醇发酵中。萃取异位发酵实际上是用产物易渗透的半透膜将发酵和萃取两个过程分隔开来。它的好处是对萃取剂影响发酵的要求比较宽松，也已用于乙醇发酵。图 8-54 画出了萃取原位发酵流程简图。

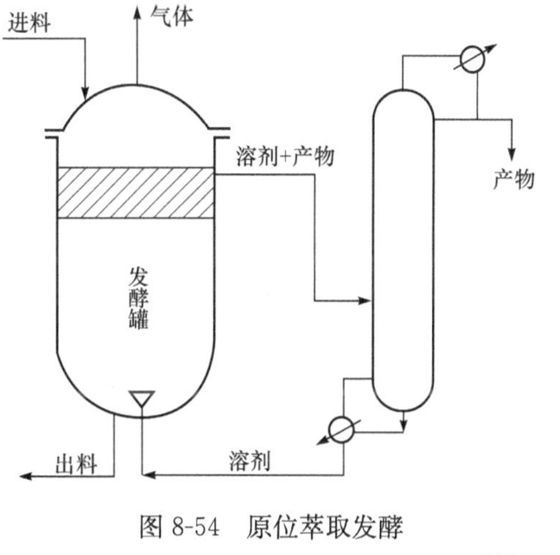

图 8-54　原位萃取发酵

近年，新分离方法的出现，常温下的操作条件使得这类操作的耦合趋向离子交换发酵和膜分离发酵耦合。前者又发展为原位和异位两种方式;后者有超滤细胞循环发酵、渗透汽化细胞循环发酵和中空纤维细胞固定发酵等数种。尽管两者在解决终产物抑制作用大的方面有较好的效果,但是在耦合过程中树脂与发酵液的分离,膜和树脂柱的污染以及发酵液的染菌等问题还有待完善解决。

综上所述,发酵和分离过程的结合将对发酵产率和速率都有很大的提高,优点是不言而喻的,尽管有些耦合过程还处于科研或准工业阶段,它们仍不失为一种很有前途的生物化工技术。

8.6.3 其他分离耦合技术

1. 渗透蒸发

由合成气直接合成的醇产物($C_1 \sim C_6$)是低碳醇和水的混合物,除甲醇外其余醇都和水形成共沸物,而不能用简单蒸馏分开。传统的方法用共沸精馏和萃取蒸馏等,但能耗大、且耗共沸剂或萃取剂,成本高。80年代,德国GFT公司取得了重要突破,推出商品用的聚乙烯醇复合膜,并在巴西建成了第一座采用渗透蒸发(pervaporation)技术的乙醇-水分离的小型示范厂,标志着这一技术趋于成熟。到90年代,这类脱水装置已建立了50多套,遍及欧美、日本和南非各地。

渗透蒸发的操作原理并不复杂,主要是利用有机高分子膜或无机膜的选择性透过水或醇(有机溶剂)来分离液体混合物。如图8-55所示,由渗透用膜将装置分成两个室,原料液进入其中的一室,能渗透过去的水分子通过膜渗透到另一侧室后,或由真空造成水在膜表面汽化,或由惰性气体吹扫,水挥发而带出,然后进入冷凝系统经水冷或液氮冷得到所分离的渗透产物(水)。具体实施中,原料侧在常压下,而产品侧以真空汽化为最经济有效,目前的装置几乎全采用这种方法,其能耗和操作费只有共沸蒸馏的三分之二。

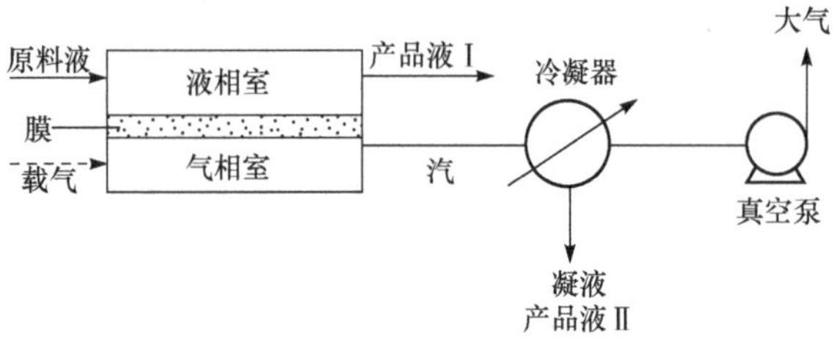

图8-55　渗透蒸发

从理论上讲,渗透蒸发过程的推动力是渗透组分的浓度梯度,渗透后靠真空冷凝造成的该蒸汽的分压差。因此,它的分离程度无限止,适合分离沸点相近的物质,特别是上述提到的恒沸物的分离。前期工作大都集中在优先水透过的分离膜上,近年来,开始致力于优先通过有机液体的分离膜的研究,但以乙醇-水分离为最成熟。它的优点是一次分离程度高,装置简单,操作方便,低能耗以及无污染等。它的关键是渗透膜的质量、膜的选择性能、渗透通量和抗污染能力,膜本身又是渗透蒸发技术工业化的关键。

2. 亲和超滤

传统的蛋白质分离纯化技术是采用盐析、等电点沉淀、离子交换、凝胶层析等一系列步骤,来获得高纯蛋白质产品。这种多步骤操作使得操作烦琐、费时,且产品回收率低。

亲和超滤(affinity ultrafiltration)是亲和层析与超滤两者的结合。它可从稀溶液中选择性地提纯生物大分子,充分利用了亲和层析中亲和载体与目标产物(如蛋白质)具有很好的生物及化学相容性,无需苛刻的操作条件就能避免产品的生物活性受损;改变亲和层析柱固定床的操作方式,使亲和作用在均相或微粒-液相体系中进行,吸附与洗脱扩散阻力小,所有亲和载体同时参加吸附或洗脱过程,载体利用率和过程传递速率大为提高,可实现大规模的操作。这样,既充分发挥了亲和层析的优点,又克服了层析柱阻力大,传质难,处理量小,放大不易的缺点。而要做到这一点,正是利用了超滤易于大规模生产,常温无相变的操作优点,弥补了超滤对相对分子质量相近的大分子生物无法分离的缺点。两者相辅相成,成为一个既有良好选择性又易于大规模生产的生物分离技术。

图 8-56 显示了亲和超滤的原则流程。在吸附池中,将连有特异性配基的载体(微粒或水溶性高聚物)于适当的流动状态下与目标产物(蛋白)粗提液混合,使载体选择性地结合目标蛋白,形成特大体积(相对分子质量)的复合物。混合液进入超滤器后,杂蛋白透过超滤膜被除去,复合物被截留并送进洗脱池。在洗脱池内,用合适的洗脱剂将目标蛋白从载体上分离下来,再经超滤器。此时,亲和载体被截留并经再生后循环使用,目标蛋白透过超滤膜而成为纯品产物。表 8-3 列举了采用间歇操作的亲和错流过滤纯化蛋白质的实例(黄瑞华等,2004)。

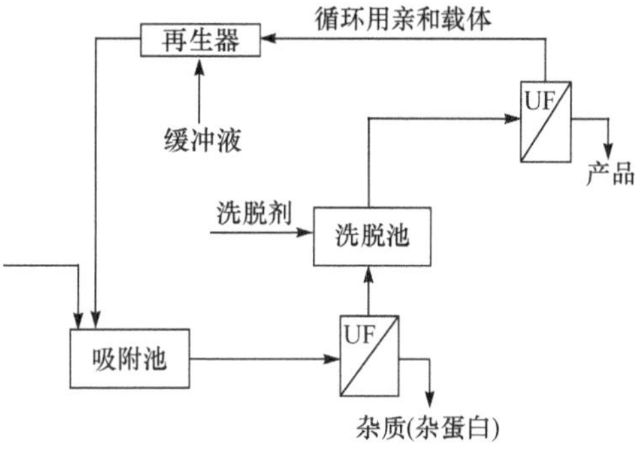

图 8-56　亲和超滤

表 8-3　亲和错流过滤纯化蛋白质的例子

目标蛋白	载　体	配　基	粒　径
	水不溶性载体		
乙醇脱氢酶	淀粉粒	Cibacron Blue	1～10μm
伴刀豆蛋白 A	酵母细胞	细胞表面糖基	5μm
β-半乳糖苷酶	琼脂糖珠	PABTG	—
生物素蛋白	脂质体	生物素	74nm
胰蛋白酶	脂质体	对氨基苯甲脒	21nm
乙酶脱氢酶	纳米硅胶	Cibacron Blue	12nm
HSA	琼脂糖珠	Cibaeron Blue	45～165μm
Lactoferrin	琼脂糖珠	肝素	45～165μm
Bovine IgG	琼脂糖珠	蛋白 G	45～165μm
Bovine IgG	链霉菌细胞	表面基团	1μm
	可溶性载体		
Δ5-4 酮甾醇异构酶	葡聚糖	雌二醇	M. W. 2×10^6
胰蛋白酶	葡聚糖	对氨基苯甲脒	M. W. 2×10^6
胰蛋白酶	葡聚糖	STI	M. W. 2×10^6
胰蛋白酶	聚丙烯酰胺	对氨基苯甲脒	M. W. $>1\times10^5$
尿激酶	聚丙烯酰胺	对氨基苯甲脒	M. W. $>1\times10^5$
马肝醇脱氢酶	聚乙烯醇	Cibacron Blue F3GA	M. W. $>2.7\times10^5$

显然,亲和超滤的技术关键是超滤膜和亲和载体,并以后者为主。对超滤膜的要求与一般的超滤相一致,保证载体复合物与杂蛋白、载体与目标蛋白之间的分离即可。合适的亲和载体必须有针对性地选择,可选择的载体有两种:水溶性与不溶性。不溶性载体采用各种水不溶性的微粒(小至微米级,甚至纳米级),如淀粉、琼脂糖、热杀死酵母细胞以及纳米硅胶粒子等。水溶性载体如葡聚

糖、聚丙烯酰胺、聚乙烯醇等。由于后者溶于水，亲和结合在均相中进行，不存在空间位阻，比在异相吸附更为迅速有效，只要其残留量不危及人体健康，就可优先于水不溶性载体采用。

上述两例仅是近十多年来准工业化或工业化的分离耦合技术中较成功的应用。根据这一思路，蒸馏吸附、膜萃取、萃取吸附、萃取浸取、膜吸收、离子交换萃取等耦合过程都有了很大的发展。它们的发展潜势是毋庸置疑的。

思 考 题

1. 泡沫分离吸附技术分成哪几类？泡沫分离各种流程的特点怎样？
2. 简述泡沫分离中鼓泡段与泡沫段的传质机理。
3. 液膜分离有哪些机理？何谓促进迁移Ⅰ型和促进迁移Ⅱ型？
4. 简述液膜分离中液膜中含有流动载体时逆向或同向迁移机理。
5. 分别说出超临界 CO_2 萃取、微波辅助提取的特点和不足之处，并和传统的固液浸取作比对。

计 算 题

1. 已知丙酮蒸气于 30℃时在活性炭上的吸附平衡关系为

$m_{丙酮}/m_{活性炭}$	0	0.1	0.2	0.3	0.35
丙酮分压/mmHg	0	2	12	42	95

30℃时丙酮的饱和蒸汽压为 283mmHg，现用活性炭处理 1atm、30℃下含 5%饱和度的丙酮空气。如果空气通入量为 50mol/h。该固定床活性炭用量为 1500kg，取活性炭为 0.25g/g 炭，试求该吸附器的操作时间。

2. 用一个间歇操作吸附器从空气混合气中吸附石油气，试求所需要的活性炭用量、吸附床高度及床层直径。已知：空气混合气的流量为 $3450m^3/h$，空气混合气中石油气原始含量 $c_0=0.02kg/m^3$，按设备截面积计，混合气线速度 $v=0.23m/s$。活性炭对石油气的动吸附活性为 7%(质量分率)，吸附残余吸附量为 0.8%(质量分率)，活性炭堆密度 $p_b=500kg/m^3$。吸附剂的吸附、干燥及冷却的周期为 1.45h。

3. 根据活性炭吸附氯化苦(CCl_3NO_2)蒸汽的实验数据，其操作条件如下：氯化苦含量 $C_0=6.6g/m^3$，吸附床层高 $H=0.05m$，床层截面积 $A=0.01m^2$，流量 $Q_V=0.03m^3/min$。吸附周期 $I=336min$，活性炭 $a_0^*=222kg/m^3$。计算：
   (1) 床层的 K 值，$K=a_0^{*2}/V/C$。
   (2) 床层损失时间 $\tau_m(\tau_m=KH-t)$。

4. 采用连续逆流吸附器，内用硅胶球来干燥空气中的水分。硅胶球连续通过床层的流率为 $2250kg/(m^2 \cdot h)$。硅胶球吸附剂的堆密度为 $672kg/m^3$，湿空气中含水为 0.00387kg/kg 干空气，密度为 1.18，以 4560 $kg/(m^2 \cdot h)$的流率通过床层。空气温度为 27℃，吸附干燥后空气含水为 0.0001kg/kg 干空气。试计算吸附段的有效高度。
   已知：吸附等温线为 $y=0.032x$；$K_y a_P=1260G' kgH_2O/m^3 h\Delta x$；$G'$ 为空气质量流速，$kg/(m^2 \cdot h)$；$K_x a_P=3485kg\ H_2O/m^3 h\Delta x$。

参 考 文 献

白雪莲，章华伟．2005. 微波萃取技术及其在食品化学中的应用．食品工业科技，25(11)：182-184

北川浩，鈴木謙一郎. 1983. 吸附的基础与设计. 鹿政理译. 北京：化学工业出版社

北原文雄. 1979. 界面活性剂实用实务. 赖耿阳译. 台南：复汉出版社

曹学君. 1996. 亲和过滤与亲和层析纯化尿激酶. 华东理工大学博士论文

陈洪钫，刘家祺. 1995. 化工分离过程. 杭州：化学工业出版社

邓容，刘新．2005. 微波辅助萃取在中药提取中的应用. 中国医学理论与实践，15(6)：950-953

邓宇，张卫强．2002. 番茄红素提取方法的研究．现代化工，22(2)：25-28

苟斌，吴菊清，李祥萍等．2001. 微波与物质相互作用过程中非热效应的机理分析．上海有色金属，22(1)：6-8
古川熏. 1989. 渗透气化法たよる精製分离. 化学装置，(3)：51-58
韩伟，邓修，等. 1997. 改进的 H 型促进迁移液膜传质渐进前沿模型. 化工学报，48(6)：667-672
韩伟，熊丹柳，等. 1998. 乳化液传质动力学模型的研究进展. 化工进展，17(6)：5-8
郝金玉，韩伟．2002. 新鲜银杏叶经微波辅助提取后微观结构的变化. 中草药，33(8)：739-743
郝金玉，黄芳华，邓修．2001. 微波萃取西番莲籽研究．华东理工大学学报，27(21)：117-120
郝金玉．2002. 微波辅助提取黄花篙中青蒿素的研究．华东理工大学博士论文
黄瑞华，韩伟．2004. 微波辅助提取淫羊藿苷的中试研究．中成药，26(7)：525-528
黄瑞华，韩伟．2005. 微波辅助提取淫羊藿饮片中淫羊藿苷的热质同向传递数值模拟．化工学报，56(7)：1300-1304
蒋维钧. 1992. 新型传质分离技术. 北京：化学工业出版社
李核，李攻科．2003. 微波辅助萃取技术的进展．分析化学(评述与进展). 10：1261-1268
李菊，王志祥，等. 2007. 微波萃取实验室设备及其展望．医药工程设计，28(3)4-7
李巧玲，陈学武，李琳．2002. 微波强化浸取天然色素的研究．食品科学，23(2)：49-52
李巧玲．2001. 微波辐射下柚皮中天然食用色素的浸取. 华南理工大学博士论文
李嵘，金美芸．2000. 微波法提取银杏叶黄酮甙的新工艺．食品科学，21(2)：39-41，10(2)：66-70
李永泉，姚恕. 1992. 发酵与分离耦合过程研究进展. 现代化工，(3)：14-17
刘传斌，李宁，鲁济清，等．1999. 微波能用于酵母中海藻糖高效液相色谱分析样品制备的研究．分析化学，27(1)：24-29
刘红，潘红春. 1998. 液膜萃取技术在生物工程领域的应用研究进展. 膜科学与技术，18(3)：10-14
刘茉娥，陈欢林. 1993. 新型分离技术基础. 北京：浙江大学出版社
陆九芳，李总成，包铁竹. 1993. 分离过程化学. 北京：清华大学出版社
汤大卫．2003. 微波提取．医药工程设计杂志，24(5)：5-10
汪军霞，李攻科．2006. 微波辅助萃取装置的研究进展. 化学通报，(61)：69
汪兴平，周志，等．2002. 茶叶有效成分复合分离提取技术研究．农业工程学报，18(6)：131-136
微波萃取器，ZL02111457.9
许晓菁，闻建平．2002. 微波辅助萃取技术在现代中草药生产中的应用．中草药．33(12)：1142-1150
姚中铭，吕晓玲，等．2001. 橘子黄色素提取工艺的研究——微波提取法与传统提取法的比较．天津轻工业学院学报，4：20-23
叶振华. 1992. 化工吸附分离过程. 北京：中国石化出版社
银又新. 1997. 微波辅助提取丹参中有效成分丹参酮的研究. 华东理工大学硕士论文
张成，贾绍义．2004. 微波萃取技术及其应用．化学工业与工程，21(6)：444-450
张宏康．1999. 微波萃取技术在食品工业中的应用．粮油食品科技，7：31-35
张瑞华. 1983. 液膜分离技术. 南昌：江西人民出版社
Brunner C A, Lemlich R. 1963. Foam Fractionation. Ind. Eng. Chem.，2(4)：297
Cahn R P, Li N N. 1974. Separation of Phenol from Waste Water by the Liquid Membrane Technique. Sep. Sci.，9(6)：505-519
Chen J P. 1990. Novel Affinity-Based Processes for Protein Purification. Journal of Fermentation and Bioentineering，70(3)：199-209
Chen S S, Spiro M. 1994. Study of microwave extraction of essential oil constituents from plant materials. Journal of Microwave Power and Electromagnetic Energy，29(4)：231-241
Cussler E L. 1971. Membranes, Which Pump. AIChE J.，(17)：1300
Freeman M P. 1977. Physical Separations, Engineering Foundation. New York：The Foundation
Ganzler K, Sainai I. 1990. Effective sample preparation method for extracting biologically active compounds from different matrices by a microwave technique. Journal of Chromatography，520：257-262

Gibbs J W. 1928. Collected Works Longmans. New York: Green Press
Henley E J, Seader J D. 1981. Equilibrium-Stage Separation Operations in Chemical Engineering. New York: John Wiley & Sons
Ho W S, Hatton T A, et al. 1982. Batch Extraction with Liquid Surfactant Membranes: A Diffusion Controlled Model. AIChE J., 28(4): 662-670
Hoffer M S, Rubin E. 1969. Flow Regimes of Stable Foams. Ind. Eng. Chem., (8): 483
Karger B L, et al. 1967. Nomenclature Recommendations for Adsorptive Bubble Separation Methods. Separ. Sci., 2: 401
King C J. 1980. Separation Processes. 2nd ed. New York: McGraw-Hill
Lemlich R. 1972. Adsorptive Bubble Separation Techniques. New York: Academic Press
Lemlich R. 1968. Adsorptive Bubble Separation Methods. IEC., 60(10): 16
Leonard R A, Lemlich R. 1965. A study of Interstitial Liquid Flow in Foam. AIChE J., (11): 18
Leonard R A, Lemlich R. 1965. Laminar Longitudinal Flow between Close-Packed Cylinders. Chem. Eng. Sci., 20: 790
Li H B, Li L. 2003. Study on microwave extraction of triterpene glucoside from Siraitia grosvenorii. 食品科学, 24(2): 92-95
Li N N, Shrier A L. 1972. Liquid Membrane Water Treating. Recent Development in Separation Science, (1): 163
Li N N. 1971. Separation of Hydrocarbons by Liquid Membrane Permeation. Ind. Eng. Chem. Process. Des. Dev., (10): 215-221
Matulevicius E S, Li N N. 1975. Facilitated Transport through Liquid Membranes. Sep. Purif. Methods, 4(1): 73-96
Pare J R J, Belanger J M R, Staford S S. 1994. Microwave-assisted process: a new tool for the analytical lab. Trends in Anal. Chem., 13(4): 176-184
Perry E S. 1968. Progress in Separation and Purification. Vol 1. New York: Wiley
Perry R H, Chilton C H. 1973. Chemical Engineers Handbook. New York: McGraw-Hill.
Perry R H. 1984. Chemical Engineer's Handbook. 6th ed. New York: McGraw-Hill
Rajni K, Bo Mattiasson. 1993. Affinity Ultrafiltration for Protein Purification in Molecular Interactions in Bioseparations. New York: Plenum Press
Rutherford W M. 1975. Separation of Isotopes in the Thermal Diffusion Column. Separ. Purif. Methods, (4): 305
Schoen H M. 1962. New Chemical Engineering Separation Techniques. New York: Wiley Interscience
Schoeu H M. 1962. New Chemical Engineering Separation Techniques Interscience. New York: Interscience Publishers
Schweltzer P A. 1979. Handbook of Separation Techniques for Chemical Engineering. New York: McGraw-Hill
Sebba F. 1962. Ion Flotation. New York: Elsevier
Shih F S, Lemlich R. 1971. Continuous Foam Drainage and Overflow. Ind. Eng. Chem., (10): 254
Sutherland K L, Wark I W. 1996. 浮选原理. 昆明工学院选矿教研室译. 北京: 冶金工业出版社
Tang K H, Cao J H. 2002. Study on microwave extraction technique of Ficus beech-eyana polysaccharide. 中国野生植物资源, 21(1): 46-48
Wang L, Lu J J. 2001. Application of microwave technology on extraction and measu-rement of polysaccharide from Radix Isatide. 中药材, 24(3): 180-181
Wang Q E, Shen J C. 2003. Microwave extraction of glycyrrhizic acid from Glycyrr-hiza uralensis. 中草药, 34(5): 407-409

Wanket P C. 1998. Equilibrium Staged Separations in Chemical Engineering. New York: Elsevier
www. dgqixie. com
www. divei. com
www. hymw. com
www. jqwb. com
www. qwwave. com
www. shboa. com
www. sineo. cn/pic/article/64. pdf

第 9 章 固膜分离技术

含有两个或两个以上组分的流体(真溶液、乳浊液、悬浮液等)在容器中通过一固体膜,借该膜的选择性以及膜两侧的能量差(例如,静压差、浓度差、电位差等)将某种成分或一组分子大小相接近的成分和流体中其他组分(溶剂)分离,以达到浓缩溶质或净化溶剂的技术,通称固膜分离技术。对气体系统有压力扩散、质量扩散等;对液体系统来说,有反渗透、超过滤、渗析、电渗析等。这种技术的优点在于操作简单、快速,无相变化和温度的变化。

固膜分离技术的研究和应用虽有百年以上的历史,但由于制膜的技术所限,在工业上得到实际应用还仅一二十年的时间。渗析为最古老的固膜分离技术,它是利用动物的膀胱或具有渗透性的纸为半透膜进行浓缩高分子成品、分离除去盐或低分子物质的操作。1855 年菲克用陶瓷管浸入硝酸纤维乙醚溶液中制成“超滤”半透膜。1907 年贝克霍特(Bechhold)首次发表了滤膜性质的系统研究报告。1930 年左右,硝酸纤维膜出现于市场,用于过滤病毒、血清蛋白等。与此同时蒲拉斯兹(Pransmtz)开始了电渗析的研究,1939 年马内哥德(Manegold)等提出了发展合成离子交换材料,直至 1952 年汉斯(Hass)公司才开发出了具有选择性的离子交换膜,有一定的实用价值。同年用于咸水脱盐引起轰动,随之在 1955 年建立了中试厂,在 1957 年建成工业规模电渗析盐厂。20 世纪 60 年代左右制膜技术的发展,纤维素超滤膜和醋酸纤维素半透膜的出现大大促进了超滤和反渗透技术的应用。超滤开始有了广泛的应用,其处理对象为胶体溶液和微粒固体,可截留大分子物质如多糖蛋白质等。反渗透技术的发展始终有赖于膜材料的开发,聚酰胺、尼龙、三醋酸甲基丙烯酸纤维素等合成膜的出现使它在脱盐、废水处理,食品与化工分离诸方面都进入了工业化。离子交换膜的工业应用成功,更使电渗析技术趋于完善。表 9-1 列出了利用合成膜为过滤介质而建立的诸多固膜分离技术。本章仅就反渗透、超过滤、纳滤、微粒过滤作介绍。

表 9-1 合成膜分离操作

过程名称	简 图	膜类型	推动力	透过物质	截留物质
微过滤	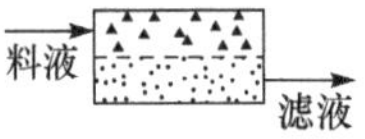	多孔膜	压力差 (50～100kPa)	溶液和微料 (0.02～10μm)	悬浮物(胶体、细菌)和粒径较大的微粒
超过滤	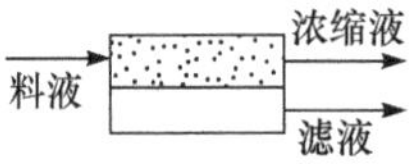	非对称性膜	压力差 (70～700kPa)	溶剂、无机离子和较小的大分子	胶体,大分子
反渗透	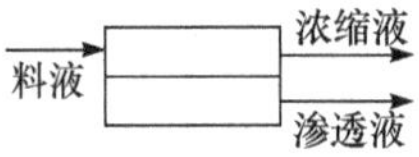	非对称性膜 复合膜	压力差 (500～10000kPa)	溶剂,中性小分子	悬浮物、大分子和离子
气体的渗透分离	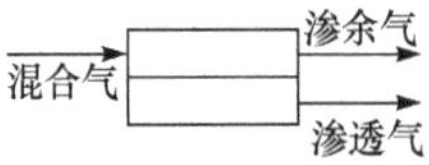	均质膜 复合膜	分压差 (0.1～100MPa)	易渗气体	难渗气体
汽渗	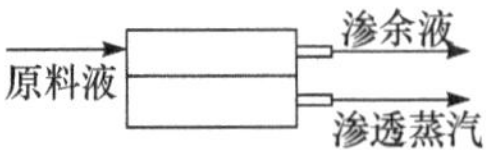	均质膜 复合膜	分压差	易渗组分的蒸汽	难溶组分的液体

续表

过程名称	简　图	膜类型	推动力	透过物质	截留物质
渗析	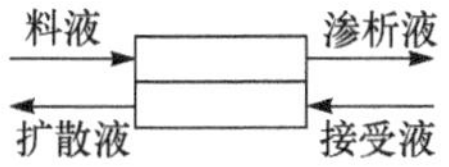	非对称性膜 离子交换膜	浓度差	小分子溶质	大分子和悬浮物
				酸或碱	盐、大分子和悬浮物
电渗析	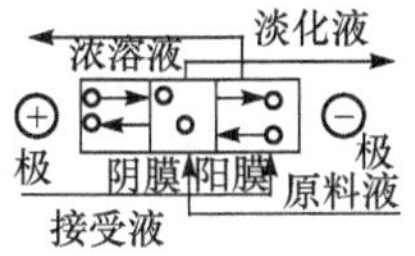	离子交换膜	电位差	离子	溶剂和大分子

9.1 概　　述

膜分离方法都是以压差为推动力，将溶剂分子从膜的一侧压向另一侧，进行净化溶剂或浓缩溶质的分离技术。但随着压差与膜的选择的不同，彼此又有差别，见表 9-2。

表 9-2　反渗透、超过滤、微粒过滤的比较

项目＼方法	反渗透	超过滤	微粒过滤
分离剂	压力差＋膜	压力差＋膜	压力差＋膜
基本原理	渗透压的反向	筛分	筛分
原料	溶液	高分子液、乳化液	悬浊液
膜类型	非对称性膜，复合膜	非对称性膜	多孔膜
膜孔径	0.3～0.5nm	2.0～20nm	0.1～8μm
透过溶质与物质及其尺寸大小	带 H 键的溶剂与溶剂同数量级的分子、离子 0.1～1nm	高分子物，胶体溶质和溶剂差 1～2 个数量级的大分子 1.0～10nm	胶体与微粒，微米级颗粒和分子微团 0.02～10μm
操作压力，MPa	0.5～10	0.07～0.7	0.05～0.1
流率，mL/(cm^2·min·MPa)	0.5	0.2～4	4～400
应用实例	咸水或海水淡化	蛋白质，病毒葡萄糖等生物高分子物质，胶体物质等的分离	细菌、血球等微粒与分子微团的分离

9.1.1　反渗透、纳滤、超过滤、微粒过滤

1）反渗透

反渗透(RO)采用的膜使水或具有氢键的溶剂与低分子物质分离，但两者粒子大小的数量级相同。膜两侧所用压强差较大，往往是该溶液所具有的渗透压的许多倍。常用于医药方面：药液浓缩，热原去除，医药医疗用无菌水的制造；净化制水方面：海水和咸碱水的淡化，纯水制造，锅炉、饮料、医药用水制造；食品加工方面：鱼油废水处理，豆汁废水闭路处理，果汁浓缩，葡萄酒制造中桶葡萄汁的浓缩，糖液浓缩，淀粉工业废水处理等。

2）纳滤

纳滤(NF)是介于反渗透与超滤之间的一种压力驱动型膜分离技术。它具有两个特性：

(1) 对水中的相对分子质量为数百的有机小分子成分具有分离性能。

(2) 对于不同价态的阴离子存在Donnan效应。

由于NF膜达到同样的渗透通量所必须施加的压差比用RO膜低0.5～3.0MPa，故NF膜过滤又称“疏松型RO”或“低压反渗透”。主要用于饮用水和工业用水的纯化，废水净化处理，工艺流体中有价值成分的浓缩等方面。

3) 超过滤

超过滤(UF)采用的膜主要使溶剂和所含小分子溶质与大分子溶质分离。两者大小差1～2个数量级。由于溶质分子的溶解度不高，所以，所需的压力差比反渗透要低得多。1965～1975年是超滤膜大发展的阶段。常用于医药方面：疫苗、酶、病毒、核酸、蛋白质等生理活性物质的浓缩、分离、精制，激素精制，人工血液制造，多糖浓缩精制，热原去除，无菌水制造，发酵产品分离浓缩精制；食品加工方面：豆油、豆汁中蛋白质的回收精制，天然色素的回收精制，发酵饮料的澄清与除菌，果汁的澄清与浓缩，味素精制；净化制水方面：超纯水、无菌水的制造，水中悬浮物和胶状物的去除。

4) 微滤

微滤(MF)以截留小颗粒为主，与常规过滤相区别，以10μm左右的粒子是否截留为分界。常用于医药方面：无热源纯净水的制造，输液、注射液、制剂的除菌，血液过滤，血浆分离，血清、组织培养等其他生物用剂无热源纯净水的制造；食品加工方面：酒、啤酒、碳酸饮料中酵母和霉菌的去除，糖液的澄清过滤，果汁的澄清过滤，水中悬浮物、微小粒子和细菌的去除等。

反渗透、纳滤、超过滤和微粒过滤的操作大致如图9-1(a)、(b)。原料液在一定压力下(利用压缩气体或液体泵)进入过滤器，溶剂通过具有支撑多孔板的半透膜，溶质留于滤膜前。过滤器的大小应考虑到留有足够的空间以保证在膜的前室积累溶质和沉积物。直至溶液的浓度达到设计值。有时还使用搅拌器在前室进行充分的搅拌，试图提高过滤速度。虽然，原则上这四个过程都不存在滤饼，但微粒子可能在膜一侧的边界层中积累。事实上，这些溶液都是十分稀的，往往为0.01%～1%(质量)溶质。经过分离溶质浓度可达10%～30%(质量)。即分离因子在1000以上，可除去99%的溶剂。过滤操作也有间歇式和连续式两种，目前工业上大都以后者为主。

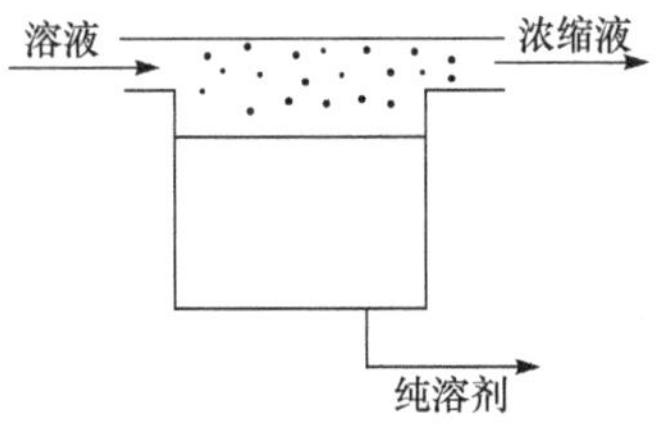

(a) 反渗透、纳滤

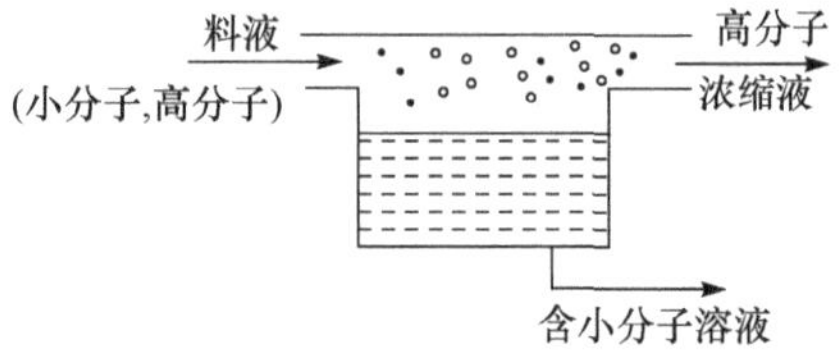

(b) 超过滤、微滤

图9-1 固膜分离过程示意图

9.1.2 与过滤的区别

1) 截留粒子大小的区别

反渗透、纳滤和超过滤适用于含分子态物质的溶液的分离，微粒过滤以0.02～10μm的微粒为处理对象，而过滤往往是非均相液固系统的分离。

2) 操作成本的区别

过滤操作价格便宜，以间歇操作为主。而反渗透、纳滤、超过滤和微粒过滤操作过程很大程度取决于膜的成本，加上动力消耗也略高，成本将高出过滤许多，所以，它们的应用范围常常是过滤不能达到有效分离范围的补充。

3）对过滤介质和环境的影响

过滤操作在很大程度上依靠在滤布上形成滤饼，利用粒子的架桥作用所留下的空隙来实现液固分离的，而反渗透、纳滤、超过滤和微粒过滤则不然。由于这类膜具有较窄的孔径分布，因而它们各自都具有较高的选择性。过滤时并不形成滤饼，主要是依靠膜本身所具有的微孔大小来达到分离效果的。而其孔径十分小，又加上本身易受环境的影响。例如，温度会使玻璃体变形和膜材料膨胀，这两点就会使膜在结构上产生变形，影响选择性。另外，处理的溶液的酸碱度也会造成它们过滤特性的改变而且还涉及膜材料的稳定性，醋酸纤维制成的反渗透膜其适应的 pH 范围是 4～8，由它所制成的超过滤膜 pH 范围可达 3～9。总之，温度和 pH 的变化对它们的影响较大。再者，反渗透、纳滤、超过滤、微粒过滤膜的特点是十分薄且脆，又在较高的压差下工作。还应特别注意粒子对它们的机械磨损甚至击穿膜而影响选择性。而这些对过滤来说，影响较小。

9.2 基本工作原理

9.2.1 反渗透

在恒温容器中，用半透膜将容器隔成两个部分：一边贮含不挥发溶质的溶液，另一边贮纯溶剂。半透膜的性能只允许溶剂分子通过而不允许溶质分子通过。

对稀溶液来说，溶质的加入会降低溶液的蒸汽压。由拉乌尔定律

$$p_1 = p_1^s x_1 \tag{9-1}$$

$$p_1^s - p_1 = p_1^s(1-x_1) = p_1^s x_2 \tag{9-2}$$

式中：p_i^s 为纯组分的饱和蒸汽压；p_i 为 i 组分在溶液上方的蒸汽压；x_i 为 i 组分在溶液中的摩尔分率；下标 1、2 分别指溶剂、溶质。即溶剂的蒸汽压的降低与溶质在溶液中的摩尔分率成正比。所以，在一定的温度下，$p_1^s > p_1$（化学位 $\mu_1^* > \mu_1$）。溶剂分子将透过半透膜向溶液转移[图 9-2(a)]，此即称为渗透现象。但若加一外力使溶液上方的蒸汽压与纯溶剂液面上的蒸汽压相等，此时将达到平衡[图 9-2(b)]。溶剂分子不再渗透。平衡时，两侧的压力差 $p-p^*=\pi$，称渗透压。由热力学知，此时溶液中的化学位由于外压的增加而接近于纯水的化学位。所以

$$\mu_{(T,p)} + \int_{p^*}^{p} \frac{\partial \mu}{\partial p} \mathrm{d}p = \mu_{(T,p)}^0 \tag{9-3}$$

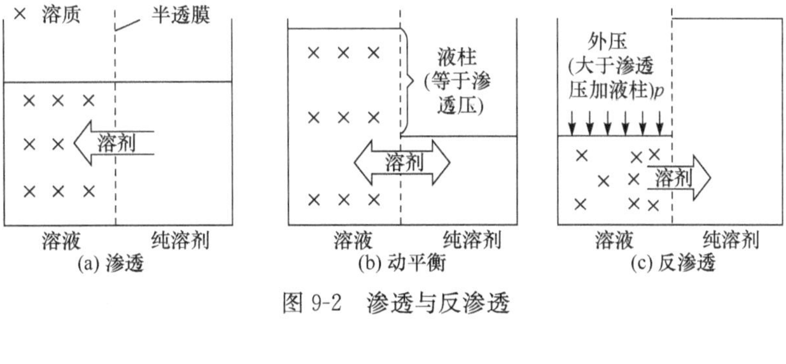

图 9-2 渗透与反渗透

已知 $\frac{\partial \mu}{\partial p} = v_w$，即水的偏微摩尔体积，代入并整理

$$\int_{p^*}^{p} v_w \mathrm{d}p = \mu_{(T,p)}^0 - \mu_{(T,p)} = -RT\ln\alpha \tag{9-4}$$

即

$$V_w(p-p^*) = -RT\ln\alpha \tag{9-5}$$

$$V_w\pi = -RT\ln\alpha \tag{9-6}$$

对于稀溶液，压力对溶液体积影响不大的场合，进一步化简为

$$\pi V = n_B RT \tag{9-7}$$

$$\pi = \frac{n_B}{V}RT = cRT \tag{9-8}$$

式中：π 为溶液的渗透压，Pa；T 为热力学温度，K；R 为摩尔气体常量，8.314J/(mol・K)；c 为离子的物质的浓度，mol/L。该式和理想气体定律极相似，为稀溶液的渗透压公式，即范特霍夫方程。此时如图 9-2(b)所示，达到动态平衡。当膜两侧的压强差大于渗透压时，溶剂将通过半透膜向纯溶剂方向流动，这种现象称为反渗透[图 9-2(c)]。工程上利用这一现象而制成的溶液脱盐技术就是反渗透技术。对于海水反渗透，Applegate 建议了下列近似式

$$\pi = 1.12T\sum \overline{m}_i \tag{9-9}$$

式中：π 单位是 psia；T 单位是 K；$\sum \overline{m}_i$ 是所有溶液中溶解的离子和非离子物质的物质的量浓度加和，mol/L。估算 π 的更严格的表示式是由 Stoughton 和 Lietzke 提出的，读者可自行查阅。对于 25℃ 含 NaCl 1500mg/L 的咸味水，由式(9-9)得出 $\pi = 17.1$psia；对于 25℃ 含 NaCl 35000mg/L 的海水，给出 $\pi = 385$psia，而 Stoughton 和 Lietzke 给出 368psia。已知 Δp 必须大于 π 才能发生反渗透过程，对于咸味水用 RO 脱盐，典型的 Δp 值是 400 ～ 600psia，而对于海水，则是 800 ～ 1000psia(注：1psia = 1lb/in^2 = 6.8948kPa)。一般，反渗透器操作压力达 1.75 ～ 5.60MPa，是渗透压的 8 ～ 28 倍。

此外，盐的速率可以用盐的通过率 SP(salt passage)方便地表示，SP 的定义是

$$SP = (c_{盐})_{渗透液}/(c_{盐})_{料液} \tag{9-10}$$

SP 值随 Δp 增加而减小。脱盐率 SR(salt rejection)由 SR=1−SP 给出。

反渗透的最大的特点就是能截留绝大部分和溶剂分子大小同数量级的溶质，而获得相当纯净的溶剂(如水)。关于它的机理至今尚无定论，大多是围绕应用最多的醋酸纤维膜所作出的假设，诸如氢键理论、扩散-细孔流动理论、优先吸附-毛细管流动理论、细孔理论、溶解-扩散理论等，现择要介绍一二。溶解-扩散机理认为高压侧溶液中的组分先溶解在膜中，然后以扩散的方式通过均匀无孔表面层，渗透过膜并进入低压侧的稀溶液中。由此似乎和膜的空隙无关。另外，优先吸附-毛细管流动理论认为，膜的表面是不均匀和多孔的。由此，膜材料适宜的化学性质和所具有孔径的大小将是反渗透得以进行的两个必备的条件，膜材料的极性和它的介电常数值往往能优先吸附(如水)或排斥(如溶质)流体中某一组成。水被优先吸附在膜表面后，在压差的推动下，就有可能通过膜的毛细管连续进入产品液中。但毛细管的大小必须给予限制，一般认为吸附层约为两个水分子厚度，定膜的孔隙直径为水分子厚度的两倍，1.0～2.0nm，称膜的临界直径。在此直径内，在压差下通过膜孔隙的是纯水，盐类无法通过；反之，盐离子就可以通过膜，并以一价盐最易，二价盐次之，三价盐更难。上述机理并不服从于筛分机理，只有当溶质为有机物时，才完全服从筛分机理。这些机理都有它的不完善之处，还有待深入研究。

基于溶解-扩散机理，梅顿(Merten)获得了水和盐通过膜的流率的两个方程

$$N_w = K_w(\Delta p - \pi) \tag{9-11}$$

$$N_s = K_s(c_{s1} - c_{s2}) \tag{9-12}$$

式中：N_w、N_s 分别为水和盐通过膜表面的流率，mol/(m^2・h)；Δp、π 为膜两侧的压降和渗透压，MPa；$(c_{s1} - c_{s2})$ 为膜两侧盐的物质的量浓度差，mol/L；K_w、K_s 分别为取决于膜的结构和盐的性质的常量。假定盐的透过率很低，$c_{s2} \ll c_{s1}$，其分离因子有如下结果：

$$\alpha_{w-s}=\frac{c_{s1}c_{w2}}{c_{s2}c_{w1}} \tag{9-13}$$

令 p_w 为水的摩尔密度，mol/L，则 $c_{w1}=\rho_{w1}$。且水和盐穿过膜的速率之比应与水和盐在低压侧的摩尔浓度之比相等。由此可得

$$\alpha_{w-s}=\frac{c_{w2}c_{s1}}{c_{w1}c_{s2}}\approx\frac{N_w}{N_s}\cdot\frac{c_{s1}}{\rho_w}=\frac{K_w(\Delta p-\pi)}{\rho_w K_s} \tag{9-14}$$

从上述结果可以得出：对于给定 K_w、K_s 的分离因子 α_{w-s}将取决于两侧的压强差 Δp 和溶质浓度 c_{s1}（正比于 π），而膜的材料性质对它影响不大。

9.2.2 微粒过滤

计算微粒过滤的方程是用于普通固-液浆料过滤（常被称为滤饼过滤）的方程，它们的推导如下：此处仅考虑膜的阻力和截留于膜表面的滤饼（颗粒层）阻力，在膜内部的任何沉淀物都被忽略，如同微粒过滤中渗透压总是被忽略一样，因为溶质相对分子质量都大。

在任一瞬间，体积渗透速率 J 定义为

$$J=\frac{dV}{A_M dt}=\frac{\Delta p}{\mu(R_m+R_c)} \tag{9-15}$$

式中：Δp 为过滤饼和膜的压降；μ 为渗透液黏度；R_m 和 R_c 分别为膜和滤饼对渗透液的阻力；V 为渗透液体积；A_M 为膜面积。

假设膜的阻力是常量，滤饼可以作为颗粒填充床，对典型的流过滤饼的低雷诺数区间，压降由 Kozeny-Carman 方程控制，滤饼阻力为

$$R_c=\frac{150l_c(1-\xi_c)^2}{D_p^2\xi_c^3}=K_1\frac{l_c(l-\xi_c)^2}{\xi_c^3} \tag{9-16}$$

式中：l_c 为滤饼厚度，随时间增加；ξ_c 为滤饼空隙率；D_p 为滤饼中颗粒的有效直径；K_1 为特定过滤系统的实验常量。

原料中被截留成滤饼的固体物料 m_c 为

$$m_c=c_F V=\rho_c(1-\xi_c)A_M l_c \tag{9-17}$$

式中：c_F 为单位体积原料液中固体物料量。

将式(9-17)代入式(9-16)消去 l_c，再将所得的 R_c 方程代入式(9-15)得

$$J=\frac{dV}{A_M dt}=\frac{\Delta p}{\mu\left[R_m+K_1\frac{c_F V(1-\xi_c)}{\rho_c A_M\xi_c^3}\right]}=\frac{\Delta p}{\mu\left[R_m+K_2\frac{c_F V}{A_M}\right]} \tag{9-18}$$

式中：K 为特定过滤系统的实验常量。

1. 恒速操作

对于恒定渗透速率 J 和相应的恒定渗透物体积流量的操作，由于滤饼的增厚，压降将随时间增大。式(9-18)中的 $dV/dt=V/t$，在 $t=0$ 时 $V=0$，压降随时间的变化由下式给出

$$\Delta p=J\mu[R_m+K_2 c_F Jt] \tag{9-19}$$

开始时，压降仅取决于膜阻力，即 $\Delta p=J\mu R_m$，此后因滤饼厚度增加而随时间线性变化。

2. 恒压操作

对于恒压降操作，渗透物流量和相应的渗透速率将随时间而减小，因为滤饼的厚度随时间

而增加。对于这种操作，将式(9-19)积分：

$$\int_0^V \left[R_m + K_2 \frac{c_F V}{A_M}\right] dV = \frac{A_M \Delta p}{\mu} \int_0^t dt \tag{9-20}$$

得

$$R_m V + \frac{K_2 c_F V^2}{2A_M} = \frac{A_M \Delta p t}{\mu} \tag{9-21}$$

式(9-21)是 V 的两次方程，解得的正根是

$$V = -\frac{R_m A_M}{K_2 c_F} + \frac{A_M}{K_2 c_F}\left(R_m^2 + \frac{2K_2 c_F \Delta p t}{\mu}\right)^{\frac{1}{2}} \tag{9-22}$$

对上式微分得到渗透速率

$$\frac{dV}{A_M dt} = J = \frac{\Delta p}{\mu}\left(R_m^2 + \frac{2K_2 c_F \Delta p t}{\mu}\right)^{-\frac{1}{2}} \tag{9-23}$$

3. 组合操作

如前面提到的，采用组合操作能改善得率，组合操作中在第一阶段采用恒速率操作，直至压降极限值。接着第二阶段进行恒压操作，直至达到最小速率为止。令 V_{CF} 等于在用时 t_{CF} 的第一阶段中得到的渗透液体积，于是恒渗透速率

$$V_{CF} = J A_M t_{CF} \tag{9-24}$$

令 Δp_{CF} 等于通过滤饼和膜的压降上限，于是对于恒压操作的第二阶段，式(9-21)变为

$$\int_{V_{CF}}^V \left(R_m + K_2 \frac{c_F V}{A_M}\right) dV = \frac{A_M \Delta p_{UL}}{\mu} \int_{t_{CF}}^t dt \tag{9-25}$$

上式积分得到 V 的二次方程，求解此方程得到 V 的正根

$$V = -\frac{R_m A_M}{K_2 c_F} + \left[\frac{A_M^2 R_m^2}{K_2^2 c_F} \times \left(R_m V_{CF} + \frac{K_2 c_F V_{CF}^2}{2A_M} + \frac{A_M \Delta p_{UL}(t - t_F)}{\mu}\right)\right]^{\frac{1}{2}} \tag{9-26}$$

于是，$V - V_{CF}$ 应是时间从 t_{CF} 到 t 的第二阶段中得到的渗透物体积。

将式(9-19)中左端渗透速率定义和中间部分用到式(9-26)得到以下渗透速率式，由此式可见，在第二阶段渗透物速率随时间而减小

$$J = \frac{A_M \Delta p_{UL}}{K_2 c_F \mu}\left[\frac{A_M^2 R_m^2}{K_2^2 c_F^2} + \frac{2A_M}{K_2 c_F} \times \left(R_m V_{CF} + \frac{K_2 c_F V_{CF}^2}{2A_M} + \frac{A_M \Delta p_{UL}(t - t_{CF})}{\mu}\right)\right]^{-\frac{1}{2}} \tag{9-27}$$

组合操作的上述方程的应用将于例 9-1 中说明。

【例 9-1】 需对含蛋白质浓度 4.3g/L 的稀释脱脂奶进行微过滤，采用醋酸纤维素膜作了实验，该膜的平均孔径为 0.45μm，膜面积是 17.3cm²。对于恒定渗透液流量为 15mL/min 的第一阶段操作，通过滤饼和膜的压降在 400s 内从 2068Pa 增加到 137900Pa，渗透液的黏度是 0.001Pa·s。如果操作继续进入恒定压降上限的第二阶段，直至渗透液流量降到 5mL/min 时为止。计算需要增加的时间。

已知：$c_F = 4.3$kg/mL，$A_M = 0.00173\text{m}^2$，第一阶段的体积流量为 $0.25 \times 10^{-6}\ \text{m}^3/\text{s}$，在 $t = 0$ 时，$p = 2068$Pa；在 $t = 400$s 时，$p = 137900$Pa，$\mu = 0.001$Pa·s。根据第一阶段的实验数据，计算 R_m 和 K_2 如下：

从式(9-20)得

$$R_m = \frac{\Delta p(t=0)}{J\mu} = \frac{2.068}{\left(\frac{0.25 \times 10^{-6}}{0.00173}\right) \times 0.001} = 1.43 \times 10^{-6}(\text{m}^{-1})$$

在 $t = 400$s 时

$$K_2=\frac{\Delta p-J\mu R_m}{J^2\mu c_F t}=\frac{\Delta p-\Delta p_{t=0}}{J^2\mu c_F t}$$

$$=\frac{137900-2068}{\left(\frac{0.25\times10^{-6}}{0.00173}\right)^2\times0.001\times4.3\times400}=3.78\times10^{12}(\mathrm{m/kg})$$

假设 R_m 和 K_2 值在第二阶段不变，在第二阶段末，渗透速率 $J=(5\mathrm{mL/min})/(17.3\mathrm{cm^2})=0.289\mathrm{mL/(min\cdot cm^2)}=4.82\times10^{-5}\mathrm{m/s}$。

由式(9-27)解得

$$t=2025\mathrm{s}$$

9.3 固　膜

9.3.1 固膜的分离机理

1) NF 膜与 RO 膜

NF 膜与 RO 膜均为无孔膜，通常认为其传质机理为溶解-扩散方式。但 NF 膜大多为荷电膜，其对无机盐的分离行为不仅由化学势梯度控制，同时也受电势梯度的影响，即 NF 膜行为与其荷电性能，以及溶质荷电状态和相互作用都有关系。

其分离规律服从下列几点：

(1) 对于阴离子，截留率按下列顺序递增 NO_3^-，Cl^-，OH^-，SO_4^{2-}，CO_3^{2-}；对于阳离子，截留率递增的顺序为 H^+，Na^+，K^+，Ca^{2+}，Mg^{2+}，Cu^{2+}。

(2) 一价离子渗透，多价阴离子滞留(高截留率)。

(3) 截留相对分子质量在 200～1000，分子大小为 1nm 的溶解组分。

2) UF 膜

UF 膜的分离机理为筛孔分离过程，但膜表面的化学性质也是影响超滤分离的重要因素。超滤过程中溶质的截留有三种方式，即在膜表面的机械截留(筛分)、在膜孔中停留而被除去(阻塞)、在膜表面肌膜孔内的吸附(一次吸附)等。

3) MF 膜

MF 膜的分离机理为筛分机理，膜的物理结构起决定性作用。此外，吸附和电性能等因素对截留也有影响。

9.3.2 膜组件和膜分离系统

1. 特点

目前膜大多数用于水溶液和具有氢键的溶剂系统中。膜的材料有高分子材料包括醋酸纤维(CA)、苯乙烯(PS)、聚酰胺(又称尼龙、PA)、聚丙烯腈(PAN)、氯乙烯-丙烯腈共聚物、聚偏二氟乙烯(PVDF)、聚碳酸酯(PC)、聚醚砜(PES)、聚砜(PSU 或 PSF)等；还有无机分离膜包括陶瓷膜、玻璃膜、金属膜和分子筛炭膜；还有以无机多孔膜为支撑体再与有机高分子致密薄层组成的复合膜。各种膜材料通常制成各种形状包括平板、管子、细管和中空纤维等备用，以制成各种过滤器出售。其中，以中空纤维组件的应用前景最好。这些技术都要求它们的核心部分——膜具备下述一系列特点。

1) 高的渗透流率

每单位膜表面传递水(溶剂)的容量高。例如，在中等压强(0.7MPa)下操作，水通量应在 $10.76\mathrm{L/(h\cdot m^2)}$ 左右，也有高达 $25\mathrm{L/(h\cdot m^2)}$ 的。

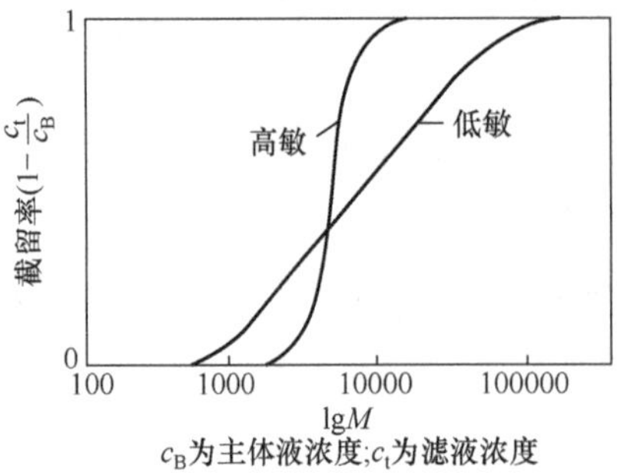

图 9-3 超过滤膜上的截留率

2）明显的截留率

膜应具有截留某一分子质量一定值以上的溶质的能力，且能力越大越好，反之，应全部透过膜。但实际是不可能的。粒子通过膜的截留率分布情况如图 9-3 所示。图中曲线显示了高敏截留和低敏截留两种特性，这是考察超过滤、微孔过滤膜使用的重要特性指标之一。显然，最理想是前者。反渗透膜应仅允许溶剂通过。

3）膜的化学和热稳定性、耐用性

化学稳定性是指应具有良好的抗氧化性，在氧化剂如 Cl^- 存在时，高分子不断链，性能不发生变化；具有抗酸碱性，膜不会水解。热稳定性指在 50～60℃的温度下不会水解。耐用性常常和膜的抗压性能相联系，膜在长期运转时，表面膜被压实而水通量衰减的指标称压实斜率 m，可以下式计算

$$m=\frac{\lg F_1-\lg F_t}{\lg t} \tag{9-28}$$

式中：F_1 和 F_t 分别为膜运行 1h 后和 th 的水通量[mL/(cm^2 · h)]；t 为运行时间。当 $m\leqslant-0.02$，认为膜抗压性能良好，当 $m\geqslant0.1$ 时，则性能不好。m 通常要求为运动时间 t 达 6000h 的值，实验室内则为运动 10h 后的水通量外推到 6000h 的值。

2. 分类

膜可以按膜的材料、结构、用途及其作用机理等方式分类。一般是按膜的结构分类，采用该方法分类可将膜分为对称膜、非对称膜和液膜。对称膜包括微滤膜、超滤膜、渗析膜、气体分离膜、渗透汽化膜及电渗析膜等；非对称膜包括微滤膜、超滤膜、气体分离膜、渗透汽化膜、反渗透膜及纳滤膜等；液膜不在本章讨论范围。按膜的作用机理分类，筛分作用常采用多孔膜，主要用于超滤、微滤、渗析等，溶解-扩散常采用致密膜，主要用于反渗透、气体分离、渗透汽化等。

3. 结构

膜作为膜分离技术的关键正引起世界各国工业界的关注。反渗透膜、超滤及微滤膜在制作步骤上并无严格的区别，仅控制不同的成膜工艺，要求成品的微孔尺寸有所不同而已，例如反渗透膜表面有一层致密结构，只允许具有氢键的溶剂如 H_2O、NH_3、CH_3OH 等通过，因此要求膜不能产生 0.3～0.5nm 以上的结构裂缝。

目前所有的这类膜大致可分两大类。一类是广义地称为非对称膜，从仿生的角度也可以称作皮肤型膜。它一般由一层 0.1～10μm 极薄的致密均匀的皮层（通常由聚合材料制成），和另一层 20μm～1mm 较厚的海绵状开路网络结构的支撑层组成。致密层决定膜的选择性和渗透速率，支撑层起致密层的支撑保护作用，如图 9-4 所示。醋酸纤维膜的成膜制造步骤如下述框图。

采用含 200g/L 醋酸纤维素的 60％丙酮，40％的甲酰胺制成混合溶液制膜。为了使高分子物质溶解均匀，应有一个“熟化”过程，使原料本身纯化脱水，然后采用过滤脱除机械杂质和减压脱气除去溶解气体。制好的原料液就可根据需要利用刮板制膜，可以是板状，管状，也可以制成中空纤维管。蒸发成型是制膜的关键。蒸发温度与时间将直接影响膜的结

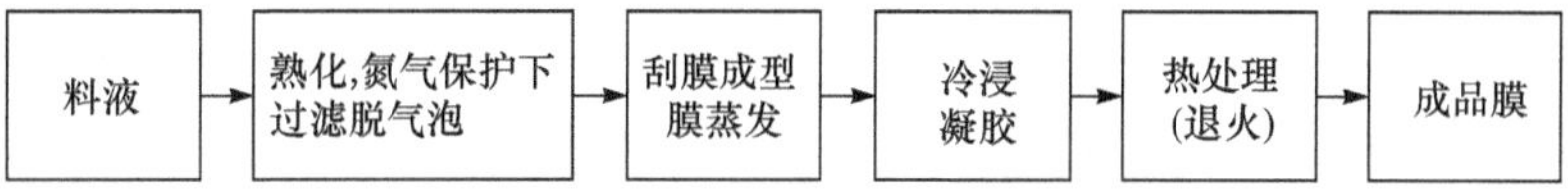

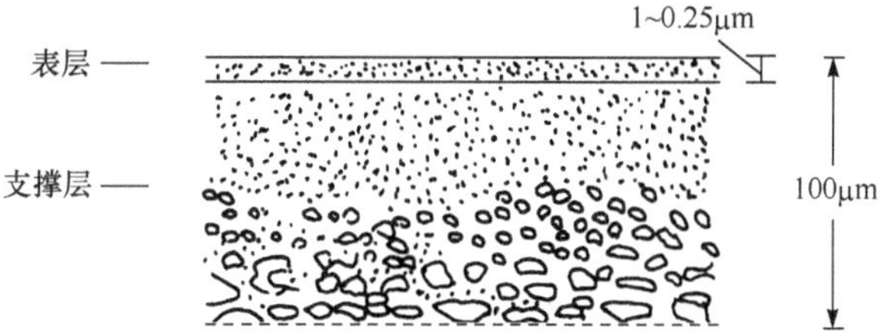

图 9-4　非对称膜结构示意

构和性能。冷浸进一步将未蒸发完的溶剂和添加剂浸析出来，并完成凝胶、固化过程。所以冷浸液的成分也将影响膜的结构和性能。一般冷浸的时间为 1h 以上，温度在 0～2℃。热处理的目的主要是使膜的结构最后定型，清除应力，提高膜的机械强度。在水溶液中进行半小时，温度根据膜的耐热性能而定，一般在 75℃上下。因此为了保证制成膜的质量，整个制膜过程都应在恒温恒湿的环境下进行。在这一基础上，近年来又开发出一种复合膜，也是由极薄的致密膜和多孔支撑膜复合而成，制造工艺比上述更复杂些，但在选择性和通量上都有所改进。另一类膜是制成微孔直径从膜一侧逐渐向另一侧扩大的直通斜孔型薄膜。微孔形成的直径范围在 0.1～8.0μm，往往在聚酯薄膜上蚀刻而成，如图 9-5 所示。该膜由于流体在斜孔中的流动阻力低，所以溶剂的透过率高。由于精加工的斜孔大小一致，所以高敏截留，抗堵性能好。这些优点使它成为一种较理想的膜结构，因而有更好的应用价值。由于加工的原因，到目前为止无论在工业上还是在实验研究中，非对称膜——“皮肤”型膜的应用都较广泛。

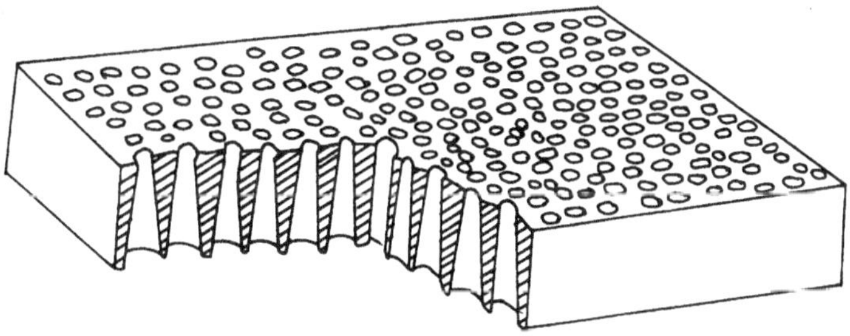

图 9-5　直通斜孔型膜

4. 产品

合适的膜材料制成的平板、管子、细管和中空纤维管等膜制件可组合成各种类型的反渗透器和超过滤器。它们彼此组合成四类结构，见表 9-3。

表 9-4 还列出了各种类型的反渗透器或超过滤器的优缺点以供工程和实验室研究的选用。

表 9-3　聚合物结构与形式之间的关系

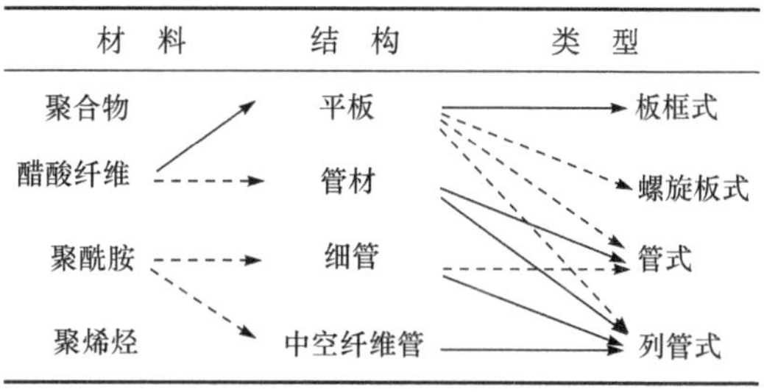

表 9-4　各种膜渗透器的比较

类　型	优　点	缺　点
板框式 一般	(1)每单位膜面积具有较低的持液量 (2)丰富的操作经验 (3)每平方米占地面积小	(1)在溶液静止时易堵 (2)很难进行清洗
板框式 (薄波纹板)	(1)每平方米占地面积较小 (2)十分适用于高黏性流体 (3)单位膜表面具有低持液量 (4)流向高度变换	(1)尚缺大规模操作经验 (2)会堵 (3)价格较高 (4)在一些设计中膜不能调换
管式 (一般)	(1)容易清洗，适用于食品业 (2)有丰富的操作经验 (3)管子可逐一地调换	(1)单位膜面积持液量高 (2)占地面积中等
管式 (螺纹管)	(1)较小的占地面积 (2)易清洗	(1)单位膜面积的持液量高 (2)缺乏操作经验
螺旋板式	(1)成本低 (2)可小型化，占地面积较小 (3)单位膜面积持液量低 (4)有较长时间的操作经验	(1)易堵 (2)食品业中很难清洗干净
空心纤维式 (原料为壳程)	(1)成本更低 (2)更易小型化 (3)单位膜面积持液量低	(1)易堵，很难清洗 (2)用于反渗透
空心纤维式 (原料为管程)	(1)成本更低 (2)更易小型化 (3)单位膜面积持液量低 (4)有可能清洗膜	(1)易堵 (2)用于超过滤

上述各种膜渗透器的应用范围首先取决于所选用的膜。反渗透膜、纳滤膜能使相对低分子质量的溶质和溶剂分离。用超过滤膜能分离相对高分子质量的溶质和溶剂。微粒过滤膜则用于把固体微料和胶体微粒从溶液中分离出来的场合。所以不同用处的渗透器往往联合使用以达到层层分离的效果。各种形式的膜分离器见图 9-6。

5. 用途

膜分离过程已经在许多工业部门得到应用，如饮料、化学、奶制品、电子、环境、食品、医药、造纸、石化、石油、制药和纺织等工业，某些应用已列于表 9-5 中。但膜分离是一种新兴的单元操作，有效的膜材料和膜组件的开发仍在不断取得重大进展，对于更广范围的混合物采用固膜的其他新分离方法还正在研究和开发，其将覆盖更广的温度范围和出现更多的膜材料类型。

表 9-5　固膜分离过程的工业应用

反渗透	有咸味水的淡化(脱盐)；脱除多种杂质的废水处理；地表水和地下水的处理；食品浓缩；从啤酒和葡萄酒中脱除酒精
渗析	人工肾(移除代谢废物、过量体液和恢复血液的电解质平衡)；从硫酸中分离硫酸镍
电渗析	从海水生产食盐；浓缩反渗透得到的盐水；电镀废水的处理；脱除干酪乳清的矿物质；半导体工业用的超纯水
微过滤	药物的灭菌；饮料的净化和生物杀菌；抗生素的净化；从液体中分离哺乳动物细胞
超过滤	制干酪前牛奶的预浓缩；从发酵培养液中回收疫苗和抗生素；果汁的净化；为造纸工业的硫酸盐浆黑液脱色
膜蒸发	乙醇-水恒沸物脱水；有机溶剂脱水；从水中脱除有机物
气体渗透	甲烷和其他烃类中脱除 CO_2 或 H_2；将空气分离成富氮或富氧气流；合成气中 H_2/CO 比率的调整；氦的回收；从沼气中回收甲烷

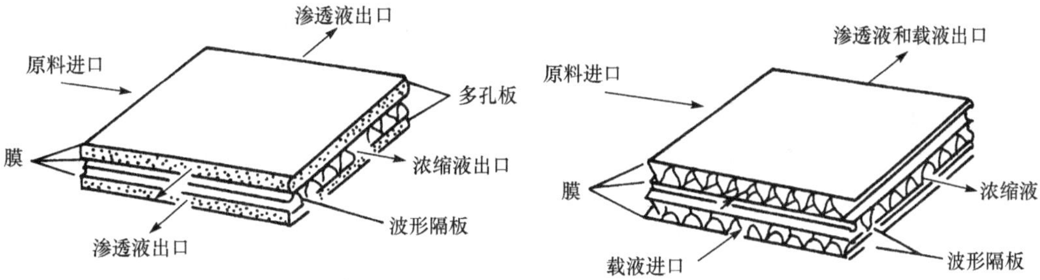

(a) 板框式

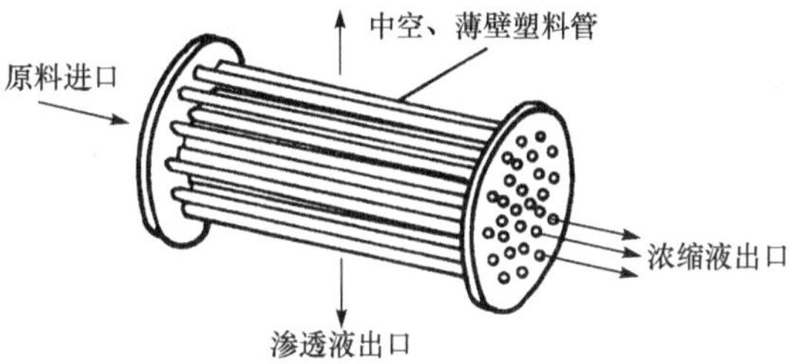

(b) 管式

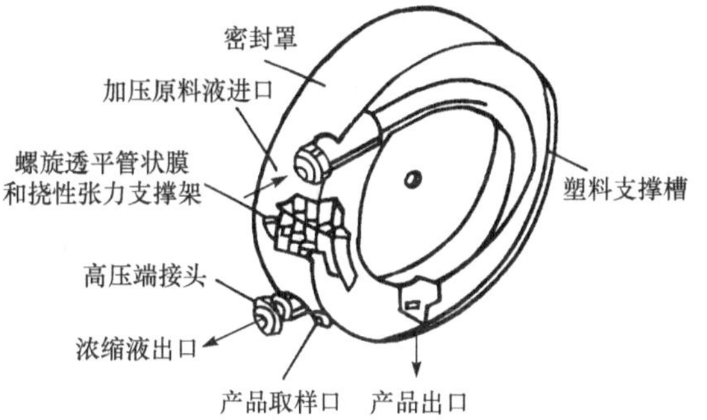

(c) 螺旋管式

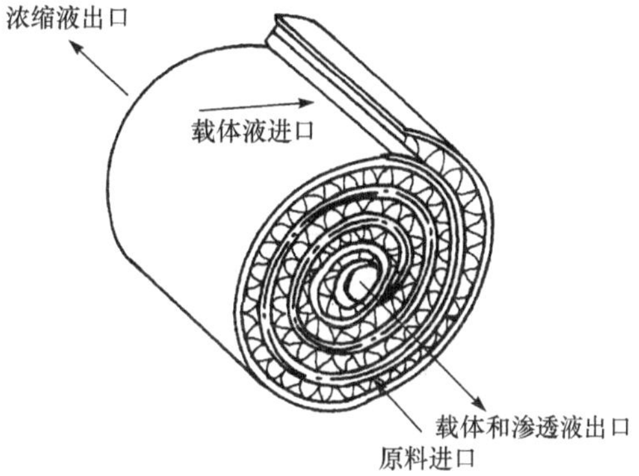

(d) 螺旋板式

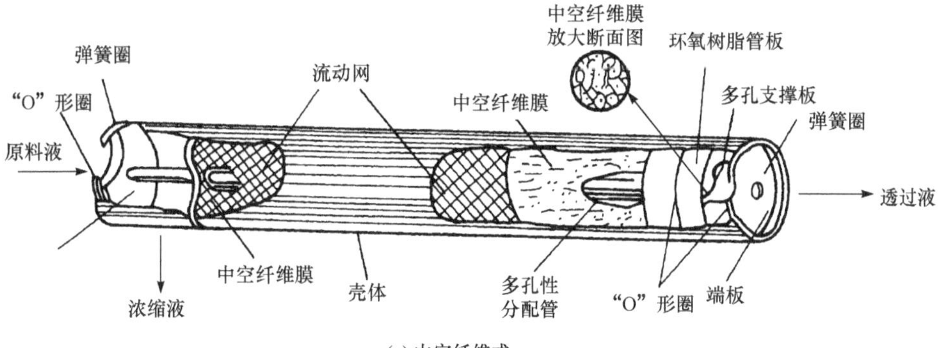

(e) 中空纤维式

图 9-6 各种形式的膜分离器

9.4 膜技术实施中遇到的若干问题

固膜分离大致有下述特点：

(1) 膜分离过程是一个冷过程，操作时无相变，所以耗能少，可以保持物质的原态，特别是热敏性物质。

(2) 膜分离技术不使用化学试剂和添加剂，不会因此而污染产品。

(3) 膜分离的适应性强，目前已广泛地应用于咸水与海水淡化、工业用水(电子工业超高纯水)和生活用水的净化、溶质的浓缩与分离以及处理工业废水(包括石化、印染、农药、冶金、造纸、医药、食品、电镀)和放射性原子能等工业。

(4) 膜分离过程是把浓缩和分离集在一体的分离方法，特别当把膜组件串联或并联组合起来时，效果更为显著。

(5) 膜分离技术处理规模可大可小，可以连续也可以间歇，操作简便，维护方便，易于实现自动化操作。

由于上述特点，各种膜分离组件既可单独使用又可联合使用。下面就几个工业应用实施中遇到的若干问题作简要地讨论。

9.4.1 操作模式

1. 微滤

微滤的操作模式可分为常规过滤和错流过滤两大类。常规过滤的特点和通常所说的过滤形式相同，它只能是小批量间歇式操作，仅适合实验室或小批量实验用，对于固含量低于0.1%的料液通常采用这种形式；固含量在0.1%～0.5%的料液则需进行预处理。

错流过滤的特点可以理解为原料液以切线方向流经膜表面，在压力作用下透过膜，料液中的颗粒则被截留在膜表面形成一层污染层。与常规过滤(也称死端过滤)不同的是，料液流经膜表面产生的高剪切力可使沉积在膜表面的颗粒扩散返回主体流，从而被带出微滤组件，当过滤导致的颗粒在膜表面的沉积速度与流体流经膜表面时产生的剪切力引发的颗粒返回主体流的速度两者达到平衡时，该污染层不再增厚而维持在一个较薄的稳定水平上。因此，可使膜渗透速率在较长时间内保持在相对高的水平上。所以，当处理量大时，为避免膜被堵塞，宜采用错流设计。

错流微滤操作方式见图9-7。在全循环中，由于渗透液和截留物返回到料液槽，因而没有粒子的浓度变化。这种方式通常用于测量各种操作条件对渗透通量的影响。在渗滤(渗析过滤)过程中，截留物循环回到料液槽中，而渗透液由等量的新鲜溶液所代替。这种方式也称为全过滤，一般用来洗涤粒子或去除酸或其他低相对分子质量的溶质。在间歇浓缩中，截留物返回料液槽，而渗透液被去除，不用溶剂替换。因此，粒子浓度随时间而增加。相反，供料-排放方式是为稳态操作而设计，渗透液从系统中被去除，一部分截留物被排放，为了保持料液在微滤膜组件的高流速，大部分浓缩物被循环。

2. 超滤

除特殊要求的产品，一般超滤操作中，为了防止浓度极化和维持有效的操作，料液必须以高速流经膜表面，这一要求的实施可以靠加料液连续循环通过超滤装置来实现。其常用操作模式见图9-8和图9-9，它们分别给出了一级一段和一级多段的工艺流程，未画出的多级工艺流程，读者可把图中单个连续式流程串联起来即可。

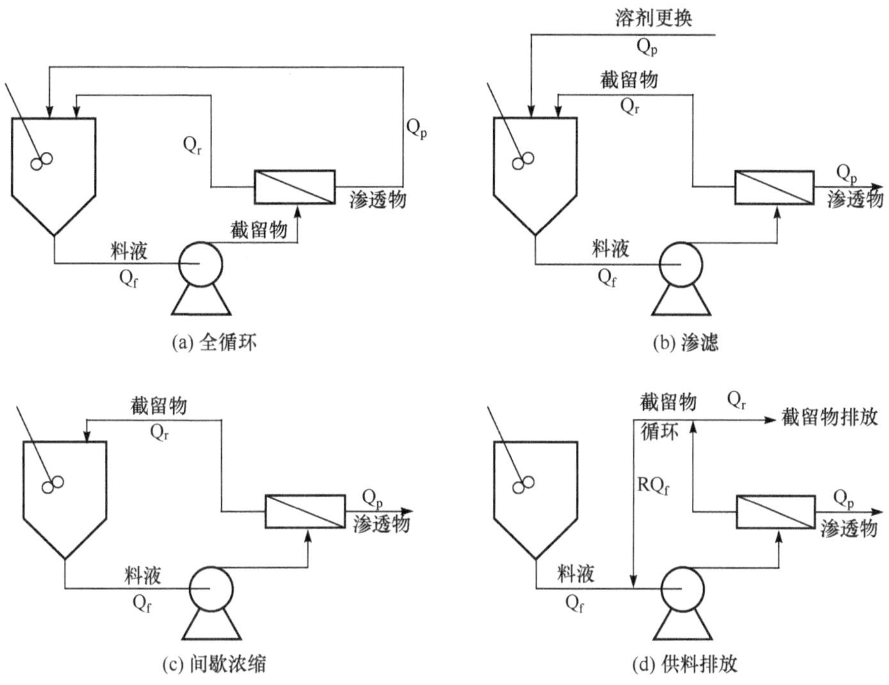

图 9-7　错流微滤的操作方式

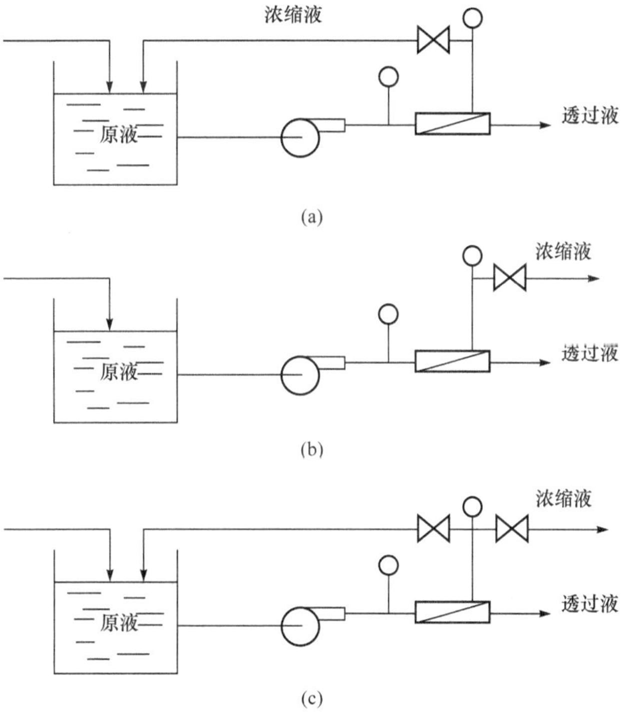

图 9-8　一级一段工艺流程

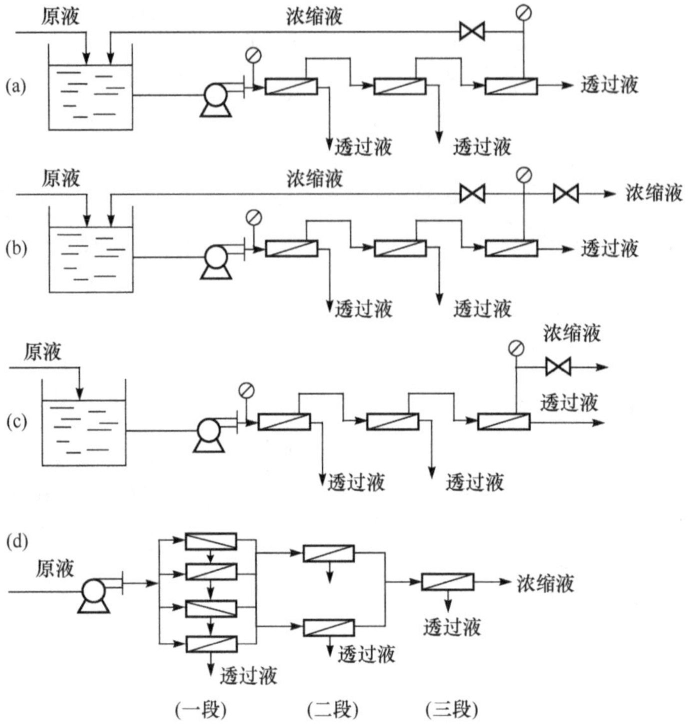

图 9-9　一级多段工艺流程

间歇操作(a):将加料液从贮罐连续地泵送至超滤膜装置,通过该装置后再回到贮罐及装置进口线。随着溶剂被滤出,贮罐中加料液的液面下降,溶液浓度升高。

单级连续操作(b)(c):单级连续操作(同时加料-出料操作)是从贮罐将加料液泵送至一个大的循环系统管线中,这个大循环系统是用一个大泵将循环液在超滤膜系统中进行循环。从这个循环系统管线中将浓缩产品慢慢地连续地取出,并维持加料及出料的流速相等。

多级连续操作(d):多级连续操作采用两个或两个以上的单级连续操作。每一级在一个固定浓度下操作,从第一级到最后一级,这个浓度是逐渐增加的。最后一级的浓度就是浓缩产品的浓度。从贮罐进入第一级时需要一个加料泵,以后则依靠小的压差从前一级进入下一级。

3. 纳滤

纳滤膜由于通量大、易污染,故在实际应用中须严格控制膜的通量,通常纳滤过程的三种形式见图 9-10。

纳滤的应用大致可在三种场合:①对单价盐并不要求有很高的截留率;②要求实现不同价态离子的分离;③要求实现相对分子质量高与相对分子质量低的有机物的分离。纳滤膜的通量大、易污染,故在实际应用中还须严格控制膜的通量。

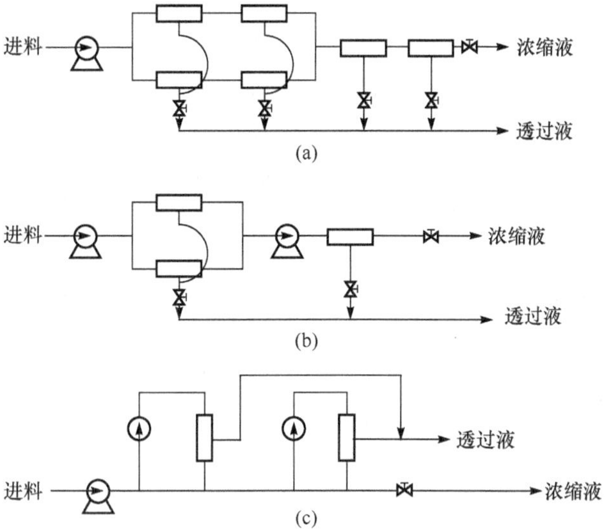

图 9-10　主要纳滤过程

4. 反渗透(可见应用实例)

反渗透常用的操作模式也有多种:一级一段、一级多段以及间歇、连续操作乃至多级多段等都和过滤相仿。详情可参见 9.5.1 实例。

9.4.2　膜的截留率

固膜分离截留特性如图 9-11 所示。

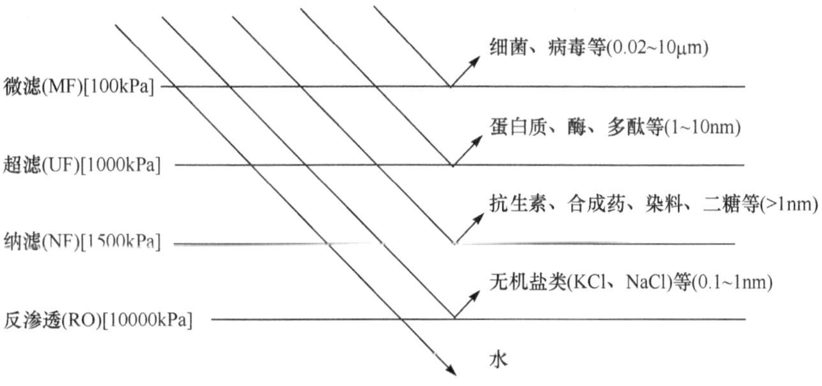

图 9-11　固膜分离截留特性

膜的截留率是固膜分离的一个重要指标。截留率 R 是指对给定尺寸的溶质,膜所能阻止或截留的程度:

$$R=\frac{c_1-c_2}{c_1} \tag{9-29}$$

显然,当 $R=0$ 时,$c_1=c_2$,粒子全渗透;$R=1$ 时,$c_2=0$,粒子全截留。有时也用筛分因子 $\phi=c_2/c_w$来衡量截留的情况,它的大小主要取决于分子的大小和膜的孔隙。这就和 c_w 有很大关系。

对于膜侧没有出现凝胶的情况,c_w 是一个变量。于是 $J=\frac{D}{\delta}\ln\frac{c_w-c_2}{c_1-c_2}$可改写成

$$\frac{J}{K}=\ln\left[\left(\frac{1-\phi}{\phi}\right)\left(\frac{1-R}{R}\right)\right] \tag{9-30}$$

已知在湍流时,K 值和 $Re^{0.9}$ 成正比。若以 $J/Re^{0.9}$ 和 $\frac{1-R}{R}$ 作图,发现是一条直线,即此时 ϕ 为常数。这就是说,在稀溶液中,在较大的压力和流动范围内,筛分因子不变。

对于浓溶液,由于 c_w 恒定,若 ϕ 不变则 c_2 应为恒值,即渗透液的质量将和料液的原始浓度 c_1 无关。但事实上不然,不变值往往是截留率 R,c_2 将随 c_1 的增高而增高。由于机理尚未确定,实际过程中常常出现和一般理论结果不太相符的情况:例如在某种情况下,蛋白质凝胶层的截留量会显示出比膜更大的倾向,于是 R 将随 c_1 的增加而变大。对混合的高分子溶液的截留情况又往往和单质实验时不相一致。例如,某型号超滤膜对血浆蛋白中白朊的截留率为零,而当上述溶液添加 γ-球蛋白后,低分子物质白朊的截留率明显上升,这可能和 γ-球蛋白的凝胶层的出现有关。尽管对过滤而言截留率与 Δp 肯定无关,而在超滤的情况下,两者关系无法确定

总之,固膜分离技术发展历史较短,机理尚在研究中,各参数之间的定量关系尚在摸索之中,亟待研究开发。

微孔滤膜的截留机理因其结构上的差异而不尽相同,大致可分为以下两类。

1) 膜表面层截留

(1) 机械截留作用,指膜具有截留比它孔径大或与孔径相当的微粒等杂质的作用,此即过筛作用。

(2) 物理作用或吸附截留作用。如果过分强调筛分作用就会得出不符合实际的结论。Pusch 等谈到,除了要考虑孔径因素之外,还要考虑其他因素的影响,其中包括吸附和电性能的影响。

(3) 架桥现象。通过电镜可以观察到,在孔的入口处,微粒因为架桥作用也同样可被截留。

2) 膜内部截留

膜的网络内部截留作用是指将微粒截留在膜内部而不是在膜的表面。对于表面层截留(表面型)而言,其过程接近于绝对过滤,易清洗,但杂质捕捉量相对于深度型较少;而对于膜内部截留(深度型)而言,其(深度型)过程接近于公称值过滤,杂质捕捉量较多,但不宜清洗,多属于用抛弃型。

9.4.3 浓差极化与流率

如图 9-13 所示,设料液为二元系统,水中含有浓度为 c_1 的溶质,在一定压差下连续进入膜的上侧,流过膜的渗透液浓度为 c_2,流率为 J,忽略上侧流体的浓度变化,可得到方程

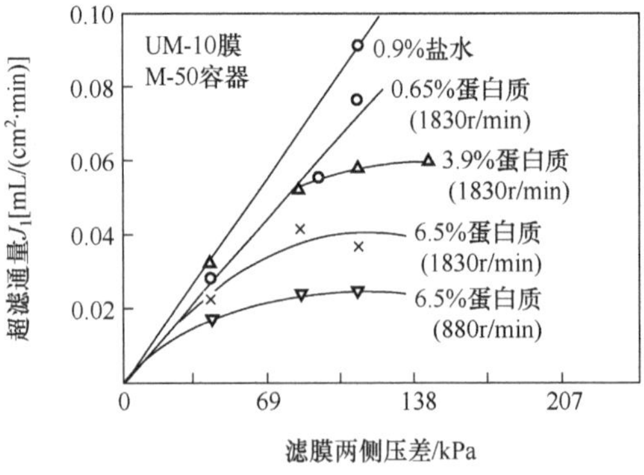

图 9-12 人血白蛋白溶液的通量与压力的关系

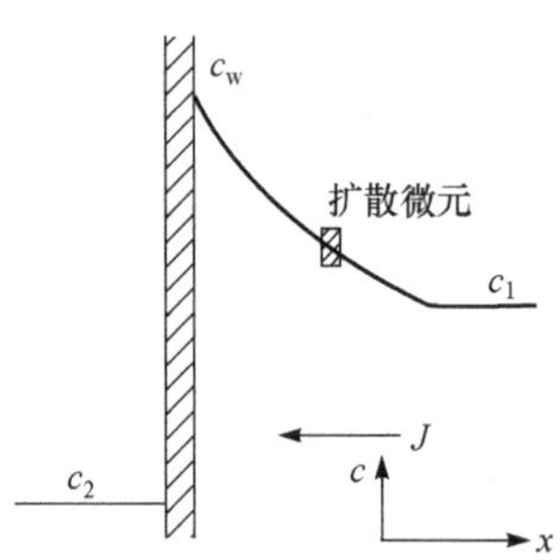

图 9-13 浓差极化现象

$$J=K_w[\Delta p-\pi] \tag{9-31}$$

对于反渗透，由于π极高，水流率将正比于外加压差和渗透压的差值，而对于超滤来说，高分子物质的相对分子质量较大，因此，通过膜的渗透压与操作压差相比常常可忽略，在这种情况下，方程可简化，即

$$J=K_w(p_1-p_2) \tag{9-32}$$

上述情况适合于膜仅截留大分子的情况，此时膜两侧的小分子溶质的浓度相等，渗透压可不计。这一结论在研究纯溶剂、低分子溶液和稀的高分子溶液的过程中都已得到了证实。然而在高分子浓溶液中出现了例外，如图9-12所示。在纯溶剂、低浓度或低流率范围，都呈现了J和Δp的良好的线性关系。而当截留浓度上升时，J和Δp的关系明显地变为曲线，并渐趋于一极值流率。这是工业应用之前必须弄清的一个关键。

为了说明这一异常现象，取膜过滤的浓度剖视图，如图9-13所示。在膜的截留作用下，膜上侧主体流动的溶液浓度为c_1，而在接近膜表面处，截留作用将使这一薄层的浓度变高，达c_w。然后膜表面的溶质再渗透出膜，渗透液的浓度为c_2。当传质时，将出现主体溶质向膜流动和由c_w-c_1浓度梯度所引起的反向扩散流。这种在以非浓度差（如压差、电位差）为推动力的一些膜分离过程中的流动边界层内出现的浓度分布现象称为浓差极化。动平衡时，溶质在主体流动与反向扩散流中，两者相抵，忽略其水平方向的传质，就可写出简单的传质方程式

$$Jc-D\frac{dc}{dx}=0 \tag{9-33}$$

式中：J为溶剂的渗透流率；D为溶质在溶剂中的扩散系数；x为垂直表面方向的距离，由边界条件积分可得

$$J=\frac{D}{\delta}\ln\frac{c_w-c_2}{c_1-c_2} \tag{9-34}$$

当c_2较低，可忽略时，上式可简化为

$$J=\frac{D}{\delta}\ln\frac{c_w}{c_1} \tag{9-35}$$

式中：δ为边界层厚度。尽管式(9-35)由滞流边界层条件推出，但也适用于湍流的情况。令$K=D/\delta$，则

$$J=K\ln\frac{c_w}{c_1} \tag{9-36}$$

对于一定的系统，K、c_1均为定值，此时J将取决于c_w。显然，当c_w值可无限变大时，J和Δp将维持正比关系。可惜的是c_w受到溶解度的限制，Δp增加，J也随之增加，c_w增到膜壁处出现凝胶或沉淀时，变为恒值，于是J值也恒定，出现了图9-12上曲线的转折点。当然，凝胶的出现还不至于形成滤饼，所以渗透流率维持恒值。甚至压力的变化所产生的影响也不很显著。例如提高压降可能会使流率瞬时值有所增加，但c_w的增加会使凝胶层的厚度也增加，推动力Δp和阻力δ同时增加，使得溶液流率J几乎不变。同样，当Δp减少时，尽管流率瞬时值下降了，但流过来的溶质同时减少了，凝胶层c_w仍然以原来的速率$-D\dfrac{dc}{dx}$向主体扩散，这一不平衡将使凝胶层变薄，总流率仍不变，直到凝胶层全部消失为止。某些溶质如蛋白质具有较高的渗透压，那么，当压力降提高时，即使凝胶没有在膜上侧出现，也会使流率大大降低。一般反渗透很少出现浓差极化现象，低分子物质不会形成沉淀，除非很特殊的情况。例如，在酸性溶液中，硫酸钙结晶沉淀积在膜上而使流率大幅度下降。

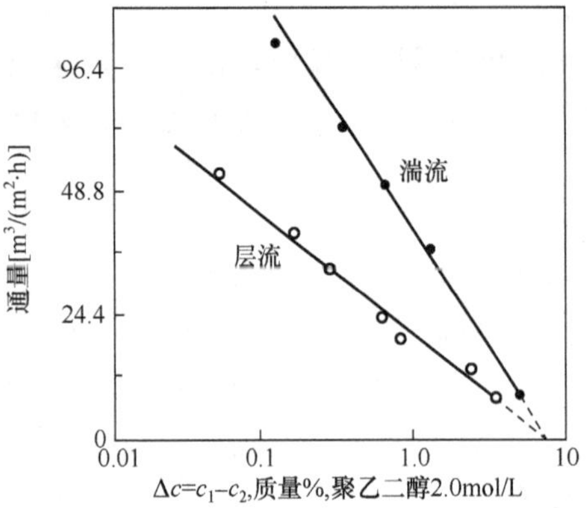

图 9-14　浓度与通量

通过上述讨论,可归纳如下:

(1) 对于任一已知系统,凝胶浓度 c_w,传质系数 K 均为定值。因此,式(9-36)可用来描述溶液流率 J 和溶液初始浓度 c_1 之间的定量关系,如图 9-14。它可作为设计的依据。

(2) 传质系数 K 的大小将与流体的性质和流动状态有关。各种膜组件的传质系数的关联式可查阅有关专著。

(3) 温度升高,使扩散系数 D 变大,显然对增大流率有利,但高于 40℃时会直接影响膜的寿命。而且温度升高并不影响其流通特性,所以,考虑到能耗与成本,常在常温下操作。

(4) 对于溶解固体和固体在膜表面积累而引起的浓差极化现象应从两方面予以解决。即设备在结构上尽管由于湍流程度高而具有自清洗作用,但应顾及剪切力不能太高,否则会使某些物质如酶失活。一般的设备以透平型管式要好些。高湍流往往会使超滤器的阻力变大,也应注意;在操作上常常采用回压的办法,使高压侧突然卸压到零,利用渗透液的回冲将存积的固体或凝胶层冲散,再升压操作。

为了定量地描述浓差极化的程度,可由浓差极化因子(Γ)的定义式来估计,即

$$\Gamma \equiv \frac{c_w}{c_1} \tag{9-37}$$

实际上,其中界面浓度 c_w 很难获得,一般可从对膜的上游侧表面处盐的物料衡算得,

$$N_{H_2O} c_1 SR = k_S (c_w - c_1) \tag{9-38}$$

有

$$c_w = c_1 \left(1 + \frac{N_{H_2O}(SR)}{k_S}\right) \tag{9-39}$$

式(9-38)和式(9-39)中传质系数 k_S 由 Strathmann 提供,从普通的膜理论经验关联式得到

$$N_{Sh} = k_S d_H / D_i = a N_{Re}^b N_{Sc}^{0.33} (d_H / L)^d \tag{9-40}$$

式中:$N_{Re} = d_H v\rho/\mu$;$N_{Sc} = \mu(\rho D_i)$;d_H 为水力直径;v 为速度。常数 a、b 和 d 列于表 9-6。

表 9-6　常数 a、b 和 d 的值

流　型	流道几何形状	d_H	a	b	d
湍流(N_{Re}>10000)	圆管	D	0.023	0.8	0
	矩形流道	$2hw/(h+w)$	0.023	0.8	0
层流(N_{Re}<2100)	圆管	D	1.86	0.33	0.33
	矩形流道	$2hw/(h+w)$	1.62	0.33	0.33

其中,w 为流道宽度;h 为流道高度;L 为流道长度。

9.4.4 膜降解

氯的浓度和 pH 是膜降解最重要的因素,微生物的侵蚀、游离氧也会损伤膜的性能。表 9-7

标出了不同类型 RO 膜允许的氯浓度、pH 范围及耐微生物和游离氧的能力。

表 9-7　不同类型 RO 膜允许的氯浓度、pH 和耐微生物、游离氧的能力

RO 膜类型	允许氯浓度($\times10^{-6}$)	允许 pH	微生物侵蚀	游离氧
醋酸纤维素类膜	0.3～1.0	4～6	不耐	耐
聚酰胺膜	<0.05	4～11	耐	耐
薄层复合膜(TFC)				
TFC 不耐氯(聚酰胺或聚脲)	0	3～11	耐	不耐
TFC 低耐氯(芳香聚酰胺)	0.05	3～11	耐	不耐
TFC 耐氯(磺化聚砜)	1.0	3～11	耐	耐

液体中的氯通常用于控制微生物生长,但是某些反渗透膜,特别是聚酰胺膜,即使在低氯浓度下也会受到损伤,因此原水在进入膜组件前必需脱氯。常用的脱氯方法是:①亚硫酸氢钠($NaHSO_3$)处理;②活性炭过滤;③气态 SO_2 处理。这三种处理方法都很有效,选择哪一种方法取决于所用化学试剂的价格和其他预处理方法的要求。

pH 的控制对以醋酸纤维素为基础的膜特别重要,这类膜在 pH 低于 4 和高于 7 时即迅速水解,在酸性条件下水解速度比碱性条件下的水解更快,因此必需严格控制 pH。在大多数应用特别是海水脱盐中,通过加入盐酸和硫酸来降低 pH,需要提高 pH 时,通常可加入碱(NaOH)来调节。

9.4.5　膜污染

膜污染是指混合液中的悬浮颗粒、胶体粒子或溶解性大分子有机物在膜表面和膜孔内吸附沉积,造成膜孔径减小或堵塞,使膜通量下降的现象。根据发生的位置可以分为外部堵塞(污染物吸附沉积在膜的表面,增加了水流过膜的阻力)和内部堵塞(污染物在膜孔内吸附沉积,减小了膜孔径,从而降低膜的通量)。膜的污染物一般分为六类:①悬浮固体和粒子;②胶体物;③成垢盐;④金属氧化物;⑤生物污染物;⑥有机污染物。根据造成污染的物质不同,可分为无机污染、有机污染和生物污染,其中以有机污染和生物污染最为普遍,对膜通量的影响最大。

膜污染堵塞的主要原因可归纳为膜表面的浓差极化、污染物在膜表面和膜孔内吸附沉积三个方面。影响膜污染堵塞的因素包括:

(1) 膜本身的特性,如膜结构、膜的物理特性、膜-溶质-溶剂之间的相互作用。

(2) 被处理的污水水质,如化学耗氧量(COD)、氨氮(NH_3-N)、总磷(TP)、阴离子表面活性剂(LAS)、生化耗氧量(BOD)等。

(3) 操作条件,如污泥浓度(MLSS)、溶解氧(DO)、膜面流速、温度等。

(4) 膜装置的特征尺寸、高度、曝气系统布置等。

(5) 其他因素,如溶质大小、细胞体之间的相互影响、膜本身对生物膜生长的影响、EPS 的组成等。

随着运行过程中膜污染的研究进展,许多学者开始着手膜的污染机理和数学模型的研究。这类模型的形式大致可分为两类:一类是从膜的结构、特性出发来描述污染现象的模型,另一类是指数式经验模型。这两类模型关联了操作压差 Δp、温度、污泥浓度、特性以及膜的吸附特性等形成的结果,大多都由于污染的复杂性而在使用过程都具有一定的局限性,因此,有一个能全面描述膜污染的评价准则,并总结出防治膜污染的理论根据,是使膜技术得以广泛应用的重要研究方向。

9.5 应用实例

9.5.1 反渗透淡化技术

1. 海水与咸水淡化

与蒸发相比，膜法淡化有投资费、能耗低、占地少、建造周期短，操作方便，易于自动控制，启动运行快等优点，虽然20世纪60年代初尚处于实验室研究的RO淡化技术，自1969年进入淡化市场后，其发展多呈上升趋势，到1995年已占当年世界淡化市场的88%，可以预计反渗透技术将在21世纪淡化领域占主导地位。海水反渗透(SWRO)淡化工厂目前大多建在高温、干旱的中东产油国，其中沙特阿拉伯的Jeddah SWRO淡化厂为目前世界上这方面的工厂之一。

海水中含高浓度盐，其总溶解固体含量(TDS)高达35000mg/L以上。苦咸水(包括地表水和地下水)的TDS常高于1000mg/L，一般饮用水要求TDS$<500\times10^{-6}$。反渗透膜具有透过水，截留这些盐的能力。若进行反渗透必须满足两个必要条件：一是有一张合适的膜(取决于膜材料及膜结构)能优先吸附和溶解水而截留盐；二是提供水透过膜所需的推动力，即在料液侧加压，以克服膜两侧因盐浓度差而形成的渗透压差、水透过膜的阻力以及料液流经膜组件的流动阻力。海水中盐浓度高，渗透压常高达2.5MPa以上，反渗透的操作压力5MPa以上，称为高压反渗透。苦咸水中盐含量相对较低，渗透压一般为0.1～0.3MPa，进行反渗透的操作压力2～3MPa，通常称低压反渗透。海水RO脱盐体系通常在相对较低的膜渗透通量下操作，一般为苦咸水脱盐的一半。有报道，对目前复合型海水RO膜，当进水为表面海水时，膜通量常为12～13L/(m^2/h)，当进水为海滩井水时可为16.8L/(m^2/h)。因井水水质比表面海水好，对膜的污染比较少。在高水通量下进行海水淡化可能造成膜不可逆的通量衰减。

2. 膜组件及其排列

海水及苦咸水脱盐用的膜组件多为卷式及中空纤维，并以中空纤维组件为主。用于脱盐的膜组件排列有一级和二级两种。一级是指进料液经一次加压反渗透，如图9-15(a)所示，二级是指进料液经二次加压反渗透，如图9-15(b)所示。在一级RO中应使用高截留率膜，这样透过液可直接使用；在二级RO中，第一级使用SWRO膜，透过液部分进入第二级苦咸水RO膜进一步脱盐得到高质量透过液；另一部分与该经二次脱盐的透过液掺和，以得到需要的水质，从苦咸水膜所得浓缩液的TDS低于海水，而且不需要进行预处理，因此可与海水膜的进料相混合。这样排列的优点是可减少所需海水膜的数量，减少设备和操作费，且生产上更具有灵活性，使工厂可在降低生产量的情况下获得高质量产水，或在设计通量下产出更多的水。

海水脱盐的回收率一般为25%～35%，高产水率可降低能耗，节省进水的预处理费。高回收率可通过两种途径来达到：增加膜面积或增加操作压力来增加膜通量。为了增加膜面积可采用图9-16所示一级多段锥形排列的连续式操作。这种排列可节省能耗和预处理费，但增加了膜组件。提高操作压力可增加收率，有报道当操作压高至8.3MPa时，回收率可达到50%。

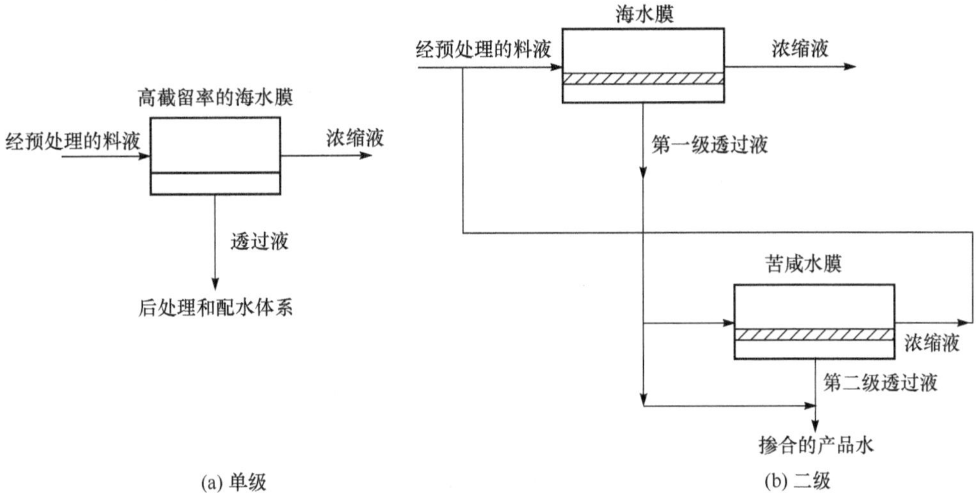

图 9-15 单级(a)和二级(b)RO 过程

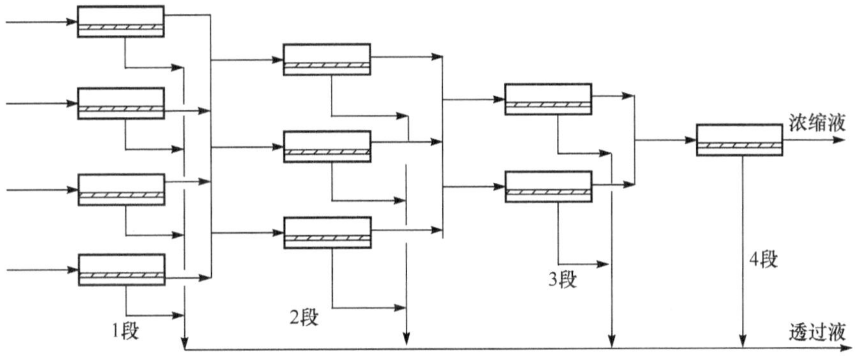

图 9-16 一级多段锥形排列 RO 过程

实例:

(1) 概况:沙特阿拉伯的 Jeddah SWRO 工厂Ⅰ期、Ⅱ期工程生产能力各为 $56800m^3/d$,总生产能力达到 $113600m^3/d$。海水原水取自红海表面 9m 以下,其组成见表 9-8。RO 进口压力从 $56.8kgf/cm^2$ 降到 RO 产品出口的 3.5 倍,海水流量由 $7600m^3/h$ 给预处理后以 $6770m^3/h$ 进入 RO 组件,最后可得淡化水产品 $2370m^3/h$。此时,淡化水的总硬度为 28mg/L、氯为 72mg/L、余氯为 0.2g/L、pH 为 7、TDS 为 145mg/L、电导为 265μS/cm 以及淤泥密度指数 SDI 为 0。符合 RO 产水的设计要求:氯化物含量低于 625mg/L。RO 工厂的操作极方便,开车和停车时间分别只需 3h 和 1h。

表 9-8 海水原水成分(电导率 59500μS/cm;pH=8.16;温度 29℃)[单位:mg/L]

钡 (Ba^{2+})	钙 (Ca^{2+})	镁 (Mg^{2+})	锰 (Mn^{2+})	锶 (Sr^{2+})	总铁 (Fe)	氯 (Cl)	硫酸根 (SO_4^{2-})	TDS	总硬度	总碱度	SDI
0.01	490	1530	<2.5	5.9	<0.01	22300	3300	43000	7520	120	4.68

注:淤泥密度指数 SDI 又称污染指数,这是 RO 工厂中表示污染能力最通用的指标。它综合表示了选料中悬浮物和胶体物质的浓度和过滤特性,其定义为

$$F=\frac{1-t_1/t_2}{t_{15(5)}}$$

式中:t_1 为过滤体积 V_1 所需时间,s;t_2 为过滤体积 V_2 所需时间,s;$t_{15(5)}$ 为滤饼形成时间(第一次实验开始到第二次实验开始之间的时间)。实验条件:$\Delta p=0.2MPa$;当 $T_{15}=15min$ 时,$V_1=V_2=500mL$;当 $T_5=5min$ 时,$V_1=V_2=100mL$。

(2) 膜组件及排列：所用膜组件为中空纤维，材料为三醋酸纤维素。共分 10 个 RO 机组，每组有 148 个 RO 组件，每个直径 250mm，组件内含两个膜元件。5 年内膜的年更换率为 10%。

(3) 装置：RO 工厂流程示于图 9-17，Ⅰ期工程所有设备紧凑地安置在 200m 长、100m 宽的面积内。工厂由以下体系组成：海水供水体系；双介质过滤及微保安过滤；高压泵和 RO 机组；产水送配体系，化学试剂配制、投加，供电系统，中心控制室，辅助系统。

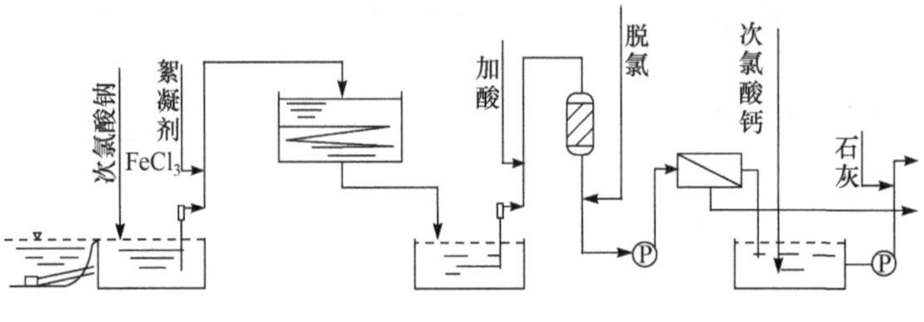

图 9-17 Jeddah RO 工厂流程

取自红海表面下 9m 深处的海水，经拦污栅和带式移动筛脱除稍大的碎屑、浮游生物等，进入海水蓄水池，池内加入次氯酸钠灭菌，防体系受细菌和海藻污染。次氯酸钠由电解氯化装置制造，该装置净水体系均按Ⅰ、Ⅱ期工程的总需要设计、加工。氯化灭菌后的海水进入双介质过滤器(DMF)前还需加入絮凝剂 $FeCl_3$ 以加强过滤，DMF 底上为碎石层，上面为无烟煤及砂层。每期工程中使用 14 只 DMF，依次每天有一只进行反冲洗，即每只 DMF 二周清洗一次。从 DMF 出来的过滤水进入中间贮槽，在泵入微保安过滤器(MGF)之前，先加 H_2SO_4 调 pH，以防垢和防止膜降解，经 MGF 除掉粒径>10μm 的粒子。MGF 是对高压泵及 RO 膜组件的最后保护线。

9.5.2 医药用水的制造

1. 概述

医药上常用的水可分饮用水及纯水两类，饮用水主要用于某些原料药品的生产工艺中，往往也是生产医药用纯水的原料水。饮用水不可直接用予供临床使用的药物制剂，一般说的医药用水是指医药用纯水。根据用途不同，医药用纯水又可分精制用水、注射用水、灭菌注射用水等。各国药典对医药用水对其制备方法没有严格要求，可以用蒸馏、离子交换、反渗透及超滤等方法，但对注射用水的制备在中国药典规定用蒸馏法制取。

目前，为了获得合格的医药用纯水，除传统的蒸馏方法外，微滤、超滤和反渗透以及纳滤等固膜技术都已在医药用纯水制造中应用。医药用纯水一般以自来水或井水为原水，原水经顶处理后再经 RO，离子交换或电渗析等脱离子，制得精制水，精制水经无菌过滤、耐热型 UF、RO 等灭菌后，制得灭菌精制水，精制水经蒸馏或 RO 后制成注射用水或自来水直接蒸馏得到注射用水。这是因为注射用水对脱热源有更高的要求。于是，制水过程有如下步骤：①预处理装置：其目的是减轻系统后面各装置的负荷，通过凝集沉淀、气浮、过滤、精密过滤、活性炭吸附等脱除微粒、悬浊物、胶体等杂质；②精制水制造：以除去离子及有机物为主要目的，所用设备有离子交换装置、RO 装置、电渗析等；③灭菌精制水：以灭菌为主要目的，可使用灭菌过滤器、耐热型 UP 装置、RO 装置及蒸馏器；④注射用水制造：蒸馏是最成熟的方法，若采用 UF 膜必须能脱除内毒素，RO 膜在分离低相对分子质量化合物或离子方面比 UF 膜更有效；⑤除热源水的制造：用 RO 装置，耐热型 UF 装置脱除热源。

膜法制取注射用水实例：

国家海洋局杭州水处理中心为国产膜技术直接制备注射用水工业装置的开发以及为该法

成为法定方法进入药典提供依据所进行的研究工作如下。

2. 流程

系统规模为产水大于 500L/h，水源为市政自来水，水质见表 9-9。主体工艺设备采用国产装置，材质符合 FDA 标准，尽可能采用不加化学药品的工艺，并采用机电仪一体化设计，尽可能提高自动化水平。

表 9-9 原水水质表（水温 15～20℃、电导率 545～455μS/cm、pH7.72～7.25）

Ba^{2+} (μg/L)	K^+ (mg/L)	Na^+ (mg/L)	Ca^{2+} (mg/L)	Mg^{2+} (mg/L)	Mn^{2+} (mg/L)	Fe (mg/L)	HCO_3^- (mg/L)	Cl^- (mg/L)
72.3	1.8	11.2	57.2	16.7	0.01	0.05	221.2	18.2

SO_4^{2-} (mg/L)	SiO_2 (mg/L)(可溶性)	CO_2 (mg/L)(游离)	耗氧量 (mg/L)(高锰酸钾法)	总硬度 (mg/L)	总碱度 (mg/L)	总固(mg/L)(180℃)
29.5	11.2	15.8	1.7	>212.6	>181.5	328

注：可溶性游离高锰酸钾法 180℃。

系统由预处理部分和精制供水部分组成。前者由机械过滤器、软化器、一级反渗透、炭滤器、复床组成；后者由二级反渗透、抑菌装置组成(图 9-18)。系统采用可编程控制器控制，实现了机械滤器自动反冲洗、软化器复床自动再生，精制供水系统采用封闭动态供水设计，对产水水质的长期稳定抑菌具有明显效果。

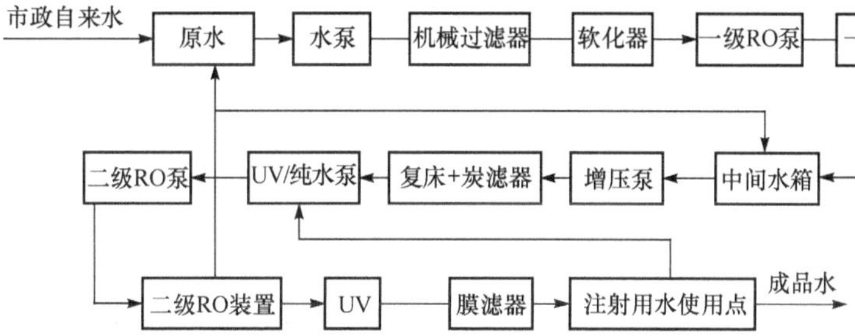

图 9-18 注射用水工业装置示意框图

3. 运行

(1) 预处理：机滤器出口 SDI≤3，水质稳定；软化器口 Ba^{2+} 含量≤3.0μg/L，满足一级反渗透进水指标。

(2) 一级反渗透：采用 8in 中空纤维反渗透组件 1 根，水回收率 50%，脱盐率≥93.0%(标准测试)，系统脱盐率 91%左右，产水 pH6.5 左右，操作压力≤0.9MPa，产水量 700L/h，运行 1000h 以上性能基本不变。

(3) 炭滤、复床：进水为一级反渗透产水，电导率为 20μs/cm 左右，出水水质控制在 2μS/cm 以下，pH 在 7.0～7.6，周期造水量 $100m^3$。

(4) 二级反渗透：采用 8in 中空纤维反渗透组件 1 根，脱盐率 93.1%(标准测试)，回收率 50%(浓水回用)，操作压力≤0.8MPa，进水为复床出水和成品水回流水的混合水，产水量 600L/h，出水水质在 1～1.5MΩ · cm。pH6.0 左右，运行 1000h 以上性能基本不变。

(5) 紫外线(UV)等灭菌措施：抑菌方面除采取了动态循环供水外，在纯水箱中设置了淹没式紫外线杀菌器和水箱呼吸口膜空气过滤器，同时在输送管路中设置了流通式紫外线杀菌器和膜滤器，这些措施在1000h考核期间及其后很长时间运行中效果明显。

输送管路的定期消毒清洗是必不可少的，尤其是在系统停运一段时间后，巨大的多糖链属强亲水性基团，所以热源极易溶于水；在清洗工艺中采用过氧化氢溶液封闭循环清洗，效果很好。

(6) 成品水(注射用水)输送：利用二级反渗透产水压力直接输送至使用点，输送距离40m，总管长77m，316L不锈钢(内外壁抛光)，位差5m，采用封闭动态供水，水质经1000h以上运行跟踪监测，各项指标均符合中国药典95版和美国药典第23版指标。

4. 能耗

比较发现在相同规模、同水源的情况下，两者处理的能耗十分接近，而精制部分相差甚远。二级反渗透法与蒸馏法相比较，节约能耗75%以上，节水60%以上，并显著降低污染，其优点显著，宜立法推广。

9.5.3 药物纯化与浓缩

纳滤膜的双重作用也可用在制药行业中药物的纯化、浓缩、热原物质的去除和无菌水的制造中。

1. 抗生素的回收和纯化

发酵法生产的抗生素原液中含4%生物残渣，不定的盐分，0.1%～0.2%的抗生素。NF膜可用两种途径回收和纯化抗生素：一种是先用溶剂萃取，再用NF膜浓缩，这一过程由于溶剂可循环利用，可节约80%的成本；另一种是先用膜浓缩再用溶剂萃取，这一方法可大大提高萃取设备的生产能力，降低溶剂的用量。

例如，6-APA是一种重要的医药半合成抗菌素原料，一般是用青霉素G钾盐在青霉素酰化酶的作用下裂解而制得。经适当处理结晶后，母液中仍有0.3%～0.4%的6-APA，6-APA受热极易分解及母液中含有一定量的有机溶剂(如2%的 CH_2Cl_2 或其他物质)，故处理困难。使用凯能公司(Hydrochem)提供的SelRO™耐溶媒卷式纳滤膜成功实现了6-APA的母液回收，总收率达55%，结晶中6-APA含量大于95%。图9-19是流程示意图。

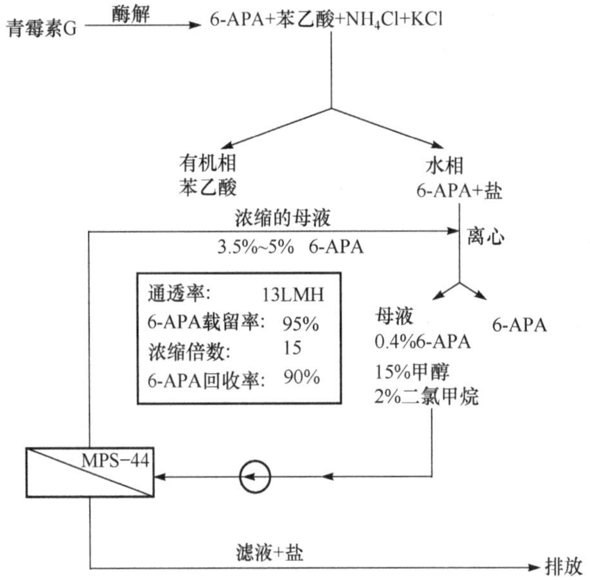

图9-19 SelRO™耐溶媒卷式纳滤膜在6-APA母液回收中的示意图

2. 多肽的浓缩和纯化

医药工业中，肽和多肽可通过色谱柱纯化，再通过热蒸发方式抽真空进一步浓缩。由于过低的肽浓度(0.1%～0.5%)使蒸发过程持续时间太长，可能破坏提纯的产品，同时会消耗大量的有机/水淋洗液。现在若用纳滤膜如 MPT 膜浓缩，不但可以克服以上不足，而且可将非常小的有机污染物和低相对分子质量的盐分除去。

9.5.4 超过滤回收电镀涂料

槽中放置带电荷的涂料——树脂微粒。电位差建立在需电镀的金属物件和槽壁之间。运行时，使涂料粒子均匀地镀在物件的表面(如汽车壳体)。

操作过程可能会引起三个弊病：①金属离子可能会留在镀液中，破坏了镀液中的离子平衡，而使溶液的比电阻下降，涂料粒子乳化情况变坏；②金属物件带走部分涂料，使成本增加，环境污染；③要用大量去离子水漂洗电镀物件。

现采用超过滤器一级过滤电镀液，使金属离子透过膜除去而保持了涂料液的比电阻和涂料粒子不受损失，渗透液还可用作漂洗液，起到了降低成本、防止污染的作用。其流程示意图见图 9-20。

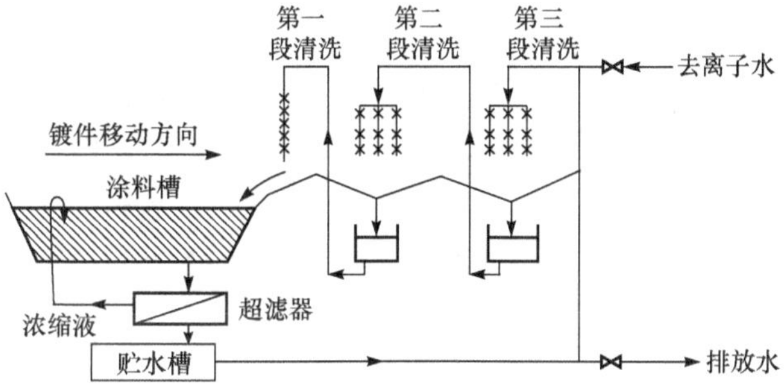

图 9-20 超过滤处理电泳漆

9.6 电渗析简介

采用一组互相平行的隔膜式溶液槽，以加在串联槽两端的电极电位差为推动力，定向地把溶液中或本质上不离解的物质如水、糖、蛋白质等悬浮液中的离子除去。净化程度在一定范围内可以选择，这类借电能分离低相对分子质量电解质(碱或盐)的方法称电渗析法。其基本构造见图 9-21。用隔膜将溶液槽平行地隔成若干小室，两端设置一对电极。在直流电场的作用下，正、负离子以电位差为推动力，分别定向地向阴极或阳极迁移。一般在阳极室发生水的电解反应：

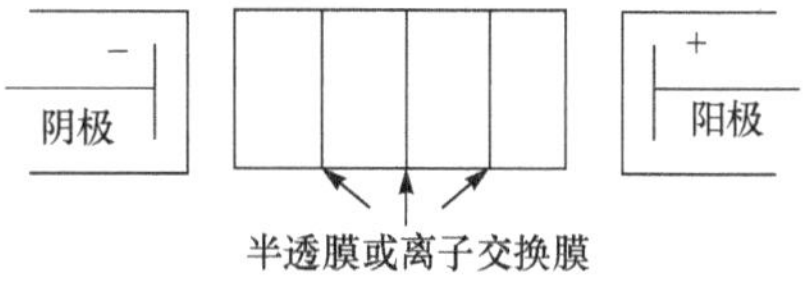

图 9-21 电渗析示意图

$$\frac{1}{2}H_2O \longrightarrow H^+ + \frac{1}{4}O_2\uparrow + e \tag{9-41}$$

阴极上发生氢离子的还原反应：

$$H_2O + e \longrightarrow OH^- + \frac{1}{2}H_2\uparrow \tag{9-42}$$

采用电渗析法以后，电场造成的离子定向迁移使其迁移速率比渗析法提高 100 多倍。由于离子交换膜的应用，这项技术得到更大的发展。因为渗析与渗透的最大区别就在于渗析是溶质通过膜作定向流动，而渗透主要是让溶剂通过膜而截留溶质。所以，电渗析所选择的半透膜往往要求具有通过盐与低相对分子质量溶质而截留高相对分子质量溶质和分子胶体微团的功用。离子交换树脂膜具有单向性渗析的优点。它由合成树脂和纤维压制而成，一般分两大类：阴离子交换膜与阳离子交换膜。典型膜的尺寸为 1m×0.5m×0.6mm（长×宽×厚）。其巨大的分子由两部分构成，一部分是多价的高分子基团，构成固定的树脂惰性骨架，使膜具有化学稳定性和不溶解性，如聚苯乙烯材料；另一部分是可游离的活性离子，分布在树脂骨架中，使膜具有离子交换性能。一般，阳离子交换膜常用负离子基团如磺酸根—SO_3^- 和树脂骨架上的环烃相连接，再与该负离子基团相等价的正离子如钠、钾、钙、镁以及氢离子等结合。膜内微孔的平均直径范围在 1.0～10nm。对渗析与电渗析来说孔径以 1.0～2.0nm 为最好（相当于离子直径）。阴离子交换膜的可游离活性基团常用正离子基团如季铵—$N(CH_3)_3^+$，该基团水合后形成含有可以离解的 OH^- 化合物，而 OH^- 可以进行等当量的交换，如氯、硝酸根、硫酸根、乙酸根以及柠檬酸根等。这两种膜的结构及特征数据如图 9-22(a)、(b)所示。

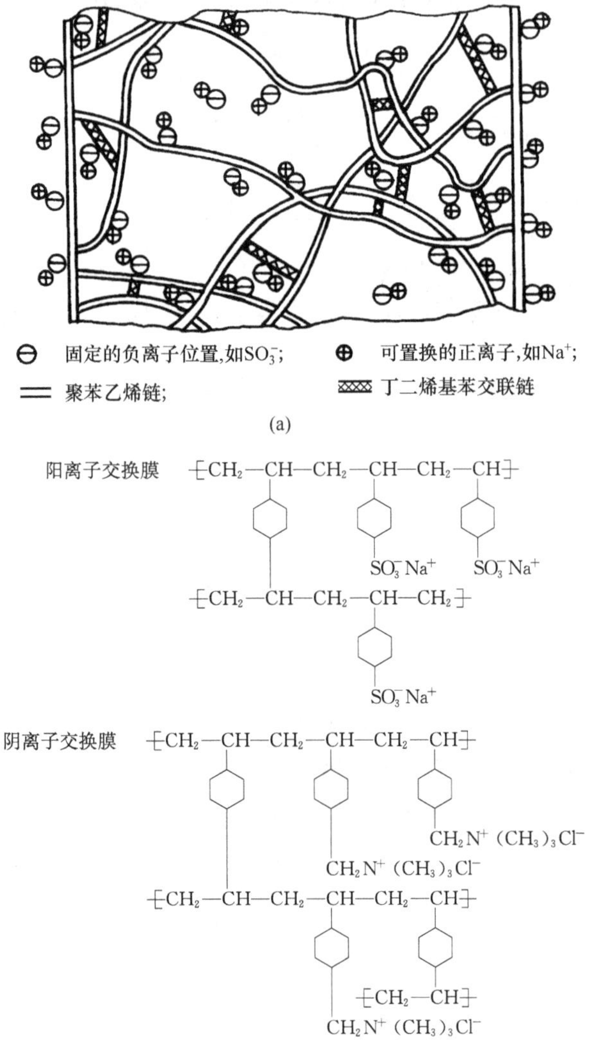

图 9-22　离子交换膜的结构

膜的特性参数

规格	1m×0.5m×0.6mm(长×宽×厚)
脆裂强度	>1.4MPa
水含量	20%~70%(质量)
容量	~2.5mmol/g(干基)
孔尺寸	1.0~10nm
电阻率	100~300Ω·cm
表面电阻率	$10\Omega \cdot cm^2$
水流率	50~750mL/F

从下面三个实例可以了解电渗析的使用情况。

9.6.1 海水脱盐

取一系列阴离子膜和阳离子膜平行间隔地置于方形电解槽内,隔成若干个电解槽,每一对为一小单元,所需单元总数正比于该装置的处理量。如图9-23示意的海水脱盐,电渗析槽两端置电极一对。直流方向与小单元中阳离子膜和阴离子膜从右到左的排列同向。它们的典型尺寸为:每一电渗析槽厚约0.1cm,每对电极中含300个基本单元以上。故一组电渗析槽的尺寸约为100cm×46cm×100cm,相当于$300m^2$膜面积,也即$20m^2$(膜)/m^3。由于装配等原因,每层膜约有70%的面积可供实际应用。

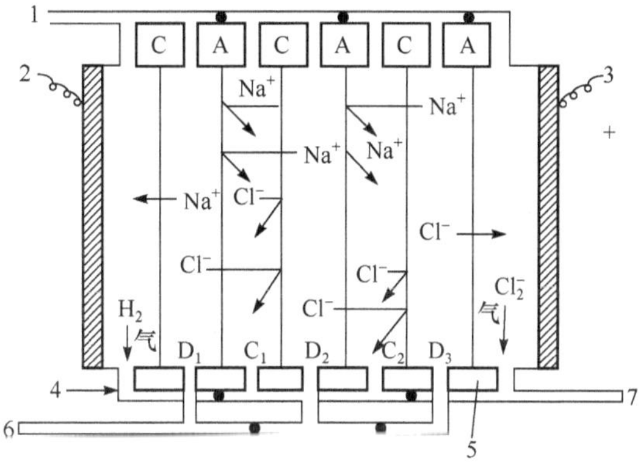

图9-23　海(咸水)脱盐

A. 阴膜;C. 阳膜;1. 料液;2. 阴极;3. 阳极;4. 阴极废水

5. 阳极废水;6. 稀产品水;7. 浓缩盐水

操作时,每一单元中所分的两个小槽的作用是不同的。槽两侧阳、阴离子交换膜的排列方向与电极同相向的C数槽是浓缩槽或废液槽。逆向的D数槽为脱盐槽。海(咸)水并联通过D数槽,海水中的正离子(Na^+,K^+,Mg^{2+}…)由于液流垂直方向的电流电极上电位差的作用,向阴极室方向迁移,遇到左面的阳离子交换膜即可穿过进入C数槽,再向左迁移时,遇到阴离子交换膜而受阻;同样,负离子(Cl^-)穿过右边的阴离子交换膜而在C数槽的阳离子交换膜前受阻。因此,位于D数槽中的盐分将由于电极方向和膜的作用而被迁移出去,故称脱盐槽。而在C数槽中发生的情况恰恰与之相反,它只能从两侧接受渗透过来的正、负离子,而自身所含的正、负离子均将在两侧膜前受阻(图9-23),于是成为浓缩槽。理论上每一单元横向通过1F电量时,将从脱盐槽向浓缩槽输送若干摩尔(它所含电荷数相当于1mol氢的电荷数)的电解质。采用在一对电极中串联几个单元的电渗析槽的结构,其优点之一是同样通过1F电量

却可输送 n 倍的盐。槽内电流的大小取决于膜间的电解液，而典型的数据范围为 100～1500A/m^2膜。由于水分子参与电渗透现象，水分子迁移过膜的速率和电位差的高低、膜内微孔的平均直径以及溶液中的离子的性质有关。通过 1F 电量时水的迁移量一般在 50～750mL 之间。

在 1954 年到 1972 年期间，脱盐水的规模从 235t/d 发展到 6800t/d，甚至达 9500t/d。处理的原料水中的含盐量为 1300～9000mg/L，总溶解固体量不等，出口软水的含盐量都在 500mg/L 左右。图 9-24 表明了美国某工厂总生产能力和原料含盐量对成本的影响。

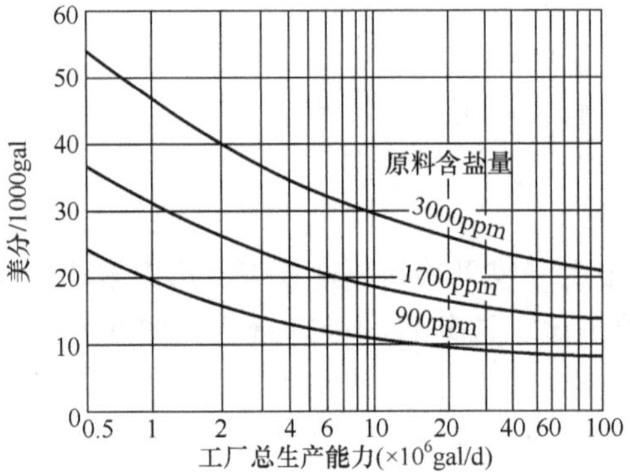

图 9-24　脱盐水装置的成本

9.6.2　牛奶的组成的调整

本装置生产的目的是增加或减少牛奶或脱脂牛奶中的含钙量，同时减少含镁量。由于牛奶中的主要成分是蛋白质、乳糖和脂肪，因此要求交换膜的微孔平均直径在 1.0～2.0nm，稍大于离子直径。该膜仅允许离子迁移，而不允许液相和固相的主体流动以及高分子物质的浓差扩散渗析。每一循环单元包括三个单槽，膜的次序按 C—A—C 排列。原料单槽送入牛奶或脱脂牛奶，槽的两侧都是阳离子膜，以符号 P 表示；补给槽在 P 槽的右侧，以符号 M 表示。该槽送入电解质补给液，槽左侧为阳离子交换膜，右侧为阴离子交换膜；最右边的槽打入水或部分循环的盐水，称废液槽，用 W 表示。槽两侧的膜正好与 M 槽相反。电极与液流的流向均示于图 9-25。

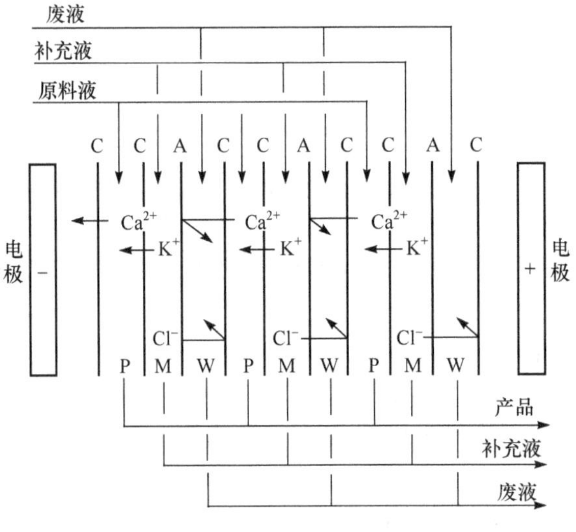

图 9-25　牛奶的加钙和去钙

操作时，直流电压采用 1.5V/膜。原料 P 槽内的阳离子如 Na^+、K^+、Ca^{2+}、Mg^{2+}和 H^+等均将穿过左侧阳离子交换膜进入废液槽 W，直至该槽左侧的阴离子交换膜受阻。同时，补给槽 M 中的阳离子就可按照不同的需求有计划地穿过其左侧的阳离子交换膜，以补充 P 槽内所迁移出的正离子，使得牛奶中总电解质的浓度不变。其中的阴离子如 Cl^- 及其他酸根随电场的方向穿过右侧的阴离子膜进入废液槽 W，在继续迁移受阻后留在废液槽中。废液槽中的离子则因其两侧膜的安排正好和电极方向相同，正负离子均困于该槽中排出。

但是，溶液中阳离子的迁移速率并不相同，其迁移量和它们在溶液中的浓度成正比。在相同的浓度下，各离子的迁移率是不同的。例如，钾、钠、钙、镁的固有迁移率之比为 1.5∶1.0∶0.50∶0.50。为了保持牛奶中总电解质的量不变，补给槽中的补给液必须含有上述阳离子成分。但不同的需求可用调节补给液中阳离子的成分来满足。例如，补给液中只含 1.5/1.0(相对分子质量比)的钾、钠离子时，净的效果是牛奶脱钙、镁；仅含钙时则为增钙脱镁；还可制成净脱镁、脱钠、镁等牛奶或脱脂牛奶。因此，这种任意置换阳离子组成的电渗析技术有时也称作电置换法。

实验证明：增加温度、降低 pH 对渗透有利。

9.6.3 果汁的调味

橘子汁和柚子汁的酸度随不同的生长期而不同。生长期过长或过短都会使果汁变酸，即果汁中存在过量的柠檬酸。要解决果汁厂的产品酸甜度相宜、规格统一的问题，过去曾采用两种方法：高酸度和低酸度果汁搀合和加碱中和。但前者会造成产量不稳定和储藏的困难，后者又因柠檬酸盐的存在而影响味觉。

电渗析法提供了一种使柠檬酸迁移出果汁，提高甜度又不影响味觉的较好的方法。装置如图 9-26 所示。电极间全部采用阴离子膜。每一单元包括两个单槽，左侧为中和槽，右侧为产品槽。由于全部采用阴离子交换膜，因此，所有的阳离子(除 H^+ 以外)都将固定在原溶液中不变。阴离子向正极迁移时所遇都是可以穿透的阴离子膜。故原料槽中的柠檬酸根(cit^{3-})离子穿透右侧的膜在中和槽与碱中和；中和槽中的氢氧根离子也向右侧迁移以补充原料槽中阴离子的不足。

所以该电渗析法的总结果会导致 cit^{3-} 从果汁进入 KOH 溶液、OH^- 进入果汁，而正离子彼此间无传递作用。其净效果是果汁中的多余的柠檬酸被水所置换。

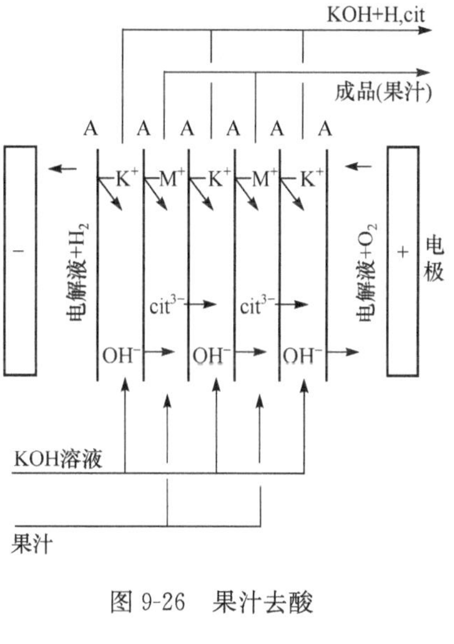

图 9-26 果汁去酸

【例 9-2】 某中试厂采用 $n=12$ 个电渗单槽为一组，每块膜的面积 $A=0.88m^2$，原料为橘汁，其温度为 33℃，酸浓度 $c_F=1.52\%$，生产能力以产品流量计 $L=0.360m^3/h$，槽速 $u_F=9.2cm/s$。所得产品酸浓度 $c_P=0.90\%$。其他的生产工艺数据为：中和槽速 $u_w=3.1cm/s$，电极直流电压 $U=167V$，电流 $I=122A$，电流效率 $E=70\%$。单耗直流功率，$N_{单}=209MJ/m^3$ 果汁。现欲将中试厂的产品流量增加到 $3.60m^3/h$。试问：当原料温度和酸度以及产品酸度不变以及单槽结构参数、电流密度均不变时，需要多少单槽？需要的总电压和功率为多少？

已知所耗功率服从欧姆定律

$$N(kW)=10^{-3}e^2R_PnA \tag{9-43}$$

式中：e 为电流密度，A/m^2，$e=\dfrac{I}{A}$；R_P 为单槽膜电阻，相当于单槽电阻与面积的乘积，即其单位为 $\Omega\cdot m^2$。

生产能力与诸变量的关系服从法拉第定律和物料衡算关系

$$P(mol/h)=\frac{E\cdot e\cdot nA}{F} \tag{9-44}$$

$$F=96500C/mol$$

$$P=L(c_F-c_P)\times10^3 \tag{9-45}$$

式中：c_F、c_P 为原料与产品的浓度(mol/L)。槽速与产品流量又有下述简单关系：

$$L=n\cdot l_s\cdot l_h\cdot u_F(m^3/h) \tag{9-46}$$

式中：l_s 与 l_h 分别为原料槽膜间距、膜高，m。

由分析可知：由渗析的诸变量中独立变量数为九个。针对上述问题，电流密度 e、原料酸度 c_F、产品酸浓度 c_P、槽宽 l_s、槽速 u_F、膜面积 A，均与中试同。随之槽电流 I 与电流效率均为定值，也与中试相同，且产品流量 L 也已给定。如此，固定了九个变量的值，本装置也已确定。

于是，槽数 n、总电阻、总功率移作因变量，其中槽数由式(9-46)取决于产品流量、膜间距和槽速。据题意后两者不变，故槽数正比于产品流量，即 $n=120$ 个。

同样，电流密度恒定，产量和槽数都增加 10 倍，但保持单耗不变，$N_{单}=209MJ/m^3$ 果汁。

由上述三个案例可知：①选用阳离子交换膜与阴离子交换膜进行不同的排列组合，可使电渗析具有脱盐、置换、中和等不同功能；②从电渗析的流程设置来看，整个装置属单级而不是多级。这从液体流动情况就可看出。其所耗功率服从欧姆定律。从例 9-2 的计算中可知，若维持电流密度不变，两端电压和所耗功率均将正比于槽数 n。因此该结构既未能节省膜的面积，又未能节省功率。它的主要优点是结构方便，节省设备连接件和只要一对电极。每一单槽的膜既是迁移面又是隔离膜，即单位体积具有较大的膜面积和较小的电极表面。操作运行时，电渗析也存在浓差极化现象，设计时应充分予以考虑。

电渗析可应用于下列几个方面：

(1) 用于去除或降低溶液中的电解质。例如，废水脱盐，海水和咸水脱盐等，目前应用较广。

(2) 用于增加溶液中的电解质，如从海水中富集溴等。

(3) 用于在三元系统中从非电解质中分离出电解质，例如，牛奶乳清的脱盐或电置换，葡萄糖液的脱灰等，牛奶乳清的脱盐工厂已多有建立。

(4) 有可能用来对离子作选择性地传递，即对于带有同样电荷的不同离子，所用膜能进行显著地选择性电渗析。

思 考 题

1. 尽可能全面地说明膜分离与下列操作的不同。

   (1)吸附和脱吸　(2)蒸馏　(3)液液萃取　(4)萃取蒸馏

2. 超过滤和反渗透在分离原理、推动力、操作条件和应用场合等方面有何相同和相异之处？
3. 何谓渗透与反渗透？何谓浓差极化？有何危害？
4. 超滤膜的两个主要特性是什么？
5. 电渗析的膜有何特点？其作用原理是什么？
6. 简述反渗透和电渗析操作中产生极化的原因及其影响。

计 算 题

1. 将 70℃的水通过多孔聚乙烯膜，该膜膜厚 $l_M=0.003cm$，平均孔径 $D=0.3\mu m$(微孔)，空隙率 $\varepsilon=25\%$，孔

的曲折度 $\tau=1.3$，膜的下游和上游侧的压力分别是 $p_L=125\text{kPa}$ 和 $p_0=500\text{kPa}$。试计算水通过膜的速率 $N[\text{m}^3/(\text{m}^2\text{day})]$。{提示：可用公式 $N=\frac{p_M}{l_M}(p_0-p_L)$，而 $p_M=\frac{\rho\varepsilon^3}{2(1-\varepsilon)^2\tau a_v^2\mu}$，其中比表面积[$a_v=a/(1-\varepsilon)$]是单位膜本身体积(不包括孔体积)中具有的孔表面积；l_M 为膜厚(m)}

2. 采用膜面积 S 为 10cm^2 的反渗透膜处理 NaCl 浓度 c_B 为 10000mg/L 的苦咸水，操作压力 Δp 为 6.0MPa，苦咸水温度为 25℃。已知流量 Q 为 0.01cm/s，渗透液中 NaCl 的浓度 c_p 仅为 400mg/L。其苦咸水的渗透压可用 $\pi=icRT$ 计算，$i=2$，c 为 NaCl 的物质的量浓度，R 采用 0.082。求这种反渗透膜两个常数的 K_w 和 K_s(参见式 9-11、9-12)及脱盐率 SR。
3. 已知微滤膜的纯水通量在 0.3MPa 时为 $210\text{L}/(\text{m}^2\cdot\text{h})$。当其被用于处理一种悬浮液时，由于滤饼的形成，通量急速下降到 $35\text{L}/(\text{m}^2\cdot\text{h})$，操作压力为 0.45MPa。已知滤饼的比阻力为 $1.5\times10^{18}\text{m}^2$，求滤饼的厚度。假设悬浮液的黏度与水相同。

参考文献

阿默加德. 1999. 反渗透——膜技术，水化学和工业应用. 殷琦，华耀祖，译. 北京：化学工业出版社

奥尔. 1982. 过滤理论与实践. 赵启祥译. 北京：国防工业出版社

刘国信，刘录声. 1991. 膜法分离技术及其应用. 北京：中国环境科学出版社

刘茉娥，等. 2001. 膜分离技术应用手册. 北京：化学工业出版社

沈金观，等. 1996. 水处理技术，3：151

时均，袁权，高从谐. 2001. 膜技术手册. 北京：化学工业出版社

斯瓦罗夫斯基. 1990. 固液分离. 2 版. 朱企新，金鼎五，译. 北京：化学工业出版社

王振堃，等. 1981. 电渗析与反渗透. 上海：上海科学技术出版社

张玉忠，郑领英，高从谐. 2003. 液体分离膜技术及应用. 北京：化学工业出版社

Applegate L E. 1984. Chem. Eng. 91(12)：64-89

Brian A F, Talbot F D F. 1983. Reverse Osmosis Separations of Some Organic and Inorganic Solutes Methanol Solutions Using Cellulose Acetate Membranes. Ind. Eng. Chem. Process Des. Develop., 22(2)：179

Meares P. 1976. Membrane Separation Process. New York：Elsevier Scientific Pub. Com.

Merten U. 1963. Ind. Eng. Chem. Fundam. 2：229-232

Michaels A S. 1968. New Wtion Tahlxique for the CPI. Chem. Eng. Prog., 64(12)：31

Perry E S. 1968. Advances in Separations md Purificatoins. New York：Wiley

Seader J D, Henley E J. 2007. 分离过程原理. 朱开宏，吴俊生，译. 上海：华东理工大学出版社

Sourirajan S. 1971. Reverse Osmosis. London：Logos Press

Sourirajan S. 1977. Reverse Osmosis and Synthetic Membranes. Ottawa National Research Council of Canada, 15(10)：629-630

Sourirajan S. 1981. Takeshi Matsuura & Sourirajan：Reverse Osmous Transport through Capillary Pores the Influence of Surface Forces. Ind. Eng. Chem. Process Des. Dev., (20)：273

Stoughton R W, Lietzke M H. 1965. J. Chem. Eng. Data., 10：254-260

Strathmann H. 1990. Membrane and Membrane Separation Processes. Ullmann's Encyclopedia of Industrial Chemistry, 16：237

Twedale T A, et al. 1983. Ploysalfons Ultrafiltration Membranes. Ind. Eng. Chem. Prod. Res. Develop., (2)：320

Zeman L J, Zydney A L. 1996. Mircofiltaration & Ultrafiltration Principles and Applications. New York：Marcel Dekker Inc

第 10 章　色谱分离方法

10.1　概　　述

10.1.1　色谱法及其分类

色谱也称为层析(chromatography)，是一种物理或物理化学的分离分析方法。色谱法可按分子聚集状态、操作方法及分离原理等有不同的分类方法，见表 10-1。

表 10-1　色谱法分类

分类方法		色谱法
状态	流动相的状态	气相色谱、液相色谱和超临界流体色谱
	固定相的状态	气固色谱、气液色谱、液固色谱和液液色谱
操作方法		柱色谱、平面色谱、逆流分配法
色谱过程的分离机制		吸附色谱、分配色谱、体积排阻色谱、亲和色谱、化学键合相色谱、毛细管电色谱和毛细管电泳法
使用领域		分析型色谱和制备型色谱
色谱峰形态		线性色谱和非线性色谱

从 20 世纪初发展至今，色谱技术在理论上已从线性色谱发展到非线性色谱，在实践中则从分析规模发展到制备生产规模。用于制备色谱分离的色谱法一般为液相色谱法，因此本章重点对液相色谱进行阐述。

在色谱分离中，被分离物质(溶质)的分子在两相(固定相和流动相)之间分配，依据不同溶质分子在固定相和流动相之间分配平衡浓度的不同，实现多次吸附、脱附分配，使亲固定相的溶质分子在系统中移动较慢，而亲流动相的溶质分子则随流动相较快地流出系统，从而实现不同物质之间的分离。

目前，色谱分离技术已成为最主要的分离纯化技术之一。色谱技术能够分离物化性能差别很小的化合物，当混合物各组成部分的化学或物理性质十分接近而其他分离技术很难或根本无法应用时，色谱技术愈加显示出其实际有效的优越性。如在消旋体处理等许多方面，所要求的产品纯度标准只有使用色谱技术才能达到。同时，色谱技术通常可以在常温、水相、适当的 pH、离子强度、避免使用有机溶剂等有害的化学试剂等温和的条件下操作，因而可以避免破坏具有生物活性物质的前提下(温和的条件)，以很高的识别性，以及较高的分离能力和收率，经济有效地从稀溶液中提取、分离、纯化目标产物。

人们对色谱技术的应用分离进行了大量的研究，新的性能更好的色谱载体、新的制备过程、新的分离能力更强的过程、装备和精密控制技术等的发展，为各类产品提供了更为有效的分离技术。同时，为了简化分离过程，进一步提高整体分离过程的效率、降低大规模分离的生产成本，通过将分离过程的特点和化学工程基本原理的结合，人们正在探索和研究各种新型的分离单元操作如扩张床吸附和亲和错流过滤等，以及高效率的连续逆流色谱技术如采用模拟移动原理构成的多组分连续分离过程等，这些新型分离技术的发展将进一步促进医药、生物和精细化工工业产品的产业化过程。

10.1.2 色谱介质

大多数固体表面能吸附气体和液体，但只有部分物质具有选择性吸附能力，这些物质称为吸附剂或色谱介质。用固体吸附剂处理气体或液体混合物，将其中所含的一种或几种组分吸附在固体表面上，从而实现混合物的组分分离。常用的传统吸附剂有活性炭、活性白土、硅藻土、硅胶、活性氧化铝、分子筛、合成树脂等多孔性固体介质。对于生物大分子的吸附，由于其分子很大，上述孔径较小的传统吸附剂通常只有有限的应用。为此，发展了一系列大孔径、表面高度亲水的特种有机聚合物固体凝胶介质，包括多糖凝胶介质（纤维素、葡聚糖、琼脂糖等）和亲水有机聚合物凝胶介质（聚丙烯酰胺等），以及它们的交联产物和混聚物。

这些凝胶介质载体具有较大的内部孔径和适当的强度，表面亲水，不易对生物大分子产生显著的非特异性吸附。为了加强凝胶吸附介质的选择性吸附作用，利用其表面富含的羟基，偶联上特定的活性吸附基团，构成不同的吸附介质。为了便于使用，这些凝胶载体通常制成直径为数十微米的微珠，内部孔隙率通常在80%或以上，通常经过化学交联以增加其强度。

表10-2列举了工业上目前应用较多的吸附剂的性质和代表性数值，所列性质有平均孔径、颗粒孔隙率（内部空间占有的百分率）、颗粒密度和比表面积。

表 10-2 工业用多孔吸附剂的典型性质

吸附剂	表面特性	平均孔径 d_p/nm	孔隙率 ε_p	颗粒密度 ρ_p/(g/cm³)	比表面积 S_p/(m²/g)
活性氧化铝	亲水	1.0～7.5	0.4～0.5	0.9～1.25	150～320
硅胶	亲水或疏水	2.2～15.0	0.4～0.71	0.62～1.3	200～850
活性炭	疏水、无定形	1.0～3.0	0.4～0.6	0.5～1.0	200～1500
碳分子筛	疏水	0.2～2.0	0.35～0.41	0.9～1.1	400～550
沸石分子筛	极性、亲水	0.29～1.0	0.2～0.5	0.9～1.3	400～750
聚合物	亲水或疏水	4.0～25.0	0.4～0.55		80～700
离子交换树脂	阴离子或阳离子交换			0.67～0.85(湿)	
多糖凝胶	亲水		0.87～0.90	0.69(湿)	

10.2 液-固吸附平衡

在一定条件下，当流体与吸附剂接触时，流体中的吸附质将被吸附剂吸附，经过足够长时间，吸附质在两相中的含量达到恒定值，该平衡关系决定了吸附过程的方向，是吸附过程的基本依据。不像气液和液液平衡，没有成熟的理论用于估计流体-固体的吸附平衡，因此必须用特定系统实验测定其平衡数据，并绘制吸附剂上负载的吸附质与流体吸附质浓度之间关系的吸附等温线。

10.2.1 液-固吸附等温线的分类

吸附等温线是被吸附在吸附剂（固定相）上的溶质浓度 c_S 对其在液相中的平衡浓度 c_M 的标绘，是该特定溶质在固定相和流动相之间的分配平衡关系。

Giles研究了一批有机溶剂组成的溶液，按吸附等温线离原点最近一段曲线的斜率变化，可将液相吸附等温线分为四类（刘家祺，2001），如图10-1所示。

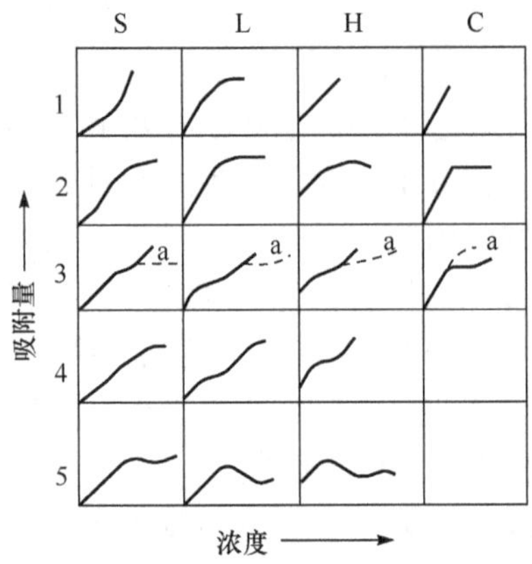

图 10-1　液固吸附等温线的分类

(1) S 曲线：被吸附分子垂直于吸附剂表面，吸附曲线离开原点的一端向浓度坐标轴方向凸出。

(2) L 曲线：被吸附分子在吸附剂表面上构成平面，有时在被吸附的离子之间有特别强的作用力。

(3) H 曲线：高亲和力吸附等温线，该曲线最初离开原点后向吸附量坐标轴方向高度凸出，低亲和力的离子为高亲和力的离子所交换。

(4) C 曲线：吸附量和溶液浓度之间呈线性关系，被吸附物质在溶液和吸附剂表面之间有一定的分配系数。

上述吸附等温线形状的变化与吸附层分子和溶液分子的相互作用有关。如果溶质形成单分子层吸附，它对溶液中溶质分子的引力较弱，则曲线有一段较长的平坡线段。如果吸附层对溶液中溶质分子有强烈的吸引力，则曲线陡升。

10.2.2　液-固吸附等温式

液相吸附过程非常复杂，除温度和溶质浓度外，吸附剂对溶剂和溶质的吸附、溶质的溶解度和离子化、各种溶质之间的相互作用以及共吸附现象等都会对吸附产生不同程度的影响。

不同类型的吸附等温线反映了吸附剂吸附吸附质的不同机理，为适应液固吸附复杂的情况，很多学者提出了各种吸附理论和表达吸附平衡关系的吸附等温式。Guiochon 等对此进行了归纳(Georges et al，1994)，具体见表 10-3，其中应用较多的为理论型的 Langmuir 方程和经验型的 Frendlich 方程。

表 10-3　吸附等温式模型

模　型	$\phi=q/q_m$
Henry	KC
Langmuir	$KC/(1+KC)$
Bilangmuir	$q_1K_1C/(1+K_1C)+q_2K_2C/(1+K_2C)$
Jovanovic	$1-e^{-KC}$
Quadratic	$(KC+K^2hC^2)/(1+2KC+K^2hC^2)$
Fowler	$KC/(e^{-x^\theta}+KC)$
Frendlich	$(aC)^v$
Langmuir-Frendlich	$(aC)^v[1+(aC)^v]$
Toth	$KC/[1+(KC)^v]^{1/v}$
Misra	$1-[1-(1-k)KC]^{1/(1-k)}$
Radke-Prausnitz	$KC/[1+(KC)^v]$
Dubinin-Radushkevich	$e^{-a[\ln b/c]^2}$

10.3　色谱分离的基本参数

10.3.1　色谱图

组分通过色谱柱分离后在柱的出口处的浓度与流出时间的关系一般显示出一个峰形，通常把它称为色谱峰。多个组分如能通过色谱柱分离，就会形成多个峰。色谱柱出口浓度与时间或流动相体积的关系就是色谱图。对色谱柱分离的讨论都要涉及色谱图上峰的分析。图 10-2是一个标准的色谱图。

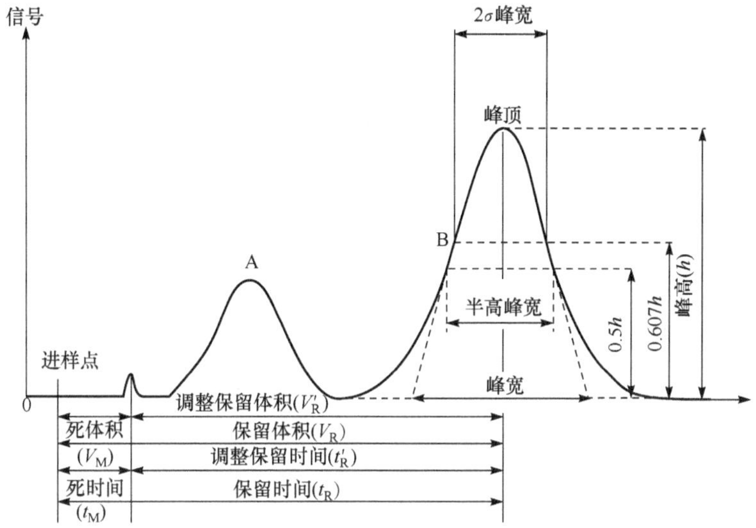

图 10-2　色谱图

色谱图中涉及的各种参数具体见表 10-4。

表 10-4　色谱图中的不同参数名称及定义

参数名称	定　义
基线	流动相中没有样品时色谱柱出口检测器的响应信号
峰高	色谱峰顶点到基线的垂直距离
半峰高	峰高一半处的宽度
峰宽 W_b	由色谱峰两侧拐点作切线，与基线交点间的距离
标准偏差	当把色谱峰看作对称的高斯曲线时，峰高的 0.607 处峰宽度的一半即为标准偏差 σ
死体积 V_M	整个柱中的流动相体积称为滞液量，是填充在固定相外空隙中的液体和固定相内部孔隙中的液体之和
保留体积 V_R	溶质从色谱柱一端进样开始直至其从色谱柱另一端流出所需的流动相体积，称为该溶质的保留体积。显然，只要色谱载体对溶质有吸附作用，V_R 将大于 V_M。为了便于测量，也常用保留时间 t_R 而来表达溶质的保留参数，$V_R=Ft_R$，其中 F 为流动相的体积流率

10.3.2　保留因子

表 10-4 保留参数均与色谱柱的几何尺寸有关。为通用性起见，可使用保留因子(容量因子)k 作为保留参数，即

$$k=\frac{V'_R}{V_M} \tag{10-1}$$

其物理意义为溶质在固定相(吸附剂)和流动相之间的分配比。

10.3.3　分离因子

分离因子是溶质 A 和溶质 B 的保留参数之比，表示这两个组分通过色谱进行分离的

可能性

$$\alpha=\frac{V'_{R(A)}}{V'_{R(B)}}=\frac{k_A}{k_B} \tag{10-2}$$

10.3.4 分离度

两个不同的组分能否通过色谱进行分离可用分离度(或分辨率)来表示，分离度 R_s 定义为两个色谱峰之间的距离和两个峰的平均峰宽之比

$$R_s=\frac{2(V_{R2}-V_{R1})}{W_{b2}+W_{b1}}=\frac{2(t_{R2}-t_{R1})}{t_{b2}+t_{b1}} \tag{10-3}$$

欲使两组分峰得到完全分离，R_s 应大于 1，R_s 小于 1 说明两峰之间有一定程度的重叠。优化的分离条件应使所有欲分离的组分对之间的 R_s 均大于 1。然而过大的 R_s 也是不必要的，这会使分离成本增高。

10.4 色谱基础理论

在层析技术的发展历程中，研究者们提出了很多层析过程的理论模型，以解释层析分离的现象，指导层析技术的发展，进行层析设备和层析介质的设计。从层析过程热力学和动力学的观点出发，这些理论模型主要有两大类型：塔板理论或反应器串联模型；速率理论或质量平衡模型。另外有人提出的平衡理论实际上是速率理论的一个特例。

10.4.1 塔板理论模型

1. 基本假定

塔板理论是色谱的热力学平衡理论。它假定色谱分离柱本身是不连续的，是由 N 个相同大小的混合接触器串联起来的，并做出如下假设：

(1) 流动相在柱内的流动符合“活塞流”假定。

(2) 色谱柱由许多小段组成，这些小段称之为“塔板”。

(3) 在“塔板”上溶质在流动相和固定相之间达到平衡，并符合 $X_s=KX_m$，其中 X_m、X_s 分别是溶质在流动相和固定相中的浓度，K 是溶质在两相中的分配系数，为量纲为一的常数。

(4) 溶质随流动相依次流过各塔板并反复达到分配平衡，依不同的平衡趋势获得不同的保留时间。

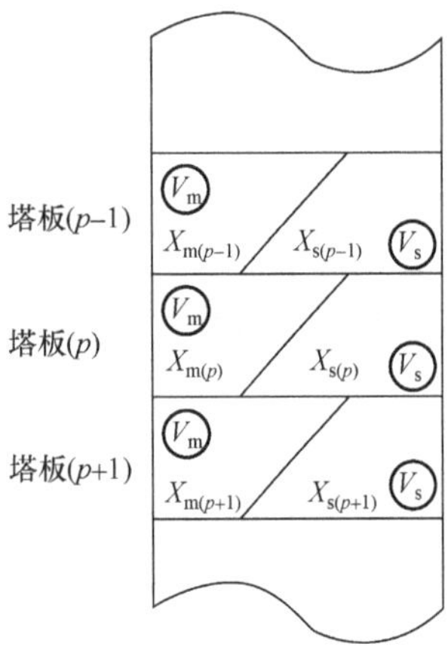

图 10-3 色谱柱中三块连续理论塔板示意图

2. 洗脱曲线

塔板理论旨在提供一个溶质的洗脱曲线方程，该方程描述了溶质浓度与流动相体积之间的关系，从而可通过色谱图来确定层析体系的各种特征。

设想在 n 块塔板的色谱柱中，有三个连续塔板 $p-1$、p 和 $p+1$，如图 10-3 所示。

设流动相和固定相在每块塔板中的体积分别为 V_m 和 V_s；溶质在每一块塔板中的流动相和固定相的浓度分别为 $X_{m(p-1)}$、$X_{s(p-1)}$、$X_{m(p)}$、$X_{s(p)}$、$X_{m(p+1)}$、$X_{s(p+1)}$；dV 为流动相从塔板 $p-1$ 流到塔板 p 的体积，其与流动相从塔板 p 流到塔板 $p+1$ 的体积

相等。

由物料恒算，在塔板 p 中溶质的质量变化为

$$dm=[X_{m(p-1)}-X_{m(p)}]dV \tag{10-4}$$

当溶质在塔板 p 中达到平衡时，dm 自然会使两相浓度发生变化，假定在流动相和固定相中溶质的浓度变化分别为 $dX_{m(p)}$ 和 $dX_{s(p)}$，则有

$$dm=v_s dX_{s(p)}+v_m dX_{m(p)} \tag{10-5}$$

将平衡式 $X_s=KX_m$ 的微分式 $dX_s=KdX_m$ 代入式(10-5)，得

$$dm=v_s KdX_{m(p)}+v_m dX_{m(p)}=(Kv_s+v_m)dX_{m(p)} \tag{10-6}$$

合并式(10-4)和式(10-6)得

$$\frac{dX_{m(p)}}{dV}=\frac{X_{m(p-1)}-X_{m(p)}}{Kv_s+v_m} \tag{10-7}$$

求解微分方程式(10-7)，须采用数值法进行变量的转换。首先定义 Kv_s+v_m 函数为塔板体积，流动相体积以塔板体积为计量单位。塔板体积的物理意义为:将固定相和流动相加和所得的溶质总量换算成流动相的平衡浓度所对应的流动相的体积。在此基础上定义一个新的变量 v

$$v=\frac{V}{v_m+Kv_s} \tag{10-8}$$

将其微分式 $dV=(v_m+Kv_s)dv$ 代入式(10-7)即得

$$\frac{dX_{m(p)}}{dv}=X_{m(p-1)}-X_{m(p)} \tag{10-9}$$

该微分方程描述了任一塔板中溶质在流动相的浓度随流动相体积的变化速率，对该方程式(10-9)积分即为溶质的洗脱曲线方程

$$X_{m(n)}=X_0\frac{e^{-v}v^n}{n!} \tag{10-10}$$

式中：$X_0=X_{m(0)}$，为加载在第一块塔板上的初始溶质浓度。

采用仪器测定色谱柱出口第 n 块塔板的溶质浓度，就可得到由电压-时间表示的模拟色谱图。式(10-10)是一个泊松(Poisson)函数式，当 n 很大时，这个函数式近似于高斯(Gauss)函数，见式(10-11)。

$$X_m(v)=\frac{1}{\sqrt{2\pi\sigma^2}}e^{-\frac{v^2}{2\sigma^2}} \tag{10-11}$$

对实际的液相色谱而言，n 总是远远大于 100，也就是说所有色谱峰会呈现高斯或接近于高斯分布形态。

3. 保留体积

保留体积是指流动相流经柱子直到洗脱至峰最大值出现时所用的体积。由洗脱曲线方程式 $X_{m(n)}=X_0\frac{e^{-v}v^n}{n!}$，对该式进行微分可得

$$\frac{dX_{m(n)}}{dv}=\frac{X_0}{n!}(-e^{-v}v^n+e^{-v}nv^{(n-1)})=\frac{X_0 e^{-v}v(n-1)}{n!}(n-v) \tag{10-12}$$

在峰的最大值处，式(10-12)必须为零，即有 $n=v$。因为 v 是用塔板体积为单位测得的，峰最大值就相当于 n 个塔板体积的流动相流经柱子。由 $v=\frac{V}{v_m+Kv_s}$ 可得流动相以毫升数表

示的保留体积 V_R

$$V_R = n(v_m + Kv_s) \tag{10-13}$$

4. 理论塔板数

根据塔板模型，色谱柱的分离效果的好坏可用其理论塔板数来表达。已知在色谱柱出口，$X_{m(n)} = \frac{X_0 e^{-v} v^n}{n!}$，则在色谱峰拐点处有

$$\frac{d^2 X_{m(n)}}{dv^2} = \frac{d\left(\frac{X_0 e^{-v} v^n}{n!}\right)}{dv^2} = 0 \tag{10-14}$$

求解式(10-14)可得 $v = n \pm n^{\frac{1}{2}}$。因此，当流动相塔板体积分别为 $n - n^{\frac{1}{2}}$ 和 $n + n^{\frac{1}{2}}$ 时，色谱曲线出现拐点。那么由峰宽和塔板体积的定义，两个拐点间的流动相体积$[(n + n^{\frac{1}{2}}) - (n - n^{\frac{1}{2}})] \times$ 塔板体积 $= 2n^{\frac{1}{2}} \times$ 塔板体积，即为峰宽，将其转换为毫升数计量可得

$$峰宽 = 2\sqrt{n}塔板体积 = 2\sqrt{n}(v_m + Kv_s) \tag{10-15}$$

而当 $n \to \infty$，色谱峰可用高斯函数表示：$X_m(v) = \frac{1}{\sqrt{2\pi\sigma^2}} e^{-\frac{v^2}{2\sigma^2}}$，采用此函数时，峰宽 $= 2\sigma$，将其代入式(10-15)可得

$$2\sqrt{n}(v_m + Kv_s) = 2\sigma \tag{10-16}$$

合并式(10-13)和式(10-16)得

$$n = \left(\frac{V_R}{\sigma}\right)^2 \tag{10-17}$$

式(10-17)为根据色谱峰的参数计算理论塔板数的基本式。将其进行转换后，采用不同的色谱峰参数可得不同的表达式，如表 10-5 所示。

表 10-5　理论塔板数的表达式

色谱峰参数	标准偏差	理论塔板数
V_R 和 σ		$n = \left(\frac{V_R}{\sigma}\right)^2$
V_R 和 w	$\sigma = \frac{w}{4}$	$n = 16\left(\frac{V_R}{w}\right)^2$
V_R 和 $w_{1/2}$	$\sigma = w_{1/2} / \sqrt{8\ln 2}$	$n = 5.54\left(\frac{V_R}{w_{1/2}}\right)^2$
V_R 和峰面积 A 及峰高 h	$\sigma = \frac{A}{h\sqrt{2\pi}}$	$n = 2\pi\left(\frac{V_R h}{A}\right)^2$

为方便起见，通常以半峰高处的宽度(称为半峰宽)来计算理论塔板数

$$n = 5.54\left(\frac{V_R}{w_{1/2}}\right)^2 \quad 或 \quad n = 5.54\left(\frac{t_R}{t_{1/2}}\right)^2 \tag{10-18}$$

5. 塔板理论模型的局限性

塔板理论是将色谱柱比作精馏塔的半经验式理论，它在解释流出曲线的形状(呈正态分布)、浓度极大点的位置及数值、色谱峰区域宽度与保留值的关系以及评价柱效能等方面取得了成功。但事实上，它的某些基本假设与色谱过程的事实并不相符。例如，纵向扩散是不能忽

略的，流动相的“活塞流”假定与填充床中流体的实际流动形态有较大差异；塔板模型假定溶质在流动相和固定相之间的相平衡符合线性关系，这只有在溶质浓度较低时适用，与制备色谱上样浓度高、上样量较大的情况有较大差异；塔板模型假定在“塔板”上达到相平衡，没有考虑到传质阻力和流体流动造成的浓度梯度对色谱过程的影响。因此，塔板理论不能解释在同一色谱柱上不同组分所得理论塔板数不同的原因；不能说明同一组分在同一柱上所得的理论塔板数不同的原因；也不能说明理论板数和色谱峰形变化受哪些因素的影响；更无法给出改善柱效的方法。

鉴于塔板理论的众多局限性，也为了更好地描述色谱过程，范弟姆特(van Deemter)等在塔板理论的基础上，又提出了色谱过程的动力学理论——速率理论模型。

10.4.2 速率理论模型

1956 年，荷兰学者范弟姆特等提出了色谱过程的动力学理论，他们吸收了塔板理论的概念，并把影响塔板高度的动力学因素结合进来，导出了理论塔板高度 HETP 与载气速率 u 的关系，即范弟姆特方程式——气相色谱理论方程式。两年之后，1958 年，Giddings 与 Snyder 等根据液体与气体的差别，提出了 Giddings 方程式——液相色谱速率方程式，现分述如下。

1. 范弟姆特方程式——气相色谱速率理论

范弟姆特考察了多种影响柱效的因素导出了以下关系式：

$$\text{HETP}=A+B/u+Cu \tag{10-19}$$

式中：u 为载气线速度；A、B、C 为 3 个常数；HETP 为理论塔板高度，即相当一块理论板作用的色谱柱高度，是表示色谱柱分离效率的重要参数。设色谱柱长度为 L，理论板数为 n，则有

$$\text{HETP}=L/n \tag{10-20}$$

式(10-19)可由图 10-4 表示。由图 10-4 及范弟姆特方程式，曲线在 HETP 值最小时所对应的 u 值为最佳气体流速。当 $u=0\sim u_{最佳}$时，u 越小，Cu 越小(可忽略)，B/u 越大，此时 B/u 占主导，u 增加，HETP 降低，柱效高。当 $u>u_{最佳}$时，u 越大，Cu 越大，B/u 越小，此时 Cu 占主导，u 增加，HETP 增加，柱效降低。当 u 一定时，A、B、C 3 个常数越小，HETP 越小，柱效越高；反之，则峰展宽，柱效降低。

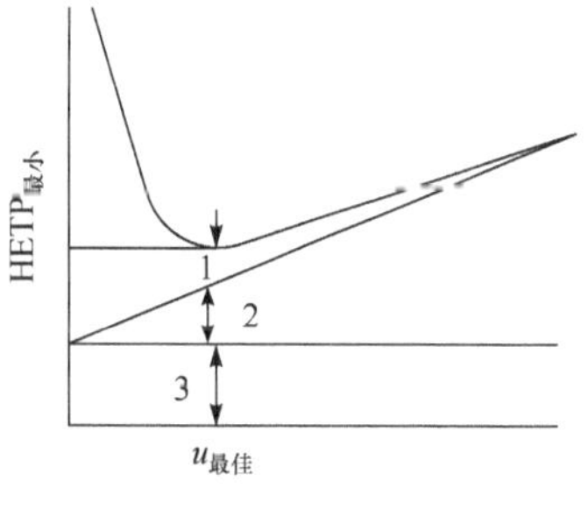

图 10-4 塔板高度-流速曲线

1. B/u；2. Cu；3. A

现针对填充柱，逐项讨论影响板高的因素。

(1) A 项为涡流扩散相或多径项，该项说明由于填充柱填充不均匀而引起的峰(谱带)的展宽。$A=2\lambda d_p$，λ 为填充不规则因子(填充越均匀，λ 值越小)，d_p 为填料(固定相)颗粒的直径。

(2) B/u 项称纵向扩散项或分子扩散项。由于试样组分被载气带入色谱柱后是以“塞子”的形式存在于柱的一小段空间中，在“塞子”前后(纵向)存在着浓度梯度，因此使运动着的分子产生纵向扩散。$B=2\gamma D_g$，γ 为因载体填充在柱内而引起气体扩散路径弯曲的因数(弯曲因子)，D_g 为组分在气相中的扩散系数。

(3) Cu 项也称传质阻力项，系数 C 包括气相传质阻力 C_g 和液相传质阻力 C_l 两项。对于

填充柱 $C_g=\frac{0.01k^2}{(1+k)^2}\frac{d_p{}^2}{D_g}$，$C_l=\frac{2}{3}\frac{k}{(1+k)^2}\frac{d_f^2}{D_l}$，式中 k 为容量因子。

综上所述，范弟姆特方程式对于分离条件的选择具有指导意义。它可说明填充均匀程度、担体粒度、载气种类、载气流速、柱温、固定相液膜厚度等对柱效、峰扩张的影响。

2. Giddings 方程式——液相色谱速率理论

液相色谱与气相色谱的主要区别可归因于液体与气体性质的差异：①气体的扩散系数比液体要大 10^5 倍左右；②液体黏度比气体约大 10^2 倍；③液体表面张力比气体约大 10^4 倍；④液体密度比气体约大 10^3 倍；⑤液体是不可压缩的。这些差别对液相色谱的扩散和传质过程影响很大，而传质阻抗对峰展宽的影响尤为显著。因此液相色谱的速率理论方程式与气相色谱的速率理论方程式的主要差别表现在纵向扩散项(B/u)及传质阻抗项(Cu)上。1958 年，Giddings 等在范弟姆特方程式的基础上提出液相色谱速率方程式，二者有相似之处，但某些函数的含义不同。

Giddings 与 Snyder 等提出的液相色谱速率方程式如下：

$$\mathrm{HETP}=H_e+H_d+H_m+H_{sm}+H_s=A+B/u+C_m u+C_{sm}u+C_s u \tag{10-21}$$

与气相色谱类似，影响柱效(用理论塔板高度 HETP 表征)的因素如下。

1) 涡流扩散项 H_e

$$H_e=2\lambda d_p \tag{10-22}$$

为了使 H_e 减小以提高液相色谱柱的柱效，可从以下两方面采取措施：①采用小粒度的固定相(填料)，固定相的直径(d_p)越小，H_e 越小，但 d_p 越小，越难填匀(λ 越大)，因此，通常多用 $d_p=3\sim10\mu m$ 的填料；②采用匀浆法装柱，降低 λ。

2) 纵向扩散项 H_d

当试样分子在色谱柱内被流动相带向前时，由分子本身运动所引起的纵向扩散同样引起色谱峰的扩展。它与分子在流动相中的扩散系数 D_m 成正比，与流动相的线速 u 成反比：

$$H_d=\frac{C_d D_m}{u} \tag{10-23}$$

式中：C_d 为常数。由于分子在液体中的扩散系数比在气体中要小 4～5 个数量级，因此在液相色谱中，纵向扩散项对色谱峰扩散的影响实际上是可以忽略的，而在气相色谱中这一项却很重要。

3) 传质阻力项

传质阻力项可分为固定相传质阻力项和流动相传质阻力项。

(1) 固定相传质阻力项主要发生在液液分配色谱法中。试样组分的分子从流动相进入固定液内进行质量交换的传质过程取决于固定液的液膜厚度 d_f，以及分子在固定液内的扩散系数 D_s

$$H_s=\frac{C_s d_f^2}{D_s}u \tag{10-24}$$

式中：C_s 为与 k(容量因子)有关的系数。由式(10-24)可知，它与气相色谱中的液相传质项含义是一致的。

(2) 流动相传质阻力项指试样分子在流动相的传质过程。它有两种形式，即在流动的流动相中的传质和在滞留的流动相中的传质。

(i) 流动的流动相中的传质阻力项 H_m。当流动相流过色谱柱内的填充物时，靠近填充物颗粒的流动相流动得稍慢，所以在柱内流动相的流速是不均匀的，即靠近固定相表面的试样分子走过的距离比中间的要短。它能引起塔板高度的变化，这种影响与线速 u 和固定相粒度 d_p 的平方成正比，与试样分子在流动相中的扩散系数 D_m 成反比：

$$H_m = \frac{C_m d_p{}^2}{D_m} u \tag{10-25}$$

式中：C_m 为常数。

(ii) 滞留的流动相中的传质阻力 H_{sm}。由于固定相的多孔性，会造成某部分流动相滞留在一个局部，滞留在固定相微孔内的流动相一般是停滞不动的。流动相中的试样分子要和固定相进行质量交换，必须先从流动相扩散到滞留区。若固定相的微孔小而深，此时传质速率就慢，对峰的扩展影响大，这种影响在整个传质过程中起着主要作用。固定相的粒度越小，它的微孔径越大，传质途径也就越小，传质速率也就越高，因而柱效就高。由于滞留区传质与固定相的结构有关，所以改进固定相就成为提高液相色谱柱效的一个重要问题。

滞留区传质项 H_{sm} 为

$$H_{sm} = \frac{C_{sm} d_p{}^2}{D_m} u \tag{10-26}$$

式中：C_{sm} 为常数，它与颗粒微孔中被流动相所占据部分的分数及容量因子有关。

综上所述，由于柱内色谱峰扩展所引起的塔板高度的变化可归纳为

$$\text{HETP} = 2\lambda d_p + \frac{C_d D_m}{u} + \left(\frac{C_m d_p^2}{D_m} + \frac{C_{sm} d_p^2}{D_m} + \frac{C_s d_f^2}{D_s}\right) u = A + \frac{B}{u} + Cu \tag{10-27}$$

式(10-27)与气相色谱的速率方程式在形式上是一致的，主要区别在于纵向扩散项可忽略不计，影响柱效的主要因素是传质项。

据上述讨论可知，要提高液相色谱的效率，必须提高柱内填料的装填均匀性和减小粒度，以加快传质速率。薄壳型担体具有大的孔径和浅的孔道，这种担体可大大提高传质速率，而大小均一的球形又为柱内填充均匀创造了良好的条件。由式(10-27)可知，HETP 近似正比于 d_p^2，减小粒度是提高柱效的有利途径。选用低黏度的流动相，或适当提高柱温以降低流动相黏度，都有利于提高传质速率，但提高柱温将降低色谱峰分辨率。降低流动相流速可降低传质阻力项的影响，但又会使纵向扩散增加并延长分析时间。可见，在色谱过程中，各种因素是相互制约的。

影响色谱峰扩展的因素除以上几个方面外，对于液相色谱，还有其他一些因素，如柱外展宽的影响等。所谓柱外展宽是指色谱柱外各种因素引起的峰扩展，又分为柱前和柱后两种因素。

柱前峰展宽主要由进样所引起。液相色谱进样方式大都是将试样注入到色谱柱顶端滤塞上或注入进样器的液流中，这种进样方式由于进样器的死体积，以及注样时液流扰动引起的扩散，造成色谱峰的不对称和展宽。若将试样直接注入到色谱柱顶端填料上的中心点，或注入到填料中心之内 1～2mm 处，则可减少试样在柱前的扩散，峰的不对称性得到改善，柱效显著提高。

柱后展宽主要由连接管、检测器流通池体积所引起。由于分子在液体中有较低的扩散系数，因此在液相色谱中，该因素比气相色谱更显著。因此，连接管的体积、检测器的死体积应尽可能小。

10.5 色谱分离过程

10.5.1 进样量

色谱通常采用脉冲进样的方法，即在层析操作的开始在层析柱的进口注入一体积很小的分离样品。在理论研究中，所谓“脉冲进样”是指在瞬间完成的进样，即进样峰的宽度可以被忽略。很显然，在实际操作中，进样体积不可能无限小，这样就导致宽度不同的进样峰，而进样峰的宽度和进样浓度必然会影响洗脱峰的形状、宽度和分离度。尤其在制备色谱中，为了提高单次层析分离操作的处理量，往往采用大体积进样或高浓度进样，使进样呈现宽的矩形脉冲状，并使层析柱工作在非线性状态下。

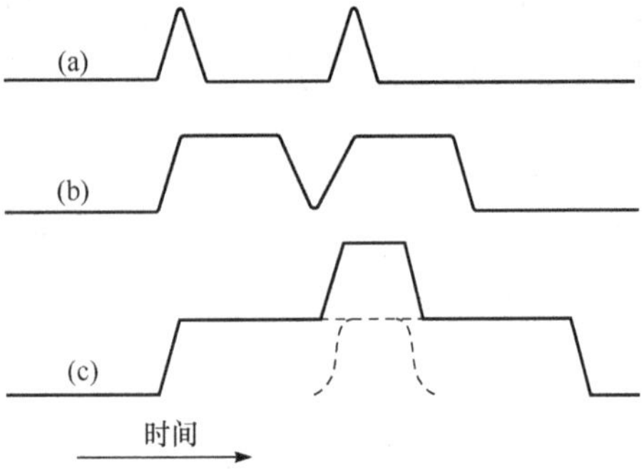

图 10-5　进样量对制备层析的影响

图 10-5 显示了不同的进样量对被分离的两种组分的洗脱峰的影响：①很小的进样量，洗脱峰为分离完全的尖峰，这种情况常见于分析层析[图 10-5(a)]；②对层析处理量进行优化的进样量，洗脱峰为两个恰好不重叠的矩形峰，这是在达到良好分离的前提下层析柱所能处理的最大样品进样量[图 10-5(b)]；③太大的进样量，这时两组分的洗脱峰有部分重叠，只有最先出峰的组分的前端部分有可能得到较完全的分离[图 10-5(c)]，这种操作方式在层析研究中也有应用，称为前端层析。

10.5.2 洗脱方式

1）恒组成洗脱

层析操作最简单的洗脱方法是恒组成洗脱，或称常液洗脱，即在整个层析展开洗脱过程中所有条件都保持不变。样品中各组分在通过柱时遵循式(10-1)。各组分的保留时间由各自的容量因子 k 决定。在恒组成洗脱中，由式(10-3)可得，两个相邻色谱峰 1 和 2 的分离度也可表示如下：

$$R_s=\frac{\sqrt{n_2}}{4}\cdot\frac{\alpha_{2,1}-1}{\alpha_{2,1}}\cdot\frac{k_2}{k_2+1} \tag{10-28}$$

式中：n_2 和 k_2 分别为组分 2 的理论塔板数和容量因子；$\alpha_{2,1}$ 为组分 2 和 1 的分离因子；k 和 α 代表了溶质的保留特性和色谱峰的相对位置，其值取决于溶质、固定相和流动相的性质和温度等因素。n 为柱效，代表色谱峰的扩展程度，由色谱柱自身的特性和色谱分析操作条件决定。

从出峰速度来讲，k 值越小，则越节省分析时间，但从分离度的角度来说，k 值大有利于提高分离度。在一个成功的常液洗脱过程中，每一组分都应在一段合理的操作时间内以合理的分离分辨率被洗脱出来。这只对有限的分离样品是适合的。而常见的问题是，由于层析分离的对象通常都很复杂，分离样品中各组分的容量因子 k 的大小范围分布很宽，而常液洗脱在整个层析过程中保持条件不变，不在过程中进行调节，常使得整个分离过程时间过长，洗脱液用量很大，而分离效果却不够好。如果用保留参数来分析，主要表现在以下几个方面：①具有相当小的容量因子 k 的物质分离不良；②容量因子 k 很大的物质洗脱时间过长；③容量因子 k 太大的物质洗脱峰太宽，此时如果组分含量较低，则洗脱峰不易被检测出来。这是层析分离的一般问题。从对式(10-28)的分析可知，单纯调整相对保留值 α、容量因子 k 或增加理论板数 n

都不能完全解决问题。尤其是当被分离组分的容量因子 k 相差很大甚至达到数量级的变化时，很难用常液洗脱得到满意的结果。因此，要在洗脱过程中系统地改变洗脱条件（或“洗脱力”的大小），以分别适应不同组分的洗脱要求。

2）分步洗脱

分步洗脱又称为阶段洗脱，是按照递增洗脱能力顺序排列的几种洗脱液，进行逐级洗脱。其过程与恒组成洗脱类似，只是在不同时间段采用不同的洗脱液。

它主要对混合物组成简单、各组分性质差异较大或需快速分离时适用。每次用一种洗脱液将其中一种组分快速洗脱下来。

3）梯度洗脱

当混合物中组分复杂且性质差异较小时，采用一种色谱体系很难得到理想的分离结果，要么分离时间太长，要么分离度太差，为了在最短的时间内得到好的分离效果，一般采用梯度洗脱。

梯度洗脱技术是在洗脱过程中逐渐增强流动相的“洗脱力”，是目前在层析操作中常用的洗脱方法之一。洗脱液的洗脱力的改变对于不同的层析技术可以采取相应不同的方法：对于离子交换层析，可以逐渐增加洗脱离子的浓度，使被分离组分的表观 k 值逐渐下降；对于反相层析，逐渐增加洗脱液中的非极性溶剂的浓度，使表观分配系数逐渐下降；在其他一些层析技术如亲和层析中，可以逐渐增加竞争吸附剂（洗脱剂）或使缓冲液的条件逐渐从吸附条件向脱附条件改变。

在梯度洗脱中，两个相邻色谱峰 1 和 2 分离度 R 的测定方法几乎与恒组成洗脱中的关系式相同，即

$$R_s=\frac{\sqrt{n_2}}{4}\cdot(\alpha_{2,1}-1)\cdot\frac{\overline{k_2}}{\overline{k_2}+1} \tag{10-29}$$

式中：用溶质 2 在梯度洗脱期间保留因子的平均值$\overline{k_2}$代替恒组成洗脱中的 k_2，由于在梯度洗脱中流动相的洗脱强度是递增的，所以 k_2 值会随洗脱时间的增加而减小。对梯度洗脱中平均容量因子$\overline{k_2}$作了定义：它是组分沿色谱柱迁移至一半时的瞬时 k 值，在梯度洗脱过程中各组分色谱峰的容量因子 k 值会迅速降低，从而缩短了保留时间；当离开色谱柱的最后时刻，每个组分色谱峰的 k 值都相当小，这样就保证了所有后洗脱的组分峰宽都相近，并克服了在等度洗脱中经常出现的峰拖尾现象。此外，随梯度洗脱的进行，流动相的洗脱强度会逐渐增加，每个较晚洗脱出的色谱峰都会在它前面的色谱峰以稍快的速率向前迁移，因此对称性也会更好。

最简单的梯度洗脱方法是线性梯度法，即洗脱剂的浓度在洗脱过程中是线性增加的。这可以采用简单的双容器梯度洗脱装置（图 10-6）来实现。在洗脱过程中，与固定相结合最弱的组分首先被洗脱下来，然后随着洗脱力的逐步增强，吸附在固定相上的其他组分按其结合的强弱依次被洗脱。梯度洗脱可以减少洗脱液的用量，并可明显改善洗脱峰的拖尾现象，提高分离效果。

图 10-6　梯度洗脱液发生装置

和梯度洗脱类似的还有阶跃洗脱法：按不同组分的最适洗脱条件，阶跃地增加洗脱剂的浓度或阶跃地改变洗脱条件，使被吸附组分逐个洗脱下来。

10.5.3 色谱柱的放大与计算

1）溶质回收率

由于层析分离中需要消耗大量的流动相，因此溶质的回收率经常是判断层析分离经济效益的重要指标。它的计算方法如下：

$$溶质回收率=洗脱溶质量/总溶质量 \tag{10-30}$$

而在馏分收集的时间间隔 t_1 和 t_2 之间，洗脱溶质量为$\int_{t_1}^{t_2} cH\mathrm{d}t$，总溶质量为$\int_0^{\infty} cH\mathrm{d}t$，其中 c 为流动相中溶质的浓度，HETP 为流动相流量(此处用 H 代表)。因此溶质回收率可计算如下：

$$溶质回收率=\frac{\int_{t_1}^{t_2} cH\mathrm{d}t}{\int_0^{\infty} cH\mathrm{d}t} \tag{10-31}$$

将 c 表示的溶质浓度曲线代入式(10-31)积分，就可以计算出溶质回收率。

2）产品纯度

层析分离操作中的产品纯度如下：

$$i\ 组分的纯度=洗脱\ i\ 组分量/洗脱的总溶质量$$

因此

$$i\ 组分的纯度=\frac{\int_{t_1}^{t_2} c_i H\mathrm{d}t}{\sum_j \int_{t_1}^{t_2} c_i H\mathrm{d}t} \tag{10-32}$$

式中：下标 j 包括所有组分。

i 组分的纯度也可由溶质回收率来计算：

$$i\ 组分的纯度=\frac{y_{\mathrm{F}}[i\ 组分的纯度]}{\sum_j y_{\mathrm{F}}[j\ 组分的纯度]} \tag{10-33}$$

式中：y_{F} 为进料组成。

3）层析柱放大技术

色谱分离的特点在于其很高的分离效率。因此在将色谱柱放大以获得更大的处理量时必须同时尽可能地保持小柱的分离效率，也就是说在放大的过程中应该尽量保持各组分在色谱柱上浓度分布曲线的形状不变或不产生大的改变，只有这样才能保证产品的回收率和纯度在放大了的工业分离色谱柱上能与小的实验室分离色谱柱相近而没有很大的下降。在实际工作中就是要使大型工业色谱柱的 HETP 尽可能的小，接近小直径柱的 HETP。

从影响 HETP 的各种因素来看，增加填料的粒径 d_{s}，使 HETP 增大，σ 也增加，因此峰形变宽。提高流动相的流速可增加处理量，但流速过大，HETP 则明显增加。若在提高流速的同时，增加柱长 L，使二者对 σ 的影响抵消，是放大的一条途径，但往往带来压降过大，甚至会产生填料变形的现象。

增加处理量的另一条途径是加大色谱柱的直径。从 HETP 的计算式看，柱径的大小对它并没有影响，但柱径加大后，由于填料不易装填均匀，涡流扩散项的影响大大增加，解决这一问题的方法是改进色谱柱的装填技术。填料的粒度分布必须有一定范围。因为在填充过程中，不同大小的粒子分布不同，从而使速度流线分布混乱：粗粒填充松散，渗透性大；细粒填充密实，流动相停留时间延长，使谱带变宽。改善装填技术的方法是小量投入填料粒子，并轻轻敲打、振荡柱。填充方法不同的柱，效率相差悬殊。克服径向截面分布不均的另一方法是沿轴向加入挡板，使流动相每隔一定距离重新混合再分布，这种方法特别适用于大直径柱。此外采用流态化填充柱，可使不同大小的填料在径向均匀混合，且填充层密度小，渗透性好，但稳定性较差。

色谱柱的高径比一般应根据体系分离的难易程度来决定，对难分离体系（相对挥发度$\alpha<1.15$）应用长而窄的色谱柱，对易分离体系（$\alpha>1.15$）可用短粗的大直径柱，以增加处理量。在大直径色谱柱中安装特殊设计的挡板以增加柱的径向混合，减少轴向返混是改善大直径色谱柱分离性能的重要措施。

10.5.4　柱层析与大型工业色谱

冲洗色谱是最常见的色谱操作循环。一种典型的工业气液冲洗色谱的流程如图10-7所示。工业惰性的流动相连续通入色谱柱内，待分离混合物间歇地以阶跃的形式注入系统。在色谱柱内，组分经历不断被吸附、洗脱的过程，从而根据各自与固定相和流动相相互作用的不同而达到有效的分离。柱层析是最简单的大型工业冲洗色谱。待分离的混合物一次送入层析柱，随后以设定的条件通入洗脱剂，使混合物得以分离。待分离完成后，再重新开始下一次分离。尽管气相制备色谱也有研究报道，但大多数大型制备色谱的流动相是液相，因此柱层析的时间一般较长，在实际操作中常常是多柱并联和串联来完成分离任务的。

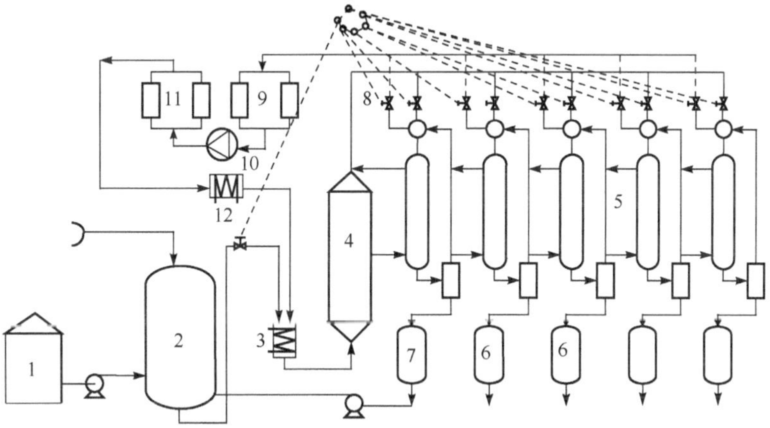

图10-7　工业气液冲洗色谱流程

1. 料液贮槽；2. 料液蒸发器；3. 进样注射器；4. 色谱柱；5. 冷凝器；6. 产品贮槽；7. 循环组分；8. 阀；9. 载气清洁器；10. 压缩机；11. 载气脱氧；12. 载气预热；13. 自动控制阀

在普通柱层析中，除了分离谱带所处的那段层析柱外，其余层析柱并没有发挥出分离作用，降低了层析柱的生产效率。因此，可以通过多次脉冲进料的方式来利用这些层析柱部分，这也是制备型色谱的特点。另一方面，为了尽可能提高层析柱或色谱柱的生产率，每次进料与分析型色谱相比要大得多，从而难以保证阶跃进料方式，即进料本身带有弥散，使色谱柱的操作条件恶化。因此，与分析型色谱相比，进料谱带对分离效率的影响相当严重。所有这些，加上大型色谱柱的装填不易均匀，使得大型工业色谱的分离效率大大低于分析色谱。

提高冲洗色谱效率的根本方法在于减少弥散和增大传质速率，以降低理论板当量高度值。可采用缩小填充颗粒的直径，用低黏度溶剂或载气冲洗的方法以增加扩散系数。

工业色谱柱在实际操作中因轴向弥散、有限的传质速率和非线性等温线的影响，以及各区间的拖尾分散扩大，要得到纯的产品就要加长色谱柱使之完全分离。这样，需要用更多的吸附剂，用更多的流动相冲洗，使产品更稀，使洗脱剂回收的能耗更大。改进的方法是将部分待分离的物料和没有完全分离的馏分再次循环，同时在组分分离后即将产品抽出。这种柱切换的流程在各组分中有一强吸附组分，因而在谱带运动得很慢的情况下分离效果良好。

在进料方式方面，大型工业色谱为了取得最大的原料处理能力，往往采用较宽的进料谱带。当然，为了保证一定的分离度，进料谱带也不能太宽，一般认为进料谱带的宽度不应超过柱出口谱峰宽度的1/4。

对于大型工业色谱的操作来说，要根据体系的性质选择适当的操作参数。

(1) 应选择适当的固定相和流动相。要求选择的固定相对分离组分的选择性系数高、吸附容量大、装填性能良好、价格低廉易得等。对于流动相的选择，要求对分离组分的选择性强、容易与分离组分溶液分离、精制简单、易于循环使用，流动相本身的化学性能稳定、黏度较低、价廉易得等。

(2) 要选择好进料参数。包括进料的浓度和宽度、进料的频度等，以兼顾产品的纯度和色谱柱的处理量。一般进料浓度高、进料谱带宽、进料频度大有利于提高柱的处理量，但会影响产品的纯度。

(3) 要选择好流动相的流速、淋洗程序等。

大型工业液相冲洗色谱的特点是有很好的分离效果，对挥发度非常接近的物质，如难以用一般的精馏过程分离的异构体、热敏性物质，或一般结晶、萃取过程难于分离的大分子物质的分离比较适用。

10.6 不同分离机制的色谱分离法

10.6.1 离子交换色谱

离子交换色谱(ion exchange chromatography，IEC)是以离子交换剂作为柱的填充物，以适当的溶剂作为移动相，使组分按它们的离子交换亲和力的不同而实现分离。

离子交换介质(固定相)是由载体和其上的酸性或碱性取代基组成。载体主要有以下几种：①疏水性的聚苯乙烯交联树脂或部分疏水性的聚甲基丙烯酸交联树脂；②合成或天然的亲水性聚合物，如纤维素、葡聚糖、琼脂糖、聚丙烯酰胺等；③硅胶。偶联于载体上的离子交换基团种类很多，可分为阳离子交换树脂和阴离子交换树脂。阳离子交换树脂一般为磺酸、膦酸、羧酸等活性基团，阴离子交换树脂一般为伯氨基、仲氨基、叔氨基和季氨基等活性基团。离子交换介质的酸碱强弱按使之完全离子化的pH范围区分，较宽者为强，较窄者为弱。合适的树脂需考虑多种因素，如树脂颗粒的大小、内部孔径大小、扩散速率、树脂容量、反应基团的种类和树脂的寿命等。

对用于分离的离子交换介质，要求载体具有小的非特异性吸附、足够大的内孔径，以减小分子筛效应和内扩散阻力。对于载体的粒径，用于精细分离的介质载体采用小颗粒；而用于大规模色谱的载体可选用较大的颗粒，以减小柱压降。

离子交换色谱由于具有普适性、高分离效能和高处理容量等优点，其既能应用于整个分离过程的最初步骤，以大量富集和浓缩目标物质，也能成功地用于精细分离和纯化步骤。朱家文等在研究用DEAE和QAE离子交换色谱从基因工程菌 *Pichia pastoris* 发酵液中分离重组人血白蛋白(rHSA)时,首先用卵清蛋白模拟与其性质接近的杂质蛋白进行离子交换色谱条件的研究,再用该条件下的 DEAE 离子交换色谱过程对发酵清液中的 rHSA 进行分离,可以从含杂蛋白众多的发酵清液中很好地分离提取 rHSA。

10.6.2 疏水作用色谱

疏水作用色谱(hydrophobic interaction chromatography, HIC)是利用表面偶联疏水作用基团(疏水性配基)的疏水性吸附剂为固定相,根据样品各组分在疏水性固定相上亲和力的差异,通过改变流动相的操作和洗脱条件,使各组分在填料上的吸附移动速率产生差异,从而达到分离的目的。对于含有疏水区域的大分子如蛋白质,能被疏水作用色谱介质上的疏水配基所吸附,并通过色谱原理进行分离和纯化。

水是非极性溶质的不良溶剂。非极性物质在水中的溶解是热力学不利的。溶液中的溶质具有互相吸引而聚集或吸附到某种疏水性表面的趋势,以使自由焓下降。这就是非极性分子在水溶液中产生疏水作用的原因。温度同时影响溶液系统的焓变和熵增,因而影响疏水作用。实验和理论分析表明,疏水作用的强度随着温度的上升而增加。溶液中的盐的种类和浓度会影响溶液的极性,由于盐溶液的表面张力大于纯水的表面张力,因此盐的浓度越高,疏水作用也越大。溶液中高的盐浓度有利于吸附,因此在疏水作用色谱的吸附操作时都采用高盐溶液。盐的种类对疏水作用的影响与其感胶离子序一致:

对阴离子:$SO_4^{2-} > Cl^- > Br^- > NO_3^- > ClO_4^- > I^- > SCN^-$

对阳离子:$Mg^{2+} > Li^+ > Na^+ > K^+ > NH_4^+$

疏水作用色谱的洗脱可以采用改变盐浓度、改变流动相的极性或加入表面活性剂实现。使用过的疏水作用凝胶可以再生继续使用。常用的再生方法是用 6mol/L 尿素或盐酸胍变性洗脱顽固吸附杂质,然后经洗涤和平衡,再次使用。

现以从牛骨中提取酸性磷酸酯酶为例,简要说明疏水作用色谱的应用。牛骨洗净并仔细除去所有非骨组织和血液细胞等,经粉碎、匀浆、抽提后,抽提物经 CM-Sepharose 离子交换色谱、纤维素磷酸盐亲和色谱、Sephacryl S-200 凝胶过滤色谱和疏水作用色谱纯化,得到电泳纯的酸性磷酸酯酶。最后步骤即疏水作用色谱使用 Phenyl-Sepharose 凝胶。收集上一步骤凝胶过滤色谱洗脱液中的活性峰切割部分,在 4℃、温和搅拌的条件下缓慢加入硫酸铵直至 30%饱和度(缓冲液为 100mmol/L 乙酸钠,pH6.5),在室温下上柱,以硫酸铵饱和度从 30%~0%的负梯度洗脱,收集活性峰。过程的活性回收率为 92%,提纯了 13 倍。

10.6.3 亲和色谱

亲和色谱分离法是利用高分子化合物可以和相应的配基(如酶及其底物或抑制剂、激素和受体、抗原和抗体)进行特异并可逆结合的特点进行分离的。这种相互作用(称为亲和作用)具有高度特异的生物识别性,可以达到很高的分离选择性和纯化倍数。

由于亲和色谱所使用的配基的多样性,分离过程中所用的亲和色谱介质往往需要使用者自己合成。这需要选择合适的配基、载体以及载体的活化和配基偶联方法。

亲和色谱过程中理想的配基应具有如下特点:配基与目标蛋白质的结合应是可逆的;配基对目标蛋白质应具有适当的专一吸附特性;配基与目标蛋白质的结合常数应足够大以形成稳定的结合,或在色谱过程中提供足够的保留值;当流动相条件改变时,目标蛋白质应能够较容易地被洗脱下来,不会对目标蛋白质造成不可逆的变化。实践表明,配基与目标蛋白质的结合常数 K_A 在 10^5~10^6 时(相当于解离常数 K_D 为 10^{-6}~10^{-7})较为合适。当 K_A 大于 10^{11}时,不能应用于亲和色谱。同时，配基上应有合适的化学功能基团使之能与载体偶联。

大孔、高比表面积的亲水性凝胶，特别是琼脂糖凝胶珠，很适宜作为亲和色谱介质的载体。它具有一系列近乎理想的性能，如生物相容性好、不产生非特异性吸附作用、表面具有可与配基结合的功能基团等优点，主要的缺点是机械强度和化学稳定性不够好。通过对凝胶进行化学交联处理可以部分克服这些不足之处。其他介质载体尚有纤维素、交联葡聚糖、聚丙烯酰胺、硅胶、琼脂糖-聚丙烯酰胺共聚凝胶等。

配基和载体的偶联步骤分为三步：①载体的活化，使之能和配基上的功能基团反应；②配基和活化载体的偶联反应，使配基以共价结合的方式牢固地连接到载体上；③残余活化基团的掩蔽，一般通过过量地加入合适的能与活化基团反应的小分子化合物来实现，以得到稳定的亲和吸附介质并避免在使用中产生不希望的副作用。常用的多糖凝胶载体与配基的偶联方法有：溴化氰法、双环氧乙烷法和环氧氯丙烷法、碳二亚胺法等。对于不需要“手臂”的载体，朱家文等（朱家文等，1999）提出了一种在多糖载体上偶联含氨基配基的简便方法：将载体在碱性下加热，当无还原剂存在时，部分葡萄糖基团产生羧基，然后在水溶性碳二亚胺存在下直接与带氨基的配基偶联而得到亲和载体。该方法用于亲和超滤吸附载体的制备得到良好的结果。

亲和色谱的典型应用为 Protein A 亲和柱分离免疫球蛋白（IgG）。鼠单克隆抗体能在高 pH、高离子强度下结合到 Protein A-琼脂糖柱上。用结合缓冲液（1.5mol/L 甘氨酸，3mol/L NaCl，pH8.9）平衡 Protein A-Sepharose CL-4B 凝胶柱，鼠血清 1∶1 稀释后上样，然后分别用一系列不断降低 pH 的缓冲液洗脱，即可把不同的 IgG 亚族洗脱下来。

10.6.4 凝胶过滤色谱

凝胶过滤色谱（gel filtration chromatography）是 20 世纪 60 年代初发展起来的一种快速而又简单的分离技术。关于凝胶过滤色谱的原理有多种假设和理论，目前为人们普遍接受的是分子筛效应。即凝胶并不吸附所分离的物质，当被分离的混合物加入色谱柱后，用同一种溶剂进行洗脱，大分子物质不能进入凝胶内部而通过凝胶珠之间的空隙直接流出柱外，较小的分子可以进入凝胶的网孔结构内部，而增加其在柱上的保留时间，并在一定的范围内按相对分子质量的大小顺序依次流出色谱柱，从而实现按相对分子质量大小的分离。

理想的凝胶过滤色谱介质应具备下列条件：化学惰性；化学稳定性，可以在较宽的 pH 和温度范围内正常使用；凝胶上没有或只有极少的离子交换基团；足够的机械强度，机械强度不够的凝胶在流动相流动压降和柱床层重量的作用下会变形，使流动阻力增大和分离性能变差；最后，凝胶应有足够大的内体积（较小的骨架体积）以及适当的孔径大小和分布。常用的凝胶过滤色谱介质有：葡聚糖凝胶、葡聚糖-次甲基双丙烯酰胺交联凝胶、聚丙烯酰胺凝胶、琼脂糖凝胶、琼脂糖-葡聚糖复合凝胶、琼脂糖-丙烯酰胺复合凝胶和硅胶等。

在凝胶过滤色谱中，流动相流速是影响分离效果的重要因素之一。流速的大小受扩散的影响。当流速太高时受固定相内扩散速率的限制，一定的内体积实际上不能得到利用，使介质的分离能力不能得到充分的利用，同时，流速的提高也受到柱的最高承受压力的限制；当流速太低时，柱内主体流动的轴向扩散也可能有不利作用。

凝胶过滤色谱用于蛋白质溶液的脱盐已有数十年的历史。图 10-8 显示了用 Sephadex G25 对蛋白质（肌红蛋白）溶液进行脱盐的结果，其上样体积达到床层体积的 37%。

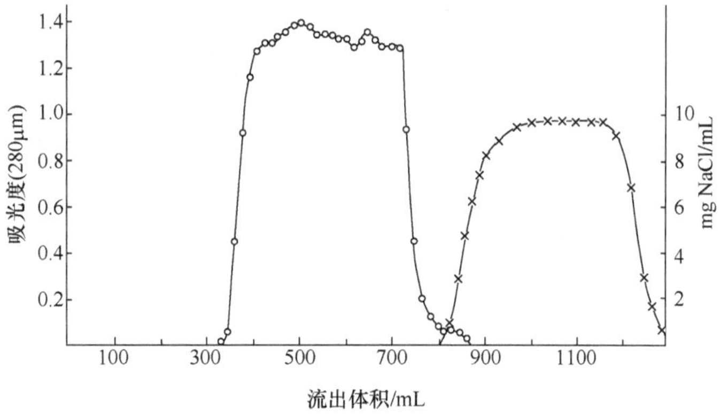

图 10-8 凝胶过滤色谱对大量样品的一步脱盐

色谱柱：4×85cm；介质：SephadexG25；样品：o 肌红蛋白；×：氯化钠

10.7 新型吸附和制备色谱分离技术

随着技术的发展，层析技术也有了相当的进步。除了研制新固定相以实现固定相和流动相的不同作用外(如上述的离子交换色谱、亲和色谱、凝胶过滤色谱、疏水作用色谱等)，通过改变固定相和流动相间的运动方式，研究和开发高效经济的新型制备色谱过程，也成为人们十分关注、持续努力的课题，也是分离工程的前沿研究领域之一。

在这一前沿研究领域中，目前的努力主要集中在：①开发和研究新型的吸附和色谱分离过程及其介质，如灌注色谱(perfusion chromatography)；②开发和研究集成分离技术和新型的单元操作过程，以简化分离步骤，如扩张床吸附、亲和错流过滤等。此外，一些应用新的分离原理的技术，如双水相萃取、反胶束萃取、亲和膜等，也受到重视。

10.7.1 灌注色谱

多孔性的液相色谱介质提供了很大的吸附表面，因而具有较大的吸附容量。然而，分子(尤其是蛋白质等大分子)在细小的网络状内孔中缓慢的扩散速率制约了分离速率的提高，当流动相流速提高时，由于孔内的分子扩散较慢，分离峰展宽，分离性能下降。

缩短分子在孔内的扩散路径可以加快其在吸附介质中的扩散，从而提高分离过程的速率。方法是：①采用无孔的表面吸附介质，但其吸附容量很小；②减小介质颗粒的直径，但这将明显增加柱压降；③使用大孔径的吸附介质，其中，具有双孔径的介质尤其受到重视。

灌注色谱使用双孔径的色谱介质。以 PerSeptive Biosystems 生产的 POROS 树脂为例，其内部具有贯穿树脂颗粒、直径 600～800nm 的穿透孔，以及与穿透孔相连的直径 50～100nm、但深度较小(约 1000nm)的扩散孔(图 10-9)。

当流动相在灌注色谱穿透孔内快速流动时，对流作用强化了溶质的传质，使其远高于孔内分子扩散速率，而大量的扩散孔则提供了较大的吸附容量。因此，灌注色谱可以在不降低吸附容量的同时实现快速分离。尤其是当流动相通量在较大范围内变化时，色谱峰不展宽，前端色谱的突破峰前沿不变平坦，即分离能力不下降。

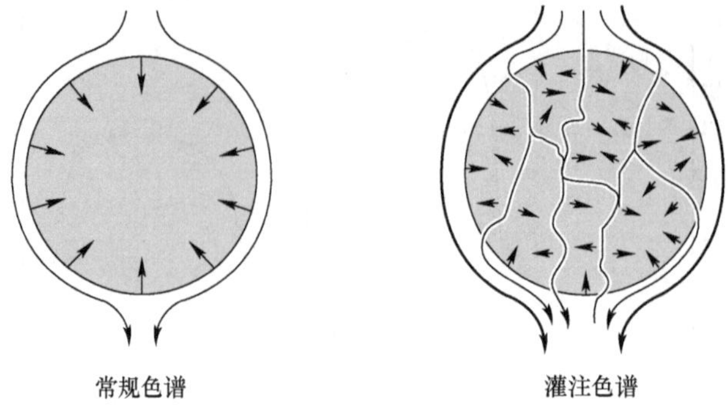

图 10-9　灌注色谱介质

对流强化传质系数 $\widetilde{D}_e$ 和孔内有效分子扩散系数 D_e 以及流动相流速 u_o 之间的关系可见图 10-10。由此可见，当流动相流速 u_o 较慢时，对流强化传质系数 $\widetilde{D}_e$ 和孔内有效分子扩散系数 D_e 几乎相等，此时的传质由扩散控制；当流动相流速加快时，对流强化扩散系数 $\widetilde{D}_e$ 逐渐增大，传质由扩散控制转向对流控制，传质速率显著加快。

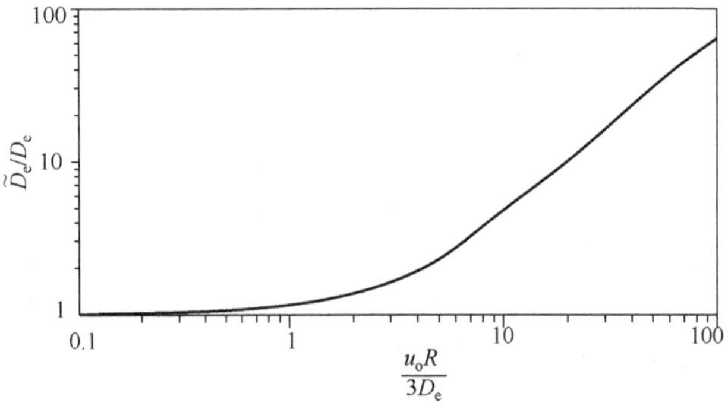

图 10-10　灌注色谱的强化对流传质系数

这种具有大的穿透孔的介质可在较高流动相流速时显著提高柱效，同时并不因为流速的提高而使柱压降明显增大。在高效液相色谱（HPLC）和体积排阻色谱（SEC）中，线性灌注色谱和常规色谱的等板高度 HETP 的对比可见图 10-11。鉴于灌注色谱介质的这种特性，它是一种高速、高容量，在中等柱压降下操作的具有很高分离效率的色谱技术。

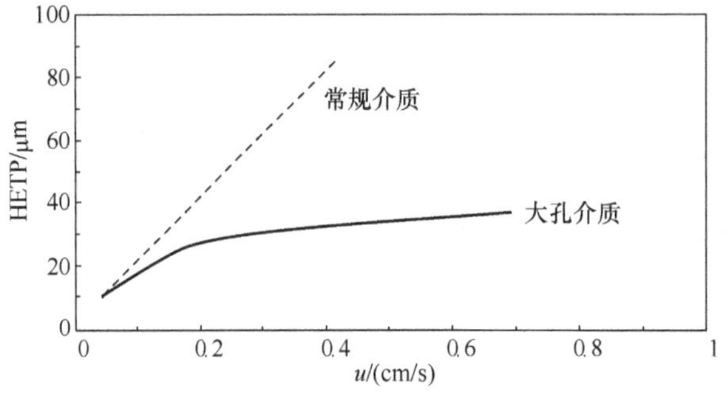

图 10-11　灌注色谱与常规色谱柱效的比较

对于蛋白质等扩散速率很慢的大分子的分离过程，灌注色谱快速分离的特点尤为重要，可使原来需要数十分钟乃至数小时的分离过程缩短到在几分钟内完成，其分离速率比传统技术提高数十倍，这在需要短期内制备一定数量样品以及快速确定分离工艺流程的药物开发研究中尤其有用，已用于数十种蛋白质等生物大分子的分离（夏小燕等，1994）。我国科研工作者将灌注色谱技术用于中药等民族药物有效成分的分离，并取得了一定的成果。

双孔径色谱介质的新发展是所谓的连续床（continuous bed）色谱柱。与常规的用色谱微珠充填的填充柱不同，连续床直接在空的色谱柱中制备介质，形成带有超大孔径穿透孔的整体介质。连续床色谱柱的制造更容易、更经济，具有更好的流动相流速/压降关系。连续床介质的制备材料可以是丙烯酸酯、甲基丙烯酸酯、聚苯乙烯、硅胶、琼脂糖等。Bidlingmaier 等比较了采用同样基体材料的 5μm 微珠填充床色谱柱和连续床色谱柱的性能（Bidlingmaier et al，1999），发现它们具有几乎相同的柱效，但整体柱的柱压降仅为填充柱的 1/3～1/5。

Gustavsson 等研究了超大孔径琼脂糖连续床的制备及其在蛋白质等大分子的分离中的应用（Gustavsson et al，2001）。他们制备的琼脂糖连续床中穿透孔的孔径达 10～100μm。小型的琼脂糖连续床柱成功地用于蛋白质色谱分离以及作为酶联载体用于快速在线酶标检测。在试图制备大型的琼脂糖凝胶连续床时，由于凝胶传热速率较低，易造成柱内径向孔径分布不均匀。为此，Gustavsson 等采用了径向柱技术，制成径向琼脂糖凝胶连续床制备色谱柱。在偶联上CibacronBlue 配基后，成功地用于亲和色谱纯化乳酸脱氢酶，纯化倍数为 23 倍，活性回收率为 73%；将其作为 β-半乳糖苷酶的固定化载体，试用于从牛奶中除去乳糖，显示了其工业化应用的前景。

10.7.2 扩张床吸附技术

扩张床吸附（expanded bed adsorption）技术是 20 世纪 90 年代发展起来的一种新的分离单元操作（McCormick，1993），能直接从复杂体系中吸附和捕获目标产物，集固液分离、富集和初步纯化于一个单元操作中，减少了分离步骤，缩短了操作时间，节约了生产成本。

扩张床操作时，流动相的流速介于固定床和充分流化的全混流化床之间，处于床层膨胀阶段，吸附剂借助流速悬浮起来，形成稳定的分级床层，流体的流动接近活塞流，这点与流化床不同。较大的床层空隙允许料液中的固体微粒通过，产物则被吸附剂吸附而被捕获。

扩张床吸附过程也被认为是一种色谱分离过程。与固定床色谱一样，一次分离过程包括吸附前的床层平衡、上样吸附、洗涤、样品洗脱、床层再生等步骤（图 10-12）。与固定床色谱不同的是：在将床层平衡到吸附条件的同时，通过较高的流速使床层扩张，增加床层空隙率；上样吸附和洗涤过程在扩张后的床层内进行。由于洗脱时受到吸附剂内溶质扩散速率的限制，同时为了更好地进行产物分离，需使吸附剂沉降下来，在固定床操作条件下洗脱和再生。

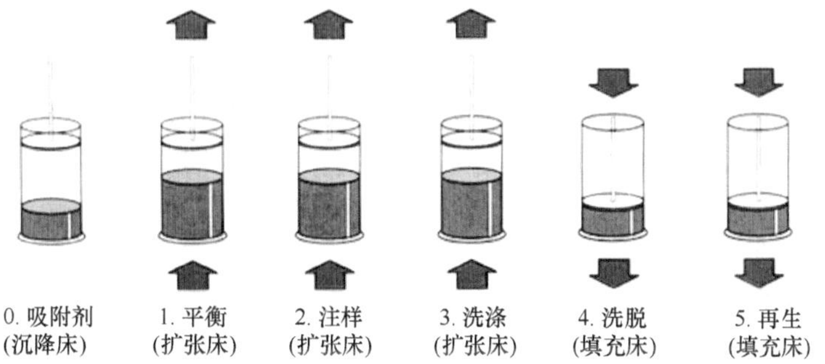

图 10-12　扩张床吸附技术原理

扩张床操作时的床层扩张倍数以 2～3 为宜，床层空隙率为 0.7～0.8，流动相流速在吸附剂颗粒的终端速率的 1/3 以下。较高的流动相流速有利于增加处理通量，并使床层更稳定，返混更小。

对扩张床载体的要求是：较大的载体质量密度和终端速率，以便在较高的流动相流速下操作；适当的颗粒直径及其分布、规则的形状（一般为球形），以兼顾扩散速率和形成稳定床层的要求；耐酸碱，以便进行在位清洗；耐杀菌剂或耐热，以便进行灭菌操作；高度亲水性，以减少非特异性吸附；化学可修饰性，以便于连接活性吸附基团和配基等。

通常采用增重载体颗粒的方法来增加其质量密度。载体的结构可以分为核壳型和混合型。核壳型扩张床载体有一个密度较大的内核以及覆盖于其外的聚合物介质。混合型载体则将密度较高的固体物质分散于聚合物介质之中。Amersham-Phamacia 公司的 Streamline 扩张床凝胶介质是一种典型的核壳型载体，它的增重内核为结晶石英砂，外层为交联琼脂糖，为具有大孔特征的球形载体，粒径为 100～300μm，密度约 1.2g/cm^3。这种载体的操作流速可达 1～3m/h，柱效可达每米 200 个平衡级，已用于许多蛋白质产品的下游过程中。例如，用以分离制备重组人血白蛋白的过程。日本 Yoshitomi 公司研究将其用于工业规模从毕赤酵母基因工程菌发酵液中分离 rHSA，简化了下游分离过程，提高了收率，降低了制备成本，其产品纯度据称可达 99.999999%。

除了上述琼脂糖-石英砂扩张床载体外，其他一些高密度惰性物质如不锈钢、二氧化硅、二氧化钛、二氧化锆、玻璃、陶瓷、全氟聚合物等，都被研究用作增重内核或分散体，凝胶介质则有琼脂糖、纤维素、葡聚糖、聚丙烯酰胺、聚乙烯醇等。以期开发出密度更高、流速更快、传质阻力更小、柱效更高、颗粒大小和分布更适合扩张床操作、能适合扩张床方式洗脱、化学性能更稳定的高性能载体。

扩张床吸附技术由于其高效简捷的过程特点，受到人们的广泛重视。对于其过程的流体力学、传质特性、过程模型化等方面的基础研究，以及在不同的分离体系中的应用研究等，进展十分迅速。这些都将为扩张床吸附技术的进一步发展及应用，提供扎实的理论和应用基础。

思 考 题

1. 请叙述塔板理论的局限性及原因。
2. 试述气相色谱和液相色谱速率方程式中纵向扩散系数大小的差异及原因。
3. 试述各色谱分离操作的分离机理。

计 算 题

1. 用大孔吸附树脂从发酵滤液中吸附某抗生素。假定该抗生素的吸附属于朗格缪尔等温吸附，即符合 $q=\dfrac{q_m KC}{1+KC}$。饱和吸附量 q_m 为 0.06kg(抗生素)/kg(干树脂)；当液相中该抗生素的平衡浓度为 0.02kg/m^3 时，树脂的平衡吸附量 q 为 0.04kg/kg。试求料液中抗生素平衡浓度为 0.2kg/m^3 时的吸附量。
2. 用大孔树脂吸附色谱法从发酵液中吸附分离某抗生素 A。色谱柱中填料的有效高度为 30cm。测得该组分在柱中的保留时间为 9.1min，该组分峰的半峰宽 $w_{1/2}$ 为 0.96min。
   (1) 估算该柱的理论塔板数。
   (2) 计算该色谱柱的塔板高度。
3. 已知物质 A 和 B 在一个 30.0cm 柱上的保留时间分别为 16.40min 和 17.63min。不被保留组分通过该柱的时间为 1.30min，峰宽为 1.11mm 和 1.21mm，计算：
   (1) 柱分辨能力。
   (2) 柱的平均塔板数目。

(3) 塔板高度。

参考文献

杜斌. 2001. 现代色谱技术. 郑州:河南医科大学出版社

刘家祺. 2001. 分离过程与技术. 天津:天津大学出版社

路秀林,等. 2002. 人血清白蛋白纯化技术研究进展. 生物工程学报,18(6):761-766

夏小燕,等. 1994. 生物大分子分离纯化技术的重大突破——灌注层析系统. 生物工程进展,14(5):40-45

叶勤. 2003. 现代生物技术原理及其应用. 北京:中国轻工业出版社

朱家文,等. 1999. 水溶性亲和超滤载体的制备和应用. 华东理工大学学报,25(6):560-566

朱家文,等. 2002. 离子交换层析分离纯化重组人血清白蛋白. 华东理工大学学报,28(4):341-347

Bidlingmaier B, et al. 1999. J. Chromatogr. A, 832:11

Georges G, et al. 1994. Fundamentals of Preparative and Nonlinear Chromatography. Boston: Academic Press

Gustavsson P E, Larsson P O. 2001. Continuous super porous agarose beds in radial flow columns. J. Chromatogr. A, 925:69-78

Janson J C, Ryden L E. 1989. Protein Purification, Principles, High Resolution Methods, and Applications. New York: VCH Publishers Inc.

Lau K H, et al. 1987. A proposed mechanism of the mitogenic action of fluoride on bone cells: Inhibition of the activity of an osteoblastic acid phosphatase. J. Biol. Chem., 262:1389-1397

McCormick D K. 1993. Expanded bed adsorption-The first new unit process operation in decades. Bio technology, 11:1059

Rodrigues A E. 1997. Permeable packings and perfusion chromatography in protein separation. J. Chromatogr. B, 699:47-61

Scott R P W, Simpson C F. 1991. Liquid Chromatography Column Theory. New York: John Wiley & Sons Inc.

附　　录

由英制单位和CGS制单位转换成SI制单位的转换因子

物理量	转换自	转换到	乘　数
面积			
	ft^2	m^2	0.0929
	in^2	m^2	6.452×10^{-4}
加速度			
	ft^2/h^2	m/s^2	2.352×10^{-8}
密度			
	lb_m/ft^3	kg/m^3	16.02
	lb_m/gal(US)	kg/m^3	119.8
	g/cm^3	$kg/m^3=g/L$	1000
扩散系数，运动黏度			
	ft^2/h	m^2/s	2.581×10^{-5}
	cm^2/s	m^2/s	1×10^{-4}
能量，功，热量			
	$ft\cdot lb_f$	$J=N\cdot m$	1.356
	Btu	$J=N\cdot m$	1055
	cal	$J=N\cdot m$	4.187
	erg	$J=N\cdot m$	1×10^{-7}
	$kW\cdot h$	$J=N\cdot m$	3.6×10^{-6}
焓			
	Btu/lb_m	$J/kg=N\cdot m/kg$	2326
	cal/g	$J/kg=N\cdot m/kg$	4187
力			
	lb_f	N	4.448
	dyne	N	1×10^{-5}
传热系数			
	$Btu/(h\cdot ft^3\cdot ℉)$	$W/m^2\cdot K$	5.679
	$cal/(s\cdot cm^3\cdot ℃)$	$W/m^2\cdot K$	4.187×10^{-4}
界面张力			
	lb_f/ft	$N/m=kg/s^2$	14.59
	dyne/cm	$N/m=kg/s^2$	1×10^{-4}
长度			
	ft	m	0.3048
	in	m	0.0254
质量			
	lb_m	kg	0.4536
	ton	kg	907.2
	Tonne(公吨)	kg	1000
	lb_m/h	kg/s	1.26×10^{-4}
	lb_m/s	kg/s	0.4536
质量流率，质量流速			
	$lb_m/(h\cdot ft^2)$	$kg/s\cdot m^2$	1.356×10^{-3}

物理量	转换自	转换到	乘　数
功率			
	ft・lb_f/h	W=J/s=N・m/s	3.766×10^{-4}
	ft・lb_f/s	W=J/s=N・m/s	1.356
	hp	W=J/s=N・m/s	745.7
	Btu/h	W=J/s=N・m/s	0.2931
压力			
	lb_f/ft^2	Pa=N/m^2	47.88
	lb_f/in^2	Pa=N/m^2	6895
	atm	Pa=N/m^2	1.013×10^{-5}
	bar	Pa=N/m^2	1×10^{-5}
	torr=mmHg	Pa=N/m^2	133.3
	in. Hg	Pa=N/m^2	3386
	in. H_2O	Pa=N/m^2	249.1
比热容			
	Btu・lb_m・℉	J/kg・K=N・m/kg・K	4187
	cal/(g・℃)	J/kg・K=N・m/kg・K	4187
表面张力			
	lb_f/ft	N/m	14.59
	dyne/cm	N/m	0.001
	erg/cm^2	N/m	0.001
导热系数			
	Btu・ft/(h・ft^3・℉)	W/m・K=J/s・m・K	1.731
	cal・cm/(s・cm^3・℃)	W/m・K=J/s・m・K	418.7
速度			
	ft/h	m/s	8.467×10^{-5}
	ft/s	m/s	0.3048
黏度			
	lb_m/(ft・s)	kg/m・s	1.488
	lb_m/(ft・h)	kg/m・s	4.134×10^{-4}
	cP	kg/m・s	0.001
体积			
	ft^3	m^3	0.02832
	L	m^3	1×10^{-3}
	gal(US)	m^3	3.785×10^{-3}

教学支持说明

科学出版社高等教育出版中心为了对教师的教学提供支持，特对教师免费提供本教材的电子课件，以方便教师教学。

获取电子课件的教师需要填写如下情况的调查表，以确保本电子课件仅为任课教师获得，并保证只能用于教学，不得复制传播用于商业用途。否则，科学出版社保留诉诸法律的权利。

地址：北京市东黄城根北街 16 号，100717

科学出版社　高等教育出版中心　化学与资源环境分社　陈雅娴(收)

电话：010-64011132

传真：010-64011132

(登陆科学出版社网站：www. sciencep. com"教材天地"栏目可下载本表。)

请将本证明签字盖章后，邮寄或者传真到我社，我们确认销售记录后立即赠送。

如果您对本书有任何意见和建议，也欢迎您告诉我们。意见经采纳，我们将赠送书目，教师可以免费赠书一本。

证　明

兹证明____________________________大学____________学院/________系第________学年□上/□下学期开设的课程，采用科学出版社出版的________________/________(书名/作者)作为上课教材。任课教师为____________共______人，学生______个班共______人。

任课教师需要与本教材配套的电子课件。

电　话：____________________

传　真：____________________

E-mail：____________________

地　址：____________________

邮　编：____________________

学院/系主任：________(签字)

(学院/系办公室章)

______年______月______日